lonely planet

Suiza

EDICIÓN ESCRITA Y DOCUMENTADA POR

Gregor Clark

Kerry Christiani, Craig McLachlan, Benedict Walker

PUESTA A PUNTO

ALEXANDER CHAIKIN/SHUTTERSTOCK ©

CHOCOLATE SUIZO P. 329

HERACLES KRITIKOS/SHUTTERSTOCK ©

KINDLIFRESSERBRUNNEN P. 107

EN RUTA

Sumario

Bienvenidos a Suiza

Además de chocolate, relojes de cuco y canto tirolés, la Suiza de hoy, un país con cuatro lenguas, ofrece viajes únicos, actividades alpinas y cultura urbana.

Glorioso aire libre

Los paisajes suizos exigen acción: llevar las botas, saltar sobre una tabla, hacer sonar el timbre de la bicicleta y desmadrarse. Esquiar y practicar *snowboard* en Graubünden, el Oberland bernés y la Suiza Central son opciones de invierno. Cuando los pastos verdean, no falta el excursionismo y la bicicleta de montaña entre glaciares y, en las tierras bajas, valles, lagos y verdes viñedos. Esta exuberancia puede contemplarse desde un globo o un paracaídas o desde una balsa por ríos de aguas bravas. También hay otras cosas, como encontrarse frente a frente con la cincelada cara norte del Eiger o caminar entre grietas de hielo en el Jungfraujoch.

Estilo urbano

El perfecto antídoto para la belleza rural es el estilo de las ciudades suizas: el casco antiguo medieval y el arte moderno de la capital, Berna, la arquitectura de la germánica Basilea, la elegante Ginebra junto al mayor lago de Europa, la animada Lausana, la empresarial Zug y la ultramoderna Zúrich, con sus bares a orillas del río, el renovado distrito industrial occidental y el atípico ambiente callejero. Castillos y cervezas artesanas, actuaciones y restaurantes *new wave*: aquí cabe todo. En cuestión de minutos se coronan las cumbres cercanas, se descansa en los bares de la orilla con vistas alpinas o se nada en el Rin, el Aar y el Limago.

Tradición alpina

La variedad es la sal de la vida rural en esta tierra rica y campechana donde la tradición alpina está marcada por el calendario agrícola y las grandes montañas están por todas partes. El viaje discurre por pueblos con graneros de madera sobre pilotes para evitar las ratas y granjas en chalés con geranios rojos. Antiguos mercados, ferias folclóricas, banderas al viento y conciertos de trompas alpinas señalan el paso de las estaciones. La comida es un festival gastronomico de sustancia y sabor, con queso fundido, chocolate y caza de temporada.

Cultura de vanguardia

Los innovadores suizos siempre han adoptado lo nuevo y lo experimental. El país está lleno de espacios culturales, vistosa arquitectura y galerías vanguardistas que tratan de captar el espíritu de la época. El Zentrum Paul Klee, del arquitecto Renzo Piano, en Berna; el Vitra Design Museum, diseñado por Frank Gehry, y la Fondation Beyeler en Basilea; el centro lleno de obras de Mario Botta y la galería MASI en Lugano; y el Musée d'Art Moderne et Contemporain de Ginebra, que ocupa una fábrica renovada de los años cincuenta e invita a la reflexión, son solo la punta del iceberg cultural.

Por qué me encanta Suiza

Kerry Christiani, autora

Der Berg ruft (la llamada de las montañas) es más potente en Suiza que en ningún otro lugar. Mis primeras visitas a esta país hace 15 años me entusiasmaron: montar en un trenecito rojo desde el bosque a la cima, despertar con el ruido de los cencerros de las vacas en las praderas, caminar bajo las cumbres incrustadas de glaciares hasta las cornisas rocosas donde retozan los íbices, nadar en lagos gélidos y cristalinos, atravesar bosques helados con raquetas de nieve. En Suiza conviven sin esfuerzo la vida al aire libre y la cultura urbana. Una vez, en Zúrich, contemplando los Alpes en el horizonte, un amigo suizo me confió: "Dios nos ha bendecido con todo". Y tenía razón.

Para más información sobre los autores, véase p. 360.

Arriba: Excursionista frente al Matterhorn (p. 165), Zermatt.

Suiza

Basilea
Arquitectura y arte contemporáneo de categoría mundial (p. 227)
Jura
Zona rural con bosques, granjas y ambiente tranquilo (p. 98)
Berna
Casco antiguo medieval y arte en la capital (p. 103)
Región de Jungfrau
Un épico espacio al aire libre de Suiza (p. 122)
Lago Lemán
Vapores de rueda, castillos, pueblos y viñedos (p. 61)
Montreux
Estilo romántico francés, con un castillo que impacta (p. 77)
Sion
Capital gastronómica de la región vitivinícola (p. 156)
Cervino
Ninguna montaña tiene tanto poder de atracción (p. 165)
Mulhouse
Vesoul
FRANCIA
Montbéliard
EuroAirport
Basilea
Aarau
Jura
Delémont
Olten
Besançon
Moutier
Solothurn
La Chaux-de-Fonds
Biel-Bienne
Lago de Biel (Bieler See)
Neuchâtel
BERNA
Lago de Neuchâtel
Friburgo
Yverdon-les-Bains
Thun
Brienz
Lago de Thun (Thunersee)
Spiez
Interlaken
Grindelwald
Wengen
Mürren
Gruyères
Jungfraujoch (3471m)
Lausana
Château-d'Œx
Vevey
Gstaad
Lago Lemán (lago de Ginebra)
Montreux
Glaciar Aletsch
Leukerbad
Aeropuerto internacional de Ginebra
Ginebra
Aigle
Crans
Montana
Ródano
Brig
Visp
Sion
Martigny
Verbier
Saas-Fee
Täsch
Matterhorn (4478m)
Zermatt
Chamonix
Puerto del Gran San Bernardo
Dufourspitze (4634m)
Mont Blanc (4807m)
Courmayeur
FRANCIA

0
50 km
ALTITUD
3000m
2500m
2000m
1500m
1000m
500m
200m
0
Zúrich
Una de las ciudades con mejor calidad de vida de Europa (p. 238)
Rheinfall
La catarata más grande de Europa y cruceros por el Rin (p. 261)
Lucerna
Vistas centelleantes y curiosidades victorianas (p. 203)
Parque Nacional Suizo
Maravilloso parque nacional a gran altitud (p. 301)
El Glaciar Express
Uno de los trayectos en tren más míticos del mundo (p. 167)
Lago de Lugano
Una curiosa particularidad de Suiza, de corazón italiano (p. 191)
Glaciar Aletsch
Antiguo e imponente glaciar de 23 km de largo (p. 175)
ALEMANIA
AUSTRIA
LIECHTENSTEIN
ITALIA
Schaffhausen
Rheinfall
Waldshut
Río Rin
Lago de Constanza
Constanza
Lago de Constanza (Bodensee)
Frauenfeld
Winterthur
Baden
Aeropuerto de Zúrich
Zúrich
San Galo
Appenzell
Lago de Zúrich (Zürichsee)
Rapperswil
Zug
Buchs
VADUZ
Lucerna
Schwyz
Glaris
Lago de Lucerna (Vierwaldstättersee)
Landquart
Altdorf
Chur
Klosters
Davos
Scuol
Arosa
Engelberg
Mt Titlis (3239m)
Puerto de Oberalp
Vorderrhein
Engadine
Parque Nacional Suizo
Andermatt
Puerto de San Gotardo
Puerto de San Bernardino
St Moritz
Puerto de Bernina
Valle Maggia
Locarno
Bellinzona
Gravedona
Sondrio
Tirano
Domodossola
Lago de Como
Lugano
Lago de Lugano
Lago Maggiore
Verbania
Como

Las 15 mejores experiencias

1

Cervino

1 No hay otra montaña con tanto poder de atracción, magnetismo natural o capacidad de obsesionar como este pico (Matterhorn en alemán; p. 165). Su belleza exige ser admirada y fotografiada... al salir el sol y al ponerse, en diferentes estaciones y desde ángulos imposibles. Y para complacer estas necesidades fotográficas nada mejor que Zermatt, una de las estaciones de esquí alpinas más codiciadas de Europa, de moda para el esquí, la escalada, el excursionismo y el famoseo desde el s. XIX.

Excursionismo en el Parque Nacional Suizo

2 Más que ningún otro país de Europa, Suiza es sinónimo de excursiones fabulosas bajo un cielo surcado por águilas, y su elevado parque nacional (p. 301), creado un siglo atrás, es el lugar ideal. Los senderos cruzan prados y lagos azules, gargantas escarpadas, peñascos rocosos y cabañas alpinas donde los pastores elaboran queso en verano con la leche de sus vacas recién ordeñadas. Es la naturaleza en todo su esplendor, un atisbo privilegiado de la Suiza anterior al turismo.

EMPERORCOSAR/SHUTTERSTOCK ©

RADIUS IMAGES/GETTY IMAGES ©

3

4

Glaciar Aletsch

3 Una de las maravillas naturales del mundo, este fascinante glaciar (p. 175) de proporciones descomunales en el Alto Valais equivale a una autopista de hielo de 23 km de largo y cinco carriles que discurre entre picos de alta montaña. Su hielo es azul y tiene una profundidad máxima de 900 m. La vista del Aletsch desde el Jungfraujoch es sobrecogedora, pero para una descarga de adrenalina pura hay que acercarse: hacer excursionismo entre grietas con un guía de montaña desde Riederalp o esquiar por encima del glaciar en las pistas de nieve de Bettmeralp.

Lago Lemán

4 Las viñas que trepan por la colina desde la orilla del lago Lemán (p. 61) en Lavaux son asombrosas. Pero la ciudad por excelencia para admirar el mayor lago de Europa es la francófona Ginebra (p. 44), la más cosmopolita de Suiza. Aquí las *mouettes* ("embarcaciones") de color amarillo cruzan ante los pasajeros y el Mont Blanc no se pierde ni un detalle. La vida transcurre por las calles del casco antiguo, disfrutando de la vida social de los cafés, haciendo surf de remo en el lago y visitando el emblemático surtidor de la ciudad.

PETER STEIN/SHUTTERSTOCK ©

CHRISTIAN DAGNAES/500PX ©

El 'Glacier Express'

5 Es uno de los trayectos en tren más históricos del mundo y une dos de las estaciones de esquí más ostentosas de Suiza. El tren rojo de ventanas panorámicas se puede tomar en St Moritz o Zermatt y ofrece vistas de las verdes cumbres, deslumbrantes lagos alpinos, barrancos de glaciares y otros parajes naturales. El *Glacier Express* (p. 167), que cuando se inauguró en 1930 era arrastrado por una locomotora de vapor, atraviesa 91 túneles y 291 puentes a lo largo de su trayecto. Se puede almorzar en el vagón restaurante *retro* o llevar el propio pícnic con champán.

Romance en Montreux

6 Por si no bastara con celebrar uno de los festivales de *jazz* más famosos del mundo, con conciertos al aire libre junto al lago Lemán, Montreux (p. 77) también posee un castillo que le otorga más romanticismo a la francesa. Desde esta ciudad ribereña, con un clima benigno, un camino florido junto al agua conduce hasta el Château de Chillon (p. 79; arriba). Construido por los Saboya en el s. XIII, tiene todo lo que debe tener un castillo: es histórico, suntuoso y uno de los más antiguos de Suiza.

7

BAHDANOVICH ALENA/SHUTTERSTOCK ©

8

GEVISION/SHUTTERSTOCK ©

Berna

7 Con sus calles medievales adoquinadas, galerías comerciales, un reloj que baila y personajes populares que retozan en sus fuentes desde el s. XVI, la capital de Suiza, Berna (p. 103), no es la imagen típica de una capital de país. Pocos se dan cuenta de que esta pequeña ciudad, sita en la llana zona central del país (de ahí su nombre: Mittelland), donde las granjas producen el queso Emmental, es la capital. Pero su encanto reside en su capacidad de sorprender.

Lago de Lugano

8 Una parte intrínseca del encanto de Suiza es su mezcla de lenguas y culturas. Y ningún otro lugar de Suiza exalta el alma italiana con tanto fervor como el lago de Lugano (p. 191), en Ticino, un resplandeciente lago alpino ribeteado por paseos con palmeras y pueblos de tonos pastel. Lugano, la ciudad más grande del lago y tercer centro financiero del país, es una ciudad alegre y bulliciosa, con callejones porticados, plazas llenas de cafés y barcos entre los destinos del lago.

Rheinfall: la catarata del Rin

9 Goethe y Byron se emocionaron tanto ante las cascadas de Staubbach (p. 131), cuyas espumosas hebras de fantasía se precipitan por el acantilado de Lauterbrunnen, que compusieron poemas loando su belleza. Sin embargo, lo que sí impresiona es el teatral estruendo de las cataratas (p. 261; arriba a la derecha en la foto), custodiada por dos castillos medievales. Para apreciar la espectacularidad de todo el conjunto hay que tomar el ascensor panorámico hasta la plataforma de Känzeli, sita en el Schloss Laufen medieval.

9

La región del Jungfrau

10 No hay trío más inmortalizado en la historia del montañismo que los 'tres grandes' suizos: el Eiger ("ogro"), el Mönch ("monje") y el Jungfrau ("virgen"), cumbres que se elevan por encima de la estación balnearia del s. XIX del magnífico Grindelwald (p. 122). Para una experiencia memorable hay que esquiar, lanzarse por el tobogán más largo de Europa en un trineo como los de antes, hacer *puenting* en el Gletscherschlucht o subir en tren hasta la estación más alta de Europa, a 3454 m. James Bond, muérete de envidia.

IAKOV KALININ/SHUTTERSTOCK ©

10

El estilo de vida zuriqués

11 La germanófila Zúrich (p. 240) es una de las ciudades con mayor calidad de vida de Europa y una oda a la renovación urbana. También es moderna (los empleados de Google bajan a almorzar por un tobogán) y posee la suficiente rudeza para parecerse a ratos a Berlín. Zúrich es beber en los bares frente al agua, bailar hasta el amanecer en Züri-West, comprar moda reciclada en Kreis 5 y celebrar con todos en agosto la mayor fiesta callejera de Europa, la descomunal, loca y desenfrenada Street Parade (p. 244).

Arte y arquitectura en Basilea

12 La arquitectura contemporánea de talla mundial es la carta de presentación de Basilea (p. 227), la ciudad a orillas del Rin con edificios de siete arquitectos galardonados con el premio Pritzker. Una escapada a la frontera con Alemania permite visitar el Vitra Design Museum (p. 229), diseñado por Frank Gehry, antes de dedicar un tiempo a la mejor colección privada de arte moderno del país en la Fondation Beyeler (p. 229), de Renzo Piano, una fusión de arte y arquitectura de ensueño. Ambos están unidos por la Rehberger-Weg (p. 229), una ruta de 24 paradas en torno al arte. Detalle de la fachada del Rathaus (Ayuntamiento; p. 227).

11

12

NIKONOMAD/SHUTTERSTOCK ©

ASMITHERS/GETTY IMAGES ©

PHILIPPE SONDEREGGER/SHUTTERSTOCK ©

Vino de Sion y del Valais

13 Los vinos suizos no abundan fuera del país, por lo que descubrirlos y catarlos sobre el terreno es una experiencia singular. Hay rutas sencillas por los viñedos en terrazas del Valais (p. 147) y muchos *vignerons* (viticultores) ofrecen catas y venta directa. Se puede combinar el paseo con la *brisolée* otoñal de la región, la tradicional fiesta de la vendimia que gira en torno a las castañas, el queso, los embutidos y el *vin nouveau*. Sion (p.156), con dos castillos y una amplia oferta *gourmet*, es ideal para probar, apreciar y disfrutar. Viñedos en terraza, en Sion.

Lucerna, a orillas del lago

14 El puente medieval es el atractivo de esta localidad del centro de Suiza. Si se añaden las bellas vistas del lago, cafés en terrazas, arquitectura y curiosidades victorianas, Lucerna (p. 203) podría ser el inicio de una bella historia de amor. Una vez familiarizado con ella, quien retroceda y contemple el conjunto desde su perspectiva más amplia podrá admirar verdes laderas, prados y balnearios lacustres escondidos desde lo alto del Pilatus, el Rigi o el Stanserhorn, y no quedará defraudado. Kapellbrücke (puente de la Capilla; p. 203) sobre el río Reuss.

Jura rural

15 Hay que apartarse del mapa turístico para ver el Jura (p. 98), un cantón con forma de trébol y un remanso en la frontera francosuiza, con bosques, colinas onduladas, pueblos medievales y ritmo pausado. Los paisajes no son muy extensos, altos o emocionantes; viajar por esta región rural es una experiencia sensorial muy exquisita, con paseos en bicicleta, esquí de fondo por claros en silencio, noches en graneros, fabulosas fiestas agrícolas y quesos cortados en forma de flores.

Lo esencial

Para más información, véase 'Guía práctica' (p. 331)

Moneda

Franco suizo (abreviatura oficial CHF)

Idiomas

Alemán, francés, italiano, retorrománico

Visados

En general, no se precisan para estancias inferiores a 90 días. Los ciudadanos de algunos países de fuera de la UE necesitan un visado Schengen.

Dinero

Hay cajeros automáticos en todos los aeropuertos, casi todas las estaciones de tren y cada dos esquinas en ciudades y pueblos importantes; Visa, MasterCard y Amex se aceptan ampliamente.

Teléfonos móviles

La mayoría de los móviles funcionan en Suiza; hay que consultar tarifas con el proveedor habitual. Las tarjetas SIM locales de prepago son muy fáciles de conseguir.

Hora local

Hora central europea (GMT/UTC + 1 h)

Cuándo ir

Temporada alta (jul, ago y dic-abr)

- En julio y agosto, rutas de alta montaña para excursionistas y ciclistas.
- Navidad y Año Nuevo, deportes de nieve.
- De finales de diciembre a principios de abril, estaciones de esquí.

Temporada media (abr-jun y sep)

- Ofertas en estaciones de esquí y núcleos turísticos.
- La primavera es idílica, con temperaturas cálidas, flores y productos del país.
- Vendimia en otoño.

Temporada baja (oct-mar)

- Las estaciones de montaña se adormecen de mediados de octubre a principios de diciembre.
- Los precios bajan hasta un 50%.
- Los puntos de interés y los restaurantes reducen sus horarios.

Webs

My Switzerland (www.myswitzerland.com) Turismo suizo.

ch.ch (www.ch.ch) Gobierno.

Swiss Info (www.swissinfo.ch) Noticias y actualidad.

Lonely Planet (www.lonelyplanet.es) Información sobre destinos, reservas de hotel, foro de viajeros y otros.

SBB (www.sbb.ch) Ferrocarriles Federales Suizos.

Teléfonos útiles

Los números suizos empiezan con un prefijo de zona que debe marcarse siempre.

Prefijo de país	☎41
Código de acceso internacional	☎00
Policía	☎117
Ambulancia	☎144
Grupo Suizo de Rescate en Montaña	☎1414

Tipos de cambio

Argentina	1 ARS	0,05 CHF
Chile	100 CLP	0,16 CHF
Colombia	1000 COP	0,36 CHF
EE UU	1 US$	0,97 CHF
México	10 MXN	0,53 CHF
Venezuela	1 VEF	0,09 CHF
Zona euro	1 €	1,19 CHF

Pueden consultarse los tipos de cambio actualizados en www.xe.com.

Presupuesto diario

Hasta 200 CHF

- Cama en dormitorio colectivo: 30-60 CHF
- Habitación doble en hotel económico: desde 100 CHF
- Almorzar fuera y cenar en casa: desde 25 CHF

Entre 200-300 CHF

- Habitación doble en un hotel de dos o tres estrellas: desde 200 CHF (150 CHF fines de semana)
- Plato del día *(tagesteller, plat du jour, piatto del giorno)* o menú de dos platos: 40-70 CHF

Más de 300 CHF

- Habitación doble en un hotel de cuatro o cinco estrellas: desde 350 CHF (250 CHF fines de semana)
- Cena de tres platos en un restaurante de categoría: desde 100 CHF

Horario comercial

Hoy cada cantón decide los horarios de apertura de comercios y oficinas. Salvo las tiendas de 24 h y las de los aeropuertos y estaciones de tren, los domingos no hay horario comercial. Los horarios de temporada alta están visibles en monumentos y atracciones; fuera de temporada son más restringidos.

Bancos 8.30-16.30 lu-vi

Restaurantes 12.00-14.30 y 18.00-21.30; la mayoría cierra uno o dos días por semana

Tiendas 10.00-18.00 lu-vi, hasta las 16.00 sa

Museos 10.00-17.00, muchos cierran el lunes y amplían horario el jueves

Cómo llegar

Aeropuerto de Zúrich (ZRH; www.zurich-airport.com) Hasta nueve trenes SBB salen cada hora de 5.00 a 24.00 hacia Hauptbahnhof; un taxi al centro cuesta unos 60 CHF; en la temporada invernal de esquí hay autobuses a Davos y otras estaciones importantes.

Aeropuerto de Ginebra (GVA; www.gva.ch) Hay un tren SBB cada 10 min como mínimo a la Gare de Cornavin; un taxi al centro cuesta 35-50 CHF; en invierno hay autobuses a Verbier, Saas Fee, Crans-Montana y las estaciones de esquí de Francia.

Cómo desplazarse

El sistema de transportes públicos suizo, totalmente integrado, es uno de los más eficientes del mundo. Pero viajar es caro y si se piensa utilizar las líneas interurbanas, sale a cuenta un abono. Los horarios se refieren a los *Werktags* (laborables, lu-sa), a menos que se indique *ausser Samstag* (excepto sábados). Para horarios y billetes, dirigirse a www.sbb.ch.

Bicicleta Suiza está preparada para los ciclistas. Muchas ciudades tienen sistemas de alquiler de bicicletas gratuitos. Se pueden alquilar bibicletas y bicicletas eléctricas en las estaciones.

Autobús Útil para las zonas apartadas donde no llega el tren, el autobús de correos suizo está sincronizado con los trenes.

Automóvil Práctico para las regiones remotas con escaso transporte público.

Tren Los trenes suizos son un sueño. Hay numerosos abonos y billetes con descuentos.

Para más información sobre **cómo desplazarse**, véase p. 342.

Lo nuevo

Grand Tour of Switzerland

El recientemente inaugurado Grand Tour of Switzerland (http://grandtour.myswitzerland.com) reúne lo más importante del país, desde glaciares a ciudades cargadas de historia y desde pueblos medievales a lagos rodeados de viñedos, en un épico viaje de 1643 km. Desde el 2017 se puede realizar en un vehículo eléctrico (el E-Grand Tour), lo que le confiere unas credenciales ecológicas impecables.

Food Zürich

Zúrich se abre en masa a mercados, talleres, *brunches,* cenas bajo las estrellas y mucho más en este festival de septiembre (p. 244).

LAC –Lugano Arte e Cultura

El flamante centro cultural de Lugano, el LAC (p. 190), ha situado la ciudad en primera línea en cuanto a las artes. La soberbia galería MASI (p. 186) destaca por sus exposiciones de arte moderno y contemporáneo.

Túnel de base de San Gotardo

Su construcción ha tardado mucho tiempo, pero finalmente el túnel más largo del mundo (57 km), que ofrece una vía rápida a través de los Alpes, se ha concluido. Entró en funcionamiento en diciembre del 2016 y permite acortar en 30 min el viaje entre el norte y el sur de Suiza (p. 182).

Crans-Montana Youth Hostel

El albergue juvenil más nuevo de Suiza, ubicado en un sanatorio de la década de 1930, abrió sus puertas en el 2017. Las vistas son alucinantes (p. 161).

Museo de Fútbol de la FIFA

Todo gira en torno al fútbol en este museo que llegó pisando fuerte desde su inauguración en el 2016 (p. 240).

Il Fermento

La cerveza artesana está en su mejor momento en Suiza y la microcervecera Il Fermento se ha subido al carro. Es perfecta para degustar una IPA bien fría en las cálidas noches de Tesino (p. 186).

Funky Chocolate Club

Un divertido taller donde uno puede elaborar y disfrutar su propio chocolate en Interlaken (p. 121).

Cámara del Tesoro

Este nuevo museo de Vaduz custodia los tesoros más valiosos de Liechtenstein, desde joyas hasta armas, regalos reales o huevos de Febergé (p 308).

Null Stern Hotel

Un original hotel de cero estrellas, totalmente expuesto a los elementos en el corazón de los Alpes de Appenzell, con mayordomo, noches estrelladas y vistas increíbles (p. 271).

Museo de las Comunicaciones

Tras una completa remodelación, el Museum für Kommunikation de Berna abrió sus puertas en agosto del 2017 (p. 106).

Rehberger-Weg

Arte a la intemperie cortesía del escultor alemán Tobias Rehberger, que invita al visitante a detenerse en 24 puntos de esta ruta por la innovadora Basilea (p. 229).

Para más consejos y opiniones, véase **www.lonelyplanet.es**

En busca de...

Vistas de montaña

Los paisajes de montaña son colosales y sobrecogedores, pero con una condición: un cielo azul y despejado.

Eiger, Jungfrau y Mönch Caminar desde Grindelwald/Wengen o ir en teleférico a Kleine Scheidegg para ver de cerca las tres cumbres. (p. 115)

Cervino Subir al Gornergat Bahn de Zermatt o al Matterhorn Glacier Paradise para admirar este símbolo de Suiza. (p. 165)

Glaciar Aletsch Este glaciar, de 23 km de largo, se ve mejor desde Bettmerhorn o Eggishorn, en el Alto Valais. (p. 175)

Schilthorn Gozar de una panorámica de 360 grados de 200 picos desde el monte Titlis al Mont Blanc francés. (p. 138)

Jungfraujoch Un mirador para divisar picos de 4000 m, el glaciar Aletsch y la Selva Negra al fondo. (p. 129)

Monte Generoso Desde la cima (1704 m) se divisan los lagos italianos, los Alpes y los Apeninos. (p. 193)

Männlichen Vistas increíbles de los valles de Grindelwald y Lauterbrunnen desde el teleférico más largo de Europa. (p. 132)

Museos de arte

Suiza es mucho más que chalés rurales con geranios y cántaros de leche. Sin ir más lejos, esta impresionante colección de museos de arte.

Fondation Beyeler, Basilea La mejor colección de arte contemporáneo de Suiza. (p. 229)

Zentrum Paul Klee, Berna La réplica suiza al Guggenheim. (p. 106)

Fondation Pierre Gianadda, Martigny Picasso, Cézanne, etc. (p. 151)

Sammlung Rosengart, Lucerna Espléndida colección de Picasso. (p. 206)

Fondation Pierre Arnaud, Lens Deslumbrante arquitectura y galería a orillas de un lago, cerca de Crans-Montana. (p. 161)

Museo de Arte Moderno y Contemporáneo, Ginebra Instalación artística en una fábrica de 1950. (p. 50)

Sammlung Oskar Reinhart am Römerholz, Winterthur Todos los maestros modernos reunidos en una finca rural. (p. 254)

Stiftung Langmatt, Baden Opción comodín sita en una mansión señorial con piezas relativamente desconocidas de artistas famosos. (p. 236)

Viajar en familia

La oferta lúdica de los Alpes suizos abarca todas las edades. Y no solo se limita a dormir con vacas. En las ciudades hay museos para niños.

Verkehrshaus, Lucerna Subir a un avión o volar a la luna en el Museo del Transporte. (p. 203)

Col du Grand St Bernard Abrazar a san bernardos y pasear con ellos. (p. 153)

Vitra Design Museum, Weil am Rhein Rodar por los 38 m del tobogán en espiral de Carsten Höller. (p. 229)

Matterhorn Glacier Paradise, Zermatt Deslizarse por el hielo o bajar por la nieve con un neumático a 3883 m de altitud. (p. 166)

Saas Fee Dar de comer a las marmotas y bajar la montaña en patinete. (p. 173)

Gstaad Subir a la montaña rusa, ir en trineo con huskys o de excursión con llamas. (p. 144)

Swiss Knife Valley Museum, Brunnen Para construirse una navaja suiza. (p. 214)

Zentrum Paul Klee, Berna Exposiciones de arte interactivas y talleres. (p. 106)

Alimentarium, Vevey Talleres de cocina. (p. 76)

BORIS STROUJKO/SHUTTERSTOCK ©

San Galo (p. 266).

Castillos y abadías

Los paisajes suizos se ven realzados por abadías y castillos de postal, sitos en lo alto de las colinas o a orillas del agua.

Chillon Un camino floral conduce de Montreux hasta este gran castillo de piedra del lago Lemán. (p. 79)

Thun Ningun *schloss* (castillo) de la Suiza alemana es tan fantástico como esta hermosura de color rojo con torreones. (p. 136)

San Galo Esta grandiosa abadía alberga una extraordinaria biblioteca rococó. (p. 266)

Bellinzona Trío de castillos Patrimonio Mundial en la Ticino de estilo italiano. (p. 182)

Sion Fascinante pareja de castillos del s. XIII en afloramientos rocosos sobre las viñas. (p. 156)

Müstair Los frescos carolingios y románicos de la abadía son un tesoro de la Unesco. (p. 296)

Baden Visitar castillos en una región sacada de las leyendas artúricas: Lenzburg, Wildegg, Habsburgo y Hallwyl. (p. 235)

Chocolate

El país es sinónimo de chocolate. Más de la mitad del chocolate suizo se consume en el país.

El tren del chocolate Montar en un vagón Pullman de la *belle époque* desde Montreux hasta una fábrica de chocolate. (p. 342)

Funky Chocolate Club, Interlaken Pringarse elaborando chocolate (y atiborrándose de él) con ayuda de los divertidos empleados. (p. 121)

Schokoland, Lugano Un paseo por la historia del chocolate con degustaciones. (p. 187)

Maison Cailler, Broc Crear la tableta de chocolate soñada en un taller de esta fábrica de chocolate. (p. 89)

Villars Chocolate, Friburgo Chocolate elaborado con leche alpina de Gruyère a precio de fábrica y chocolate caliente con escamas de chocolate. (p. 88)

Verkehrshaus, Lucerna Recorrer el mundo del chocolate en Lucerna. (p. 203)

Café Sprüngli, Zúrich Café y chocolatería, que ha sido el epicentro de los dulces en Suiza desde 1836. (p. 246)

Milk Bar, Verbier Legendario café en un elegante complejo de esquí con exquisito chocolate a la taza. (p. 156)

Mes a mes

PROPUESTAS DESTACADAS

Festival de Lucerna, abril

Montreux Jazz, julio

Día Nacional de Suiza, 1 de agosto

Street Parade de Zúrich, agosto

L'Escalade, diciembre

Enero

El frío invernal vacía las ciudades, pero en los Alpes el esquí está en pleno apogeo. Estaciones glamurosas con famosos, pueblos alpinos perdidos..., Suiza posee una estación de esquí para cada talante.

Harder Potschete

El día más diabólico en Interlaken es el 2 de enero, cuando las verrugosas *Potschen* recorren la ciudad haciendo diabluras. La fiesta culmina con bebidas, música tradicional y festejos. (p. 119)

Vogel Gryff

En esta antigua fiesta folclórica de Basilea tres personajes fabulosos (un salvaje, un grifo y un león) ahuyentan al invierno con un baile de tambores sobre un puente de la ciudad. El salvaje llega en una balsa por el Rin. (p. 230)

World Snow Festival

Grindelwald brilla con increíbles esculturas de hielo durante este festival de seis días a finales de enero. Escultores de todo el mundo se reúnen para hacer alarde de su destreza con el hielo, desde animales gigantes a creaciones abstractas. (p. 124)

Febrero

El frío clima de las montañas se traduce en una temporada de esquí a todo gas. Las familias llenan las estaciones en las vacaciones escolares de febrero y los precios del alojamiento tocan techo.

Fasnacht

¿Los suizos, puritanos? Estos desfiles previos a la Cuaresma barren los cantones católicos durante el *Fasnacht* (Carnaval) con disfraces, música y diversión; un desmadre que se puede vivir en Lucerna o Basilea. (p. 230)

Marzo

La recta final de la temporada de esquí se mantiene activa gracias a unas temperaturas más moderadas y, según el año, a las vacaciones de Semana Santa.

Maratón de esquí de Engadina

Ver a 11 000 esquiadores calentando con la música de *Carros de fuego* es inolvidable, como también lo es este emblemático maratón de 42 km de esquí de fondo para los atletas que compiten a través de los lagos helados y los bosques de pinos que conforman los paisajes de la Engadina.

Abril

La primavera, con sus prados floridos, llega de pronto a los paisajes alpinos y, con ella, los primeros excursionistas del buen tiempo.

Festival de Lucerna

La Pascua da paso a este festival de música de fama mundial en Lucerna, con orquestas de cámara, pianistas y músicos de todos los rincones. (p. 206)

Junio

Con el calor llegan los festivales de arte. En las montañas los hoteles-chalé salen de su hibernación y saludan a los primeros excursionistas del verano.

Pride

Zúrich se viste de arcoíris durante este festival callejero LGBT: animados grupos de participantes, desfiles, conciertos, espectáculos y eventos. (p. 244)

St Galler Festspiele

Lo normal es que San Galo, llamada la "sala de escritura de Europa" en Suiza, sea el anfitrión de esta temporada de ópera de dos semanas. Empieza a finales de junio y las representaciones continúan en julio. (p. 267)

Julio

El mes de la música: los días soleados y el calor convierten las orillas de los lagos y los prados alpinos en escenarios perfectos para escuchar *yodel* y cuernos de los Alpes suizos.

Montreux Jazz

Una quincena de *jazz*, pop y *rock* a principios de julio es una buena excusa para incluir el Montreux Jazz en el itinerario del viajero. Algunos conciertos son gratuitos y muchos se celebran al aire libre. (p. 78)

Paléo

Otro evento en el lago Lemán: seis días de músicas del mundo al aire libre. Nacido en los años setenta, está considerado el rey de los festivales musicales del verano. A finales de julio, Nyon es otra cita interesante. (p. 72)

Festival de Verbier

Este importante festival de música clásica dura dos semanas, de julio a principios de agosto. Durante el Festival Off, alternativo y paralelo al oficial, hay numerosos conciertos y actividades gratuitos. (p. 155)

Agosto

El sol y los cielos limpios de los Alpes atraen a excursionistas, ciclistas y familias de veraneo: un patín en el lago Lemán es un sitio estupendo para ver los fuegos artificiales del 1 de agosto, la fiesta nacional.

Swiss National Day

Los fuegos artificiales iluminan lagos, montañas, pueblos y ciudades de todo el país en esta fiesta nacional que celebra la creación de Suiza. Destaca la iluminación del Rheinfall. (p. 67)

Schwingen

En estas fiestas tan divertidas de Davos, hombres rechonchos y panzudos se baten entre serrín para conseguir el título de campeón de *schwingen* (lucha libre alpina suiza). (p. 292)

Street Parade

A mediados de agosto llega la fiesta callejera más multitudinaria de Europa, la Street Parade de Zúrich, que se celebra desde 1992. (p. 244)

Fêtes de Genève

Ginebra es el escenario de uno de los festivales más intensos del verano, con un sinfín de restaurantes *pop-up,* fiestas y conciertos durante 10 días. (p. 52)

Septiembre

Los días otoñales y la vendimia lo convierten en el mes ideal para excursiones campestres. En los Alpes, el retorno de las vacas al hogar es un espectáculo.

La Désalpe de Charmey

Las vacas descienden de las zonas estivales de pastoreo en medio de un ambiente festivo y acompañadas de vecinos con los atuendos tradicionales. (p. 90)

Octubre

Mientras se cosechan las últimas uvas y se abren las primeras botellas de vino, caen dulces castañas de los árboles. Hace frío y las primeras nevadas cortan los puertos de montaña.

Foire du Valais

Las vacas compiten por el título de "reina bovina" el último día de la temporada de lucha de vacas en esta feria regional de 10 días. Se celebra en Martigny, en el Bajo Valais. Una excusa para beber y divertirse. (p. 151)

Diciembre

Los días son cortos y fríos en todas partes, pero hay mercados navideños y celebraciones festivas, por no mencionar el inicio de la temporada de esquí alpino a mediados de mes.

L'Escalade

Procesiones a la luz de las antorchas por el casco antiguo, hogueras, una carrera urbana para niños y adultos y deliciosos cuencos de chocolate: la gran fiesta de Ginebra del 11 de diciembre no puede ser más divertida. (p. 52)

Itinerarios

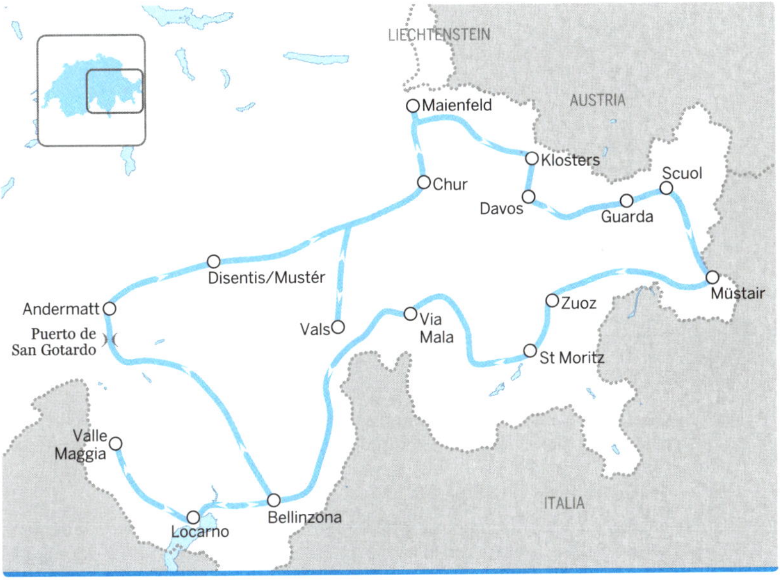

2 SEMANAS Perderse por los Grisones y Tesino

Cualquier punto es bueno para acometer esta ruta circular al sureste de Suiza, que recorre los accidentados paisajes alpinos de los Grisones (Graubünden en alemán) y las soleadas regiones y localidades lacustres de Tesino (de lengua italiana).

Desde **Chur** hay que ir al norte para conocer la bonita **Maienfeld** y sus viñedos. Después, rumbo al este para esquiar en **Klosters** y **Davos** y luego adentrarse en el valle de Engadina, con encantadoras poblaciones como **Guarda** y **Scuol.** La carretera continúa hacia el sureste hasta la frontera con Austria, que hay que cruzar y dirigirse al sur por tierras austriacas e italianas, antes de volver a Suiza para contemplar los frescos de **Müstair.** Se continúa hacia el suroeste por los paisajes de postal de **Zuoz** hasta la elegante **St Moritz.** Después se sube al puerto de montaña de Julier y se baja por los desfiladeros de **Via Mala.**

La carretera que lleva rumbo sur atraviesa Tesino y **Bellinzona,** pasa por **Locarno,** a orillas del lago, y llega al **Valle Maggia.** Toca retroceder hasta **Bellinzona** y tomar la carretera que atraviesa el Valle Leventina, antes de cruzar el **puerto de San Gotardo** para llegar a **Andermatt.** Se puede echar un vistazo al monasterio de **Disentis/Mustér** antes de sumergirse en el *spa* de diseño de **Vals,** una última y recomendada para regresar a Chur.

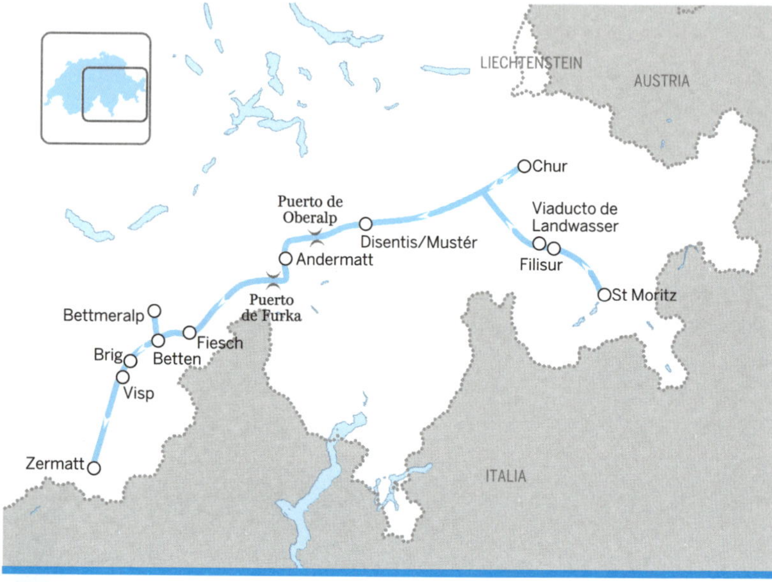

1 DÍA O UNA SEMANA

El 'Glacier Express'

Desde 1930 este tren, que recorre 290 km, es imprescindible para todo viajero y marca el inicio del turismo de invierno en los Alpes suizos. Puede realizarse en cualquier época del año, ya sea de un tirón (8 h) o, lo que es más divertido, por etapas y pernoctando en algunos de los enclaves alpinos más glamurosos.

El viaje es espectacular en ambos sentidos, pero con el tren de color cereza desde **St Moritz** (se aconseja sentarse en el lado izquierdo o sur del vagón), en la Alta Engadina, el ascenso es gradual hasta el clímax del viaje: el mítico monte Cervino. A una hora de St Moritz, después de **Filisur** el tren emerge de un túnel y aparece frente a los seis arcos de piedra oscura del **viaducto de Landwasser** (1901-1902), 65 m sobre el río del mismo nombre, trazando una amplia y fotogénica curva. La ciudad más antigua de Suiza y capital de los Grisones, **Chur,** a unas 2½ h de St Moritz, es una opción bonita para pasar la noche, con un casco antiguo, hoteles históricos y muchos cafés y bares.

Desde Chur la vía serpentea por el valle del Rin y atraviesa la espectacular garganta del Rin (Ruinaulta en retorrománico), conocida como "el Gran Cañón de Suiza", con curiosas formaciones rocosas. A continuación, un ascenso gradual hasta **Disentis/Mustér,** con un monasterio benedictino del s. XVIII, y luego una empinada subida hasta el **puerto de Oberalp** (2044 m), el punto más alto del viaje, nevado de noviembre a abril. Después para en la estación de esquí de **Andermatt,** perfecta para estirar las piernas cansadas y hacer noche. El trayecto continúa con un descenso y después un ascenso hasta el **puerto de Furka,** que se sortea a través del túnel alpino más elevado de Suiza (y el más largo de los 91 túneles de la ruta, con 15,4 km). La siguiente parada es **Betten,** la estación del teleférico que sube al bonito pueblo y estación de esquí de **Bettmeralp,** libre de automóviles. Uno puede bajarse aquí o en el cercano **Fiesch** para pasar un día de senderismo o esquí y ver la colosal lengua helada del glaciar Aletsch. A continuación, el *Glacier Express* gira hacia el suroeste por el valle del Ródano y se interna en el Valais. Para en **Brig,** donde hay un ecléctico *schloss* (castillo) coronado por exóticas cúpulas bulbosas, en la ciudad vinícola de **Visp** y, por último, en **Zermatt,** donde el primer atisbo del Cervino es el colofón perfecto del viaje.

1 MES Lo mejor de Suiza

Esta ruta circular recorre en un mes lo mejor de Suiza, desde lagos a viñedos, montañas y merengues.

Se comienza en **Ginebra,** con interesantes museos y el emblemático surtidor. Se puede seguir la carretera lenta hacia el este, paralela a la orilla sur del lago, en Francia (con parada para almorzar en **Yvoire**), o la carretera rápida (A1), paralela a la orilla norte suiza (aquí se puede almorzar en **Lausana, Vevey** o **Montreux**). Luego para en **Martigny,** con gran oferta artística, y **Sion,** coronada por un castillo. Un paseo por aquí permite ver sus viñedos y disfrutar de sus vinos y la cocina del Valais. Yendo hacia el este por el valle del Ródano, conviene parar en **Leukerbad** por sus baños termales. En **Visp** hay que dirigirse hacia el sur para contemplar el Cervino desde las calles, laderas y senderos de la elegante **Zermatt,** vedada a los automóviles.

La segunda semana pruébese el *Glacier Express* para ir en tren a **Oberwald.** Se puede parar en **Betten** y subir en teleférico al fotogénico **Bettmeralp,** con calles sin tráfico y vistas increíbles del glaciar Aletsch (de 23 km de largo) desde lo alto del Bettmerhorn. A partir de Oberwald se toma rumbo norte por el puerto de montaña de Grimsel (2165 m) hasta **Meiringen** (¡aquí hay que comer merengue!) y oeste para entrar en la región del Jungfrau, con su tren a la estación de esquí más alta de Europa; lo mejor es alojarse en **Interlaken** o **Grindelwald.** Aquellos que prefieran la pasión italiana a los extremos alpinos pueden continuar en el *Glacier Express* hasta **Andermatt** y desde allí dirigirse al Tesino para ver los lagos y ciudades de **Lugano** y **Locarno.**

La tercera semana se va en dirección norte hasta **Lucerna,** de donde salen barcos a bonitas poblaciones a orillas del lago como **Weggis** y **Brunnen.** Tras saborear un *kirschtorte* (pastel de cerezas) en la rica y medieval **Zug** se sigue hacia el norte para pasar cinco días en **Zúrich.** Si apetece cruzar la frontera, **Vaduz,** capital de Liechtenstein, queda cerca. **San Galo** es la siguiente parada. Desde allí se puede dedicar una semana a recorrer el norte de Suiza. Desde el Jura hay que ir hacia el sur hasta Neuchâtel, en la ribera norte del lago homónimo. De allí la autopista lleva a Lausana, junto al lago Lemán, o incluso hasta Ginebra.

2 SEMANAS De ciudad en ciudad

Este viaje de Ginebra a Zúrich (385 km) combina la energía metropolitana con el encanto de los pueblos. Es muy fácil hacerlo en automóvil o en transporte público o ir en avión a una de las dos ciudades y regresar al punto de partida en tren (2¾ h).

Visítese **Ginebra,** la ciudad más cosmopolita de Suiza. Luego, tras recorrer la orilla del lago alpino mayor de Europa, se llega a la vibrante **Lausana,** una empinada ciudad ribereña con bares y terrazas muy animados y un bonito casco antiguo. Se continúa por la misma ruta, apodada la "Riviera suiza", hasta la **región vinícola de Lavaux** y más allá, pasando junto al ribereño Château de Chinon hasta llegar a **Montreux.** Se sigue en dirección norte hasta **Gruyères.** Más al norte se halla **Friburgo,** en la frontera idiomática del francés y el alemán. Después se pasa por **Berna,** la bonita capital suiza. El recorrido baja a las poblaciones ribereñas que rodean **Interlaken** (ideal para esquiar y realizar otras actividades al aire libre) para luego ir al norte hasta **Lucerna.** Más adelante el ambiente cambia radicalmente: después de **Zug** está **Zúrich,** la ciudad más moderna y animada de Suiza.

1 SEMANA Tesoros del norte

Maravillas artísticas, arquitectónicas y naturales son el epicentro de esta ruta de una semana por el olvidado norte del país. Además de sus maravillas naturales, Suiza también se jacta de interesantes obras realizadas por el hombre, y el mejor lugar para apreciarlas es **San Galo,** sede de una gran abadía y de una iglesia, que custodian una de las bibliotecas más antiguas del mundo (Patrimonio Mundial de la Unesco). Un buen queso en **Appenzell,** a 50 min de San Galo con un tren de vía estrecha, y luego rumbo oeste por la ribera sur del **lago de Constanza** (ideal para deportes de verano) o hacia **Winterthur** (con museos de arte y un centro científico que divertirá a los niños). Ambas rutas terminan en **Schaffhausen,** ciudad medieval que podría encontrarse perfectamente en Alemania. Imprescindible parar en **Rheinfall,** la mayor catarata de Europa. Se recomienda seguir hacia el oeste y disfrutar de la riqueza artística de **Basilea.** Se puede ir por las bonitas **Baden** y **Aarau.** Desde Basilea es un corto trayecto al oeste por la carretera hacia el interior del inexplorado Jura. Más al oeste queda **La Chaux-de-Fonds,** ciudad natal de Le Corbusier, que alberga algunas de las primeras obras del arquitecto.

Escalada en el glaciar Aletsch (p.175), Valais.

Puesta a punto

Al aire libre

En un país donde hacer senderismo por un puerto de montaña a 2500 m es un paseo dominical y los niños de tres años esquían como si nada, decir que los suizos son deportistas sería quedarse corto: son hiperactivos. ¿Por qué? No hay más que ver el patio de recreo que tienen a su disposición, con picos colosales, ríos bravos y laderas que invitan a las aventuras al aire libre.

Las mejores aventuras al aire libre

El mejor esquí

St Moritz (p. 297) Terreno variado y excelente, 350 km de pistas, descenso por glaciares y opciones de *freeride*.

El mejor excursionismo

Faulhornweg (p. 126) Excursión clásica de la alta montaña alpina, con vistas del macizo del Jungfrau, coronado por un glaciar, y de los lagos Thun y Brienz.

La mejor escalada

Zermatt (p. 165) El paraíso del alpinismo, donde los escaladores en roca pueden entenderse con los 'cuatromiles'y medir sus fuerzas en el Cervino o Matterhorn.

El mejor 'rafting'

Swissraft (p. 285) Los rápidos del Vorderrhein pasan por formaciones de arenisca en el desfiladero del Rin.

El mejor ciclismo de montaña

Klosters y Davos (pp. 289 y 291) Ideales para los *freeriders*, con 600 km de pistas de ciclismo de montaña, incluidos algunos descensos peliagudos.

Planificar las actividades al aire libre

En Suiza todo funcionará mejor con un poco de planificación. Hay que tener presente la necesidad de reservar los refugios de montaña con antelación (sobre todo en verano); o escoger una base y planificar excursiones de un día desde allí. Los destinos populares de aventuras también se llenan enseguida, por lo que hay que reservar antes de desplazarse. Se pueden evitar colas y ahorrar dinero comprando los forfaits y alquilando el equipo por internet.

El tiempo en los Alpes es impredecible. Incluso en agosto, en un mismo día pueden sucederse el sol, la niebla, las tormentas y la nieve; conviene consultar el pronóstico en www.meteoschweiz.ch antes de salir.

Dic-abr Las pistas están llenas de esquiadores y *snowboarders* hasta Semana Santa. Los precios suben en las vacaciones escolares.

Mayo y junio Hay menos gente y suele hacer buen tiempo. Se conservan neveros por encima de los 2000 m. Muchos refugios permanecen cerrados y el transporte de montaña es limitado.

Julio y agosto Numerosos excursionistas y ciclistas recorren los Alpes suizos. Todos los remontes y refugios de montaña están abiertos (conviene reservar).

Sep-ppios oct Puede ser una época muy bonita o muy gris, es cuestión de suerte. Los precios de los alojamientos bajan, al igual que la clientela, pero muchos hoteles y remontes están cerrados.

Med oct-nov Suele haber lluvias, niebla y nieve por encima de los 1500 m. Muchas localidades turísticas hibernan.

Esquí y 'snowboard'

En un país donde cualquier aldea con 10 habitantes y 50 vacas tiene un remonte, la pregunta no es dónde esquiar, sino cómo. Lujoso o básico, alocado o fotogénico, novato o veterano, pista negra o azul, Suiza satisface todos los niveles y preferencias.

Clasificación de las pistas de esquí

Las pistas se clasifican por colores según su dificultad:

Azules Fáciles y bien alisadas, aptas para principiantes.

Rojas De nivel intermedio; están alisadas, pero son más empinadas y estrechas que las azules.

Negras Suelen ser muy empinadas y no siempre alisadas con máquinas, algunas con bañeras y caídas muy verticales. Solo para expertos.

Seguridad en la montaña

- Hay que hacer caso de los avisos de aludes y pedir consejo a alguien de la zona antes de salir fuera de pista.
- Nunca se debe esquiar fuera de pista en solitario. Hay que llevar una sonda y un transmisor para avalanchas, una pala y un guía profesional.

- Consúltese el boletín diario de aludes en www.slf.ch o llamando al ☎187.
- Hay que llevar gafas de esquiar y una crema de protección solar alta, ya que el reflejo en la nieve potencia el efecto del sol.
- Lo mejor para adaptarse a los cambios constantes de temperatura corporal es vestirse con varias capas. Llévense la cabeza, las muñecas y las rodillas protegidas.
- Antes de esquiar por una pista negra es mejor hacerse un seguro; los gastos médicos y de rescate en la alta montaña pueden ser prohibitivos.

Forfaits, alquiler y clases

Suiza es cara y el esquí no es una excepción. Para reducir costes se pueden evitar las vacaciones escolares y elegir pueblos modestos en vez de estaciones de categoría. Los forfaits no son baratos: unos 70 CHF por día o 350 CHF por 6 días. Añádanse unos 40 a 70 CHF diarios por el alquiler de los esquís y 20 CHF por el de las botas, que pueden reservarse en www.intersportrent.com. El material para niños cuesta más o menos la mitad.

Todas las estaciones grandes tienen escuelas de esquí. Una clase de medio día en grupo ronda los 50-80 CHF. **Schweizer Skischule** (www.swiss-ski-school.ch) tiene un mapa interactivo de 170 escuelas de esquí por todo el país. Una ventaja para los aficionados al esquí es el **Magic Pass** (www.magicpass.ch; adultos/niños 1299/799 CHF), que pretende atraer a esquiadores a los complejos menos conocidos del país. Abarca 25 resorts y es válido para toda la temporada de esquí (nov-abr). A veces hay tarifas promocionales en internet.

LAS MEJORES PISTAS PARA...

'Snowboard' Saas Fee, Laax o Davos.

Familias Arosa, Lenzerheide, Bettmeralp o Klosters.

Fuera de pista Engelberg, Andermatt, Verbier o Davos.

Esquí en glaciar Glacier 3000 cerca de Gstaad, monte Titlis en Engelberg o Saas Fee.

Esquí con vistas Zermatt o Männlichen.

Descensos aterradores El Muro Suizo en Champéry o el Inferno desde Schilthorn hasta Lauterbrunnen.

Esquí de fondo Davos, Arosa o Kandersteg.

No esquiadores Gstaad o Grindelwald.

GORILLAIMAGES/SHUTTERSTOCK ©

Esquí cerca del Matterhorn (p. 165), Zermatt.

Regiones

En Suiza existen muchas estaciones fantásticas. Las siguientes regiones de esquí son solo una muestra.

Los Grisones

Los escarpados Grisones contienen estaciones legendarias. La primera es la chic St Moritz (p. 297), con 350 km de pistas bien cuidadas, descensos por glaciares y opciones de practicar *freeride*. Las estaciones gemelas de Klosters (p. 289), la bonita, y Davos (p. 291), la popular, comparten 320 km de pendientes; la última tiene parques y *half-pipes* excelentes. Los *snowboarders* también se lo pasan en grande con los parques de *snow*, *freeriding* y el ambiente de *après-ski* de Laax (p. 284). Más dirigidas a familias son Arosa (p. 283) y Lenzerheide (p. 281), en el valle contiguo, con pistas

PHOTOSTOCKAR/SHUTTERSTOCK ©

Escalada por una catarata helada.

espectaculares para principiantes, de nivel intermedio y amantes del fondo. Para huir de las multitudes las mejores son Pizol (p. 288), Scuol (p. 294), Samnaun (p. 295) y Pontresina (p. 303).

Valais y Vaud

No hay nada como esquiar a la sombra del monte Cervino (Matterhorn en alemán), que se eleva 1478 m por encima de Zermatt (p. 165). La estación, libre de automóviles, tiene 360 km de pistas panorámicas ideales para el *snowboard*, el esquí de nivel intermedio y el esquí fuera de pista. Casi igual de bonita es la Crans Montana (p. 161), ideal para principiantes por sus pistas suaves y soleadas, con el Cervino y el Mont Blanc en el horizonte. En Verbier (p. 154) hay fantástico esquí fuera de pista para los expertos. Los *snowboarders* prefieren Saas Fee (p. 173), lamida por glaciares y con nieve asegurada. Cerca de la estación francesa de Portes du Soleil está la suiza Champéry (p. 152), con acceso a 650 km de pistas. Para familias es ideal Bettmeralp (p. 176), poco conocida y con menos colas en un tranquilo rincón del Valais.

Oberland bernés

En el corazón de este paraíso invernal se halla la región del Jungfrau, una belleza alpina que se conserva inmaculada y contiene 214 km de pistas bien cuidadas, desde muy fáciles hasta espeluznantes, con vistas fugaces a los "tres grandes": el Eiger, el Mönch y el Jungfrau. Grindelwald (p. 122), Wengen (p. 133) y Mürren (p. 134) ofrecen esquí variado y un ambiente relejado y familiar. Al oeste, la ostentosa Gstaad (p. 144) ofrece 220 km de pistas ideales para el esquí de descenso y en la cercana Glacier 3000 (p. 145) se puede esquiar sobre un glaciar fuera de temporada.

Centro y noreste de Suiza

Engelberg (p. 218), dominada por el monte Titlis (p. 221) y su glaciar, es la gran desconocida pese a tener pistas con nieve asegurada y un impresionante telón de fondo montañoso. Aquí el verdadero tesoro es el esquí fuera de pista, como en Galtiberg, un descenso en vertical de 2000 m del glaciar al valle. La increíblemente agreste Andermatt (p. 223) es la favorita para la marcha nórdica y el *snowboard*.

IOANA CATALINA E/SHUTTERSTOCK ©

Excursionismo cerca del Matterhorn (p. 165), Zermatt.

Recursos

Libros

- *Which Ski Resort – Europe* (Pat Sharples y Vanessa Webb) Guía bien documentada de las 50 mejores estaciones de Europa.
- *Where to Ski and Snowboard* (Chris Gill y Dave Watts) Una guía actualizada de las pistas que abarca todos los aspectos del esquí.

Webs

Bergfex (www.bergfex.com) Completa web con mapas de pistas, partes de nieve y datos de 226 estaciones suizas.

On the Snow (www.onthesnow.co.uk) Reseñas de estaciones suizas, partes de nieve, *webcams* e información sobre forfaits.

If You Ski (www.ifyouski.com) Guías de estaciones, buenos precios para esquiadores e información sobre alquiler de equipo y escuelas.

MadDogSki (www.maddogski.com) Guías de esquí divertidas y consejos varios: desde alojamiento a *après-ski*.

World Snowboard Guide (www.worldsnowboardguide.com) Dedicada al *snowboarding*. Tiene datos sobre casi todas las estaciones suizas.

Where to Ski & Snowboard (www.wheretoskiandsnowboard.com) Descripciones y críticas de estaciones, con noticias y el tiempo.

Senderismo y excursionismo

Ya al colgarse la mochila y echar a andar el viajero apreciará la grandeza de este pequeño país: más de 60 000 km de senderos señalizados surcan el territorio.

Descripción de los paseos

- La duración y la distancia indicadas son orientativas.
- La duración indica el tiempo dedicado a caminar, pero no incluye las paradas para comer, descansar, hacer fotos o los desvíos.
- La distancia tiene en cuenta la altitud: una elevación significativa puede comportar más tiempo de paseo que una distancia lateral.

Excursionismo seguro y responsable

Para conservar el medio ambiente y la belleza de Suiza síganse los consejos siguientes.

- Páguense todas las tarifas establecidas y búsquese información fiable sobre las condiciones medioambientales (p. ej. la facilitada por las autoridades de los parques).
- Camínese solo por regiones y senderos adecuados a su experiencia. Deben aumentarse las distancias y altitudes gradualmente.

ESQUÍ A BUEN PRECIO EN INTERNET

- Para buenas ofertas de último minuto y paquetes de precio reducido consúltense webs como www.igluski.com y www.j2ski.com. En las oficinas de turismo locales, Snowfinders (www.snowfinders.co.uk) y My Switzerland (www.myswitzerland.com) también hay buenas ofertas.
- Para saltarse las colas se puede comprar el forfait por internet. Swiss Passes (www.swisspasses.com) ofrece descuentos de hasta el 30% sobre el precio normal.

IRRESISTIBLES PARA LOS NIÑOS

- Ir al Rin montado en una vaca en Hemishofen (p.262).
- Sobrevolar Grindelwald a toda velocidad en la tirolina First Flyer (p. 128).
- Montar en un trineo tirado por huskies en Glacier 3000 (p. 145), cerca de Gstaad.
- Lanzarse por la nieve en el tobogán de 15 km que sale de Faulhorn (p. 128).
- Ir montaña abajo en patinete o moto de *cross* en estaciones de todo el país (p. 128).
- Balancearse sobre las copas de los árboles en el Adventure Park de Rheinfall (p. 262).
- Lanzarse por la pista ultra rápida Feeblitz (p. 174) en Saas Fee.

- Cíñase a la ruta señalizada para evitar la erosión y por seguridad personal.
- No andar en solitario por las montañas. Para un paseo seguro se deben ser como mínimo dos personas.
- Llevarse consigo toda la basura producida.

Descripción de los paseos

A los suizos les encanta contar que los 62 500 km de senderos de su país darían la vuelta al planeta 1,5 veces. Y, dada la precisión suiza, los caminos están muy bien señalizados y cuidados. Con todo, se recomienda llevar un mapa topográfico decente y una brújula para caminar por los Alpes. Los senderos están señalizados por colores según su nivel de dificultad:

Amarillo Fáciles; no hace falta tener experiencia.

Blanco-rojo-blanco Senderos de montaña. Hay que llevar calzado seguro, pues a veces son peligrosos.

Blanco-azul-blanco Rutas por la alta montaña alpina. Solo para los que estén muy en forma, pues a veces hay que escalar o pasar por glaciares.

Rosa Senderos preparados para caminar en invierno.

Regiones

Los excursionistas alpinos prefieren los senderos de las alturas del Oberland bernés, del Valais y de los Grisones, a menudo con caminatas agotadoras y paisajes magníficos. Las zonas bajas, como la región vinícola de Lavaux y la bucólica comarca lechera en torno a Appenzell, pueden resultar igual de atractivas y son accesibles casi todo el año. En verano algunas oficinas de turismo (p. ej. la de Lugano) organizan excursiones guiadas, gratis si se posee una tarjeta de huésped local. Otras zonas, como Davos-Klosters y Arosa, ofrecen en verano transporte gratis a la montaña a cambio de una pernoctación.

Las mejores excursiones

Excursión de un día por los Alpes altos Abordar el Faulhornweg para vistas increíbles de los lagos Thun y Brienz, el Eiger, el Mönch y el Jungfrau.

Senderismo por montañas épicas Asombrarse ante el poderoso Cervino en el Matterhorn Glacier Trail, una senda con glaciares y picos de 4000 m. O ver de cerca el Eiger y los otros gigantes del Jungfrau en el Eiger Trail, que sale de Kleine Scheidegg.

Caminata por un glaciar Impresionarse ante el glaciar Aletsch y buscar ovejas de nariz negra.

Excursión familiar Entretener a los niños en el sendero Globi de Lenzerheide (con mucha acción), el Felixweg de Männlichen (lleno de marmotas) o paseando un san bernardo en el puerto homónimo.

Sendero vitícola Dar un paseo apto para familias por los viñedos del valle del Ródano en el Sentier Viticole, desde Sierre a Salgesch. El mejor momento es un día otoñal de septiembre coincidiendo con la vendimia.

Excursión poco convencional Admirar la belleza del Parque Nacional Suizo en la exigente senda de los lagos de Macun.

Paseo veraniego Caminar sin prisa por pueblos rústicos y caminos de herradura en el paseo de Cima della Trosa, con vistas al lago Maggiore.

Excursión con sillita Pasear con niños pequeños es pan comido en los senderos aptos para cochecitos de Zermatt y Verbier.

Alojamiento

Uno de los grandes placeres del excursionismo alpino es alojarse en un refugio de montaña, y el **SAC** (SAC; www.sac-cas.ch; 20-40 CHF por persona no socia, hasta 28 CHF

Parapente en los Alpes suizos.

socios) gestiona 152 de ellos. Es esencial reservar. Afiliarse cuesta entre 80 y 175 CHF al año y da derecho a descuentos en los refugios, rocódromos, circuitos, mapas y guías del SAC.

Si se hace senderismo por las tierras bajas y apetece una vuelta a lo natural hay granjas que ofrecen alojamiento. Están las opciones **Agrotourismus Schweiz** (☎ 031 359 50 30; www.agrotourismus.ch) y **Swiss Holiday Farms** (☎ 031 329 66 99; www.bauernhof-ferien.ch).

Recursos

Libros

Rother (www.rother.de) y **Cicerone** (www.cicerone.co.uk) publican guías de senderismo regionales para Suiza.

➡ *Walking Easy in the Swiss & Austrian Alps* (Chet Lipton) Incluye paseos suaves de 2 a 6 h por las zonas más conocidas.

➡ *100 Hut Walks in the Alps* (Kev Reynolds) Detalla 100 rutas alpinas de refugio en refugio para todos los niveles.

➡ *Trekking in the Alps* (Kev Reynolds) Aborda 20 caminatas alpinas e incluye mapas y perfiles de rutas.

Webs

Se pueden planificar excursiones con las rutas, mapas y descargas de GPS de las siguientes:

Switzerland Tourism (www.myswitzerland.com) Información de todo tipo de caminatas. Los usuarios de iPhone pueden descargarse una aplicación con 32 paseos.

Wanderland (www.wanderland.ch) La web definitiva sobre excursionismo en Suiza. Permite buscar rutas y alojamiento por región y tema e informa sobre eventos, guías, mapas y paquetes turísticos.

Mapas

Un buen plano general es el mapa nacional nº 729 *Suiza* de Michelin, a escala 1:400 000. Hay un mapa interactivo de senderismo en http://map.wanderland.ch, y www.myswitzerland.com/map ofrece un mapa del país con zum.

En las siguientes webs pueden comprarse mapas de excursionismo de gran calidad:

Kümmerly + Frey (www.swisstravelcenter.com) Mapas de todo el país. La mayoría son a escala 1:60 000 y lo suficiente precisos para una correcta orientación.

Swiss Alpine Club (www.sac-cas.ch) Mapas muy detallados y fiables de los senderos a escala 1:25 000.

Ciclismo de carretera y de montaña

Rutas

Los ciclistas cuentan con 9000 km de senderos de ciclismo y 4500 km de rutas de ciclismo de montaña. Andermatt es una base estupenda para quienes deseen poner a prueba su resistencia en puertos de montaña como Furka, Oberalp y San Gotardo. Dos rutas nacionales fantásticas salen de aquí: una de 320 km hasta Ginebra, que pasa por el glaciar del Ródano y el bucólico Goms, y un recorrido agotador de 430 km que discurre junto al Rin hasta Basilea. Los ciclistas expertos que buscan fuertes pendientes y vistas impresionantes acuden a Lenzerheide y a Klosters y Davos.

Los ciclistas de montaña y de descenso prefieren las estaciones de esquí alpinas como Arosa. Davos y Verbier cuentan con parques de obstáculos.

Alquiler de bicicletas

En todas las ciudades grandes se alquilan bicicletas. Muchas poblaciones ofrecen alquileres gratuitos de abril a octubre gracias a la iniciativa ecologista **Schweiz Rollt** (Suisse Roule; www.schweizrollt.ch), entre ellas Berna, Zúrich, Ginebra, Martigny, Sion y Neuchâtel.

En las principales estaciones de tren **SBB Rent a Bike** (☎ 041 925 11 70; www.rentabike.ch; medio día/día entero desde 27/35 CHF) dispone de bicicletas de ciudad, de montaña, eléctricas y tándems (35/43/54/80 CHF por día). Por 8 CHF más se puede recoger la bici en una estación y dejarla en otra. Se pueden reservar por internet. Un abono de un día para llevar la bicicleta en los trenes SBB cuesta 20 CHF.

Para estancias más largas merece la pena darse de alta en el sistema público de préstamo de bicicletas **PubliBike** (www.publibike.ch/en), con casi 100 estaciones de recogida por todo el país y una módica cuota anual. También existe la opción QuickBike, de 24 h. Se gestiona a través de la web.

Gletscherschlucht (Garganta glacial; p. 122).

Recursos

Veloland (www.veloland.ch) Información sobre ciclismo en Suiza, desde rutas a alquiler de bicis, eventos y circuitos familiares.

Mountainbikeland (www.mountainbikeland.ch) Rutas nacionales, regionales y locales.

GPS Tour (www.gps-tour.info) Numerosos circuitos en bicicleta con GPS y bicicleta de montaña por Suiza para descargar.

Deportes acuáticos y de aventura

Escalada en roca

Suiza es un lugar mítico para el montañismo desde que Edward Whymper escalara por primera vez el Matterhorn en 1865, pese a que una tragedia con una cuerda rota empañara esta hazaña. Los alpinistas expertos tienen a su alcance algunos de los ascensos más duros de Europa: el monte Rosa (4634 m), el Cervino o Matterhorn (4478 m), el Mont Blanc (4807 m) y el Eiger (3970 m). Los escaladores en hielo acuden a las cascadas congeladas del agreste Kandersteg, mientras que monolitos nevados como el Piz Bernina atraen a escaladores a Pontresina.

Los rocódromos de Chur e Interlaken son perfectos para entrar en calor.

Algunos recursos son:

SAC (www.sac-cas.ch) Información sobre los rocódromos, circuitos y cursos en todo el país.

Schweizer Bergführerverband (www.4000plus.ch) Web oficial de la Asociación Suiza de Guías de Montaña.

Rock Climbing (www.rockclimbing.com) Detalles sobre cientos de circuitos suizos para escalar en roca, muchos de ellos con niveles y fotos de escaladas.

Verband Bergsportschulen Schweiz (www.bergsportschulen.ch) Aquí se hallan las mejores escuelas de deportes de montaña de Suiza.

'Via Ferrata'

Para vivir la emoción del alpinismo pero con la seguridad de estar atado a la pared rocosa, se recomienda una *via ferrata* (*Klettersteig* en alemán). Hoy estas rutas con cuerda fija causan furor en Suiza. Las favoritas: Andermatt y Mürren por el paisaje y Leukerbad y Kandersteg por el reto que suponen.

'Via Ferrata' (www.viaferrata.org) ofrece mapas y rutas clasificadas según su dificultad.

Parapente y ala delta

En Suiza, allí donde haya una buena brisa y una montaña habrá un parapente tándem y ala delta.

En los dominios del glaciar Aletsch, catalogado por la Unesco, Fiescheralp es un punto estupendo para planear por las corrientes térmicas, al igual que First por sus vistas del imponente Jungfrau. Si se prefieren los paisajes lacustres, se pueden sobrevolar las aguas de los lagos Lucerna y Lugano.

'Puenting'

En las oficinas de turismo regionales tienen información de expertos en *puenting*. Se recomiendan el salto de Gletscherschlucht (p. 122), en Grindelwald, y el de 134 m de Stockhorn, cerca de Interlaken. Para emular a James Bond hay que ir a la presa de Verzasca (p. 198), el segundo salto más alto del mundo. Mide 220 m y aparece en la primera escena de *GoldenEye*.

'Skydiving' y salto BASE

En Interlaken, meca del deporte extremo, se practica el *skydiving* (paracaidismo).

EL SEIS DEL SOCORRO

La señal de socorro normal en los Alpes es de 6 silbidos, 6 llamadas, 6 nubes de humo –o sea, 6 repeticiones de cualquier señal o sonido que uno haga– repetidos cada 10 segundos durante un minuto.

Tras pasar en caída libre junto a la cara vertical del Eiger, se disfruta del paisaje a cámara lenta.

Aún más aterrador es el salto BASE, una actividad muy arriesgada que consiste en saltar desde un punto fijo y abrir el paracaídas justo antes de estrellarse. Aunque puede verse en Lauterbrunnen (p. 131), es mejor que lo practiquen los expertos.

'Rafting' e 'hydrospeeding'

En verano los embravecidos ríos Saane, Rin, Inn y Ródano son un marco espectacular para practicar *rafting* e *hydrospeeding*. Algunas rutas memorables son el atronador Vorderrhein a su paso por la garganta de Ruinaulta y los ríos cercanos a Interlaken.

Swissraft (www.swissraft.ch) está presente en todo el país. Un circuito de *rafting/hydrospeeding* cuesta 115 CHF por medio día, incluidos transporte y equipo.

Kayaks y piragüismo

No hay nada como pasar una tarde apacible de verano al ritmo lento y natural de los lagos y ríos cristalinos de Suiza. En **Kanuland** http://kanuland.myswitzerland.com se ofrecen rutas y consejos para los amantes del remo. Una excursión en piragua de medio día cuesta entre 85 y 120 CHF.

'Windsurf' y esquí acuático

En Silvaplana baja un viento excelente desde las alturas y se pueden recibir clases de *kitesurf* y *windsurf* en dos lagos de color azul cobalto azotados por el viento.

Las escarpadas montañas que rodean el lago Thun ofrecen unas vistas fascinantes para los windsurfistas y esquiadores acuáticos, así como el Estavayer-le-Lac.

En www.windsurf.ch informan de clubes y escuelas de *windsurf* de toda Suiza y www.wannakitesurf.com publica un mapa interactivo de los mejores sitios para el *kitesurf*.

1

2

1. Caballos pastando cerca de Gimmelwald (p. 135), Oberland bernés. **2.** Corippo (p. 198), Tesino. **3.** Werdenberg (p. 271), Appenzell.

Pueblos alpinos

Si no fuera un personaje de ficción, Heidi viviría en Suiza. Desde los pueblecitos de montaña del Oberland bernés, donde se despiertan con los cencerros, hasta los chalés rodeados de carámbanos del Valais, al calor de la chimenea mientras nieva, nada puede ser más idílico.

Val Fex

Perdido en el tiempo y en el espacio, Val Fex se oculta entre montañas incrustadas de glaciares, bosques de alerces y prados. Se puede dar un paseo a pie o en coche de caballos hasta los pueblecitos de Fex-Platta y Fex-Cresta, testimonio de cómo eran los Alpes antes de la llegada de turistas.

Arquitectura rural

La bucólica campiña de Appenzell está cuajada de pueblos, pero Werdenberg (p. 271) destaca por su castillo medieval, sus chalés con geranios y su agreste paisaje alpino.

Mürren y Gimmelwald

Mürren (p. 134) ofrece paisaje, esquí y excursionismo a raudales. Si se aloja en un chalé-refugio, el viajero disfrutará de vistas de anfiteatro del Eiger, el Mönch y el Jungfrau. Para integrarse en la naturaleza lo mejor es huir de las multitudes y visitar a su vecino: Gimmelwald (p. 135).

Corippo

Con una población de 13 habitantes, Corippo (p. 198) es la aldea más pequeña de Suiza; parece más una familia que un pueblo. Desparramándose por una colina arbolada de Val Verzasca, sus casas de granito, con las montañas de fondo, resultan muy fotogénicas.

Glaciar Aletsch

Si lo que uno busca es una estampa de Suiza digna de una postal, la encontrará en Riederalp y Bettmeralp (p. 176). Aquí los automóviles están prohibidos y las vistas del Cervino y los chalés de madera apiñados al borde de los hielos del glaciar Aletsch son de ensueño.

FEDOR SELIVANOV/SHUTTERSTOCK ©

1. Lago de Walen (p. 272) 2. Spiez (p. 139) en el lago de Thun (p. 137) 3. Château de Chillon (p. 79), lago Lemán. 4. Estatua de madera en el lago de Brienz (p. 140).

CGE2010/SHUTTERSTOCK ©

9MOT/SHUTTERSTOCK ©

PHANU D PONGVANIT/SHUTTERSTOCK ©

Lagos suizos

Heladores o templados, bordeados de palmeras o de montañas, alpinos o urbanos, verdes, azules o turquesas..., aquí hay un lago para cada estilo y temporada. Se puede pedalear por el lago de Constanza o ver la puesta de sol en el lago de Zúrich o los Alpes reflejados en un espejo.

Lago Maggiore

Suiza se derrama por Italia con el lago Maggiore (p. 193), que une la majestuosidad de los Alpes con la pasta y el sol del sur. Nada mejor para empaparse del estilo único del lago que Locarno (p. 194) y Ascona (p. 198).

Lagos Thun y Brienz

Estos lagos gemelos de color turquesa brillante (p. 135), al pie de los Alpes berneses, bullen de amantes de la naturaleza y los deportes acuáticos en verano. Lo más destacable: el castillo de Thun (p. 136), los viñedos de Spiez (p. 139) y las tallas de madera de Brienz (p. 140).

Lago Lemán

Un paseo en barco por el lago Lemán (p. 61) al atardecer deja ver cómo el sol poniente va tiñendo de rosa el Mont Blanc. El mayor lago alpino de Europa reluce en la cosmopolita Ginebra (p. 44), junto al fantástico Château de Chillon (p. 79) y bajo los empinados bancales de viñedos de Lavaux (p. 73).

Lago de Uri

Enigmático en la bruma matutina y al atardecer, el lago de Uri (p. 213) es el escenario por donde campa Guillermo Tell, el héroe suizo. A Turner le gustaba pintar el lago desde Brunnen (p. 214).

Lago de Walen

Las montañas de Churfirsten se elevan tras el lago de Walen (p. 272). Weesen es una buena base para hacer windsurf o tumbarse en verano. Para vistas impresionantes están las Seerenbachfälle (p. 273), las cascadas más altas de Suiza.

De un vistazo

Este pequeño lugar, con cuatro idiomas y mucha diversidad cultural, despierta una gran curiosidad e invita a explorarlo. La parte francófona de Suiza –la *Suisse Romande*– ocupa la zona occidental del país: desde Ginebra y el lago Lemán hasta el remoto Jura por el norte y el Valais por el este. Al este, en la 'meseta' de Mittelland (centrada en Berna, la capital), empieza la Suiza germánica, que se extiende por los Alpes, con los lugares de más actividades al aire libre del país: el Oberland bernés, los Grisones y el valle de Engadina. Y luego está Tesino, un reducto carismático de la pasión italiana y la exuberancia.

Ginebra

Museos
Compras
Barcos y lagos

Cerca de 150 nacionalidades conviven en esta cosmopolita ciudad de fabricantes de relojes de lujo y chocolateros divinos, supervisados por el Mont Blanc..., y todo ello en el extremo occidental del mayor lago de Europa.

P. 44

Lago Lemán y cantón de Vaud

Vino
Castillos
Pueblos bonitos

La ribera sur pertenece a Francia, pero la ribera norte es suiza y está engalanada con viñedos verde esmeralda, castillos de cuentos de hadas, senderos floridos y pintorescos pueblecitos para sentirse como la seductora Riviera.

P. 61

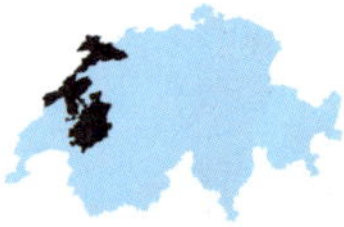

Friburgo, la región de los Tres Lagos y el Jura

Queso
Vino
Vida rural

Los *gourmets* y los aficionados a la vida al aire libre adoran este rincón de Suiza verde y apacible, que desciende hasta las orilla de la región de los Tres Lagos *(Drei-Seen-Land).*

P. 82

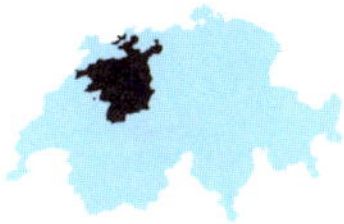

Mittelland

Arte y arquitectura
Ciudades antiguas
Curiosidades

Berna, la capital, atrae multitudes con sus museos de arte y su foso de los osos, pero las verdaderas sorpresas son el fabuloso casco antiguo y las actividades contraculturales, así como los elegantes alojamientos de la tradicional Solothurn.

P. 102

Oberland bernés

Deportes de aventura
Paisajes fabulosos
Excursionismo

No puede ser más extremo: *skydiving,* escalada en hielo o *puenting* en glaciares... Lujosas poblaciones de película, glaciares fascinantes, cumbres impactantes: aquí el paisaje cobra una nueva dimensión.

P. 115

Valais

Vino
Actividades alpinas
Tradiciones locales

Excéntrico y campechano: el Valais es tradicional y peculiar, y nadie le tose. Zermatt, Verbier, el *Glacier Express,* excelente vino de Suiza: esta región concentra lo mejor.

P. 147

Tesino

Lagos y montañas
Gastronomía
Pueblos de alta montaña

Clima italiano, estilo italiano... El cantón italiano muestra otra cara de Suiza: pueblecitos de postal en valles agrestes, lagos azul verdoso rodeados de palmeras, comidas a la sombra de los castaños. *Buon appetito!*

P. 180

Suiza Central

Vistas
Actividades al aire libre
Cultura

El núcleo del país evoca las ilustraciones de los libros y la leyenda de Guillermo Tell: puestas de sol memorables, montañas legendarias (fuera de pista perfectas) y aguas azul cobalto refulgentes.

P. 201

Noroeste de Suiza

Arte
Castillos
Vida nocturna

Reducto urbanita de la Suiza noroccidental, la gran Basilea hierve de arte explosivo, arquitectura de vanguardia y un poderoso y gigantesco río que discurre hacia el este, bañando castillos y pueblos medievales.

P. 225

Zúrich

Vida nocturna
Gastronomía
Cultura

La fiesta no decae nunca en la vital Züri-West, la otra cara de la moneda del Zúrich banquero. Baños nocturnos, arte de primera y cocina internacional son los ingredientes de este potente cóctel.

P. 238

Noreste de Suiza

Naturaleza
Cultura
Gastronomía

En esta apartada zona alpina y rural de profundas raíces germánicas, con granjas lecheras y pueblos de casas de madera, se esconde un mundo fantástico de castillos encantados, bibliotecas secretas, cascadas atronadoras y vacas que se pueden montar.

P. 256

Los Grisones

Deportes de invierno
Senderismo
Viajes en tren

En esta glamurosa región, sede de las famosas estaciones de esquí de Davos y St Moritz, nació el turismo de invierno. Un lugar para esquivar a los *paparazzi* en un *spa* de cuarcita, caminar por el Parque Nacional Suizo y admirar las montañas desde el tren *Glacier Express*.

P. 275

Liechtenstein

Pequeñez
Naturaleza
Castillo

Gracias a una monarquía que se niega a suplicar a sus vecinos, este principado diminuto sigue siendo independiente. Tiene unos paseos muy bonitos, un castillo real y un negocio floreciente de dientes postizos y sellos de pasaportes.

P. 306

MARINADA/SHUTTERSTOCK ©

En ruta

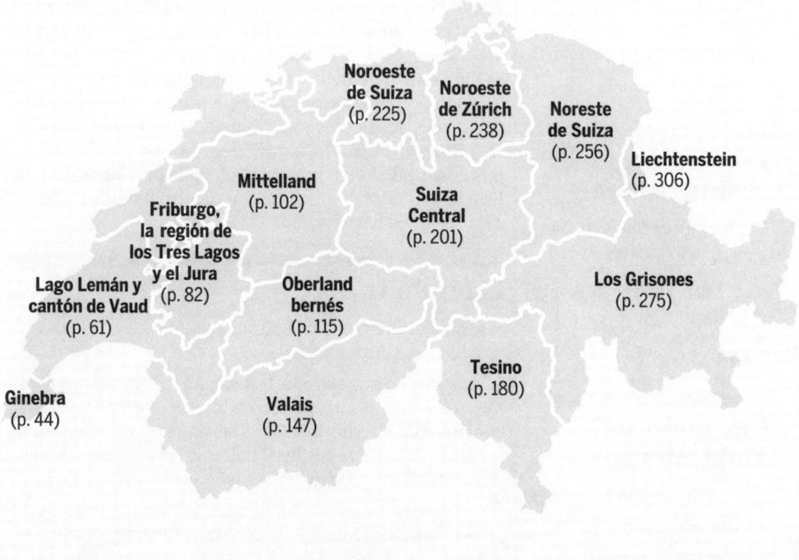
Noroeste de Suiza (p. 225)
Noroeste de Zúrich (p. 238)
Noreste de Suiza (p. 256)
Liechtenstein (p. 306)
Mittelland (p. 102)
Suiza Central (p. 201)
Friburgo, la región de los Tres Lagos y el Jura (p. 82)
Lago Lemán y cantón de Vaud (p. 61)
Oberland bernés (p. 115)
Los Grisones (p. 275)
Tesino (p. 180)
Ginebra (p. 44)
Valais (p. 147)

Ginebra

198 072 HAB. / ALTITUD 375 M

Incluye »

Los mejores restaurantes

- Buvette des Bains (p. 54)
- Le Petit Lac (p. 57)
- Le Relais d'Entrecôte (p. 55)
- La Finestra (p. 55)
- Manora (p. 55)

Los mejores alojamientos

- Hôtel Beau-Rivage (p. 54)
- Mandarin Oriental (p. 54)
- Hôtel Les Armures (p. 54)
- La Cour des Augustins (p. 53)
- Starling Residence (p. 53)

Por qué ir

Como los cisnes que retozan en el lago Lemán, el mayor de Europa, Ginebra es un *rara avis,* cosmopolita y considerada la capital de Suiza (sin serlo). Los habitantes de la segunda ciudad del país conversan en todas las lenguas por sus calles pavimentadas de oro.

En ella se hallan la sede central de la Organización Mundial del Comercio y la del Comité Internacional de la Cruz Roja, así como las segundas delegaciones de la ONU y del Banco Mundial, además de unos 200 organismos internacionales (entre ellos, muchas ONG). También hay hoteles de lujo, *boutiques,* joyeros, restaurantes y fabricantes de chocolate.

Bajo esta apariencia sin fisuras hay un diamante en bruto poblado por artistas y activistas educados en colegios internacionales, residentes y vagabundos. La vida cultural discurre en Les Grottes, el Quartier des Pâquis y junto al Ródano posindustrial, donde los bares bullen de opiniones y energía. Esta es la auténtica Ginebra, o al menos lo más cerca de ella a que se puede aspirar.

Cuándo ir

- Al ser una ajetreada ciudad de negocios, los hoteles son mucho más baratos los fines de semana.
- Aunque parezca extraño, la mejor época para visitarla es de junio a agosto, cuando sube la temperatura y bajan las conferencias internacionales: el alojamiento es más barato y la ciudad cobra vida con celebraciones, pícnics y festivales... y se zambulle en el lago.
- De marzo a mayo y de septiembre a noviembre, Ginebra es un hervidero de reuniones y ferias de muestras, los hoteles rebosan y los precios se disparan.
- Si se dispone de un fin de semana y se encuentra alojamiento a precio razonable, abril y mayo son meses ideales para una visita.
- El invierno tiene mucho encanto por los festivales de diciembre y el esquí, pero el precio del alojamiento es desmesurado.

Imprescindible

1 Bains des Pâquis (p. 52) Bañarse en el lago o disfrutar de una *fondue* en los muy ginebrinos Bains des Pâquis.

2 Palais des Nations (p. 51) Seguir un curso intensivo sobre asuntos internacionales en el Palacio de las Naciones.

3 Musée d'Ethnographie de Genève (p. 47) Ampliar horizontes en el Museo Etnográfico.

4 Casco antiguo (p. 47) Relajarse en una terraza del fascinante casco antiguo de Ginebra.

5 Téléphérique du Salève (p. 60) Subir en un teleférico *vintage* y disfrutar de las vistas de Étrembières, Francia.

6 Conservatoire et Jardin Botaniques (p. 51) Pasear entre las rosaledas de los jardines botánicos.

7 Cathédrale St-Pierre (p. 46) Subir a la torre de la catedral gótica de St Pierre.

8 CERN (p. 51) Revivir el Big Bang en una visita guiada por un científico.

9 Lago Lemán (p. 47) Navegar o montar en una *mouette* (embarcación para pasajeros) por el lago Lemán.

Historia

Ocupada primero por los romanos y en el s. v por un obispado, la antigua y rica Ginebra siempre ha despertado envidias. Sus ferias medievales eran famosas y en el s. XVI Juan Calvino y su Reforma convirtieron la ciudad en la "Roma protestante". En 1602 Carlos Manuel I, duque de Saboya, intentó apoderarse de ella, pero fue rechazado por los ginebrinos, que festejan su victoria todos los 11 de diciembre.

En 1798 las tropas francesas convirtieron la ciudad en la capital del departamento francés de Lemán, pero fueron expulsadas en junio de 1814 y Ginebra se incorporó a la Confederación Helvética. La industria relojera, la banca y el comercio prosperaron. El magnate suizo Henry Durant fundó el Comité Internacional de la Cruz Roja en 1863 y el futuro de Ginebra como centro internacional se consolidó cuando otros organismos internacionales eligieron la ciudad como sede por su situación estratégica y por ser la cuna de los derechos humanos. Tras la I Guerra Mundial, la Liga de las Naciones luchó desde aquí por la paz mundial y acabada la II Guerra Mundial se creó la ONU.

En el 2017 Ginebra figuraba entre las 10 ciudades más caras del mundo y su riqueza se fundamenta en los mercados mundiales y los trabajadores internacionales. Los inmigrantes (de 184 nacionalidades distintas) constituyen el 42% de la población; si se incluyen los inmigrantes 'naturalizados', la cifra llega al 61%, lo que convierte Ginebra en la ciudad más multicultural de la Europa occidental.

ABONOS

El abono **Geneva Pass** (24/48/72 h 26/37/45 CHF) supone un ahorro considerable: incluye transporte público, entrada a museos y descuentos en circuitos urbanos, alquiler de lanchas, entradas de teatro, cruceros por el lago... Se vende en la **oficina de turismo** (p. 59), hoteles participantes e internet (www.geneve.com/en/see-do/geneva-pass).

Al registrarse en el alojamiento, proporcionan al viajero una **tarjeta de transporte público** para desplazamientos ilimitados en autobús y tranvía durante su estancia. Si olvidan hacerlo, no hay problema en pedirla.

Puntos de interés

El Ródano atraviesa la ciudad para crear su mayor atracción –el lago– y varios barrios señalados están en su ribera. En la *rive gauche* (ribera izquierda), los barrios comerciales dominantes son Rive y Eaux-Vives, que trepan por la colina hasta Plainpalais y **Vieille Ville** (casco antiguo), mientras que la *rive droite* (ribera derecha) alberga el animado y destartalado Pâquis, la zona de la estación de tren y el barrio internacional donde se hallan gran parte de las organizaciones mundiales.

Muchos museos son gratis el primer domingo de mes.

Casco antiguo

★Cathédrale St-Pierre CATEDRAL
(www.cathedrale-geneve.ch; Cour de St-Pierre; torres adultos/niños 5/2 CHF; ⌚9.30-18.30 lu-sa, 12.00-18.30 do jun-sep, 10.00-17.30 lu-sa, 12.00-17.30 do oct-may) La catedral de Ginebra es sobre todo gótica, con fachada neoclásica del s. XVIII. Entre 1536 y 1564 el protestante Juan Calvino predicó aquí; su silla aún está en la nave norte. Una escalera en espiral de 96 escalones lleva a la **torre norte,** que permite apreciar la fascinante arquitectura de la catedral. Otros 60 escalones llevan a la **torre sur,** donde se pueden ver las campanas de cerca y una panorámica de la ciudad. Hay conciertos diarios gratuitos de carillón (17.00) y órgano (18.00) (jun-sep).

En el subsuelo, en el **Site Archéologique de la Cathédrale St-Pierre** (☎022 310 29 29; www.site-archeologique.ch; Cour de St-Pierre; adultos/niños 8/4 CHF; ⌚10.00-17.00) se conservan mosaicos del s. IV y una inquietante tumba.

Hay una entrada combinada para la Cathédrale St-Pierre, el Site Archéologique de la Cathédrale St-Pierre y el Musée International de la Réforme (18/10 CHF adultos/niños).

★Musée International de la Réforme MUSEO
(Museo de la Reforma; ☎022 310 24 31; www.mir.ch; Rue du Cloître 4; adultos/niños 13/6 CHF; ⌚10.00-17.00 ma-do) Este museo moderno, alojado en una mansión del s. XVIII, está dedicado a la Reforma. La vanguardista exposición y las presentaciones audiovisuales rememoran las primeras biblias impresas, la transformación de Ginebra en "la Roma protestante" en el s. XVI y la evolución del protestantismo desde Calvino hasta el s. XXI.

Hay una entrada combinada que incluye el museo, la Cathédrale St-Pierre y el Site Archéologique de la Cathédrale St-Pierre (18/10 CHF adultos/niños).

★ Jet d'Eau FUENTE

(Quai Gustave-Ador) Desde el avión, este surtidor es la primera visión espectacular que se tiene de Ginebra. La estructura, de 140 m de alto, lanza agua hacia arriba con una fuerza increíble (200 km/h, 1360 caballos de vapor) para crear un altísimo chorro, besado por un arcoíris los días de sol. En todo momento hay 7 t de agua en el aire. Dos o tres veces al año se ilumina de rosa, azul u otro color para conmemorar alguna causa.

El Jet d'Eau es el tercer surtidor vertical de Ginebra. El primero, activo entre 1886 y 1890, lanzaba agua hacia el cielo durante 15 min cada domingo para liberar presión en la central hidráulica de la ciudad; el segundo, a partir de 1891, arrojaba un chorro de 90 m desde el Jetée des Eaux-Vives los domingos y festivos. El actual data de 1951.

Jardin Anglais JARDINES

(Jardín Inglés; Quai du Général-Guisan) Antes de entrar en la Vieille Ville, la mayoría se hace un *selfie* ante el Horloge Fleurie, la *pièce de résistance* de este jardín de flores junto a la orilla, diseñado en 1854 sobre un antiguo muelle destinado al comercio de maderas.

Horloge Fleurie PUNTO DE INTERÉS

(Reloj de Flores; Quai du Général-Guisan) En el Jardin Anglais se halla el reloj más fotografiado de Ginebra, formado por 6500 flores vivas. Funciona desde 1955 y tiene el segundero más largo del mundo (2,5 m).

Musée d'Art et d'Histoire GALERÍA

(Museo de Arte e Historia; ☎022 418 26 00; www.mah-geneve.ch; Rue Charles-Galland 2; ⊙11.00-18.00 ma-do) GRATIS Construido entre 1903 y 1910, este elegante museo alberga obras como *La pêche miraculeuse* de Konrad Witz (c. 1440-1444), que representa a Cristo caminando sobre las aguas del lago Lemán. Hay excelentes exposiciones temporales (15 CHF/gratis adultos/niños). Curiosamente, el plan de renovación del museo (127 millones CHF), a cargo del famoso arquitecto Jean Nouvel, se archivó tras el rechazo de la ciudadanía en un referéndum en el 2016.

Maison de Rousseau et de la Literature MUSEO

(☎022 310 10 28; www.m-h-l.ch; Grand-Rue 40; adultos/niños 5/3 CHF; ⊙11.00-17.30 ma-do) Una presentación audiovisual de 25 min explora la turbulenta vida del mayor pensador ginebrino, Jean-Jacques Rousseau, nacido en esta casa en 1712.

Musée Barbier-Mueller GALERÍA

(☎022 312 02 70; www.barbier-mueller.ch; Rue Jean Calvin 10; adultos/niños 8/5 CHF; ⊙11.00-17.00) Esta elegante galería privada, inaugurada en 1977, alberga objetos de antiguas culturas, como tesoros de la América precolombina, esculturas de las islas del Pacífico y armas africanas. El reformador protestante Juan Calvino vivió en la casa de enfrente.

Pleinpalais

Encajado entre los ríos Ródano y Arve, este barrio bastante anodino alberga la Universidad de Ginebra y varios museos.

★ Musée d'Ethnographie de Genève MUSEO

(Museo etnográfico de Ginebra; ☎022 418 45 50; www.ville-ge.ch/meg; Bd de Carl-Vogt 65-67; ⊙11.00-18.00 ma-do) GRATIS La colección permanente, "Los archivos de la diversidad humana", analiza las similitudes y diferencias de

EL LAGO LEMÁN

El **lago de Ginebra** recibe el nombre de Lac Léman. Llamarlo de otra forma en presencia de un *genevois* le hará fruncir el ceño (como mínimo) y condenará al viajero automáticamente a la categoría de "un turista más". En una ciudad donde las apariencias lo son todo, hay que respetar la jerga local.

El lago, que separa Suiza de Francia, ocupa un área de 580 km² y su profundidad máxima es de 310 m. No se tiene noticia de que algún monstruo habite en sus frías y cristalinas aguas, que en verano atraen a miles de bañistas. En un día claro, desde la orilla de Ginebra se puede ver el Mont Blanc (4807 m), la montaña más alta de los Alpes y el punto más elevado de Europa occidental. Un error frecuente es considerar que es el pico más alto de Suiza, pues, aunque parte de la ladera de la montaña pertenece a este país, la cumbre se encuentra en Francia.

Centro de Ginebra

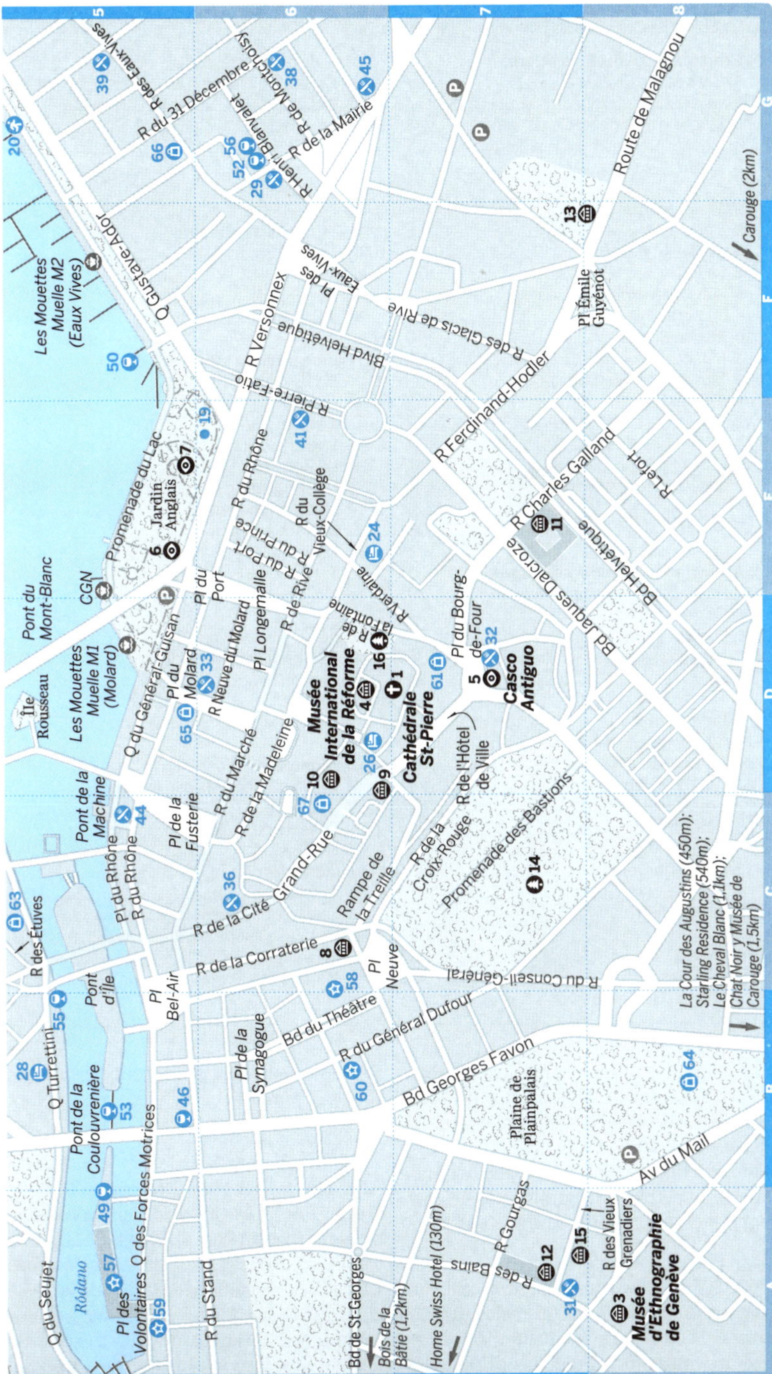
Pont du Mont-Blanc
Les Mouettes Muelle M2 (Eaux Vives)
Les Mouettes Muelle M1 (Molard)
Île Rousseau
Pont de la Machine
Pont de la Coulouvrenière
Pont d'Île
Ródano
CGN
Jardin Anglais
Promenade du Lac
Q Gustave-Ador
Q du Général-Guisan
Q Turrettini
Q du Seujet
Q des Forces Motrices
R des Eaux-Vives
R du 31 Décembre
R de Montchoisy
R Henri Blanvalet
R de la Mairie
Route de Malagnou
Carouge (2km)
Pl des Eaux-Vives
R Versonnex
R Pierre-Fatio
Blvd Helvétique
R des Glacis de Rive
R Ferdinand-Hodler
Pl Émile Guyénot
R Charles Galland
R Lefort
Bd Helvétique
Bd Jaques Dalcroze
R du Rhône
R du Vieux-Collège
R du Prince
R du Port
R de Rive
Pl du Port
Pl Longemalle
R Neuve du Molard
Pl du Molard
R Verdaine
R de la Fontaine
Musée International de la Réforme
Cathédrale St-Pierre
Pl du Bourg-de-Four
Casco Antiguo
R de l'Hôtel de Ville
R du Marché
R de la Madeleine
Pl de la Fusterie
Pl du Rhône
R du Rhône
R des Étuves
R de la Cité
Grand-Rue
Rampe de la Treille
R de la Croix-Rouge
Promenade des Bastions
R de la Corraterie
Pl Bel-Air
Pl Neuve
R du Conseil-Général
La Cour des Augustins (450m); Starling Residence (540m); Le Cheval Blanc (1,1km); Chat Noir y Musée de Carouge (1,5km)
Bd du Théâtre
R du Général Dufour
Pl de la Synagogue
Bd Georges Favon
Plaine de Plainpalais
Av du Mail
R Gourgas
R des Bains
R des Vieux Grenadiers
Musée d'Ethnographie de Genève
Home Swiss Hotel (130m)
Bois de la Bâtie (1,2km)
Bd de St-Georges
R du Stand
Pl des Volontaires

Centro de Ginebra

Principales puntos de interés
1 Cathédrale St-Pierre D7
2 Jet d'Eau F4
3 Musée d'Ethnographie de Genève A8
4 Musée International de la Réforme D6
5 Vieille Ville (casco antiguo) D7

Puntos de interés
6 Horloge Fleurie E5
7 Jardin Anglais E5
8 Le Rath C6
9 Maison de Rousseau et de la Literature D6
10 Musée Barbier-Mueller D6
11 Musée d'Art et d'Histoire E7
12 Musée d'Art Moderne et Contemporain A7
13 Musée d'Histoire Naturelle F8
14 Parc des Bastions C7
15 Patek Philippe Museum A7
Site Archéologique de la Cathédrale St-Pierre .... (véase 1)
16 Terrasse Agrippa d'Abigné D6

Actividades, cursos y circuitos
17 Bains des Pâquis F3
18 CGN Ferries & Cruises D4
19 Le Petit Train E6
20 Les Corsaires G5
21 Swissboat E4

Dónde dormir
22 City Hostel D1
23 Hôtel Beau-Rivage E3
24 Hôtel Bel'Esperance E6
25 Hotel Edelweiss E2
26 Hôtel Les Armures D6
27 Hôtel N'vY D1
28 Mandarin Oriental B5

Dónde comer
29 ALMA G6
30 Buvette des Bains F3
31 Café des Bains A7
32 Café du Bourg-de-Four D7
33 Café du Centre D6
34 Chez Ma Cousine C4
35 Gelatomania D2
36 La Finestra C6
37 La Réplique B4
38 L'Adresse G6
39 Le Décanteur G5
40 Le Grill E3
41 Le Relais d'Entrecôte E6
42 Les 5 Portes D2
43 Manora C4
44 Mövenpick C5
45 Vert Attitude G6

Dónde beber y vida nocturna
46 Boulevard du Vin B5
47 Café Art's D3
48 Cottage Café D4
49 La Barje des Lavandières A5
50 La Buvette du Bateau F5
51 La Terrasse E2
52 L'Atelier Cocktail Club G6
53 Le Bateau Lavoir B5
54 Le Rouge et Le Blanc C4
55 Terrasse Le Paradis B5
56 Yvette de Marseille G6

Ocio
57 Bâtiment des Forces Motrices A5
58 Grand Théâtre de Genève C6
59 L'Usine A5
60 Victoria Hall B6

De compras
61 Caran d'Ache - Maison de Haute Écriture D7
62 Collection Privée C4
63 Favarger C5
64 Mercadillo B8
65 Globus D5
66 Le Verre en Cave G5
67 Librairie-Galerie Bernard Letu C6
68 Manor C4
69 Marché des Grottes B3

la miríada de culturas de nuestro planeta. Exhibe alrededor de 1000 objetos del total de 80 000 que tiene la vasta colección del museo. En el 2017 el MEG recibió el prestigioso premio de Museo Europeo del Año. Exposición permanente gratis; exposiciones temporales adultos/niños, 9/6 CHF.

Patek Philippe Museum — MUSEO

(☎022 807 09 10; www.patekmuseum.com; Rue des Vieux-Grenadiers 7; adultos/niños 10 CHF/gratis; ⏲14.00-18.00 ma-vi, 10.00-18.00 sa) El elegante museo de uno de los principales relojeros de lujo de Suiza exhibe exquisitos relojes y esmaltes desde el s. XVI hasta hoy.

Musée d'Art Moderne et Contemporain — GALERÍA

(Museo de Arte Moderno y Contemporáneo; MAMCO); ☎022 320 61 22; www.mamco.ch; Rue des Vieux-Grenadiers 10; adultos/niños 8 CHF/gratis; ⏲12.00-18.00 ma-vi, 11.00-18.00 sa y do; 🚇Musée d'Art Moderne) Ubicado en una fábrica de la década de 1950, el Museo de Arte Moderno y Contemporáneo es un anfitrión vanguardista para exposiciones jóvenes, internacionales y *crossmedia*.

Gratis el primer domingo de mes y de 18.00 a 21.00 el primer miércoles de mes.

Parc des Bastions PARQUE

En este verde parque urbano hay muchas estatuas y un tablero de ajedrez gigantesco. Un relajante paseo deja al descubierto al cofundador de la Cruz Roja, Henri Dufour (autor del primer mapa de Suiza en 1865), y las figuras en camisón de 4,5 m de alto de Bèze, Calvino, Farel y Knox, listos para irse a dormir. Según el programa se puede acabar con una exposición de arte al otro lado de la plaza, en Le Rath.

Le Rath GALERÍA

(☎022 418 33 40; http://institutions.ville-geneve.ch/fr/mah/lieux-dexposition/musee-rath; Pl Neuve; adultos 10-20 CHF, niños/gratis; ⌚11.00-18.00 si hay exposiciones temporales) Al otro lado del Parc des Bastions, cruzando la concurrida plaza, se encuentra este edificio histórico, el primero del país que se construyó expresamente como museo, en 1826. Vale la pena contemplar la fachada de estilo romano, pero solo se puede acceder al interior cuando hay alguna exposición. Consultar la programación en la web (Expositions & Événements).

Ribera derecha

Se puede cruzar a la otra orilla en las barcas *mouette* (embarcación para pasajeros) de color amarillo canario, o bien por el Pont du Mont-Blanc (famoso por sus atascos), o a pie por el peatonal Pont de la Machine. La Gare CFF de Cornavin (p. 59), el barrio de Pâquis y el Palais des Nationsse encuentran en la parte nueva de la ciudad.

★CERN CENTRO DE INVESTIGACIÓN

(☎022 767 84 84; www.cern.ch; Meyrin; ⌚circuitos guiados en inglés 11.00 y 13.00 lu-sa) GRATIS Fundada en 1954, la Organización Europea para la Investigación Nuclear, sita 8 km al oeste de Ginebra, es un laboratorio dedicado a investigar la física de partículas. Se aceleran protones en un tubo circular de 27 km (el Gran Colisionador de Hadrones, la máquina más grande del mundo) y las colisiones resultantes crean materia nueva. La exposición permanente se puede visitar siempre, pero para el circuito guiado de dos horas, en inglés, hay que reservar al menos 15 días antes e identificarse con un documento con fotografía.

Las visitas guiadas suelen estar completas a varios meses vista. Central de reservas: http://visit.cern/tours/guided-tours-individuales. Se accede con el tranvía 18 desde Gare CFF de Cornavin (p. 59; 3 CHF, 20 min).

★Conservatoire et Jardin Botaniques JARDINES

(Conservatorio y Jardín Botánico; ☎022 418 51 00; www.ville-ge.ch/cjb/index_en.php; Chemin de l'Impératrice 1; ⌚8.00-17.00 nov-abr, hasta 19.30 abr-nov) GRATIS Tras celebrar su bicentenario en el 2017, el principal jardín botánico de Ginebra, célebre por su Conservatorio Botánico, exhibe unas 12 000 especies de plantas de todo el mundo, cuidadosamente dispuestas en hermosos jardines temáticos. Destacan una espectacular colección de rosales y el popular **Parque animal,** que acoge especies autóctonas y a menudo amenazadas y otros animales comunes (gallinas, ovejas y cabras) y exóticos (pavos reales, flamencos y ciervos).

Quai du Mont-Blanc ORILLA DEL LAGO

Flores, estatuas, exposiciones de arte al aire libre y vistas del Mont Blanc (los días despejados) abundan en este pintoresco paseo del norte del lago, que pasa por los Bains des Pâquis (p. 52), donde los ginebrinos llevan retozando al sol desde 1872, y conduce al **Parc de la Perle du Lac,** un parque urbano con unas termas romanas muy ornamentadas. Más al norte quedan las praderas con pavos reales del **Parc de l'Ariana,** que incluyen la sede de la ONU y los bellos Conservatoire et Jardin Botaniques.

Palais des Nations EDIFICIO HISTÓRICO

(Palacio de las Naciones; ☎022 917 48 96; www.unog.ch; Av de la Paix 14; adultos/niños 12/7 CHF; ⌚10.00-12.00 y 14.00-16.00 lu-sa abr-ago, lu-vi sep-mar; circuito guiados 10.30, 12.00, 14.30 y 16.00) Sede de la Organización de las Naciones Unidas desde 1966, se construyó entre 1929 y 1936 para albergar a la desaparecida Liga de las Naciones. Las visitas son guiadas (se requiere identificación con foto; grupos inferiores a 15, sin reserva) e incluyen un recorrido de 1 h por el edificio y acceso al parque circundante de 46 Ha, salpicado de árboles centenarios y pavos reales. Búsquese el monumento gris revestido de titanio termorresistente, donado por la URSS para conmemorar la conquista del espacio.

Musée International de la Croix-Rouge et du Croissant-Rouge MUSEO

(Museo de la Cruz Roja y la Media Luna Internacional; ☎022 748 95 11; www.redcrossmuseum.ch; Av de la Paix 17; adultos/niños 15/7 CHF; ⌚10.00-18.00

GINEBRA PARA NIÑOS

La moderna infraestructura urbana, su eficiente red de transportes y las numerosas comodidades, como los cambiadores para bebés, convierten Ginebra en una ciudad fácil de transitar con niños pequeños.

Como cabría esperar, el lago es una fuente interminable de ocio familiar: se puede dar de comer a los patos y cisnes; alquilar una lancha motora o un velero en **Les Corsaires** (☎022 735 43 00; www.lescorsaires.ch; Quai Gustave-Ador 33; ⊙10.30-20.30 abr-oct); bajar por el tobogán de unas piscinas de los años treinta a orillas del lago en la **Genève Plage** (☎022 736 24 82; www.geneve-plage.ch; Quai de Cologny 5, Port Noir; adultos/niños 7/3,50 CHF; ⊙10.00-20.00 med may-med sep); o zambullirse en piscinas con agua del lago en **Bains des Pâquis,** abiertos en 1872 y aún de moda.

Hay otras opciones divertidas: un paseo en el tren eléctrico, el parque de árboles inspirado en Tarzán y sus flotadores neumáticos junto al lago de **Baby Plage,** o los bien equipados parques infantiles de la orilla para los más pequeños del **Parc de la Perle du Lac** y el **Bois de la Bâtie,** el bosque habitado por pavos reales, cabras y ciervos. A los niños les encantan los osos, los tigres y las jirafas disecados, la fauna suiza y los talleres de los miércoles por la tarde del **Musée d'Histoire Naturelle** (Museo de Historia Natural; www.ville-ge.ch/mhng; Rte de Malagnou 1; ⊙10.00-17.00 ma-do; 👪) GRATIS.

Para niños mayores a los que les guste la tecnología, el CERN (p. 51) es perfecto.

ma-do abr-oct, hasta 17.00 nov-mar) Las exposiciones multimedia del Museo de la Cruz Roja y la Media Luna Internacional rastrean las atrocidades cometidas por la humanidad. La larga letanía de la guerra, documentada en películas, fotos, esculturas y grabaciones, se compara con las nobles aspiraciones de la organización fundada en 1863 por el empresario Henri Dunant. Para las excelentes exposiciones temporales se cobra entrada aparte. Se toma el autobús nº 8 en Gare CFF de Cornavin (p. 59) y se baja en la parada "Appia".

Actividades

★Bains des Pâquis NATACIÓN
(☎022 732 29 74; www.bains-des-paquis.ch; Quai du Mont-Blanc 30; piscinas adultos/niños 2/1 CHF, sauna, hammam y baño turco 20 CHF; ⊙9.00-21.30 lu-sa, desde 20.00 do) Esta piscina de moda en Pâquis, con restaurante y bar a orillas del lago, es un auténtico clásico de 1872. Entre mayo y septiembre bulle de bañistas que acuden al lago Lemán. El resto del año se centra en la sauna, los baños árabes y turcos (abiertos al público mi-lu, solo mujeres ma).

Circuitos

En Ticket Point (p. 59), una caseta ribereña en Quai du Mont-Blanc, pueden contratarse circuitos en barco, autobús y tren eléctrico.

★CGN Ferries & Cruises CIRCUITO EN BARCO
(Compañía General de Navegación; ☎0900 929 929; www.cgn.ch; Quai du Mont-Blanc; 👪) El mayor operador de ferris del lago Lemán ofrece servicios regulares y cruceros temáticos en bonitos vapores de estilo *belle époque*. Consultar detalles en la web.

Swissboat CIRCUITO EN BARCO
(☎022 732 47 47; www.swissboat.com; Quai du Mont-Blanc 4; 45 min cruceros desde adultos/niños 13/8 CHF; ⊙abr-oct) Ofrece cruceros temáticos por el lago Lemán y el río Ródano. Consultar detalles en la web.

Le Petit Train CIRCUITO EN TREN
(☎022 735 43 00; www.petit-train-geneve.ch; Jardin Anglais; adultos/niños 8/5 CHF; ⊙10.15-18.30 abr y may, hasta 20.00 jun y sep, hasta 21.30 jul y ago, horario reducido feb, mar, oct y nov) Circuitos de 30 min para adultos y niños en un trenecito rojo impulsado por energía solar por la orilla izquierda, entre Jardin Anglais y Parc des Eaux-Vives. Hay 'trenes' cada 90 min (feb-nov).

Fiestas y celebraciones

L'Escalade CARNAVAL
Las fabulosas *marmites en chocolat* (marmitas de chocolate) llenas de mazapán son la esencia de la divertidísima fiesta que celebran los ginebrinos (2º fin de semana dic). Procesiones iluminadas con antorchas recorren la Vieille Ville y se enciende una hoguera en la plaza de la catedral para celebrar la derrota de las tropas de los Saboya en 1602.

Fêtes de Genève CULTURAL
(Festival de Ginebra; www.fetesdegeneve.ch) Durante diez días en agosto se celebra el festival

más largo de Ginebra con restaurantes *pop-up*, más de 200 conciertos, actividades y fiestas; concluye con un espectáculo de fuegos artificiales junto al lago.

Dónde dormir

★ Starling Residence APARTAMENTOS €
(☎022 304 03 00; www.shresidence.ch; Rte des Acacias 4; h/apt desde 109/220 CHF; ❄📶) Una propuesta diferente de bajo coste gestionada por la escuela de dirección hotelera de Ginebra. Ofrece una excelente relación calidad-precio y el servicio es excepcional (si no, ¡hay que denunciar a los estudiantes!). Las habitaciones son amplias (muchas con cocina) y los estudios y apartamentos modernos, impecables y totalmente equipados. Se llega en el tranvía 15 desde la estación (menos de 15 min).

Home Swiss Hotel HOTEL €
(☎022 322 95 50; www.homeswisshotel.ch/en; Av de Ste-Clotilde 7; d/ste/apt desde 107/159/277 CHF; P❄📶) Este elegante hotel de recreo y de negocios inaugurado en el 2017, a 15 min a pie desde el centro de Ginebra, ofrece una excelente relación calidad-precio en una ciudad cara, con habitaciones luminosas (algunas con cocina y balcón) decoradas con los colores nacionales.

City Hostel ALBERGUE €
(☎022 901 15 00; www.cityhostel.ch; Rue de Ferrier 2; dc 33-36 CHF, i 65-73 CHF, tw 79-95 CHF; ⊙recepción 7.30-12.00 y 13.00-24.00; P@📶) Limpio y bien organizado, queda cerca de la estación de tren y parece más un hotel que un albergue. El desayuno (6 CHF) se sirve en una cafetería cercana. Aparcamiento 12-15 CHF/noche.

★ La Cour des Augustins HOTEL €€
(☎022 322 21 00; www.lacourdesaugustins.com/en/; Rue Jean-Violette 15; i/d/ste desde 156/168/380 CHF; P❄📶) Una luminosa y alegre gama de habitaciones, suites y apartamentos para estancias largas en un moderno hotel de diseño en el casco antiguo, popular entre quienes repiten visita a Ginebra por buenas razones: parqué, muebles singulares, sábanas de lujo y paredes de blancura inmaculada salpicadas de toques de color en una variedad de diseños frescos e interesantes.

Hôtel Bel'Esperance HOTEL €€
(☎022 818 37 37; www.hotel-bel-esperance.ch; Rue de la Vallée 1; i/d/tr/c desde 150/170/210/250 CHF; ⊙recepción 7.00-22.00; @📶) Este hotel de precio medio ofrece buena relación calidad-precio todo el año en esta costosa ciudad. Las habitaciones son tranquilas y están bien cuidadas; las de la 1ª planta comparten una cocina y hay neveras donde los huéspedes pueden guardar comida. La 5ª planta tiene una maravillosa azotea llena de flores con barbacoa.

Hôtel N'vY HOTEL €€
(☎022 544 66 66; www.hotelnvygeneva.com; Rue de Richemont 18; h fines de semana/entre semana desde 175/260 CHF; ❄@📶) Hotel de moda con cuatro estrellas y aire contemporáneo, al noreste de la estación de tren. Habitaciones con todas las comodidades, como enchufes con toma internacional, conexión *bluetooth* e iluminación de relax. Hay habitaciones de cinco categorías y todas, salvo las estándar, disponen de TV de pantalla grande, cafetera *espresso* y parqué. Desde las ejecutivas de la planta superior se divisan el lago Lemán y los Alpes.

DESVÍO BOHEMIO

Lo bohemio está presente en **Carouge,** parte de cuyo encanto radica en la ausencia de monumentos, salvo unas casas elegantes del s. XVIII con patios ajardinados y el pequeño **Musée de Carouge** (www.carouge.ch/musee; Pl de la Sardaigne 2; ⊙14.00-18.00 ma-do) GRATIS que contiene cerámica del s. XIX.

Carouge, hoy un distrito 3½ km al sur de la Gare CFF de Cornavin (p. 59), fue remodelada por Victor Amadeo III, rey de Cerdeña y duque de Saboya, en el s. XVIII para competir con Ginebra como centro comercial. En 1816 el Tratado de Turín lo cedió a la ciudad y hoy sus estrechas calles están repletas de bares, *boutiques* y estudios de artistas.

Los tranvías nº 12 y 18 unen el centro ginebrino con la arbolada plaza central de Carouge, la **Place du Marché,** con puestos de mercado los miércoles y sábados por la mañana. En abril sus calles se pueblan de caballos con motivo de la Fête du Cheval y en diciembre los coches de caballos hacen cola en la Place de l'Octroi para llevar a sus pasajeros a hacer las compras de Navidad.

INDISPENSABLE

LOS MEJORES LUGARES PARA UN 'PÍCNIC'

Ginebra, con montones de vistas preciosas para elegir, es ideal para hacer un pícnic si uno no quiere gastar demasiado en comer. Se pueden comprar vituallas en las *boulangeries* y charcuterías del centro o comida para llevar en los almacenes Globus (p. 58) y dirigirse a alguno de los siguientes puntos:

- A la sombra de la voluptuosa escultura de Henry Moore *Figura reclinada: pierna en arco* (1973), en el parque frente al Musée d'Art et d'Histoire (p. 47).
- Detrás de la catedral, en la **Terrasse Agrippa d'Abigné** (Rue de l'Evêché 7), un parque arbolado con bancos, un arenero y un balancín para niños, así como una agradable azotea con vistas a la catedral.
- En un banco de Quai du Mont-Blanc (p. 51) con vistas al Mont Blanc (solo días soleados).
- En el banco más largo del mundo (126 m), a la sombra de los castaños del Promenade de la Treille, en el Parc des Bastions (p. 51).

Hotel Edelweiss HOTEL €€
(022 544 51 51; www.hoteledelweissgeneva.com; Pl de la Navigation 2; d 150-330 CHF;) Un refugio para sumergirse en el corazón de los Alpes suizos sin salir de la ciudad, con chimenea, cabeceros de madera con flores pintadas y un enorme san bernardo de peluche en la balaustrada. Su restaurante, estilo chalé, es conocido por la calidad de su *fondue* de queso tradicional.

★**Mandarin Oriental** HOTEL €€€
(022 909 00 00; www.mandarinoriental.com/geneva; Quai Turrettini 1; d/ste desde 655/1350 CHF;) En una situación privilegiada junto al lago, este deslumbrante hotel está a la altura del extraordinario nivel de la célebre cadena hotelera internacional. Las habitaciones superiores tienen muebles clásicos y son algo más amplias que las habitaciones River View, las amplias habitaciones Mandarin están decoradas en tonos ciruela y las suites... ¿quién puede pagarlas?

★**Hôtel Beau-Rivage** HOTEL HISTÓRICO €€€
(022 716 66 66; www.beau-rivage.ch; Quai du Mont-Blanc 13; d fines de semana/entre semana desde 550/670 CHF;) Una joya del s. XIX en la confluencia del río Ródano y el lago Lemán, este lujoso e histórico hotel, regentado por cinco generaciones de la familia Mayer, ofrece soberbias vistas de los Alpes suizos. Con grandiosas "habitaciones europeas", es una experiencia inolvidable.

★**Hôtel Les Armures** HOTEL HISTÓRICO €€€
(022 310 91 72; www.hotel-les-armures.ch; Rue du Puits St-Pierre 1; i/d desde 450/695 CHF;) Maravilloso edificio del s. XVII, íntimo y refinado, en el corazón del casco antiguo. Las 28 habitaciones y cuatro suites junior han sido reformadas con un estilo elegante y moderno y disponen de mullidas camas, máquinas Nespresso, techos pintados, paredes de piedra y vigas de madera vista. El nivel de servicio es el esperado en un hotel con ilustres huéspedes internacionales.

Dónde comer

Ginebra presume de su abundante gastronomía étnica. Si se busca un plato tradicional se puede pedir una *fondue* de queso o una fuente de *filets de perche* (perca) empanados, un plato típico y sencillo del lago Lemán.

Pâquis y ribera derecha

Hay toda una serie de restaurantes buenos y más asequibles en Place de la Navigation y las calles que rodean la estación de tren. Los amantes de la cocina asiática que no quieran gastarse un dineral pueden probar los locales de comida rápida de Rue de Fribourg, Rue de Neuchâtel, Rue de Berne o el extremo norte de Rue des Alpes. Los estudiantes hambrientos devoran medios pollos en la sucursal de Pâquis de **Chez Ma Cousine** (Rue Lissignol 5; principales 14-19 CHF; 11.00-15.00 y 17.45-23.30 lu-vi, 11.00-23.30 sa;), toda una institución de la Vieille Ville.

★**Buvette des Bains** CAFETERÍA €
(022 738 16 16; www.bains-des-paquis.ch; Quai du Mont-Blanc 30, Bains des Pâquis; principales 14-23 CHF; 7.00-22.30;) Bar de playa informal y sin pretensiones, popular entre los residentes, junto a Bains des Pâquis, el complejo de piscina y sauna a orillas del lago. Sirven de-

sayunos, ensaladas e incluso un *plat du jour* (plato del día) y opciones más contundentes como la *fondue au crémant* (*fondue* con vino espumoso). Es un autoservicio y en verano se come al aire libre.

En verano hay que pagar 2/1 CHF adultos/niños para entrar en la zona de la piscina donde se halla la cantina.

★ **Manora** CAFETERÍA €
(☎022 909 44 80; www.manor.ch/fr/u/manora; Centre Commercial Manor, Rue de Cornavin 6; platos pequeños 4-14 CHF; ❄👪) La cafetería del centro comercial Manor (p. 59), junto a la Gare CFF de Cornavin (p. 59), es uno de los mejores sitios para almorzar por un precio razonable, lo que no es un secreto a juzgar por la numerosa concurrencia. La comida es fresca y de elaboración continua. Es un auténtico banquete de ensaladas, sándwiches, marisco, sopas, carnes, pasta y repostería.

La Réplique INTERNACIONAL €
(☎022 731 11 21; www.saintgervais.ch/pages/cafereste tau; Rue du Temple 6; principales 18-22 CHF; ⌚8.30-17.00 lu, hasta 23.30 ma-ju, hasta 1.00 vi, 17.00-1.00 sa) Oculto en la planta baja del Théâtre St-Gervais, este acogedor restaurante sirve deliciosos platos del día a buen precio todo el día. Se escoge un plato principal y lo sirven lleno hasta los bordes con una abundante guarnición de verduras frescas. Quienes prefieran un almuerzo ligero tienen la *soupe du jour* (8 CHF).

Les 5 Portes BISTRÓ €€
(☎022 731 84 38; www.les5portes.com; Rue de Zürich 8; almuerzo menú 18 CHF, cena principales 28-44 CHF; ⌚12.00-23.00 lu-vi, 18.00-23.00 sa, 11.00-17.00 y 18.00-22.00 do) Muy de moda tanto para comer como para tomar copas. Su *brunch* del domingo es todo un éxito.

Le Grill INTERNACIONAL €€€
(☎022 908 92 20; www.kempinski.com/en/geneva/grand-hotel-geneva/dining/le-grill; Quai du Mont-Blanc 19; 2/3 platos almuerzo menú 38/45 CHF, cena principales 39-89 CHF; ⌚bar-terraza 12.00-14.00 y 19.30-23.00 jun-sep) Este restaurante informal, con balcones que dan al agua, ofrece una de las mejores vistas del lago y el Mont Blanc al fondo. Está en la 2ª planta del Grand Hôtel Kempinksi. Por la noche es más caro, pero ciñéndose al menú Express del almuerzo, que se sirve en el bar-terraza FloorTwo y sale muy a cuenta, uno saldrá muy satisfecho (y lleno).

Casco antiguo

Café du Bourg-de-Four CAFÉ €€
(☎022 311 90 76; www.cafedubourgdefour.ch; Pl du Bourg-de-Four 13; principales 22-34 CHF; ⌚7.00-24.00 lu-vi, 12.00-24.00 sa, 12.00-18.00 do; 📶) Café-bar clásico con mucho ambiente en el límite del casco antiguo, con platos del día a muy buen precio. En verano se instala una terraza en la acera, donde turistas y hombres de negocios engullen manjares franceses y suizos algo densos, como *steak tartare* o un excelente *rösti*.

★ **La Finestra** ITALIANA €€€
(☎022 312 23 22; www.restaurant-lafinestra.ch/fr; Rue de la Cité 11; principales 29-52 CHF, menú 85 CHF; ⌚12.00-2.30 y 19.00-22.30 lu-vi, 19.00-22.30 sa) Desde el 2006 este pequeño restaurante en el corazón del casco viejo sirve alta cocina italiana auténtica en un entorno informal pero refinado. Los techos bajos y las pequeñas mesas instaladas en un sótano de este edificio histórico crean un ambiente íntimo, quizá un punto claustrofóbico, pero la presentación, el sabor y el servicio lo compensan.

Rive y Eaux-Vives

★ **Le Relais d'Entrecôte** ASADOR€€
(☎022 310 60 04; www.relaisentrecote.fr; Rue Pierre-Fatio 6; carne, ensalada y patatas 42 CHF,

EL MEJOR HELADO

En un día caluroso no hay nada como dar un paseo junto al lago disfrutando de una de las mayores delicias que ofrece Ginebra.

Gelatomania (Rue des Pâquis 25; ⌚11.30-23.00 do-ju, hasta 24.00 vi y sa may-sep, 12.00-19.00 oct-abr; 📶) En esta heladería siempre hay cola por numerosas razones: sabores inesperados (zanahoria ecológica), las combinaciones más originales (naranja y limón, pepino y menta, lima y albahaca) y los clásicos de toda la vida (caramelo o pistacho).

Mövenpick (☎022 311 14 00; Rue du Rhône 19; 1/2/3 bolas por cucurucho 5/9/12 CHF; ⌚12.00-23.00 diarios abr-oct, hasta 20.00 mi-do nov-mar; 👪) Cremosos helados rematados con nata montada, chocolate fundido y otros dulces.

INDISPENSABLE

RESTAURANTES JUNTO AL AGUA

El ambiente veraniego de Ginebra es fabuloso. El clima, casi siempre perfecto, y el fondo alpino que se refleja en el lago invitan a sentarse en las terrazas, como la del bar **La Terrasse** (☎078 691 13 78; www.laterrasse.ch; Quai Wilson 31a; ⏲8.00-24.00 abr-sep). En los alrededores del Quai du Mont-Blanc hay chiringuitos para cenar al aire libre, tomar algo y disfrutar de la vida.

➡ En la orilla derecha, junto al Ródano, está la informal **Terrasse Le Paradis** (☎076 715 83 70; www.terrasse-paradis.ch; Quai Turrettini; ⏲9.00-21.00 jun-sep), para olvidar las obligaciones en una tumbona al sol disfrutando de un sándwich, una limonada casera o un té a la menta.

➡ **Le Bateau Lavoir** (☎022 321 38 78; www.bateaulavoir.ch; Passerelle des Lavandières; ⏲11.00-24.00 lu-ju, 11.00-2.00 vi, 17.00-2.00 sa may-sep) es un llamativo barco con terraza amarrado entre el antiguo mercado y el Pont de la Coulouvrenière. En el comedor se sirven *fondue* y otros platos suizos básicos; la gente es moderna y hay vistas de 360º del lago. El diseño y el nombre evocan los barcos-lavadero que flotaban aquí en el s. XVII.

➡ **La Barje des Lavandières** (☎022 344 83 56; www.labarje.ch; Promenade des Lavandières; ⏲11.00-24.00 lu-vi, 12.00-24.00 sa, 12.00-23.00 do may-sep) es una vieja caravana aparcada a orillas del Ródano cerca del Bâtiment des Forces Motrices. Parte de los beneficios obtenidos de la venta de comida y alcohol (que en verano fluye) y de los variados conciertos y actuaciones se destina a programas educativos para jóvenes marginados.

➡ Diversos establecimientos se disputan el honor de servir los mejores *filets de perche* (filete de perca), pero una buena opción es tomar el ferri y dirigirse a Le Petit Lac (p. 57), con un ambiente sensacional y un pescado divino.

postres 9-14 CHF; ⏲12.00-14.30 y 19.00-23.00) El vocabulario clave en este clásico atemporal, donde todos toman el mismo plato, es *à point* (en su punto), *bien cuit* (muy hecho) y *saignant* (poco hecho). Ni siquiera tienen carta; solo hay que sentarse, indicar cómo se desea el entrecot y esperar a que llegue: dos generosas porciones precedidas de una ensalada y acompañadas de crujientes patatas fritas.

ALMA
PERUANA €€

(☎022 736 31 48; www.alma-geneve.com; Rue Henri-Blanvalet 6; principales 26-39 CHF; ⏲12.00-15.00 y 17.30-24.00 ma-mi, hasta 2.00 ju-vi, 17.30-2.00 sa; ❄✎) La cocina peruana saludable está de moda en Ginebra y este restaurante ofrece la que se ha encumbrado como una de las gastronomías más importantes del mundo por su dilatada historia multicultural: platos como tiradito apaltado (una especie de *sashimi* condimentado) y pulpo anticuchero (pulpo asado condimentado) presentados con estilo en un entorno informal pero muy elegante.

Café du Centre
PESCADO €€

(☎022 311 85 86; www.cafeducentre.ch; Place du Molard 5; principales 29-44 CHF; ⏲6.30-24.00 lu-vi, 9.00-24.00 sa y do) Apreciado por su marisco fresco desde 1933, el local destila un aire encantador de *brasserie* a la antigua usanza, donde camareros impecablemente vestidos se afanan entre mesas con manteles hasta el suelo sirviendo platos de pescado, langosta, mejillones y ostras. En la carta abundan también las carnes, sobre todo en los módicos *plats du jour* (19 CHF).

L'Adresse
INTERNACIONAL €€

(☎022 736 32 32; www.ladress.ch; Rue du 31 Décembre 32; principales 24-49 CHF; ⏲11.00-24.00 ma-sa) Un *loft* urbano con una azotea fabulosa, híbrido de *boutique* de moda y bistró contemporáneo, ubicado en unos antiguos talleres de artistas. El almuerzo sale muy a cuenta (19/26 CHF por 1/2 platos). También sirven *brunch* y, los sábados, *slunch,* una merienda-cena a base de tentempiés fríos y calientes, dulces y salados, para compartir con una bebida a eso de las 17.00.

Vert Attitude
VEGETARIANA €€

(☎022 735 58 58; www.misuji.ch/vert-attitude; Rue du Nant 2; 100 g bufé por 4,80 CHF, principales 12-24 CHF; ⏲11.30-14.30 y 18.00-22.00 lu-vi; ✎👪) Inaugurado en el 2014, este popular establecimiento en Eaux-Vives es muy popular entre los vegetarianos locales por su saludable bufé de ensaladas al peso y los variados platos calientes. También hay una pequeña carta, un menú de tapas y una selección de postres tentadores, además de zumos frescos y vino ecológico.

Le Décanteur ITALIANA €€

(☎022 700 67 38; www.ledecanteur.ch; Rue des Eaux-Vives 63; charcutería 3-7 CHF, principales 20-25 CHF; ⏰11.00-15.00 y 18.00-23.00 lu-mi, 11.00-15.00 y 18.00-24.00 ju y vi, 18.00-24.00 sa) No hay lugar mejor para tomar *pâtes* (pasta) casera, ensaladas copiosas con mozarela, carpacho y otros platos italianos auténticos. La carta está escrita en la pizarra de la pared y hay mesas en el interior, de estilo más o menos industrial, y en la concurrida terraza. Después del horario laboral se convierte en un excelente bar de vinos.

Pleinpalais

Café des Bains MODERNA EUROPEA €€€

(☎022 320 21 22; www.cafedesbains.com; Rue des Bains 26; principales 28-62 CHF; ⏰12.00-14.00 lu-vi, 19.00-22.00 lu-sa) El sello de este local de cocina de fusión sin más etiquetas son los objetos hermosos y el gusto por el diseño. Sito frente al Museo de Arte Contemporáneo, su filosofía es que la elaboración y presentación de los platos refleja el proceso de composición de una obra de arte. Cenar en la terraza bajo los árboles y las sombrillas es toda una experiencia.

Fuera del centro urbano

★Le Petit Lac PESCADO €€€

(☎022 751 11 44; www.lepetitlac.ch; Quai de Corsier 14, Corsier; menú de 3 platos 52 CHF, principales 27-43 CHF; ⏰12.00-14.00 y 19.00-22.00; P) Se toma un barco de CGN (p. 59) en el Jardin-Anglais o Genève-Pâquis hasta Corsier para cenar en este excelente restaurante de marisco junto al lago, que sirve una discreta versión de la especialidad local, los *filets de perche*. Por estar cerca de la frontera francesa, si se dispone de vehículo propio se puede añadir una visita a **Yvoire** o un paseo en el Téléphérique du Salève (p. 60).

Dónde beber y vida nocturna

★Cottage Café CAFÉ

(☎022 731 60 16; www.cottagecafe.ch; Rue Adhémar-Fabri 7; ⏰7.00-24.00 lu-vi, desde 9.00 sa; 👪) Este encantador café en la **Square des Alpes**, cerca de la orilla, es ideal para charlar tomando un café y un pastel o una copa de vino a cualquier hora, con tapas a partir de las 18.00 y desayunos ligeros a diario. Si el día está despejado, se ve el Mont Blanc desde el jardín; el interior, rodeado de libros, es ideal para almorzar o relajarse.

★Yvette de Marseille BAR

(☎022 735 15 55; www.yvettedemarseille.ch; Rue Henri Blanvalet 13; ⏰15.30-24.00 lu y ma, hasta 1.00 mi y ju, hasta 2.00 vi y sa) Este animado bar, urbano y moderno, ocupa un taller mecánico que fue propiedad de una tal Yvette, de ahí su nombre. Se puede ver la puerta del garaje, la trampilla de reparación de vehículos en el suelo y el nº 13 de la calle (el número del departamento de Bouches-du-Rhône, en su Marsella natal).

★La Buvette du Bateau BAR

(☎022 508 56 89; www.bateaugeneve.ch; Quai Gustave-Ador 1; ⏰12.00-24.00 ma-ju, 12.00-2.00 vi, 17.00-2.00 sa, 11.00-22.00 do med may-med sep) Pocas terrazas son tan encantadoras como esta. Se trata de un fabuloso barco de vapor de la *belle époque* que navegó por el lago Lemán desde 1896 hasta 1974; hoy está amarrado en el muelle cercano al Jet d'Eau y es uno de los bares más concurridos en verano. Las cubiertas están engalanadas con flores y la cocina del camarote prepara tapas, *bruschetta* y otros tentempiés para acompañar las bebidas.

★Village du Soir CLUB

(☎022 301 12 69; www.villagedusoir.com; Rte des Jeunes 24, Carouge; ⏰20.00-5.00 vi-do) Hay que darse prisa para disfrutar del "Pueblo de la Noche", que dispone de cinco años de arrendamiento (desde el 2017) para rediseñar el enclave industrial del Geneva Stadium. Hasta que lo abandonen ofrece un apretado calendario de eventos como noches de DJ y actuaciones de bandas locales y visitantes, exposiciones, restaurantes *pop-up*, camiones de comida, diversión y caos, o, cuando menos, grandes dosis de frivolidad.

★Chat Noir BAR

(☎022 307 10 40; www.chatnoir.ch; Rue Vauthier 13; ⏰18.00-4.00 ma-ju, hasta 5.00 vi y sa) El "Gato Negro" es uno de los locales nocturnos más populares de Carouge. Normalmente se llena gracias a su ambiente variado: se puede tomar una selección de tapas después del trabajo y luego quedarse hasta el amanecer para bailar con música en directo y DJ.

L'Atelier Cocktail Club COCTELERÍA
(☎022 735 22 47; www.ateliercocktailclub.ch; Rue Henri Blanvalet 11; ⌚17.00-2.00 ma-sa) Esta coctelería de Eaux-Vives tiene fama de preparar los mejores mojitos de la ciudad y es uno de los locales *after work* más de moda. La decoración mezcla rasgos de bistró clásico con elementos antiguos reutilizados e incluye sofás de cuero y un piano para tocar entre cócteles.

Bar du Nord BAR
(☎022 342 38 20; www.bardunord.ch; Rue Ancienne 66; ⌚17.00-2.00 lu-vi, 9.00-2.00 sa) Uno de los bares más antiguos de Carouge (abierto en los años setenta). Tiene muebles de inspiración Bauhaus, la mejor selección de *whiskies* de la ciudad y un pequeño patio trasero. Destacan las noches de jueves y viernes, con buena música y DJ.

Café Art's BAR
(☎022 738 07 97; www.cafe-arts.ch; Rue des Pâquis 17; ⌚11.00-2.00 lu-vi, 8.00-2.00 sa y do) En Pâquis, es bueno tanto para tomar un café como una copa. Atrae por su terraza de estilo parisino y su interior artístico. Ofrece propuestas muy acertadas: enormes ensaladas, sándwiches de diseño y un *plat du jour* a mediodía a muy buen precio.

Le Cheval Blanc BAR, CLUB
(☎022 343 61 61; www.lechevalblanc.ch; Pl de l'Octroi 15; ⌚17.00-hasta tarde lu-vi, desde 11.00 sa, desde 10.30 do) Es una celebridad en Carouge. Los clientes consumen cócteles y tapas –de los mejores de Ginebra– en el bar de arriba; abajo están la discoteca y la sala de conciertos.

Boulevard du Vin BAR DE VINOS
(☎022 310 91 90; www.boulevard-du-vin.ch; Bd Georges Favon 3; ⌚17.00-24.00 lu-sa; 📶) Excelente tienda de vinos que se convierte en bar con sesiones de *dégustation* (catas) semanales. Las fuentes de comida añaden la dimensión gastronómica.

La Barje des Sciences BAR
(☎022 344 83 56; www.labarje.ch; Parc Moynier; ⌚11.00-1.00 lu-sa, hasta 21.00 do med may-sep) En este local de ensueño hermano de La Barje des Lavandières (p. 56), cerca del lago en el Parc Moynier, justo sobre el Parc de la Perle du Lac, sirven tapas y copas hasta el anochecer y luego se puede bailar el resto de la noche al son de la música en vivo o de los DJ en la terraza; parte de los beneficios se destinan a proyectos de ayuda a jóvenes necesitados.

Le Rouge et Le Blanc BAR DE VINOS
(☎022 731 15 50; www.lerougeblanc.ch; Quai des Bergues 27; ⌚17.00-24.00 lu-sa) Con una situación envidiable frente a la orilla, "El rojo y el blanco" es uno de los locales más populares de la ciudad para después del trabajo. La carta de vinos (suizos y extranjeros) es sobresaliente y la comida también es elogiada.

☆ Ocio

★L'Usine ARTES ESCÉNICAS
(www.usine.ch; Pl des Volontaires 4) En pleno meollo de la escena cultural alternativa urbana, esta colección de 18 iniciativas relacionadas con las artes sin ánimo de lucro se ubica junto al Ródano en una antigua fábrica de procesamiento de oro. Cualquier noche se puede ver teatro de vanguardia en **TU** (www.theatredelusine.ch), música en vivo en **Le Zoo** (www.lezoo.ch) o prometedores VJ en **Kalvingrad** (www.kalvingrad.com).

CinéTransat CINE
(www.cinetransat.ch; Parc de La Perle du Lac, Rue de Lausanne; alquiler de tumbona desde 19.00, películas al anochecer) GRATIS En verano hay sesiones gratuitas de cine al aire libre en el Parc de la Perle du Lac. Para mayor comodidad hay que ir temprano y alquilar una *transat* (tumbona, 5 CHF).

Victoria Hall MÚSICA EN DIRECTO
(☎022 418 35 00; www.ville-ge.ch/culture/victoria_hall; Rue du Général Dufour 14) Es la sala de conciertos de la Orchestre de la Suisse Romande y de la Orchestre de Chambre de Genève.

Grand Théâtre de Genève ÓPERA
(☎022 322 50 50; www.geneveopera.ch; Bd du Théâtre 11) Mientras el impresionante Grand Théâtre de Ginebra se halla en plena transformación, los conciertos se celebran en la Opéra des Nations (Ave de France 40), una sala temporal que se desmanteló en el 2018.

Bâtiment des Forces Motrices ARTES ESCÉNICAS
(☎022 322 12 20; www.bfm.ch; Pl des Volontaires 2) Sita a orillas del río, la antigua estación de bombeo de aguas de Ginebra (1886) es hoy un espacio fabuloso para conciertos de música clásica, actuaciones de danza y otras artes escénicas.

De compras

Las tiendas de diseño están entre Rue du Rhône y Rue de Rive. **Globus** (www.globus.ch/

fr/store/116/globus-geneve; Rue du Rhône 48; 9.00-19.00 lu-mi, hasta 21.00 ju, hasta 19.30 vi, hasta 18.00 sa; supermercado 7.30-22.00 lu-vi, 8.30-22.00 sa) y **Manor** (022 909 46 99; www.manor.ch; Rue de Cornavin 6; 9.00-19.00 lu-mi, hasta 21.00 ju, hasta 19.30 vi, 8.30-18.00 sa), ambos con fabulosas zonas de restauración, son los grandes almacenes más importantes. El distrito de Carouge y la Grand-Rue, en la Vieille Ville (p. 46), cuentan con numerosas galerías de arte y tiendas de antigüedades, el **mercadillo** (Plaine de Plainpalais; mi y sa) bisemanal o el **Marché des Grottes** (www.ville-geneve.ch/plan-ville/marches/marche-grottes; Place des Grottes 1; ju 16.00-20.30) los jueves por la noche para comida, vino y queso.

Caran d'Ache - Maison de Haute Écriture — ARTE Y ARTESANÍA

(022 310 90 00; www.carandache.com; Pl du Bourg-de-Four 8; 10.00-18.00 lu-sa) *Boutique* con una decoración preciosa y llena de arcoíris de lápices, pasteles, pinturas y ceras que fabrica la marca suiza Caran d'Ache en Ginebra desde 1915.

Favarger — CHOCOLATE

(022 738 18 26; www.favarger.com; Quai des Bergues 19; 10.00-18.00 lu-vi, 9.00-17.00 sa) Este veterano y respetado *chocolatier* suizo cuenta con una elegante *boutique* frente al lago, cerca del lugar donde abrió su primera fábrica en 1826. Es apreciado por sus envoltorios de diseño, tanto clásico como contemporáneo. Su especialidad son los Avelines, una mezcla muy suave de chocolate con leche, almendras y avellanas presentada en maravillosas porciones.

Librairie-Galerie Bernard Letu — LIBROS

(022 310 47 57; www.letubooks.com; Rue Calvin 2; 11.30-18.30 ma-vi, 11.00-17.00 sa) Distinguida librería del casco viejo con una importante colección de libros de arte de gran formato y otros tesoros.

Le Verre en Cave — VINOS

(022 736 51 00; www.verreencave.ch; Rue des Eaux-Vives 27; 10.00-19.00 lu-mi y vi, hasta 20.00 ju, hasta 18.00 sa) Un gran recurso para los amantes del vino, con docenas de vinos añejos suizos y de otros 10 países y una selección de 32 vinos para catar gratis antes de comprar.

Collection Privée — MENAJE DEL HOGAR

(076 323 71 94; Pl De-Grenus 8; 14.00-18.00 ma-vi, hasta 17.00 sa) Lámparas *art déco*, muebles y otros *objets d'art* y curiosidades de los ss. XIX y XX.

Información

La práctica **oficina de turismo de Ginebra** (022 909 70 00; www.geneve.com; Rue du Mont-Blanc 18; 10.00-18.00 lu, 9.00-18.00 ma-sa, 10.00-16.00 do) está a un corto trecho de la **Gare CFF de Cornavin** (www.sbb.ch; Pl de Cornavin). Publica varios mapas y guías locales, incluida una serie de rutas temáticas a pie en varios idiomas con itinerarios seleccionados para los gustos y sensibilidades de los hablantes de cada lengua.

En **Ticket Point** (022 781 04 04; www.sttp.ch; Quai du Mont Blanc) se pueden reservar los circuitos en barco, autobús y tren eléctrico.

Cómo llegar y salir

AVIÓN

El **aeropuerto de Ginebra (Cointrin)** (GVA; aeropuerto internacional de Ginebra; www.gva.ch), 4 km al noroeste del centro, opera vuelos de varias compañías suizas e internacionales.

BARCO

CGN (p. 59) opera hasta cuatro vapores diarios desde el Jardin Anglais y Pâquis a otras poblaciones del lago Lemán, como Nyon (adultos ida y vuelta 39 CHF, 1¼ h) y Lausana (66 CHF, 3½ h).

AUTOBÚS

Gare Routière de Genève (022 732 02 30; www.coach-station.com; Pl Dorcière) Opera líneas por la frontera a la vecina Francia.

TREN

La estación central de tren es la **Gare CFF de Cornavin** (p. 59), de donde salen servicios más o menos cada hora a casi todas las ciudades suizas. Las consignas automáticas de la sala principal cuestan 4/6/8/10 CHF por 6 h (tamaño pequeño/mediano/grande/extragrande).

Aeropuerto de Ginebra (3 CHF, 6 min)

Lausana (22,40 CHF, 35-50 min)

Berna (50 CHF, 1¾ h)

Zúrich (87 CHF, 2¾ h)

Cómo desplazarse

A/DESDE EL AEROPUERTO

El medio más rápido es el tren (3 CHF, 6 min, varios cada hora). La alternativa es tomar el autobús nº 10 en la parada de Rive (3 CHF, 30 min, 4-9 cada h). Al llegar al aeropuerto, antes de salir de la zona de recogida de equipajes, hay que hacerse con un billete gratis para el

MERECE LA PENA

VIVE LA FRANCE!

La proximidad a Francia permite bonitas excursiones de un día y la oportunidad de ahorrar un dinero en la comida (¡en euros!).

Yvoire (840 hab.) es un bonito pueblo medieval amurallado, 27 km al noreste de Ginebra, en la orilla sur del lago. Los fines de semana por la tarde se llena de ginebrinos que huyen de la ciudad. Posee un puerto pesquero, un castillo de cuento (cerrado a visitantes), calles peatonales empedradas, muchas flores y una huerta medieval restaurada que puede visitarse: el **Jardin des Cinq Sens.** La calle principal, la Grand-Rue, está flanqueada de tiendas de recuerdos, *boutiques* para turistas y varios restaurantes, entre ellos el recomendado **Le Bateau Ivre** (☎33 450 72 81 84; www.restaurant-lebateauivre.com; Grande Rue, Yvoire; menús 19-34 €; ⏲12.00-15.00 y 19.00-22.00). El viaje en el barco de CGN (p. 59) desde el Jardin Anglais o Pâquis (50 CHF, adultos, ida y vuelta 1¾ h) es parte importante de la excursión.

El pintoresco pueblo suizo de **Hermance,** 16 km al noreste de Ginebra, en la frontera francosuiza, atrae a gente chic por sus calles estrechas y casas medievales, alguna galería de arte más bien cara y el legendario **Auberge d'Hermance** (☎022 751 13 68; www.hotel-hermance.ch; Rue du Midi 12, Hermance; menú sin vino 70-88 CHF, con vino 89-128 CHF, principales 45-92 CHF; ⏲12.00-14.00 ju-sa, 19.00-22.00 mi-sa, 12.00-16.00 do; Ⓟ), un prestigioso restaurante que asa los pollos enteros y los sirven con una mágica costra de sal a las hierbas. El autobús E de TPG (3 CHF, 30 min, cada h como mínimo) conecta Hermance con la Rue de Pierre Fatio de Rive, en la ribera izquierda de Ginebra. En temporada también se puede ir en los vapores de CGN (p. 59; adultos ida y vuelta 32 CHF, 1 h).

Con tráfico fluido se tarda menos de 20 min en salvar los 9 km desde Ginebra a la salida del **Téléphérique du Salève** (☎+33 04 50 39 86 86; www.telepherique-du-saleve.com; Rte du Téléphérique, Étrembières; ida y vuelta adultos/estudiantes/niños 11,80/8,60/6,50 €; ⏲9.30-19.00 do-mi, hasta 23.00 ju-sa; 👪). Subir a la cima del **Mont Salève** (1100 m) lleva solo 5 min y se obtienen panorámicas alucinantes de Ginebra, el lago Lemán, el macizo del Jura y, al sureste, los Alpes y (con cielos despejados) el emblemático Mont Blanc.

transporte público en la máquina sita junto al mostrador de información.

Un taxi a la ciudad cuesta 35-50 CHF y tarda 15 min.

BICICLETA

De mayo a octubre hay bicicletas gratuitas (hasta 4 h) en **Genèveroule** (☎022 740 13 43; www.geneveroule.ch; Pl de Montbrillant 17; 4 h gratis, después 2 CHF por hora; ⏲8.00-21.00 may-oct, hasta 18.00 nov-abr), junto a la estación de tren; solo se precisa una acreditación con foto y una fianza de 20 CHF. El resto del año Genèveroule alquila bicis desde 12 CHF por día. Hay una segunda oficina, llamada Terrassière, en Ruelle des Templiers 4, en el distrito de Eaux-Vives (orilla izquierda).

BARCO

Los barcos amarillos conocidos como **Les Mouettes** (☎022 732 29 44; www.mouettes genevoises.ch; Quai du Mont-Blanc 8; billete sencillo 2/3 CHF/60 min; ⏲7.30-19.30 lu-vi, 10.00-14.00 sa, 15.00-18.00 do sep-may, Hasta 21.00 may-sep) (gaviotas) cruzan el lago (cada 10 min, 7.30-18.00). Los billetes se compran en las máquinas de los muelles o se puede usar cualquier billete de autobús de TPG válido.

AUTOMÓVIL Y MOTOCICLETA

Gran parte de la Vieille Ville está vetada a los coches y aparcar en la calle es complicado; se aconseja usar el aparcamiento público **Parking du Mont Blanc** (☎022 310 01 30; www.parkgest.ch; Quai du Général-Guisan; 1 CHF por 25 min; ⏲24 h). Antes de salir hay que validar el tique en una máquina naranja de TPG para obtener 90 min de viaje gratis para dos personas en los autobuses, tranvías y barcos municipales.

TRANSPORTE PÚBLICO

Los billetes para los autobuses, trolebuses y tranvías de **TPG** (TPG; www.tpg.ch; Rue de Montbrillant; ⏲7.00-19.00 lu-vi, 9.00-18.00 sa) se venden en las máquinas expendedoras de las paradas. La oficina principal de TPG está en el interior de la estación de tren de Ginebra. Un billete de 1 h de varios trayectos por la ciudad cuesta 3 CHF; el billete para 3 paradas en 30 min (*saut-de-puce*) cuesta 2 CHF. El pase de 1 día con viajes ilimitados asciende a 10 CHF, o 8 CHF si se compra después de las 9.00.

TAXI

Se pueden tomar en la estación de tren, reservarlos por internet (www.taxi-phone.ch) o llamar al ☎022 331 41 33.

Lago Lemán y cantón de Vaud

Incluye »

Los mejores restaurantes

- Denis Martin (p. 77)
- Hôtel-Restaurant de la Plage (p. 73)
- Eat Me (p. 68)
- Holy Cow (p. 68)
- La Crémerie (p. 77)

Los mejores alojamientos

- Grand Hotel du Lac (p. 76)
- Fairmont Le Montreux Palace (p. 79)
- Hôtel Beau-Rivage Palace (p. 68)
- Hotel Lavaux (p. 75)
- Hôtel le Rivage (p. 74)

Por qué ir

El lago Lemán, el mayor de Europa occidental, es también conocido como lago de Ginebra por hallarse esta ciudad en torno a su extremo sur.

Si bien la mitad del lago y casi toda la ribera oriental pertenecen a Francia, el resto es el orgullo y prez del Vaud, que ofrece fascinantes panorámicas de los Alpes al otro lado de las aguas. En verano resulta ideal para las excursiones alpinas, con un aire perfecto y vistas inconcebibles. En invierno se transforma en una cara zona de esquí para la élite internacional.

No hay que perderse el trayecto en tren desde Ginebra a Montreux por la ribera, bordeando los viñedos en terraza del Lavaux, atravesando Lausana, con sus animados estudiantes y el Comité Olímpico Internacional, y Vevey (conocida por Nestlé) y pasando junto a castillos de cuento, lujosas mansiones ribereñas y relucientes 'playas'.

Cuándo ir

- Primavera y principios de otoño, con sus días cálidos y parterres floridos y bien cuidados, son las estaciones perfectas para conocer esta región.
- El camino florido que bordea el lago de Montreux al Château de Chillon y el festival de tulipanes de Morges muestran todo su esplendor en el mes de mayo.
- Julio marca el inicio de un par de festivales mundialmente famosos: el encuentro internacional de *jazz* de Montreux y el variopinto festival musical Paléo de Nyon. También es la época de mayor tráfico náutico en el lago.
- Es una delicia bañarse en el lago en julio y agosto, al igual que esquiar en los Alpes de Vaud en enero y febrero.

Imprescindible

1 Château de Chillon (p. 79) Deambular por el camino florido desde este magnífico castillo hasta Montreux.

2 Museo Olímpico (p. 63) Rendir homenaje en Lausana al evento deportivo que une al mundo.

3 Rochers de Naye (p. 78) Subir en tren cremallera hasta los 2042 m para ver marmotas y vistas de ensueño.

4 El Lavaux (p. 73) Disfrutar del vino, la comida y las alucinantes vistas desde las escalonadas viñas sobre Cully.

5 Montreux Jazz (p. 78) Asistir en plan sofisticado al principal festival de *jazz* junto al lago del mundo.

6 Paléo Festival (p. 72) Ir en plan sencillo al festival de *rock* alternativo, EDM y arte de Nyon.

7 Peak Walk by Tissot (p. 80) Subir a contemplar el alucinante panorama desde este puente colgante entre dos picos de montaña en Les Diablerets.

8 Chaplin's World (p. 75) Honrar la memoria del gran artista en Vevey.

9 Villa Le Lac (p. 76) Meditar sobre la progresión de la arquitectura moderna, también en Vevey.

Historia

En el año 58 a.C., las tropas de Julio César ya habían penetrado hasta la Suiza suroccidental actual. En los siglos posteriores las tribus celtas convivieron pacíficamente con los romanos.

En el s. IV d.C. los romanos fueron desplazados por las tribus germánicas. Los borgoñeses cristianizados llegaron al suroeste en el s. V y adoptaron el latín vulgar, precursor del francés. Absorbido por los francos, Vaud se incorporó al Sacro Imperio Romano Germánico en el 1032.

En los ss. XII y XIII los duques de Saboya fueron asumiendo poco a poco el control de Vaud y emprendieron la construcción de los asombrosos castillos lacustres. El cantón de Berna los heredó al declarar en 1536 la guerra a Saboya y apoderarse de Vaud.

En 1789 la Revolución francesa tuvo graves consecuencias para el país vecino y en diciembre de 1797 el Directorio de París se hizo cargo de Vaud. En 1803 Napoleón impuso el Acta de Mediación, origen de la Confederación Helvética. Vaud, con Lausana como capital, se convirtió en uno de sus seis cantones.

La segunda mitad del s. XIX se caracterizó por el desarrollo industrial y la prosperidad del cantón, que las dos guerras mundiales ralentizaron.

Lausana

146 372 HAB. / ALT. 495 M

Rodeada de viñedos que se extienden ladera abajo hasta el lago, la cuarta ciudad más grande de Suiza no se siente inferior a Ginebra.

Si esta última parece centrarse en el pasado y en su prestigio de albergar más entes internacionales que ningún otro lugar del mundo, Lausana mira al futuro. Tiene fama de ciudad optimista, quizá gracias a su envidiable enclave (a orillas del lago con vistas más espectaculares que las de Ginebra) y a su sesuda pero fiestera población estudiantil, siendo la Escuela Politécnica Federal de Lausana (EPFL) la versión europea del MIT de Boston. Alberga la sede central del Comité Olímpico Internacional, así como singulares museos en emocionante transformación y un nuevo acuario que contrasta con el casco antiguo gótico.

Los ribereños barrios de moda de Ouchy y Flon, con sus almacenes reinterpretados, reflejan la enrollada cultura urbana de Lausana: ambos incitan a la visita.

Historia

Los romanos plantaron su primer campamento del Lemán en Vidy, un alto en el camino en la ruta entre Italia y Galia que terminó llamándose Lousonna. Tras la invasión de los *alemanni* en el s. IV d.C., los habitantes de Lousonna huyeron a un lugar montañoso del interior que se convertiría en el núcleo de la Lausana medieval.

En 1529 Guillaume Farel, seguidor de Calvino, llegó a la ciudad para predicar la Reforma, pero los católicos no se dieron por aludidos hasta que siete años después Berna ocupó la ciudad.

Desde el s. XVIII Lausana ejerció una gran fascinación entre los escritores y librepensadores y atrajo a personalidades como Voltaire, Dickens, Byron y T. S. Eliot (que escribió aquí *La tierra baldía*).

Puntos de interés

En la orilla de **Ouchy,** el lago Lemán presenta muchas opciones de hacer deporte en Lausana: navegación a vela, *windsurf* y natación (en la oficina de turismo tienen información). Los puestos de temporada que se instalan delante del Château d'Ouchy alquilan patines y kayaks y los paseos que bordean el lago son llanos e ideales para ir en bicicleta o patinar. Al oeste de Ouchy, la **playa de Vidy,** con densos bosques y parques, es una de las pocas playas de arena del lago Lemán.

★Musée Cantonal des Beaux Arts MUSEO
(MCB-A; plano p. 66; ☎021 316 34 45; www.mcba.ch; Pl de la Riponne 6; adultos/niños 10 CHF/gratis, 1er sa de mes gratis; ⏲11.00-18.00 ma-ju, hasta 17.00 vi-do) El **Palais de Rumine** (plano p. 66; ☎021 316 33 10; http://musees.vd.ch/palais-de-rumine/accueil/; ⏲11.00-18.00 ma-ju, hasta 17.00 vi-do) GRATIS, donde en 1923 se firmó el Tratado de Lausana, alberga el Museo de Bellas Artes, que se trasladará a Plateforme10 (p. 68) en el 2019. En él se exponen obras de artistas suizos y extranjeros, desde arte del Antiguo Egipto hasta el cubismo, aunque el núcleo de la colección está formado por obras del pintor paisajista Louis Ducros (1748-1810). La colección permanente suele cerrar durante las exposiciones temporales.

★Museo Olímpico MUSEO
(Musée Olympique; plano p. 64; ☎021 621 65 11; www.olympic.org/museo; Quai d'Ouchy 1; adultos/niños 18/10 CHF; ⏲9.00-18.00 diarios may-med oct, 10.00-18.00 ma-do med oct-abr; P) Ni los amantes del deporte ni los niños deben perderse este museo, quizá el más fastuoso de Lausana. Instalaciones a la última narran la historia de las olimpiadas desde sus inicios hasta hoy mediante vídeos, muestras interactivas, piezas de interés y exposiciones temáticas. Otros de sus atractivos son el cuidado jardín escalonado, las esculturas ad hoc y un fabuloso café cuya terraza tiene preciosas vistas al lago.

★Cathédrale de Notre Dame CATEDRAL
(plano p. 66; ☎021 316 71 60; www.cath-vd.ch/cvd_parish/notre-dame; Pl de la Cathédrale; ⏲9.00-19.00

Lausana

0 400 m

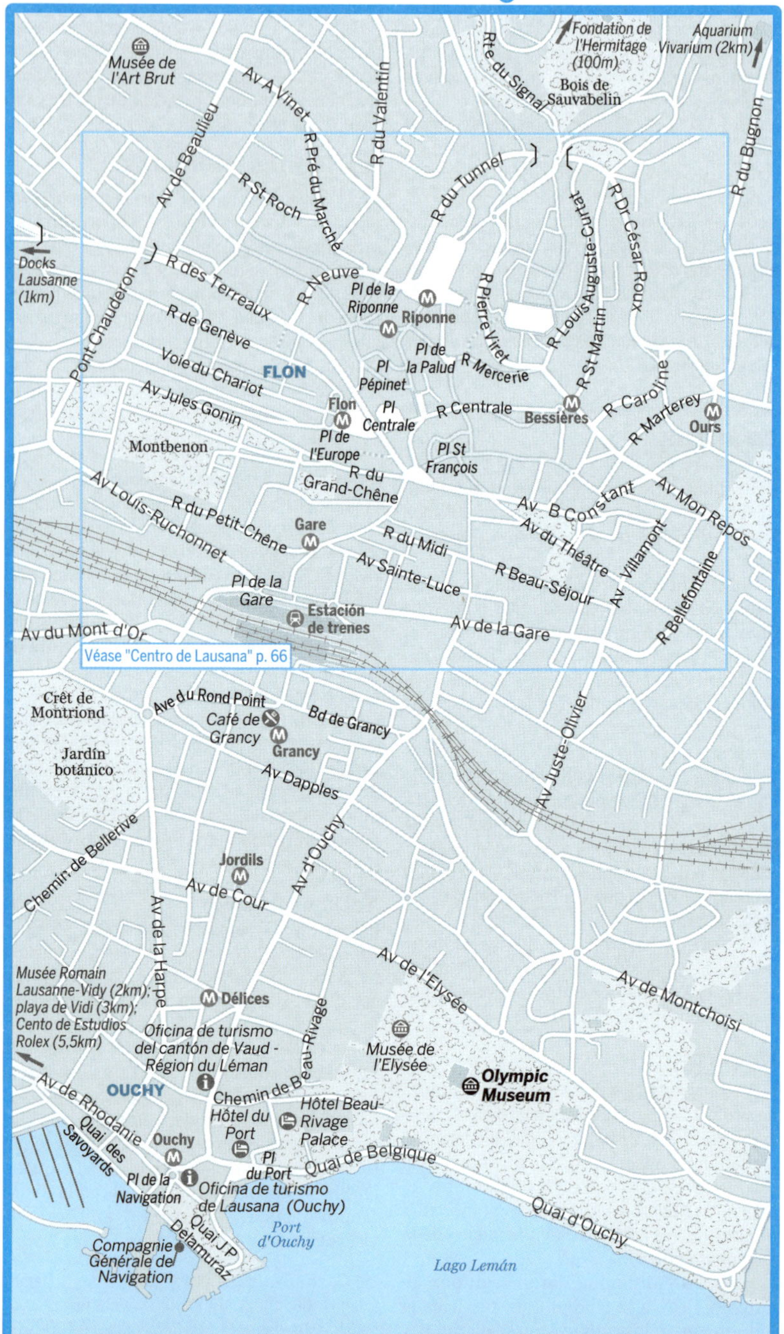

abr-sep, hasta 17.30 oct-mar) La catedral gótica de Lausana es la mejor en su estilo de toda Suiza y se alza en el centro del casco antiguo. Construida en los ss. XII y XIII sobre iglesias anteriores y más humildes, carece de la levedad de los edificios góticos franceses, pero aun así es admirable. El papa Gregorio X, en presencia de Rodolfo de Habsburgo (emperador del Sacro Imperio Romano Germánico) y de una cohorte de cardenales y obispos europeos, consagró la iglesia en 1275.

Place de la Palud PLAZA

(plano p. 66) En plena **Vieille Ville** (casco antiguo) y sobre una antigua ciénaga, esta bonita plaza medieval del mercado (s. IX) ha albergado durante cinco siglos el gobierno municipal, cuya sede actual es el **Hôtel de Ville** (s. XVII). Enfrente, una figura alegórica de la Justicia vestida de azul y sosteniendo su balanza preside la plaza, coronando la colorida columna de la **Fuente de la Justicia.**

Tomando a la izquierda por Rue Mercière se llega a las **Escaliers du Marché** (plano p. 66), escaleras techadas con madera y teja que suben a la Rue Pierre Viret y hasta la Cathédrale de Notre Dame.

MUDAC MUSEO

(MUDAC; Museo de Diseño Contemporáneo y Artes Aplicadas; plano p. 66; ☎021 315 25 30; www.mudac.ch; Pl de la Cathédrale 6; adultos/niños 10 CHF/gratis, 1er sa de mes gratis; ⏲11.00-18.00 ma-do) Esta oda a las artes aplicadas y al diseño moderno alberga seis interesantes exposiciones temporales al año. Se halla frente a la cara sur de la catedral. En el 2019 se reubicará en el muy esperado "supermuseo" Plateforme10 (p. 68).

Musée Historique de Lausanne MUSEO

(plano p. 66; ☎021 315 41 01; www.lausanne.ch/mhl; Pl de la Cathédrale 4; adultos/niños 8 CHF/gratis, 1er sa de mes gratis; ⏲11.00-18.00 ma-ju, hasta 17.00 vi-do) Hasta el s. XV los obispos ginebrinos residían en esta mansión enfrente de la catedral (después sería una cárcel, luego un tribunal de justicia y más tarde un hospital). Desde 1918 evoca la historia de Lausana mediante cuadros, dibujos, sellos, instrumentos musicales, piezas de plata y otros objetos. Indispensable la película sobre Lausana en 1638.

Musée de l'Art Brut MUSEO

(plano p. 64; ☎021 315 25 70; www.artbrut.ch; Av des Bergières 11-13; adultos/niños 10 CHF/gratis; ⏲11.00-18.00 ma-do) *Brut* significa crudo o bruto y se refiere al arte marginal. Este extraordinario museo alojado en una antigua mansión rural de finales del s. XVIII expone la gran colección de obras de artistas sin formación (muchos procedentes de estratos marginales de la sociedad o con alguna enfermedad mental), reunida por el artista francés Jean Dubuffet en la década de 1970. Son exposiciones muy variadas y algunas sorprenden por su habilidad técnica o su visión sugestiva del mundo. Tómese el autobús nº 2, 3 o 21 hasta la parada de Beaulieu-Jomini.

¡LAS DIEZ EN PUNTO Y SERENO!

Desde lo alto del campanario de la catedral de Lausana, un *guet* (vigilante nocturno) sigue cantando las horas cada noche de 22.00 a 2.00. Tras las campanadas de la hora en punto, grita: "C'est le guet! Il a sonné dix, il a sonné dix!" ("¡Habla el sereno! ¡Han dado las diez, han dado las diez!"). Antaño era una tarea más seria, pues el *guet* vigilaba que no hubiera incendios u otros peligros en torno a la ciudad. También velaba por el buen comportamiento de los ciudadanos y por mantener el silencio en las calles durante las misas solemnes.

Fondation de l'Hermitage MUSEO

(☎021 320 50 01; www.fondation-hermitage.ch; Rte du Signal 2; adultos/niños 19/8 CHF; ⏲10.00-18.00 ma, mi y vi-do, hasta 21.00 ju) Exposiciones temporales de alto nivel honran esta bella residencia del s. XIX sumida en la verde paz y tranquilidad del Bois de Sauvabelin, en el extremo norte de Lausana. El parque arbolado es maravilloso para pasear, con un lago y una atalaya moderna de 35 m (al subir la escalera en espiral se llega a vistas fantásticas).

Se recomienda la visita guiada y el *brunch* dominical (62 CHF) en el café-bistró de la fundación, **L'Esquisse.** Los viernes y sábados por la noche también ofrecen una visita guiada a las 18.45, seguida de una cena (89 CHF). Ambos requieren reserva previa por teléfono.

Centro de Estudios Rolex EDIFICIO RELEVANTE

(☎021 693 11 11; www.rolexlearningcenter.epfl.ch; École polytechnique fédérale de Lausanne, Rte Cantonale; P) Este curioso edificio que parece una loncha de emmental alberga el campus prin-

Centro de Lausana

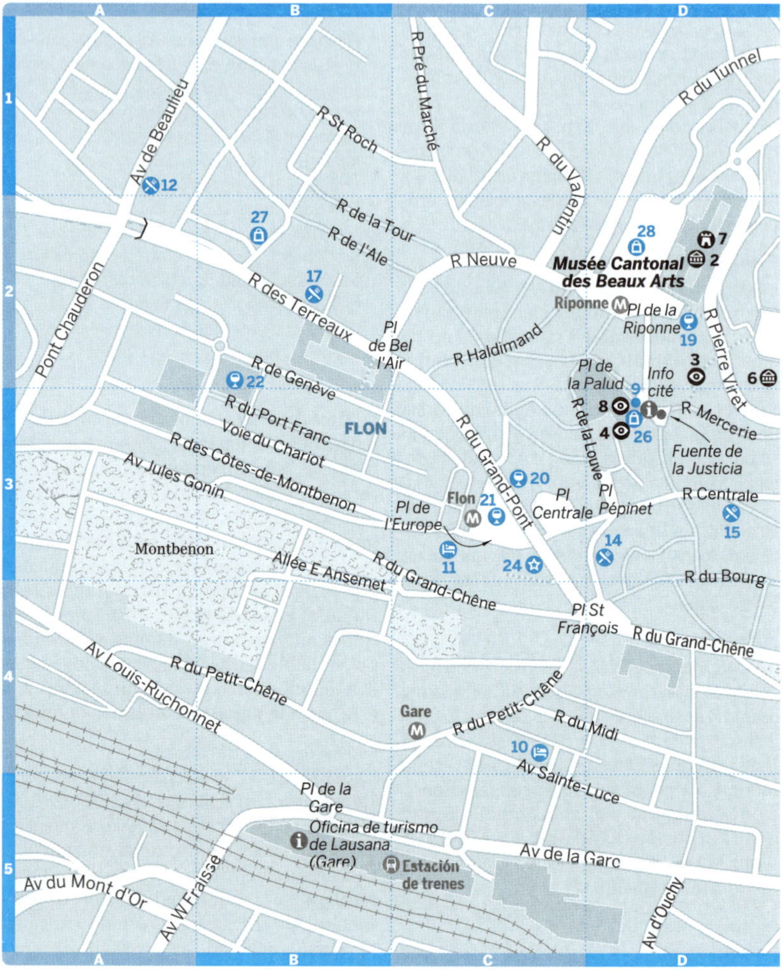

cipal de la **École polytechnique fédérale de Lausanne** (EPFL), considerada el equivalente europeo del MIT de Boston. De visita obligada para estudiantes de arquitectura y fans del diseño ultramoderno, se puede entrar a dar una vuelta.

Musée de l'Elysée MUSEO

(plano p. 64; ☎021 316 99 11; www.elysee.ch; Av de l'Elysée 18; adultos/niños 8 CHF/gratis, 1er sa de mes gratis; 11.00-18.00 ma-do) En un precioso lugar ajardinado, en el Parc Olympique con vistas al lago y los Alpes, este excelente museo de fotografía ofrece una colección permanente y exposiciones itinerantes; se trasladará a Plateforme10 (p. 68) en el 2019.

Actividades

Guides d'Accueil MdA PASEO

(plano p. 66; ☎021 320 12 61; www.lausanne-a-pied.ch; Pl de la Palud; adultos/niños 10 CHF/gratis; may-sep) Circuitos a pie por el casco antiguo, que salen de enfrente del Hôtel de Ville (Ayuntamiento), en la Place de la Palud. Paseos temáticos para hasta cinco personas por encargo. A diario organiza circuitos en inglés, sin exigir reserva. Consúltense los detalles en la web.

Centro de Lausana

Principales puntos de interés
1 Cathédrale de Notre Dame E2
2 Musée Cantonal des Beaux Arts D2

Puntos de interés
3 Escaliers du Marché D2
4 Hôtel de Ville D3
5 Musée de Design et d'Arts Appliqués Contemporains E3
6 Musée Historique de Lausanne D2
7 Palais de Rumine D2
8 Place de la Palud D3

Actividades, cursos y circuitos
9 Guides d'Accueil MdA D3

Dónde dormir
10 Hôtel Elite C4
11 Lhotel C3

Dónde comer
12 Au Canard Pekinois A1
13 Café St-Pierre E4
14 Eat Me D3
15 Eligo D3
16 Holy Cow E3
17 Holy Cow B2

Dónde beber y vida nocturna
18 Caffè Bellini E1
19 Great Escape D2
20 Le D! Club C3
21 Les Arches C3
22 MAD B2
23 Terrasse des Grandes Roches E3

Ocio
24 Le Romandie C3
25 Opéra de Lausanne E5

De compras
26 Marché à la Place de la Palud D3
27 Marché de Chauderon B2
28 Marché du Centre-ville D2

Fiestas y celebraciones

Festival de la Cité CULTURAL
(www.festivalcite.ch) En la primera semana de julio, llena las calles y plazas de la ciudad de artes plásticas y actuaciones al aire libre de danza, teatro y circo.

Día Nacional de Suiza FUEGOS ARTIFICIALES
Se celebra el 1 de agosto. Alquílese un patín para disfrutar de los fuegos artificiales en el lago alrededor de las 22.00.

Dónde dormir

Lausana ofrece desde albergues hasta hoteles de lujo. Al registrarse en el alojamiento no se olvide de recoger la **Lausanne Transport Card**, que permite viajar sin límite en transporte público durante la estancia.

SYHA Lausanne Jeunotel ALBERGUE €
(021 626 02 22; www.youthhostel.ch/lausanne; Chemin du Bois-de-Vaux 36; dc 4 camas 43 CHF, i/d desde 43/105/130 CHF; P) A tiro de piedra del lago, cerca de la sede del Comité

PLATEFORME10

A finales del 2016 empezaron las obras de uno de los proyectos museísticos más apasionantes del panorama artístico suizo, que se inaugurará por tramos a partir del 2019.

Si se logra apartar los ojos de la fascinante vista de los Alpes y girar la cabeza para mirar a la izquierda del tren según este entra en Lausana desde Ginebra, se verá la llamada Plateforme10.

Es imposible pasar por alto las obras en la zona de las antiguas cocheras de locomotoras de Lausana; una vez finalizado, el proyecto juntará en un único lugar el Musée Cantonal des Beaux-Arts (p. 63), el Musée de l'Elysée (p. 66) y el MUDAC (p. 65), además de las fundaciones Félix Vallotton y Toms Pauli. El mundo del arte aguarda.

Mientras tanto, consúltense los progresos en www.plateforme10.ch/en.

Olímpico Internacional, este albergue juvenil suizo (de la SYHA) está clasificado como de máximo nivel por sus habitaciones renovadas con gusto, recepción 24 h y agradable enclave en un parque. El desayuno bufé va incluido en el precio y se ofrecen almuerzos y cenas (17,50 CHF).

Lhotel HOTEL-BOUTIQUE €

(plano p. 66; ☎021 331 39 39; www.lhotel.ch; Pl de l'Europe 6; h desde 130 CHF; ❄📶) Este pequeño hotel tiene una situación ideal cerca del animado barrio nocturno del Flon. Las habitaciones son sencillas y muy blancas e incluyen iPad; el desayuno cuesta 14 CHF. Tiene una fabulosa azotea. Los clientes pueden utilizar el *spa* del cercano Lausanne Palace & Spa de cinco estrellas por 55 CHF.

Starling Hotel HOTEL €€

(☎021 694 85 85; www.shlausanne.com; Rte Cantonale 31, St Sulpice; d/ste desde 150/260 CHF; P❄📶) Nuevo y luminoso, frente al llamativo Centro de Estudios Rolex (p. 65) al borde de la ciudad, ofrece habitaciones de elegante diseño (y en muchos casos con vistas al lago), nueva ropa de cama, luz natural a raudales y un sinfín de enchufes y puertos para aparatitos electrónicos.

Hôtel du Port HOTEL €€

(plano p. 64; ☎021 612 04 44; www.hotel-du-port.ch; Pl du Port 5; i/d desde 160/190 CHF; P📶) Muy bien ubicado en Ouchy, a pocos pasos del lago. Las mejores dobles dan al lago (suplemento 20 CHF) y son amplias (23 m²). En la 3ª planta hay varias suites júnior muy buenas.

★Hôtel Beau-Rivage Palace HOTEL HISTÓRICO €€€

(plano p. 64; ☎021 613 33 33; www.brp.ch; Pl du Port 17-19; h desde 520 CHF; P❄📶🏊) Este suntuoso hotel junto al lago seguramente disfruta de la mejor ubicación de la ciudad. La mansión de principios del s. XIX, bien conservada y rodeada de jardines impecables, es una tentación por sus magníficas vistas del lago y los Alpes, su *spa* y varios bares y restaurantes selectos (incluido un templo gastronómico capitaneado por Anne-Sophie Pic, la única chef francesa con tres estrellas Michelin).

Hôtel Elite HOTEL-BOUTIQUE €€€

(plano p. 66; ☎021 320 23 61; www.elite-lausanne.ch; Av Sainte Luce 1; i/d desde 210/290 CHF; P❄📶) Una misma familia lleva tres generaciones regentando esta preciosa casa de pisos color albaricoque. Un par de tumbonas para tomar el sol y mesas salpican su alegre jardincito. Las habitaciones de la 4ª planta dan al lago y las mejores incluyen balcón.

Dónde comer

Aunque la oferta de restaurantes sea relajada pero cara, no cuesta demasiado hallar sitios para presupuestos ajustados, gracias a la población estudiantil que tiene esta ciudad tan compacta.

★Eat Me TAPAS €

(plano p. 66; ☎021 311 76 59; www.eat-me.ch; Rue Pépinet 3; platos pequeños 10-20 CHF; ⏱12.00-14.00 y 17.00-24.00 ma-sa; 📶🍷) "El mundo en platillos", reza el lema de este divertido, popularísimo y delicioso restaurante-bar. Y eso ofrece: tapas globales, desde minihamburguesas al *sashimiviche (sashimi* de Sichuán estilo cebiche) y piruletas de gamba. Todo a buen precio y muy entretenido. Para ir con amigos.

★Holy Cow HAMBURGUESAS €

(plano p. 66; ☎021 312 24 04; www.holycow.ch; Rue Cheneau-de-Bourg 17; hamburguesa con patatas y bebida 14-26 CHF; ⏱11.00-23.00; 👪) Este exitoso establecimiento, con locales en Ginebra, Zúrich y Francia, prepara hamburguesas (ternera, pollo o vegetal) con ingredientes de la zona, aderezos creativos y nombres ingeniosos. Se recomienda pedir una cerveza artesana y sentarse en una de las mesas de madera mientras se espera la llegada de la cesta con la hamburguesa y las ricas patatas. Hay otro local en **Rue des Terreaux** (plano p. 66; Rue des Terreaux 10).

Au Canard Pekinois CHINA €
(plano p. 66; ☎021 329 03 23; www.au-canard-pekinois.ch; Pl Chauderon 16; principales 16-48 CHF; ⌚12.00-14.30 y 19.00-22.30) Con auténtica cocina cantonesa al estilo de Hong Kong, "el Pato pekinés" toma el nombre de su especialidad: hay que ir corriendo si se quiere probar. También destaca por otros favoritos como el *mapo tofu* y diversos *dim sum*, presentados en un marco estiloso y formal.

Eligo EUROPEA MODERNA €€
(plano p. 66; ☎021 320 00 03; www.eligo-restaurant.ch; Rue du Flon 8; principales 25-68 CHF, cena 4/6 platos 90/150 CHF; ⌚12.00-14.00 y 19.00-22.00 ma-sa) Su nombre significa "elijo" en latín. Este glamuroso establecimiento tiene un interior chic de madera y cemento, y al chef Guillaume Raineix al mando; opta por la sencillez con una acertada carta basada en el producto fresco local y la pericia técnica. Este reputado chef pulió su arte en las cocinas más exigentes de París, como la del Four Seasons del Hotel George V. Se recomienda reservar.

Café de Grancy EUROPEA MODERNA €€
(plano p. 64; ☎021 616 86 66; www.cafedegrancy.ch; Av du Rond Point 1; principales 19-44 CHF; ⌚8.00-24.00 lu-vi, 10.00-24.00 sa y do; 📶) Al sur de la estación de tren, ofrece salones donde apoltronarse a beber algo en la parte delantera y una zona de comedor de cocina creativa más atrás. La *pâte du jour* (pasta del día), a precio interesante, se sirve con ensalada o sopa y es lo más solicitado en el almuerzo. Las *fondues* del miércoles por la noche, las cenas temáticas del primer martes del mes y el magnífico *brunch* del fin de semana son un éxito.

Café St-Pierre EUROPEA MODERNA €€
(plano p. 66; ☎021 326 36 36; www.cafesaintpierre.ch; Pl B Constant 1; comidas 18-36 CHF; ⌚7.30-24.00 ma y mi, hasta 1.00 ju, hasta 2.00 vi, 11.00-2.00 sa, 11.00-18.00 do; 📶) Las mesas ya están ocupadas a las 12.00 y los amables camareros se afanan en servir mientras el teléfono no para de sonar: este bar-cafetería moderno es un hervidero. El interior es contemporáneo e informal y la cocina, europea y moderna, a base de pasta, ensaladas abundantes y pescado en el almuerzo, tapas creativas a partir de las 19.00 y *brunch* los fines de semana. Conviene reservar con antelación.

Dónde beber y vida nocturna

Lausana tiene fama de ser una ciudad donde se sabe disfrutar de la buena vida y de la marcha (en términos suizos) en lugares tan diversos como locales punteros de estudiantes, elegantes cafés urbanos y refinados bares junto al lago. El centro de la movida nocturna es **Le Flon,** remodelado barrio de almacenes con bares, locales nocturnos y cafés que atraen a grandes masas para una ciudad de este tamaño, sobre todo los jueves y fines de semana. Al caer el sol, muchos de los estilosos café-bares y bistrós se transforman en estupendos bares de tapas.

★**Great Escape** PUB
(plano p. 66; ☎021 312 31 94; www.the-great.ch; Rue de la Madeleine 18; ⌚11.30-hasta tarde lu-vi, desde

BARES BAJO UN PUENTE

Donde hay un puente hay un bar. O por lo menos así ocurre en la artística Lausana, donde los arcos de sus puentes dan cobijo a los bares estivales más animados de la ciudad.

Les Arches (plano p. 66; www.lesarches.ch; Pl de l'Europe; ⌚11.00-24.00 lu-mi, hasta 1.00 ju, hasta 2.00 vi y sa, 13.00-24.00 do) Ocupa cuatro arcadas del magnífico Grand Pont de Lausana (construido entre 1839 y 1940), sobre la Place de l'Europe, y es la escala perfecta para tomar una copa después del trabajo o antes de dormir.

Terrasse des Grandes Roches (plano p. 66; ☎021 312 34 18; http://lesgrandesroches.ch; Escaliers des Grandes-Roches; ⌚14.00-24.00 abr-sep) Más tarde los *hipsters* de Lausana se pasan a esta fabulosa terraza con mesa de billar, futbolín, palmeras y tumbonas bajo un arco del puente de Bessières (1908-1910. Unas escaleras suben desde Rue Centrale y bajan desde delante del MUDAC, en de Rue Pierre-Viret.

10.00 sa, desde 12.00 do) Todo el mundo conoce este bullicioso *pub* de estudiantes que sirve comida sencilla (excelentes hamburguesas) y tiene una envidiable terraza con vistas a la Place de la Riponne. Desde esta plaza hay que subir por las Escaliers de l'Université y doblar a la derecha.

Caffè Bellini BAR
(plano p. 66; ☎021 351 24 40; www.caffebellini.ch; Rue de la Barre 5; ⊙10.00-1.00 lu-ju, hasta 2.00 vi y sa) La terraza con más encanto de Lausana está escondida en el casco antiguo y es el lugar por excelencia para tomar unas copas en verano, con una clientela a la moda y un interior de influencias *retro*. Los entrantes y las *pizzas* son muy buenos y el servicio es alegre aunque a veces olvidadizo. Se recomienda reservar mesa.

MAD CLUB
(plano p. 66; ☎021 340 69 69; www.madclub.ch; Rue de Genève 23; ⊙23.00-4.00 ju-do) Con cinco plantas dedicadas al ocio, cuatro pistas de baile y el restaurante Bedroom, el MAD (Moulin á Danse de Lausanne) es un sitio algo alocado que funciona bien en la zona del Flon desde 1985. La música es muy variada (*reggaeton, mashup, hardcore*), la etiqueta es elegante y el Jetlag Club de la 3ª planta es solo para mayores de 26 años. El domingo es la noche gay.

Le D! Club CLUB
(plano p. 66; ☎021 351 51 40; www.dclub.ch; Pl Centrale; ⊙23.00-5.00 mi-sa) Los DJ pinchan lo último de *house* en esta discoteca tumultuosa. Para llegar hay que bajar por las escaleras que salen de la Rue du Grand Pont y girar a la derecha antes de bajar a la Place Centrale.

☆ Ocio

Mecenas del arte, Lausana ofrece un animado panorama de música clásica (ópera incluida), teatro y otras artes escénicas como la danza. Véase la programación en el diario local *24 Heures* (www.24heures.ch).

Le Romandie MÚSICA EN DIRECTO
(plano p. 66; ☎021 311 17 19; www.leromandie.ch; Pl de l'Europe 1a; ⊙22.00-4.00 ma y ju-sa) La principal discoteca de *rock* de Lausana está ubicada bajo los arcos de piedra del Grand Pont. Conciertos de *rock, garage* e incluso punk.

Docks Lausanne SALA DE CONCIERTOS
(☎021 623 44 44; www.lesdocks.ch; Av de Sévelin 34; ⊙19.00-2.00 ma-do) Actuaciones de todo tipo, tanto *hip-hop* como *heavy metal* o *reggae*.

Opéra de Lausanne ÓPERA
(plano p. 66; ☎021 315 40 20; www.opera-lausanne.ch; Av du Théâtre 12; ⊙taquilla 12.00-18.00 lu-vi) Conciertos de ópera y música clásica en un edificio recién reformado.

De compras

★Marché du Centre-ville MERCADO
(mercado de Lausana; plano p. 66; Place de la Riponne; ⊙mi y sa 8.00-14.00) Las calles peatonales del casco antiguo que rodean la Place de la Riponne, donde está el Palais de Rumine (p. 63), se animan los miércoles y sábados con puestos de excelentes productos locales como fruta, verdura, quesos y carne. Es buen sitio donde aprovisionarse para pícnics o probar tentempiés típicos como la *taillé aux greubons*, torta hojaldrada de chicharrones. Y de principios de noviembre a Nochebuena alberga el bullicioso **mercado navideño** de Lausana.

Además hay un animado mercadillo, el **Marché de Chauderon** (plano p. 66; Place Chauderon; ⊙9.00-19.00 ma y ju) GRATIS; y un mercado de artesanía, el **Marché à la Place de la Palud** (plano p. 66; Place de la Palud; ⊙10.30-19.00 primer vi de mes).

Información

Hay numerosas oficinas de información turística:

Oficina de turismo de Lausana (Gare) (plano p. 66; ☎021 613 73 73; www.lausanne-tourisme.ch; Pl de la Gare 9; ⊙9.00-19.00) En la estación.

Oficina de turismo de Lausana (Ouchy) (plano p. 64; ☎021 613 73 21; www.lausanne-tourisme.ch; Av de Rhodanie 2; ⊙9.00-19.00 abr-sep, hasta 18.00 oct-mar) Junto al agua.

Info cité (plano p. 66; ☎021 315 25 55; www.lausanne.ch/infocite; Pl de la Palud 2; ⊙8.00-12.00 y 13.00-17.00) Oficina pública del casco antiguo con algunos enlaces turísticos.

Oficina de turismo del cantón de Vaud – Région du Léman (plano p. 64; ☎021 613 26 26; www.lake-geneva-region.ch; Av d'Ouchy 60; ⊙8.00-12.00 y 13.00-17.30 lu-vi) Se centra en el lago Lemán.

Cómo llegar y salir

Lausana se halla 66 km al suroeste de Ginebra por la autopista A1; y 30 km al noroeste de Montreux por la A9.

BARCO

CGN (plano p. 64; www.cgn.ch; Quai Jean-Pascal Delamuraz; cruceros de ocio desde 25 CHF) tiene barcos de pasajeros (no ferris

VIAJAR MÁS BARATO

El abono **Lake Geneva-Alps Regional Pass** (adultos/niños 130/65 CHF) permite viajar gratis en autobús y tren por la región del lago Lemán durante tres días de siete y a mitad de precio los cuatro días restantes. También ofrece un descuento del 50% en los barcos de CGN y del 25% en algunos teleféricos, como el del glaciar 3000 (p. 80).

Hay otro más económico de cinco días (adultos/niños 105/50 CHF). Los titulares de un abono de tren suizo tienen un descuento del 20% en el Regional Pass. Se piden por internet en www.swissrailways.com/en/products/regionalalpspass.

para automóviles) desde Ouchy a varios destinos del lago Lemán (incluido Francia). El abono de un día (adultos/niños 64/32 CHF) permite realizar viajes ilimitados. Hay abonos familiares.

Entre los destinos destacan Montreux (27 CHF, 1½ h, más de 6 diarios), Vevey (21 CHF, 1 h, más de 6 diarios), Nyon (35 CHF, 2¼ h, más de 4 diarios) y Ginebra (45 CHF, 3½-4 h, más de 5 diarios).

TREN

Hay trenes a/desde Ginebra (22,40 , 35-50 min, más de 6 cada h), el aeropuerto de Ginebra (27 CHF, 45-50 min, más de 4 cada h) y Berna (33 CHF, 65-70 min, 1 o 2 cada h).

Cómo desplazarse

Recuérdese recoger la gratuita **Lausanne Transport Card** que da acceso ilimitado al transporte público durante la estancia.

AUTOMÓVIL Y MOTOCICLETA

Aparcar en el centro es una pesadilla. En las zonas azules se aparca gratis (1 h máx.) con un disco horario, que se hallará en el coche de alquiler. La mayoría de las zonas blancas tienen parquímetro. Los precios varían, pero 1 h suele costar 3 CHF como mucho, con un límite máximo muy estricto de 2 h.

TRANSPORTE PÚBLICO

En el mundo no hay ciudad más pequeña con red de metro propia; sus 28 estaciones hacen muy fácil desplazarse por Lausana.

Hay autobuses y trolebuses a casi todos los destinos; la línea de metro m2 (trayecto breve ida 2,10 CHF, abono diario 9 CHF) conecta el lago (Ouchy) con la estación de tren (Gare) y el barrio del Flon.

ALREDEDORES DE LAUSANA

Morges

15 250 HAB.

Este lindo pueblo vinicultor se percibe casi como prolongación de esa Lausana en continua expansión, sita 12 km al este. El macizo castillo domina el bello puertecito, aunque la principal atracción son sus famosas fiestas del tulipán que de mediados de abril a mediados de mayo convierten en un mar de colores el ribereño Parc de l'Indépendence.

Las vistas que ofrece el parque al Mont Blanc, al otro lado del lago, son también impresionantes, sobre todo con los tulipanes en flor.

Puntos de interés

Château de Morges CASTILLO
(☎021 316 09 90; www.chateau-morges.ch; Pl du Port; adultos/niños 10/3 CHF; ⊙10.00-17.00 jul y ago, 10.00-12.00 y 13.30-17.00 ma-vi, 13.30-19.00 sa y do mar-jun y sep-nov) Domina el puerto este castillo cuadrado de cuatro torres que el duque Luis de Saboya erigió en 1286. Alberga cuatro museos de temática militar, entre ellos el **Musée de la Figurine Historique** con su desfile de 10 000 soldaditos de plomo.

Dónde dormir y comer

TCS Camping Morges CAMPING €
(☎021 801 12 70; Promenade du Petit-Bois 15; *camping* desde 12 CHF; P ❄) Casi en la ribera, es imbatible como sitio barato para dormir junto al lago Lemán.

★ **La Maison d'Igor** HOTEL-BOUTIQUE €€
(☎021 803 06 06; www.maison-igor.ch; Rue St-Domingue 2; i/d desde 170/190 CHF; P 📶) La elegante residencia de Igor Stravinsky ha renacido en forma del hotel-*boutique* más encantador de Morges. Posee ocho habitaciones temáticas de diseño (algunas con vistas al lago y a los Alpes). El hotel combina detalles de época y contemporáneos, un encantador restaurante con un carta de influencias mediterráneas (principales 28-42 CHF), jardines, un huerto y encanto por doquier.

Balzac CAFÉ €
(☎021 811 02 32; www.balzac.ch; Rue de Louis de Savoie 37; plato del día 24 CHF, principales 26-39 CHF; ⊙8.00-18.30 ma-vi, 9.00-17.30 sa, 11.00-17.30 do) En una calle paralela al paseo del lago,

en pleno casco antiguo de Morges. De visita obligada para los amantes del chocolate a la taza, los tés exóticos o los platos con un toque oriental.

Buvette du Mont Tendre SUIZA €€
(☎078 739 59 47; www.buvette-mont-tendre.ch; Rte du Mont-Tendre, Montricher; principales 16-28 CHF; ⏰may-sep; P) Claude Crottaz y su equipo ofrecen cocina suiza tradicional en el impresionante marco de esta cabaña que corona el Mont Tendre (1679 m), el más alto del Jura, unos 44 km al noroeste de Morges. Solo se llega con vehículo propio.

Cómo llegar y desplazarse

Morges está 15 km al oeste de Lausana por la autopista A1.

Aquí paran los frecuentes trenes regionales entre Ginebra (18,80 CHF, 30 min) y Lausana (7,40 CHF, 12 min).

Morges dispone del sistema PubliBike (p. 343) de bicicletas públicas. Se puede adquirir un **abono QuickBike** (24 h) en el ayuntamiento (Place de l'Hôtel-de-Ville 1).

Nyon

18 269 HAB.

De origen romano pese al nombre parcialmente celta (el "on" viene de *dunon*, "recinto fortificado"), es la bonita localidad mediana del lago Lemán, a medio camino entre Ginebra y Lausana. Tiene una serie de buenos museos, numerosos festivales y, lo más destacado, un deslumbrante castillo de cuento con blancas torres.

Rodeada de viñas y extendiéndose grácil por la ladera hasta el lago, Nyon resulta una bonita opción como base de operaciones, más tranquila que Ginebra o Lausana, más grandes.

Puntos de interés y actividades

Château de Nyon CASTILLO
(☎022 316 42 73; www.chateaudenyon.ch; Pl du Château; adultos/niños 8 CHF/gratis; ⏰14.00-17.00 ma-do nov-mar, desde 10.00 mar-nov; P) Erigido en el s. XII y remodelado cuatro siglos después, alberga el museo histórico de la ciudad y una rara colección de porcelana fina. En sus antiguos sótanos se halla **Le Caveau de Nyon** (☎022 361 95 25; www.caveaudenyon.ch; Pl du Château 5; ⏰14.00-21.00 vi y sa, 11.00-20.00 do), donde pueden catarse diferentes vinos de bodegas de Nyon. Hay vistas magníficas del lago Lemán desde la terraza del castillo.

Château de Coppet CASTILLO
(☎022 776 10 28; www.chateaudecoppet.ch; Rue de la Gare 2, Coppet; adultos/niños 8/6 CHF; ⏰14.00-18.00 abr-oct; P) La joya del pueblecito de Coppet es este palacio que fue el hogar de Jacques Necker, banquero y ministro de finanzas de Luis XVI, antes de que pasara a su hija Madame de Staël tras ser esta expulsada de París por Napoleón. Se pueden recorrer las salas decoradas en suntuoso estilo Luis XVI, donde De Staël recibía a gente como Lord Byron y Edward Gibbon.

Musée du Léman MUSEO
(Museo del lago Lemán; ☎022 361 92 20; www.museeduleman.ch; Quai Louis Bonnard 8; adultos/niños 8 CHF/gratis; ⏰10.00-17.00 ma-do abr-oct, 14.00-17.00 ma-do nov-mar; P) Junto al agua, este museo de temática náutica en la ribera lleva desde 1954 documentando la historia de todo lo relacionado con el lago Lemán.

Château de Prangins MUSEO
(☎058 469 38 90; www.chateaudeprangins.ch; Av du Général Guiguer 3, Prangins; adultos/niños 10 CHF/gratis; ⏰10.00-17.00 ma-do; P) Unos 2 km al norte de Nyon, esta mansión del s. XVIII alberga una sección del **Musée National Suisse** que abarca la historia del país de 1730 a 1920. Otra opción es darse un paseo por los jardines de estilo francés del *château*, que tienen un *potager* (huerto) y un sendero histórico.

Musée Romain de Nyon MUSEO
(Museo Romano; ☎022 361 75 91; www.mrn.ch; Rue Maupertuis 9; adultos/niños 8/6 CHF; ⏰10.00-17.00 ma-do abr-oct, 14.00-17.00 ma-do nov-mar; P) En los cimientos de una antigua basílica del s. I, sus presentaciones multimedia invitan a conocer los albores romanos de Nyon como Colonia Iulia Equestris.

Fiestas y celebraciones

★**Paléo Festival** MÚSICA
(www.paleo.ch; Rte de Saint-Cergue; ⏰jul) Los seis días del Paléo, ya en su cuarta década, son clave en el calendario europeo de festivales de verano. El mayor espectáculo musical internacional al aire libre de Suiza atrae a amantes del *rock*, el pop, el *jazz* y la música folk de todo el mundo.

Visions du Réel CINE
(www.visionsdureel.ch/en; ⏰abr) Este importante festival de cine documental muestra las obras de cineastas punteros de todo el mundo. Se proyectan por todo Nyon en diversas sedes, tanto permanentes como improvisadas.

Dónde dormir y comer

★ Nyon Hostel ALBERGUE €
(☎022 888 12 60; www.nyonhostel.ch; Chemin des Plantaz 47; dc 6 camas 33 CHF, i/d desde 88/116;) Se llega fácil y rápido desde la estación a este albergue inaugurado en el 2017 en los barrios residenciales encima de Nyon. Ofrece un sencillo desayuno incluido, personal amable y eficiente, una cocina grande, terraza al aire libre y amplios balcones en todas las habitaciones; por su calidad-precio y comodidad es buena elección en una zona bastante cara.

La Barcarolle HOTEL €€
(☎022 365 78 78; www.labarcarolle.ch; Rte de Promenthoux, Prangins; d desde 220 CHF;) Precioso, junto al lago a 3 km de Nyon, tiene estilosas habitaciones amplias y cómodas. Pero lo que lo hace tan especial son las estupendas vistas al lago, los Alpes y el Mont Blanc que se disfrutan desde sus numerosas habitaciones con balcón y desde el bar, desde el restaurante o paseando por los ajardinados terrenos.

★ La Plage de Nyon SUIZA €
(☎022 362 61 01; www.laplagedenyon.ch; Rte de Genève 12; platos pequeños 5-18 CHF, principales 18-38 CHF;) En verano resulta muy refrescante el relajado ambiente de esta informal cocina "de playa". Emplea producto de temporada y pescado fresco del lago en sus riquísimos y saludables platillos para compartir, además de opciones más contundentes como *fondues*.

★ Hôtel-Restaurant de la Plage SUIZA €€
(☎022 364 10 35; www.hoteldelaplage.info; Chemin de la Falaise, Gland; principales 34-86 CHF; 12.00-14.00 y 19.00-21.30 ma-do feb-med dic;) En Gland, 7 km al noroeste de Nyon, este discreto hotel de la ribera se llena por su versión de los ubicuos *filets de perche* (lomos de perca) del lago: salteados en una divina salsa secreta de mantequilla y hierbas, servidos con patatas fritas y ensalada verde. A menos que se diga algo, sirven directamente dos porciones (muy grandes) por persona.

Gelateria Venezia HELADERÍA €
(☎022 362 09 89; Rue de Rive 44; helado desde 3,50 CHF; 11.00-19.00) Los helados italianos de esta legendaria *gelateria* atraen a clientes de todas partes (incluso franceses del otro lado del lago). Daniele Dona, de ascendencia veneciana, es la encargada de su elaboración. Desde el muelle de los barcos CGN de Nyon, en la orilla, hay que andar una manzana tierra adentro y ya se verá la cola en la puerta.

Información

La oficina de **Nyon Région Tourisme** (☎022 365 66 00; www.lacote-tourisme.ch; Ave Viollier 8; 9.00-12.00 y 14.00-17.00) está bajando la cuesta de la estación. Tiene un abono de museos de Nyon con descuento.

Cómo llegar y salir

Nyon está 26 km al norte de Ginebra por la autopista A1. Prosiguiendo 42 km más por la A1 se llega a Lausana.

Los frecuentes trenes expresos de Ginebra (9 CHF, 15 min) y Lausana (18,60 CHF, 30 min) paran en Nyon.

El Lavaux

Al este de Lausana se extienden los impresionantes bancales de viñedos, que crecen en las empinadas terrazas que suben del lago Lemán en esta región, declarada Patrimonio Mundial por la Unesco. Una quinta parte del vino del cantón de Vaud se produce en estas laderas que desafían la ley de la gravedad.

Hay que subirlas a pie para disfrutar de las fabulosas vistas de las viñas del Lavaux que bajan escalonadas hasta el agua, con los Alpes Centrales de espectacular telón de fondo.

Pasear entre viñedos y catar vinos los fines de semana en las *caveaux* (bodegas) locales son razones más que suficientes para explorar los 14 pueblos de este tramo de costa, con 40 km de tierras fértiles y prósperas.

Lutry

9097 HAB.

Este cautivador pueblo medieval, 4 km al este de Lausana, fue fundado en el s. XI por monjes franceses. En Lutry la vendimia se celebra con desfiles y catas el último fin de semana de septiembre.

Se aconseja recorrer el bello paseo lacustre y la calle principal, con sus pequeñas galerías de arte y tiendas y alguna que otra cafetería y bodega.

Puntos de interés y actividades

En el centro de Luty se alza la **Église de St Martin et St Clément** (Rte de Taillepied), de principios del s. XIII. Hay un modesto **château** medieval (☎021 796 21 70; Rue du Château) al norte. Aunque no está abierto al

INDISPENSABLE

PANORÁMICA DE LOS VIÑEDOS

Desde lo alto de estas atalayas se contemplarán alucinantes panorámicas de 360º sobre las viñas en terraza del Lavaux desplegándose ladera abajo hasta el lago.

Mont Pélerin Hay que tomar el funicular **Golden Pass** (☎021 989 81 90; www.goldenpass.ch/en/) en Vevey (14 CHF, 11 min, cada 20 min), pasar por los viñedos hasta el pueblo de Chardonne y seguir hasta el pie de la montaña más alta de Lavaux (1080 m). ¿Que las vistas no parecen lo bastante buenas? Desde la estación superior del funicular se camina hasta el repetidor de televisión tachonado de antenas parabólicas junto a la cima del Pélerin y se sube en su **Ascenseur Plein Ciel** (www.mob.ch; Mont Pélerin; adultos/niños 5/3 CHF; ⊙8.00-18.00 abr-oct) a una altura mayor, con vistas aún mejores.

La Tour de Gourze (www.gourze.ch; Rte de la Tour-de-Gourze) Construida en el s. XII, esta torre de piedra domina las viñas de Lavaux, el lago Lemán, el Vaud y el Jura desde la cima de una colina de 924 m. Se puede llegar a pie o por la estrecha carretera que sube a la torre desde Chexbres.

público, permiten dar un paseo alrededor del edificio y un rápido vistazo al interior.

★Domaine du Daley VINO

(☎021 791 15 94; www.daley.ch; Chemin des Moines; cata de 3 vinos desde 20 CHF; ⊙cata con reserva, mínimo 4 personas 9.00-20.00) En la finca más antigua de la región se cultivan vides desde 1392 y es un marco precioso para una *dégustation* memorable.

★Plage de Curtinaux PLAYA

(playa de Lutry; Buvette de la Plage) En verano hay una playa de guijarros y hierba en el extremo este de la ciudad, con *buvette* (merendero), alquiler de *surf* de remo y pontones. Frecuentado por lugareños y visitantes de Lausana.

Lavaux Express TREN

(☎0848 848 791; www.lavauxexpress.ch; Quai Gustave Doret 1, Lutry; adultos/niños 15/12 CHF; ⊙ma-do abr-oct) Una forma fácil y divertida de perderse entre las viñas y el lago es ir en el *Lavaux Express*, un trenecito turístico que traquetea entre viñedos y pueblos de Lavaux. Hay dos rutas: del muelle del CGN en Lutry hasta los pueblos vinícolas de Aran y Grandvaux (1 h ida y vuelta); y del muelle de Cully a Riex, Epesses y Dézaley (1¼ h).

Caveau des Vignerons VINO

(☎078 661 26 25; Grand Rue 23; ⊙17.00-21.00 ma-vi, 11.00-14.00 y 17.00-21.00 sa) Los encantos tradicionales de esta campechana bodega atraen a lugareños y turistas. Los platos de carne y queso y los vinos a buen precio contentan a todos. Los dos caldos principales de la zona son el Calamin y el Dézaley y la mayor parte de los blancos (casi las tres cuartas partes de la producción) se elaboran con uvas chasselas.

Ruta a pie de Grandvaux SENDERISMO

Hay una atractiva ruta a pie de 5,5 km que serpentea al este entre las vides y las pequeñas aldeas de Le Châtelard y Aran hasta los pueblos vinícolas de Grandvaux y Riex. Quienes busquen unas vistas espectaculares de los viñedos y el Lemán tienen que subir a La Conversion (3,8 km), encima de Lutry, y seguir por el sendero de arriba hasta Grandvaux (4 km).

Dónde dormir y comer

★Hôtel le Rivage HOTEL €€

(☎021 796 72 72; www.rivagelutry.ch; Rue du Rivage 1; i/d desde 135/150 CHF; P 📶) Maravilloso, ante el lago y frente al puerto de Lutry, acaba de renovar sus tres tipos de habitaciones con gran estilo y confort. Las más caras son las *deluxe*, enormes habitaciones del piso superior con balcones al lago.

Café de la Poste SUIZA €€

(☎021 791 18 72; Grand Rue 48; principales 22-49 CHF; ⊙10.30-23.00) Pequeño, en la ribera, ofrece una estupenda terraza con vistas a los Alpes y platos suizos tradicionales como los *filets de perche* típicos del Lemán.

Cómo llegar y salir

Lutry está 5 km al sureste de Lausana por la ctra. 9.

Es fácil llegar tomando uno de los frecuentes trenes desde Lausana (3,70 CHF, 5 min) o el autobús nº 9 desde la Place St François (3,70 CHF, 14 min).

Hasta se puede ir andando si apetece hacer ejercicio, pero recuérdese que todo lo que baja luego sube.

Cully

1766 HAB.

Bonito pueblo 5 km al este de Lutry, ideal para pasear a orillas del lago y relacionarse al caer la tarde con los *vignerons* (vitivinicultores) en sus numerosas viñas.

Muchos visitantes preferirán seguir el sendero (bien señalizado aunque agotador) que sube a los pueblos de Riex y Epesses para tomar un vino en alguna de sus bodegas antes de bajar de vuelta a Cully.

Puntos de interés y actividades

★ Lavaux Vinorama VINO

(☎021 946 31 31; www.lavaux-vinorama.ch; Rte du Lac 2, Rivaz; ⊙10.30-20.30 lu-sa, hasta 19.00 do, cerrado lu y ma nov-jun) GRATIS Este modernísimo centro de catas, 5 km al este de Cully en Rivaz, ocupa un búnker de diseño a los pies de unos bancales de viñedos y en su fachada se abre un espléndido ventanal de 15 m de largo, decorado con 6000 píxeles metálicos inspirados en las venas de una hoja de vid. En su interior, una película relata un año en la vida de una familia vinatera y en el magnífico Espace Dégustation hay cata de vinos.

Fiestas y celebraciones

Lavaux Classic MÚSICA

(www.lavauxclassic.ch; ⊙fin jun/ppios jul) Desde hace más de una década este festival ofrece conciertos al aire libre en Cully y otros lugares del Lavaux.

Dónde dormir y comer

★ Hotel Lavaux HOTEL €€

(☎021 799 93 93; www.hotellavaux.ch; Rte Cantonal; i/d con vistas del lago desde 174/220 CHF; P 📶) En el punto perfecto para gozar de vistas a la orilla opuesta del lago o a las famosas viñas del Lavaux, el hotel más elegantón de la zona ofrece sencillas habitaciones actuales y una terraza de verano ideal para una copa al atardecer.

Si se llega en tren, hay que apearse en Cully y seguir a pie hacia el este alrededor de 1,5 km o tomar un tren a Epesses (menos frecuentes).

Auberge du Raisin HOTEL €€

(☎021 799 21 31; www.aubergeduraisin.ch; Pl de l'Hôtel de Ville 1; h desde 160 CHF; P 📶) Este antiguo y distinguido hotel-restaurante acogía a los fatigados viajeros allá en el s. xv. Su asador es uno de los restaurantes más selectos de Lavaux, especializado en carnes y platos de pescado con un toque creativo (platos principales 35-52 CHF). En verano se aconseja la terraza con vistas del lago y Francia al fondo. Es fundamental la reserva previa.

Cómo llegar y salir

Cully está 9 km al sureste de Lausana y 17 km al noroeste de Montreux por la ctra. 9.

Aquí paran los trenes locales que unen Lausana (5,60 CHF, 10 min) y Montreux (9,20 CHF, 20 min).

Vevey

17 676 HAB.

Tiene un algo especial, difícil de definir, que solo entenderán los que están al tanto. Quizá ahí radique su encanto; es un sitio sutilmente estupendo, algo anclado en los años setenta y algo chic y puntero. No llega a ser tan sofisticado y selecto como Montreux y es adónde van los sesudos rebeldes de Lausana cuando, al acabar la universidad, deciden ser *vignerons* en lugar de científicos. Es de esos lugares algo distintos, en el mejor sentido de la palabra.

Y una cosa está clara: la ubicación de Vevey es quizá la mejor del Lemán, con vistas que penetran en el corazón de los Alpes, al otro lado del lago. El casco antiguo es pequeño pero precioso, con una plaza central y un paseo junto al agua, estupendos museos, playas secretas, un hotel alucinante y, cómo no, Nestlé.

Puntos de interés

★ Chaplin's World MUSEO

(www.chaplinsworld.com; Rte de Fenil 2, Corsier-sur-Vevey; adultos/niños 23/17 CHF; ⊙10.00-18.00) Este interesante museo inaugurado en el 2016 está dedicado al mítico astro de cine nacido en Londres. Repartidas entre la neoclásica Manoir de Ban (mansión de Corsier-sur-Vevey donde Chaplin vivió sus últimos 25 años) y un estudio interactivo construido *ad hoc*, las exposiciones abarcan muestras multimedia, fragmentos de sus películas, recreaciones de platós, fotos de familia y otras piezas evocadoras como los emblemáticos sombrero y bastón de Charlot. Un recorrido por los bellos jardines de la mansión remata la visita.

Está unos 3 km al norte de Vevey por la autopista A9. Desde la estación de Vevey, el autobús nº 212 (5.30-19.00, cada 30 min) rumbo a **Fenil-sur-Corsier** lleva en menos de 15 min a la parada "Corsier-sur-Vevey, Chaplin" (3,70 CHF).

Calcúlense al menos un par de horas para apreciar bien el museo; mejor aún: que sea un día entero con visitas a la tienda de regalos y restaurante.

★ Alimentarium MUSEO

(☎021 924 41 11; www.alimentarium.ch; Quai Perdonnet; adultos/niños 12 CHF/gratis; ⏱10.00-17.00 ma-vi, hasta 18.00 sa y do) La sede de Nestlé lleva en Vevey desde 1814, de ahí este museo dedicado a la nutrición y a todo lo que se pueda comer, tanto en el pasado como en el presente. Aquí es imposible aburrirse. Las exposiciones son lúdicas pero también informativas, empezando por el colosal tenedor plateado que emerge de las aguas frente a esta mansión (un lugar estupendo para hacer pícnic por las sillas de madera atornilladas a las rocas en la orilla del lago).

Son muy divertidos los talleres de cocina, tanto para adultos como para niños, las visitas guiadas familiares y los talleres de jardinería. La jornada se puede rematar con un saludable almuerzo en el restaurante del museo.

★ Villa Le Lac EDIFICIO HISTÓRICO

(www.villalelac.ch; Route de Lavaux 21; adultos/niños 12/6 CHF; ⏱10.00-17.00 vi-do jun-sep) Erigida por el famoso Le Corbusier en 1923 y 1924 y declarada Patrimonio Mundial en el 2016, es de visita obligada para amantes de la arquitectura. Esta casita blanca del lago, con su funcional azotea y ventanas corridas, constituye un preludio del más conocido tema de las construcciones en hormigón. Su madre vivió aquí de 1924 a 1960 y luego su hermano hasta 1973. En verano la villa acoge exposiciones itinerantes.

Musée Jenisch MUSEO

(☎021 925 35 20; www.museejenisch.ch; Av de la Gare 2; adultos/niños 12 CHF/gratis; ⏱10.00-18.00 ma, mi y vi-do, hasta 20.00 ju) Este museo expone arte suizo de los ss. XIX y XX, así como una extensa colección de trabajos en papel de artistas internacionales. Se aconseja ver la sección especial dedicada al expresionista vienés Oskar Kokoschka. Otra sección se destina a grabados y litografías de artistas desde Durero y Rembrandt a Canaletto y Corot.

Musée Suisse du Jeu MUSEO

(Museo suizo del juguete; ☎021 977 23 00; www.museedujeu.com; Rue du Château 11, Château de La Tour-de-Peilz; adultos/niños 9/3 CHF; ⏱11.00-17.30 ma-do; 👪) El museo suizo del juguete ofrece abundante diversión para los niños, con sus juegos ordenados por temas (educativos, de estrategia, simulación, habilidad y azar). El visitante puede jugar en varios, incluidos algunos al aire libre, en los elegantes jardines de la orilla. El museo ocupa un *château* a orillas del lago.

Musée Suisse de l'Appareil Photographique MUSEO

(☎021 925 34 80; www.cameramuseum.ch; Grande Place 99; adultos/niños 8 CHF/gratis; ⏱11.00-17.30 ma-do) Este museo de la fotografía se centra más en los aparatos que en la imagen y profundiza en los inventores, las técnicas y los equipos. Imprescindible para el aficionado a la técnica.

Chemin de Fer – Musée Blonay-Chamby MUSEO

(Museo del Tren de Vapor Blonay-Chamby; ☎021 943 21 21; www.blonay-chamby.ch; Pl de la Gare 3; adultos/niños 20/15 CHF; ⏱9.00-17.00 sa y do may-oct; P 👪) Para ir en familia, este museo del tren de vapor, 6 km al este Vevey, brinda una fabulosa colección permanente de locomotoras y material rodante además de frecuentes ocasiones de montar en tren.

Dónde dormir

Vevey Hotel & Guesthouse ALBERGUE €

(☎021 922 35 32; www.veveyhotel.com; Grande Place 5; dc desde 32 CHF; ⏱recepción 7.00-10.30 y 15.00-20.00) Ubicado en un edificio del s. XIX y con excelentes instalaciones, es un establecimiento nuevo que viene a sumarse de forma destacada al tramo económico de la Riviera. Hay dormitorios mixtos y separados y las zonas comunes son claras e iluminadas. También tiene habitaciones individuales, dobles y para grupos pequeños, así como varias bicicletas para los clientes.

Astra Hotel HOTEL €€

(☎021 925 04 04; www.astra-hotel.ch; Pl de la Gare; i/d desde 109/138 CHF) Moderno, gana muchos puntos por estar a mano frente a la estación de Vevey y suma algunos más por cosas poco corrientes como una soleada azotea con yacusi. Las habitaciones, grandes para Europa, ofrecen un alto nivel de confort y funcionalidad en un limpio estilo moderno.

★ Grand Hotel du Lac HOTEL €€€

(☎021 925 06 06; www.hoteldulac-vevey.ch; Rue d'Italie 1; d/ste desde 297/513 CHF; P ❄ 📶 🏊) Este hotel de 1868, de los mejores de Suiza, impresiona a todos los niveles tras la reciente y alucinante renovación obra de Pierre-Yves

MERECE LA PENA

LA 'FONDUE MOITIÉ-MOITIÉ'

Vale la pena visitar Châtel-St-Denis, municipio 13 km al noreste de Vevey, solo por su mítica *fondue moitié-moitié* (mitad gruyer, mitad vacherin friburgués).

Se puede paladear en el muy tradicional **Café Tivoli** (021 948 70 39; www.cafetivoli.ch; Pl d'Armes 18, Châtel-St-Denis; *fondue* por persona 25 CHF; 11.30-14.00 y 18.00-21.30 lu-vi, 11.30-21.30 sa, 11.30-21.00 do), famoso establecimiento familiar donde se paga por persona compartiendo el contenido del *caquelon* (cazuela de la *fondue*); o al otro lado de la calle en **La Crémerie** (021 948 71 87; www.lacremerie.ch; Pl d'Armes 21, Châtel-Saint-Denis; principales 18-32 CHF; 7.00-23.00 lu-sa, hasta 20.00 do;), bello local con maravilloso personal y *laiterie* (lechería) anexa, más bien una tienda de quesos con todos los productos lácteos imaginables.

Rochon. Las suntuosas y descomunales habitaciones resultan cautivadoras. Uno se queda pasmado ante su ubicación de primera junto al lago, con preciosas vistas al corazón de los Alpes en la orilla opuesta. ¿Qué más puede decirse?

Hôtel des Trois Couronnes HOTEL HISTÓRICO €€€
(021 923 32 00; www.hoteldestroiscouronnes.ch; Rue d'Italie 49; d/ste desde 310/460 CHF;) Esta elegante mansión de mediados del s. XIX, rodeada de flores blancas, es uno de los mejores alojamientos del Lemán. Sus tres alturas se abren a galerías interiores y su lujoso *spa* es excelente.

Dónde comer y beber

★ **Denis Martin** SUIZA €€€
(021 921 12 10; www.denismartin.ch; Rue du Château 2; menú degustación desde 320 CHF; desde 19.00 ma-sa, cerrado 3 semanas jul y ago y 2 semanas dic y ene) El carismático chef Denis Martin es uno de los grandes de la cocina molecular y contemporánea del país. Su menú degustación es una emocionante sucesión de más de 20 sensaciones gustativas del tamaño de un bocado, que se sirven en una mansión tradicional del s. XVII, a una manzana del lago. Esencial reservar.

★ **Le Non-Stop** PUB
(021 922 35 68; Rue du Simplon 33; 11.00-23.00) Este bar-hamburguesería parece más un *pub* inglés, impresión confirmada por la gente que pulula sonriente todo el día. Pero en realidad es un sitio de moda de estupendas hamburguesas estilo EE UU acompañadas de cerveza.

Le Littéraire CAFÉ
(021 922 42 00; Quai Perdonnet 33; 9.00-21.00;) Tómese una biblioteca pública, añádase una cafetería de moda con ventanales panorámicos al lago y una terraza en verano y el resultado será este local favorito de los lugareños. En la pizarra exterior se anuncia el interesante *plat du jour*.

Información

Montreux-Vevey Tourisme (084 886 84 84; www.montreux-vevey.com; Grande Place 29; 9.00-18.00 lu-vi, hasta 15.00 sa, hasta 13.00 do may-sep, 9.00-12.00 y 13.00-17.30 lu-vi, 9.00-13.00 sa oct-abr) En la plaza, en el antiguo edificio del mercado.

Cómo llegar y salir

Vevey ocupa un idílico rincón del lago Lemán entre Montreux, 7 km al este por la ctra. 9, y Lausana, 18 km al oeste por la misma ctra. 9. A Lausana también lleva la autopista A9; es más distancia (26 km), pero según se conduzca pueden ganarse unos minutos.

Trenes frecuentes unen Vevey con Lausana (11,20 CHF, 15 min) y Montreux (3,70 CHF, 10 min).

Montreux

26 433 HAB.

En el s. XIX era una cautivadora localidad del lago a la que acudían en tropel artistas, músicos y escritores (como Lord Byron y los Shelley); desde entonces no han dejado de venir visitantes ricos, famosos y de toda laya.

Algunos de sus atractivos son los plácidos paseos de la ribera salpicados de hoteles decimonónicos, un microclima suave, el casco antiguo en el cerro, uno de los mejores festivales de *jazz* del mundo, mercados matinales los viernes en la ribera y una fabulosa fortaleza del s. XIII.

Y para los roqueros, una anécdota curiosa: el grupo de *rock* británico Deep Purple grabó en 1971 un disco en el casino de la ciudad, en el cual aludían al incendio ocurrido allí mismo durante un concierto de Frank Zappa y los Mothers of Invention. La cortina de humo que cubrió el lago Lemán les inspiró para componer su tema clásico *Smoke on the Water*.

Puntos de interés

★Queen: The Studio Experience MUSEO

(www.mercuryphoenixtrust.com/studioexperience; Rue du Théâtre 9, Casino Barrière de Montreux; ⏲10.30-22.00) GRATIS Queen grabó siete álbumes en este estudio bien conservado (también fueron propietarios del garito de 1979 a 1993). La visita permite hacerse una clara idea de su obra y de la relación del grupo con la ciudad. Gracias a los entrañables objetos (notas de letras manuscritas y cosas por el estilo), esta especie de santuario sin duda posee magia. Y, además, ¡es gratis!

Es una experiencia interactiva en la que el visitante puede mezclar pistas y firmar en la pared junto a la puerta del estudio. Otras celebridades que han usado este espacio sagrado son David Bowie, Iggy Pop y los Rolling Stones.

Estatua de Freddie Mercury MONUMENTO

(Pl du Marché) Todo el año hay flores frescas a los pies de esta escultura de Freddie Mercury (3 m), enfrente del antiguo mercado cubierto de Montreux, a orillas del Lemán. Obra de la escultora checa Irena Sedlecká, está dedicada con cariño al artista como "amante de la vida, cantor de canciones".

Desde 1979 hasta su muerte prematura en 1991, el famoso vocalista y su banda de *rock* Queen grabaron un éxito tras otro en los Mountain Studios del Casino de Montreux. Además, tenía un apartamento en la ciudad y un chalé junto al lago en el cercano Clarens.

Musée de Montreux MUSEO

(☎021 963 13 53; www.museemontreux.ch; Rue de la Gare 40; adultos/niños 6 CHF/gratis; ⏲10.00-12.00 y 14.00-17.00 Semana Santa-oct) Este museo de historia local en una antigua casa de viticultor expone desde hallazgos romanos y mobiliario de época hasta dedales y letreros.

Fiestas y celebraciones

Montreux Jazz Festival MÚSICA

(www.montreuxjazz.com) El festival más famoso de Montreux, creado en 1967, se adueña de la ciudad durante dos semanas de julio. Hay conciertos gratuitos a diario (las entradas para los recitales de primeras figuras cuestan 60-450 CHF), pero no todo es *jazz:* aquí han tocado The Strokes, Cat Power, Van Morrison, B. B. King, Paul Simon y Sharon Jones and the Dap-Kings.

Dónde dormir y comer

★Tralala Hôtel HOTEL-BOUTIQUE €€

(☎021 963 49 73; www.tralalahotel.ch; Rue du Temple 2; i/d/ste desde 130/190/250 CHF; ❄@📶) En el casco antiguo, hace referencia a la extraordinaria tradición musical de Montreux. Ofrece 35 estilosas habitaciones en tres tamaños –S (de "Small and Sexy"), L o XL–, cada cual en homenaje a un artista, desde David Bowie a Aretha Franklin.

Hôtel Masson HOTEL HISTÓRICO €€

(☎021 966 00 44; www.hotelmasson.ch; Rue Bonivard 5, Veytaux; i/d desde 130/240 CHF; ⏲cerrado med-dic-ppios mar; P📶) Es una mansión de viticultor convertida en hotel en 1829. Su

MERECE LA PENA

ROCHERS DE NAYE

Desde la estación de tren de Montreux sale el fabuloso **tren cremallera** (adultos/niños ida y vuelta 70/35 CHF, 55 min, cada hora) que trepa por la montaña hasta **Rochers de Naye,** una plataforma natural a 2042 m de altitud, que posee un especial atractivo para los niños: marmotas, **yurtas** mongoles (www.goldenpass.ch; Rochers de Naye; yurta para 8 personas 300 CHF, adultos/niños paquete obligatorio incl. desayuno, cena y billete de tren ida y vuelta 80/50 CHF) y, en diciembre, la mágica **Maison du Père Noël** (Casa de Santa Claus; www.montreuxnoel.com; Village du Père Noël, Rochers de Naye; adultos/niños 39/19 CHF; ⏲11.00-22.00 fin nov-24 dic; 👪).

El trayecto en tren es casi tan impresionante como lo que nos aguarda arriba, que son increíbles vistas del lago y de los montes y el precioso jardín **Rambertia** (⏲jun-med oct).

Los billetes de tren y entradas para las diversas atracciones se compran por internet (www.goldenpass.ch) o en el GoldenPass Center (p. 79) de la estación de Montreux.

INDISPENSABLE

EL CASTILLO MÁS FAMOSO DEL LAGO LEMÁN

El **Chemin Fleuri** (camino floral) que parte de la orilla del lago, en Montreux, es un paseo encantador y llano, enmarcado por macizos de flores tropicales, que serpentea 4 km por la orilla hasta la magnífica y pétrea mole del **Château de Chillon** (☎021 966 89 10; www.chillon.ch; Av de Chillon 21; adultos/niños 12.50/6 CHF; ⏲9.00-19.00 abr-sep, 9.30-18.00 mar y oct, 10.00-17.00 nov-feb, último acceso 1 h antes cierre). Esta fortaleza ovalada del s. XIII es un laberinto de patios, torres y salones repletos de armas, muebles de época y obras de arte. La parte que da al monte es la más fortificada; la del lago ofrece una cara más amable. La mayor parte del castillo de Chillon fue construida por la Casa de Saboya y, con la derrota de Vaud ante Berna, pasó a manos de los gobernadores berneses. Visita ineludible: los frescos medievales de la **Chapelle St Georges** y las espeluznantes **mazmorras** góticas.

La fortaleza cobró fama en 1816, cuando Byron escribió *El prisionero de Chillon*, un poema sobre François Bonivard, que fue encerrado en el calabozo por sus ideas independentistas y liberado por el ejército bernés en 1536. Byron talló su nombre en el pilar al que al parecer estuvo encadenado Bonivard. Los pintores William Turner y Gustave Courbet inmortalizaron más tarde la silueta del castillo en sus óleos y Jean-Jacques Rousseau, Alexandre Dumas y Mary Shelley escribieron sobre él.

De Montreux a Chillon se llega fácilmente andando unos 3 km por la ribera del lago o tomando el autobús nº 201 (10 min). Los barcos y vapores de la CGN (p. 52) son un medio estupendo de ir al Château de Chillon desde Lausana (1¾ h), Vevey (50 min) y Montreux (15 min).

encanto añejo se conserva intacto y la finca, enclavada en unos espléndidos jardines, ha sido declarada patrimonio suizo y uno de los hoteles más bellos del país. Está en los montes del interior, al sureste de Montreux, y el mejor medio para llegar es un taxi.

Hôtel La Rouvenaz HOTEL €€
(☎021 963 27 36; www.rouvenaz.ch; Rue du Marché 1; i/d/ste desde 190/270/430 CHF; @📶) No hay hotel más cercano al lago y con más diversión que este de gestión familiar, recién renovado, con su propio y delicioso **restaurante** italiano abajo y un **bar de vinos** al lado. Tiene 18 habitaciones sencillas pero agradables; cinco dan al lago. En temporada baja los precios caen en picado.

★ **Fairmont Le Montreux Palace** HOTEL HISTÓRICO €€€
(☎021 962 12 12; www.fairmont.com/Montreux; Av Claude Nobs 2; d/ste desde 359/750 CHF) Impresionante ejemplo arquitectónico de la *belle époque*, se erigió en un tiempo récord de 18 meses, abrió en 1906 y conserva su elegante aire tradicional; hoy lo regenta la cadena de lujo Fairmont. Las habitaciones más baratas Fairmont son recargadas y estrechas para su precio; vale la pena pagar más por las renovadas Deluxe o darse el lujo de una Deluxe con balcón al lago (desde 479 CHF).

Restaurant le 45 EUROPEA €€€
(☎021 966 33 33; www.suisse-majestic.ch; Grand Hôtel Suisse-Majestic, Av des Alpes 45; principales 22-56 CHF; ⏲12.00-14.00 y 19.00-22.00; P📶) Aunque no siempre se acierte con su carta europea e internacional bastante típica de hotel, la panorámica y la enorme terraza hacen que uno se plantee comer en este restaurante del Grand Hôtel Suisse-Majestic.

ℹ Información

El personal de **Montreux-Vevey Tourisme** (☎021 962 84 84; www.montreuxriviera.com; Pl de l'Eurovision; ⏲9.00-18.00 lu-vi, hasta 17.00 sa y do may-sep, horario reducido oct-abr) recomienda y reserva hoteles y ayuda a hallar una cama en época de festival.

Hay que ir al **GoldenPass Center** (☎021 989 81 90; www.goldenpass.ch; estación de tren de Montreux; ⏲8.00-18.00) a informarse sobre los trenes y funiculares **GoldenPass** (p. 74) que operan desde Montreux y Vevey.

ℹ Cómo llegar y salir

Tomando la autopista A9 Montreux queda 30 km al sureste de Lausana, desde donde hay otros 66 km por la A1 hasta Ginebra.

Hay frecuentes trenes a Ginebra (31 CHF, 1¼ h) y Lausana (13 CHF, 20-35 min), donde se transborda si se quiere ir a Zúrich (81 CHF, 2½ h).

Montreux es además parada de la pintoresca ruta GoldenPass (p. 74), que se adentra en el Oberland bernés.

Los Alpes de Vaud

El "País de Arriba" se eleva en la esquina nororiental de Vaud, más o menos a medio camino entre Aigle y Gruyères. En invierno casi podría considerarse la extensión francófona del refinado ambiente de esquí de Gstaad.

Pese a ser sobre todo zona de esquiadores, en años recientes este precioso rincón alpino ofrece nuevas atracciones y senderos mejorados que atraen a visitantes fuera de la temporada blanca; el senderismo y el ciclismo son espectaculares por esta parte menos conocida de los Alpes suizos.

Su puerta de entrada es Aigle, pueblo vinícola con suficientes cosas para entretenerse unas horas o un día. Pero lo que realmente cautiva son los montes: quien quiera hacer una excursión pintoresca en el día desde Montreux o se halle en Aigle con vehículo propio está de suerte, aunque no esquíe ni haga senderismo.

Les Diablerets

ALT. 1150 M

Este pueblo de montaña y estación de esquí se halla a la sombra del macizo homónimo (3209 m). Las más populares de sus tres zonas de esquí son Isenau y Glacier 3000, esta última con las cumbres más altas de la zona.

Glacier 3000, así llamada por estar en el glaciar de Tsanfleuron de 3,5 km de largo, ha experimentado gran auge tras inaugurarse en el 2014 el Peak Walk by Tissot. Este increíble puente colgante ha impulsado en gran parte el desarrollo del pueblo como destino fuera de la temporada blanca: se puede practicar barranquismo, *hydrospeed*, parapente, motocicleta de montaña o agotarse en los más de 250 km de rutas de senderismo y excursionismo.

Se vaya a realizar alguna de estas actividades o no, las vistas alpinas son aquí alucinantes y es facilísimo llegar desde Montreux aunque solo se quiera subir por el aire puro de montaña.

Puntos de interés y actividades

★Peak Walk by Tissot PUENTE

(Les Diablerets; ⌚9.00-16.30; cerrado 2 semanas med oct) GRATIS El primer puente peatonal del mundo entre dos picos tiene unas vistas de ensueño que abarcan el legendario Mont Blanc y el Cervino, además del Eiger, el Mönch y el Jungfrau. La pasarela de 107 m entre el pico View Point (2965 m) y el Scex Rouge (2971 m) culmina en un espacioso mirador con telescopios y visores que incluyen los nombres y alturas de los montes; es de visita obligada, ¡siempre que no se padezca de vértigo ni acrofobia!

En Les Diablerets se toma el teleférico del Col du Pillon para subir a **Glacier 3000** (www.glacier3000.ch; Les Diablerets; pase teleférico 1 día adultos/niños 63/42 CHF).

Caminatas del Col de Bretaye EXCURSIONISMO

Cuando no hay nieve es muy popular la ruta a pie de unas 4 h que empieza en el puerto de Bretaye, pasa por el bonito Lac de Chavonnes y sigue por monte verde hasta Les Diablerets. Las vistas desde el puerto son magníficas.

Al puerto se llega tomando un tren local desde Villars-sur-Ollon a Col de Bretaye (17,80 CHF, 20 min).

MERECE LA PENA

AIGLE

De visita obligada para los amantes de los vinos o los castillos, **Aigle,** en el extremo suroriental del Lemán, es la capital de la región vinícola de Chablais, en la parte sureste del cantón de Vaud. Dos mil años de viticultura se evocan en el **Musée de la Vigne et du Vin** (Museo del Vino y la Vid; www.museeduvin.ch; Pl du Château 1; adultos/niños 11/5 CHF; ⌚10.00-18.00 jul y ago, cerrado lu abr-jun, sep y oct, 10.00-16.00 ma-do ene-mar, nov y dic), moderno e interactivo, ubicado en el castillo de Aigle. Los seis simuladores para cosechar las uvas de Chasselas, hacer vino, etc. son muy divertidos. Al cruzar el patio del castillo se llega a la **Maison de la Dîme** (Pl du Château 1), del s. XIII, que alberga una exposición temporal en el piso superior (acceso incl. en la entrada al museo).

La **oficina de turismo** (☎024 466 30 00; www.aigle-tourisme.ch; Rue Colomb 5; ⌚8.30-12.00 y 13.30-18.00 lu-vi, 8.30-12.00 sa abr-oct) de Aigle está en su parte nueva, a 700 m a pie del *château.* Trenes frecuentes unen Aigle con Ginebra (34 CHF, 1¼ h), Lausana (18,60 CHF, 30 min) y Montreux (7,40 CHF, 10 min).

INDISPENSABLE

ESQUÍ EN LOS ALPES DE VAUD

El lugar estelar de la zona es el pueblo de Les Diablerets, cuya principal atracción son las zonas de esquí de **Isenau** (www.myisenau.ch; pase teleférico 1 día adultos/niños 54/36 CHF, incluye Villars-Gyron;) y Glacier 3000. La primera es algo más fácil de alcanzar mientras que la segunda, en lo alto de un glaciar de 3,5 km de largo, tiene los picos más altos y una gama más amplia de alojamientos, servicios e instalaciones.

La zona de esquí conjunta **Villars-Gryon** (www.villars-diablerets.ch/Z4031; pase teleférico 1 día adultos/niños 54/36 CHF, incluye Isenau), cuyo centro es el pueblo de **Villars-sur-Ollon**, ofrece acceso combinado a las tres zonas de esquí de Les Diablerets y de hecho une cinco zonas alpinas conformando una descomunal superficie esquiable de más de 100 km² y con al menos 34 remontes. Ofrece asombrosos paisajes y todos los niveles de dificultad.

Por último, **Leysin** (www.leysin.ch; pase teleférico 1 día adultos/niños 35/25 CHF) tiene poco renombre pero buen tamaño y atractivos. Lo que empezó como sanatorio para tuberculosos a 1350 m de altura es hoy una extensa estación de esquí para todos los niveles, con nada menos que 60 km de pistas.

Dónde comer

★**Botta 3000** SUIZA €€

(☎024 492 09 31; www.glacier3000.ch; Les Diablerets; principales 22-52 CHF; ⌚10.00-16.30) En lo alto del Glacier de Tsanfleuron llama la atención este restaurante, un cubo blanco obra del famoso arquitecto suizo Mario Botta. El piso superior alberga un restaurante gastronómico; abajo ofrece una terraza con autoservicio y zona de pícnic.

Desde aquí se puede bajar esquiando a Reusch (1350 m), un descenso de 2000 m a lo largo de 14 km.

Información

En la **oficina de turismo de Les Diablerets** (☎024 492 00 10; www.villars-diablerets.ch; Chemin du Collège 2; ⌚9.00-18.00) es donde mejor aclaran la mareante serie de opciones de transporte y abonos para las numerosas estaciones de esquí circundantes.

Cómo llegar y desplazarse

Aigle es la puerta de entrada a la zona de Les Diablerets, cuyo pueblo queda a un cómodo trayecto de 20 km en coche por la ctra. 11.

De lo contrario, trenes locales unen Les Diablerets y Aigle (11,40 CHF, 50 min).

Diversos funiculares, comunicados mediante autobús con el pueblo, llevan a cada zona de esquí.

Château d'Œx

3168 HAB.

Las familias locales frecuentan este atractivo resort de montaña por sus pistas de esquí de dificultad media. Cuando no hay nieve es una bonita localidad con preciosos alrededores, conocida por sus globos aerostáticos e interminables kilómetros de rutas de senderismo y bicicleta de montaña.

Y, sobre todo, por su ubicación y fácil acceso merece ser considerada tanto como pintoresca visita en el día desde Montreux como escala haciendo noche.

En la segunda quincena de enero se celebra la **Semaine Internationale de Ballons à Air Chaud** (www.ballonchateaudoex.ch), festival anual que reúne un centenar de globos, desde normalitos hasta de formas tan curiosas como un enorme gaitero escocés.

Otro buen motivo para quedarse en Château d'Œx no es ni el esquí ni montar en globo, sino ver cómo se elabora el queso y engullir los dulces merengues caseros cubiertos de abundante nata en **Le Chalet** (☎026 924 66 77; www.lechalet-fromagerie.ch; Rte de la Gare 2; principales 18-38 CHF; ⌚9.00-18.00 lu-ju, sa y do, hasta 24.00 vi, quesería 10.00-12.00 mi-do). Esta *fromagerie* ocupa un chalé grande, alegrado por floridos tiestos en primavera y verano y rodeado de nieve en invierno.

Información

La **oficina de turismo de Château-d'Œx** (☎026 924 25 25; www.chateau-doex.ch; Pl du Village 6; ⌚9.00-12.00 y 14.00-17.00 lu-vi, 9.00-12.30 y 13.00-17.00 sa y do) está en el centro del pueblo.

Cómo llegar y salir

Desde Montreux a Château-d'Œx hay 50 km de pintoresca carretera sinuosa subiendo por los Alpes; se tarda casi una hora en cada sentido. No es buen trayecto para quienes tienden a marearse en el coche. En ese caso es mucho mejor tomar un tren regional desde Montreux (20,40 CHF, 1 h).

Friburgo, la región de los Tres Lagos y el Jura

Incluye »

Los mejores restaurantes

- Georges Wenger (p. 100)
- Le Mondial (p. 87)
- Chez Boudji (p. 89)

Los mejores alojamientos

- Hotel Cailler (p. 90)
- Auberge aux 4 Vents (p. 85)
- Hotel Alpha (p. 85)
- Auberge du Mouton (p. 100)

Por qué ir

A años luz del típico paisaje alpino invadido por turistas que normalmente se asocia a Suiza, esta región occidental que comprende el cantón de Friburgo, el macizo del Jura y la región de los Tres Lagos es adonde realmente hay que encaminarse para hacer una escapada.

Friburgo, la capital que da nombre a la región, sita al fondo de un valle no lejos de Gruyères (donde se fabrica el queso), conserva las calles medievales y todo su atractivo histórico. En las onduladas y boscosas montañas del Jura se hallan el encantador Val de Travers y el sobrecogedor Creux du Van, así como la maravillosa región lacustre de los Tres Lagos. Además de disfrutar de quesos de renombre mundial, de la verde absenta y de los irresistibles merengues con nata, la región ofrece la oportunidad de quemar todas las calorías explorando el pasado cultural de Friburgo, paseando por el verde entorno del Jura o practicando senderismo, ciclismo de montaña, vela o esquí de fondo.

Cuándo ir

- El verano es la estación perfecta para descubrir los verdes prados de Friburgo, los arroyos del Jura y un mar amarillo de girasoles. En la capital los festivales, las fiestas y las cenas al aire libre son inexcusables.
- El clima templado de las estaciones intermedias es ideal para el excursionismo y para gozar de paisajes en plena floración primaveral o en otoño al caer las hojas. Uno siente que las montañas le pertenecen.
- En invierno las laderas nevadas del Jura y los complejos de esquí presentan menos aglomeraciones que los Alpes y todo es más barato. La región es famosa como centro de esquí de fondo.

Imprescindible

1 **Festival de la Luz de Murten** (p. 94) Gozar de la increíble iluminación en el entorno medieval de Murten.

2 **Sankt Petersinsel** (p. 91) Navegar por el lago de Biel hasta la isla de San Pedro desde Biel-Bienne para nadar y hacer un pícnic.

3 **Estavayer-le-Lac** (p. 99) Retroceder en el tiempo paseando por las calles de esta bonita localidad medieval en el lago de Murten.

4 **Fromagerie d'Alpage de Moléson** (p. 89) Probar todas las variedades de queso hasta reventar.

5 **Maison Cailler** (p. 89) Dejarse llevar por el dulce placer en esta fábrica de chocolate suizo en Broc.

6 **Maison de l'Absinthe** (p. 101) Deambular por las calles medievales, bajo el efecto embriagador de la absenta en el Val de Travers.

7 **Cathédrale St Nicolas de Fribourg** (p. 84) Subir los 368 escalones hasta lo alto de la torre de la catedral para las increíbles vistas de la Friburgo medieval.

8 **Les Bains de la Gruyère** (p. 90) Bañarse en las aguas termales con vistas de los pre-Alpes en Charmey.

9 **Musée de l'Horlogerie du Locle** (p. 99) Aprender el funcionamiento del mecanismo de relojería en este impresionante tributo de Le Locle a la precisión e ingenio suizos.

10 **Musée de l'Hôtel Dieu** (p. 100) Entrar en el túnel del tiempo en este hermoso museo de antigüedades barroco de Porrentruy.

CANTÓN DE FRIBURGO

La región de Friburgo (307 461 hab.) está rodeada por las montañas prealpinas. En su corazón se sitúa la hermosa ciudad medieval de Friburgo, en un tranquilo meandro del turbulento Rin. Un entorno cargado de historia, un casco antiguo bien conservado y una selección de hoteles y restaurantes de calidad invitan a quedarse.

Los aficionados a la gastronomía se sentirán atraídos por la cercana Gruyères, no tanto por sus plácidos pueblos rurales como por el queso del mismo nombre (AOC, Appellation d'Origine Contrôllée) y la oportunidad de ver cómo se elabora desde hace siglos. Completando la visita con un baño de aguas termales y actividades al aire libre en Charmey, el cantón de Friburgo se revela como destino realmente tentador. Solo hay que desempolvar los conocimientos de idiomas, pues la Röstigraben (división lingüística) de la región se traduce en que en la parte occidental se habla francés y en la oriental, alemán.

Friburgo

34 897 HAB. / ALT. 629 M

En ningún otro lugar de Suiza la división sociolingüística se manifiesta con tanta intensidad como en Friburgo (Freiburg o "Ciudad libre"), una hermosa ciudad medieval construida sobre una espectacular garganta del río Sarine que la divide en dos. Los habitantes de la orilla oeste, donde están el casco antiguo, la universidad y la estación de tren, hablan francés y los de la orilla este, alemán. Con una alta concentración de excelentes museos y puntos estratégicos para admirar la interesante arquitectura histórica que parece surgir de la misma garganta del río, Friburgo rebosa atractivo.

Solo hay que añadir una buena dosis de catolicismo y una importante población estudiantil al cóctel cultural para obtener una ciudad fascinante, con una enérgica vida nocturna y una bocanada de originalidad.

Puntos de interés

★ Cathédrale St Nicolas de Fribourg CATEDRAL

(catedral de San Nicolás; ☎026 347 10 40; www.cathedrale-fribourg.ch; Rue des Chanoines 3; torre adultos/niños 3,50/1 CHF; ⊙9.30-18.00 lu-vi, 9.00-16.00 sa, 14.00-17.00 do, torre 10.00-12.00 y 14.00-17.00 lu-vi, 10.00-16.00 sa, 14.00-17.00 do abr-oct) Al entrar en esta sombría catedral gótica del s. XIV, hay que fijarse en el pórtico principal, con una representación escultórica del Juicio Final (s. XV). A la derecha, en la Chapelle du Saint Sépulcre, hay un grupo escultórico (1433) excepcionalmente vívido del entierro de Cristo. A menos que se sufra de vértigo u otra dolencia, es obligado subir los 368 escalones que conducen a lo alto de la torre de 74 m para disfrutar de soberbias vistas de la ciudad medieval.

★ Espacio Jean Tinguely – Niki de Saint Phalle MUSEO

(☎026 305 51 40; www.mahf.ch; Rue de Morat 2; adultos/niños 6 CHF/gratis; ⊙11.00-20.00 mi-do) Hay que pulsar un botón para que el *Retable de l'Abondance Occidentale et du Mercantilisme Totalitaire* (1989-1990) realice su comentario alegórico sobre la opulencia occidental. El museo, creado en memoria del genial artista friburgués Jean Tinguely (1925-1991), se halla en una estación de tranvía de 1900. Las máquinas de Tinguely se exponen junto a las atrevidas creaciones de la artista franco-americana Niki de Saint Phalle (1930-2002), con quien trabajó desde la década de 1950 hasta su muerte.

★ Musée Suisse de la Marionnette MUSEO

(Museo Suizo de la Marioneta; ☎026 322 85 13; www.marionnette.ch; Derrière-les-Jardins 2; adultos/niños 5/3 CHF; ⊙10.00-17.00 mi-do) En una época en que la tecnología lo es todo, es un alivio comprobar que algunos de los antiguos personajes que hicieron las delicias de niños y mayores durante décadas continúan vivos y en buen estado en este pequeño museo. Además de la exposición de marionetas antiguas hechas a mano, hay representaciones con tí-

LA LEYENDA DEL TILO DE FRIBURGO

Cuenta la leyenda que en 1476 acudió a Friburgo un mensajero, procedente de Murten, con la buena noticia de que los suizos habían derrotado a Carlos el Temerario... para caer exhausto nada más llegar. Los presentes, apenados por el desenlace, se fijaron en una ramita de tilo que llevaba en el sombrero y la plantaron. El **Tilleul de Morat** (tilo de Morat; Place de l'Hôtel de Ville 1) es el árbol que nació de esa ramita hace más de medio milenio.

teres y talleres. Las vistas desde el puente de enfrente son fabulosas.

Casco antiguo ZONA

En el s. XII la ciudad era muy reducida, la Grand-Rue era la calle principal y las paralelas Rue des Chanoines y Rue des Bouchers estaban ocupadas por mercados, una iglesia y edificios públicos. La población se extendió luego hacia el río. Merece la pena admirar los puentes: el **Pont du Milieu** (Middle Bridge; 1720), de piedra, y el **Pont du Berne** (1250), cubierto.

Musée d'Art et d'Histoire MUSEO

(Museo de Arte y de Historia; ☎026 305 51 40; www.mahf.ch; Rue de Morat 12; adultos/niños 8/5 CHF; ⏲11.00-18.00 ma, mi y vi-do, hasta 20.00 ju) GRATIS El museo de arte y de historia de Friburgo, con su excelente colección de escultura y pintura del gótico tardío, se ubica en el renacentista Hôtel Ratzé. El estilo gótico se combina con lo sepulcral en la cripta, donde algunas esculturas religiosas se yuxtaponen a las creaciones de Jean Tinguely. Se recomienda una visita al jardín del museo, rodeado de un muro y bancos y con esculturas de Niki de St Phalle; un buen lugar para un pícnic.

Basilique de Notre-Dame de Fribourg IGLESIA

(☎026 323 20 31; www.basilique-fribourg.ch; Rue de Morat 1; ⏲8.30-18.00 lu, mi y vi, 9.30-19.30 ma y ju) Lo más destacado de esta iglesia es un pesebre napolitano del s. XVIII con 75 figuritas que representa la Natividad, la Anunciación y escenas cotidianas. Bajo el cortinaje gris hay una ranura; si se introduce una moneda de 1/2 CHF se ilumina la cuna durante 4/8 min.

Musée Gutenberg MUSEO

(Museo Gutenberg; ☎026 347 38 28; www.gutenbergmuseum.ch; Place de Notre-Dame 16; adultos/niños/familias 10/6/22 CHF; ⏲11.00-18.00 mi, vi y sa, hasta 20.00 ju, 10.00-17.00 do) Instalado en un granero del s. XVI, este museo dedicado a la impresión y a las comunicaciones incorpora recursos multimedia para acercar la exposición histórica a la velocidad del s. XXI. Para recrear una perspectiva completamente diferente de la impresión y las artes visuales se ofrecen cenas a ciegas (4 platos, 60 CHF); hay que reservar con antelación.

Fri Art GALERÍA

(☎026 323 23 51; www.fri-art.ch; Petites Rames 22; adultos/niños 8/5 CHF; ⏲12.00-18.00 mi y vi, hasta 22.00 ju, 14.00-17.00 sa y do) Si se busca arte contemporáneo, en este antiguo seminario de ladrillo rojo hay excelentes exposiciones temporales. Los jueves abre hasta más tarde, la entrada es gratuita a partir de las 18.00 y hay servicio de bar.

INDISPENSABLE

LE PORT

Nada refleja mejor el espíritu creativo de Friburgo que **Le Port** (☎026 321 22 26; www.leport.ch; Planche-Inférieure 5; ⏲10.00-23.00 ma-do may-oct). Escondido en un antiguo almacén junto al río Sarine, bulle de energía. En verano los friburgueses se reúnen a la sombra de la arbolada terraza para charlar entre las clases de taichí y de los *ateliers* (talleres) o para saborear platos tradicionales (20 CHF) de carne ahumada casera y verduras locales.

Al anochecer, cuando termina la clase de tango y la pista queda libre, dan comienzo los conciertos, las películas y la discoteca.

Dónde dormir

★ **Hotel Alpha** HOTEL-BOUTIQUE €

(☎026 322 72 72; www.alpha-hotel.ch; Rue du Simplon 13; i/d desde 90/114 CHF; P 📶) Con un atractivo difícil de definir, este sencillo hotel *boutique* dispone de habitaciones pequeñas y modernas sin aire acondicionado, pero el inteligente diseño y un personal excepcional lo convierten en un tranquilo y acogedor refugio. Almohadas enormes, tonos apagados y precios razonables. Un encanto.

★ **Auberge aux 4 Vents** HOTEL-BOUTIQUE €€

(☎026 347 36 00; www.aux4vents.ch; Res Balzli Grandfrey 124; i 130-170 CHF, d 180-260 CHF, i/d/tr/c con baño compartido 65/130/170/200 CHF; P 🏊) Elegantísima posada rural de ocho habitaciones, 2 km al norte de la ciudad, en la que dominan los diseños poco convencionales. El *dortoir* de cuatro camas es el dormitorio más lujoso de Suiza y la fantástica "Blue Room" dispone de una bañera con raíles para poder deslizarse por la ventana y bañarse a la luz de las estrellas.

Hine Adon APARTAMENTOS €€

(☎026 322 37 77; www.hineadon.ch; Rue Pierre-Aeby 11; apt 120-280 CHF; @) Para disponer de más espacio, estos estupendos apartamentos en el casco antiguo (1-2½ dormitorios y cocina completa) son una buena opción. La deco-

Friburgo

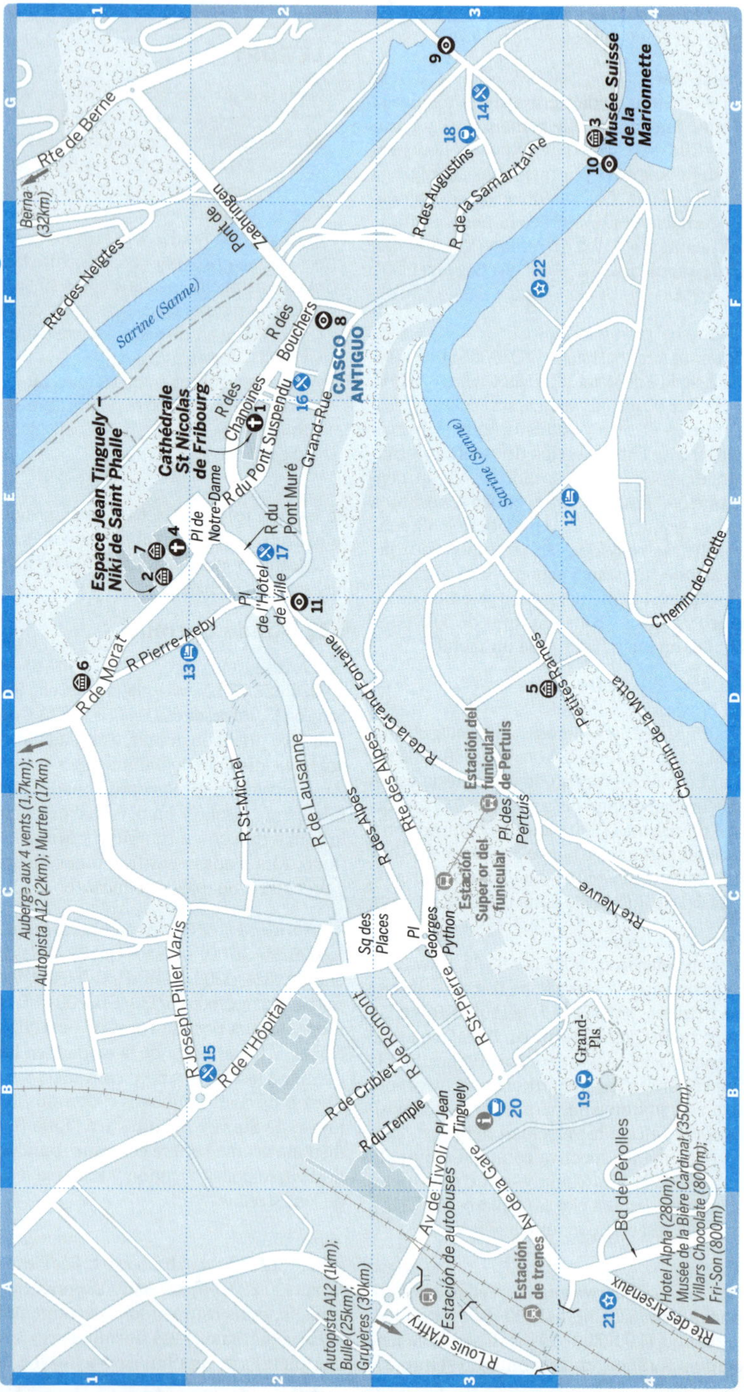
0
200 m
Berna (32km)
Rte de Berne
Rte des Neigles
Sarine (Sanne)
Pont de Zaeringhen
9
18
14
R des Augustins
R de la Samaritaine
10
3
Musée Suisse de la Marionnette
22
8
CASCO ANTIGUO
R des Bouchers
16
R des Chanoines
1
Cathédrale St Nicolas de Fribourg
R du Pont Suspendu
Grand-Rue
Pont Muré
R du Pont Muré
Espace Jean Tinguely – Niki de Saint Phalle
7
2
4
Pl de Notre-Dame
17
Pl de l'Hôtel de Ville
11
12
Chemin de Lorette
R de Morat
6
R Pierre-Aeby
13
R de la Grand Fontaine
5
Petites-Rames
Chemin de la Motta
Auberge aux 4 vents (1,7km); Autopista A12 (2km); Murten (17km)
R St-Michel
R de Lausanne
R des Alpes
Rte des Alpes
Estación del funicular de Pertuis
Pl des Pertuis
Estación Super or del funicular
Rte Neuve
Sq des Places
Pl Georges Python
R St-Pierre
R Joseph Piller Varis
15
R de l'Hôpital
R de Romont
R de Criblet
Grand-Pls
19
20
R du Temple
Pl Jean Tinguely
Av de Tivoli
Av de la Gare
Estación de autobuses
Estación de trenes
Bd de Pérolles
Hotel Alpha (280m); Musée de la Bière Cardinal (350m); Villars Chocolate (800m); Fri-Son (800m)
Rte des Arsenaux
21
R Louis d'Affry
Autopista A12 (1km); Bulle (25km); Gruyères (30km)

Friburgo

Principales puntos de interés

1 Cathédrale St Nicolas de Fribourg E2
2 Espace Jean Tinguely – Niki de Saint Phalle E1
3 Musée Suisse de la Marionnette G4

Puntos de interés

4 Basilique de Notre-Dame de Fribourg E1
5 Fri Art D3
6 Musée d'Art et d'Histoire D1
7 Musée Gutenberg E1
8 Casco antiguo F2
9 Pont de Berne G3
10 Pont du Milieu G4
11 Tilleul de Morat D2

Dónde dormir

12 Au Sauvage E4
13 Hine Adon D2

Dónde comer

14 Auberge de la Cigogne G3
15 Le Mondial B2
16 Restaurant du Cygne F2
17 Restaurant du Gothard E2

Dónde beber y vida nocturna

18 Banshee's Lodge G3
19 Fribourg Plage B4
20 La Cavatine B3

Ocio

21 Café Culturel de l'Ancienne Gare A4
22 Le Port F3

ración mezcla diseños nuevos y antiguos, se sirven desayunos (7,50 CHF) y el servicio es excelente.

Au Sauvage HOTEL HISTÓRICO €€
(☎026 347 30 60; www.hotel-sauvage.ch; Planche Supérieure 12; i/d desde 170/240 CHF;) Un veterano medieval, este hotel del casco antiguo posee 16 habitaciones encantadoras sobre un restaurante en dos casas del s. XVI. Se accede por unas escaleras desde el río, señalizado con un cartel medieval que representa a un hombre de las cavernas con un garrote.

Dónde comer

★ **Le Mondial** CAFÉ €
(☎026 321 27 72; www.cafelemondial.ch; Rue de l'Hôpital 39; principales 18-29 CHF; ⏲8.00-23.00 lu-ju, hasta 24.00 vi, 9.00-24.00 sa) Este amplio café-restaurante, elegante combinación moderna y *vintage,* se llena a mediodía y después del trabajo, cuando estudiantes y ejecutivos acuden a consumir las especialidades de la casa, tartines calientes y exquisitos *ballons* (especie de hamburguesa). Entre horas se recomiendan las fabulosas tartas caseras.

Restaurant du Gothard BISTRÓ €€
(☎026 322 32 85; Rue du Pont Muré 16; principales 22-38 CHF; ⏲9.00-23.30 lu, ma, ju y vi, 8.00-23.30 sa y do) El viejo restaurante frecuentado por Tinguely es una mezcla kitsch de muebles del s. XIX, dibujos de Niki de Saint Phalle y cachivaches antiguos. Los platos del día se anuncian en la pizarra; se recomiendan las fondues y los filetes de caballo.

Restaurant du Cygne EUROPEA €€€
(☎026 322 32 04; www.restaurantducygne.ch; Rue des Bouchers 2; menú 65 CHF, principales 30-40 CHF; ⏲9.00-23.00 mi-do, hasta 14.00 ma) Seguir el aroma hasta esta institución local siempre llena, como una brasserie de alto nivel o un *gastropub,* que sirve buena comida en un ambiente elegante pero informal a precios razonables. La carta es simple: filete y marisco de diferentes maneras (p. ej., con fricasé de champiñones o untado de *beurre café de Paris*) y una selección de platillos como entrantes.

Auberge de la Cigogne EUROPEA MODERNA €€€
(☎026 322 68 34; www.aubergedelacigogne.ch; Rue d'Or 24; menú almuerzo 2/3 platos 21/25 CHF, menús cena 38-90 CHF; ⏲10.00-14.30 y 18.45-24.00 ma-sa) Este prestigioso establecimiento, en una bella mansión de la década de 1770 junto al río, ofrece destacados menús con postres estelares, como *crème brûlée aux framboises parfumé à lavande.* El amuerzo tiene una excelente relación calidad-precio.

Dónde beber y vida nocturna

Los clubs de DJ más animados y los locales de música en vivo salpican la Rte de la Fonderie junto a la universidad, en la zona industrial al oeste de la estación de tren.

La Cavatine CAFÉ
(☎026 341 00 44; www.lacavatine.ch; Place Jean Tinguely 1; ⏲11.00-19.00 lu-vi, 9.00-17.00 sa) Lo más llamativo de este bonito café es que se halla en el edificio más actual de la ciudad, una estructura arquitectónica aparentemente

desequilibrada y espectacular con el acertado nombre de "Equilibre". Ya sea en un mullido sofá de la terraza de la acera o en el interior, desde donde se divisa el parque, el entorno es fabuloso.

Fribourg Plage HUERTO CERVECERÍA
(www.fribourgplage.ch; Parc des Grand-Places; ⌚11.00-23.30 diarios med jun-ago) Cuando luce el sol no hay mejor lugar para relajarse en una tumbona rosa o verde lima que esta playa urbana en el césped de un parque, donde también hay arena dorada y una pista de voleibol. Su eslógan es "Protégete del estrés".

Banshee's Lodge PUB IRLANDÉS
(☎026 322 53 94; Rue d'Or 5; ⌚16.00-1.00 mi-do) En el corazón del casco antiguo, este acogedor *pub* irlandés es un estupendo lugar para charlar y conocer a otros viajeros.

☆ Ocio

★Café Culturel de l'Ancienne Gare CENTRO DE ARTE
(CCAG; ☎026 322 57 72; www.cafeanciennegare.ch; Esplanade de l'Ancienne-Gare 3; ⌚9.00-23.30 lu-ju, hasta 3.00 vi, 13.00-3.00 sa, 11.00-24.00 do) En el vestíbulo de la antigua estación de tren del s. XIX, este moderno y confortable local sirve también como centro cultural donde se ofrecen cine, actuaciones y moda. El café híbrido sirve comidas y tentempiés decentes. Se llega bajando por la Rte des Arsenaux, junto a las vías del tren, a la derecha.

Fri-Son MÚSICA EN DIRECTO
(☎026 424 36 25; www.fri-son.ch; Rte de la Fonderie 13; la entrada puede variar; ⌚21.00-5.00 mi-do) Los DJ pinchan diferentes ritmos en este almacén cubierto de grafitos, uno de los mayores escenarios para actuaciones en vivo del oeste del país. Las noches temáticas de baile (*deep bass, house, rock* autóctono) suelen ser gratuitas. Las entradas para los conciertos se venden por internet.

De compras

★Villars Chocolate CHOCOLATE
(☎026 426 65 49; www.villars.com; Rte de la Fonderie 2; ⌚8.30-17.30 lu-sa) En el edificio adyacente de ladrillo rojo y caramelo, inaugurado en 1901, se elaboran tabletas de chocolate con leche alpina de Gruyère y *têtes au choco* (cabezas de malvavisco con chocolate) que los niños adoran. No se puede visitar, pero sí comprar chocolate a precio de fábrica en el café-tienda mientras se saborea un chocolate caliente con nata montada y virutas de chocolate.

INDISPENSABLE

FUNICULAR DE FRIBURGO

El **funicular de Friburgo** (3 CHF; ⌚7.00-20.00 lu-sa, 9.30-20.00 do jul y ago, 9.30-19.00 sep-jun), construido en 1899 por Cardinal Brewery, que lo gestionó hasta que la ciudad de Friburgo tomó el relevo en 1965, es el único del mundo propulsado por aguas residuales.

El funicular recoge a los pasajeros cada 6 min y los lleva de la estación de Pertuis, en el casco antiguo, a la estación Superior, subiendo 500 m en tan solo 2 min.

Sin el funicular también se llega con facilidad a pie desde la estación de tren hasta la estación Superior, que ofrece fabulosas vistas del río y el casco antiguo.

ℹ Información

Oficina de turismo de Friburgo (☎026 350 11 11; www.fribourgtourisme.ch/en; Place Jean Tinguely 1, Equilibre; ⌚9.00-18.00 lu-vi todo el año, 9.00-15.00 sa may-sep, 9.00-12.30 sa oct-abr) Abundantísima información sobre la ciudad y la región en la planta baja del edificio contemporáneo más llamativo de Friburgo. También hay un punto de información en la catedral (p. 84), abierto los fines de semana.

ℹ Cómo llegar y salir

La autopista A12 que une Ginebra con Berna (vía Lausana) pasa por las afueras de la ciudad.

Los autobuses **TPF** (☎026 913 05 11; www.tpf.ch/en) salen de detrás de la estación de autobuses, accesible desde la estación de tren, con destino a Avenches (10 CHF, 25 min) y Bulle (16,80 CHF, 45 min), donde se puede hacer transbordo a Charmey (7,60 CHF, 25 min) y Gruyères (5,20 CHF, 10 min).

Desde Friburgo hay trenes regulares a Ginebra (desde 42 CHF, 1¼ h), Neuchâtel (22 CHF, 55 min) y Berna (desde 14,20 CHF, 20 min) que continúan hasta Zúrich (desde 59 CHF, 1½ h).

ℹ Cómo desplazarse

Friburgo es una de las ciudades que ha adoptado el sistema PubliBike (p. 343). Se puede comprar un pase QuickBike (24 h) en la oficina de turismo de la ciudad.

Gruyères

1789 HAB. / ALT. 830 M

Gruyères, que recibe su nombre de la emblemática *gru* (grulla) que lucían los condes medievales, es un revoltillo de casas de los ss. XV-XVII desparramadas por una colina. Coronada por un pintoresco castillo, sus calles adoquinadas están rodeadas de pastos alpinos donde hace siglos que se produce el queso gruyer semicurado (AOC).

Muchos visitantes llegan atraídos por el queso, pero los paisajes verdes invitan a dar un agradable paseo y los cercanos pueblos de Broc y Bulle merecen una visita.

Puntos de interés y actividades

★Château de Gruyères CASTILLO

(☎026 921 21 02; www.chateau-gruyeres.ch; Rue du Château 8; adultos/estudiantes/niños 12/8 CHF/gratis; ⏲9.00-18.00 abr-oct, 10.00-17.00 nov-mar) Este castillo encantado con torreones, en el que vivieron los 19 condes de Gruyères que controlaban el valle del Sarine en los ss. XI-XVI, fue reconstruido en 1493 tras un incendio. En el interior se puede admirar mobiliario de la época, tapices y "arte fantástico" moderno, así como un audiovisual de 20 min sobre la historia de Gruyères. No hay que perderse el breve sendero que rodea el castillo. Hay una entrada combinada para el castillo y otras visitas.

★Fromagerie d'Alpage de Moléson GRANJA

(☎026 921 10 44; www.fromagerie-alpage.ch; Place de l'Aigle 12, Moléson-sur-Gruyères; adultos/niños 5/2 CHF; ⏲9.00-19.00 may-sep) En esta *fromagerie d'alpage* (quesería de montaña) del s. XVII, sita en Moléson-sur-Gruyères, 5 km al suroeste de Gruyères, el queso se fabrica según el método tradicional, lo que se puede comprobar cada día a las 10.00. En el chalé alpino se puede comprar queso y en su restaurante, degustar una fondue, *soupe du chalet* (denso caldo vegetal con crema de leche y queso) y otros platos montañeses tradicionales.

La Maison du Gruyère GRANJA

(☎026 921 84 00; www.lamaisondugruyere.ch; Place de la Gare 3, Pringy-Gruyères; adultos/niños 7/6 CHF; ⏲9.00-18.30 jun-sep, hasta 18.00 oct-may) El secreto del queso gruyer se puede descubrir en Pringy, justo enfrente de la estación de tren de Gruyères (a 1,5 km colina abajo). Se fabrica 4 veces al día, entre 9.00 y 12.30 y a las 14.30. Hay una entrada combinada que incluye el Château de Gruyères (16 CHF; no hay descuento para niños).

HR Giger Museum MUSEO

(☎026 921 22 00; www.hrgigermuseum.com; Château St Germain; adultos/estudiantes/niños 12,50/8/4 CHF; ⏲10.00-18.00 diarios abr-oct, 13.00-17.00 mi-vi, 10.00-18.00 sa y do nov-mar) Espacio de arte biomecánico, dedicado al hombre que había tras el extraterrestre de la saga de *Alien*, Giger, nacido en Chur (1940) y residente en Zúrich. El bar del museo, enfrente, **Bar HR Giger** (☎026 921 08 00; www.hrgiger.com/barmuseum.htm; Rue du Château St Germain 3; ⏲10.00-20.30), está decorado con el mismo estilo surrealista. No son adecuados para niños pequeños.

BROC Y BULLE

Uno de los fabricantes de chocolate más antiguos de Suiza, **Maison Cailler** (☎026 921 59 60; www.cailler.ch; Rue Jules Bellet 7; adultos/estudiantes/niños 12/9 CHF/gratis; ⏲10.00-18.00 abr-oct, hasta 17.00 nov-mar), se halla en Broc, 5 km al norte de Gruyères. Inaugurada en 1825, la visita a la fábrica puede completarse con una degustación y compras en la tienda. Se recomiendan los interesantes talleres, algunos dirigidos a los niños.

La alternativa para quienes pasan del chocolate es **Chez Boudji** (☎026 921 90 50; www.boudji.ch; Gite d'Avau 1; principales 16-38 CHF; ⏲11.30-14.30 y 17.30-21.30 may-nov), donde se puede disfrutar de queso y hermosos paisajes.

Unos 4 km al noroeste de Broc se sitúa Bulle, principal nudo de transportes de la zona, donde vale la pena parar para ver el **chateau** del s. XIII (hoy ocupado por oficinas) y el **Musée gruérien et Bibliothèque de Bulle** (Museo de Gruyères y Biblioteca de Bulle; ☎026 916 10 10; www.musee-gruerien.ch; Rue de la Condémine 25; adultos/estudiantes/niños 12/9 CHF/gratis; ⏲10.00-17.00 ma-sa jun-sep, 10.00-12.00 y 13.30-17.00 ma-vi, 10.00-17.00 sa oct-may), que relata la historia local. Es el punto de partida de las visitas guiadas gratuitas por la ciudad; preguntar en el interior.

Entrada combinada museo y Château de Gruyères (p. 89) 19 CHF.

★ **Sentier des Fromageries** PASEO A PIE
(sendero de las Queserías) Aún se elabora queso en algunos chalés de montaña tradicionales con tejados de tablas en esta ruta de 7,3 km por pastizales de alta montaña sembrados de vacas. Pedir el folleto de la ruta en la Maison du Gruyère (p. 89), que se recorre completa en 4 h o en un sentido en 2 h, con transporte de regreso en el autobús nº 263 desde Moléson, a medio camino.

Dónde dormir y comer

Los restaurantes de Gruyères, que suelen ser contiguos a los hoteles o estar cerca de la plaza principal, son rústicos e informales. La *fondue* de queso domina todas las cartas: *moitié-moitié* es una mezcla de gruyer y vacherin, el suave queso local. No hay mejor final para una comida que los perlados merengues con nata de gruyer.

★ **Hotel de Gruyères** ALBERGUE €
(☎026 921 80 30; www.gruyereshotels.ch; Rlle des Chevaliers 1; i/d 120-160 CHF; P) Este hotel tradicional de 37 habitaciones, con decoración rústica de madera, tiene vistas soberbias de las montañas circundantes, sobre todo desde las habitaciones con balcones. A falta de balcón, la terraza comunitaria es muy agradable para relajarse y disfrutar del paisaje.

La Ferme du Bourgoz B&B €
(☎026 921 26 23; www.lafermedubourgoz.ch; Chemin du Bourgo 14; i/d 80/100 CHF; P) La granja de la familia Murith ofrece habitaciones sencillas y acogedoras con fabulosos desayunos de campo muy frescos, además de quesos gruyer de fabricación propia para la venta.

Información

Oficina de turismo de La Gruyère (☎084 842 44 24; www.la-gruyere.ch; Rue du Bourg 1; ⏲9.30-17.30 jul y ago, horario reducido resto del año) El personal responde cualquier pregunta imaginable sobre la región y los productos de esta denominación.

Cómo llegar y salir

Se llega desde Friburgo (16,80 CHF, 55 min, vía Bulle) o Montreux (19,80 CHF, 1¼ h, vía Montbovon), en autobús o tren (cada hora). La ciudad está a 10 min a pie subiendo la colina desde la estación de trenes.

Charmey

1772 HAB. / ALT. 876 M

La encantadora y a veces nublada aldea barroca de Charmey, sita en la región prealpina del cantón de Friburgo, es el centro local de esquí para toda la familia, con 30 km de pistas; en verano es un paraíso para excursionistas y ciclistas de montaña.

Los baños termales de la localidad, **Les Bains de la Gruyère** (☎026 927 67 67; www.les-bains-de-charmey.ch; Gros-Plan 30; 3/5 h 26/37 CHF; ⏲9.00-21.00 lu-ju, hasta 22.00 vi y sa, hasta 20.00 do), disponen de instalaciones nuevas de primera categoría, con amplias propuestas para la relajación, como natación o masajes y tratamientos de belleza.

Fiestas y celebraciones

★ **La Désalpe de Charmey** DESFILE
(www.desalpe.ch) El cuarto domingo de septiembre miles de personas se reúnen para celebrar la tradicional Rindyà, cuando los rebaños de vacas con adornos florales descienden de las praderas alpinas de verano a llanuras más cálidas para pasar el invierno. Resuenan los cencerros, la música y la fiesta y se vende y consume a raudales un fantástico queso.

Dónde dormir

★ **Hotel Cailler** HOTEL €€
(www.hotel-cailler.ch/en; d/ste desde 250/390 CHF) Este elegante hotel de encantador exterior *retro* e interior moderno, tiene un pasaje subterráneo secreto (aunque quizá no tanto...) que comunica el hotel con Les Bains de la Gruyère, enfrente. Ofrece atractivas habitaciones tipo chalé y *suites* decoradas con maderas alpinas vistas, pieles de color chocolate y algunas con balcones y/o yacusi. Mejor ir acompañado para no parecer un corazón solitario.

Información

Oficina de turismo de Charmey (☎026 927 55 80; www.charmey.ch; ⏲8.00-12.00 y 13.30-18.00 lu-vi, hasta 16.30 sa, 9.00-12.00 do) ofrece mapas y orientaciones a los excursionistas.

Cómo llegar y salir

Charmey está 13 km al noreste de Gruyères y 43 km al sur de Friburgo. El transporte público es limitado; es preferible disponer de vehículo propio.

FUERA DE RUTA

CABEZAS DE MONJES: LA ABADÍA DE BELLELAY

Desde hace 800 años, en los alrededores de la aldea de **Bellelay** y de la **abadía** del mismo nombre, sita a medio camino entre Biel-Bienne y Porrentruy, se fabrica un queso semicurado con un toque de nueces (parecido al gruyer), que originalmente elaboraban los monjes.

Cuenta la leyenda que fueron los soldados de la Revolución Francesa que tomaron la región (y la abadía) en la última década del s. XVII quienes llamaron a este queso tête de moine (cabeza de monje). Para cortar el queso se quita la corteza y se van raspando virutas de la parte superior con un movimiento circular, como si se pelara una manzana. Los soldados asociaron este gesto a la tonsura de los monjes y la denominación acabó cuajando.

Hoy es más fácil cortar el queso gracias a un ingenioso artilugio llamado *girolle,* indispensable en todas las cocinas suizas.

Es posible visitar el recinto de la abadía, aunque una gran parte funciona hoy como hospital psiquiátrico. En la galería-museo de la **Maison de la Tête de Moine** (☎032 484 03 16; www.maisondelatetedemoine.ch/en/maison; Bellelay; adultos/niños 6 CHF/gratis; ⌚11.00-18.00 mi-do) se explica la historia de Bellelay y se puede degustar el producto estrella de la región.

REGIÓN DE LOS TRES LAGOS

Esta boscosa zona, que comprende las prístinas joyas del lago de Biel, el lago de Murten y el lago de Neuchâtel, conectados por canales artificiales, es un espacio lúdico en verano y una inagotable fuente de diversión. Los días despejados hay espectaculares vistas de los Alpes desde las costas occidentales de cada lago.

Aunque su nombre oficial es alemán, la lengua predominante de la bella Drei-Seen-Land (Pays de Trois Lacs o región de los Tres Lagos) es el francés.

Con una envidiable situación en la costa noroccidental del lago de Neuchâtel, la ciudad de Neuchâtel, junto al macizo del Jura, que se extiende al oeste y al norte, es el área más poblada. Biel-Bienne es la joya de la corona del lago de Biel, como Murten lo es del lago de Murten, con encantadores pueblos medievales, barrocos y renacentistas alrededor.

Biel-Bienne

50 013 HAB. / ALT. 429 M

En pleno *Röstigraben,* la frontera lingüística francoalemana de Suiza, Biel-Bienne es la ciudad más bilingüe del país. Los habitantes tienen tendencia a cambiar de idioma en mitad de la conversación y a veces es difícil saber en qué hablar.

Para muchos suizos, Biel-Bienne es una parada para hacer transbordo, pero para los visitantes resulta una pequeña y hermosa localidad junto al lago que ofrece paisajes alpinos y un refugio a ritmo pausado, alejado del bullicio turístico. Vale la pena detenerse, nadar en el lago de Biel, realizar una cata en los viñedos locales y explorar el Ring, el casco antiguo bien conservado y lleno de historias fascinantes.

Es también la base perfecta para explorar la región de los Tres Lagos y el Jura.

Puntos de interés

Casco antiguo ZONA

El hermoso casco antiguo se concentra alrededor del Ring (anillo), una plaza cuyo nombre se remonta a los tiempos en que las autoridades de la ciudad se sentaban en semicírulo para juzgar a los desdichados rufianes que comparecían ante ellos. Del Ring sale la calle Burggasse, donde se hallan el Ayuntamiento, adornado con gabletes escalonados, el teatro y varias casas con postigos. El casco antiguo también acoge varias fuentes doradas, incluida la fuente de la Justicia (1744).

★ **Sankt Petersinsel** ISLA

(isla de San Pedro) El filósofo Jean-Jacques Rousseau afirmó haber pasado la temporada más feliz de su vida en esta bonita isla en medio del lago de Biel, unida a tierra firme por un largo promontorio natural. Se puede

Biel-Bienne

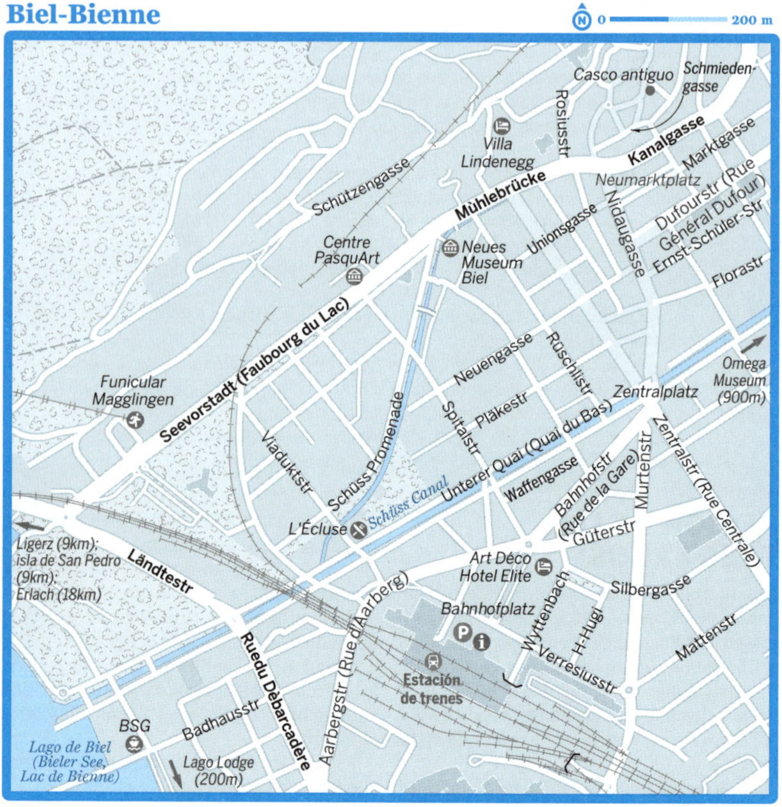

caminar por él desde el pueblo de Erlach o tomar un barco.

Neues Museum Biel MUSEO
(NMB; ☎032 328 70 30; www.nmbiel.ch; Schüss promenade 24-28; adultos/niños 10 CHF/gratis; ⏲11.00-17.00 ma-do) GRATIS Acoge una extensa y fascinante colección de exposiciones de arte, historia y arqueología procedentes de Biel y otros. Destaca la sección de la historia de la relojería en Biel y los apartamentos reconstruidos del s. XIX de la benefactora del museo, Dora Neuhaus.

Centre PasquArt MUSEO
(☎032 322 55 86; www.pasquart.ch; Seevorstadt 71-73; adultos/niños 11 CHF/gratis; ⏲14.00-18.00 mi-vi, 11.00-18.00 sa y do) Instalado en un moderno edificio adosado a un grandioso hospital de 1886, programa fascinantes exposiciones de arte contemporáneo que ponen el acento en la fotografía y el cine.

Omega Museum MUSEO
(☎032 343 91 31; www.omegamuseum.com; Stämpflistrasse 96; ⏲10.00-18.00 ma-vi, 11.00-17.00 sa) GRATIS Un museo bien organizado para aficionados a los relojes; organiza circuitos en inglés a demanda.

Actividades

★Seilbahn Magglingen FUNICULAR
(funicular Magglingen; www.vb-tpb.ch; Seevorstadt; adultos/niños 7/3,70 CHF) Fuera de la ciudad, el funicular asciende a la colina de Magglingen, con senderos y vistas panorámicas. La oficina de turismo dispone de folletos con itinerarios.

Dónde dormir y comer

★Villa Lindenegg PENSIÓN €€
(☎032 322 94 66; www.lindenegg.ch; Lindenegg 5; i/d desde 100/160 CHF; P ☎) A escasos minutos del centro, esta magnífica mansión del s. XIX con jardín ofrece elegancia y servicio personal a un precio muy asequible. Sus

ocho habitaciones combinan lo moderno con lo histórico, algunas tienen balcón y hay un acogedor bistró para cenar o tomar un aperitivo al atardecer.

★**Art Déco Hotel Elite** HOTEL-BOUTIQUE €€
(☎032 328 77 77; www.elite-biel.com; Bahnhofstrasse 14; i/d desde 180/220 CHF; ❄📶) Este bonito y céntrico hotel *art déco* es un icono de Biel desde su construcción. Tras una esmerada restauración en el 2016, el establecimiento ofrece habitaciones amplias y maravillosamente decoradas que hacen honor al estilo tradicional del edificio a la vez que le dan un toque de modernidad.

★**L'Écluse** INTERNACIONAL €€
(☎032 322 18 40; www.restaurant-lecluse.ch; Schüsspromenade 14d; principales 27-60 CHF; ⏲10.00-23.30 ma-sa) En un espacio verde entre dos canales, esta antigua fábrica de relojes con columnas de hierro acoge uno de los restaurantes más encantadores de Biel-Bienne. Platos de carne, marisco y pasta acompañados de verduras frescas y excelentes *pommes frites*. Las noches de verano se recomienda la terraza, cubierta de árboles y lámparas de globo, inundada de conversaciones multilingües.

Información

La **oficina de turismo Biel Seeland** (☎032 329 84 84; www.biel-seeland.ch; Bahnhofplatz 12; ⏲8.00-18.00 lu-mi y vi, hasta 19.00 ju, 9.00-16.00 sa) está justo fuera de la estación de tren.

Cómo llegar y salir

Hay trenes a Berna (15,60 CHF, 25-35 min), Solothurn (11,40 CHF, 15-30 min) y Neuchâtel (12,60 CHF, 15-30 min).

BSG (☎032 329 88 11; www.bielersee.ch; Badhausstrasse 1a, Biel-Bienne) opera ferris en los lagos y entre ellos varios cruceros temáticos, incluidos barcos por el río Aare hasta Solothurn (ida/ida y vuelta 61/122 CHF, 2¾ h).

Los cercanos lagos de Neuchâtel y de Morat (lago de Murten) están conectados al lago de Biel por un canal y **Navigation Lacs de Neuchâtel et Morat** (☎032 729 96 00; www.navig.ch), en Neuchâtel, gestiona ferris desde Biel a ambos lagos.

Ligerz

522 HAB.

Los exuberantes viñedos que descienden por la ladera hacia la orilla norte del lago de Biel son espectaculares y esta pintoresca aldea junto al agua es el lugar idóneo para gozar de esta opulencia vitícola, sobre todo cuando se muestran en todo su esplendor antes de la vendimia. En días despejados las estampas de los viñedos y el lago de Biel con los Alpes berneses nevados al fondo, que parecen estar al alcance de la mano, son impresionantes.

Puntos de interés y actividades

★**Museo del vino de Ligerz** MUSEO
(Rebbaumuseum am Bielersee 'Hof'; ☎032 315 21 32; www.rebbaumuseum.ch; Bielstrasse 66, La Neuveville; adultos/niños 6 CHF/gratis; ⏲13.30-17.00 sa y do may-oct; P) Ofrece un circuito guiado por el pequeño museo y la encantadora casa de un noble del s. XVI que ocupa para conocer todo sobre los vinos de la región del lago de Biel. El circuito se inicia con un mínimo de 10 personas, por lo que hay que telefonear para reservar antes. Es conveniente tener conocimientos de francés o alemán, aunque no imprescindible. Pese a ofrecer catas, es más un circuito por un museo que por una bodega.

Vinothek Viniterra Bielersee VINO
(☎032 315 77 47; www.vinothek-viniterra-bielersee.ch; Im Moos 4, Twann-Tüscherz; ⏲17.00-21.00 ma-vi, 14.00-20.00 sa, 14.00-19.00 do) Para probar y comprar más de 300 vinos añejos elaborados por los viticultores locales en esta popular bodega en Twann-Tüscherz, 2 km al norte de Ligerz.

Vinifuni Funicular FUNICULAR
(☎032 315 12 24; www.vinifuni.ch; adultos ida 6 CHF) El funicular asciende por las viñas durante 6 min, desde la germanoparlante Ligerz a la francófona Prêles, en lo alto de la colina, con senderos y vistas maravillosas de los viñedos y el lago de Biel hasta los Alpes. Pedir mapas locales de los senderos en la estación.

Dónde dormir y comer

★**Hotel Kreuz** HOTEL €€
(☎032 315 11 15; www.kreuz-ligerz.ch; Hauptstrasse 17; i/d desde 130/195 CHF; P📶) En una antigua casa aristocrática con postigos pintados, espíritu renacentista y un jardín en la orilla, donde es posible zambullirse. En el bar del jardín sirven vino de cosecha propia y se ven las viñas en la ladera.

Restaurant Aux Trois Amis SUIZA €€
(☎032 315 11 44; www.aux3amis.ch; Untergasse 17; principales 28-54 CHF; ⏲11.00-23.00 lu, ma y ju-sa, hasta 20.00 do) Típico bistró rural con una fachada centenaria cubierta de hiedra. El lugar

cobra vida en verano y su terraza arbolada se llena de visitantes que comen, beben y contemplan los viñedos, a escasos centímetros, y las aguas azul grisáceo que rodean la isla de San Pedro.

Cómo llegar y salir

Hay trenes regulares entre Ligerz y Neuchâtel (17,60 CHF, 20 min) y Biel-Bienne (7 CHF, 15 min).

Murten

6024 HAB. / ALT. 450 M

En la costa oriental del lago de Murten (lago de Morat), Murten, de habla alemana, es un rincón único y encantador. Su nombre deriva del término celta *moriduno,* que significa "fortaleza sobre el lago" y eso es exactamente el casco antiguo de esta pequeña población.

En mayo de 1476 el duque de Borgoña Carlos el Temerario salió de Lausana para asediar Murten, pero 8000 de sus hombres perecieron masacrados o ahogados en el lago durante la batalla de Murten. Se puede admirar nadando. Hoy Murten es un popular destino de vacaciones y centro artístico. La ciudad acoge el singular y encantador Festival de la Luz.

Varios canales comunican el lago de Murten con el lago de Neuchâtel (al oeste) y el lago de Biel (al norte), que forman el trío lacustre de la región de los Tres Lagos, en la cual es posible viajar en barco, piragua o kayak desde Murten hasta Biel-Bienne.

Puntos de interés

Casco antiguo ZONA

Murten es un pueblecito de tres calles adoquinadas y casas porticadas. Rathausgasse concentra varios hoteles con restaurante y un castillo del s. XIII (cerrado al público). En Hauptgasse predominan tiendas y restaurantes, que termina en la puerta medieval de Berntor, en su extremo oriental. La paralela Deutsche Kirchgasse y su prolongación por el oeste, Schulgasse, bordean la **Ringmauer** (escaleras de la muralla).

Papiliorama MUSEO

(031 756 04 60; www.papiliorama.ch; Moosmatte 1, Kerzers; adultos/niños 18/9 CHF; 9.00-18.00 abr-oct, 10.00-17.00 nov-mar) Las mariposas tropicales revolotean junto a los colibríes y otras aves exóticas 11 km al noreste de Murten en el Papiliorama. Mariposas autóctonas aletean en el jardín de mariposas suizo, las tarántulas se arrastran por el Arthropodarium, criaturas nocturnas de Hispanoamércia se esconden en Nocturama y en el Jungle Trek, recreación de una reserva natural de Belice con manglares, selva tropical y un puente panorámico a 7 m del suelo, los exploradores intrépidos inspeccionan la jungla. Papiliorama está a 80 m de la estación de tren de Kerzers y enlaza con Murten en tren (4,60 CHF, 9 min).

Fiestas y celebraciones

★ Festival de la Luz de Murten ESPECTÁCULO DE LUCES

(Murten Licht Festival; www.murtenlichtfestival.ch; ene) Tras el enorme éxito en su primer año (2016), con una asistencia de 80 000 personas, el singular festival de invierno de Murten ofrece durante 10 días todo tipo de instalaciones y proyecciones y se ha ganado un lugar en el circuito del arte y la cultura del país. Se recomienda consultar la web para entender lo impresionante que resulta la fantástica y masiva iluminación de esta hermosa población medieval.

Dónde dormir y comer

Hotel Murtenhof & Krone HOTEL €€

(026 672 90 30; www.murtenhof.ch; Rathausgasse 1-5; i/d desde 124/168 CHF;) En una casa noble del s. XVI, este establecimiento es un lugar espacioso para alojarse. El restaurante de la terraza (principales 26-42 CHF, 11.00-22.00) ofrece fantásticas vistas del lago y cocina tradicional; destacan los filetes de perca y el corégono fera.

★ La Pinte du Vieux Manoir HOTEL-BOUTIQUE €€€

(026 678 61 61; www.vieuxmanoir.ch; Rue de Lausanne 18, Meyrier; i/d desde 290/440 CHF; P) Esta casa normanda de madera, que derrocha lujos sin ningun reparo, es un capricho construido a principios de la década de 1900 a orillas del lago. Para que la declaración de amor llegue a buen fin, hay que pedir la solitaria mesa para dos al final del embarcadero a la luz del ocaso. Sita 1 km al sur de Murten.

Chesery MEDITERRÁNEA €

(026 670 65 77; www.chesery-murten.ch; Rathausgasse 28; principales 18-26 CHF; 11.00-22.00) Este acogedor bar y restaurante combina suculentas *bruschettas* y otros manjares con un impresionante despliegue de *brocante* (artículos usados y antiguos), dispuestos a lo largo de un pasaje cubierto que va de Rathausgasse a Hauptgasse.

MERECE LA PENA

AVENCHES (AVENTICUM)

La fortaleza de Aventicum se construyó en el emplazamiento de la antigua capital de la tribu celta de los helvecios. A finales del s. III los 6 km de muralla no consiguieron frenar los ataques de la tribu germánica de los alamanes y en el s. V el asentamiento había caído en el olvido.

En la ciudad de Avenches, 8 km al sur de Murten, se han excavado numerosas ruinas de **Aventicum,** que forman parte ya de la identidad cultural y del paisaje urbano. Destaca el **anfiteatro romano** (un Coliseo en miniatura), en el extremo norte del casco antiguo medieval. Resulta increíble pensar que al cabo de tantos siglos continúe reuniendo a miles de asistentes a los espectáculos que se celebran a lo largo del año, como el célebre **Festival de Ópera de Avenches** (www.avenchesopera.ch; ago-sep).

Para descubrir la historia local se recomienda visitar el sencillo pero interesante **Römermuseum Avenches** (Museo Romano; www.aventicum.org; Av Jomini, Avenches; adultos/niños 4 CHF/gratis; 10.00-17.00 ma-do may-oct, mi-do nov-abr) y alquilar después unas bicicletas en el excelente hostal **SYHA Avenches** (026 675 27 17; www.youthhostel.ch/avenches; Rue de Lavoir 5; dc 33-37 CHF), donde se puede pasar la noche. Otra alternativa es el **'camping'** (026 675 17 50; www.avenches.ch/camping; Camping Port-Plage; por persona 8,30 CHF; abr-sep) junto al lago.

Hay un tren cada hora desde Murten (5,20 CHF, 20 min), con parada en Avenches.

★ Restaurant des Bains EUROPEA MODERNA €€€

(026 670 23 38; www.desbains-murten.ch; Ryf 35; principales 32-60 CHF; 11.00-23.30 lu-ju, hasta 24.00 vi y sa, hasta 22.00 do) Este informal restaurante en la orilla ofrece gastronomía suiza moderna y posee un prado que desciende hasta el lago de Murten para cenar al aire libre marisco fresco de extracción local con verduras de temporada de las granjas cercanas. En invierno se puede entrar en calor con una fondue de gruyer en el jardín. Al atardecer tiene magia todo el año.

Información

Oficina de turismo de Murten (026 670 51 12; www.regionmurtensee.ch; Französische Kirchgasse 6; 9.00-12.00 y 13.00-18.00 lu-vi, 10.00-12.00 y 13.00-17.00 sa y do)

Cómo llegar y salir

Desde la estación de tren, 300 m al sur de las murallas, hay trenes cada hora a/desde Friburgo (12,40 CHF, 30 min), Berna (14,20 CHF, 35 min) y Neuchâtel (14,20 CHF, 25 min).

Navigation Lacs de Neuchâtel et Morat (p. 93) opera barcos en temporada a/desde Neuchâtel.

Neuchâtel

32 819 HAB.

Acurrucada al pie del macizo del Jura, Neuchâtel es la joya de la corona del lago homónimo, una interesante ciudad medieval junto al lago con una rica historia y un precioso casco antiguo.

Neuchâtel es una base ideal para explorar la región de Friburgo y el Jura, incluida la hermosa Val-de-Travers. El elegante casco antiguo, con una veintena de interesantes galerías, museos y arquitectura de época, se puede recorrer fácilmente a pie, aunque las empinadas colinas obligarán a ejercitar las piernas.

Una variada población estudiantil garantiza que Neuchâtel no solo vive de cara al pasado: la ciudad disfruta de un ambiente jovial y relajado.

Puntos de interés y actividades

★ Musée d'Art et d'Histoire MUSEO

(www.mahn.ch; Esplanade Léopold Robert 1; adultos/niños 8 CHF/gratis, mi gratis; 11.00-18.00 ma-do) Célebre por los tres autómatas con mecanismos de relojería fabricados entre 1764 y 1774 por el relojero Jaquet Droz. "El escritor" se puede programar para que moje su pluma en un tintero y escriba hasta 40 caracteres, mientras que "el músico" toca hasta cinco melodías en un órgano de verdad. "El delineante" es el más sencillo, con un repertorio de seis dibujos. Los androides entran en funcionamiento el primer domingo de cada mes (14.00, 15.00 y 16.00).

Neuchâtel

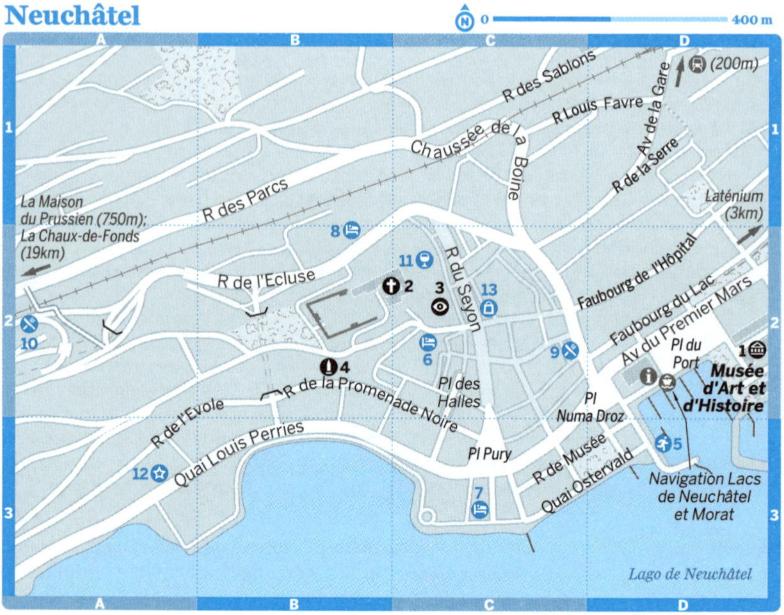

Neuchâtel

Principales puntos de interés
1 Musée d'Art et d'Histoire D2

Puntos de interés
2 Église Collégiale B2
3 Casco antiguo C2
4 Torre de las prisiones B2

Actividades, cursos y circuitos
5 Marine Service Loisirs D3

Dónde dormir
6 Auberg'Inn C2
7 Hôtel Beau Rivage C3
8 Hôtel de l'Ecluse B2

Dónde comer
9 Bistrot du Concert C2
10 Famiglia Leccese A2

Dónde beber y vida nocturna
11 Chauffage Compris C2

Ocio
12 La Case à Chocs A3

De compras
13 Chocolaterie Walder C2

★ **Laténium** MUSEO
(☎032 889 69 17; www.latenium.ch; Espace Paul Vouga, Hauterive; entrada museo adultos/niños 9/4 CHF, gratis 10.00-12.00 1er do de mes; ⏲10.00-17.00 ma-do; P ♿) Este impresionante museo moderno y el parque arqueológico contiguo, 3 km al noreste de Neuchâtel junto al lago en Hauterive, es el mayor de su especie en Suiza. Propone un interesante viaje al pasado, desde la prehistoria local al Renacimiento. Su colección permanente explora la evolución humana en Europa desde los neandertales hasta la época moderna y ocupa ocho salas o espacios repletos de objetos, esqueletos humanos, maquetas e instalaciones interactivas educativas.

Casco antiguo ZONA
Las calles del casco antiguo están repletas de mansiones del s. XVIII y fuentes decorativas. Si se sube la colina por la Rue du Château, a través de la puerta medieval de la ciudad se llega a la **torre de las Prisiones** (Tour des Prisons; Rue Jehanne de Hochberg 5; 2 CHF; ⏲8.00-18.00 abr-sep). Desde lo alto hay vistas de la ciudad, el lago y el entorno alpino. El interior de la **Église Collégiale** es principalmente gótico,

aunque combina algunos elementos románicos (como el triple ábside).

Mt Chaumont MONTAÑA

Para gozar de panorámicas de los tres lagos y los Alpes desde el monte Chaumont (1160 m) hay que tomar el autobús nº 7 de Neuchâtel a La Coudre y después el **funicular** (www.transn.ch; adultos/niños 4,20/2,20 CHF) que en 12 minutos asciende a la cumbre.

Marine Service Loisirs DEPORTES ACUÁTICOS

(☎032 724 61 82; www.msloisirs.ch; Port de la Ville; ⏰abr-oct) En verano la actividad lúdica del puerto se dispara: alquiler de lanchas motoras, patines y *buggies* a pedales para 2-4 personas permiten surcar las aguas del lago.

Dónde dormir

Auberg'Inn PENSIÓN €€

(☎032 721 44 20; www.auberginn.ch; Rue Fleury 1; i/d desde 120/180 CHF; 📶) Sita junto a una fuente con un caballero, esta prometedora pensión ofrece cinco habitacione de diseño en los pisos superiores (sin ascensor), en una casa tardorrenacentista. La recepción está en la parte posterior, en el Café du Cerf.

Hôtel de l'Ecluse HOTEL €€

(☎032 729 93 10; www.hoteldelecluse.ch; Rue de l'Ecluse 24; i/d desde 150/200 CHF; 📶) La entrada a esta casa con postigos azules de madera se halla en la Rue de l'Ecluse. Habitaciones modernas con cocina americana y patio posterior empedrado para respirar aire fresco. Las tarifas del fin de semana son más económicas, y sin desayuno se ahorran 15 CHF.

★ **Hôtel Beau Rivage** HOTEL-BOUTIQUE €€€

(☎032 723 15 15; www.beau-rivage-hotel.ch; Esplanade du Mont Blanc 1; i/d desde 340/410 CHF; P❄@🏊) Sobre el lago y unos jardines con estatuas, este majestuoso hotel posee la magia de las cinco estrellas: *spa*, bar en la galería y maravillas culinarias en el restaurante.

Dónde comer y beber

★ **Famiglia Leccese** ITALIANA €

(☎032 724 41 10; www.famiglia-leccese-ne.ch; Rue de l'Ecluse 49; principales 16-28 CHF; ⏰19.00-23.00 ma-sa, 12.00-14.00 do) No hay otro trocito de Italia –o, para ser más precisos, de la sureña Lecce– fuera del país tan auténtico como este local italiano sencillo, acogedor, brillante y *bellissimo*. Está un poco apartado: hay que buscar las lucecitas de colores detrás de Claude Cordey Motos.

★ **Bistrot du Concert** BISTRÓ €€

(☎032 724 62 16; www.bistrotduconcert.ch; Rue de l'Hôtel de Ville 4; principales 20-29 CHF; ⏰8.00-24.00 lu-ju, hasta 1.00 vi y sa) Una apuesta sólida para todas las ocasiones (y seguramente el más popular de la ciudad), este carismático bar de estilo industrial posee un espíritu vibrante, una barra de cinc antigua, una terraza en la acera hasta los topes y una sabrosa carta escrita en la pizarra.

★ **La Maison du Prussien** GASTRONOMÍA €€€

(☎032 730 54 54; www.hotel-prussien.ch; Rue des Tunnels 11; menús cena bistró 58 CHF, restaurante 125-175 CHF; ⏰11.30-14.00 lu-vi, 18.30-24.00 lu-sa) Este restaurante de hotel está rodeado de bosques y arrullado por el impetuoso borboteo de un arroyo cercano. Comer aquí es un acontecimiento, ya sea en el informal bistró o en el restaurante de alta cocina. Al frente de ambos está el chef Jean-Yves Drevet, cuyas presentaciones gastronómicas se ajustan a la temporada.

Chauffage Compris BAR DE VINOS

(☎032 721 43 96; www.chauffagecompris.ch; Rue des Moulins 37; ⏰11.00-1.00 lu-ju, hasta 2.00 vi y sa) Pese a su nombre ("calefacción incluida"), este bar *retro* con una decorativa entrada de azulejos, es un lugar ideal para un café matinal, un aperitivo al atardecer, una copa de noche o un tentempié.

Ocio

La Case à Chocs CLUB

(☎032 544 35 84; www.case-a-chocs.ch; Quai Philippe Godet 20; ⏰22.00-4.00 vi-do) Una sala alternativa en una cervecería reconvertida con música en vivo, DJ y un ambiente abierto y vital.

De compras

★ **Chocolaterie Walder** CHOCOLATE

(☎032 725 20 49; www.walder-confiserie.ch; Grand-Rue 1; ⏰7.30-18.30 ma-vi, 7.00-17.00 sa) Fundada en 1919, la tercera generación de chocolateros ofrece docenas de creaciones distintas, como *les éclats* (9,80 CHF/100 g), unas tabletas de chocolate negro o con leche con semillas de calabaza caramelizadas o avellanas tostadas, o sabores insólitos como cilantro, limoncillo y eneldo, azafrán, canela o absenta.

Información

La **oficina de turismo de Neuchâtel** (☎032 889 68 90; www.neuchateltourism.ch; Place du Port 2; ⏰9.00-12.00 y 13.30-17.30 lu-vi, 9.00-

12.00 sa) se halla junto a la orilla en la Place de Port. Vale la pena hacerse con el folleto gratis *Neuchâtel on foot*, con itinerarios a pie.

Cómo llegar y desplazarse

BICICLETA

En los meses cálidos se puede alquilar una bicicleta (gratis las primeras 4 h) en el quiosco estacional del puerto, gestionado por **Neuchâtel Roule** (www.neuchatelroule.ch; Esplanade Léopold Robert; ⏲7.30-21.30 abr-sep).

BARCO

De finales de abril a mediados de octubre, Navigation Lacs de Neuchâtel et Morat (p. 93) opera servicios regulares de ferris a/desde Estavayer-le-Lac (20 CHF, 1¾ h), Yverdon-les-Bains (20 CHF, 2½ h), Murten (25 CHF, 1¾ h) y Biel-Bienne (30 CHF, 2½ h).

Los billetes se compran a bordo; las tarifas de ida y vuelta son el doble que las de solo ida.

TREN

La estación de Neuchâtel está en Av de la Gare, a 10 min a pie al noreste del casco antiguo o a 2 min en el autobús nº 6 (a la Place Pury).

Hay trenes frecuentes que comunican con Ginebra (42 CHF, 1¼ h), Berna (20,40 CHF, 30 min) y Biel-Bienne (13,20 CHF, 15 min).

Yverdon-les-Bains

29 400 HAB. / ALT. 437 M

Los romanos fueron los primeros en descubrir las propiedades curativas de sus aguas termales y desde entonces siempre ha habido baños. La ciudad tiene un bonito casco antiguo y un castillo que se remonta al s. XIII. El lago de Neuchâtel y la playa urbana se sitúan a un agradable paseo de 2 km.

Aunque se conservan algunos resorts de lujo, los baños termales centrales están anticuados. Aun así, la zona ofrece numerosas atracciones para entretener al visitante.

Puntos de interés y actividades

Plage d'Yverdon-les-Bains PLAYA

La playa de Yverdon es maravillosa para bañarse y tomar el sol durante los meses cálidos.

Centre Thermal SPA

(☎024 423 02 32; www.cty.ch; Av des Bains 22; 3 h billete adultos/niños 19/11,50 CHF; ⏲8.00-22.00 lu-sa, hasta 20.00 do) No hay que tener un motivo concreto para adormecerse en las cálidas piscinas interiores y exteriores (a 28-34°C) de estos baños, cuyas aguas provienen de un manantial termal de 14 000 años de antigüedad que brota a 500 m de profundidad. Cuando el agua llega a la superficie ha absorbido todo tipo de propiedades saludables de las capas de roca que atraviesa, y están especialmente indicadas para el reumatismo y las dolencias respiratorias.

Información

La **oficina de turismo** de Yverdon-les-Bain's (☎024 423 61 01; www.yverdonlesbainsregion.ch; Av de la Gare 2; ⏲9.00-18.00 lu-vi, 9.30-15.30 sa y do) está junto a la estación de tren.

Cómo llegar y salir

Hay trenes regulares a/desde Lausana (18,60 CHF, 30 min), Neuchâtel (15,40 CHF, 20 min) y Estavayer-le-Lac (11,20 CHF, 15 min).

MACIZO DEL JURA

Bienvenidos al no tan salvaje oeste de Suiza, donde hay muchas vacas, pocos vaqueros y seguramente jamás se ha disparado un arma. Aquí arriba se respira mucha paz. Esta región periférica de montañas bajas, poco conocida por los turistas, tiene fama en el país de ser un lugar agradable para visitar, pero no para vivir. Por ello el Jura suele ser injustamente ignorado, lo cual acrecenta su atractivo.

Para los aficionados a los paseos por somnolientas aldeas medievales por donde no pasan los autocares, las caminatas por verdes campos ondulados y los senderos por antiguos bosques hasta afloramientos rocosos sobre los tres lagos con los Alpes al fondo, el Jura es el destino ideal.

Lo más interesante incluye los pueblos de Porrentruy y St Ursanne; la Val de Travers, cuna del hada verde de la absenta; y el ineludible Creux du Van.

La Chaux-de-Fonds

37 582 HAB. / ALT. 1018 M

La ciudad más grande del Jura y la que está a mayor altitud del país es una bonita cuadrícula de calles empinadas que, junto con la cercana Le Locle, de menor tamaño, fue designada Patrimonio Mundial en el 2009 por su valor histórico como centro de la industria relojera de precisión. Muchos de los mejores fabricantes de relojes suizos trabajan aquí.

La Chaux también es ciudad natal del gran arquitecto moderno Le Corbusier (1887-1965), pieza clave del movimiento Bauhaus alemán

MERECE LA PENA

EXCURSIONES DESDE YVERDON-LES-BAINS

Carlos el Temerario y Greta Garbo

La imponente fortaleza del **Château de Grandson** (www.chateau-grandson.ch; Place du Château; adultos/niños 12/5 CHF; ⌚8.00-18.00 abr-oct, hasta 17.00 nov-mar) se yergue junto al lago, a 5 km de Yverdon. Sus gruesas murallas de piedra encierran varios pequeños museos. El de historia evoca el destino de Carlos el Temerario, quien, en su lucha contra los confederados suizos en 1476, encontró a varios de sus soldados borgoñeses colgados de los manzanos del huerto del castillo. En el museo de automóviles destaca el Rolls Royce blanco de Greta Garbo.

Música entre montañas

En Sainte-Croix, en lo alto del macizo del Jura, 20 km al noroeste de Yverdon, se fabrican cajas de música desde mediados del s. XIX. El **Centre International de la Mécanique d'Art** (CIMA; www.musees.ch; Rue de l'Industrie 2, Sainte-Croix; adultos/niños 18/12 CHF; ⌚1¼h circuito guiado 14.00 y 15.30 ma-do may-oct, más 10.30 jul-sep, 15.00 ma-vi, 14.00 y 15.30 sa y do nov-abr) documenta el arte de su construcción. El mecanismo consiste en un cilindro con púas que, al rotar, hace vibrar las lengüetas de metal que producen la melodía.

Dioses romanos y domingos románicos

El domingo es el día ideal para un viaje por carretera hasta Orbe (donde, en 1938, se inventó el Nescafé) para visitar los **Mosaïques Romaines d'Orbe-Boscéaz** (Boscéaz; adultos/niños 6/5 CHF; ⌚10.00-18.00 sa y do jun-sep), una serie de pabellones donde se exhiben los espectaculares mosaicos de una villa galo-romana del s. III. Siguiendo 8 km rumbo al suroeste se llega a la pequeña población de Romainmôtier, donde destaca la **Abbatiale de Romainmôtier** (www.concerts-romainmotier.ch; ⌚7.00-20.00), una abadía cluniacense cuya iglesia de arenisca se remonta al s. VI.

La vida en el ejército suizo

En el **Fort de Pre-Giroud 39-45** (www.pre-giroud.ch; adultos/niños 15/7 CHF; ⌚11.15-17.30 mi-do jul y ago, 11.45-17.00 sa y do med may-jun y sep-med oct), 31 km al suroeste de Yverdon-les-Bains, lo que parece ser un típico chalé suizo es la fachada de un búnker subterráneo del ejército en el que se movilizaron tropas durante la II Guerra Mundial. Gracias al museo y a las visitas guiadas es posible hacerse una idea de la vida de los soldados durante una guerra en la que Suiza se mantuvo relativamente al margen. Hay que llevar ropa de abrigo y calzado adecuado, pues el interior es muy frío.

Ranas embalsamadas y murallas medievales

A orillas del lago de Neuchâtel, 20 km al noreste de Yverdon-les-Bains, está **Estavayer-le-Lac**, con un conjunto medieval y murallas fortificadas, las únicas completamente accesibles de Suiza. Se puede pasear por el laberinto de calles y tiendas del centro amurallado y visitar el extraño **Musée des Grenouilles** (www.museedesgrenouilles.ch; Rue du Musée 13, Estavayer-le-Lac), con una colección de ranas embalsamadas que reproducen escenas cotidianas del s. XIX. Si hace sol, es posible bañarse en el lago.

(y más tarde mundial). Varios de los primeros edificios pre-Bauhaus se conservan aquí. La ciudad posee también una extensa colección de interesante arquitectura *art nouveau* (no diseñada por Le Corbusier).

Puntos de interés y actividades

★ Musée de l'Horlogerie du Locle MUSEO
(Museo de la Relojería; ☎032 933 89 80; www.mhl-monts.ch; Rte des Monts 65, Le Locle; adultos/niños 10/5 CHF; ⌚10.00-17.00 ma-do may-oct, 14.00-17.00 ma-do nov-abr; Ⓟ) En Le Locle, 8 km al oeste de La Chaux-de-Fonds, este museo alberga majestuosas habitaciones del s. XVIII con todo tipo de relojes. La casa solariega, Château des Monts, fue construida para un relojero sobre una colina a 3 km del centro.

★ Vue-des-Alpes MONTAÑA
(Ⓟ) 8 km al sur de La Chaux-de-Fonds, junto a la Rte N20, Vue-des-Alpes (1283 m) es un

popular puerto de montaña por sus dos pistas circulares para bicis de montaña (de 7,3 y 11 km) y la pista de luge **Toboggan Géant** (☎079 349 51 78; www.toboggans.ch; Fontaines; adultos/niños 4/3 CHF, tres descensos 11/8 CHF; ⏲13.00-18.00 lu-vi, 10.00-18.00 sa y do; 👪) (de 700 m). En invierno los habitantes montan en trineo, caminan con raquetas de nieve y esquían por las suaves laderas (hay tres remontes de arrastre) o por los 53 km de pistas de esquí de fondo. Ofrece panorámicas increíbles de los Alpes sobre los tres lagos durante todo el año.

★Saut du Doubs CASCADA

(Le Saut-du-Doubs 227, Les Brenets; 👪) El río Doubs, que forma parte de la frontera franco-suiza, se ensancha en la plácida localidad de Les Brenets, 15 km al suroeste de La Chaux-de-Fonds. Se tarda poco más de 1 h a pie desde el pueblo junto al Lac des Brenets hasta el Saut du Doubs (no se puede acceder en coche), la espléndida cascada originada por la caída del río desde una altura de 27 m que forma una piscina natural. Además se puede acceder en barco con **Navigation sur le Lac des Brenets** (☎032 932 04 14; www.nlb.ch; Les Brenets; ida adultos/niños 15/8 CHF).

La Maison Blanche EDIFICIO RELEVANTE

(La Casa Blanca; ☎032 910 90 30; www.maisonblanche.ch; Chemin de Pouillerel 12; adultos/niños 10/7 CHF; ⏲10.00-17.00 vi-do; 🅿) Esta casa neoclásica con fachada blanca y tejado reluciente se considera el primer trabajo independiente de Le Corbusier y una ruptura notable respecto al *art nouveau* regional. Arquitectónicamente distinta de su obra posterior, permaneció abandonada en un frondoso barrio sobre una colina en La Chaux hasta el 2004, cuando este tesoro de la arquitectura moderna fue recuperado y renovado (con algunos de los muebles originales).

★Train à Vapeur Franches Montagnes FERROCARRIL

(Tren de Vapor en Franches Montagnes; ☎032 952 42 90; www.les-cj.ch; adultos/niños desde 38/22 CHF) De junio a septiembre la compañía ferroviaria local **Chemins de fer du Jura** opera hasta 12 circuitos temáticos en tren de vapor desde La Chaux-de-Fonds a Saignelégier y Glovelier.

Dónde comer

★Georges Wenger GASTRONOMÍA €€€

(☎032 957 66 33; www.georges-wenger.ch; Rue de la Gare 2, Le Noirmont; menú degustacións por persona 94-250 CHF, principales 69-74 CHF; 🅿❄📶🍷) 🌿 Merece la pena desplazarse 19 km desde La Chaux-de-Fonds para disfrutar de la excelencia culinaria del chef Georges Wenger, galardonado con dos estrellas Michelin, frente a la estación de Le Noirmont. Desde 1981 el experto equipo transforma ingredientes de temporada de productores locales de confianza en delicados platos de presentación impecable que reflejan la riqueza gastronómica de la región.

ℹ Información

En la **oficina de turismo de Jura** (☎032 889 68 95; www.chaux-de-fonds.ch; Place Le Corbusier, Espacité 1; ⏲9.00-18.30 lu-vi, 10.00-16.00 sa jul y ago, horario reducido resto del año) facilitan un panfleto sobre Le Corbusier para un itinerario urbano autoguiado que recorre sus obras.

ℹ Cómo llegar y salir

Hay trenes cada media hora de Neuchâtel a La Chaux-de-Fonds (10,40 CHF, 30 min).

Porrentruy

6637 HAB. / ALT. 425 M

La bonita Porrentruy es casi la ciudad más septentrional del macizo del Jura. Solo la pequeña Boncourt está 12 km más al norte y de ahí la frontera está a 3 km hasta la localidad francesa de Delle.

La calle principal, Grand Rue, está bordeada de edificios antiguos, con el imponente **Château de Porrentruy** (Chemin du Château; 🅿), del s. XIII, al fondo, donde sobresale la Tour de Réfous (44 m). Hoy el castillo está ocupado por despachos y no se puede visitar, pero se puede recorrer libremente el patio interior.

El **Musée de l'Hôtel Dieu** (☎032 466 72 72; www.museehoteldieu.ch; Grand Rue 5; adultos/niños 6/4 CHF; ⏲14.00-17.00 ma-do Semana Santa-med nov), antiguo hospital de la localidad, exhibe desde libros y relojes hasta objetos farmacéuticos y vale la pena visitarlo por su maravilloso edificio barroco con un patio empedrado, donde se halla la **oficina de turismo** (☎032 466 59 59; www.porrentruy.ch; Grand Rue 5; ⏲9.00-12.00 lu-sa y 14.00-17.30 lu-vi).

El **Auberge du Mouton** (☎032 535 83 57; www.dumouton.ch; Rue du Cygne 1; i/d/ste desde 110/130/150 CHF), de 1715, es un agradable rincón para alojarse en el corazón del casco antiguo.

ℹ Cómo llegar y salir

Hay trenes regionales regulares que comunican Porrentruy con St Ursanne (5,20 CHF, 10 min) y

MERECE LA PENA

ST URSANNE

El pueblo medieval de St Ursanne, junto al río, es uno de los más encantadores del Jura. Ya en el s. VII había un centro de culto en el emplazamiento de la actual **Église Collégiale** (s. XII), una gran iglesia gótica con un espléndido portal románico en el lado sur y una enigmática cripta.

Bajando desde la iglesia hasta el río Doubs se ven casas antiguas, las puertas de la ciudad del s. XVI, un puente de piedra y varios restaurantes en Place Roger Schaffter, la diminuta plaza central. En el **Hôtel de la Demi Lune** (☎032 461 35 31; www.demi-lune.ch; Rue Basse 2; principales 22-45 CHF), que cuenta con 10 habitaciones y una terraza junto al río, sirven unas deliciosas *tartes flambées* de manzana, finas y crujientes.

En **Jura Tourisme** (☎032 420 47 73; Place Roger Schaffter; ⏲10.00-12.00 y 14.00-17.00 lu-vi, 10.00-16.00 sa y do) ofrecen información sobre senderismo, kayak y piragüismo. La estación de tren, sita en la parte alta del pueblo, ofrece frecuentes trenes directos a Porrentruy (5,20 CHF, 10 min).

Delémont (11,40 CHF, 30 min) y prosiguen hasta Biel-Bienne (28 CHF, 1 h).

Desde Porrentruy se tardan 30 min en automóvil hasta la frontera francesa, donde se puede tomar un TGV desde Belfort-Montbéliard para llegar a París (desde 61 CHF, 2½ h).

Val de Travers

Pasear por los bosques de la Val de Travers (tras consumir el poderoso licor verde de las destilerías locales, o no) permite descubrir por qué se ha llamado a esta zona Pays des Fées (País de las Hadas). Cuando el sol brilla en la superficie de un arroyo o se cuela entre las hojas del dosel arbóreo, casi se puede ver bailar a las hadas. Hoy el valle está surcado por numerosos senderos para caminar, aunque también se puede recorrer en bicicleta, ya que el terreno es relativamente llano y con soberbias vistas. Si el tiempo lo permite, se recomienda visitar los principales municipios de la zona: la fabulosa Fleurier (el más grande de los dos) o la mágica Môtiers, con un bonito castillo, destilerías y unas cuantas galerías y café-bares con absenta en la carta (incluso en suflé).

Puntos de interés

★Creux du Van ACCIDENTE NATURAL

(www.creuxduvan.com; Couvet) 14 km al este de Môtiers, un corto paseo conduce a la enorme sima conocida como la Creux du Van (hueco de roca) –*van* es un vocablo celta que significa "roca"–. Originado por la erosión glacial, el espectacular muro en forma de luna creciente interrumpe la campiña verde abruptamente, como un enorme golfo de 1 km de longitud y 440 m de profundidad. El vasto cañón aparece de pronto a la vista de forma alucinante.

★Maison de l'Absinthe MUSEO

(☎032 860 10 00; www.maison-absinthe.ch; Grande Rue 10, Môtiers; adultos/niños 10/8 CHF; ⏲10.00-18.00 ma-sa, hasta 17.00 do) Para conocer todo sobre la absenta (y probarla después en el bar), este elegante museo documenta la historia de este potente licor (que según algunos tiene propiedades alucinógenas), su influencia en algunos artistas y escritores revolucionarios del s. XVIII y su prohibición en el mundo.

Dónde dormir

★Ecohotel L'Aubier ESTANCIA EN GRANJA €€

(☎032 732 22 11; www.aubier.ch; Les Murailles 5, Rochefort; i/d desde 140/180 CHF; P 🛜) Este relajante y ecológico hotel está instalado en una granja biodinámica de Montezillion, una aldea 8 km al suroeste de Neuchâtel. Las habitaciones, luminosas y contemporáneas, dan a los prados donde pastan las vacas, cuya leche se mezcla con zanahoria para elaborar el queso de zanahoria.

Información

La **oficina de turismo** (☎032 886 43 00; www.val-de-travers.ch; Place de la Gare 1, Noiraigue; ⏲8.00-18.00) de la Val de Travers se halla en Noiraigue.

Cómo llegar y salir

Hay trenes locales desde Neuchâtel hasta la Val de Travers. Las paradas de interés son Môtiers (8,20 CHF, 40 min) y Fleurier (8,40 CHF, 45 min).

Es buena idea disponer de vehículo propio (de dos o cuatro ruedas) para explorar los encantos más remotos de este maravilloso valle y las montañas del Jura.

Mittelland

Incluye »

Los mejores restaurantes

- Terrasse & Casa (p. 109)
- Kornhauskeller (p. 110)
- Cantinetta Bindella (p. 114)
- Landgasthof Sommerhaus (p. 113)

Los mejores alojamientos

- Bellevue Palace (p. 109)
- Hotel Schweizerhof (p. 109)
- Hotel Möschberg (p. 113)
- Holiday Inn Bern West (p. 108)
- SYHA Hostel Solothurn (p. 114)

Por qué ir

En el corazón de esta tierra central se halla Berna, la tranquila ciudad que es capital de Suiza pese a que la mayoría de la gente crea que lo son Ginebra o Zúrich.

Cuando en 1848 hubo que acordar una capital para la turbulenta Confederación Suiza, los políticos optaron por la pequeña "Berna del medio", al ser Ginebra demasiado francesa y Zúrich demasiado alemana. Berna era ideal. Lo sigue siendo: tiene un casco antiguo (s. xv) de cuento, declarado Patrimonio Mundial, con escalonados edificios de piedra, soportales, torres del reloj, calles adoquinadas y aire muy relajado.

Quien logre despegarse de sus muchos atractivos culturales e históricos verá que la campiña circundante es igual de bella, desde los pueblos y granjas de Emmental, donde se hace el queso más suizo, hasta Solothurn, la ciudad barroca más fascinante del país. Habrá que ir con tiempo.

Cuándo ir

- El verano asegura temperaturas templadas-calientes, frecuentes cielos azules y kilómetros de verdes prados salpicados de vacas.
- En otoño el follaje resulta espectacular, y más con las granjas de Emmental de fondo.
- El invierno permite disfrutar de los dos fabulosos mercados navideños de Berna, del vino caliente con especias y de la *treberwurst*, salchicha local de claro toque alcohólico.

Imprescindible

1 **Berner Altstadt** (p. 105) Deambular por el adoquinado casco antiguo de Berna, magníficamente conservado.

2 **Museum für Kommunikation** (p. 106) Recordar en Berna tiempos no tan lejanos cuando los smartphones no regían el mundo.

3 **Historisches Museum Bern** (p. 106) Filosofar sobre la mente de Einstein en este didáctico museo.

4 **Emmentaler Schaukäserei** (p. 112) Darse un atracón de queso y luego ver cómo se elabora (en ese orden) en Emmental.

5 **St Ursen-Kathedrale** (p. 113) Meditar un momento sobre la espiritualidad, sea cual sea nuestra religión, en la impresionante catedral de Solothurn.

6 **Kunstmuseum** (p. 113) Dedicarse a la apreciación del arte en este bien presentado museo de Solothurn.

Berna

141 762 HAB. / ALT. 540 M

Cuesta creer que Berna (Bern en alemán y Berne en francés) sea la capital de Suiza al deambular por su precioso casco antiguo de relajado aire provinciano, declarado Patrimonio Mundial.

El centro, adoquinado y engalanado con banderas, se reconstruyó en arenisca de color gris verdoso tras ser destruido por un incendio en 1405. Es una delicia estética, con 6 km de soportales, bares y tiendas de sótano y fuentes del s. XVI, con personajes salidos del folclore. Las colinas de alrededor ofrecen un panorama cautivador de tejados rojos,

Berna

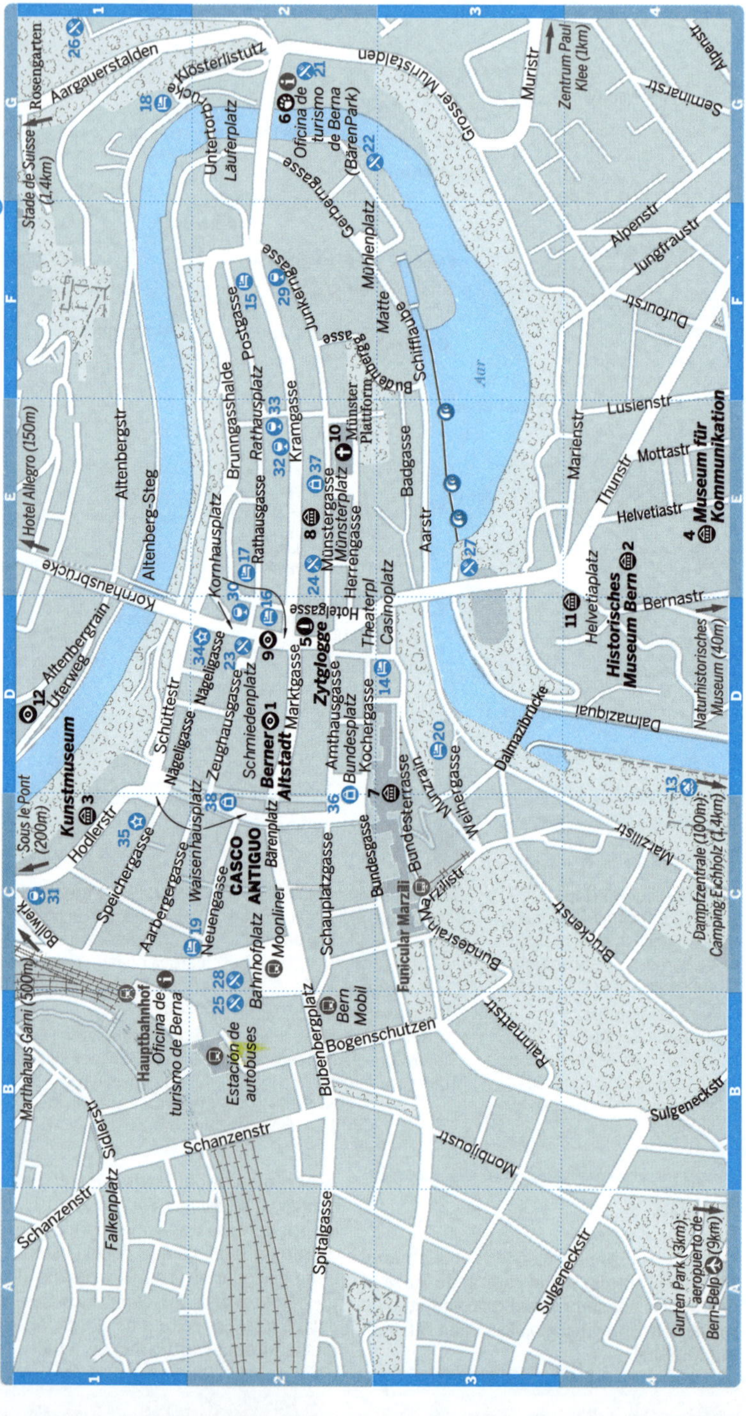
200 m
Stade de Suisse (1,4km)
Rosengarten
Aargauerstalden
Klösterlistutz
Untertorbrücke
Läuferplatz
Oficina de turismo de Berna (BärenPark)
Grosser Muristalden
Muristr
Zentrum Paul Klee (1km)
Alpenstr
Seminarstr
Gerberngasse
Mühlenplatz
Postgasse
Junkerngasse
Matte
Schifflaube
Aar
Brunngasshalde
Rathausplatz
Kramgasse
Badgasse
Münster Plattform
Bubenbergrain
Altenbergstr
Hotel Allegro (150m)
Altenberg-Steg
Kornhausbrücke
Kornhausplatz
Rathausgasse
Münstergasse
Münsterplatz
Herrengasse
Hotelgasse
Theaterpl
Casinoplatz
Aarstr
Lusienstr
Jungfraustr
Dufourstr
Marienstr
Thunstr
Mottastr
Helvetiastr
Museum für Kommunikation
Helvetiaplatz
Historisches Museum Bern
Bernastr
Naturhistorisches Museum (40m)
Altenbergrain
Uferweg
Kunstmuseum
Schüttestr
Nägeligasse
Zeughausgasse
Schmiedenplatz
Berner Altstadt
Marktgasse
Zytglogge
Amthausgasse
Bundesplatz
Kochergasse
Bundesterrasse
Münzrain
Weihergasse
Dalmazibrücke
Dalmaziquai
Marzilistr
Dampfzentrale (100m); Camping Eichholz (1,4km)
Sous le Pont (200m)
Hodlerstr
Speichergasse
Waisenhausplatz
Aarbergergasse
Neuengasse
CASCO ANTIGUO
Bärenplatz
Moonliner
Schauplatzgasse
Bundesgasse
Funicular Marzili
Bundesrain
Brückenstr
Bollwerk
Hauptbahnhof
Oficina de turismo de Berna
Bahnhofplatz
Bern Mobil
Estación de autobuses
Bubenbergplatz
Bogenschutzen
Marthahaus Garni (500m)
Sidlerstr
Schanzenstr
Falkenplatz
Spitalgasse
Monbijoustr
Sulgeneckstr
Gurten Park (3km); aeropuerto de Bern-Belp (9km)

Berna

Principales puntos de interés
1 Berner Altstadt....D2
2 Historisches Museum Bern....E4
3 Kunstmuseum....C1
4 Museum für Kommunikation....E4
5 Zytglogge....D2

Puntos de interés
6 BärenPark....G2
7 Bundeshaus....D3
8 Einstein-Haus Bern....E2
9 Kindlifresserbrunnen....D2
10 Münster....E2
11 Schweizerisches Alpines Museum....D4
12 Jardín Botánico de la Universidad....D1

Actividades, cursos y circuitos
Hammam & Spa....(véase 20)
13 Piscina Marzili....D4

Dónde dormir
14 Bellevue Palace....D3
15 Hotel Belle Epoque....F2
16 Hotel Glocke Backpackers Bern....D2
17 Hotel Goldener Schlüssel....E2
18 Hotel Landhaus....G1
19 Hotel Schweizerhof....C2
20 SYHA Hostel....D3

Dónde comer
21 Altes Tramdepot....G2
22 Cinématte Restaurant....G2
Fugu Nydegg....(véase 15)
23 Kornhauskeller....D2
24 Metzgerstübli....E2
25 Namamen....B2
26 Restaurant Rosengarten....G1
27 Terrasse & Casa....E3
28 Tibits....C2

Dónde beber y vida nocturna
29 Alpin....F2
30 Café des Pyrénées....D2
31 Kapitel Bollwerk....C1
32 Marta....E2
33 Volver....E2

Ocio
Bern Ticket....(véase 34)
Cinématte....(véase 22)
34 Konzerttheater Bern....D2
35 Turnhalle....C1

De compras
36 Berner Wochenmärkte....C2
37 Holz Art....E2
38 Mercado de Berna....C2

ordenados sobre una lengua de tierra en un meandro del río Aar.

En suma, Berna seduce y sorprende a cada paso. Hay excelentes museos y una dinámica oferta de bares y los berneses pasan sin problema de su cadencioso dialecto al correcto francés, alto alemán o inglés, todo lo cual indica que Berna ofrece otras cosas además de burocracia.

Puntos de interés

★ Berner Altstadt — ZONA

(casco antiguo de Berna) El centro medieval de flameantes banderas, reconstruido en arenisca tras devorar el fuego la ciudad de madera en 1405, tiene 6 km de calles porticadas cuyos sótanos albergan bodegas y tiendas. Uno de los focos de atención es la Zytglogge, torre del reloj ante la cual se junta la gente para ver girar sus figuras 4 min antes de dar las campanadas a las horas en punto. De mayo a octubre hay circuitos para ver la maquinaria del reloj en su interior (más información en la oficina de turismo).

Igual de encantadoras son las 11 fuentes ornamentales (1545) con personajes históricos o de fábula. Casi todas se hallan a lo largo de Marktgasse cuando pasa a ser Kramgasse y Gerechtigkeitsgasse, si bien es en Kornhausplatz donde está la más famosa, la Kind-lifresserbrunnen (p. 107) o fuente del ogro comeniños. En la catedral o Münster (s. xv; p. 107) vale la pena subir los 344 escalones de su esbelta torre -la más alta de Suiza- para ver las impresionantes panorámicas del río Aar y los tejados escalonados de la ciudad medieval.

★ Zytglogge — TORRE

(Marktgasse) El monumento más famoso del casco antiguo es esta ornamentada torre con reloj, que antaño formaba parte de la puerta occidental de la ciudad (1191-1256). La gente se reúne para ver cómo giran las figurillas 4 min antes de la hora en punto, tras lo cual suenan las campanadas. De mayo a octubre hay visitas guiadas por el interior para ver el mecanismo; más información en la oficina de turismo. Al parecer, la torre ayudó a Albert Einstein a perfeccionar la teoría de la relatividad, que formuló mientras trabajaba en la oficina de patentes de Berna.

★Museum für Kommunikation MUSEO
(Museo de las Comunicaciones; ☎031 357 55 55; www.mfk.ch; Helvetiastrasse 16; adultos/niños 15/5 CHF; ⏲10.00-17.00 ma-do) Reabrió sus puertas en agosto del 2017 tras una gran renovación y ampliación. En casi 2000 m² de espacio expositivo ofrece punteros montajes interactivos que exploran el cómo y el porqué de las comunicaciones humanas, centrándose en el papel que desempeña la tecnología en las relaciones interpersonales. Estas atractivas muestras de vanguardia se complementan con su fabulosa colección original de ordenadores y teléfonos antiguos.

★Zentrum Paul Klee MUSEO
(☎031 359 01 01; www.zpk.org; Monument im Fruchtland 3; adultos/niños 20/7 CHF; ⏲10.00-17.00 ma-do) El equivalente bernés del Guggenheim es este edificio de audaz arquitectura, obra de Renzo Piano, de formas onduladas y 150 m de longitud. Alberga exposiciones rotatorias de obras de Paul Klee, cuya producción es prodigiosa. Las pantallas interactivas y las audioguías ayudan a interpretar la obra de este artista de origen suizo. Al lado, el divertido **Kindermuseum Creaviva** (☎031 359 01 61; www.creaviva-zpk.org; Monument im Fruchtland 3; ⏲10.00-17.00 ma-do; 👪) GRATIS permite a los niños experimentar con el arte de forma interactiva o crear obras originales los fines de semana con los materiales del taller en el **Five Franc Studio** (www.creaviva-zpk.org/5-franc-studio; Zentrum Paul Klee; 5 CHF; ⏲10.00-16.30 sa y do; 👪). El autobús nº 12 va directo desde Bubenbergplatz hasta el museo.

★Historisches Museum Bern MUSEO
(Museo de Historia Natural de Berna; ☎031 350 77 11; www.bhm.ch; Helvetiaplatz 5; adultos/niños 13/4 CHF, incl. Einstein-Haus Bern 18/8 CHF; ⏲10.00-

BÄRENPARK

Una etimología popular afirma que el nombre de Berna procede de *Bär* (oso en alemán), pues el fundador de la ciudad, Bertoldo V, duque de Zähringen, habría cazado un oso en este lugar. Para congoja de muchos, hasta el 2009 hubo en la ciudad un foso de 3,5 m de hondo donde se apiñaban varios osos. Ese año el Ayuntamiento lo sustituyó por el actual parque ribereño al aire libre de 6000 m², con árboles y terrazas, donde hoy viven tres osos.

El **BärenPark** (parque del Oso; ☎031 357 15 25; www.baerenpark-bern.ch; Grosser Muristalden 6; ⏲9.30-17.00) GRATIS se halla en el extremo este del Nydeggbrücke. Con un poco de suerte se verá a tres osos adultos (Finn, Björk y Ursina) jugar, nadar, comer y hacer sus necesidades en el bosque, casi como si estuvieran en estado salvaje. Por supuesto, en invierno hay menos acción, pues los osos hibernan. Un ascensor inclinado facilita un acceso sin barreras desde la pasarela a orillas del Aar hasta lo alto del empinado recinto.

Los osos y Berna van ligados desde hace siglos: desde 1224 un oso negro figura como animal heráldico en el sello de la ciudad y esta ha tenido osos pardos en *bärengraben* (fosos de osos) desde 1513. Fueron su mayor atracción durante cinco siglos, pero a finales del s. XX activistas como Protección Suiza de los Animales empezaron a condenar las condiciones del último foso de osos que quedaba, en uso desde 1857. Tras las críticas al exiguo recinto de 3,5 m de profundidad, Berna se vio obligada a sopesar la importancia histórica de los osos y su tratamiento humano. Se añadieron al foso nuevos estanques, cuevas y zonas de sombra para mejorar las condiciones de los animales, pero en el 2009 la eutanasia de Pedro (último oso residente en el foso) fue vista como metáfora del histórico bärengraben: su tiempo también se había agotado.

Tras aprobarse la nueva normativa suiza sobre protección de animales en cautividad, empezaron las obras del vasto BärenPark de 6000 km² y 24,5 millones de francos suizos. El nuevo recinto, con piscina y todo, proporciona a Finn, Björk y Ursina un hábitat lo más parecido posible al suyo (visitantes armados de cámaras aparte). El antiguo foso de osos se conserva a la entrada del parque.

Se prohíbe a los visitantes dar de comer a los osos; se les esconde comida de temporada para que ellos la hallen por las zonas arboladas, matorrales y grutas. No será el estupendo hayedo de la Suiza Central donde habrían vivido en la Edad Media, pero los especialistas del zoo Tierpark Dählhölzli que asesoraron en la creación del parque han dado por fin algo de dignidad a los residentes más famosos de Berna.

17.00 ma-do) Tapices, dípticos y otros tesoros ilustran la historia de Berna desde la Edad de Piedra hasta el s. XX en este maravilloso edificio semejante a un castillo, el mejor de los varios museos que rodean Helvetiaplatz. Para muchos lo más destacado es la 2ª planta, ocupada por una fantástica exposición permanente sobre Einstein.

★Kunstmuseum MUSEO
(Museo de Bellas Artes; ☎031 328 09 44; www.kunstmuseumbern.ch; Hodlerstrasse 8-12; adultos/niños 7 CHF/gratis; ⊙10.00-21.00 ma, hasta 17.00 mi-do) El Museo de Bellas Artes alberga la colección permanente más antigua de Suiza, que abarca desde una exquisita *Virgen con el Niño* de Fra Angelico, del Renacimiento temprano, hasta obras de los ss. XIX y XX de artistas como Hodler, Monet y Picasso.

Einstein-Haus Bern MUSEO
(☎031 312 00 91; www.einstein-bern.ch; Kramgasse 49; adultos/estudiantes 6/4,50 CHF; ⊙10.00-17.00 lu-sa med feb-mar, 10.00-17.00 diarios abr-med-dic) Alojado en el modesto piso que Einstein compartió con su joven familia mientras trabajaba en la oficina de patentes de Berna, este pequeño museo tiene una película de 20 min que narra la vida del científico. La exposición explica el descubrimiento de la ecuación $E=mc^2$ y la trayectoria familiar de Einstein, a veces emotiva.

Münster CATEDRAL
(www.bernermuenster.ch; Münsterplatz 1; torre adultos/niños 5/2 CHF; ⊙10.00-17.00 lu-sa, 11.30-17.00 do abr-med oct, 12.00-16.00 lu-vi, 10.00-17.00 sa, 11.30-16.00 do med oct-mar) La catedral de Berna, gótica del s. XV, ostenta el chapitel más alto de Suiza (100 m). Se pueden subir los 344 escalones de la escalera de caracol para disfrutar de las vertiginosas vistas. Al bajar hay que parar en las **campanas superiores** (1356), que repican a diario a las 11.00, 12.00 y 15.00, y en las tres **campanas inferiores,** que pesan 10 t y son las más grandes del país. Sobre la puerta principal hay un **Juicio Final,** donde aparece el alcalde de Berna yendo al cielo mientras su homólogo de Zúrich es arrojado al infierno. La **Münsterplattform,** contigua a la catedral, es un bonito parque en lo alto de un acantilado, con un soleado café.

Naturhistorisches Museum MUSEO
(☎031 350 71 11; www.nmbe.ch; Bernastrasse 15; adultos/niños 8 CHF/gratis; ⊙14.00-17.00 lu, 9.00-17.00 ma-vi, 10.00-17.00 sa y do) El Museo de Historia Natural, cerca de Helvetiaplatz, alberga los famosos restos disecados y apolillados de Barry, un san bernardo de rescate del s. XIX. Su exposición más apreciada analiza la historia de esta raza canina en los Alpes suizos y narra algunas de las legendarias (es decir, no siempre ciertas) hazañas de Barry.

Schweizerisches Alpines Museum MUSEO
(☎031 350 04 40; www.alpinesmuseum.ch; Helvetiaplatz 4; adultos/niños 14/6 CHF; ⊙10.00-17.00 ma-do) El Museo Alpino Suizo acoge exposiciones especiales; la colección permanente de mapas en relieve y objetos relacionados con el alpinismo no es accesible.

Kindlifresserbrunnen FUENTE
(Kornhausplatz) En Berna existen 11 fuentes decorativas del s. XVI donde aparecen representados personajes históricos y del folclore. La más famosa es la Kindlifresserbrunnen (fuente del ogro), con una estatua de un gigante devorando niños. Las otras están a lo largo de Marktgasse según se convierte en Kramgasse y Gerechtigkeitsgasse.

Bundeshaus EDIFICIO HISTÓRICO
(☎031 322 85 22; www.parliament.ch; Bundesplatz; ⊙circuitos 11.30 y 15.00 lu-vi, 11.30, 14.00 y 15.00 sa) GRATIS La sede de la Asamblea Federal de Suiza, construida en estilo florentino en 1902, alberga estatuas de los padres fundadores de la nación, una cúpula adornada con vidrieras y emblemas de los cantones y una araña con 214 bombillas. Si no se está celebrando una sesión parlamentaria, hay **visitas** de 45 min (en inglés a las 14.00 cada dos sábados; previa reserva). Durante las sesiones parlamentarias hay que llevar un documento de identidad para observar desde la galería pública. Fuera, en la Bundesplatz, hay un juego acuático con 26 chorros de agua iluminados que representan los cantones suizos; en verano son ideales para que jueguen los niños.

Gurten Park PARQUE
(☎031 961 23 23; www.gurtenpark.ch; Gurten; funicular de Gurten ida/ida y vuelta adultos 6/10,50 CHF, niños 3/5,50 CHF; ⊙funicular de Gurten 7.00-23.30 lu-sa, hasta 20.00 do) Esta colina, 3 km al sur de la ciudad, es ideal para una escapada a la naturaleza. Tiene un par de restaurantes, un tren en miniatura, senderos ciclistas, un circo en verano, pistas de trineo en invierno, un parque de aventuras... Se puede bajar la montaña (1 h aprox.) a pie por unos senderos bien indicados y con unas vistas estupendas. Para llegar hay que tomar el tranvía nº 9 en

dirección a Wabern, bajar en Gurtenbahn y subir a la cumbre en el **funicular de Gurten.**

Jardín Botánico de la Universidad JARDINES
(☎031 631 49 45; www.botanischergarten.ch; Altenbergrain 21; ⌚8.00-17.30 mar-sep, hasta 17.00 oct-feb) GRATIS Un tramo de escaleras en el extremo norte de Lorrainebrücke lleva hasta el Jardín Botánico de la Universidad, a orillas del río. Alberga abundantes especies vegetales y un par de invernaderos.

Actividades

Piscina Marzili NATACIÓN
(www.aaremarzili.ch; ⌚8.30-20.00 jun-ago, hasta 19.00 may y sep) GRATIS En verano esta piscina de 25 m al aire libre, a orillas del Aar, es perfecta para broncearse y relajarse junto a los lugareños entre extensas zonas de césped, futbolines y sitios para tomar el sol.

'Hammam' y 'spa' HAMMAM
(www.hammam-bern.ch; Weihergasse 3; entrada 45 CHF, tratamientos extra; ⌚9.00-21.30 lu, ma, ju y vi, 13.00-21.30 mi, 10.00-20.00 sa y do) El baño turco de Berna ocupa un edificio octogonal muy llamativo y es genial para relajarse en un ambiente de las mil y una noches. Los martes solo admiten mujeres.

Fiestas y celebraciones

★Berner Weihnachtsmarkt MERCADO NAVIDEÑO
(Mercado navideño; Waisenhausplatz y Münsterplatz) Los mercados navideños de Berna que se celebran a lo largo de diciembre en Waisenhausplatz y Münsterplatz son una delicia: ofrecen preciosos artículos artesanos, además de *glühwein* para calentar el alma.

Buskers Bern MÚSICA
(www.buskersbern.ch; ⌚ppios ago) Durante tres días el casco antiguo se llena de artistas internacionales en este festival de música callejera.

Gurten Rock Festival MÚSICA
(www.gurtenfestival.ch; Gurtenkulm; ⌚med jul) Festival *indie*, uno de los principales eventos veraniegos de Berna. Conviene comparar las entradas pronto.

Jazz Festival Bern MÚSICA
(www.jazzfestivalbern.ch; ⌚med mar-may) Actuaciones de *jazz, blues* y *soul* nacional e internacional.

Dónde dormir

Holiday Inn Bern West HOTEL €
(☎031 985 24 00; www.holidayinn.com; Riedbachstrasse 96; d desde 149 CHF; P❄📶) Mejor que la media de los Holiday Inn, es una excelente opción si se viaja con niños por hallarse junto a un complejo comercial y parque acuático. Está unos 7 km fuera de la ciudad, pero tiene enfrente la estación de trenes de Bern Brünnen Westside y facilita al cliente una tarjeta de transporte gratis durante toda su estancia.

Marthahaus Garni HOTEL €
(☎031 332 41 35; www.marthahaus.ch; Wyttenbachstrasse 22a; i/d desde 125/160 CHF, sin baño desde 78/125 CHF; @📶) En una calle residencial arbolada, este edificio de cinco plantas tiene ambiente de pensión acogedora. Ofrece limpias y sencillas habitaciones, con mucho blanco y alguna pizca de arte moderno. Hay una cocina para uso de huéspedes.

Camping Eichholz CAMPING €
(☎031 961 26 02; www.campingeichholz.ch; Strandweg 49, Wabern; *camping* para adultos/niños/tienda 12/7,50/10 CHF; 📶) Amplias parcelas de césped junto a uno de los lugares más populares de Berna para nadar. Una opción atractiva para el buen tiempo. Hay que tomar el tranvía nº 9 hasta Wabern y caminar 10 min en dirección al río.

SYHA Hostel ALBERGUE €
(☎031 326 11 11; www.youthhostel.ch/bern; Weihergasse 4; dc 38-42 CHF, i/d 67/111 CHF; ⌚recepción 7.00-12.00 y 14.00-24.00; @📶) Sito en un precioso enclave ribereño, está bien organizado y cuenta con dormitorios impolutos y una terraza con plantas. El precio incluye un desayuno excelente y también ofrecen almuerzos y cenas a buen precio. Está a 10 min de la estación de trenes; hay que bajar andando desde el edificio del parlamento o ir en funicular. Estará en obras por reforma hasta marzo del 2018.

Hotel Glocke Backpackers Bern ALBERGUE €
(☎031 311 37 71; www.bernbackpackers.com; Rathausgasse 75; dc/d desde 37/144 CHF, i/d sin baño 76/120 CHF; ⌚recepción 8.00-11.00 y 15.00-22.00; @📶) Habitaciones modernas con un máximo de 6 camas, baños limpios, cocina, lavandería y salón social. Magnífica ubicación en el casco antiguo. Es la primera elección de muchos mochileros, aunque el ruido de la calle puede molestar si se tiene el sueño ligero.

Max Aviation Apartments APARTAMENTOS €
(☎031 901 32 28; www.maxav.immobilien; Alleeweg 15; apt desde 109 CHF; P 📶) Con baño y cocina, triunfan en la cara Berna por ofrecer una estupenda relación calidad-precio y más espacio. Están bien equipados, con buen gusto y todas las comodidades de un hogar. El aparcamiento cuesta 16 CHF/noche.

Hotel Landhaus HOTEL €
(☎031 348 03 05; www.landhausbern.ch; Altenbergstrasse 4; dc/i/d desde 38/115/160 CHF; P 🚭 @ 📶) Frente al río y las torres del casco antiguo, este hotel bohemio y bien regentado ofrece dormitorios de 6 camas, habitaciones familiares y dobles. El animado café y terraza de la planta baja atrae a una clientela alegre. El desayuno está incluido en el precio de las habitaciones privadas, pero cuesta 10 CHF para los dormitorios colectivos.

Hotel Belle Époque HOTEL €€
(☎031 311 43 36; www.belle-epoque.ch; Gerechtigkeitsgasse 18; i/d desde 180/250 CHF; 🚭 @ 📶) Bien situado en la calle con soportales más importante, este hotel romántico del casco antiguo posee mobiliario *art nouveau*. Las TV están escondidas en armarios para preservar el espíritu *belle époque* de la decoración.

Hotel Goldener Schlüssel HOTEL €€
(☎031 311 02 16; www.goldener-schluessel.ch; Rathausgasse 72; i/d desde 148/190 CHF; 📶) En activo desde hace 500 años, ofrece habitaciones confortables y modernizadas en el corazón del casco antiguo.

Hotel Allegro HOTEL DE NEGOCIOS €€
(☎031 339 55 00; www.kursaal-bern.ch; Kornhausstrasse 3; i/d desde 189/278 CHF; ❄ @ 📶) Frente al casco antiguo al otro lado del río, este elegante y moderno edificio curvo ofrece excelentes vistas desde sus habitaciones delanteras, además de varios espacios de restaurante y bar. La suite del ático, en la 7ª planta, es una oda a Paul Klee.

★ **Bellevue Palace** HOTEL DE LUJO €€€
(☎031 320 45 45; www.bellevue-palace.ch; Kochergasse 3-5; i/d desde 329/440 CHF; P 📶) Durante muchos años fue el único cinco estrellas de Berna, donde se alojaron huéspedes ilustres como Nelson Mandela. Dorado y bruñido, refinado y estupendo, ofrece una discreción acorde, antigüedades de época clásica y un servicio que trata a los clientes como a reyes. No hay que presentarse desaliñados, a menos que sea un desaliño elegante.

★ **Hotel Schweizerhof** HOTEL-BOUTIQUE €€€
(☎031 326 80 80; www.schweizerhof-bern.ch; Bahnhofplatz 11; i/d desde 289/329 CHF; P ❄ @ 📶) Cinco estrellas con clase que ofrece un alojamiento lujoso con excelentes instalaciones y servicio. Queda cerca de la estación de tren y está pensado tanto para viajes de negocios como de placer.

Dónde comer

★ **Namamen** RAMEN €
(☎031 311 83 03; www.namamen.ch; Schanzenstrasse 4; *ramen* desde 16 CHF; ⏲11.00-22.30) Auténticos *ramen* japoneses con un toque europeo en un marco marchoso. Rico y barato, ¿qué más puede pedirse?

Tibits VEGETARIANA €
(☎031 312 91 11; www.tibits.ch; Gurtengasse 3; 100 g desde 3,50 CHF; ⏲6.30-23.30 lu-mi, hasta 24.00 ju-sa, 8.00-23.00 do) Este bufé vegetariano, dentro de la estación de tren, es ideal para una comida rápida y saludable a cualquier hora del día. Se sirve uno mismo, se pesa y se paga. La comida para llevar es algo más barata.

★ **Terrasse & Casa** SUIZA €€
(☎031 350 50 01; www.schwellenmaetteli.ch; Dalma-ziquai 11; principales 20-64 CHF; ⏲Terrasse 9.00-0.30 lu-sa, 10.00-23.30 do, Casa 12.00-14.30 y 18.00-23.30 lu-vi, 18.00-23.30 sa, 12.00-23.00 do) Estos dos restaurantes, apodados "la Riviera de Berna", disfrutan de una maravillosa situación junto al Aar. El Terrasse es una caja de cristal en la orilla del río, con suelo de madera, tumbonas con vistas a un dique (iluminado de noche) y sofás perfectos para tomar el *brunch* los domingos, beber algo o almorzar entre semana un menú de dos platos. Al lado, Casa sirve manjares italianos en una casita de campo.

Altes Tramdepot SUIZA €€
(☎031 368 14 15; www.altestramdepot.ch; Grosser Muristalden 6, Am Bärengraben; principales 18-46 CHF; ⏲11.00-0.30 lu-vi, desde 10.00 sa y do) En esta enorme microcervecera los platos suizos compiten con salteados al *wok* y las cervezas artesanas son estupendas: se catan tres diferentes por 10,90 CHF; cuatro por 14,60 CHF; o cinco por 18,20 CHF.

Cinématte Restaurant SUIZA €€
(☎031 312 21 22; www.cinematte.ch; Wasserwerkgasse 7; principales 31-47 CHF; ⏲18.00-21.00 ju-lu) Chic, con una estupenda terraza de madera

INDISPENSABLE

EL MERCADO DE CEBOLLAS DE BERNA

El cuarto lunes de noviembre, con motivo del legendario **mercado de cebollas** (⏲nov), los comerciantes instalan unos 600 puestos donde venden trenzas de cebollas, coronas, cuerdas, empanadas, esculturas y otros artículos hechos con cebollas, además de sabrosos vegetales regionales. Se dice que el mercado se remonta al gran incendio de 1405, cuando los agricultores del cantón de Friburgo ayudaron a los berneses a recuperarse y fueron autorizados a vender sus productos en Berna como recompensa. En realidad, lo más probable es que el mercado naciera como parte del Martinmas, la fiesta medieval que celebraba el inicio del invierno. Sea cual sea su origen, este mercado es una excusa fabulosa para pasar el día en un ambiente de carnaval, con actuaciones callejeras, gente lanzando confeti y dando golpes en la cabeza de los asistentes con martillos de plástico.

al río Aar, cambia a menudo su carta de platos suizos.

Fugu Nydegg ASIÁTICA €€
(☎031 311 51 25; www.fugu-nydegg.ch; Gerechtigkeitsgasse 16; principales 26-44 CHF; ⏲11.30-14.00 y 17.00-23.00 lu-vi, 11.30-24.00 sa, hasta 22.00 do; 📶) Si se busca *pad thai* al estilo de Bangkok, tallarines japoneses o pescado tailandés, este es el sitio ideal. Se puede elegir entre el moderno interior o las mesas de fuera.

Metzgerstübli EUROPEA €€
(☎031 311 00 45; www.metzgerstübli.ch; Münstergasse 60; cena 3 platos 85 CHF, principales 15-49 CHF; ⏲10.00-23.00 ma-vi, 7.00-12.00 y 17.00-23.30 sa y do) Acogedor, en el casco antiguo, su alegre personal sirve platos europeos habituales bien hechos: carne, pescado y pasta. Los menús de cena salen muy a cuenta.

Restaurant Rosengarten EUROPEA €€
(☎031 331 32 06; www.rosengarten.be; Alter Aargauerstalden 31b; principales 20-46 CHF; ⏲9.00-24.00) En lo alto de una colina con vistas, al lado del jardín de rosas. Es agradable sobre todo cuando hace calor y se puede disfrutar de la terraza. La carta es variada, desde chuletas de cerdo al estilo provenzal hasta cordero adobado con *tzatziki*.

★ **Kornhauskeller** MEDITERRÁNEA €€€
(☎031 327 72 72; www.bindella.ch; Kornhausplatz 18; principales 24-58 CHF; ⏲11.45-14.30 y 18.00-0.30) Buena cocina servida bajo unos arcos abovedados y pintados con frescos en el antiguo granero de Berna, hoy un ornamentado restaurante de comida mediterránea. Los berneses toman cócteles junto a sus vidrieras en el entresuelo o almuerzan al sol en la animada terraza del café vecino.

Dónde beber y vida nocturna

★ **Kapitel Bollwerk** BAR
(☎031 311 60 90; www.kapitel.ch; Bollwerk 41; ⏲11.00-23.30 ma y mi, hasta 3.30 ju, hasta 5.00 vi, 16.00-6.00 sa) De día, este galardonado local es un restaurante frecuentado por oficinistas, gracias a sus almuerzos ligeros. Por la tarde se convierte en un bar reconocido en la ciudad por sus expertos camareros y su oferta de cócteles. A las 23.00 se transforma en una de las discotecas más de moda, con DJ internacionales que pinchan música electrónica.

Sous le Pont BAR
(☎031 306 69 55; www.souslepont-roessli.ch; Neubrückstrasse 8; ⏲11.30-24.00 ma-ju, hasta 2.00 vi, 18.00-2.00 sa) Para meterse en la escena *grunge* y *underground* de Berna hay que ir a este centro de artes alternativas sito en la Reitschule, una antigua escuela de equitación construida en 1897 y hoy cubierta de grafitos. Está tras la estación, junto al puente del tren.

Volver BAR
(☎031 312 04 04; www.barvolver.ch; Rathausplatz 8; ⏲17.00-23.30 lu, 8.00-23.30 ma y mi, hasta 0.30 ju-sa) Este bar de esquina, con la oferta de tapas escrita en una pizarra, es bueno para tomar cócteles y cafés desde la mañana hasta la noche.

Alpin BAR DE VINOS
(☎031 311 25 75; www.alpinbern.ch; Gerechtigkeitsgasse 19; ⏲11.00-18.30 ma-vi, 9.30-16.00 sa) Se especializa en vinos suizos y tiene un café anexo, lo ideal para una sesión de cata antes de comprar.

Marta BAR
(☎031 331 14 14; www.cafemarta.ch; Kramgasse 8; ⏲13.00-23.30 ma, mi y do, hasta 0.30 ju y vi, 9.00-

0.30 sa) Por la tarde las mesas desplegadas bajo los soportales del casco antiguo son muy agradables para disfrutar de un té con bollos y mermelada casera. Por la noche la acción baja al sótano, donde en ocasiones hay DJ y música en directo.

Café des Pyrénées BAR
(☎031 311 30 63; www.pyri.ch; Kornhausplatz 17; ⏲9.00-23.30 lu-mi, hasta 0.30 ju-sa, 12.00-21.00 do) Este rincón bohemio sigue siendo una institución de Berna por su aire de café-bar parisino tradicional. Su ubicación céntrica, cerca de las vías del tranvía, es estupenda para observar a la gente que pasa.

☆ Ocio

★Turnhalle ARTES ESCÉNICAS
(☎031 311 15 51; www.turnhalle.ch; Speichergasse 4; ⏲cafetería 11.45-14.00 lu-vi, bar-café 9.00-0.30 lu-mi, hasta 2.00 ju, hasta 3.30 vi y sa) Es una mezcla de bar, local nocturno y centro de arte que también sirve un almuerzo económico entre semana (platos 6-8 CHF). La oferta es tipo bufé e incluye platos principales (con una opción vegetariana a diario), ensaladas, verduras y postres. Tras elegir hasta seis opciones, se toma asiento en el amplio y soleado patio delantero.

★Dampfzentrale CENTRO CULTURAL
(☎031 310 05 40; www.dampfzentrale.ch; Marzilistrasse 47; ⏲club 23.00-hasta tarde sa, horario variable otros eventos) Junto al río, además de albergar una marchosa discoteca los sábados por la noche, este edificio industrial de ladrillo también ofrece conciertos, festivales y danza contemporánea; más información en la web.

Konzerttheater Bern ARTES ESCÉNICAS
(☎031 329 51 11; www.konzerttheaterbern.ch; Kornhausplatz 20) Construido en 1903, el teatro neoclásico de Berna ofrece ópera, danza, música clásica y obras teatrales (en alemán). Consúltese la programación en la web.

Stade de Suisse ESTADIO
(www.stadedesuisse.ch; Papiermühlestrasse 71; circuitos adultos/niños 20/15 CHF; ⏲circuitos 15.00-16.15 sa) El estadio del equipo de Berna (los Young Boys) tiene 32 000 localidades y se construyó sobre el demolido Wankdorf Stadium, donde se disputó la final del Mundial de 1954.

Cinématte CINE
(☎031 312 21 22; www.cinematte.ch; Wasserwerkgasse 7; ⏲18.00-23.30 ju-lu) A orillas del río, tiene un programa variado de películas de culto y de autor, así como un restaurante con terraza (p. 105).

Bern Ticket ARTES ESCÉNICAS
(☎031 329 52 52; www.bernbillett.ch; Nägeligasse 1a; ⏲10.00-18.30 lu-vi, hasta 14.00 sa) Venden entradas de teatro y conciertos, cerca del teatro.

De compras

Markt Bern MERCADO
(Mercado de Berna; www.marktbern.ch; Waisenhausplatz; ⏲8.00-18.00 ma, hasta 16.00 sa ene-nov, también 9.00-20.00 ju abr-oct) En pleno casco antiguo, este gran mercado ofrece cuero, joyas, calzado, ropa, menaje de cocina y regalos, entre otras muchas cosas.

Holz Art ARTESANÍA
(☎031 312 66 66; www.holz-art-bern.ch; Münstergasse 36; ⏲10.00-12.30 y 14.00-18.30 ma-vi, 9.30-16.00 sa) Vende exquisitos juguetes, relojes y chalés ornamentales de madera tallada a mano.

Berner Wochenmärkte MERCADO
(www.bernerwochenmarkt.ch; Bundesplatz; ⏲8.00-12.30 ma y sa) Rebosante de flores y productos frescos, este colorido mercado bisemanal cubre la amplia plaza frente al parlamento bernés.

ℹ Información

La oficina de **Bern Tourismus** (☎031 328 12 12; www.bern.com; Bahnhoftplatz 10a; ⏲9.00-19.00 lu-sa, hasta 18.00 do) de la estación de tren está bien surtida con todo lo que se necesite saber sobre la capital y cantones vecinos, incluidos planos de rutas a pie y un excelente circuito con audio para iPod.

Hay otro mostrador en el **BärenPark** (☎031 328 12 12; www.bern.com; Grosser Muristalden 6, Bärengraben; ⏲9.00-18.00 jun-sep, 10.00-16.00 mar-may y oct, 11.00-16.00 nov-feb) con eficiente personal pero no demasiado material a mano.

ℹ Cómo llegar y salir

La autopista A12 une Ginebra y Berna (vía Lausana).

AVIÓN

El pequeño **aeropuerto de Bern-Belp** (BRN; ☎031 960 21 11; www.flughafenbern.ch), 9 km al sureste del centro, tiene vuelos directos a Londres y otras ciudades europeas a cargo de la bernesa **SkyWork** (www.flyskywork.com) y otras aerolíneas de bajo coste.

TREN

Sale al menos un tren cada hora a Ginebra (51 CHF, 1¾ h), Basilea (41 CHF, 55 min), Interlaken Ost (29 CHF, 55 min) y Zúrich (51 CHF, 55 min-1½ h).

Cómo desplazarse

A/DESDE EL AEROPUERTO

El aeropuerto Bus Bern 334 (www.bernmobil.ch) conecta el aeropuerto de Bern-Belp con la estación de trenes de Belp, de donde salen trenes S-Bahn frecuentes hacia Berna. Hay billetes individuales que cubren el trayecto total de 30 min (adultos/niños 7,30/3,70 CHF); se compran en las máquinas y a bordo.

BICICLETA Y MOTOCICLETA

Prestan bicicletas gratis en **Bern Rollt** (☎031 318 93 50; www.bernrollt.ch; Milchgässli; primeras 4 h gratis, cada hora adicional 1 CHF; ⏲8.00-21.30), contiguo a la estación de trenes. Hay que presentar el carné de identidad y dejar 20 CHF de depósito.

En Berna también funciona la red de bicicletas compartidas PubliBike (p. 343). Tómese un abono "QuickBike" de 24 h en las oficinas de Bern Tourismus.

AUTOBÚS, TRANVÍA Y FUNICULAR

Bern Mobil (www.bernmobil.ch; entradas 30 min/1 h/día 2,60/4,60/13 CHF) gestiona una red excelente de autobuses y tranvías. Los billetes se venden en máquinas sitas en todas las paradas. Los huéspedes de hoteles locales reciben un Bern Ticket para viajes ilimitados gratis en transporte público por la ciudad. Es válido para todos los servicios de Bern Mobil –incluidos los funiculares Marzili y Gurten– dentro de las zonas 100 y 101 (centro urbano e inmediaciones); no sirve para las demás zonas ni para los autobuses Moonliner.

Los autobuses nocturnos **Moonliner** (☎031 321 88 12; www.moonliner.ch; entradas desde 6 CHF) salen de Bahnhofplatz dos o tres veces entre las 24.00 y las 3.30 los viernes y sábados. No aceptan abonos con descuento.

Los autobuses de correos salen de la estación de autobuses, en el lado oeste de Bahnhofplatz.

Emmental

26 541 HAB.

En esta idílica región rural al noroeste de Berna tiene su origen uno de los quesos suizos más famosos, el emmental. Burgdorf y Langnau, sus principales localidades, presiden este verde valle de bajas colinas, un apacible mosaico de rústicos chalés, almacenes con techo de paja y vacas pastando entre campos de color oro y verde.

Por muy bonito que sea, lo más probable es que el viajero no venga por el encanto de la granja sino por el emmental.

Si gusta este queso blando de sabor suave con aroma a nuez y que funde bien, aquí se disfrutará degustándolo en catas, conociendo su larga historia, viendo cómo se hace, comprándolo a pie de granja y, por supuesto, comiéndolo sin parar.

Puntos de interés

★**Emmentaler Schaukäserei** LECHERÍA
(☎034 435 16 11; www.showdairy.ch; Schaukäsereisstrasse 6, Affoltern; ⏲9.00-18.30 abr-oct, hasta 17.00 nov-mar) GRATIS Se puede ver cómo se elabora el queso emmental en ruedas de 95 kg y probarlo en la Emmental Open Cheese Dairy de Affoltern. Unos vídeos explican el proceso moderno de producción y cómo se consiguen los agujeros. La forma tradicional de elaborar el queso se muestra una vez al día en la casita de pastor, del s. XVIII. Desde Berna hay que tomar el S-Bahn hasta Hasle-Rüegsau y luego el autobús nº 471 a Affoltern (total 17 CHF, 1 h).

Museum Schloss Burgdorf CASTILLO
(Museo del Castillo de Burgdorf; ☎034 423 02 14; www.museumschlossburgdorf.ch) Como salido de un cuento, este macizo castillo del s. XII tiene un puente levadizo, gruesos muros de piedra y tres museos dedicados a su propia historia, el oro suizo y la etnología.

EL QUESO EMMENTALER AOC

Llamado así por ser originario del valle del río Emme, el incomparable queso Emmental cuenta con una larga historia que se remonta a la Edad Media. En todo el mundo se elaboran imitaciones que se han apropiado del nombre de emmental, pero el auténtico lleva la denominación de origen Emmentaler AOC, el único que sigue la técnica original de elaboración, con leche cruda de vacas alimentadas con hierba y madurado en cava al menos 120 días.

Los famosos agujeros del Emmentaler, llamados "ojos", surgen cuando las bacterias liberan burbujas de dióxido de carbono durante el envejecimiento. Aunque antaño se consideraban una imperfección, hoy son motivo de orgullo: cuanto más grandes son los agujeros, más tiempo ha madurado el queso y más marcado es su sabor.

Dónde dormir y comer

★Hotel Möschberg ESTANCIA EN GRANJA €
(☎031 710 22 22; www.hotelmoeschberg.ch; Grosshöchstetten; i/d sin baño 100/138 CHF; 📶) Entre prados de vacas y suaves senderos, una estampa típica de Emmental 4 km al oeste de Langnau sobre la aldea lechera de Grosshöchstetten, este hotel y centro de retiro sostenible fue escuela agrícola femenina en los años treinta. Las habitaciones son sencillas pero estilosas; la cena es casera y se acompaña de vino ecológico (cenas/pensión completa 25/55 CHF).

Emme Lodge ALBERGUE €
(☎034 402 45 26; www.emmelodge.ch; Mooseggstrasse 32, Langnau; dc/i/d desde 22/58/90 CHF) Fuera del circuito habitual, a 10 min a pie de la estación de Langnau, es un chalé estilo granja construido en 1768 con un alero descomunal, habitaciones básicas y un ambiente muy alegre y cordial.

★Landgasthof Sommerhaus SUIZA €€
(☎034 422 50 40; www.sommerhaus-burgdorf.ch; Sommerhaus 1, Burgdorf; principales 22-58 CHF; ⏲9.00-23.30 lu, ma, vi y sa, hasta 21.00 do) En esta granja rústica a las afueras de Burgdorf los suculentos platos suizos de carne con patatas (algunos de caza en temporada) se acompañan de hortalizas de cultivo local. Muy atractivo cuando hace bueno, por su terraza, zona de juegos para niños y vistas rurales.

Información

La **oficina de turismo** (☎034 402 42 52; www.emmental.ch; Bahnhofstrasse 44, Burgdorf; ⏲9.00-12.00 y 13.30-18.00 lu-vi, también 8.00-12.00 sa may-sep) para la región de Emmental está en Burgdorf.

Cómo llegar y salir

Hay trenes frecuentes a Burgdorf (11,60 CHF, 15 min) y Langnau (18,40 CHF, 30 min) desde Berna.

Cómo desplazarse

El suave relieve es ideal para la bicicleta: se descubrirán datos divertidos pedaleando por la Emmental Cheese Route (www.kaeseroute.ch/en), circuito en bici por el valle del Emme.

Solothurn

16 163 HAB./ ALT. 440 M

Llamada *"Soleure"* en francés, esta sorprendente ciudad es especial. El visitante la percibe como distinta al resto de Suiza, de un modo difícil de definir. El bello casco antiguo barroco de adoquines grises recuerda más a otros sitios de Europa, con claras influencias alemanas e italianas y menos aire francés y romano del habitual en esta parte del país.

La imponente fachada de 66 m de altura de la magnífica catedral de San Urso, que se eleva majestuosa entre fuentes, plazas, iglesias y puertas de muralla, explica por qué Solothurn se considera la ciudad barroca más bonita de Suiza.

Aunque a menudo ignorada, Solothurn merece un día o una noche, si se busca una bonita localidad histórica que esté junto a un río al pie de los montes y conserve un plácido aire rural, sobre todo cuando al caer la noche se van los escasos visitantes en el día.

Puntos de interés

★St Ursen-Kathedrale CATEDRAL
(Hauptgasse; ⏲8.00-18.30) La monolítica catedral de San Urso (s. XVIII), obra del arquitecto Gaetano Matteo Pisoni y de fachada italianizante, ofrece un interior barroco en blanco y oro al estilo pastel de bodas.

★Kunstmuseum GALERÍA
(☎032 624 40 00; www.kunstmuseum-so.ch; Werkhofstrasse 30; ⏲11.00-17.00 ma-vi, desde 10.00 sa y do) GRATIS Destaca el famoso retrato de Guillermo Tell de Ferdinand Hodler, que parece una especie de Goliat barbudo y pelirrojo, con pantalón corto y camisa *jipi*. La *Madonna de Solothurn* (1522), de Holbein el Joven, es otra de las pocas obras importantes.

Zeitglockenturm PUNTO DE INTERÉS
(Marktplatz) Un caballero, un rey y la Parca bailan cada hora en punto en este reloj astronómico del s. XII, con sus manecillas al revés, de modo que la más pequeña marca los minutos. Está en Marktplatz, que cobra vida durante el mercado de los miércoles por la mañana.

Jesuitenkirche IGLESIA
(iglesia Jesuita; Hauptgasse 75) Esta iglesia (1680-1689) tiene una fachada poco atractiva, pero su interior barroco es notable. Todos los "mármoles" son falsos, están hechos de madera tratada y escayola.

Gerechtigkeits-Brunnen FUENTE
(fuente de la Justicia; Hauptgasse) En esta fuente de 1561, al oeste de la torre del reloj, aparece la Justicia con los ojos vendados y enarbolando una espada. A sus pies están representa-

das las cuatro figuras más importantes de la Europa de la época: el emperador del Sacro Imperio Romano Germánico, el papa, el sultán de Turquía y... ¡el alcalde de Solothurn!

Museum Altes Zeughaus MUSEO

(☎032 627 60 70; www.museo-alteszeughaus.ch; Zeughausplatz 1; adultos/niños 6/4 CHF; ⊙13.00-17.00 ma-sa, 10.00-17.00 do) El museo de la antigua armería, finalizada su renovación a finales del 2016, recuerda con su gran fachada amarillo rojizo cuajada de ventanas que esta fue una ciudad de mercenarios, muchos de ellos a sueldo de los reyes franceses. Su impresionante colección de muestras y piezas se remonta a la Edad Media y narra la historia de esta preciosa ciudad barroca.

Baseltor PUERTA

La puerta más bonita de la muralla está al este de la catedral. Cerca, en el antiguo bastión se puede hacer pícnic.

Fiestas y celebraciones

Solothurner Filmtage CINE

(Días de Cine de Solothurn; www.solothurnerfilmtage.ch; ⊙fin ene-ppios feb) El evento más prestigioso de la industria del cine suizo se celebra durante ocho días en diversas sedes de la ciudad. Resérvese alojamiento con mucho tiempo.

Dónde dormir

★SYHA Hostel Solothurn ALBERGUE €

(☎032 623 17 06; www.youthhostel.ch/solothurn; Landhausquai 23; dc/i/d desde 33/80/104 CHF; ⊙mar-nov; @☜) Tiene una situación envidiable en el casco antiguo, en una aduana renovada del s. XVII junto al sendero ciclista del río Aar. Está adaptado a sillas de ruedas. Los dormitorios, algunos con bonitas vistas al río, tienen entre 3 y 10 camas. El desayuno está incluido y ofrecen almuerzos y cenas (17,50 CHF).

Gasthaus Kreuz PENSIÓN €

(☎032 622 20 20; www.kreuz-solothurn.ch; Kreuzgasse 4; i/d sin baño desde 60/100 CHF) Esta pensión y centro cultural junto al río emana ambiente *hipster*, con su bloque rojo de duchas compartidas, sus grandes habitaciones de suelos chirriantes y su mobiliario espartano. El café-bar de la planta baja acoge conciertos y eventos culturales.

Baseltor HOTEL-BOUTIQUE €€

(☎032 622 34 22; www.baseltor.ch; Hauptgasse 79; i/d desde 130/200 CHF; ☜) Con una ubicación encantadora a la sombra de la catedral, es una posada con un atractivo interior minimalista. Está flanqueada por un excelente restaurante *slow food* (principales 29-42 CHF).

Dónde comer y beber

Pittaria ORIENTE MEDIO €

(☎032 621 22 69; www.pittaria.ch; Theatergasse 12; principales 12-24 CHF; ⊙10.30-15.00 y 17.30-21.00 ma-vi, 10.30-18.00 sa) El sociable propietario, Sami Daher, sirve un té de menta celestial y platos palestinos muy económicos (*chutney* casero de mango, *hummus*, *falafel*).

★Cantinetta Bindella ITALIANA €€

(☎032 623 16 85; www.bindella.ch; Ritterquai 3; principales 22-54 CHF; ⊙11.30-14.00 y 18.00-22.00 lu-sa) Este refinado local atrae a clientes fieles tanto a su interior como al jardín tapiado, con manteles de lino bajo los árboles. La carta es toscana.

Solheure BAR

(☎032 637 03 03; www.solheure.ch; Ritterquai 10; ⊙17.00-23.30 lu, 12.00-24.00 ma-ju, desde 14.00 do, desde 17.00 lu; ☜) Viejos muros de piedra, asientos de un *kitsch* elegante y una terraza en la ribera hacen que medio Solothurn venga a este bar de moda en un antiguo almacén del río.

Información

El eficiente personal de **Region Solothurn Tourismus** (☎032 626 46 46; www.solothurn-city.ch; Hauptgasse 69; ⊙9.00-18.00 lu-vi, hasta 13.00 sa), cuya oficina está frente a la catedral a mano derecha, facilita planos y circuitos a pie en inglés de la ciudad.

Cómo llegar y salir

Hay al menos dos trenes cada hora a Berna (17,20 CHF, 45 min), Biel (14 CHF, 30 min), Zúrich (38 CHF, 55 min).

Oberland bernés

207 652 HAB.

Incluye »

Los mejores restaurantes

- Beau-Rivage da Domenico (p. 138)
- Nico's (p. 143)
- Chesery (p. 146)
- The Verandah (p. 120)
- Cafe 3692 (p. 127)

Los mejores alojamientos

- Victoria-Jungfrau Grand Hotel & Spa (p. 120)
- Gletschergarten (p. 122)
- Hotel Eiger (p. 135)
- Esther's Guest House (p. 135)
- The Hayloft (p. 143)

Por qué ir

En esta región la naturaleza alcanza proporciones épicas. Tanto si se realiza una excursión por la sombra de la temible cara norte del Eiger, se surca la nieve en Gstaad o se admiran las cascadas de Staubbach, no hay zona de los Alpes suizos más bonita que esta. En ningún lugar hay poblaciones más pintorescas, picos más elevados ni glaciares más grandiosos. Si se observa desde el Mönch ("Monje"), el Jungfrau ("Doncella" o "Virgen") y el Eiger (Ogro), el Oberland bernés levanta el ánimo a todos.

La fotogenia de la región no pasa desapercibida. Mark Twain escribió que ningún opiáceo podía compararse a pasear por aquí (y sabía de qué hablaba), Arthur Conan Doyle pensó que Meiringen sería un bello escenario para una novela de Sherlock Holmes e Ian Fleming llevó la belleza helada del Schilthorn a las pantallas en las películas de 007. Pero, por más que lo intenten, pocos fotógrafos logran hacer justicia al Oberland bernés. Basta con observar la frustración de los turistas que buscan una postal, incapaces de encontrar nada comparable con sus recuerdos.

Cuándo ir

- El invierno ofrece un esquí estupendo, carreras de descenso y jolgorio de ogros de Año Nuevo en el Harder Potschete de Interlaken.
- En verano se disfruta de festivales de música, folclore, teatro y arte callejero y también del excelente excursionismo alpino.
- En otoño caen los precios hoteleros, vuelven las vacas de los pastos de verano y Spiez celebra su fiesta de la vendimia.

Imprescindible

1 **Klettersteig** (p. 134) Marearse con las tirolinas, puentes colgantes y vistas al Eiger en la *via ferrata* de Mürren.

2 **Faulhornweg** (p. 126) Realizar esta caminata alpina en el día desde Schynige Platte a First, sobre Grindelwald.

3 **Junfraujoch** (p. 129) Pasmarse ante los 'cuatromiles' y el reluciente glaciar Aletsch.

4 **Meiringen** (p. 141) Investigar a lo Sherlock Holmes para hallar espléndidas cascadas y merengues.

5 **Interlaken** (p. 117) Atreverse a hacer barranquismo, paracaidismo y escalada en hielo en la meca suiza de los deportes de aventura.

6 **Lauterbrunnen** (p. 131) Admirar las 72 cascadas que caen por los acantilados del **valle de Lauterbrunnen.**

7 **Gstaad** (p. 144) Esquiar en las glamurosas pistas de esta estación superchic.

8 **Thun** (p. 136) Deambular junto al lago por parques, castillos y un casco medieval de vitalidad juvenil.

Cómo llegar y desplazarse

El Oberland bernés tiene fácil acceso por carretera y tren desde los principales aeropuertos suizos, incluidos los de Basilea, Berna, Ginebra y Zúrich, así como desde Lucerna.

El Swiss y el Eurail Pass solo sirven en la zona del Jungfrau.

Desplazarse por esta región en tren y ferrocarril de montaña es fácil, pero hay que tener en cuenta que los viajes a las cumbres solo valen la pena en días despejados. Conviene mirar las *webcams* de www.jungfraubahn.ch y www.swisspanorama.com antes de partir.

Trenes frecuentes unen ciudades como Zúrich (70 CHF, 2 h), Lucerna (32 CHF, 1¾-2 h) y Berna (29 CHF, 1 h) con Interlaken, puerta de entrada al Oberland bernés.

INTERLAKEN

5692 HAB. / ALT. 570 M

Antaño el turismo decimonónico se extasiaba contemplando las vistas de montaña tras los muros de sus señoriales hoteles; hoy las excitantes actividades de aventura enloquecen a los visitantes más osados. Sito entre los lagos Thun y Brienz bajo los blancos picos del Eiger, el Mönch y el Jungfrau, Interlaken es puerta de entrada a la mítica región de Jungfrau y el destino de aventura más de moda en el país. Si la turística localidad en sí no impresionara, sí lo harán los montes aledaños, y más si el viajero está haciendo rápel por cascadas, peleando con aguas bravas o planeando sin ruido sobre las cumbres de 4000 m.

Puntos de interés

Se aconseja cruzar las aguas turquesas del río Aar para ir al tranquilo barrio de Unterseen, a las afueras de Interlaken.

Harder Kulm MONTAÑA

(www.jungfrau.ch/harderkulm; adultos/niños 16/8 CHF) Se tendrá una extensa panorámica hasta los 'cuatromiles' tras subir 8 min en funicular a este monte de 1322 m. Aquí comienzan muchas rutas de senderismo, y si no se sufre de vértigo se disfruta del panorama desde el Zweiseensteg (puente de los dos lagos) que sobresale hacia el valle. La reserva natural cercana a la estación inferior alberga criaturas alpinas, como marmotas e íbices.

Bernatone Alphornbau TALLER

(☎079 840 38 10; www.bernatone.ch; Im Holz, Habkern; ⏲10.00-12.00 y 13.30-17.00 lu-vi; 👪) Nada más suizo que la trompa alpina, ese llamativo instrumento que suelen tocar rubicundos hombres con barba y buenos pulmones en las fiestas folclóricas estivales de los Alpes. Llamando antes se podrá visitar el taller de Heinz Tschiemer, maestro artesano que las fabrica. Una trompa genuina tarda unos 60 días en hacerse y cuesta unos 3000 CHF, pero también se venden otras más pequeñas. Desde Interlaken West se toma el autobús nº 106 a Haberkern.

> INDISPENSABLE
>
> **CIRCUITO A PIE POR INTERLAKEN GRATIS**
>
> Si se desea ver Interlaken como un lugareño, los guías muestran su terruño al visitante en amenos e interesantes circuitos a pie de 2 h (18.00 a diario abr-sep; 11.00 lu, mi y sa oct-mar); el punto de reunión es Backpackers Villa Sonnenhof (p. 119). El circuito es gratis, aunque las propinas son bienvenidas, por supuesto. Más información en www.interlakenfreetour.com.

Heimwehfluh MONTAÑA

(www.heimwehfluh.ch; funicular adultos/niños ida y vuelta 16/8 CHF, tobogán 9/7 CHF; ⏲10.00-17.00 abr-fin oct; 👪) Un funicular nostálgico sube al Heimwehfluh, apto para familias y con amplias vistas de Interlaken. A los niños les encanta bajar en *bobsled* por la colina (es mejor prescindir de los frenos para ganar más velocidad).

Cuevas de St Beatus CUEVA

(www.beatushoehlen.ch; adultos/niños 18/10 CHF; ⏲9.45-17.00 fin mar-fin oct) Las cuevas de St Beatus son ideales para recorrer cavernas de estalactitas, estalagmitas y lagos subterráneos bien iluminados. Según la tradición, en el s. VI se alojó aquí san Beato, un monje eremita y el primer apóstol de Suiza, que al parecer luchó contra un dragón. Están a media hora en barco o autobús de Interlaken West.

Actividades

Suiza es el segundo país del mundo en deportes de aventura e Interlaken es su centro más activo. Por sus alrededores se ofrece todo lo imaginable: bajar por las aguas bravas de los ríos Lütschine, Simme y Saane, hacer barranquismo en los desfiladeros de Saxetet, Grimsel o Chli Schliere y saltar

Interlaken

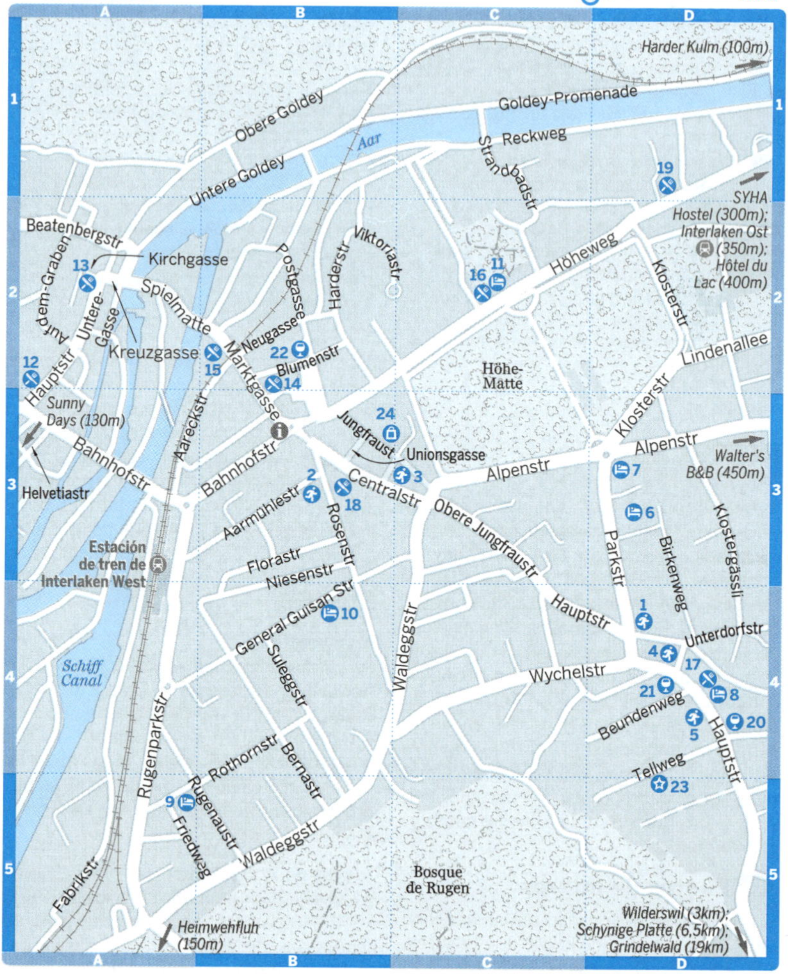

al cañón de Gletscherschlucht, cerca de Grindelwald. Además, está el parapente, el *puenting* en glaciares, el *skydiving*, la escalada en hielo, *hidrospeed*... La lista es interminable.

Los precios rondan los 120 CHF para el *rafting* o barranquismo, 140 CHF el *hidrospeed*, 130-180 CHF el *puenting* o salto en cañones, 170 CHF el parapente en tándem, 180 CHF la escalada en hielo, 220 CHF el ala delta y 430 CHF el *skydiving*. Una excursión de medio día en bicicleta de montaña puede costar unos 25 CHF.

En general, los incidentes son la excepción, pero conviene preguntar al organizador por las medidas de seguridad.

Outdoor Interlaken DEPORTES DE AVENTURA
(☎033 826 77 19; www.outdoor-interlaken.ch; Hauptstrasse 15; ⏲8.00-19.00) *Rafting*, piragüismo, *skydiving*, parapente y casi cualquier otra actividad trepidante imaginable.

Skydive Switzerland – Scenic Air VUELOS PANORÁMICOS
(☎033 821 00 11; www.skydiveswitzerland.ch; Hauptstrasse 26; caída libre 395-450 CHF; ⏲7.30-

Interlaken

20.00) Organiza vuelos panorámicos, caída libre y otras actividades.

Alpinraft DEPORTES DE AVENTURA
(☎033 823 41 00; www.alpinraft.com; Hauptstrasse 7; ⌚8.00-18.00) Casi todos los deportes, p. ej. barranquismo, *puenting*, *rafting* y escalada en hielo.

Hang Gliding Interlaken VUELOS PANORÁMICOS
(☎079 770 07 04; www.hangglidinginterlaken.com; Aarmuehlestrasse 3; vuelos 235 CHF; ⌚7.30-22.00) Ala delta sobre Interlaken. Llámase antes para reservar y enterarse del punto de encuentro.

K44 ESCALADA
(www.k44.ch; Jungfraustrasse 44; adultos/niños 21/14 CHF; ⌚9.00-22.00) ¿Que aún no se está preparado para escalar el Eiger? Pues en este rocódromo se puede practicar bajo techo. Hay 70 vías, desde el grado 4º al 8º, para probarse.

Fiestas y celebraciones

Harder Potschete CULTURAL
(www.harderpotschete.ch) Entre risas, tocando campanillas y haciendo travesuras, los ogros *Potschen* toman Interlaken el 2 de enero. Las celebraciones se prolongan durante la noche con música folk y mucho jolgorio.

Jungfrau Marathon DEPORTE
(www.jungfrau-marathon.ch) El Eiger, Mönch y Jungfrau resultan incluso más impresionantes para los participantes del maratón de Jungfrau hasta el Kleine Scheidegg, que se celebra en septiembre. Aunque no se esté en forma para semejante reto, es impresionante ver cómo lo corren los atletas alpinos.

Dónde dormir

Interlaken tiene de todo, desde albergues de mochileros juerguistas hasta B&B familiares o grandiosos hoteles con *spa*, restaurantes *gourmet* y vistas a los montes. En temporada baja conviene llamar antes a los alojamientos, pues algunos cierran.

Backpackers Villa Sonnenhof ALBERGUE €
(☎033 826 71 71; www.villa.ch; Alpenstrasse 16; dc 40-47 CHF, d 110-148 CHF; P 📶) Elegante y ecológica combinación de chalé ultramoderno y elegante villa *art nouveau*, figura una y otra vez entre los mejores albergues de Europa. Los dormitorios colectivos están limpísimos y algunos tienen balcones con vistas al Jungfrau. También hay un salón tranquilo, cocina bien equipada, sala de juegos para niños y amplio jardín trasero para contemplar los montes. Precios especiales para familias.

Sunny Days B&B €
(☎077 456 23 38; www.sunnydays.ch; Helvetiastrasse 29; d 132-223 CHF; P 📶) B&B estilo chalé en unos bonitos jardines, con habitaciones sencillas y encantadoras, las mejores con balcones que miran al Jungfrau.

Arnold's B&B B&B €
(☎033 823 64 21; www.arnolds.ch; Parkstrasse 3; d 100-150 CHF; P 📶) Hay pocos lujos, pero Beatrice y Armin dispensan una bienvenida cordial en su B&B familiar. Las habitaciones, luminosas y hogareñas, ocupan una mansión reconvertida de los años treinta.

Walter's B&B B&B €
(☎033 822 76 88; www.walters.ch; Oelestrasse 35; d/tr 76/114 CHF;) Walter es una joya por su simpatía, sus habilidades culinarias y sus valiosos consejos. Las habitaciones se han quedado ancladas en los años setenta, pero están superlimpias y la relación calidad-precio es excelente.

SYHA Hostel ALBERGUE €
(☎033 826 10 90; www.youthhostel.ch; Untere Bönigstrasse 3, Am Bahnhof Ost; dc 39-45 CHF, i 127 CHF, d 138-147 CHF, f 210 CHF;) Elegante, moderno y céntrico, es algo superior a la media de los albergues SYHA. Está junto al río y ofrece dormitorios impecables, con suelos de madera y vistas a las montañas y el parque. Alquilan bicicletas y hay cafetería y salón con mesa de billar.

Balmer's Herberge ALBERGUE €
(☎033 822 19 61; www.balmers.com; Hauptstrasse 23; dc/i/d/tr/c 36/60/113/120/152 CHF;) Muy animado, con *happy hour* en la terraza, bocadillos para almorzar, un bar que vibra al ritmo de DJ y hamacas para reponerse de la resaca.

Hotel Alphorn HOTEL €€
(☎033 822 30 51; www.hotel-alphorn.ch; Rothornstrasse 29a; i 140-160 CHF, d 160-180 CHF, tr 225-240 CHF;) Muy céntrico, a 5 min a pie de la estación Interlaken West, y aun así apacible. Las habitaciones están impolutas.

Hôtel du Lac HOTEL €€
(☎033 822 29 22; www.dulac-interlaken.ch; Höheweg 225; i/d 160/240 CHF;) El servicio sonriente y la ubicación ribereña cerca de Interlaken Ost hacen de este hotel del s. XIX una buena elección. Lo regenta la misma familia desde hace varias generaciones y conserva bastante bien el esplendor de sus años de gloria.

Swiss Inn B&B €€
(☎033 822 36 26; www.swiss-inn.ch; General Guisan Strasse 23; d/apt 180/270 CHF;) Bonita casona con jardines de rosas; un retiro tranquilo donde uno es bienvenido. Se aconseja una habitación doble, luminosa y amplia, o un apartamento de tamaño familiar, que incluye cocina americana y balcón.

★ **Victoria-Jungfrau Grand Hotel & Spa** HOTEL DE LUJO €€€
(☎033 828 28 28; www.victoria-jungfrau.ch; Höheweg 41; d 479-749 CHF, junior ste desde 539 CHF, ste desde 950 CHF;) El silencio reverencial y el servicio impecable (y los precios) evocan una época en la que solo viajaban los reyes y los muy ricos. La mezcla perfecta de elementos *art nouveau* bien conservados y el lujo moderno lo convierten en el equivalente al Raffles en Interlaken. Cuenta con vistas fantásticas del Jungfrau, tres restaurantes de primera y un *spa*.

Dónde comer

Little Thai TAILANDESA €
(☎033 821 10 17; www.mylittlethai.ch; Hauptstrasse 19; principales 18-27 CHF; 11.00-14.00 y 17.00-22.00 mi-lu) Este pequeño local es tailandés de verdad; hay fotos del rey de Tailandia, lucecitas de colores y gatos de la fortuna. Eddie prepara rollitos de primavera, curris caseros y ensaladas picantes de papaya.

Sandwich Bar SÁNDWICHES €
(www.sandwichbar.ch; Rosenstrasse 5; sándwiches 6-9,50 CHF; 7.30-19.00 lu-vi, 8.00-17.00 sa) Se elige un tipo de pan y se rellena según el deseo del cliente: jamón con tomates secos o queso brie con nueces. También sirven sopas, ensaladas, tostadas y helado casero. Servicio eficiente y ubicación cercana a la estación de tren Interlaken West.

Café de Paris CAFÉ €
(www.cafe-de-paris-interlaken.ch; Am Marktplatz, Marktgasse 14; 7.00-0.30;) Moderno y luminoso, en pleno centro, sirve económicos tentempiés y platos principales, desde *wraps*, sándwiches club y ensaladas a numerosos tipos de *rösti*.

★ **The Verandah** SUIZA €€
(☎033 822 75 75; Höheweg 139, Hotel Royal-St Georges; principales 21-38 CHF; 18.00-22.00) Este restaurante del Hotel Royal-St Georges combina elegancia tradicional y estilo contemporáneo con sus molduras de estuco e impecables asientos de bistró. La carta es suiza, con clásicos como *fondue* y *rösti*, carnes y pescados a la parrilla.

Benacus INTERNACIONAL €€
(☎033 821 20 20; www.benacus.ch; Kirchgasse 15; principales 34-48 CHF; 11.30-13.30 y 17.00-0.30 ma-vi, 17.00-0.30 sa) Un soplo de aire urbano con sofás rojos vino, música *lounge* y terraza exterior. La carta ofrece desde tapas creativas hasta sabores mediterráneos.

Goldener Anker INTERNACIONAL €€
(☎033 822 16 72; www.anker.ch; Marktgasse 57; principales 25-48 CHF; 16.00-24.00 lu-sa) Hasta

INDISPENSABLE

SCHYNIGE PLATTE

Imprescindible excursión en el día desde Interlaken, esta meseta (alt. 1967 m) constituye un balcón natural a los Alpes berneses y los lagos de Thun y Brienz, que centellean muy abajo. El panorama se irá abriendo poco a poco al subir en el **tren de cremallera a la cima** (www.schynigeplatte.ch; ida/ida y vuelta 40/64 CHF; ⌚7.25-16.45 fin may-fin oct; 👪), reliquia de cuando se viajaba sin prisas. Arriba, en el colorido **Alpengarten** (www.alpengarten.ch; ⌚8.30-18.00 fin may-oct) GRATIS crecen 600 tipos de flores alpinas, como soldanelas, árnicas, gencianas, anémonas y edelweiss (también conocida como flor de las nieves). Hay senderos al borde de la cresta y por los prados, donde resuenan los cencerros, y en verano los parapentes se lanzan desde la meseta.

Para ver las luces del alba encender las cimas del Eiger, Mönch y Jungfrau se puede pernoctar en el encantadoramente anticuado **Hotel Schynige Platte** (☎033 828 73 73; http://hotelschynigeplatte.ch; i/d/tr 165/240/330 CHF; ⌚fin may-fin oct), que acoge gratuitos **conciertos de trompa alpina** (⌚11.00-14.00) en plena temporada de verano.

El tren de cremallera hasta la cima sale de Wilderswil, 4 min en autobús al sur de la estación Interlaken Ost (3,60 CHF). En automóvil queda 5 min al sur del centro yendo por Gsteigstrasse.

los más puntillosos encontrarán platos de su gusto. Su carta cosmopolita es tentadora: desde fajitas hasta pargo colorado o filetes de avestruz.

Arcobaleno ITALIANA €€
(☎033 823 12 43; www.ristorante-pizzeria-arcobaleno.ch; Hauptstrasse 18; *pizza* 12,50-23,50 CHF, principales 23,50-27,50 CHF; 👪) Todo un hallazgo en el barrio de Unterseen, es un italiano como mandan los cánones, con servicio sonriente y generosa cocina casera. Sirve *antipasti*, platos de pasta y *risotto* y *pizzas*, todo auténtico. Dispone de menú infantil.

La Terrasse FRANCESA €€€
(☎033 828 28 28; www.victoria-jungfrau.ch; Höheweg 41; principales 38-65 CHF; ⌚19.00-22.00 ma-sa) Lugar de distinción en el hotel de la *belle époque* más elegante de Interlaken, ofrece una carta de temporada en un suntuoso marco con aire de *orangerie* francesa. La cocina juega con sabores de la Suiza francesa.

Dónde beber y vida nocturna

Hüsi Bierhaus PUB
(www.huesi-interlaken.ch; Postgasse 3; ⌚13.30-0.30 lu-ju, hasta 1.30 vi, 11.30-1.30 sa, 11.30-0.30 do) Se gana a la clientela con unas 50 cervezas artesanas de todo el mundo, desde trapenses hasta IPA suizas. Además sirve rica comida de taberna, desde *schnitzel* hasta *bratwurst* a la cerveza. La banda de versiones Uptown Lights toca los sábados por la noche.

Barracuda Bar LOUNGE
(Hauptstrasse 16; ⌚16.00-0.30 mi y ju, 9.00-24.00 vi-do; 📶) Esta cafetería-*lounge* es agradable y tranquila. Sirven desde café a cócteles y a veces hay música en directo.

3 Tells PUB
(www.the3tells.com; Hauptstrasse 49; ⌚16.00-24.00 ma y mi, 14.00-24.00 ju y vi, 10.00-24.00 sa y do; 📶) *Pub* de tipo irlandés con deportes en directo, wifi gratis y Guinness de barril.

☆ Ocio

Tellspiele TEATRO
(☎033 822 37 22; www.tellspiele.ch; Tellweg 5; entradas 58-349 CHF; ⌚taquilla 9.00-12.00 y 14.00-17.00 lu-vi) En el teatro al aire libre del bosque de Rugen se representa *Wilhelm Tell* (Guillermo Tell) de Schiller dos veces por semana de mediados de junio a principios de septiembre. La obra es en alemán, pero en el programa hay un resumen en inglés.

De compras

★ **Funky Chocolate Club** CHOCOLATE
(☎078 606 35 48; https://funkychocolateclub.com; Jungfraustrasse 35; ⌚10.00-18.30; 👪) Dos adictos al cacao, Tatiana y Vladimir, regentan este sitio con el lema de "Chocolate hoy, brócoli mañana" que promete "emborracharnos de chocolate". Y lo cumple con una tienda rebosante de chocolates de cultivo ecológico y comercio justo (también en versiones veganas, sin leche, sin gluten y sin frutos secos).

ABONOS DE TRANSPORTE CON DESCUENTO

Se puede ahorrar viajando por el Oberland bernés con el abono **Berner Oberland Regional Pass** (www.regiopass-berneroberland.ch; pase de 4/6/8/10 días 250/310/350/390 CHF; ⏲may-oct), que permite tomar sin límites la mayoría de los trenes, autobuses, barcos, ferrocarriles de montaña y teleféricos, además de descuentos en puntos de interés y atracciones (p. ej. del 50% en los billetes al Jungfraujoch). Con la Junior Card (30 CHF) los niños viajan gratis si van con sus padres y a mitad de precio si van solos.

Una buena opción es el **Jungfrau Travel Pass** (www.jungfrau.ch; pase de 3/4/5/6 días 180/205/230/255 CHF), que permite viajar por la región durante 3-6 días; aunque para ir de Eigergletscher al Jungfraujoch hay que pagar 61 CHF.

En los alojamientos se brinda al huésped una Gästekarte *(Guest Card)*, con la cual se obtienen precios reducidos en toda la región. Conviene preguntar en el hotel por ella.

Vertical Sport DEPORTE Y AIRE LIBRE
(http://verticalsport.ch; Jungfraustrasse 44; ⏲9.00-12.00 y 13.30-18.00 lu-vi, 9.00-16.00 sa) Sita en el rocódromo K44, esta tienda vende y alquila material de escalada de primera calidad. Está regentada por montañeros expertos que saben aconsejar.

Información

Oficina de turismo (☎033 826 53 00; www.interlakentourism.ch; Marktgasse 1; ⏲8.00-19.00 lu-vi, hasta 17.00 sa, 10.00-16.00 do jul y ago, horario reducido sep-jun) Bien surtida y con eficiente personal, también ofrece reservas de hoteles.

Cómo llegar y salir

Interlaken tiene dos estaciones de tren: Interlaken West e Interlaken Ost; ambas tienen alquiler de bicicletas, cambio de divisas y embarcadero de ferris para barcos dirigidos a los lagos de Thun y Brienz.

De la estación de Interlaken Ost salen trenes frecuentes a Lucerna (32 CHF, 1¾-2 h), Brig vía Spiez (45 CHF, 1-1¾ h) y Montreux (71 CHF, 2¼-2¾ h, vía Spiez/Visp o Berna/Lausana).

La autopista A8 va hacia el noreste, a Lucerna, y la A6 hacia el noroeste, a Berna, pero la única forma de ir al sur sin dar un gran rodeo por las montañas es en el tren que transporta automóviles y sale de Kandersteg, al sur de Spiez.

Las grandes agencias de alquiler de automóviles, **Hertz** (☎033 822 61 72; www.hertz.ch; Hauptstrasse 4) incluida, tienen oficinas en el centro de Interlaken.

Cómo desplazarse

Es fácil desplazarse a pie por Interlaken, pero hay taxis y autobuses en ambas estaciones de trenes. Además se alquilan bicicletas de carretera, todoterreno, eléctricas y tándems en **Flying Wheels** (☎033 557 88 38; www.flyingwheels.ch; Höheweg 133) y otros sitios de la localidad.

REGIÓN DEL JUNGFRAU

Grindelwald

POP 3740 HAB. / ALT. 1034 M

El patrimonio natural de Grindelwald parece el decorado de una película: la cincelada cara norte del Eiger, las centelleantes lenguas de los glaciares de Oberer y Unterer y la cumbre Wetterhorn paralizan de emoción al recién llegado, que al recobrar el sentido se abalanza sobre su cámara. Acoge a esquiadores y senderistas desde finales del s. XIX, pues es una de las estaciones más antiguas de Suiza, y no ha perdido su atractivo: chalés alpinos rebosantes de geranios y verdes pastos sobre un fondo montañoso son dignos de un Oscar.

Actividades

Actividades de verano

Espectacular para el excursionismo, Grindelwald ofrece un sinfín de sendas con impresionantes vistas a colosales paredes de montaña, agrietados glaciares y picos nevados.

Para llegar a las sendas de gran altitud que hay alrededor de Männlichen, First y Pfingstegg hay que tomar un teleférico desde el pueblo. Si se busca un verdadero desafío se debe abordar la *via ferrata* (ruta de montaña con cables) del Schwarzhorn, una subida mareante de 5½ h que va de First a Grosse Scheidegg.

Gletscherschlucht DESFILADERO
(Garganta glacial; www.grindelwaldsports.ch; adultos/niños 19/10 CHF; ⏲9.30-18.00 sa-ju, hasta 22.00 vi) Las aguas turbulentas se abren camino a través de este escarpado desfiladero glaciar. Un sendero atraviesa túneles excavados en paredes rocosas veteadas de mármol rosa y verde. No sorprende que sea un sitio tan po-

pular para hacer *puenting* y salto en cañones. Está al sur de Grindelwald; se llega a pie en media hora o tomando el autobús nº 2 desde la estación de trenes.

★ Paseo por Kleine Scheidegg EXCURSIONISMO

Una de las excursiones más interesantes de la región es la caminata de 15 km desde Grindelwald Grund hasta Wengen, pasando por el Kleine Scheidegg. Asciende por prados cuajados de flores silvestres para rodear por abajo la cara norte del Eiger y llegar al Kleine Scheidegg, con vistas impactantes de los 'tres grandes': Eiger (3970 m), Mönch (4107 m) y Jungfrau (4158 m). Calcúlense unas 5½-6 h.

Pfingstegg EXCURSIONISMO

Un **teleférico** (www.pfingstegg.ch; ida/ida y vuelta 12,60/18,80 CHF; ⏲8.00-19.00, hasta 17.30 en temporada baja, cerrado nov-abr) lleva a Pfingstegg, de donde salen senderos cortos a Stieregg, cerca del agrietado Unterer Gletscher. Hay que preguntar si está abierto el sendero que rodea la base del Oberer Gletscher (1½ h), vía el Restaurant Milchbach. Este camino pasa por el Breitlouwina, una terraza rocosa fascinante desde el punto de vista geológico, pues sus grutas han sido creadas por el desplazamiento del hielo.

Grindelwald Sports DEPORTES DE AVENTURA

(☎033 854 12 80; www.grindelwaldsports.ch; Dorfstrasse 103; ⏲8.30-19.00) Frente a la oficina de turismo, ofrece clases de escalada, esquí y *snowboard*, así como emocionantes saltos en cañones y *puenting* en el Gletscherschlucht. Tiene una cafetería y vende guías de senderismo.

Paragliding Jungfrau PARAPENTE

(☎079 779 90 00; www.paragliding-jungfrau.ch) Organizan saltos desde First (desde 180 CHF), a 2150 m de altura. Ofrecen también vuelos más largos (280 CHF) si se desea estar lo máximo en el aire. Indican los puntos de reunión en el momento de la reserva.

Bort Scooter Trail DEPORTES DE AVENTURA

(alquiler incl. teleférico hasta Bort 32 CHF) A medio camino entre First y Grindelwald está Bort, donde se puede alquilar una *escúter* para bajar al valle por un camino de 4,5 km señalizado. Los más pequeños pueden jugar a sus anchas en el parque infantil alpino de Bort.

Sportzentrum Grindelwald POLIDEPORTIVO

(www.sportzentrum-grindelwald.ch; Dorfstrasse 110) Para los días de mal tiempo, el polideportivo de Grindelwald ofrece una piscina, un mini *spa*, paredes para escalar a cubierto, una pista de patinaje sobre hielo y un parque

Región del Jungfrau

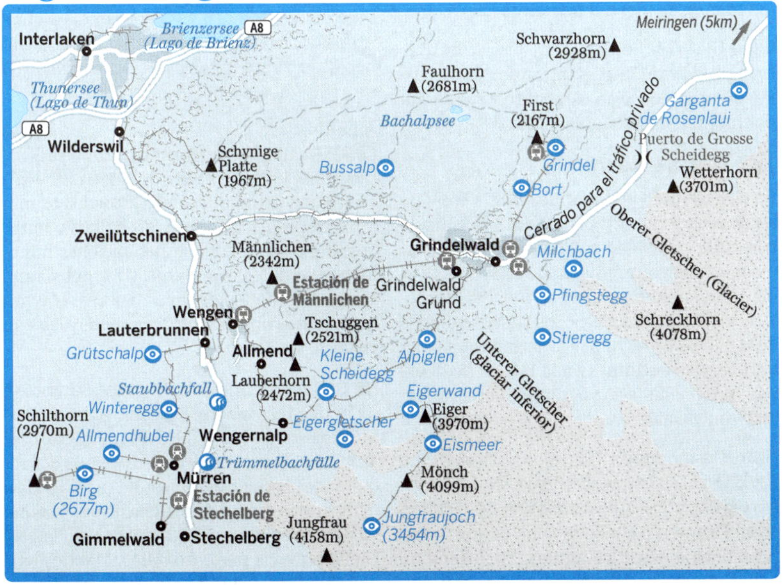

ESQUÍ EN LA REGIÓN DEL JUNGFRAU

Aquí se hallará la pista que apetezca, tanto si se quiere hacer eslalon por las anchas y soleadas laderas al pie del Eiger como bajar los 16 km de la escalofriante Inferno de Schilthorn a Lauterbrunnen. Grindelwald, Männlichen, Mürren y Wengen tienen acceso a unos 214 km de pistas preparadas y 44 remontes. Un forfait de un día para Grindelwald-Wengen o Mürren-Schilthorn cuesta 63/32 CHF adultos/niños, mientras que un forfait de 7 días para estas regiones sale por 309/155 CHF. Los forfaits para toda la región del Jungfrau cuestan poco más (adultos 72/384 CHF día/semana), pero moverse en tren entre zonas de esquí puede resultar lento y haber mucha gente.

de tirolinas. En su web indican horarios y precios. La tarjeta de invitado ofrece buenos descuentos.

Actividades de invierno

La región de First, que se extiende desde Oberjoch (2486 m) hasta el pueblo de abajo, presenta una buena combinación de pistas de esquí rojas y negras. De Kleine Scheidegg o Männlichen salen pistas largas y fáciles que van a Grindelwald. Si se quiere ir zumbando y sin gente alrededor se pueden recorrer los 15,5 km bien preparados de pistas de esquí de fondo de la zona. O calzarse unas raquetas de nieve para caminar por seis senderos distintos.

Fiestas y celebraciones

World Snow Festival ARTE

Los artistas crean fabulosas esculturas de hielo durante los seis días de este festival mundial de la nieve, a finales de enero.

Eiger Bike Challenge CICLISMO

(www.eigerbike.ch) Importante evento del ciclismo de montaña, esta carrera recorre 88 km por montes y valles a mediados de agosto.

Dónde dormir

En Grindelwald abundan los B&B y los chalés de vacaciones con personalidad. Se puede conseguir un listado en la oficina de turismo o consultar la gran oferta de apartamentos de vacaciones en www.wir-grindelwalder.ch.

Los autobuses locales, los paseos guiados de la oficina de turismo y la entrada al polideportivo son gratuitos con la tarjeta de huésped que recibe todo visitante que pernocte en Grindelwald.

Naturfreundehaus ALBERGUE €

(☎033 853 13 33; www.nfh.ch/grindelwald; Terrassenweg 18; dc 35-40 CHF, i 57-58 CHF, d 94-96 CHF; P wifi) Pintoresco chalé de madera que domina el pueblo desde las alturas. Tiene bonitas habitaciones revestidas de pino y cortinas a cuadros, entre ellas una individual que al parecer es la más pequeña de Suiza. Abajo hay un café que parece una vieja tienda de curiosidades, además de un jardín con vistas maravillosas del Eiger y el Wetterhorn.

Hotel Tschuggen HOTEL €

(☎033 853 17 81; www.tschuggen-grindelwald.ch; Dorfstrasse 134; i 85-102 CHF, d 135-190 CHF, f 230-310 CHF; P wifi) Chalé de madera oscura en pleno centro urbano. Las habitaciones, luminosas y sencillas, no pueden estar más limpias. Se aconsejan las dobles orientadas al sur por las magníficas vistas del Eiger.

Gletscherdorf CAMPING €

(☎033 853 14 29; www.gletscherdorf.ch; Locherbodenweg 29; plazas por adulto/niño 8,50/5 CHF, tienda 10-15 CHF; wifi) Este *camping* ribereño, cerca del teleférico de Pfingstegg, es uno de los más impresionantes de Suiza por sus vistas del Eiger, el Wetterhorn y el Unterer Gletscher. Atención: cuanto más cerca del río más frío hace. Excelentes instalaciones, entre ellas una sala común, una lavandería y wifi gratis.

Alpenblick HOTEL €

(☎033 853 11 05; www.alpenblick.info; Obere Gletscherstrasse 16; dc 35-50 CHF, d 100-180 CHF; P wifi) En un rincón tranquilo de la ciudad, a 10 min a pie del centro. Es un gran hallazgo entre la gama económica, con habitaciones impolutas. Los dormitorios colectivos del sótano tienen edredones de vivos colores. Hay un restaurante tipo cafetería y una terraza con vistas al glaciar.

★ **Gletschergarten** HOTEL HISTÓRICO €€

(☎033 853 17 21; www.hotel-gletschergarten.ch; Obere Gletscherstrasse 1; i 130-170 CHF, d 230-320 CHF; P wifi) Chalé rústico de madera plagado de reliquias: desde cuadros de paisajes a fotografías familiares. Forradas de madera de pino, las habitaciones tienen balcones que dan al Unterer Gletscher en la parte frontal y al Wetterhorn (las mejores puestas de sol) en la trasera.

Berghaus Bort B&B €€

(☎033 853 17 62; www.berghaus-bort.ch; d 132-302 CHF, tr 194-383 CHF, c 260-476 CHF; 📶) Sito en la estación intermedia de First, a gran altura sobre Grindelwald, es un bonito chalé que garantiza acceso rápido a los senderos en verano y a las pistas de esquí en invierno. Predomina el chic alpino en los dormitorios, con suelos de madera, y las mejores vistas de ensueño al Eiger. Una chimenea chisporrotea en el restaurante. Fuera hay una zona de juegos para niños.

Grindelwald

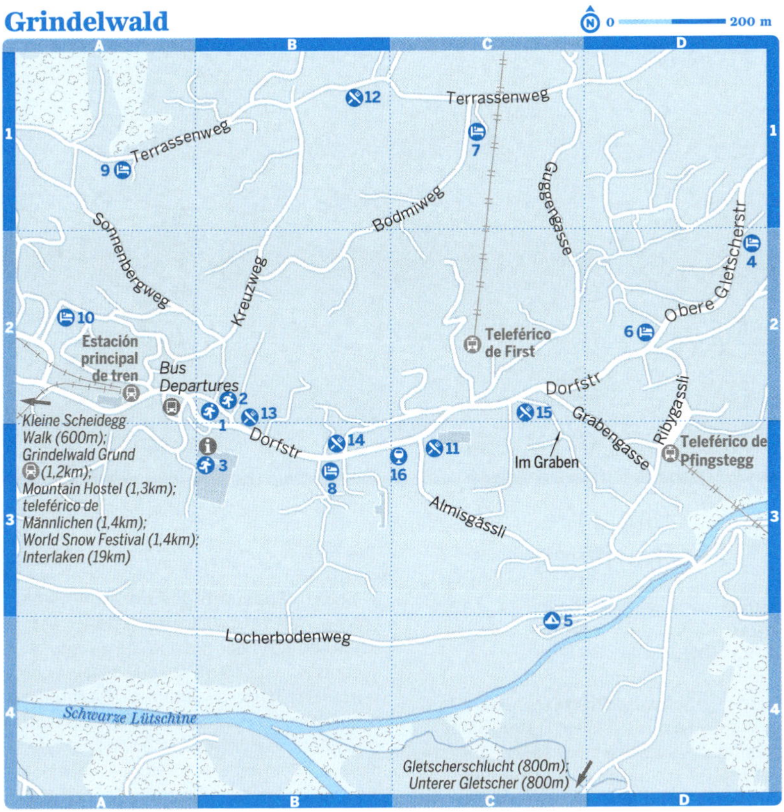

Grindelwald

Actividades, cursos y circuitos

1 Eiger Bike Challenge B2
2 Grindelwald Sports B2
3 Sportzentrum Grindelwald B3

Dónde dormir

4 Alpenblick D2
5 Gletscherdorf C4
6 Gletschergarten D2
7 Hotel Bodmi C1
8 Hotel Tschuggen B3
9 Naturfreundehaus A1
10 Romantik Hotel Schweizerhof A2

Dónde comer

11 C & M C3
12 Cafe 3692 .... B1
13 Grindel Lounge B2
14 Memory B3
15 Onkel Tom's Hütte C2

Dónde beber y vida nocturna

16 Avocado Bar C3

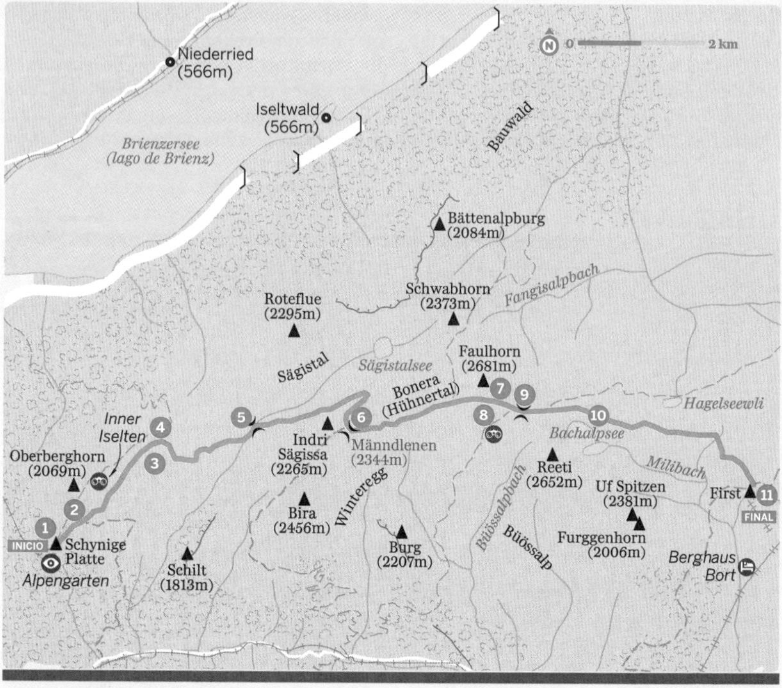

Circuito a pie
Faulhornweg

INICIO: SCHYNIGE PLATTE
FINAL: FIRST
DURACIÓN: 15 KM; 4½-5½ H

Desde ❶ **Schynige Platte** (p. 121; 1967 m) comienzan a verse el Eiger, el Mönch y el Jungfrau. Hay que caminar hacia el noreste, pasar el refugio alpino de ❷ **Oberberg** y seguir hasta ❸ **Louchera** (2020 m).

Se rodea por laderas con rocas sueltas el flanco oeste del ❹ **Loucherhorn** (2230 m), estilo cañón, para atravesar una baja cresta con hierba. El camino baja y sube antes de llegar a ❺ **Egg** (2067 m), un puerto jalonado de pedruscos a 1¼ o 1½ h de Schynige Platte.

Egg se abre hacia el noreste al Sägistal, valle de tundra alpina rodeado de sierras. En su punto más bajo, el azul Sägistalsee (1937 m) se escurre subterráneamente. Se bordea el lado sur del Sägistal bajo el Indri Sägissa antes de rodear el barranco de Bonera (o Hühnertal). Se sigue por una agreste zona kárstica hasta la ❻ **Berghaus Männdlenen,** refugio alpino entre árboles en el collado de Männdlenen (2344 m), 1- 1½ más allá.

Se sube una cuesta por una ancha cornisa entre paredes estratificadas hasta la cresta del Winteregg. Poco después de un desvío secundario, a 2546 m, hay que dirigirse hacia la izquierda hasta la cumbre del ❼ **Faulhorn** (2681 m), a 1 o 1¼ h de Männdlenen. Desde esta altura se divisa un espléndido panorama que se extiende desde el Eiger, Mönch y Jungfrau hasta los relucientes Brienzersee y Thunersee y, los días despejados, hasta la Selva Negra alemana y los Vosgos franceses. Justo debajo de la cumbre se halla el ❽ **Berghotel Faulhorn,** que data del s. XIX y es el hotel de montaña más antiguo y elevado de los Alpes.

Quizá se vean marmotas al descender a ❾ **Gassenboden** (2553 m), para después bajar hacia el este hasta la cuenca cubierta de hierba del ❿ **Bachalpsee** (2265 m). Este lago azul contrasta con los picos helados del Wetterhorn (3701 m), Schreckhorn (4078 m) y Finsteraarhorn (4274 m). Un camino muy trillado baja entre pastos al teleférico de ⓫ **First** (p. 127; 2167 m), a 1½-2 h del Berghotel Faulhorn.

Hotel Bodmi HOTEL €€
(☎033 853 12 20; www.bodmi.ch; Terrassenweg 104; i 198-218 CHF, d 256-312 CHF, f 369-435 CHF; Ⓟ📶) En este chalé de postal uno se despierta con vistas memorables del Eiger y con un cremoso queso de cabra, cortesía del rebaño de la casa. Rodeado de prados, se sitúa sobre la estación del teleférico de First y es una base estupenda para el senderismo en verano y el esquí en invierno. Para relajarse hay un *spa* y un restaurante (principales 22-44 CHF) que sirve comida alpina fresca.

Romantik Hotel Schweizerhof HOTEL HISTÓRICO €€€
(☎033 854 58 58; www.hotel-schweizerhof.com; Dorfstrasse; i incl. media pensión 265-370 CHF, d incl. media pensión 460-660 CHF; Ⓟ📶🏊) Lujo modernista en sus habitaciones elegantes, con cuartos de baño incorporados. El *spa* es fantástico, con bañeras de hidromasaje, salas de tratamientos, gruta de hielo y piscina con vistas de la montaña. En el restaurante usan hierbas y verduras del huerto.

Dónde comer y beber

★Cafe 3692 CAFÉ €
(☎033 853 16 54; www.cafe3692.ch; Terrassenweg 61; tentempiés y comidas ligeras 7-25 CHF; ⏲8.30-18.00 do-ma, hasta 24.00 vi y sa) Dirigido por Myriam y Bruno, es toda una delicia. Bruno es un experto e imaginativo carpintero: un manzano nudoso es una llamativa obra de arte, una vagoneta de mina se transforma en una parrilla y el techo es una ola de madera tallada. Los sabrosos platos del día incorporan hierbas de la huerta e ingredientes procedentes de Grindelwald.

Onkel Tom's Hütte PIZZERÍA €
(☎033 853 52 39; Im Graben 4; *pizzas* 13-33 CHF; ⏲12.00-22.00 vi-ma) Las mesas escasean en este chalé tipo establo muy acogedor. Sus deliciosas *pizzas* recién hechas se sirven en tres tamaños. La extensa carta de vinos incluye variedades de todo el mundo.

Grindel Lounge CAFÉ €
(www.grindellounge.ch; Dorfstrasse 119; tentempiés 7-24 CHF; ⏲9.00-20.00 ma-do) Este café-*lounge* tiene ambiente tranquilo y un toque *vintage*. Hay sofás de cuero donde relajarse con un chocolate a la taza o tentempiés como *foccacia*, ensaladas, *tarte flambée* y tartas caseras.

Memory SUIZA €€
(☎033 854 31 31; Dorfstrasse 133; principales 17-36 CHF; ⏲9.00-23.30) Siempre abarrotado, el restaurante sin pretensiones del Hotel Eiger prepara sabrosos platos suizos tipo *rösti*, *raclette* y *fondue*, además de pollo con salsa picante 'cristiana'. Se recomiendan las mesas de la terraza que da a la calle.

C & M SUIZA €€
(☎033 853 07 10; www.cundm-grindelwald.ch; Almisgässli 1; tentempiés 7,50-18 CHF, principales 29-49 CHF; ⏲9.00-23.00 mi-lu; 👪) Casi tan apetitosas como el menú son las vistas del Unterer Gletscher desde la terraza soleada de este café estilo galería. Se puede disfrutar de una ensalada, café y tarta o de platos de temporada como salmón ahumado y trucha con mantequilla a las finas hierbas. También ofrece menú infantil.

Avocado Bar BAR
(Dorfstrasse 158; ⏲15.00-0.30; 📶) Juvenil y divertido para ir después de esquiar y tumbarse en un puf de cuero con una copa o mirar a la gente en la terraza veraniega. Algunos miércoles hay música en directo.

Información

Oficina de turismo (☎033 854 12 12; www.grindelwald.ch; Dorfstrasse 110; ⏲8.00-18.00 lu-vi, 9.00-18.00 sa y do; 📶) La oficina de turismo del Sportzentrum dispone de folletos, mapas de senderismo, un ordenador con internet gratis y wifi. Fuera hay un tablón con información de alojamientos, aunque los empleados también reservan habitaciones si se les pide.

Cómo llegar y desplazarse

Grindelwald está en un desvío de la A8 desde Interlaken. Una carretera secundaria continúa desde el pueblo por el puerto de montaña de Grosse Scheidegg (1960 m). Está cerrada a los vehículos particulares, pero de mediados de junio a principios de octubre los autobuses postales (54 CHF, 2 ¼ h) recorren esta ruta panorámica con destino a Meiringen aprox. cada hora de 8.00 a 17.00. Hay teleféricos que suben a los montes que dominan Grindelwald, como el **First** (www.jungfrau.ch; ida y vuelta adultos/niños 66/33 CHF; ⏲8.30-17.00, hasta 16.15 in invierno), el Männlichen (p. 132) y el Pfingstegg (p. 123).

First

ALT. 2167 M

Con estupendas vistas al corazón de la zona del Jungfrau, esta cumbre menor es una estupenda base para caminatas alpinas. Tiene un precioso lago, sendas de montaña y emocionantes actividades y lo frecuentan tanto familias como amantes de la aventura y observadores de picos. Brinda impresionantes

INDISPENSABLE

TOBOGANES Y TIROLINAS

No solo los esquiadores adoran la nieve en polvo de First. En invierno también se puede pisar en el sendero nº 50 que lleva a Faulhorn (p. 128). De Faulhorn parte el **tobogán** (dic-abr) más largo (15 km) de Europa, accesible solo a pie.

Hay otras experiencias emocionantes, como la de **First Flyer** (adultos/niños 29/22 CHF, incl. teleférico 74/45 CHF; 10.00-17.30 fin jun y ago, hasta 16.30 sep, hasta 16.00 oct, 12.00-15.45 med ene-med abr), tirolina de First a Schreckfeld en la que se baja a velocidades de infarto, de hasta 84 km/h.

vistas de la temible cara norte del Eiger y el afilado Schreckhorn (4078 m).

Puntos de interés

Bachalpsee LAGO

Este lago glacial es de lo más fascinante en la quietud del amanecer, con la blanca pirámide del Schreckhorn reflejándose en sus aguas. Se halla a menos de 1 h de la estación superior del funicular de First andando a través de altos prados animados por flores silvestres y cencerros de vacas.

First Cliff Walk by Tissot MIRADOR

GRATIS Junto a la Berggasthaus First a unos 2200 m de altura, este nuevo mirador que se asoma 45 m al vacío brinda las panorámicas más alucinantes del valle y montes circundantes. No apta para quien tenga vértigo.

Actividades

First posee 60 km de pistas bien cuidadas, en su mayoría rojas, extensas y llenas de curvas, aptas para un nivel intermedio. Las laderas orientadas al sur son divertidas para esquiar entre arroyos y bosques. Quienes prefieran la tabla deberían pasar por los *kickers* de Bärgelegg o catar el *superpipe* de la estación de Schreckfeld.

Caminata de Faulhorn EXCURSIONISMO

Desde First hay una penosa caminata hasta Faulhorn (2681 m; 2½ h) que pasa por el Bachalpsee. El premio son unas vistas impagables del Jungfrau. En Faulhorn se puede almorzar y disfrutar del panorama de 360º. Desde aquí se puede continuar hasta la Schynige Platte (otras 3 h) y volver en tren o ir andando a Bussalp (1800 m; 1½ h) y regresar en el autobús nº 126 a Grindelwald (24 CHF, 27 min).

Trottibike DEPORTES DE AVENTURA

(adultos/niños 32/22 CHF; abr-oct) En la estación de funicular de First-Bort, ofrece sólidos *trotti-bike* (patinetes) para quien quiera embalarse bajando a Grindelwald entre prados y montes borrosos por la velocidad. Casco incluido en el precio de alquiler.

First Mountain Cart DEPORTES DE AVENTURA

(adultos/niños 19/15 CHF; jul-oct) Estos nuevos vehículos cruce de *kart* y trineo de ruedas resultan divertidos para embalarse bajando una pista de 3 km de Schreckfeld a Bort.

Dónde dormir

Berggasthaus First CABAÑA €€

(033 828 77 88; www.berggasthausfirst.ch; dc con desayuno adultos/niños 65/47 CHF, con media pensión 95/68 CHF, i/d 135/230 CHF;) Los madrugadores podrán contemplar un amanecer espectacular pernoctando en la rústica Berggasthaus First, junto a la estación superior del funicular de First. Los cuidados dormitorios y habitaciones forrados de pino están en el lugar ideal para disfrutar de la cima antes de que llegue el gentío. Vale la pena pagar por la media pensión.

Cómo llegar y salir

Los **teleféricos** (www.jungfrau.ch; ida y vuelta adultos/niños 66/33 CHF; 8.30-17.00, hasta 16.15 en invierno) suben cada 10 min aprox. de Grindelwald a First.

Kleine Scheidegg

El Eiger, el Mönch y el Jungfrau se elevan casi 2000 m por encima del Kleine Scheidegg (2061 m), donde los restaurantes se apiñan alrededor de la estación de tren. La gente suele quedarse aquí unos minutos mientras se hace transbordo para ir a Jungfraujoch, pero vale la pena detenerse un poco más para apreciar las vistas increíbles, como la del Silberhorn (un pico con forma de colmillo), y las estupendas sendas para caminantes en todas direcciones.

Kleine Scheidegg es una base fantástica para excursionistas. Hay senderos cortos y fáciles, de 1 h, que van a Eigergletscher, bajan a Wengernalp y suben al Lauberhorn, detrás del pueblo. De diciembre a abril estos caminos se convierten en pistas de esquí de nivel intermedio. Otra opción es andar los espectaculares 6 km del sendero del Eiger de Eigergletscher a Alpiglen (2 h), que permite ver de cerca su temible cara norte.

Dónde dormir y comer

En Kleine Scheidegg hay unos pocos alojamientos, en su mayor parte sencillos pero con vistas de lujo a los tres montes del Jungfrau.

Restaurant Grindelwaldblick ALBERGUE €
(☎033 855 13 74; www.grindelwaldblick.ch; dc 43-50 CHF, media pensión extra 25 CHF; ⏲cerrado nov y may) Si apetecen buenas vistas y sustanciosa comida montañesa, hay que alojarse aquí (alt. 2116 m).

Hotel Bellevue des Alpes HOTEL €€€
(☎033 855 12 12; www.scheidegg-hotels.ch; i 230-280 CHF, d 380-550 CHF) Laberíntico y evocador, el Hotel Bellevue des Alpes es un hotel victoriano antaño majestuoso. Está muy bien situado y desde él había gente que observaba con telescopio los accidentes de alpinistas en el Eiger.

Alpiglen SUIZA €€
(☎033 853 11 30; www.alpiglen.ch; principales 21-42 CHF; ⏲fin may-fin oct; 👪) Parece que el Eiger se puede rozar con los dedos desde la terraza de esta linda cabaña alpina a la antigua. Los platos de carnes secas y ahumadas y de *hobelchäs* (queso alpino) son lo adecuado tras una larga caminata. Hay opciones más sustanciosas, como *bratwurst* de la casa con *rösti*. Pensando en los niños, tiene menú y zona infantil.

Cómo llegar y salir

Para Kleine Scheidegg salen trenes cada media hora desde Wengen (24 CHF, 26 min) y Grindelwald (31 CHF, 33 min). Kleine Scheidegg es el punto de partida de los trenes a Jungfraujoch.

Jungfraujoch

La subida en tren a Jungfraujoch (3454 m) es un clásico de Suiza. La atrevida ruta de ferrocarril terminada en 1912 atraviesa el Eiger y hoy lleva a más de dos millones de personas al año por uno de los parajes de alta montaña más fabulosos de Europa.

El espectáculo de glaciares y torres de 4000 m es asombrosamente bello. Se verá la lengua de 23 km salpicada de morrenas del glaciar Aletsch, el más largo de los Alpes y declarado Patrimonio Mundial. En los días claros las vistas de las cumbres se extienden hasta la Selva Negra alemana. La aledaña estación meteorológica Sphinx tiene en su interior esculturas de hielo, restaurantes, miradores y tiendas de recuerdos.

Puntos de interés y actividades

★ **Jungfraujoch** MONTE, MIRADOR
(www.jungfrau.ch; ida y vuelta Interlaken Ost-Jungfraujoch 210,80 CHF, Kleine Scheidegg–Jungfraujoch 128 CHF; ⏲trenes 8.00-18.43 may-sep, horario reducido resto del año) Cada año dos millones de personas realizan el irrepetible viaje a Jungfraujoch, la estación de tren más alta de Europa (3454 m). La emoción aumenta cuando el tren que sube traqueteando desde Kleine Scheidegg se introduce en el helado Eiger para salir en la estación meteorológica Sphinx. En la cumbre se abre el sensacional panorama del glaciar Aletsch y el interminable mar de picos alpinos. Además de las vistas, hay un Palacio de Hielo y el Snow Fun Park. Imprescindible llevar ropa de abrigo y calzado resistente.

Glaciar Aletsch GLACIAR, MIRADOR
Jungfraujoch disfruta de magníficas vistas al glaciar más largo de los Alpes: el Aletsch, de 23 km, que se abre paso entre picos que rondan los 4000 m de altura. El glaciar es la guinda de la zona Jungfrau-Aletsch, declarada Patrimonio Mundial de la Unesco. De finales de junio a principios de octubre Grindelwald Sports (p. 123) ofrece caminatas de dos días por el glaciar, dirigidas por expertos guías de montaña.

Dónde dormir

Mönchsjochhütte CABAÑA
(☎033 971 34 72; www.moenchsjoch.ch; dc 28 CHF, incl. media pensión 64 CHF; ⏲fin mar-med oct) En el monte, a 3650 m de altura, se compartirá mesa y dormitorio con avezados escaladores que se preparan mentalmente para atacar el Eiger o el Mönch. Vale la pena el madrugón para ver salir el sol.

Cómo llegar y salir

Desde Interlaken Ost a Jungfraujoch hay dos rutas de tren distintas: una va por Lauterbrunnen, Wengen y Kleine Scheidegg; y la otra, por Grindelwald y Kleine Scheidegg. En ambos casos el viaje dura 2¼-2½ en cada sentido y cuesta 210,80 CHF ida y vuelta. El último tren de vuelta

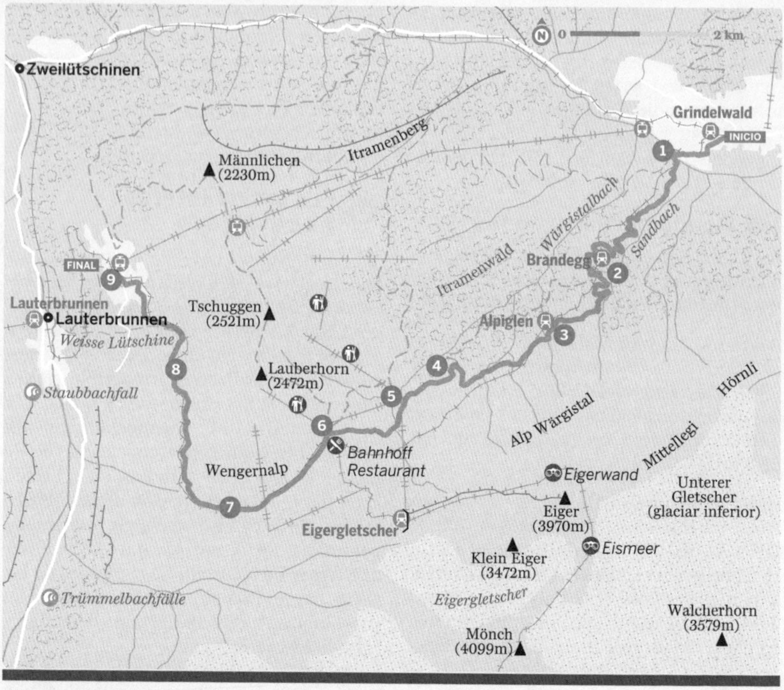

Circuito a pie
Kleine Scheidegg

INICIO: GRINDELWALD
FINAL: WENGEN
DURACIÓN: 15 KM; 5½-6 H

Tras cruzar las vías de tren en ❶ **Grindelwald Grund** se toma a la izquierda hacia Kleine Scheidegg; hay impresionantes vistas al sureste a la corona calcárea del Wetterhorn (3701 m) y el Unterer Gletscher. La imponente cara norte del Eiger se acerca aún más al seguir la empinada senda que bordea el arroyo Sandbach antes de entrar y salir de bosque. Tras pasar bajo un puente de tren, se llega al ❷ **Restaurant Brandegg,** a 1 h aprox. de Grindelwald.

En la carretera se toma la segunda a la izquierda, señalizada para Alpiglen, y se sube por una senda de grava pasando por un bosque, para continuar la vía férrea del Wengernalpbahn. La ruta serpentea por campos salpicados en verano de gencianas y cardos para pasar bajo un pequeño túnel de tren antes de llegar al rústico y delicioso ❸ **Alpiglen,** a 2-2½ h de Grindelwald Grund.

La senda sube suave ahora, bordeando por abajo la cara norte del Eiger y atravesando ondulados pastos. Se pasa junto a bosquetes de pinos y granjas en la hondonada de ❹ **Mettla** (1809 m).

Se asciende hasta los remontes de ❺ **Arvengarten** para seguir por las laderas a una cota de unos 2000 m. Este puerto menor ofrece vistas cercanas del Eiger (3970 m), Mönch (4099 m) y Jungfrau (4158 m). Avanzando por las laderas bajo la vía de tren se llega a ❻ **Kleine Scheidegg** (p. 128), a 1¼-1¾ h de Alpiglen.

Desde la estación de tren de Kleine Scheidegg el descenso ofrece más vistas alucinantes de los 'tres grandes' y la perlada aleta del Silberhorn (3695 m) antes de alcanzar ❼ **Wengernalp** (1874 m). Las espléndidas vistas abarcan el Gspaltenhorn y el Schilthorn, antes de bajar a la profunda depresión glaciar del Lauterbrunnental. Una senda va hacia el norte por bosquetes alpinos y cruza de nuevo la vía férrea, desde donde un sendero bien marcado bordea las laderas vía ❽ **Allmend** hasta ❾ **Wengen** (p. 133), pueblo sin coches a 1½-2 h de Wengernalp.

sale de Jungfraujoch a las 18.43 en verano y a las 16.43 en invierno.

Nótese que, al ser válido durante un mes y permitir parar por el camino y hacer el viaje en etapas, el billete normal de ida y vuelta puede convertirse en el eje de un amplio recorrido por la región del Jungfrau. Por ejemplo, desde Interlaken Ost se va hasta Grindelwald para quedarse unos días haciendo senderismo antes de proseguir hasta Kleine Scheidegg, Jungfraujoch, Wengen y Lauterbrunnen.

De principios de mayo a finales de octubre se puede aprovechar el Good Morning Ticket, más barato (145 CHF): exige salir en uno de los dos primeros trenes de Interlaken Ost (6.35 o 7.05) y en la cumbre tomar uno de regreso no más tarde de las 13.13.

Es más fácil tomar estos trenes si uno se aloja cerca. Así, durmiendo en Kleine Scheidegg se tendrá el descuento Good Morning (95 CHF ida y vuelta en vez de 128 CHF) si toma uno de los dos primeros trenes de Kleine Scheidegg a Jungfraujoch (8.00 y 8.30)

Con el Swiss Travel Pass se viaja gratis hasta Grindelwald o Wengen y se obtiene una rebaja del 25% en el trayecto restante hasta la cumbre del Jungfraujoch.

Lauterbrunnen

2452 HAB./ ALT. 796 M

Las cataratas de Staubbach, en Lauterbrunnen, inspiraron poemas a Goethe y Lord Byron. Hoy este pueblo de postal, sumido en las profundidades del valle de 72 cascadas, atrae a visitantes menos célebres. Apacible y lleno de alojamientos tipo chalé, Lauterbrunnen es una buena base para caminatas y escaladas y un imán para los practicantes del salto BASE.

Puntos de interés y actividades

Entre los senderos que suben desde el valle hay uno de 2½ h a Mürren y otro más suave de 1¾ h a Stechelberg. En invierno la gente se desliza junto a cascadas heladas en un sendero de 12 km campo a través.

Para ver a los saltadores BASE en acción hay que ir a la estación de Schilthorn.

★Staubbachfall CASCADAS
(cascada del Staubbach; ⌚8.00-20.00 jun-oct) Sobre todo muy temprano se entiende por qué tantos escritores quedaron cautivados por la cascada del Staubbach (297 m de alto). Pero lo que de lejos parece una bruma finísima de cerca se convierte en un torrente que empapa a los visitantes. Conviene llevar calzado resistente para la subida, que es corta pero empinada.

★Trümmelbachfälle CASCADA
(cascadas Trümmelbach; www.truemmelbachfaelle.ch; adultos/niños 11/4 CHF; ⌚9.00-17.00 abr-nov) Estas cascadas glaciares son un espectáculo estruendoso. Más de 20 000 litros de agua por segundo excavan barrancos y cuevas. Las diez cascadas se nutren de 24 km² de glaciares alpinos y depósitos de nieve. Se llega en 45 min andando desde Lauterbrunnen o en el autobús nº 141 desde la estación de tren.

Doris Hike EXCURSIONISMO
(☎033 855 42 40; www.doris-hike.ch) Ofrecen varias opciones de excursiones guiadas: glaciares, cascadas y alta montaña.

Dónde dormir

Gran parte de la zona turística se halla en una única calle y no siempre los locales tienen una dirección oficial, pero al entrar en el pueblo hay letreros de hoteles que ayudan a orientarse.

Valley Hostel ALBERGUE €
(☎033 855 20 08; www.valleyhostel.ch; Fuhren; dc 30-36 CHF, d 38-43 CHF; P 📶) Apacible y dirigido por una familia. Cuenta con cocina de planta abierta, jardín con vistas de la cascada del Staubbach, lavandería y wifi gratis. La mayoría de sus dormitorios colectivos, amplios y forrados de pino, tienen balcones. Ayudan a organizar actividades de todo tipo, desde parapente a barranquismo.

Chalet im Rohr PENSIÓN €
(☎033 855 21 82; www.chaletimrohr.ch; Im Rohr 424; h por persona 33 CHF; 📶) Con geranios rojos en verano, este encantador chalé de 400 años es una ganga. Habitaciones estilo años setenta, modestas pero limpísimas, y un balcón comunitario enorme con vistas a la Staubbachfall.

Camping Jungfrau CAMPING €
(☎033 856 20 10; www.camping-jungfrau.ch; Weid 406; parcelas por adultos/tienda/automóvil 10/13/4 CHF, dc 30-35 CHF; P 📶) Con vistas alucinantes de los montes y las cascadas, ofrece además acogedores dormitorios y cabañas para quien desee más comodidad. Instalaciones de primera: cocina, quiosco, alquiler de bicicletas y wifi. ¡Y una ducha para perros!

Hotel Staubbach HOTEL €€
(☎033 855 54 54; www.staubbach.com; Im Rohr; d 130-180 CHF, tr 220-250 CHF, c 250-290 CHF;

MERECE LA PENA

MÄNNLICHEN

A 2230 m de altitud en la cresta que separa los valles de Grindelwald y Lauterbrunnen, **Männlichen** (www.maennlichen.ch; teleférico Wengen-Männlichen ida/ida y vuelta 23/46 CHF; ⏲cada 20 min 8.30-16.50) es uno de los mejores miradores de la región. El **teleférico** (www.maennlichen.ch; adultos/niños 30/15 CHF; ⏲8.15-17.00) más largo de Europa une Grindelwald Grund y Männlichen. Hay otro que sube desde Wengen por el otro lado de la cresta.

Tras andar 10 min desde la estación superior de Männlichen, se llegará a las vistas de la cumbre. En la punta sur de la cordillera están Tschuggen (2520 m) y Lauberhorn (2472 m), con los 'tres grandes' asomando detrás. Aquí se aprecia la diferencia entre los dos valles: el de Grindelwald a la izquierda y el de Lauterbrunnen a la derecha, con su forma de "u" excavada por el glaciar. Al norte se ve parte del Thunersee.

Para tener preciosas vistas del helado macizo del Jungfrau vale la pena hacer el paseo de 1½ h de **Panoramaweg** a **Kleine Scheidegg** (p. 128). Para los niños es más entretenido el **Felixweg** (www.felix-weg.ch; 👪), paseo en el que se ve fauna y flora alpina y hay zonas de barbacoas.

En invierno Männlichen es idóneo para esquiar a la sombra del Eiger, el Mönch y el Jungfrau. El forfait de un día cuesta 63/32 CHF adultos/niños. Una alternativa es bajar en trineo (45 min.) hasta Holenstein, sorteando bañeras y curvas muy cerradas.

Si se desea pernoctar, se puede subir a pie a la rústica **Berggasthaus Männlichen** (☎033 853 10 68; www.berghaus-maennlichen.ch; i 80-95 CHF, d 150-180 CHF; ⏲jun-oct), sencillo alojamiento con sublimes vistas.

P📶) Las luminosas habitaciones de este hotel antiguo y majestuoso están inmaculadas; las mejores poseen balcones con vistas a la cascada del Staubbach. Hay ambiente social en el salón, con café gratis y zona de juegos para niños.

✕ Dónde comer y beber

Airtime CAFÉ €

(☎033 855 15 15; www.airtime.ch; tentempiés y comidas ligeras 6-15,50 CHF; ⏲9.00-18.00; 📶) Moderno café con intercambio de libros, lavandería y agencia de deportes extremos. Se puede usar el wifi gratis u hojear un libro tomando granola tostada *in situ*, sándwiches, empanadas y bizcochos caseros (como el de chocolate sin gluten). También reservan excursiones muy emocionantes de escalada en hielo, barranquismo y *puenting*.

Flavours CAFÉ €

(☎033 855 36 52; www.flavours.ch; tentempiés y comidas ligeras 8-18 CHF; ⏲9.00-18.00; 📶) Si apetece un desayuno generoso de huevos con beicon, una hamburguesa, ensalada, unas tartas caseras con café tostado en la zona o un zumo recién hecho, este es el lugar indicado. Ocupa una antigua panadería y se abre a una terraza con pufs y ambiente relajado.

Hotel Oberland SUIZA €€

(☎033 855 12 41; *pizza* 16-24,50 CHF, principales 22-40 CHF; ⏲11.30-21.00) La terraza hacia la calle siempre está llena. En la carta hay platos clásicos suizos e internacionales: desde *fondues* hasta *pizzas*, curri de verduras y mezclas como el *rösti* al estilo de la India. También hay muchos platos vegetarianos.

Horner Bar BAR

(☎033 855 16 73; Hotel Horner; ⏲9.30-2.30; 📶) Los saltadores BASE cuentan sus hazañas en este animado *pub*. El ambiente se vuelve más discotequero a medida que avanza la noche. Dan acceso a internet y wifi gratis a quien consume una bebida.

ℹ Información

Oficina de turismo (☎033 856 85 68; www.lauterbrunnen.swiss; Stutzli 460; ⏲8.30-12.00 y 14.00-18.30 jun-sep, horario reducido resto del año) Frente a la estación de tren.

ℹ Cómo llegar y salir

Frecuentes trenes cubren el breve trayecto desde Interlaken (7,60 CHF, 21 min). Lauterbrunnen, que da nombre a su valle, es un importante trampolín para localidades alpinas como Wengen (6,80 CHF, 14 min) por tren y Mürren (11,40 CHF, 23 min) por teleférico/tren.

ℹ Cómo desplazarse

En las estaciones de Wengen y Mürren están prohibidos los automóviles, pero hay un **aparcamiento** (☎033 828 74 00; www.jungfraubahn.ch; por día/semana 14/84 CHF) cerca de la estación. Se aconseja reservar con antelación. También hay otro aparcamiento al aire libre junto a la estación del teleférico de Stechelberg (10 CHF/día).

Wengen

1300 HAB./ ALT. 1274 M

Sito en la cornisa de una montaña, este pueblo atrae por sus 'vistas celestiales'; además, el hecho de que solo se pueda llegar en tren le da un toque romántico. Sentado en un banco frente a la iglesia, uno puede disfrutar de una puesta de sol fantástica: la catarata del Staubbach, el valle de Lauterbrunnen y los gigantes cubiertos de glaciares del Jungfrau. En invierno Wengen se transforma en una estación de esquí muy discreta, ideal para familias.

Fiestas y celebraciones

Lauberhornrennen ESQUÍ
(www.lauberhorn.ch; med-ene) Wengen es noticia porque celebra la **Copa del Mundo de Esquí Alpino de Lauberhorn,** donde los profesionales alcanzan velocidades de 160 km/h.

Dónde dormir

Hotel Bären HOTEL €€
(033 855 14 19; www.baeren-wengen.ch; i 190-280 CHF, d 260-310 CHF, f 390-490 CHF, todo incl. media pensión;) Pasadas las vías del tren y siguiendo colina abajo se llega a este acogedor chalé de madera. Ofrece habitaciones luminosas con parqué y vistas maravillosas de las montañas. La amable familia Brunner sirve un generoso desayuno y cena (incluidos en la media pensión).

Hotel Edelweiss HOTEL €€
(033 855 23 88; www.edelweisswengen.ch; Am Acher; i 85-100 CHF, d 170-200 CHF;) Con increíbles vistas del Jungfrau desde sus numerosos balcones, este chalé familiar de varios pisos está a 5 min a pie bajando de la estación de tren. Además tiene sauna, zona infantil y precios moderados para ser Wengen.

Hotel Berghaus HOTEL €€
(033 855 21 51; www.berghaus-wengen.ch; i 105-165 CHF, d 210-330 CHF;) Integrado en el bosque, este chalé familiar está a un paseo de 5 min del centro del pueblo. Las habitaciones son luminosas, amplias y muy tranquilas; se aconsejan las que dan al sur, con vistas maravillosas del Jungfrau. Se puede llamar antes para concertar la recogida en la estación.

Dónde comer y beber

Restaurant Bären SUIZA €€
(033 855 14 19; principales 30-53 CHF; 8.00-13.30 y 17.00-23.30 lu-vi, 17.00-23.30 sa y do;) Excelente, anexo al hotel homónimo, da un toque creativo a la tradición y se precia de usar carnes de cría local, caza de la zona y hortalizas, hierbas y flores comestibles de su huerto. Sirve desde ternera con *risotto* de fresas hasta *spätzle* vegetarianos con setas estofadas. Hay postres inesperados como *mousse* de castaña y *parfait* de pipas de calabaza y *wasabi*.

★ **Restaurant 1903** SUIZA €€€
(033 855 34 22; www.hotel-schoenegg.ch; principales 35-58 CHF; 18.30-22.00, cerrado may y med oct-med dic) En el Hotel Schönegg el chef Sylvain Stefanazzi Ogi sirve platos de temporada. Su comedor, forrado de madera de pino e iluminado con velas, es muy acogedor en invierno y la sombreada terraza que da a la montaña es estupenda en verano.

Tanne Bar BAR
(16.00-hasta tarde) En la calle principal, en invierno este acogedor bar forrado de madera se llena de esquiadores escandinavos y suizos tomando *glühwein* tras esquiar y cócteles al avanzar la noche.

Información

Oficina de turismo (033 856 85 85; www.wengen.ch; 9.00-18.00, hasta 21.00 jul y ago, cerrado sa y do nov, mar y abr;) Junto al teleférico del Männlichen.

Cómo llegar y salir

Dos trenes suben cada hora a Wengen desde Lauterbrunnen (6,80 CHF, 14 min)

Stechelberg

260 HAB. / ALT. 922 M

Esta aldea, refugio de senderistas, es el mejor lugar para apreciar a fondo el valle de Lauterbrunnen, con las 72 cascadas desplomándose por paredes verticales de roca. Y la mejor época es la del deshielo en primavera o tras un buen chaparrón.

El **sendero Stechelberg-Lauterbrunnen** (6,7 km) permite vislumbrar algunas de las cascadas más impresionantes del valle, como la Trümmelbachfälle (p. 131); calcúlense unas 2 h ida. Empieza en la parada de autobús del Hotel Stechelberg.

Maravillosamente rural, el **Alpenhof Stechelberg** (☎033 855 12 02; www.alpenhof-stechelberg.ch; i/d 30/60 CHF, tr 60-100 CHF; P) ofrece habitaciones luminosas y bien arregladas, con fantástica relación calidad-precio. Sirven un sustancioso desayuno con lácteos de la zona por 12 CHF.

El frecuente autobús nº 141 une Stechelberg y Lauterbrunnen (4,40 CHF, 19 min), donde hay numerosas conexiones a Interlaken y localidades circundantes.

Mürren

450 HAB./ ALT. 1650 M

Si uno llega una noche despejada en el tren de Grütschalp a Mürren creerá que es posible tocar las cumbres del otro lado del valle. Y entonces pensará que ha muerto y se halla en el Cielo de Heidi. Sin coches, con bajos chalés de madera y fastuosas vistas al Eiger, Mönch y Jungfrau, este pueblo compendia los Alpes suizos.

Puntos de interés y actividades

Allmendhubel MONTE

(👪) En verano el **funicular Allmendhubel** (www.schilthorn.ch; ida y vuelta adultos/niños 14/7 CHF; ⏲cada 20 min 9.00-17.00) sube a un restaurante panorámico y a la zona de relajación **Skyline Chill,** con unas tumbonas que garantizan vistas envolventes de las montañas. A los niños les encantan las mariposas gigantes, las madrigueras de marmotas y las flores alpinas del **parque de aventuras.**

Sendero de la Cara Norte EXCURSIONISMO

Uno de los muchos que parten de la estación superior del funicular Allmendhube, este espectacular sendero de 1½ h va hacia el oeste vía Schiltalp, atravesando floridos prados con amplias vistas a los glaciares y las cascadas del valle de Lauterbrunnen y a la monstruosa cara norte del Eiger; llévense prismáticos para espiar a audaces escaladores.

Swiss Ski School ESQUÍ

(☎033 855 12 47; www.swiss-snowsports-muerren.ch; Haus Finel, Inder Gruben; ⏲9.00-12.30 y 13.30-17.00) La escuela de esquí de Mürren imparte clases de esquí y *snowboard,* particulares y en grupo, también para niños.

Fiestas y celebraciones

Carrera Inferno ESQUÍ

(www.inferno-muerren.ch) Mürren es famoso por esta carrera de esquí que baja desde Schilthorn entre mediados y finales de enero. Se celebra desde 1928 y hoy atrae a 1800 esquiadores aficionados que compiten a lo largo de 16 km. También es la causa de todos los suvenires diabólicos.

INDISPENSABLE

TENSIÓN EN LAS ALTURAS

¿Sed de aventuras? Hay pocas más emocionantes que la **Klettersteig** (☎033 856 86 86; www.klettersteig-muerren.ch; ⏲med jun-oct) de Mürren. Esta *via ferrata* (ruta con cables; 2,2 km) de alta montaña es una de las más impactantes de Suiza y se retuerce por paredes de caliza aterradoras hasta Gimmelwald. Con un arnés, un casco y un mosquetón, uno puede hacer alpinismo por escaleras que atraviesan precipicios, conducen a una tirolina –¡Eiger, allá voy!– y un puente colgante de 80 m de largo. Se puede alquilar el equipo por 28 CHF/día en **Intersport** (☎033 855 23 55; www.staegersport.ch/muerren; Chalet Enzian; ⏲9.00-12.00 y 13.00-18.00), cerca de la entrada de Klettersteig, o ir con un guía por 95 CHF contactando con **Bergsteigen für Jedermann** (☎033 821 61 00; www.be-je.ch).

Dónde dormir

Los hoteles están diseminados por las calles entre las estaciones de tren y de funicular. En verano los precios son hasta un 30% más baratos que en invierno. No todos los hoteles tienen dirección oficial, pero Mürren es tan pequeño que no cuesta encontrarlos.

Eiger Guesthouse PENSIÓN €€

(☎033 856 54 60; www.eigerguesthouse.com; i 95-140 CHF, d 120-200 CHF, c 180-250 CHF; 📶) Céntrico y con una relación calidad-precio estupenda. Las habitaciones están limpísimas (las mejores con vistas al Eiger) y el *pub* ofrece comida sabrosa (principales 21-41 CHF) y un buen surtido de cervezas de barril.

Hotel Alpenruh HOTEL €€

(☎033 856 88 00; www.alpenruh-muerren.ch; i 140-220 CHF, d 200-280 CHF; 📶) Un chalé adornado con máscaras extrañas para ahuyentar a los espíritus malignos y detalles similares, así como habitaciones amplias de madera de pino. Los huéspedes recomiendan su servicio, su comida (principales 19-45 CHF) y las vistas imbatibles del Jungfrau.

★ Hotel Eiger HOTEL €€€

(☎033 856 54 54; www.hoteleiger.com; i 183-228 CHF, d 275-370 CHF, ste 420-1250 CHF;) Enorme chalé de madera con habitaciones elegantes y contemporáneas. El servicio es de primera, al igual que las vistas desde la piscina, cuyos ventanales enmarcan el Eiger, el Mönch y el Jungfrau. El restaurante es de los mejores de Mürren.

Dónde comer

Tham's ASIÁTICA €

(☎033 856 01 10; principales 15-30 CHF; ⏲11.30-21.00) Platos chinos, tailandeses y de otras cocinas asiáticas preparados por un chef que trabajó en un cinco estrellas.

Stägerstübli SUIZA €€

(☎033 855 13 16; www.staegerstuebli.ch; principales 21-38 CHF; ⏲11.00-23.30) Frecuentado por lugareños, es el típico chalé acogedor donde uno desea que empiece a nevar. Con toques de temporada, la carta aprovecha el producto local en platos como estofado de ternera con cebolletas y *spätzli* caseros con ajo de oso.

Restaurant La Grotte SUIZA €€

(☎033 855 18 26; Hotel Blumental; principales 15-45 CHF; ⏲11.00-14.00 y 17.00-21.00) Repleto de cencerros y calderos, algo *kitsch* y rústico, es tan turístico como divertido. *Fondues* y flambeados muy recomendables.

Información

La oficina de turismo (☎033 856 86 86; www.mymuerren.ch; ⏲8.30-12.00 y 13.00-17.15;) está en el polideportivo.

Cómo llegar y salir

Lo más rápido y cómodo para ir a Mürren desde Lauterbrunnen es tomar el funicular hasta Grutschalp (4 min) y ahí un tren a Mürren (14 min, precio total ida 11,40 CHF).

Gimmelwald

130 HAB. / ALT. 1367 M

Esta pequeña aldea es refugio de senderistas y aventureros que huyen de las multitudes. Pero ya no es un secreto y su alucinante paisaje, rústica autenticidad y sensación de paz no dejan de atraer un flujo constante de nuevos admiradores.

Hay varios senderos cerca: uno que baja desde Mürren (30-40 min) y otro que sube desde Stechelberg (1¼ h).

Dónde dormir

Gimmelwald ofrece unos pocos sitios, rústicos y acogedores, todos ellos en un radio de 5 min a pie del teleférico.

★ Esther's Guest House PENSIÓN €

(☎033 855 54 88; www.esthersguesthouse.ch; Kirchstatt; i 60-90 CHF, d 120-180 CHF, apt 240-250 CHF;) En el 2017 este encantador B&B familiar pasó de Esther y André a su hijo Uri y su esposa Dana, que mantienen el mismo ambiente acogedor y atención al bienestar de sus huéspedes. Las impecables habitaciones tienen luz a raudales y los apartamentos son ideales para familias. La del ático, con el techo abuhardillado y la ventana para ver las estrellas, es preciosa.

Mountain Hostel ALBERGUE €

(☎033 855 17 04; www.mountainhostel.com; dc 45 CHF;) Una leyenda para los mochileros, básico y de techos bajos, está encima del teleférico de Gimmelwald y tiene un ambiente muy cordial. Tras una agotadora jornada de excursión, se descansa en las hamacas del jardín mirando al monte, se juega al billar o se toma *pizza* y cerveza en el bar (único lugar del pueblo donde beber y comer).

Hotel Mittaghorn PENSIÓN €

(☎033 855 16 58; mittaghorn@gmail.com; Poeschenried 39; d 100-120 CHF, tr 140-150 CHF, c 180 CHF; ⏲may-oct;) Chalé de madera con una ubicación espléndida. Habitaciones sencillas y acogedoras y baños compartidos con duchas de pago.

Cómo llegar y salir

A Gimmelwald solo se llega a pie o en teleférico; el viaje de 5 min bajando de Mürren o subiendo de Stechelberg cuesta 6,20 CHF. El autobús nº 141 une la estación del teleférico de Stechelberg con la de tren de Lauterbrunnen (14 min).

LOS LAGOS

Nadie que haya viajado a Interlaken por primera vez desde Berna olvidará el momento en que vio el Thunersee (lago de Thun). Más de uno emite un grito ahogado al ver los imponentes Alpes sobre las aguas turquesas.

El Brienzersee (lago de Brienz), que bordea Interlaken por el este, deslumbra igualmente por su color aguamarina y las escarpadas montañas de fondo.

Thun

Thun

43 500 HAB./ ALT. 559 M

Es la típica ciudad medieval suiza de cuento, rodeada de montes a orillas del azul río Aar y coronada por un castillo. Además de historia tiene una vitalidad juvenil, con animados cafés de ribera donde la gente goza del sol y singulares *boutiques* en inusitados soportales.

Puntos de interés

La oficina de turismo ofrece circuitos guiados de 1½ (15 CHF/persona) que abarcan el castillo y el casco antiguo los sábados de mayo a noviembre y los miércoles de julio y agosto. Quien desee disfrutar de un panorama de 360º de Thun, el lago y las montañas heladas del Jungfrau puede ir andando (20 min) al sur del centro hasta el mirador Jakobshübeli.

★Schloss Thun CASTILLO

(www.schlossthun.ch; Schlossberg 1; adultos/niños 10 CHF/gratis; ⌚10.00-17.00) En lo alto de un monte y con 900 siglos de historia a sus espaldas, este castillo parece de fantasía, coronado por varias torres y con unas vistas magníficas del lago y de los Alpes. Perteneció al duque Bertoldo V, de la poderosa familia Zähringen. Hoy alberga un museo que expone reliquias prehistóricas y romanas, tapices, piezas de mayólica y armaduras.

Thun Altstadt CENTRO HISTÓRICO

Es un placer pasear por el atractivo casco antiguo, cuyas plazas y callejuelas albergan algunas casas de los ss. XV y XVI. El **Untere Schleusenbrücke,** de 300 años, es un puente cubierto de madera que en verano se convierte en una masa de flores rosas y moradas. La cercana **Obere Hauptgasse** es una calle separada en niveles y engalanada con banderas, cuyos soportales ocultan *boutiques* y ga-

Thun

Principales puntos de interés
1 Schloss Thun C2

Puntos de interés
2 Thun Altstadt C2

Actividades, cursos y circuitos
3 Flussbad Schwäbis B1

Dónde dormir
4 Schwert C1
5 Spedition Thun A2
6 Zunfthaus zu Metzgern C2

Dónde comer
7 Beau-Rivage da Domenico D3
8 Genuss am Fluss C2
9 Mani's Coffee & Bagels C4

Dónde beber y vida nocturna
10 Atelier Classic Bar C2

Ocio
11 Konzepthalle6 .... A1

lerías. En el extremo norte de la calle está la *Rathausplatz,* una plaza adoquinada, con una fuente y rodeada de edificios con soportales.

Schadau Park JARDINES
GRATIS Este bello jardín botánico a orillas del lago, con sublimes vistas del macizo del Jungfrau en días claros, se cubre de tulipanes y azafrán en primavera, rododendros en verano y hayas doradas en otoño. Aquí se halla el rosado Schloss Schadau (ahora restaurante), de mediados del s. XIX; la **Kirche Scherzlingen** (www.scherzligen.ch; ⌚10.00-18.00 abr-oct), del 762; y el **Panorama de Thun** (Schadau Park; adultos/niños 9 CHF/gratis; ⌚11.00-17.00 ma-do), de 360º y pintado a principios del s. XIX, uno de los más antiguos del mundo de su tipo.

Schloss Oberhofen CASTILLO
(www.schlossoberhofen.ch; adultos/niños 10/2 CHF; ⌚11.00-17.00 ma-do med may-fin oct) Bellamente enclavado al borde del lago, fue arrebatado a los Habsburgo tras la batalla de Sempach (1386) y hoy muestra la vida bernesa de los ss. XVI-XIX. Se puede ver la capilla decorada con frescos, el ornamentado salón napoleónico y el fumadero turco. El **jardín inglés** ofrece vistas maravillosas de los Alpes berneses. Oberhofen está a 25 min de Thun en barco (ida/ida y vuelta 13/22 CHF). Si no, se tardan 20 min en el autobús nº 21 (3 CHF).

Schloss Hünegg CASTILLO
(www.schlosshuenegg.ch; Staatstrasse 52, Hilterfingen; adultos/niños 9/3 CHF; ⌚14.00-17.00 lu-sa y 11.00-17.00 do med may-med oct) Inspirado en los *chateaux* franceses del Loira, este capricho de un rico barón prusiano con torrecillas plateadas es un deleite de estilos *art nouveau* y neorrenacentista, con fabulosos salones decimonónicos estucados.

Actividades

Flussbad Schwäbis NATACIÓN
(Grabenstrasse 40; adultos/niños 4,50/2,50 CHF; ⌚9.00-19.00 may-ago, hasta 18.00 sep) Ideal para refrescarse en las aguas turquesas del río Aar, esta piscina al aire libre tiene una zona de toboganes y un arenero para niños.

Thunersee DEPORTES ACUÁTICOS
(lago de Thun) En verano el lago y sus aledaños ofrecen refrescantes actividades, desde bañarse y dar vueltas en barco a buceo, *windsurf,* esquí acuático, *wakeboard,* vela y surf de remo. En el folleto *Thunersee,* de la oficina de turismo de Thun, constan todos los centros y escuelas, al igual que en la web.

Fiestas y celebraciones

Schlosskonzerte MÚSICA
(www.schlosskonzerte-thun.ch; ⌚jun) Abarcando desde música clásica hasta *jazz,* esta serie de conciertos se celebra con el Schloss Thun de telón de fondo (y en otras varias sedes culturales).

Dónde dormir

Zunfthaus zu Metzgern HOTEL HISTÓRICO €
(☎033 222 21 41; www.zumetzgern.ch; Untere Hauptgasse 2; i/d/tr sin baño 71/139/200 CHF) En la plaza más bonita de Thun destaca esta casa de 700 años. Sus cuidadas habitaciones están decoradas con llamativas obras de arte. El chef usa ingredientes orgánicos de cultivo local para preparar platos como cordero con albaricoques caramelizados y trucha arcoíris con salsa de higos y vainilla.

Spedition Thun DISEÑO HOTEL €€
(☎033 550 59 09; www.speditionthun.ch; Gewerbestrasse 4; i 145 CHF, d 190-254 CHF; P 📶) Un soplo de aire nuevo a la oferta de Thun, ha recibido el Prix Versailles de la Unesco al mejor interior hotelero de Europa en el 2017. Las 15 habitaciones combinan a la perfección el sabor de un edificio histórico protegido con cálidos tonos tierra, lujosas telas, mobiliario *vintage* y baños ultramodernos.

MERECE LA PENA

SCHILTHORN

En días claros nada supera el panorama de 360° y 200 picos desde la cima de este monte de 2970 m, que abarca desde Titlis al Mont Blanc y la Selva Negra alemana.

Aun así, algunos parecen más interesados en practicar la frase "Me llamo Bond, James Bond", pues aquí se rodaron en 1968-1969 varias escenas de *007 al servicio de su Majestad*. El visitante puede sentirse Bond conociendo curiosidades sobre esquí acrobático y otros aspectos de la producción de la película en la exposición interactiva **Bond World 007** (www.schilthorn.ch; gratis con billete de teleférico; 8.00-18.00) o disfrutar de las vistas almorzando en el **Piz Gloria** (033 856 21 50; www.schilthorn.ch; Höheweg 2; principales 21-45 CHF; 8.00-17.00), restaurante giratorio de la cima.

En la subida de Mürren a Schilthorn hay que cambiar de teleférico en la estación de Birg (2677 m), donde se contemplan más vistas alucinantes desde la terraza-mirador sobre el vacío **Skyline Walk** (www.schilthorn.ch; Birg;) o se ponen los nervios a prueba en el **Thrill Walk** (www.schilthorn.ch; Birg), sucesión de plataformas de plexiglás transparente sujetas a la pared de roca.

Desde Interlaken, la estupenda excursión de ida y vuelta a Schilthorn supone tomar un tren de Interlaken Ost a Lauterbrunnen, luego un teleférico a Grütschalp, un tren a Mürren y otro par de teleféricos hasta Schilthorn vía Birg. Al regreso se repite la misma ruta de Schilthorn a Mürren para luego disfrutar de vistas distintas de montes y valles tomando un teleférico a Stechelberg, el autobús nº 141 a Lauterbrunnen y un tren hasta Interlaken.

Suena complicado pero no lo es: muy a la suiza, las conexiones están perfectamente sincronizadas. La ida y vuelta cuesta 131,80 CHF desde Interlaken (82 min), 114,20 CHF desde Lauterbrunnen (54 min) o 82,80 CHF desde Mürren (17 min). Con el Swiss Travel Pass solo se paga el tramo Mürren-Schilthorn (41,10 CHF ida y vuelta, descuento del 50% incl.).

Schwert HOTEL HISTÓRICO €€
(033 221 55 88; www.schwert-thun.ch; Untere Hauptgasse 8; i 75-100 CHF, d 145-230 CHF;) Al pie del castillo se esconde este atractivo hotel del s. XVIII con un restaurante muy apetecible. Suelos de madera maciza, techos altos y alguna que otra antigüedad dan un carácter de otra época a las habitaciones.

Dónde comer y beber

Mani's Coffee & Bagels BAGELS €
(033 221 60 65; www.manis.ch; Panoramastrasse 1A; *bagels* 2,50-10,50 CHF, almuerzo 13 CHF; 7.00-22.00 lu-vi, 8.00-18.00 sa, 9.00-18.00 do) Con un interior monocromo y suelo de madera, este café y bar de vinos de elegante estilo industrial podría estar en Nueva York. La carta de bebidas ofrece aromáticos cafés, chocolate a la taza con mucho cacao, tés *matcha,* vinos selectos y cervezas artesanas. Van bien para acompañar *antipasti, bagels* recién hechos, imaginativas ensaladas y *tarte flambée* alsaciana.

★**Beau-Rivage da Domenico** ITALIANA €€
(033 221 41 10; https://beau-rivage-thun.ch; Hofstettenstrasse 6; *pizza* 11-24 CHF, principales 26-45 CHF; 9.00-24.00 lu-ju, hasta 1.00 vi y sa, hasta 23.30 do) Sirve comida italiana con la amabilidad y generosidad del país transalpino en un elegante edificio antiguo. El excelente producto de temporada brilla en platos sencillos bien hechos, desde pasta casera a langostinos a la plancha con *risotto* al limón o entrecot a la pimienta. La terraza con limoneros y olivos es una bendición en verano.

Genuss am Fluss FUSIÓN €€
(033 223 88 99; http://am-fluss.ch; Mühleplatz 9; principales 33-42 CHF; 9.00-23.00 mi-lu) A orillas del Aar, este moderno salón restaurante de paredes de cristal y clientela joven ofrece ambiente relajado, pinchos vascos con vino y platos principales de aire mediterráneo. La terraza del río, con olivos, es ideal para tomar copas al atardecer y ver gente.

Atelier Classic Bar COCTELERÍA
(www.bar-atelier.ch; Rathausplatz 3; 17.00-24.00 ma y mi, hasta 1.00 ju, hasta 2.00 vi y sa, hasta 24.00 do) La mixología tiene un toque de magia en esta galardonada coctelería, de las mejores de Suiza. El mobiliario antiguo, la luz tenue y las bóvedas de ladrillo crean un decadente marco chic urbano para los artísticos cócteles,

sea un Erótica (vodka, maracuyá y champán), un *gin sour* o un clásico *negroni*. Ideal para citas románticas.

Ocio

Konzepthalle6 CENTRO DE ARTE
(www.konzepthalle6.ch; Scheibenstrasse 6) Centro cultural y espacio de diseño vanguardista, alberga desde conciertos a certámenes de poesía y exposiciones de arte urbano en una fábrica reconvertida.

Información

Oficina de correos (033 225 90 00; www.thunersee.ch; Bahnhofplatz; 9.00-12.30 y 13.30-18.00 lu-vi, 10.00-15.00 sa) Recójase información sobre Thun y sus alrededores lacustres en la oficina de turismo de la estación. En la web se obtendrá una audioguía gratuita para el *smartphone*.

Cómo llegar y salir

Thun está en la ruta ferroviaria norte-sur que va de Frankfurt a Milán y más allá. Hay trenes frecuentes a Interlaken West (16,60 CHF, 37 min) y Berna (16,60 CHF, 21 min). La estación de autobuses está frente a la de tren. También salen barcos que cruzan el lago hasta Interlaken West (45 CHF) y Spiez (22 CHF). Thun está en la autopista A6, que va hacia el norte de Spiez a Berna.

Spiez

12 477 HAB. / ALT. 628 M

En torno a una bahía en el lago de Thun, con forma de herradura, su castillo medieval emerge entre viñedos color esmeralda. Spiez tiene un ambiente sencillo y un entorno mágico, con vistas al cónico Niesen (2362 m) y un tramo del lago que parece un fiordo.

Puntos de interés y actividades

Schloss Spiez CASTILLO
(www.schloss-spiez.ch; Schlossstrasse 16; adultos/niños 10/2 CHF; 14.00-17.00 lu, 10.00-17.00 ma-do Semana Santa-med oct) Este castillo medieval aparece retratado en los óleos de las influyentes familias Von Bubenburg y Von Erlach. Pero lo más impactante es la vista, tanto desde la torre (con inscripciones del s. XIII) como desde la sala de banquetes.

Freibad Spiez NATACIÓN
(www.freibadspiez.ch; adultos/niños 6,60/3,30 CHF; 7.30-20.00 med may-ppios sep) La piscina de Spiez atrae a los lugareños, a familias que juegan en el lago y a los que nadan varios largos de 50 m. Cuenta con pistas de voleibol y de tenis, minigolf y –atención– el tobogán acuático más largo del Oberland bernés.

Fiestas y celebraciones

Läset-Sunntig VINO
(www.laeset-spiez.ch) Spiez descorcha sus mejores vinos en esta fiesta a mediados de septiembre. Mercado y desfiles tradicionales acompañan la bebida y diversión.

Dónde dormir y comer

Por el muelle hay muchos lugares para comer *pizza* y pasta, bastante corrientes.

Seegarten Marina HOTEL €€
(033 655 67 67; www.seegarten-marina.ch; Schachenstrasse 3; i 120-140 CHF, d 180-240 CHF; P) Muy bonito, a orillas del lago, ofrece sencillas

MERECE LA PENA

MENTALIDAD DE BÚNKER

¿Alguna vez alguien se ha preguntado por qué la radio continúa funcionando en lo más profundo de un túnel? Más agujereado que un queso emmental, Suiza es un país lleno de sorpresas subterráneas, como los búnkeres secretísimos de la II Guerra Mundial de **Faulensee** (033 654 25 07; www.artilleriewerk-faulensee.ch; adultos/niños 10/5 CHF; 10.00-15.00 1er sa del mes abr-nov), construidos para albergar a las tropas que defendían Thun, Spiez y el ferrocarril de Lötschberg. En verano están abiertos al público una vez al mes.

Perfectamente camuflados como granjas, las entradas a los búnkeres están vigiladas por cañones y conectadas por túneles subterráneos que albergan oficinas, laboratorios, cocinas y estrechos dormitorios. Las visitas guiadas duran entre 1½ y 2 h y hay que llevar ropa de abrigo y zapatos resistentes. Se puede llamar antes o enviar un *email* para solicitar la visita en inglés.

A Faulensee se llega en autobús desde la estación de tren de Spiez y desde Interlaken West en barco (ida/ida y vuelta 12,80/21,60 CHF).

habitaciones algo anticuadas aunque amplias e impolutas. El servicio es muy amable y tiene un restaurante junto al agua, con clásicos suizos.

Strandhotel Belvédère HOTEL HISTÓRICO €€€
(☎033 655 66 66; www.belvedere-spiez.ch; Schachenstrasse 39; i 245-340 CHF, d 345-480 CHF, ste 490-750 CHF; P 📶 🏊) Al igual que hace 100 años, en las zonas comunes de este refinado hotel se respira la elegancia del *art nouveau*. Aunque algunas habitaciones abusen de los floreados y los tonos pastel, resultan cómodas, sobre todo las que tienen balcón al lago. Hay un *spa* y un restaurante distinguido en la Gault Millau.

Información

La **oficina de turismo** (☎033 655 90 00; www.thunersee.ch; Am Bahnhof; ⏰8.00-12.00 y 13.30-17.30 lu-vi, 9.00-12.00 sa) está fuera de la estación de tren. Abre menos horas en temporada media.

Cómo llegar y salir

De Interlaken West salen trenes frecuentes a Spiez (10,60 CHF, 17 min). El barco cuesta 11,20 CHF desde Thun y 15,20 CHF desde Interlaken West. Seestrasse, la calle principal, está a mano izquierda según se sale de la estación de tren y lleva al castillo (a 15 min a pie).

Spiez se halla junto a la A8 entre Interlaken, 20 km al este, y Thun, 14 km al noroeste.

Brienz

2996 HAB. / ALT. 566 M

Igual que los pueblos alpinos de fantasía que dibujan los niños, tiene chalés de madera oscura con geranios rojos, un tren de vapor y vistas de altos montes y densos bosques al otro lado del lago turquesa al que da nombre. Brienz parece anclada en el pasado, con los talleres de talla de madera y el paseo del lago.

Puntos de interés y actividades

Los niños pueden jugar en el parque acuático del paseo junto al lago, rodeado de árboles.

Rothorn Bahn FUNICULAR
(www.brienz-rothorn-bahn.ch; ida/ida y vuelta 57/88 CHF; ⏰cada hora 7.30-16.30 jun-fin oct; 👪) Es el único funicular a vapor que aún funciona en Suiza y sube hasta Rothorn, a 2350 m, desde donde los pasajeros emprenden una caminata o contemplan las vistas del Brienzersee hasta los nevados 'cuatromiles'. A pie desde Brienz se tarda unas 5 h.

Giessbachfälle CASCADAS
(cascadas de Giessbach; funicular ida/ida y vuelta 5/10 CHF) Las Giessbachfälle caen 500 m por 14 crestas rocosas, iluminando los bosques de abetos como un faro en la oscuridad. El funicular más antiguo de Europa, que data de 1879, sube desde el muelle del barco, aunque solo hay un paseo de 15 min hasta el tramo más espectacular de las cascadas. A Giessbach se llega fácil desde Brienz en barco (11,20 CHF) o en el autobús nº 152 (3,60 CHF, 22 min).

Ballenberg Open-Air Museum MUSEO
(www.ballenberg.ch; adultos/niños 24/12 CHF; ⏰10.00-17.00 med abr-oct; 👪) Este museo al aire libre ocupa 80 Ha al este de Briez y permite vislumbrar la Suiza rural de antaño. Las reproducciones de auténticas aldeas agrícolas invitan a un paseo arquitectónico por Suiza, entre humildes cabañas de madera del Valais y granjas del Oberland bernés.

Brunngasse ZONA
En la ciudad hay que pasear por esta fotogénica callejuela curva, flanqueada de robustos chalés de madera que parecen competir entre sí por exhibir enredaderas, gnomos y geranios en sus ventanas.

Dónde dormir y comer

Camping Aaregg CAMPING €
(☎033 951 18 43; www.aaregg.ch; Seestrasse 22; parcelas para adultos 13 CHF, automóvil y tienda 20 CHF; ⏰abr-oct) Sito en un pequeño istmo, es muy tranquilo y con instalaciones excelentes, que incluyen un restaurante y un parque infantil. Está al este de la estación de tren, a 10 min a pie.

Hotel Steinbock HOTEL HISTÓRICO €€
(☎033 951 40 55; www.steinbock-brienz.ch; Hauptstrasse 123; i 140-160 CHF, d 180-230 CHF, f 240-280 CHF; P 📶) Custodiado por un *steinbock* (íbice), es un bonito chalé de pino de 1787. Las lujosas habitaciones, decoradas en tonos cálidos, disponen de colchones ecológicos, TV de pantalla plana y duchas con suelos de guijarros. Hay un acogedor restaurante y una bodega abajo.

Grand Hotel Giessbach HOTEL DE LUJO €€€
(☎033 952 25 25; www.giessbach.ch; i 169-249 CHF, d 325-626 CHF) Dominando desde lo alto del cerro el Brienzersee y las cascadas de Giessbach, este elegante hotel decimonóni-

co es un romántico retiro con habitaciones llenas de antigüedades, refinado servicio y un restaurante con amplias vistas desde su terraza.

Seehotel Bären SUIZA €€
(☎033 951 24 12; www.seehotel-baeren-brienz.ch; Hauptstrasse 72; principales 24-39,50 CHF; ⏲12.00-22.00; 👪) Goza de una situación estupenda a orillas del lago y es una gran opción para cenar al aire libre. El chef saca el máximo partido de ingredientes regionales, como lucioperca, pescado blanco del lago de Thun y cordero marinado en heno.

Información

La estación de tren, el muelle del barco, la Rothorn Bahn y la oficina de correos están en el centro. La **oficina de turismo** (☎033 952 80 80; www.brienz-tourismus.ch; Hauptstrasse 143; ⏲8.00-18.00 lu-vi, 9.00-13.00 y 14.30-18.00 sa, 10.00-13.00 y 15.00-17.00 do med jun-oct, cerrado sa y do in invierno) se halla en la estación de tren.

Cómo llegar y salir

Se puede llegar a Brienz en tren (8,40 CHF, 17 min) y barco (32 CHF) desde Interlaken Ost. El puerto de montaña de Brünig (1008 m) está en la carretera a Lucerna. La A8 y la A6 llevan hacia el oeste a Interlaken y Thun.

OBERLAND BERNÉS ORIENTAL

Meiringen

4737 HAB. / ALT. 595 M

Cuando el escritor Arthur Conan Doyle dio por muerto a su perspicaz personaje Sherlock Holmes al pie de las cataratas de Reichenbach, cerca de Meiringen, hizo célebre ese rincón de Suiza. El 4 de mayo se reúnen aquí sus admiradores, vestidos con gorras de cazador de *tweed* y capas, para celebrar el aniversario de la 'muerte' del detective de ficción.

Aparte del espionaje, Meiringen también reclama el honor de ser el creador del merengue.

Puntos de interés y actividades

El valle de Hasli (Haslital) es el paraíso de las actividades al aire libre: 300 km de senderos para excursionistas y ciclistas que conducen por valles silvestres, cascadas y páramos de alta montaña. El sendero de las marmotas (2,7 km) es el favorito de los niños. En la estación de tren alquilan bicicletas de montaña y eléctricas.

En invierno los esquiadores de nivel principiante e intermedio bajan por los 60 km de pistas de la región; el forfait de un día cuesta 57/28 CHF adultos/niños. Las familias pueden caminar por senderos invernales y bajar en trineo por pistas como la de Grosse Scheidegg.

★ **Reichenbachfälle** CASCADA
Al asomarse a las poderosas cascadas de Reichenbach, donde el agua cae 250 m con un rugido ensordecedor, uno entiende que Arthur Conan Doyle las eligiera para despedirse de su héroe: Sherlock Holmes. En 1891, en *El problema final,* Conan Doyle se comportó como uno de sus villanos y empujó a Holmes y al Dr Moriarty por este precipicio. Para llegar a la cascada hay que tomar el **funicular** (www.reichenbachfall.ch; ida/ida y vuelta adultos 7/10 CHF, niños 6/8 CHF; ⏲9.00-17.30 may-med oct) que sube desde Willigen, al sur del Aar, hasta la cumbre.

Se tarda 1 h en volver andando a Meiringen. Otra opción es el empinado camino que sube junto a las cascadas al pueblo de Zwirgi y alquilar una bicicleta *trotti* (adultos/niños 17/15 CHF) en Gasthaus Zwirgi para bajar a Meiringen.

Triftbrücke PUENTE
(puente Trift; teleférico ida/ida y vuelta 12/24 CHF; ⏲teleférico 9.00-16.00 jun, sep y oct, hasta 17.00 jul y ago) El valle del Hasli está surcado por 300 km de rutas de senderismo señalizadas. Tiene gran éxito este puente colgante de 170 m de longitud y 100 m de altura, el más largo y elevado de Europa. Para llegar al puente desde Meiringen hay que tomar un tren a Innertkirchen y luego un autobús a Nessental, Triftbahn. Desde allí sube un teleférico hasta los 1022 m y luego queda una caminata de 1½-2 h hasta el puente (1870 m).

Aareschlucht GARGANTA
(www.aareschlucht.ch; adultos/niños 8,50/5 CHF; ⏲8.30-18.30 jul y ago, 8.30-17.30 abr-jun, sep y oct) A menos de 2 km del pueblo está la estrecha garganta del Aar, de 1,4 km de longitud, donde el torrente de agua pasa por túneles, galerías y salientes de piedra caliza. En verano el cañón se ilumina de forma espectacular las tardes de los jueves, viernes y sábados. Se

llega con el tren **Meiringenlnnertkirchen-Bahn** (ida/ida y vuelta 3,60/7,20 CHF; ⌚6.00-22.45).

Sherlock Holmes Museum MUSEO
(www.sherlockholmes.ch; Bahnhofstrasse 26; adultos/niños 4/3 CHF, combinado con el funicular de Reichenbachfälle 11/8 CHF; ⌚13.30-18.00 ma-do may-sep, 16.30-18.00 mi-do resto del año) Los fans del detective no querrán perderse este museo en la planta baja de la iglesia inglesa de Meiringen. Destaca la recreación del salón de 221b Baker Street. Disponen de audioguías en varios idiomas.

Gletscherschlucht Rosenlaui GARGANTA
(www.rosenlauischlucht.ch; adultos/niños 8/4 CHF; ⌚9.00-18.00 jun-sep, 10.00-17.00 may y oct) Un sendero circular abarca cascadas y acantilados de 80 m en esta espectacular garganta glaciar. La vuelta a pie a Meiringen dura 2 h como mínimo, pero también hay autobuses cada hora de junio a septiembre.

Dónde dormir y comer

★Hotel Victoria HOTEL-BOUTIQUE €€
(☎033 972 10 40; www.victoria-meiringen.ch; Bahnhofplatz 9; i 155-240 CHF, d 195-290 CHF; P 📶) Lo que cuenta en este hotel chic son sus detalles: desde los muebles de diseño hasta las vistas de las montañas y el servicio de habitaciones. Simon da un toque imaginativo a sabores recién traídos del mercado en un restaurante que ha sido reseñado por Gault Millau.

Hotel Alpbach HOTEL €€
(☎033 971 18 31; www.alpbach.ch; Kirchgasse 17; i 95-130 CHF, d 190-270 CHF; P 📶) El servicio es algo irregular, pero lo compensa con su encanto. Para los más románticos hay camas con dosel. También cuenta con una pequeña sauna y un restaurante rústico.

Park Hotel du Sauvage HOTEL HISTÓRICO €€
(☎033 972 18 80; www.sauvage.ch; Bahnhofstrasse 30; i 105-125 CHF, d 180-280 CHF; P 📶) Arthur Conan Doyle se alojó en este clásico *art nouveau*. Tras la suntuosidad del vestíbulo, las habitaciones resultan algo decepcionantes.

Frutal CAFÉ €
(Bahnhofstrasse 18; pasteles 3-6 CHF; ⌚7.00-18.30) Un merengue de plástico muy *kitsch* se relame en el escaparate de este salón de té anticuado. Y lo mismo hacen sus clientes cuando prueban sus merengues ligeros como plumas.

Molki Meiringen QUESO €
(Lenggasse 1; ⌚8.00-12.15 y 14.00-18.30 lu-vi, 7.30-17.00 sa) Lechería que vende quesos de Haslital fuertes y helado casero.

Información

La oficina de correos, la estación de autobuses y la oficina de turismo (☎033 972 50 50; www.haslital.ch; Bahnhofplatz 12; ⌚8.00-12.00 y 13.30-18.00 lu-vi; 📶) están justo enfrente de la salida de la estación de trenes (alquilan bicicletas).

Cómo llegar y salir

Hay trenes frecuentes a Lucerna (24 CHF, 1¼ h) e Interlaken Ost (6,60 CHF, 33 min). En verano los autobuses y automóviles pueden pasar por el puerto hacia el sureste (a Andermatt), pero la carretera que va al suroeste por Grosse Scheidegg (a Grindelwald) está cerrada al tráfico de vehículos particulares.

Meiringen está junto a la A6, que gira al sur hasta la frontera del Valais y va hacia el oeste para bordear la orilla norte de lago de Brienz hasta Interlaken.

OBERLAND BERNÉS OCCIDENTAL

Kandersteg

1314 HAB./ ALT. 1176 M

Aquí el excursionismo es el rey, pues Kandersteg está rodeado de 550 km de senderos. Un anfiteatro de cumbres puntiagudas tachonadas de glaciares y lagos de colores increíbles es el sublime fondo natural de este pueblo rústico de chalés de madera oscura.

Puntos de interés y actividades

En invierno hay más de 50 km de senderos de esquí de fondo, incluido el que discurre por el Oeschinensee helado. Tan solo hay 15 km de pistas de esquí alpino y son idóneas para principiantes (forfait 39 CHF). Las cascadas heladas de Kandersteg atraen al pueblo a escaladores en hielo.

Oeschinensee LAGO
(www.oeschinensee.ch; teleférico ida/ida y vuelta 18/26 CHF; ⌚9.00-17.00; 👪) Las montañas enmarcan este lago turquesa donde se puede pescar, pasear, nadar o alquilar barcas de remos. Un teleférico deja a 20 min andando del lago. Una vez allí se tarda 1 h en bajar

caminando de vuelta a Kandersteg. Los niños lo pasarán en grande en la pista de *bobsleigh* de verano (adultos/niños 5/4 CHF), junto a la estación superior. En invierno se puede recorrer el circular Sendero de Hielo (1½ h) sobre el lago helado.

Blausee LAGO
(www.blausee.ch) Desde Kandersteg, una pintoresca senda de 5 km sube al Blausee ("lago Azul", por su color) y su reserva natural. El restaurante de la orilla sirve truchas pescadas en el lago. El autobús nº 230 también sube cada hora desde la estación (6,80 CHF, 11 min)

Puerto de Gemmi EXCURSIONISMO
Se pueden hacer excursiones de primera categoría en la frontera cantonal con el Valais. Una estupenda y de alto nivel es la del puerto de Gemmi (2314 m), que lleva a Leukerbad e incluye un descenso muy empinado. Calcúlense 6-7 h para esta caminata de moderada dificultad que es mejor emprender de julio a septiembre. Empieza en la estación superior del **funicular de Sunnbüel** (ida/ida y vuelta 26/36 CHF; ⏲8.30-18.00 jun-oct), a cuya estación inferior lleva el autobús nº 241 desde la de tren.

Klettersteig Allmenalp VIA FERRATA
(www.allmenalp.ch) Un buen desafío es acometer la ardua *via ferrata* de Allmenalp (3½ h). En la estación inferior alquilan material (25 CHF). Un **teleférico** (⏲8.00-18.00 fin jun-med oct) sube al punto de partida, en Allmenalp.

Alpine Centre Kandersteg ESCALADA
(☎033 675 01 01; http://alpine-center.ch; Bahnhofstrasse 15; ⏲9.00-12.00 y 13.30-18.00 lu, ma, mi y vi, 9.00-12.00 y 13.30-16.00 sa) Esta tienda de alquiler deportivo y sala de escalada ofrece excursiones guiadas por la *via ferrata* en verano y escalada en hielo en invierno. Consúltense horarios y precios en la web.

Dónde dormir y comer

★The Hayloft B&B €
(☎033 675 03 50; www.thehayloft.ch; Altes Bütschels Hus; i/d/tr 60/120/180 CHF) Un chalé de 500 años construido en madera oscura en la ladera, con prados con flores donde pastan las vacas, vistas de cascadas y glaciares... Así es esta granja convertida en B&B y muy bien regentada por Peter y Kerry, que tratan a sus huéspedes como a su familia y sirven desayunos y cenas (30 CHF) deliciosos.

Ruedihus HOTEL HISTÓRICO €€
(☎033 675 81 81; www.doldenhorn-ruedihus.ch; i 110-150 CHF, d 240-390 CHF; P) Este típico chalé alpino es impresionante y sus 250 años de historia transpiran en cada viga de madera. Románticas y cálidas, sus habitaciones rústicas tienen techos bajos, muebles antiguos y camas con dosel. Se emplean hierbas de cultivo propio para aderezar los platos del acogedor restaurante.

Berghotel Oeschinensee HOTEL €€
(☎033 675 11 19; www.oeschinensee.ch; i 90-110 CHF, d 150-200 CHF) Tanto la comida como las vistas al lago y la montaña son antológicas en este chalé de montaña de finales del s. XIX, regentado con cariño por la quinta generación de la familia Wandfluh. Las habitaciones, equipadas con muebles de pino, son sencillas y silenciosas.

★Nico's SUIZA €€
(☎033 675 84 84; http://alfasoleil.ch; Äussere Dorfstrasse 99; principales 29-58 CHF; ⏲18.00-23.30 mi, 8.30-23.30 ju-lu) El chef del refinado restaurante del hotel Alfa Soleil se enorgullece de usar productos locales, ecológicos y recolectados en la naturaleza.

Bernerhof SUIZA €€
(☎033 675 88 75; www.bernerhof.ch; Hotel Bernerhof, Äussere Dorfstrasse 26; principales 21-46 CHF, menú de 5 platos 56 CHF; ⏲8.00-22.00 vi-do, 15.00-22.00 lu-ju) Los del lugar hablan maravillas de esta acogedora taberna ubicada en el Hotel Bernerhof, de estilo chalé. Es buen sitio si apetece contundente comida suiza. Se recomienda el menú de temporada, que aprovecha al máximo los productos disponibles. Siempre tienen opciones vegetarianas y veganas.

ℹ Información

En la oficina de turismo (☎033 675 80 80; www.kandersteg.ch; Äussere Dorfstrasse 26; ⏲8.00-12.00 y 13.30-18.00 lu-vi, 8.30-12.00 y 15.00-18.00 sa jun-sep, horario reducido resto del año) sugieren rutas de senderismo y otras actividades de la zona.

ℹ Cómo llegar y salir

Kandersteg está en el extremo norte del túnel de Lötschberg (www.bls.ch), por el que circulan trenes a Goppenstein (a 30 km de Brig) y hasta Iselle, en Italia. Hay trenes cada hora a Interlaken Ost (15,10 CHF, 70 min), que requieren transbordo en Spiez (9,40 CHF, 31 min).

En automóvil, Kandersteg está 26 km al sur de Spiez, donde se conecta con la A8, que hacia el este lleva a Interlaken, y con la A6, que hacia el oeste va a Thun.

Gstaad

3600 HAB./ ALT. 1100 M

Pese a tener el mismo glamur que la ciudad francesa de Cannes, este pueblo, con su centro recubierto de madera y vacas por los prados, no parece a la altura de su fama sino demasiado pequeño para sus botas de esquí de diseño. George Clooney, Valentino, Madonna, Paris Hilton y hasta Margaret Thatcher han recurrido a su tarjeta platino para desmelenarse aquí. Si bien las principales actividades competitivas sean avistar famosos y curiosear *boutiques* de Gucci, hay gente que disfruta del excelente senderismo, del ciclismo de montaña y del esquí por pistas suaves como la seda.

Actividades

Actividades de invierno

Aquellos que no esquían y las familias están en su salsa en Gstaad, con diversiones fuera de pista, como patinaje sobre hielo, *curling*, coches tirados por caballos, excursionismo invernal por 30 senderos, andar con raquetas de nieve, *airboard* en Saanenmöser y campos de golf nevados en Wispile. En www.gstaad.ch ofrecen todos los detalles.

Gstaad Mountain Rides ESQUÍ

Comprende 220 km de pistas, con una buena mezcla de azules, rojas y negras, y engloba estaciones vecinas como Saanen, Saanenmöser, St Stephan y Zweisimmen. El forfait para dos días cuesta 124/62 CHF adultos/niños.

Los principiantes pueden deslizarse entre los árboles en Wispile y Eggli; los más expertos pueden esforzarse en las pistas rojas de Les Diablerets. Los *snowboarders* eligen las curvas y saltos de Riedenberg.

Actividades de verano

Esta época es ideal para el excursionismo, con 300 km de senderos señalizados por toda la región. En la oficina de turismo brindan información sobre las *via ferrata* y el alpinismo en las cumbres cercanas de piedra caliza.

Los ciclistas, de montaña o no, se encuentran en su elemento en los 280 km de sendas señalizadas y 500 km de rutas con GPS de la zona. La web de la oficina de turismo (p. 146) informa sobre alquiler de bicicletas, hoteles y rutas. En www.veloland.ch se encontrarán servicios y sugerencias de rutas y www.gps-tracks.com ofrece descargas para GPS. Se pueden transportar bicicletas gratis en siete remontes, incluidos los de Wispile y Eggli. Muchas actividades deben reservarse con antelación.

Wispile EXCURSIONISMO

Una excursión de 3 h lleva de Wispile al Launensee, un lago alpino cristalino. El camino ofrece vistas del escarpado macizo del Wildhorn. Wispile también es la mejor apuesta para las familias, pues cuenta con una ruta lechera, un zoo infantil y un descenso en escúter desde la estación intermedia.

Swiss Adventures DEPORTES DE AVENTURA

(☎033 748 41 61; www.swissadventures.ch; Alpinzentrum Gstaad) Organiza escalada y *via ferrata* con guía, *rafting*, barranquismo y, en invierno, excursiones con raquetas de nieve, escalada en hielo y *airboard*.

Paragliding Gstaad PARAPENTE

(☎079 224 42 70; www.paragstaad.com) Escuela de parapente con buena reputación. Ofrecen saltos tándem en Wispile, Videmanctte y Glacier 3000.

Llama & Co EXCURSIONISMO

(☎078 718 90 43; www.lama-und-co.ch; Schindelweg 2, Zweisimmen) Éxito garantizado con los niños: paseos guiados con llamas y cabras, desde 2 h hasta un día entero.

Fiestas y celebraciones

Suisse Open DEPORTE

(www.creditagricolesuisseopengstaad.ch; ⏲fin jul) Gstaad acoge este famoso torneo de tenis en el Roy Emerson Arena a finales de julio.

Menuhin Festival MÚSICA

(www.gstaadmenuhinfestival.ch; ⏲med jul-ppios sep) Festival de música clásica de primera categoría, con 50 conciertos a lo largo de 7 semanas.

Dónde dormir

No puede negarse que Gstaad es caro pero, pese a la abundancia de lujosos sitios de cinco estrellas, hay alojamientos más humildes con mucho sabor alpino. Los precios se disparan en invierno; en verano hay descuentos del 30-50%. La oficina de turismo tiene un listado de chalés con cocina.

MERECE LA PENA

GLACIER 3000

Glacier 3000 (www.glacier3000.ch) es una zona de recreo al aire libre abierta todo el año, una de las más grandes de Suiza de este tipo. Ubicada a gran altura sobre la carretera de Gstaad a Les Diablerets, garantiza vistas sensacionales de 24 'cuatromiles'.

Aquí la temporada de esquí es la más larga de los Alpes berneses: de finales de octubre a principios de mayo. El forfait diario, que da acceso a 30 km de pistas entre los 1350 m y 3000 m, cuesta 63/42 CHF adultos/niños. Para el *snowboard* hay barandillas, rampas y cajones en el parque de nieve.

En verano los excursionistas pueden hacer la senda del glaciar desde Scex Rouge al puerto de Sanetsch, la caminata a gran altitud del Oldenhorn a 3123 m o marearse cruzando el Peak Walk by Tissot, puente colgante entre dos picos. Si apetece algo más exigente, está la *via ferrata* de Gemskopf. También hay muchas actividades para los niños, desde los *loopings* de **Alpine Coaster** (9 CHF) hasta los breves y bonitos **paseos en trineos tirados por huskies** (15 CHF); para estos últimos hay que reservar llamando al ☎079 933 65 33.

Para llegar desde Gstaad, en la estación se toma un autobús al Col du Pillon (11,40 CHF, 39 min), donde un teleférico (adultos/niños 79/40 CHF ida y vuelta) sube a la cima.

SYHA Hostel ALBERGUE €

(☎033 744 13 43; www.youthhostel.ch/saanen; Spitzhornweg 25, Saanen; dc 38,50-44,50 CHF; 📶) Sito en Saanen, es un chalé apacible, con dormitorios colectivos limpios y luminosos y sala de juegos.

Le Grand Chalet HOTEL HISTÓRICO €€

(☎033 748 76 76; www.grandchalet.ch; Neueretstrasse 43; d 280-700 CHF; P📶🏊) Encantador hotel familiar estilo chalé, en un marco sereno con vistas que se adentran en los Alpes. Las habitaciones de cálido pino y telas tradicionales son reconfortantes; las mejores tienen balcón a los montes. Para rematar, dispone de gimnasio, piscina al aire libre y restaurante *gourmet* que resalta el producto local.

Iglu-Dorf IGLÚ €€

(☎041 612 27 28; www.iglu-dorf.com; Saanenmöser; por persona 159-479 CHF; fin dic-Semana Santa) Se toma *fondue* y *glühwein* para prepararse a dormir bajo cero en este "pueblo iglú" a 2000 m de altura, con vistas de ensueño a varios 'tresmiles'. Los paseos nocturnos con raquetas de nieve son muy divertidos. Para rematar un romance de inspiración esquimal, nada como un baño en el yacusi del interior del iglú.

Gstaad Palace HOTEL DE LUJO €€€

(☎033 748 50 00; www.palace.ch; Palacestrasse 28; i 440-660 CHF, d 710-1140 CHF, ste 1560-4330 CHF; P❄@🏊) Lujoso, exclusivo e incluso accesible en helicóptero, este palacio de cuento de hadas ha alojado a famosos como Michael Jackson, Robbie Williams y Liza Minnelli. Justifican el precio las habitaciones suntuosas, un lujoso *spa,* varios restaurantes *gourmet* y una piscina olímpica.

Dónde comer

Si no se dispone de presupuesto para comer a todo lujo en Gstaad se puede recurrir a los chalés con restaurantes de las estaciones terminales de los teleféricos.

Michel's Stallbeizli SUIZA €

(☎033 744 43 37, 033 744 16 83; www.stallbeizli.ch; Gsteigstrasse 41; tentempiés y *fondue* 16-22 CHF; ⏱10.00-18.00 ma y mi, hasta 22.00 ju, hasta 23.30 vi y sa, hasta 20.00 do med dic-mar; 👪) Granero reconvertido donde sirven *fondues,* infusiones de hierbas alpinas y embutidos y quesos caseros, con vistas estupendas a las vacas y cabras del establo anexo.

16 Art INTERNACIONAL €€

(☎033 748 16 16; www.16eme.ch; Mittelgässli 16, Saanen; principales 24-36 CHF; ⏱17.00-1.00 ju-lu) Escondida en una bonita calle apartada, esta antigua fábrica de campanas ofrece una carta de temporada con producto básicamente local. Ofrece un interior muy acogedor, forrado de madera y con toques de arte, una cálida acogida y una terraza cuajada de flores muy apetecible cuando luce el sol. El autobús nº 180 procedente de Gstaad para cerca.

Wasserngrat SUIZA €€

(☎033 744 96 22; principales 20-50 CHF; ⏱9.30-16.30 ju-do ago y med dic-mar) Vistas impagables del glaciar de Les Diablerets y Gstaad al calor del fuego de este restaurante rústico-chic, donde los esquiadores comen *fondue* al sol en la terraza. Platos alpinos clásicos, con ingredientes sibaritas como trufa y *foie gras*.

★ **Chesery** FRANCESA €€€
(☎033 744 24 51; Alte Lauenenstrasse 6; menús almuerzo 78-94 CHF, menús cena 165-178 CHF; ⌚11.00-14.30 y 18.00-23.00 ma-do) Fundado por el Aga Khan en los años sesenta, esta lechería convertida en restaurante con estrella Michelin es lo más refinado de Gstaad. Ofrecen sensaciones para el paladar, que combinan con ingredientes de temporada y se acompañan de vinos con cuerpo y finura francesa.

Información

La oficina de turismo (☎033 748 81 81; www.gstaad.ch; Promenade 41; ⌚8.30-18.30 lu-vi, 9.00-12.00 y 13.30-17.00 sa y do; 📶) tiene mucha información de la zona.

Cómo llegar y salir

Gstaad está en la ruta de Golden Pass entre Montreux (27 CHF, 1½ h) y Spiez (28 CHF, 1½ h; transbordo en Zweisimmen). Hay un servicio cada hora al aeropuerto de Ginebra (53 CHF, 3 h), vía Montreux. Un autobús de correos va a Les Diablerets (13,60 CHF, 50 min) unas cinco veces diarias. La N11 es la carretera principal entre Aigle y Spiez; pasa cerca de Gstaad, en Saanen.

Valais

335 700 HAB.

Incluye »

Los mejores restaurantes

- Le Namasté (p. 155)
- À la Part des Anges (p. 152)
- Whymper Stube (p. 170)
- Gletscher Grotte (p.174)
- Chüestall (p. 177)

Los mejores alojamientos

- Kulmhotel Gornergrat (p. 171)
- Berghotel Riederfurka (p. 177)
- WellnessHostel 4000 (p. 174)
- Martigny Boutique-Hôtel (p. 152)

Por qué ir

El Valais es un paisaje de gran belleza natural, tan fantástico que nunca pasa de moda, donde se han sucedido historias de ricos y pobres, de cambios de estación y de personajes célebres. Enclavado en un rincón del sur de Suiza, hace un siglo sus campesinos no tenían ni un céntimo y hoy los famosos acuden en manada a beber cócteles de champán en las discotecas más elegantes de Verbier.

Sus paisajes dejan estupefacto: desde el inconmensurable Cervino (4478 m), que desafía a la trigonometría, la fotografía y a más de un mosquetón, al tapiz de viñedos del valle del Ródano y los deslumbrantes 23 km del glaciar Aletsch. En un entorno así, cualquier deporte resulta fabuloso.

Tan campechano como las botas de un vinicultor en septiembre y tan limpio como los estéticos bares *lounge* de Zermatt, este cantón es versátil. El oeste habla francés y el este alemán, y el orgullo por sus vinos y sus sublimes quesos es común a todo el cantón.

Cuándo ir

- De diciembre a principios de abril los fans del esquí y el *snowboard* disfrutan de unos deportes de invierno de primer nivel.
- Los cielos despejados de julio y agosto atraen a excursionistas, ciclistas y amantes de los deportes de aventura.
- En verano empiezan los festivales de música en Verbier y Sion y los *Combats de Reines*, en los que las vacas chocan la testuz y se empujan hacia atrás.
- A finales de septiembre y octubre las viñas se tornan doradas, se cosechan las uvas y las castañas y la fiesta otoñal de La Brisolée se pone en la mesa para disfrute de todos.

Imprescindible

1 Gornergrat (p. 166) Otear el valle con el fascinante Matterhorn.

2 Eggishorn (p. 176) Regalarse la vista con el glaciar Aletsch (23 km).

3 Saas Fee (p. 173) Ascender por el funicular subterráneo de Mittelallin hasta los 3500 m.

4 Martigny (p. 151) Disfrutar de un festín medieval en el Château de la Bâtiaz.

5 Col du Grand St Bernard (p. 153) Pasear un enorme san bernardo por un puerto de montaña.

6 Leukerbad (p. 163) Disfrutar del yacusi mientras cae la nieve sobre los picos vecinos.

7 Puerto de Furka (p. 177)
Jugar a ser James Bond conduciendo por curvas cerradas.

8 Sentier Viticole (p. 160)
Hacer la Ruta del Vino entre Salgesch y Sierre.

9 'Glacier Express' (p. 167)
Disfrutar de un espectacular viaje en tren entre Zermatt y St Moritz.

10 Puente colgante de Aletschji-Grünsee (p. 177)
Vencer al miedo cruzando el valle por un puente suspendido a 80 m.

Historia

Como ocurre con el vecino Vaud, Julio César fue uno de sus primeros 'turistas': llegó con su ejército romano para conquistar a los celtas que vivían en el valle y llegó hasta Sierre. Tras dominarlas, las cuatro tribus celtas del Valais se integraron pacíficamente en el sistema romano.

Sion se convirtió en un centro clave del valle cuando el obispado del Valais se estableció aquí en el 580 d.C. En el año 1000 el poder del obispo se extendía desde Martigny hasta el puerto de montaña de Furka. Los duques de Saboya fueron reduciendo poco a poco el territorio del obispo y un ejército saboyano sitió Sion en 1475. Con la ayuda de la Confederación Helvética, la ciudad fue liberada en la batalla de Planta. La oposición interna fue también férrea y las independientes comunas valesanas despojaron a los obispos de su poder secular en la década de 1630 para ceder el control a un parlamento regional.

El Valais se incorporó a la Confederación Helvética en 1815.

BAJO VALAIS

Viñedos cercados de muros de piedra, castillos ruinosos y montañas amenazadoras son el decorado deslumbrante del serpenteante valle del Ródano, en el Valais occidental. El valle está salpicado de ciudades fascinantes, como Martigny, de raíces romanas, y Sion y Sierre, sembradas de viñedos, donde la influencia francesa se deja sentir en la lengua y en la pasión de sus habitantes por el arte, el vino y las terrazas de los cafés.

Estaciones relucientes como Verbier y Crans-Montana se han ganado una merecida fama por sus pistas soleadas, amplios panoramas y el *glamour* de los famosos, pero hay mucho más: senderos estrechos que trepan por valles tan olvidados como Val d'Anniviers o zonas de encanto rural donde se puede esquiar en solitario a la sombra de cumbres nevadas.

Martigny

17 215 HAB. / ALT. 476 M

La pequeña Martigny es la ciudad más antigua del Valais, donde paraban los romanos de camino a Italia. Al mirar más allá de los edificios altos de hormigón se disfrutará de una galería de arte de talla internacional, un anfiteatro romano y un grupo de perros san bernardo para retozar con ellos por las montañas vecinas.

Puntos de interés

★ Fondation Pierre Gianadda GALERÍA

(☎027 722 39 78; www.gianadda.ch; Rue du Forum; adultos/10-25 años 18/10 CHF; ⏲9.00-19.00) Esta galería de renombre alberga una importante colección de arte, con obras de Picasso, Cézanne y Van Gogh. El jardín de esculturas (con café y zona de pícnic) ofrece las esculturas orgánicas de Henry Moore, las rollizas *Bañistas* de Niki de Saint Phalle y *El seno* de César. La entrada incluye la colección de lápidas romanas del **Musée Archéologique Gallo-Romain** y el **Musée de l'Auto,** donde pueden verse desde antiguos Fords a Martinis suizos. La Fundación también organiza recitales de música clásica.

★ Château de la Bâtiaz CASTILLO

(☎027 722 31 21; www.batiaz.ch; Chemin du Château; ⏲11.00-24.00 mi-sa, hasta 18.00 do jul y ago, 11.00-18.00 mi, do y 11.00-24.00 ju, vi may, jun, sep y oct) GRATIS Sobre un risco que domina la ciudad, el castillo de Bâtiaz, de 800 años de antigüedad, compensa la empinada subida de 15 min. Una vez allí, 120 escalones hasta lo alto del castillo brindan panorámicas de los viñedos y el valle del Ródano. No es tan agradable la colección de instrumentos de tortura de la Edad Media. La taberna medieval, À la Part des Anges (p. 152), ha cobrado importancia por su menú de la época. Aunque los horarios están indicados, hay que comprobar si ondea la bandera azul que confirma que está abierto.

Musée et Chiens du Saint-Bernard MUSEO

(☎027 722 65 42; www.museesaintbernard.ch; Rte du Levant 34; museo adultos/niños 12/7 CHF; ⏲10.00-18.00) Este museo, al lado del anfiteatro romano de Martigny, rinde homenaje a los adorables san bernardos; en las perreras hay ejemplares de verdad. Se puede pasear con los perros en varios puntos durante todo el año; consultar la web para detalles y reservas. La exposición de la planta superior describe la función de los san bernardos en los centros sanitarios, en óleos y películas. Hay sesiones de alimentación de los perros

Martigny

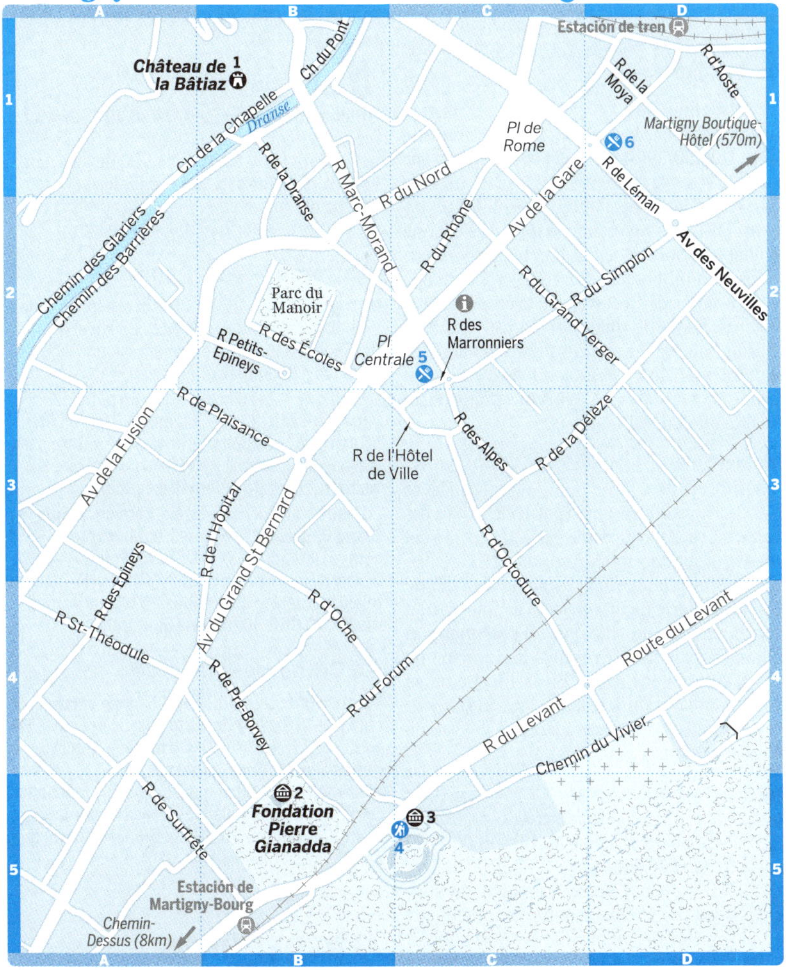

Martigny

Principales puntos de interés
1 Château de la Bâtiaz B1
2 Fondation Pierre Gianadda B5

Puntos de interés
3 Musée et Chiens du Saint-Bernard C5

Actividades, cursos y circuitos
4 Fondation Barry C5

Dónde comer
À la Part des Anges .... (véase 1)
5 Café du Midi C2
6 Crêperie Le Rustique D1

y sus cachorros y horarios frecuentes para acariciar a los animales y tomar fotografías.

Fiestas y celebraciones

Foire du Valais CULTURAL

(www.foireduvalais.ch; oct) En Martigny las vacas no vuelan, pero sí luchan: esta feria regional de 10 días culmina con una paliza bovina de dimensiones épicas.

Foire au Lard COMIDA Y BEBIDA

(www.foireaulard.ch; dic) Se celebra en Martigny la feria del tocino, una tradición que se remonta a 1801.

Dónde dormir y comer

Todo sucede en la Place Centrale, un hervidero de cafés y bistrós, y en la paralela Rue des Marronniers.

Hôtel Beau Site HOTEL €
(027 722 81 64; www.chemin.ch; Chemin-Dessus; i/d/c 110/150/190 CHF; jun-ago, resto del año solo con reserva;) Sito a 1211 m, este establecimiento ecológico de estilo *art nouveau* (1912) es un remanso de paz. Dispone de habitaciones sencillas con baños compartidos, una biblioteca y un piano y los menús vegetarianos del restaurante usan productos locales. Hay que disponer de un vehículo. Desde Martigny hay que seguir las señales de "Col des Planches", subiendo la colina unos 7 km por Le Bourg y Chemin-Dessous hasta la aldea de Chemin-Dessus.

★ **Martigny Boutique-Hôtel** HOTEL-BOUTIQUE €€
(027 552 10 00; www.martigny-hotel.ch; Rue des Vorziers 7; habitaciones desde 150 CHF;) Hotel nuevo, elegante y moderno, con 52 habitaciones, a 3 min a pie de la estación de tren de Martigny. Parte de un proyecto de integración social, en el hotel trabajan 30 personas con alguna discapacidad y refleja la devoción de Martigny por las artes. En la recepción se venden objetos de artesanía, hay un bar y su restaurante sirve especialidades exclusivas de fusión peruana y suiza.

★ **À la Part des Anges** MEDIEVAL €
(027 722 31 21; www.batiaz.ch/taverne; Chemin du Château; principales desde 16 CHF; 11.00-24.00 mi-sa, hasta 18.00 do jul y ago, 11.00-18.00 mi, do y 11.00-24.00 ju, vi may, jun, sep y oct) No hay muchos sitios para degustar un menú medieval en el interior de un castillo de 800 años. À la Part des Anges, en el Château de la Bâtiaz (p. 151), ha ganado una popularidad creciente. Junto al fuego crepitante se sirven cervezas y vinos locales y una carta con especialidades del medievo, como ensalada de lentejas con salsa de mostaza y ragú de cerdo con canela en rama.

Crêperie Le Rustique CREPERÍA €
(027 722 88 33; Av de la Gare 44; crepes 10-17 CHF; 11.30-22.15 lu-sa) Los residentes adoran esta crepería, a medio camino entre la estación de tren y el centro y famosa por sus comidas asequibles a cualquier hora del día. Se puede empezar con una de las 30 y pico crepes saladas, desde la mexicana, madrás y milanesa a la tradicional de *jambonfromage* (jamón y queso). Y después pasar a la carta de crepes dulces: de tarta Selva Negra, tiramisú o plátano y chocolate.

Información

Oficina de turismo (027 720 49 49; www.martigny.com; Av de la Gare 6; 9.00-18.30 lu-vi, hasta 17.00 sa, 10.00-15.00 do jul y ago, horario reducido sep-jun) Pregúntese por los paseos por los viñedos y las rutas ciclistas por los verdes campos que rodean Martigny.

Cómo llegar y salir

Martigny está en la E62, 134 km al este de Ginebra, 41 km al sur de Montreux y 28 km al oeste de Sion. Una tortuosa carretera de montaña conduce a Chamonix (44 km), en Francia.

Martigny está en la línea de tren principal entre Lausana (23 CHF, 50 min) y Brig (25 CHF, 55 min); hay que apearse en Martigny Gare para ir a la Place Centrale y en Martigny Bourg para visitar la Fondation Pierre Gianadda.

Desde Martigny sale el panorámico **'Mont Blanc Express'** (www.mont-blanc-express.com) a Chamonix (31 CHF, 1½ h), Francia, y el *St Bernard Express* a Le Châble (11,40 CHF, 30 min; telesilla o enlace en autobús a Verbier) y Orsières (11,40 CHF, 30 min) vía Sembrancher.

Cómo desplazarse

Valaisroule (079 127 50 25; www.valaisroule.ch; Pl de la Gare; 4 horas gratis, 5ª hora 10 CHF; 9.00-12.15 y 13.00-18.00 mi-do jun-oct) Se puede alquilar una bicicleta gratis (4 h) para explorar la ciudad en el quiosco junto a Martigny Gare. También alquila bicicletas de montaña y eléctricas (ambas 15 CHF la primera hora y 5 CHF/h las siguientes).

ALREDEDORES DE MARTIGNY

Champéry

Tras subir unos 20 km por el valle que lleva su nombre y cerca de la frontera con Francia se halla Champéry, entre las Dents du Midi y les Dents Blanches. Esta encantadora estación de esquí (1055 m) forma parte de los 12 pueblos (8 en Francia y 4 en Suiza) del área turística **Portes du Soleil** (www.portesdusoleil.com). En invierno es un paraíso para los aficionados al esquí de fondo y al *snowboard,* con 650 km de pistas y las estaciones francesas de Morzine y Avoriaz. En verano es la meca de excursionistas, ciclistas de montaña y aficionados al parapente.

Champéry tiene también su historia. En 1857 se inauguró el Hotel Dent-du-Midi y en 1969 Champéry fue uno de los fundadores de la estación de esquí Portes du Soleil. Da gusto pasear por la calle principal del casco antiguo.

Con sus vistas del valle y las montañas, el **Hotel Suisse** (☎024 479 07 07; http://hotel-champery.ch; Rue du Village 55; i/d incl. desayuno desde 190/260 CHF; P Wi-Fi) ofrece confortables habitaciones en un distinguido edificio de la Rue de Village, la antigua carretera. En invierno se incluye la "hora del té" (con tarta) y el Bar des Guides del hotel sirve excelentes cervezas.

La **oficina de turismo** (☎024 479 20 20; www.champery.ch; Rue du Village 54; ⊙8.00-18.00) de Chambéry se halla en la calle principal del casco viejo, subiendo desde la estación.

Col du Grand St Bernard

La leyenda del perro san bernardo nació en el puerto del Gran San Bernardo, a 2473 m, entre Suiza e Italia. Esta travesía transalpina era tan peligrosa que en el s. XI los monjes fundaron allí un refugio para ofrecer auxilio espiritual y rescatar a los viajeros perdidos en la nieve. Los perros rescataron a las almas perdidas hasta la década de 1950, cuando fueron sustituidos por helicópteros.

Hoy son pocos los viajeros que alcanzan este espectacular puerto, cuya visita se recomienda a los aficionados a las salidas al aire libre con grandes perros (en verano, con san bernardos), a cruzar fronteras remotas y a caminar por montañas escarpadas. La mayoría prefiere cruzar la frontera ítalo-suiza por el **Tunnel du Grand St Bernard** (5,8 km), inaugurado en 1964, que absorbe prácticamente todo el tráfico fronterizo.

Puntos de interés

Grand St Bernard Museum MUSEO
(www.gsbernard.net; Col du Grand St Bernard; adultos/niños 10/6 CHF; ⊙10.00-18.00 jun-oct) La exposición, en el mismo edificio del Auberge de l'Hospice en el Col du Grand St Bernard, narra la historia de este remoto paso de montaña, inaccesible a los vehículos durante la mitad del año. Abierto en verano, la entrada del museo incluye el acceso a las perreras, con numerosos san bernardos.

Dónde dormir

Auberge de l'Hospice HOTEL €
(☎027 565 11 53; www.aubergehospice.ch; i/d/tr 78/116/144 CHF, desayuno/media pensión 12/42 CHF; ⊙jun-med oct; P Wi-Fi) Este antiguo hospicio al final de la carretera es hoy un moderno hotel orientado al turismo familiar, con 30 habitaciones, un café-restaurante y una tienda. Desde la terraza del restaurante se divisa el Col du Grand St Bernard y los Alpes italianos al fondo. Tiene muchas comodidades, pero solo abre en verano.

Hospice du Grand St Bernard ALBERGUE €
(☎027 787 12 36; www.gsbernard.net; dc incl. desayuno/media pensión/pensión completa 30/48/64 CHF, d 86/122/148 CHF; P) Sito sobre el lago, tiene a sus espaldas mil años de historia de hospitalidad. En invierno solo se puede llegar a pie (con raquetas o esquís) desde la entrada al túnel, 6 km colina abajo. Los dormitorios son espartanos, pero los monjes son muy cordiales y el entorno es fantástico. Es obligatorio reservar con antelación.

Cómo llegar y salir

El puerto del Gran San Bernardo abre de principios de junio a finales de septiembre. La forma más fácil de acceder es en vehículo propio. Hay que seguir la señal de Col du Grand St Bernard a la derecha, justo antes del Tunnel du Grand St Bernard. Desde allí la carretera asciende 6 km hasta el puerto.

Cuando la carretera está cerrada (final de septiembre a junio), solo es accesible a pie, con raquetas o esquís.

En verano se puede tomar el tren *St Bernard Express* de Martigny a Orsières (11,40 CHF, 30 min, cada hora) y después un autobús **TMR**

INDISPENSABLE

EXCURSIONES CON PERRO

Los perros san bernardo gustan a todos, así que la **Fondation Barry** (☎027 722 65 42; www.fondation-barry.ch; Rue du Levant 34; adultos/niños 48/10 CHF) ha ideado un ingenioso plan. De mediados de julio a mediados de septiembre se puede acompañar a estos perros en un paseo de 1½ h por el Col du Grand St Bernard. Ha tenido tanto éxito que también organizan salidas en otoño, invierno y primavera. Consultar los detalles en la web.

(☎027 721 68 40; www.tmrsa.ch) desde la estación de Orsières (16,60 CHF, 45 min, 2-3 diarios en verano).

Verbier

3000 HAB. / ALT. 1500 M

El elegante Verbier es la joya de los Alpes del Valais: pequeño, caro y tallado por todos los ángulos correctos para deslumbrar a los esquiadores avezados y las estrellas de la pista. Pese a su envoltorio suntuoso, Verbier es una estación muy original, pues hay actividades para todos los gustos. Ofrece desde bares desenfrenados de aguardiente a *lounges* para VIP, desde albergues tipo búnker a hoteles de diseño, desde hamburguesas a estrellas Michelin. Aquí los locos del esquí y los famosos esquían en total armonía en su nieve legendaria.

A diferencia de otras estaciones más pequeñas, Verbier apenas cierra entre temporadas. Salvo un par de semanas en mayo y octubre, siempre hay animación.

Actividades

Esta meca del ocio ofrece actividades para todos los gustos. Para una visión general o un guía del lugar se puede contactar con **Les Guides de Verbier** (☎027 775 33 70; www.guideverbier.com; Rue de Médran 41). Para informarse en internet: www.verbierbooking.com.

Esquí

Verbier es uno de los mejores de Europa, con pistas para todos los niveles de esquí y *snowboard*. La estación está en pleno centro de los Quatre Vallées e incluye 412 km de pistas y 94 remontes. El forfait regional cuesta 67/322 CHF (1/5 días).

> **INDISPENSABLE**
>
> **AMANECER EN MONT FORT**
>
> Nada conmueve tanto como ver amanecer desde la cima del **Mont Fort** (adultos/niños 61/38 CHF), a una panorámica altura de 3329 m. El **teleférico** de Médran ofrece salidas los jueves de julio a las 4.45 y en agosto a las 5.00. El billete incluye ilimitados viajes en los teleféricos durante el resto del día, así como un desayuno para los madrugadores en el gran **restaurante** con forma de iglú Les Gentianes (2950 m), en el Col des Gentianes. Debe reservarse al menos 24 h antes en la taquilla de Médran, en la Place de Médran.

Excursionismo

Las opciones son infinitas, con 500 km de senderos señalizados. La oficina de turismo (p. 156) distribuye un detallado mapa con 29 rutas de senderismo diferentes explicadas. Hay para todos los gustos, incluidas las familias. Hay otros paseos más cortos, como el **Sentier des Sculptures,** con obras en madera talladas con una sierra por el antiguo campeón de esquí valesano William Besse; el **Verbier 3D Parc de Sculptures,** entre Les Ruinettes y La Chaux; y el sendero del canal de riego **Bisse du Levron** desde Les Ruinettes (2 h). Una de las mejores excursiones para los amantes de la fauna silvestre es el **Sentier des Chamois** (5½ h): se ven rebecos, marmotas y águilas.

Deportes de aventura

Verbier se está haciendo un nombre como centro de deportes de aventura con infinidad de propuestas. Hay que consultar en la oficina de turismo la información, desde excursiones en trineo con perros todo el año hasta escalada por una *via ferrata*.

Fly Verbier PARAPENTE
(☎027 771 68 18; www.flyverbier.ch; Rte de Verbier Station 23; parapente en tándem 190 CHF; ⊙may-oct) Estos operadores afirman que el microclima de Verbier lo convierte en uno de los mejores cinco lugares del mundo para volar. Para probar el parapente en tándem en los Alpes suizos, reservar en línea o acudir en persona.

Verbier-La Tzoumaz Bike Park BICICLETA DE MONTAÑA
(☎027 775 25 11; www.verbierbikepark.ch; pase de 1 día adultos/niños 35/18 CHF; ⊙8.00-17.30 jul-sep, 9.00-12.30 y 13.30-16.30 lu-vi, 9.00-16.30 sa y do jun y oct) El teleférico de Médran sube desde Verbier hasta Les Ruinettes, de donde parten decenas de caminos para bajar entre los árboles en el parque para bicicletas de Verbier. Las rutas van de fáciles a muy duras, con saltos de 2 m, y tres de ellas poseen un sistema de cronometraje. También hay una escuela.

Trottinettes ALQUILER DE PATINETES
(☎027 775 25 11; www.verbier.ch/en/fppoi-trottinettes-les-ruinettes-verbier-19066.html; subida en teleférico y bajada en patinete 22 CHF; ⊙8.00-17.00 jul y ago, horario reducido jun, sep y oct) Muy populares entre las familias, las *trottinettes* (patinetes) son una forma divertida de bajar desde Les

Ruinettes. Se compra la entrada en la oficina de la Place de Médran y se toma el teleférico de Médran hasta Les Ruinettes para coger el casco y el patinete. Los menores de 8 años deben ir acompañados de un adulto. El descenso dura 1 h.

Fiestas y celebraciones

Verbier Festival MÚSICA

(www.verbierfestival.com; jul-ago) Este festival de verano de música clásica dura dos semanas entre julio e inicios de agosto. Hay eventos gratuitos durante el Festival Off alternativo, paralelo al oficial.

Dónde dormir

Existen muchas opciones de primera categoría, aunque también hay ofertas viables para esquiadores con bajo presupuesto si se planifica con tiempo. Los precios bajan entre el 30 y el 50% en julio y agosto.

Cabane du Mont-Fort CABAÑAS €

(027 778 13 84; www.cabanemontfort.ch; dc invierno/verano incl. desayuno 52/37 CHF, incl. media pensión 92/75 CHF; dic-med may y jul-med sep;) Por encima de las nubes (2457 m), con vistas del Massif des Combins, esta cabaña alpina es ideal para los senderistas en verano y los esquiadores en invierno, con acceso a La Chaux. Ofrece un sueño reparador en dormitorios colectivos de madera de pino y un atestado restaurante con consistentes guisos montañeses. Dispone de 58 camas en 15 habitaciones.

Les Touristes HOTEL €

(027 771 21 47; www.hoteltouristes-verbier.ch; Rte de Verbier; i/d desde 75/150 CHF;) Este original hotel abrió sus puertas a los turistas veraniegos en 1933, mucho antes de ponerse de moda el esquí. Está en el pueblo antiguo, a un paseo de 1 km del centro moderno de Verbier, al lado de una panadería que va por la cuarta generación. Sus 16 habitaciones son sencillas, con lavabo y duchas compartidas.

Dzardy's Bar & Backpacker ALBERGUE €

(027 565 25 31; www.backpacker-verbier.ch; Rte de Verbier 13, Le Châble; dc 39 CHF; bar y recepción albergue 16.00-22.00;) Este antiguo búnker ofrece siete dormitorios sencillos encima de un concurrido bar (la recepción del albergue), a 200 m de la estación del teleférico Le Châble. Es un chollo pues está a un trayecto en teleférico de Verbier. Hay que llevar saco de dormir, toalla de baño y candado para la taquilla.

★ W Hotel HOTEL DE DISEÑO €€€

(027 472 88 88; www.wverbier.com; Rue de Médran 70, Pl Blanche; d desde 300 CHF;) Con mesitas en cada balcón y un *spa* de cinco estrellas, este hotel cerca del teleférico de Médran es sensacional. En los cuatro edificios contemporáneos de estilo chalé, unidos por pasillos de cristal, impera el diseño. Las habitaciones tienen nombres con glamur: Cozy Room, Wonderful Room, Spectacular Room y la colección de WOW Suites.

Hotel Farinet HOTEL €€€

(076 575 23 94; www.hotelfarinet.com; Pl Centrale; habitaciones desde 420 CHF; med dic-abr;) El famoso Farinet está situado sobre la tienda de deportes Xtreme de la plaza central de Verbier. Conocido tanto por sus bares frecuentados por famosos, DJ y discotecas como por el estilo de su alojamiento, es el hotel de referencia para los noctámbulos. Se ofrecen habitaciones dobles estándar, suites de dos dormitorios o la suite del ático.

Dónde comer

★ Le Namasté SUIZA €

(027 771 57 73; www.namaste-verbier.ch; Les Planards; principales desde 15 CHF; diarios med dic-Semana Santa y med jul-ago, ma-do med may-jun, sep y oct) Su nombre significa "bienvenidos" en hindi y siempre está lleno. Jean-Louis, un escultor que convierte viejas herramientas de metal en criaturas fabulosas, y su esposa Annick son la energía creativa de esta cabaña de montaña a 1937 m de altitud y con una cocina suiza tradicional. Se puede llegar esquiando desde Savoleyres o, al caer la noche, en moto de nieve de subida y trineo de bajada. En verano se puede ir en coche.

Le Bec BRASERÍA €

(027 775 44 04; www.brasserielebec.com; Rue de Médran 77, Pl Blanche; principales desde 16 CHF; 8.00-19.00;) Este local inconformista de Verbier, con llamativos ventanales y elegantes mesas en la terraza en la Place Blanche, es el lugar por excelencia para dejarse ver. Su cocina es moderna, con ensaladas de quinoa, hamburguesas de beicon con patatas fritas cortadas a mano y otros platos contemporáneos de *brasserie*.

Fer à Cheval PIZZERÍA €

(027 771 26 69; http://feracheval.ch; Rue de Médran; *pizza* desde 18 CHF, principales desde 25 CHF; 11.00-23.00) Asequible y práctica, esta pizzería tiene una terraza, ambiente electrizante y buena comida a todas horas. Está a unos

pasos de la Place Centrale hacia la estación Médran del teleférico. La "mesa" favorita del autor es la carreta.

Chez Dany SUIZA €€
(☎027 771 25 24; www.facebook.com/Chez-Dany-Verbier-1690409104608455; Hameau de Clambin 10; principales 15-30 CHF; ⊙9.00-24.00 dic-abr y jul-sep) En una soleada meseta a 1720 m sobre Verbier, entre Les Ruinettes y Médran, este bullicioso chalé es uno de los favoritos de las celebridades por sus filetes. La terraza tiene unas vistas del Massif des Combins. Se puede subir en moto de nieve o esquís y bajar en trineo o bien pedir un taxi de nieve.

Dónde beber y vida nocturna

Pub Mont Fort PUB
(☎027 771 90 62; www.pubmontfort.com; Chemin de la Tinte 10; ⊙15.00-2.00) Parece ser que en invierno, después del esquí, este bar es el que más cerveza sirve de toda Suiza. Está cerca de la estación Médran del teleférico. Sus chupitos y batidos tienen mucho éxito. Qué más se puede decir.

Farm Club CLUB
(☎079 257 78 83; www.hotelnevai.com/farm-club; Rte de Verbier Station 55; ⊙dic-abr) Toda una leyenda, esta discoteca elegante lleva abierta en la planta baja del hotel Nevaï desde 1971. Hay que ir muy elegante para traspasar la cinta de terciopelo y codearse con vividores que gastan a espuertas, incluidas botellas selectas de Moët.

Off Piste BAR
(www.wverbier.com/off-piste; Pl Blanche; ⊙11.00-20.00) Con sus sofás, cócteles, música y tentempiés y la playa de arena en verano, con palmeras y olivos en macetas, este bar al aire libre del hotel W Verbier es el no va más. Hay conciertos en directo y barbacoas en verano.

Milk Bar CAFÉ
(☎027 771 67 77; Rue de Médran 2; ⊙10.00-19.30) Vieja pero buena, esta mítica cabaña (de aprox. 1936) es famosa por sus *grands crus de cacao* (chocolate a la taza), batidos de fruta, tartas de la casa y crepes con caramelo. El interior de madera da un ambiente añejo y calentito en invierno; la terraza de atrás es más relajada y sencilla.

Información

Oficina de turismo (☎027 775 38 88; www.verbier.ch; Pl Centrale; ⊙8.30-19.00 dic-abr, hasta 18.00 may-nov) Muy eficiente, en la Place Centrale, con mapas y folletos; se habla inglés.

Cómo llegar y salir

Los trenes del *St Bernard Express* salen cada hora de Martigny hacia Le Châble (11,40 CHF, 30 min), donde se puede tomar un autobús a Verbier (6,20 CHF, 30 min) o, en temporada, el teleférico **Le Châble-Verbier** (☎027 775 25 11; www.televerbier.ch; adultos ida/ida y vuelta 10/15 CHF, niños 5/8 CHF; ⊙7.00-16.45 nov, hasta 19.30 dic-abr, jul y ago), frente a la estación de tren.

Sion

32 170 HAB. / ALT. 490 M

La francófona Sion es cautivadora. En apariencia moderna e industrial, esta ciudad que surge del fondo del valle del Ródano es muy *gourmet,* con restaurantes gastronómicos y rodeada de colinas, con viñedos en terrazas y antiguos canales de riego llamados *bisses.* Dividida en dos por el Ródano, dos castillos del s. XIII la custodian desde lo alto de unas colinas rocosas.

Tiene un ambiente relajado, de culto al vino, y terrazas en las aceras de callejones pintorescos y empinados que bajan desde los castillos al casco antiguo medieval. El mercado (viernes) y el espectáculo estival de luz y sonido, visible desde toda la ciudad, son imprescindibles.

Puntos de interés y actividades

★**Château de Valère** CASTILLO
(Rue des Châteaux; adultos/niños 8/4 CHF; ⊙11.00-18.00 jun-sep, hasta 17.00 oct-may) En lo alto de una loma delante del Château de Tourbillon se alza este castillo de los ss. XI-XIII que creció alrededor de una basílica fortificada. El interior de la iglesia posee una sillería del coro bellamente tallada, un ábside con frescos y el órgano más antiguo del mundo en funcionamiento, de 1440; los conciertos de verano de los sábados (16.00) son mágicos. El *château* alberga entre sus muros el **Musée Cantonal d'Histoire** (☎027 606 47 15; adultos/niños 8/4 CHF; ⊙11.00-18.00 jun-sep, hasta 17.00 ma-do oct-may) y una cafetería con vistas.

★**Château de Tourbillon** CASTILLO
(Rue des Châteaux; ⊙10.00-18.00 may-sep, 11.00-17.00 med mar-abr y oct-med nov) GRATIS Dominando el fértil valle del Ródano desde las alturas de Sion, los restos de esta fortaleza medieval, derruida por un incendio en 1788, compensan

la cuesta por las vistas de postal (conviene llevar calzado de suela gruesa porque hay tramos con muchas rocas).

Musée d'Art GALERÍA

(☎027 606 46 90; www.musees-valais.ch; Pl de la Marjorie 15; adultos/niños 8/4 CHF; ⏲11.00-18.00 ma-do jun-sep, hasta 17.00 oct-may) En un pequeño castillo, este museo de bellas artes expone obras de artistas suizos como Ernest Bieler y Caspar Wolf, junto con pinturas notables del expresionista austríaco Oskar Kokoschka.

Bisse de Clavau CAMINO

Aparte de los paseos entre viñedos hay muchas excursiones cerca de Sion. Los senderos de esta parte del valle del Ródano son únicos por sus *bisses:* canales en miniatura construidos a partir del s. XIII para irrigar los empinados bancales de viñedos y campos de cultivo. El más conocido es el Bisse de Clavau, un canal de regadío de 550 años de antigüedad que lleva agua a los viñedos sitos entre Sion y St Léonard.

Estos viñedos, que crecen en terrazas estrechas retenidas con muros de piedra, producen el excelente *dôle* (tinto) del Valais y el blanco Fendant. Se pueden probar solos o con el almuerzo en **Le Cube Varone** (☎079 566 95 63; www.facebook.com/cube.varone; principales desde 20 CHF; ⏲11.00-21.00 sa, hasta 18.00 do may-oct), una cabaña de un antiguo viticultor en la ruta del Bisse de Clavau (7,5 km, 2½ h). Cada plato de su carta está maridado con un vino y la vista de los viñedos es embriagadora.

Fiestas y celebraciones

Festival de Sion MÚSICA

(www.sion-festival.ch; ⏲med-ago-ppios sep) Este festival internacional de música ofrece durante tres semanas conciertos clásicos (piano, violín), un concurso de violín y un festival alternativo simultáneo (Festival Off), con conciertos gratis.

> MERECE LA PENA
>
> ### NAVEGACIÓN A VELA SUBTERRÁNEA
>
> En la pequeña localidad de St Léonard, 5,5 km al noreste de Sion, se esconde el mayor lago subterráneo de Europa, el **Lac Souterrain St Léonard** (☎027 203 22 66; www.lac-souterrain.com; Rue du Lac 21; adultos/niños 10/6 CHF; ⏲10.00-17.00 med mar-oct, hasta 17.30 jul-ago). Quienes deseen ver sus resplandecientes aguas color esmeralda pueden apuntarse a una visita guiada (30 min) en barco. Hay un tren entre Sion y St Léonard (3,60 CHF, 3 min, cada hora).

Dónde dormir

Las opciones en la ciudad son escasas; son más atractivos los alrededores de Sion, cubiertos de viñedos.

Sion Youth Hostel ALBERGUE €

(☎027 323 74 70; www.youthhostel.ch; Rue de l'Industrie 2; dc/i/d incl. desayuno 33/69/98 CHF; ⏲abr-oct; P 📶) A solo 100 m de la salida sur de la estación de tren de Sion, este albergue juvenil ofrece habitaciones individuales y dobles o dormitorios de dos/cuatro camas a precios razonables. Se incluye un desayuno de bufé y la cena cuesta 17 CHF. Hay una terraza ajardinada y amplias zonas de comedor y sala de estar.

Hôtel Elite HOTEL €€

(☎027 322 03 27; www.hotelelite-sion.ch; Av du Midi 6; i/d 120/170 CHF; P 📶) Moderno dos estrellas junto a la calle mayor: es el mejor

> ### LUCHA DE VACAS
>
> En Val d'Hérens, al sur del distrito de Sion, se toman muy en serio los **Combats de Reines** (peleas de vacas; Kuhkämpfe en alemán), que sirven para designar a la vaca más capacitada para guiar al rebaño a los pastos de verano. Los concursos se celebran algunos domingos de marzo a mayo y de agosto a septiembre.
>
> Las vacas, alimentadas con un concentrado de avena al parecer estimulante y a veces con vino, embisten y traban los cuernos para intentar obligar a la oponente a recular. La ganadora, o "reina" del rebaño, puede llegar a valer 20 000 CHF. Pocas veces las luchadoras se lesionan, así que los espectadores no suelen sufrir en estas competiciones. En mayo se celebra la gran final en Aproz (a 10 min en el autobús postal que va al oeste de Sion), el Día de la Ascensión, y el último combate de la temporada es en la Foire du Valais (p. 151), en octubre en Martigny.

Sion

de la ciudad. Los precios incluyen un bufé de desayuno, las habitaciones son confortables y la ubicación ideal para explorar la ciudad.

Dónde comer

La Rue du Grand-Pont, así llamada porque por debajo pasa el río, rezuma buenos sabores y vinos del Valais. Si se desea tomar un café o una copa muy fría del vino local Fendant se aconseja sentarse en la terraza de un café del lado norte de la Place du Midi o bajo las pérgolas de la peatonal Rue des Remparts.

Brasserie du Grand-Pont BISTRÓ €

(027 322 20 96; http://grand-pont.ch; Rue du Grand-Pont 6; principales desde 20 CHF; 9.00-24.00 lu-sa) Cuando hace sol, a las 12.00 ya no queda ni una mesa libre. El menú "para todos los gustos" ofrece platos de todos los países. Véase el edificio con postigos de color óxido y balcones de forja.

★ **Au Cheval Blanc** SUIZA €€

(027 322 18 67; www.au-cheval-blanc.ch; Rue du Grand-Pont 23; principales desde 30 CHF; 10.00-24.00 ma-vi, 11.00-24.00 sa) Este bistró tradicional con una terraza en la acera de Rue

Sion

Principales puntos de interés
1 Château de Tourbillon D1
2 Château de Valère D2

Puntos de interés
3 Musée Cantonal d'Histoire D2
4 Musée d'Art C1

Dónde dormir
5 Hôtel Elite B3
6 Sion Youth Hostel A5

Dónde comer
7 Au Cheval Blanc B1
8 Brasserie du Grand-Pont B2
9 La Cave de Tous Vents C1
10 L'Enclos de Valère C1

Dónde beber y vida nocturna
11 Le Verre à Pied B1

du Grand-Pont usa los mejores productos de la zona y es una institución local conocida por su comida y su ambiente. La guinda del pastel es la carne de vacuno de Val d'Hérens preparada en tartar, carpacho, con vinagreta, *di filetto* o *en rossini*.

Au Vieux Mazot SUIZA **€€**
(☎027 283 11 25; Rue Centrale, Evolène; principales desde 20 CHF; ⌚10.00-24.00 ma-sa) Es impensable ir a Evolène, en el Val d'Hérens, 24 km al sur de Sion por la carretera, y no probar el célebre filete de vaca local en este legendario local, también conocido como Chez Raymonde. Los amantes de la carne adoran la vaca de Val d'Hérens cocinada en horno de leña tradicional. Otras propuestas son las típicas *raclettes* y *röstis*.

Buffet de la Gare de St Léonard SUIZA **€€**
(☎027 203 43 43; www.buffet-gare.ch; Av de la Gare 35, St Léonard; principales desde 20 CHF; ⌚10.00-15.00 y 18.00-24.00 mi-do) Desde 1918 este restaurante en St Léonard prepara excelentes platos por cortesía de la misma familia y merece la pena visitarlo. Hay trenes de Sion a St Léonard (3,60 CHF, 3 min, cada hora).

La Sitterie SUIZA **€€**
(☎027 203 22 12; www.lasitterie.ch; Rte du Rawil 41; principales desde 28 CHF, menú almuerzo 48 CHF, menú cena desde 75 CHF; ⌚11.00-15.00 y 18.00-24.00 ma-do) A 800 m a pie del norte del casco antiguo, el chef Jacques Bovier trabaja con productos locales para ofrecer una experiencia gastronómica única (como el sorbete de uvas chasselas). El comedor de verano está en un jardín con vistas a los viñedos escalonados.

L'Enclos de Valère SUIZA **€€**
(☎027 323 32 30; www.enclosdevalere.ch; Rue des Châteaux 18; principales desde 35 CHF, menú de 3 platos 58 CHF; ⌚9.00-24.00 ma-sa, 12.00-15.00 do may-sep, 10.00-14.00 y 18.00-24.00 ma-sa oct-abr) Instalado en una casita con un jardín repleto de viñas y árboles frutales (incluso kiwis), a medio camino del callejón empedrado que asciende a los castillos de Sion. Los platos de caza dominan la *ardoise* (pizarra) en otoño.

Dónde beber y vida nocturna

Le Verre à Pied BAR DE VINOS
(☎027 321 13 80; www.facebook.com/leverreapiedsion; Rue du Grand-Pont 29; ⌚10.30-13.00 y 16.30-20.30 lu-sa, 10.30-14.00 y 17.00-20.00 do) Para conocer a fondo Sion hay que probar su vino y esta funcional *oenothèque* (enoteca) y *caveau* (bodega) es ideal para ello. Se puede escoger entre el interior industrial y los barriles exteriores y saborear uno de sus más de 150 vinos valesanos. Para saciar el hambre están los restaurantes cercanos, que sirven queso, carne, ostras, etc.

Información

Oficina de turismo (☎027 327 77 27; http://siontourisme.ch; Pl de la Planta; ⌚9.00-18.00 lu-vi, hasta 12.30 sa; 📶) En la Place de la Planta, 600 m al norte de la estación.

Cómo llegar y desplazarse

Aéroport de Sion (☎027 329 06 00; www.sionairport.ch; Rte des Aviateurs) El aeropuerto de Sion está 2 km al oeste de la estación de tren.

Valaisroule (☎079 127 50 22; https://wallisrollt.ch; Pl de la Planta; ⌚9.00-12.15 y 13.00-18.00 mi-do fin may-med oct) Para hacerse con una bicicleta gratis (4 h) y explorar las riberas y viñedos de Sion.

Todos los trenes directos entre Lausana (32 CHF, 50-80 min, cada media hora) y Brig (20,40 CHF, 35-45 min, cada media hora) paran en Sion.

Sierre

16 700 HAB. / ALT. 533 M

Una de las más soleadas de Suiza, Sierre es la última de las ciudades francófonas del Valais. En la vecina Salgesch se habla alemán, como en todas las demás hacia el este. Viñedos salpicados de castillos rodean la población y el *pinot noir* mantiene a todos satisfechos. Si se planea ir a Crans-Montana en transporte público, el funicular más largo de Suiza sale de Sierre y atraviesa los viñedos para finalmente ascender a Montana Gare.

Puntos de interés

Sierre Musée Valaisan de la Vigne et du Vin MUSEO

(☎027 456 35 25; www.museeduvin-valais.ch; Rue Ste Catherine 4; adultos/niños 6 CHF/gratis, gratis with Salgesch Weinmuseum billete; ⌚14.00-18.00 mi-vi y 11.00-18.00 sa-do mar-nov) Exhibe prensas antiguas y otras curiosidades relacionadas con el vino en el **Château de Villa,** una casa con torreón del s. XVII. La cata se puede realizar después en la **Oenothèque** (www.chateaudevilla.ch; ⌚10.30-13.30 y 16.30-20.30 lu-vi, 10.30-21.00 sa y do), una gran bodega y tienda con 630 vinos de Valais. El museo está a 1 km a pie de la estación de tren; en la oficina de turismo tienen mapas (p. 163). Es también el inicio (o final) del Sentier Viticole.

Salgesch Weinmuseum MUSEO

(Wine Museum; ☎027 456 45 25; www.museeduvin-valais.ch; adultos/niños 6 CHF/gratis, gratis con billete de Sierre Musée Valaisan de la Vigne et du Vin; ⌚14.00-18.00 lu-vi, 11.00-18.00 sa-do abr-nov) Este museo vitícola se centra en el cultivo de la viña en la zona de Salgesch, con fines educativos. Es también el inicio (o final) del Sentier Viticole (Ruta del Vino). Está a 1 km a pie de la estación de Salgesch, así que es un buen punto de partida o final.

Actividades

★Sentier Viticole (Ruta del Vino) PASEO A PIE

(☎027 456 35 25; www.museeduvin-valais.ch) En la oficina de turismo de Sierre-Salgesch disponen del mapa del Sentier Viticole (Ruta del Vino) que conecta dos museos: el Musée Valaisan de la Vigne et du Vin, en Sierre, y el Weinmuseum, en Salgesch. La ruta, de 6 km, está salpicada de 80 paneles informativos sobre el vino, el entorno y los habitantes de la zona. Es un paseo de 2-3 h o de medio día si se visitan los museos.

Se puede hacer en cualquier sentido y regresar luego al inicio (adonde se llegó en tren).

Fiestas y celebraciones

Marché des Cépages VINO, MÚSICA

(www.marchedescepages.ch; ⌚ppios sep) Un recorrido copa en mano por viñedos y con música, unos 40 viticultores y abundante vino para catar y disfrutar. Arranca entre los viñedos por el Sentier Vinicole en dirección a Salgesch, detrás del Château de Villa.

Dónde dormir y comer

Hotel Arkanum HOTEL-BOUTIQUE €€

(☎027 451 21 00; www.hotelarkanum.ch; Unterdorfstrasse 1, Salgesch; i/d desde 110/190 CHF; P 📶) Quienes han soñado con dormir en un tonel o una prensa pueden cumplir su sueño en este insólito hotel de Salgesch, donde cada habitación con vigas vistas está decorada con un tema vinícola distinto. El restaurante ofrece especialidades de la región y vinos locales.

LA BRISOLÉE: UNA FIESTA POPULAR DE OTOÑO

Cuando llegan los días dorados del otoño, la última cosecha de la uva marca el inicio de la temporada de la castaña. Y así comienza La Brisolée, un banquete otoñal de productos de la zona que tradicionalmente se comparte con la familia y los amigos. Aunque no es lo mismo probarla en un restaurante, hay dos lugares estupendos, muy recomendables en cualquier época del año:

La Cave de Tous Vents (☎027 322 46 84; www.cave-tous-vents.ch; Rue des Châteaux 16; principales desde 22 CHF; ⌚17.00-24.00 sep-jun) Las velas iluminan las bóvedas de ladrillo de este bar de vinos medieval con acogedores rincones ideales para cenas románticas. También es melosa la *fondue*, que se sirve de muchas maneras, incluso con azafrán o *chanterelles* (mízcalos). De finales de septiembre a octubre, su *brisolée royale* es un festín magnífico de quesos del Valais de seis tipos, castañas asadas, manzanas, peras y carnes secas.

La Grande Maison (☎027 565 35 70; www.lagrandemaison.ch; Route du Santesch 13, Chandolin-près-Savièse; menú de 4 platos 78 CHF; ⌚17.00-24.00 lu-vi, 11.00-24.00 sa y do) En las colinas, a 6,5 km de Sion, se halla esta vieja casa con vigas de madera (doble 134-160 CHF) y un restaurante de primera para saborear la caza otoñal y los frutos del bosque; una delicia singular y auténtica.

MERECE LA PENA

FONDATION PIERRE ARNAUD

No hay que perderse la **Fondation Pierre Arnaud** (☎027 483 46 10; www.fondationpierrearnaud.ch; Rte de Crans 1, Lens; adultos/niños 18 CHF/gratis; ⏲10.00-18.00 mi-do), una impresionante galería de arte en cuya deslumbrante fachada de espejo se reflejan los picos de las montañas y en cuya azotea crecen *edelweiss* de hojas plateadas. El museo acoge cada año dos exposiciones de arte contemporáneo. Se puede almorzar en el bistró **L'Indigo**, con una terraza de madera y vistas al sereno Lac du Louché y las montañas al fondo. Hay que tomar el autobús nº 353 desde la parada de La Poste, en la carretera de Crans-Montana a Lens (4,40 CHF, 20 min).

Hotel Terminus HOTEL €€
(☎027 455 13 51; www.hotel-terminus.ch; Rue du Bourg 1; i/d 145/230 CHF; P 📶) Habitaciones de calidad superior en cuatro plantas a 100 m de la estación de tren de Sierre. Incluye desayuno continental para hacer acopio de energía para la gira vitivinícola. En las plantas superiores hay suites fabulosas y ofrece la cocina del chef **Didier de Courten** (principales 84 CHF, menú degustación 190 CHF; ⏲12.00-13.00 y 19.00-21.00 ma-sa) para quienes puedan permitírselo.

★ **Château de Villa** SUIZA €€
(☎027 455 18 96; www.chateaudevilla.ch; Rue Ste-Catherine 4; *fondue* 23-26 CHF, principales 25-40 CHF; ⏲11.30-14.00 y 18.00-22.30) Con torres almenadas y vigas centenarias, el castillo de Sierre despliega un regio banquete de *raclette* con cinco tipos de queso (35 CHF) del Valais, regada con vinos de la zona bien maridados. Septiembre marca el inicio de la fiesta de la castaña valesana, La Brisolée (p. 160).

Información

Oficina de turismo de Sierre-Salgesch
(☎027 455 85 35; www.sierre-salgesch.ch; Pl de la Gare 10; ⏲8.30-18.00 lu-vi, 9.00-17.00 sa, hasta 13.00 do) En la estación de Sierre, el personal es amable y ofrecen excelentes mapas, folletos y asesoramiento en inglés.

Cómo llegar y salir

Por la E62 Sierre está 175 km al este de Ginebra, 45 km al este de Martigny y 38 km al oeste de Brig.

Parten dos trenes cada hora con destino a Ginebra (54 CHF, 2 h), al oeste, y a Brig (15,40 CHF, 30 min), al este. Hay trenes cada hora de Salgesch a Sierre (3 CHF, 3 min).

Es el punto de partida del Crans-Montana.

Crans-Montana

6500 HAB. / ALT. 1500 M

Apareció en el mapa cuando en 1896 el Dr Théodore Stéphani aspiró una bocanada de aire alpino y declaró que era espléndido para sus pacientes tuberculosos. Muy animado en invierno, el moderno y amplio complejo, que comprende una cadena de lagos, es hoy un reducto de famosos y nuevos ricos.

Actividades

Es el paraíso para los esquiadores de nivel medio, con pistas soleadas (casi todas orientadas al sur) y vistas de 360º que abarcan del Cervino al Mont Blanc. Las pistas de esquí alpino suman 160 km, los *snowboarders* se juegan el tipo en el parque de Aminona y hay 50 km de senderos para esquí de fondo.

Verano es la temporada alta del excursionismo y la bicicleta de montaña.

Crans-Montana Bike Park BICICLETA DE MONTAÑA
(www.mycma.ch; Route des Téléphériques 32; medio día/día completo adultos 25/30 CHF, niños 14/15 CHF; ⏲jun-oct) Los amantes de la velocidad quedarán encantados en este parque ciclista con senderos bien señalizados y obstáculos graduados por dificultad en la estación inferior del teleférico Crans Cry d'Er. Hay infinidad de propuestas que se pueden consultar por internet.

Alex Sports ESQUÍ, BICICLETA DE MONTAÑA
(☎027 481 40 61; www.alexsports.ch; Rte des Télépheriques; ⏲9.00-17.30 dic-abr, jul y ago) Esta tienda de deportes junto al teleférico Crans Cry d'Er y frente al parque Crans-Montana Bike alquila equipos de todo tipo para bicicleta de montaña en verano y esquí en invierno.

Fiestas y celebraciones

Caprice Music Festival MÚSICA
(www.caprices.ch; ⏲ppios abr) Se considera uno de los principales festivales de música de Europa: una fiesta a gran altitud con vistas inmejorables.

Dónde dormir y comer

Crans-Montana Youth Hostel ALBERGUE €

(☎027 481 31 14; www.youthhostel.ch; Rte du Zotzet 8; dc/i/d incl. desayuno 29/68/78 CHF; ⊙dic-mar y may-oct; P📶) Inaugurado en el 2017, este es el último uso al que se ha destinado esta casa en Bella Lui, construida en 1930 y catalogada como lugar histórico. Muy céntrico, con un precio razonable y vistas fabulosas; incluye desayuno. El edificio fue clínica, *spa* y hotel antes de convertirse en el albergue juvenil más nuevo de Suiza.

Lago Lodge HOTEL €€

(☎027 481 34 14; www.auberge-lagolodge.ch; Lac Grenon; d/tr/c desde 180/234/300 CHF; P📶) Este espacio contemporáneo a orillas del lago Grenon es ideal para las familias. La habitación para 10 (dos habitaciones dobles y una individual, más una gran buhardilla con colchones) debe de ser el mejor dormitorio de toda Suiza.

FUERA DE RUTA

VAL D'ANNIVIERS

Este tranquilo valle de pinos y alerces, salpicado de chalés de madera oscura y pueblos de postal, con picos de 4000 m al fondo, atrae a esquiadores deseosos de bajar por sus pistas de nieve en polvo sin aglomeraciones y a senderistas en busca de naturaleza auténtica.

La carretera que va al sur desde Sierre serpentea por huertos y viñedos para llegar al cabo de 13 km al pueblo medieval de **Vissoie** (www.valdanniviers.ch/tourism/desde-niouc-vissoie.html), una encrucijada para las cinco estaciones de esquí del valle. Si se conduce unos 11 km por una carretera estrecha que se dirige al norte, hacia Sierre, se llegará a **Vercorin** (www.valdanniviers.ch/tourisme/vercorin.html), ideal para familias esquiadoras por sus 35 km de pistas suaves.

Más atractivos para los esquiadores son los dos pueblos de **St Luc** (www.valdanniviers.ch/tourism/saint-luc.html) y **Chandolin** (www.valdanniviers.ch/tourism/chandolin.html), que reúnen 75 km de pistas anchas en solana y paisajes de ensueño. Chandolin es el más agradable, un apiñamiento de casas de madera aferradas a la empinada ladera, a unos 2000 m de altitud. Se aconseja visitar el **Espace Ella Maillart** (☎027 476 17 15; www.ellamaillart.ch; Chemin des Tsavonnés) GRATIS, dedicado a la aventurera suiza que vivía en Chandolin cuando no estaba explorando Afganistán y el Tíbet o ganando competiciones de esquí y regatas.

Las maquetas del sistema solar señalan el **Chemin des Planètes** (Camino de los planetas; 👪), un sendero que sube desde Tignousa (encima de St Luc; 👪) hasta el **Weisshorn Hotel** (☎027 475 11 06; www.weisshorn.ch; i/d con media pensión 150/280 CHF; ⊙jun-med oct y fin dic-med abr; 📶). Este suntuoso hotel del s. XIX se eleva a 2337 m y solo se puede acceder a él a pie o en bicicleta de montaña (o esquiando en invierno, cuando transportan el equipaje desde St Luc). Igual de bonita es **Grimentz** (www.valdanniviers.ch/tourism/grimentz-saint-jean.html), que parece sacada de un cuento, con graneros construidos sobre estacas y chalés de madera con geranios. Un nuevo funicular enlaza con las pistas de esquí de la vecina **Zinal** (www.valdanniviers.ch/tourism/zinal-ayer.html).

Desde Zinal se puede subir a picos de más de 4000 m, como el Dent Blanche (4357 m), el Obergabelhorn (4063 m), Zinalrothorn (4221 m), Weisshorn (4506 m) y el Bishorn (4153 m). Se pueden contratar guías en **Guides Anniviers** (www.valdanniviers.ch/tourism/guides.html).

Unos 12 km al sur de Grimentz, la carretera termina en un gran aparcamiento, de donde parte una red de fantásticos senderos para admirar el impresionante **Moiry Glacier.**

En cada pueblo hay una oficina de turismo, pero están todas agrupadas en **Val d'Anniviers Tourism** (www.valdanniviers.ch). Todas informan sobre la localidad y también sobre el conjunto del valle y tienen un horario unificado (8.30-12.00, 13.30-17.00, 7 días por semana).

Los autobuses PostBus cubren los 13 km entre Sierre y Vissoie, el centro de transportes del valle (10,60 CHF, 30 min); desde allí hay transporte a otros puntos, incluido el Moiry Glacier. Sin embargo, lo ideal es disponer de vehículo propio.

★Chetzeron SUIZA €€
(☎027 488 08 09; www.chetzeron.ch; Chetzeron 2112; principales desde 25 CHF; ⏲jul-oct y dic-abr; 📶) 🍃 En esta estación de teleférico de 1960 remodelada se puede descansar en una *chaise-longue* a 2112 m de altitud y felicitarse por estar en uno de los lugares más de moda de los Alpes suizos. En verano se puede acceder a pie (1 km) o alquilar un todoterreno y en invierno bajar esquiando por una pista azul, desde la estación superior del **teleférico Cry d'Er** (adultos ida/ida y vuelta 15/20 CHF); al atardecer, se puede pedir una moto de nieve.

Las habitaciones (doble desde 320 CHF) tienen impresionantes vistas y de la cocina salen manjares de primera, como carnes a la parrilla, salchichas caseras y platos vegetarianos.

Información

Oficina de turismo (☎027 485 04 04; www.crans-montana.ch; Rue Centrale, Crans; ⏲8.30-18.30 lu-sa) En la Rue Centrale, hay un paseo de 300 m hacia el oeste desde Montana Gare, en lo alto del funicular.

Cómo llegar y salir

A 20 km por una tortuosa carretera que asciende de Sierre a Crans-Montana.

Desde la estación de trenes de Sierre un corto trecho lleva a la estación del **funicular** (☎027 481 23 48; www.cie-smc.ch; Gare SMC de Montana; billete 13,20 CHF) más largo de Suiza, que discurre entre viñedos en su ascenso a Montana Gare. El viaje dura 12 min y hay salidas cada media hora. Entre ambas estaciones también circulan autobuses, menos originales (13,20 CHF, 40 min, cada hora).

ALTO VALAIS

Bellos pueblos de chalés de madera conviven con barrancos vertiginosos, afilados pináculos de 4000 m y glaciares descomunales del este de Valais. Las efervescentes aguas termales de Leukerbad, los 23 km del deslumbrante glaciar Aletsch, los burbujeantes resorts de Zermatt y Saas Fee y la imponente pirámide del Cervino atraen a visitantes de todo el mundo.

Leukerbad

1600 HAB. / ALT. 1411 M

Una espectacular carretera de montaña asciende desde la ciudad de Leuk, en el valle del Ródano, serpenteando durante 14 km, hasta la localidad montañesa de Leukerbad, 700 m más arriba. Bordeada por torres y agujas de roca, es la mayor localidad de aguas termales de Europa. Los romanos ya apreciaron sus aguas y hoy los visitantes se sumergen en ellas tras subir el puerto de Gemmi, superar la *via ferrata* más larga de Suiza o esquiar en Torrenthorn.

Puntos de interés

Torrent-Bahnen TELEFÉRICO
(☎027 472 81 10; www.torrent.ch; Promenade; ida/ida y vuelta 11,50/23 CHF; ⏲8.45-12.15 y 13.15-17.15 jul-med oct y fin dic-ppios abr) El teleférico de Torrent sube deprisa a los esquiadores en invierno hasta **Rinderhütte** (2350 m), donde un telesilla los lleva hasta los 2610 m. Las pistas son de nivel medio. En verano se impone bajar la montaña en un **patinete gigante** (adultos/niños 15/12 CHF); el descenso es empinado y a veces rocoso (1 h).

Actividades

Ruta del puerto de Gemmi EXCURSIONISMO
(www.myswitzerland.com/en-us/the-classic-among-classics.html; ⏲jun-oct) Esta clásica ruta discurre desde Leukerbad por el puerto de Gemmi hasta Kandersteg, en el Oberland bernés. En Leukerbad hay que tomar el teleférico **Gemmibahn** (☎027 470 18 39; www.gemmi.ch; Gemminbahnen; ida/ida y vuelta 23/34 CHF; ⏲8.30-12.00 y 13.00-17.30 jun-oct) hasta el puerto, seguir el sendero bien señalizado durante 2-3 h hasta Sunnbüel, bajar en teleférico y tomar el autobús hasta Kandersteg. El paisaje es espectacular, pero hay que ir preparado para repentinos cambios de tiempo.

El sendero es de dificultad media, a menos que se prescinda del teleférico en ambos extremos (también se puede subir y bajar a pie). Consultar la web y el pronóstico del tiempo antes de partir.

Adventure Trail Gemmi VIA FERRATA
(https://parcelas.google.com/site/viaferratae; ⏲jul-sep) Bajo la estación superior del teleférico de Gemmi, a 2300 m de altura, esta nueva *via ferrata* ofrece un inusual recorrido horizontal de 800 m, con un puente de cuerda de 65 m de largo y una escalera de 20 m de altura que gira 540 grados. La diversión está asegurada. Contactar con la oficina de turismo (p. 165) o Alpincenter Leukerbad (p. 165).

INDISPENSABLE

AGUAS TERMALES

Flotar al aire libre en unas aguas termales a 35°C rodeado del frío aire alpino es una sensación maravillosa. Relajarse tumbado en una *chaise longue* en un yacusi, bajo un cielo azul y al pie de montañas nevadas, es sentirse en el paraíso. Leukerbad, en el Alto Valais, es muy recomendable, como también lo son:

Les Bains de Lavey (www.lavey-les-bains.ch; Rte des Bains 48; adultos 3 h 27/18 CHF; 9.00-21.00 do-ju, hasta 22.00 vi y sa;) Las aguas termales de este *spa*, muy cerca de la frontera del vecino cantón y de la salida de la autopista (síganse las indicaciones de "Lavey"), fluyen del manantial más caliente de Suiza. También tiene hotel, restaurante e instalaciones de salud y bienestar.

Les Bains d'Ovronnaz (027 305 11 11; www.thermalp.ch; Rte des Bains 93; adultos/niños 22/13 CHF; 8.00-20.30 o 21.00;) Es un *spa* de tres piscinas en Ovronnaz, en una estación de esquí familiar, 10 km al norte de Riddes (15 km al noreste de Martigny). Ofrece alojamiento y masajes.

Thermalbad Brigerbad (027 948 48 48; www.thermalbad-wallis.ch; Thermalbad 1, Brigerbad; 3 h adultos/niños 24/15 CHF; 9.00-21.00;) Sito en el Alto Valais, a medio camino entre Visp and Brig, con 12 tentadoras piscinas interiores y exteriores. A los niños les encanta el tobogán acuático que baja por la montaña y hay un *camping* al lado.

Klettersteig Gemmi-Daubenhorn VIA FERRATA
(https://parcelas.google.com/site/viaferratae; jul-sep) La *via ferrata* más larga de Suiza es solo para intrépidos y expertos con un guía. Comprende 216 m de escaleras de acero y 2000 m de cables instalados en la pared rocosa del Dauberhorn, que se yergue sobre Leukerbad. Para los guías y el alquiler de equipo, dirigirse a la oficina de turismo o directamente a Alpincenter Leukerbad.

+Walliser Alpentherme & Spa Leukerbad SPA
(027 472 10 10; www.alpentherme.ch; Dorfplatz; baños termales 3 h/día 23/28 CHF, con sauna 39/53 CHF, baño romano-irlandés con/sin masaje 74/54 CHF; piscinas 9.00-20.00, sauna y baños 10.00-20.00) Estos lujosos baños poseen piscinas exteriores e interiores con hidromasaje, chorros, yacusi y vistas de la montaña. Comprende la Valaisan Sauna Village (muy rústica, toda a base de madera), los baños romano-irlandeses y el Mountain Spring Spa, donde se ofrecen todo tipo de tratamientos, como piedras calientes, masajes o exfoliaciones.

Leukerbad Therme NATACIÓN
(027 472 20 20; www.burgerbad.ch; Rathausstrasse 32; billete adultos/niños día 30/16,50 CHF, billete 3 h 25/14 CHF; 8.00-20.00;) En la parte baja del pueblo, cerca de la oficina de turismo, este lujoso complejo deportivo cuenta con 10 piscinas exteriores e interiores, cuyas aguas oscilan entre los 28 y los 43°C. Hay hidromasaje, agua a chorros, cuevas de vapor y un gran tobogán de tubo en espiral. Menores de 8 años gratis.

Dónde dormir y comer

Hotel Wildstubel HOTEL €
(027 470 12 01; www.gemmi.ch; Gemmi Pass; d por persona desde 90 CHF; med dic-fin abr y jun-oct;) El teleférico de Gemmi lleva hasta este funcional hotel de alta montaña que ofrece literas y habitaciones dobles normales, todo revestido de pino y muy limpio. Los baños son compartidos y los niños menores de 4 años duermen gratis. Se cobra por persona, la tarifa se reduce cuanto más numeroso es el grupo e incluye media pensión y teleférico de regreso desde Leukerbad. En resumen, un sitio ideal para relajarse.

Hôtel de la Croix Fédérale HOTEL €€
(027 472 79 79; www.croix-federale.ch; Kirchstrasse 43; d/c desde 160/289 CHF; P) Diminuto chalé encajado entre las tiendas de la calle mayor de Leukerbad. Habitaciones acogedoras de madera de pino y un restaurante abajo con una de las mejores cocinas del pueblo.

Thermal Hotels Leukerbad HOTEL €€
(027 472 10 00; http://thermalhotels.ch; Dorfplatz; i/d desde 150/250 CHF; P) Este hotel ocupa casi toda la plaza central e incluye el restaurante Maison Blanche en el "edificio viejo" de 1645. Al huésped no le falta de nada, incluso un suave albornoz blanco con pantuflas a juego para visitar con estilo el vecino centro termal que depende del hotel.

INDISPENSABLE

BAÑARSE A LA LUZ DE LA LUNA

Tal vez no haya nada en la tierra más próximo al cielo que un baño (o, mejor, un remojo prolongado y relajante) a la luz de la luna en las vigorizantes aguas termales de Leukerbad. El último sábado del mes o el 31 julio (víspera de la Fiesta Nacional suiza) el Walliser Alpentherme & Spa Leukerbad abre excepcionalmente sus piscinas de 20.30 a 23.30 (entrada 27 CHF, incluido el Valaisan Sauna Village).

Hotel Escher HOTEL €€
(☎027 470 14 31; www.hotel-escher.ch; Tuftstrasse 7; i/d desde 90/170 CHF; P 📶) Sus habitaciones son modernas y acogedoras, con edredones de plumas y baños blancos y nuevos, combinación perfecta de una buena relación calidad-precio y confort. Pero lo mejor es la vista desde el comedor del desayuno.

La Ferme Gemmet CHARCUTERÍA €
(☎027 470 41 40; www.lafermegemmet.ch; Dorfstrasse 18; ⌚9.00-12.15 y 15.00-20.00 lu, ma y ju-sa) La granja Gemmet no vende simples delicatesen. Esta tienda con estantes de vino del Valais y un mostrador de cristal para proteger los *alpkäse* (quesos alpinos curados que solo se elaboran en verano) y la leche fresca (hay que llevar la botella) es un escaparate de los productos de la granja familiar Gemmet, unos 50 km al este, hacia Brig.

★**Walliserkanne** SUIZA €€
(☎027 472 79 79; www.facebook.com/croixfederale; Kirchstrasse 43; principales desde 20 CHF; ⌚9.30-23.00 lu-sa, 17.00-23.00 do) Las *fondues,* los *röstis* crujientes hechos al fuego de leña y los platos de caza hacen de este restaurante regentado por la familia Grichtling desde 1931 un lugar destacado del Valais. Sin embargo, el verdadero lujo es la especialidad de la casa: los enormes filetes de carne hechos sobre pizarra, que se sirven en un robusto plato de madera y se acompañan con patatas fritas o *rösti,* salsas y un gran babero de papel.

ℹ Información

Oficina de turismo (☎027 472 71 71; www.leukerbad.ch; Ratplatz; ⌚9.00-12.00 y 13.15-tarde lu-sa) En la estación de autobuses, dispone de todos los servicios imaginables.

Alpincenter Leukerbad (Bergführer Leukerbad; ☎079 754 00 52; www.bergführer-leukerbad.ch) Guías y alquiler de equipos para la *via ferrata de* Leukerbad.

ℹ Cómo llegar y salir

Los autobuses postales unen cada hora Leukerbad con Leuk (12 CHF, 30 min) y Visp (20,40 CHF, 1 h); la estación de autobuses está junto a la oficina de turismo.

Zermatt

5760 HAB. / ALT. 1605 M

Ya en el tren desde Täsch se nota la expectación: las parejas miran melancólicamente por la ventana, los niños juguetean y se atracan de Toblerone, la gente busca la cámara en su maleta. Y luego, al llegar a Zermatt, la súbita aparición del **Matterhorn** o **Cervino** (4478 m), una montaña singular de belleza hipnótica, que se eleva sobre el pueblo como una aleta de tiburón, provoca un asombro general.

Desde mediados del s. XIX, Zermatt es una de las estaciones más glamurosas de Suiza. El escalador británico Edward Whymper llegó a la cima del Cervino en 1865 y desde entonces otros espíritus intrépidos lo han abordado: Theodore Roosevelt lo escaló en 1881 y Winston Churchill, a sus 20 años, subió al monte Rosa (4634 m) en 1894. Hoy en día los esquiadores y esquiadoras descienden por las cuidadas pistas, cautivados por el paisaje, mientras los que prefieren tomarse algo en los elegantes bares de copas de la ciudad exhiben sus atuendos de diseño. Pero todos comparten su entusiasmo por el Cervino, un monolito insondable que atrae todas las miradas.

mientras los que prefieren tomarse algo en los elegantes bares de copas de la ciudad exhiben sus atuendos de diseño.

👁 Puntos de interés

Tras un paseo por la calle principal, **Bahnhofstrasse,** con sus llamativas *boutiques* y sus desfiles de trineos o coches tirados por caballos y taxis eléctricos, se puede bajar por **Hinterdorfstrasse** hacia el rugiente río Vispa. Esta pintoresca calle está repleta de pocilgas de cerdos del s. XVI y típicos graneros de madera valesanos apoyados en discos de piedra y columnas para mantener a raya a las molestas ratas. Hay una **fuente** dedicada a Ulrich Inderbinen (1900-2004), un montañero nacido en Zermatt que escaló 370 veces el Cervino, la última a los 90 años. Apodado el Rey de los Alpes, cuando se jubiló a los 95 años era el guía de montaña más anciano en activo del mundo.

★Matterhorn Glacier Paradise TELEFÉRICO

(www.matterhornparadise.ch; Schluhmattstrasse; adultos/niños ida y vuelta 100/50 CHF; ⏲8.30-16.20pm) Las vistas desde los teleféricos de Zermatt son todas notables, pero la del Matterhorn Glacier Paradise es la guinda del pastel. Si se sube hasta los 3883 m con el teleférico a mayor altitud de Europa se podrán contemplar 14 glaciares y 38 picos de más de 4000 m desde la **plataforma panorámica** (abierta solo si hace buen tiempo). No hay que perderse el **Palacio del Glaciar,** con sus esculturas y un tobogán de hielo. La visita se puede rematar con una divertida bajada en **flotador** por la montaña nevada.

★Gornergratbahn TREN

(www.gornergrat.ch; Bahnhofplatz 7; viaje adultos/niños 94/47 CHF; ⏲7.00-19.15) El tren cremallera a mayor altitud de Europa lleva trepando por un paisaje de postal hasta **Gornergrat** (3089 m) desde 1898, en un viaje que dura 30 min. Para contemplar el Cervino desde el tren en el ascenso hay que sentarse a la derecha. Los pasajeros pueden subir y bajar por el camino: hay restaurantes en Riffelalp (2211 m) y Riffelberg (2582 m). En verano hay un tren adicional una vez por semana al amanecer y al atardecer; son los más espectaculares.

★Matterhorn Museum MUSEO

(☎027 967 41 00; www.zermatt.ch/museo; Kirchplatz; adultos/niños 10/5 CHF; ⏲11.00-18.00 jul-sep, 15.00-18.00 oct-med dic, 15.00-19.00 med dic-mar, 14.00-18.00 abr-jun) Este museo cristalino y vanguardista ofrece una fascinante visión de la vida de pueblo valesana, el montañismo, la llegada del turismo a Zermatt y las vidas que se ha cobrado el monte Cervino. Se proyectan unos cortos sobre la primera ascensión exitosa al Cervino el 14 de julio de 1865, conducida por Edward Whymper, una hazaña empañada por la tragedia, pues en el descenso cuatro miembros del equipo murieron al despeñarse por un barranco de 1200 m. En el museo se exhibe la tristemente célebre cuerda rota.

Sunnegga MIRADOR

(www.matterhornparadise.ch; adultos/niños ida 12/6 CHF ida y vuelta 24/12; 👪) Tomar el funicular del túnel *Sunnegga Express* hasta Sunnegga (2288 m), con soberbias vistas del Cervino. Es un lugar ideal para familias; se baja al lago en el autobús gratuito *Leisee Shuttle* para ir a las pistas de principiantes de Wolli's Park en invierno y a la zona de juegos infantil en la orilla en verano. Hay un puesto de observación de marmotas a escasos minutos a pie de Sunnegga. El regreso a Zermatt (vía Findeln) es un paseo relativamente fácil cuesta abajo (1½ h).

Mountaineers' Cemetery CEMENTERIO

(Kirchstrasse) Un paseo por los dos cementerios de Zermatt, el cementerio de montañeros en el jardín de la **iglesia de San Mauricio** (Kirchplatz) de Zermatt y el cementerio principal, al otro lado de la carretera, es una experiencia solemne. Numerosas lápidas testimonian las muertes prematuras en el monte Rosa, el Cervino y el Breithorn.

Actividades

Una parada esencial a la hora de planificar las actividades es el **Snow & Alpine Center** (☎027 966 24 60; www.alpincenter-zermatt.ch; Bahnhofstrasse 58; ⏲9.00-12.00 y 15.00-19.00 lu-vi, 16.00-19.00 sa y do dic-abr, 9.00-12.00 y 15.00-19.00 jul-sep), sede de la escuela de esquí de Zermatt y de los guías de montaña. En invierno se pueden comprar aquí los **forfaits** (79/430

ESCALADA DEL CERVINO

Unos 3000 alpinistas suben al año a la cumbre más fotografiada de Europa, de 4478 m. No hace falta un esfuerzo sobrehumano para conseguirlo, pero sí tener experiencia en escalada (con crampones), estar en óptimas condiciones físicas (12 h de resistencia) y disponer de una semana para aclimatarse antes de escalar por la roca y el hielo.

Nadie intenta subir al Cervino sin la experiencia de un autóctono: los guías de montaña del Snow & Alpine Center (p. 166) cobran 1600 CHF/persona por la escalada de 8 h ida y vuelta, incluido el teleférico de Zermatt a Schwarzee y alojamiento en media pensión en un refugio. Se necesita un guía por cliente. De mediados de julio a mediados de septiembre es la mejor época. Seguramente habrá que realizar una prueba antes de la escalada para comprobar que se está capacitado. El Cervino se cobra varias vidas cada año.

MERECE LA PENA

LOS INTRÍNGULIS DEL 'GLACIER EXPRESS'

Anunciado como el tren expreso más lento del mundo, el **'Glacier Express'** (www.glacierexpress.ch; adulto/niño ida St Moritz-Zermatt 153/76,50 CHF; reserva obligatoria de asiento verano/invierno 33/13 CHF; almuerzo de 3 platos 45 CHF; 3 diarios may-oct y 1 diario dic-feb) ofrece uno de los viajes en tren más famosos de Europa. Empieza y termina en dos de las estaciones de esquí más antiguas y selectas de Suiza: Zermatt y St Moritz, y atraviesa paisajes alpinos magníficos. Pero el billete no es barato y para evitar decepciones conviene conocer los entresijos de este largo viaje de 290 km.

- Consultar el pronóstico del tiempo: viajar en el *Glacier Express* en un día gris con el cielo cubierto parecerá una tomadura de pelo. La única forma de disfrutarlo es con un cielo azul y despejado.
- No todo el viaje son vistas de montaña despampanantes: los 91 túneles no resultan atractivos.
- El viaje completo dura casi 8 h. Si se viaja con niños o no se puede aguantar sentado todo el día viendo paisajes de montaña, vale más limitarse a un tramo: el mejor dura 1 h y va de Disentis a Andermatt por el **puerto de Oberalp** (2033 m), el punto más elevado de la ruta. El **viaducto de Landwasser,** con sus seis arcadas y 65 m de altura, que aparece en los folletos, se halla en el tramo de 50 km entre Chur y Filisur.
- Las ventanillas de los elegantes vagones panorámicos están selladas y no se pueden abrir, lo que dificulta hacer buenas fotografías o películas. Si la fotografía o el vídeo son las razones por las que se desea hacer el viaje, vale más olvidarse del glamur del tren directo y optar por uno de los expresos regionales SBB que hacen el mismo recorrido; son más baratos, no requieren reserva, las ventanas se pueden abrir y se puede charlar con viajeros del país y estirar las piernas en los transbordos.

CHF forfait de 1/7 días excluida/incluida Cervinia, 92/494 CHF).

Esquí

Zermatt es un paraíso del esquí con predominio de pistas rojas largas y panorámicas, algunas azules para principiantes y otras negras espeluznantes para expertos. Las zonas principales de esquí invernal son **Rothorn, Stockhorn** y **Klein Matterhorn:** 52 remontes y un total de 360 km de pistas con enlace desde Klein Matterhorn a la estación italiana de **Cervinia** y un parque de *freestyle* con *half-pipe* para hacer *snow*.

Es el lugar con más kilómetros para esquiar en verano de toda Europa (20 km de pistas) y para hacer *snow* (parque de Plateau Rosa en el glaciar Theodul). El forfait de verano para 1/2 días puede costar 84/125 CHF.

Excursionismo

En verano Zermatt es el sueño de todo excursionista, con 400 km de senderos que surcan unos de los paisajes más increíbles de los Alpes. En la oficina de turismo tienen mapas. Para acercarse al Cervino no hay nada como el espectacular **Matterhorn Glacier Trail** (2 h, 6,5 km) de Trockener Steg a Schwarzsee; los 23 paneles a lo largo del camino ofrecen amplia información sobre los glaciares y la vida en el hielo.

Para los aficionados al senderismo, los abonos para excursiones locales son una forma práctica de explorar las montañas. El **Peak Pass,** que ofrece uso ilimitado de los teleféricos de Schwarzsee, Rothorn y Matterhorn Glacier Paradise, además del tren cremallera de Gornergratbahn, cuesta 220 CHF/3 días o 315 CHF/una semana. Para encontrar la ruta perfecta hay que filtrar los senderos por duración, distancia y dificultad en la excelente web de la oficina de turismo (www.zermatt.ch).

Deportes de aventura

Air-Taxi PARAPENTE

(027 967 67 44; www.paragliding-zermatt.ch; Bachstrasse 8; vuelos desde 170 CHF) Para extasiarse contemplando las montañas desde lo alto se puede hacer parapente solo o en pareja (vuelos en verano e invierno) con la escuela de parapente de Zermatt.

Forest Fun Park DEPORTES DE AVENTURA

(027 968 10 10; www.zermatt-fun.ch; Zen Steckenstrasse 110; adultos/niños 33/23 CHF; 10.00-19.00 jun-oct;) Para hacer el Tarzán en el bosque: tirolinas, travesías del río, puentes y

Zermatt

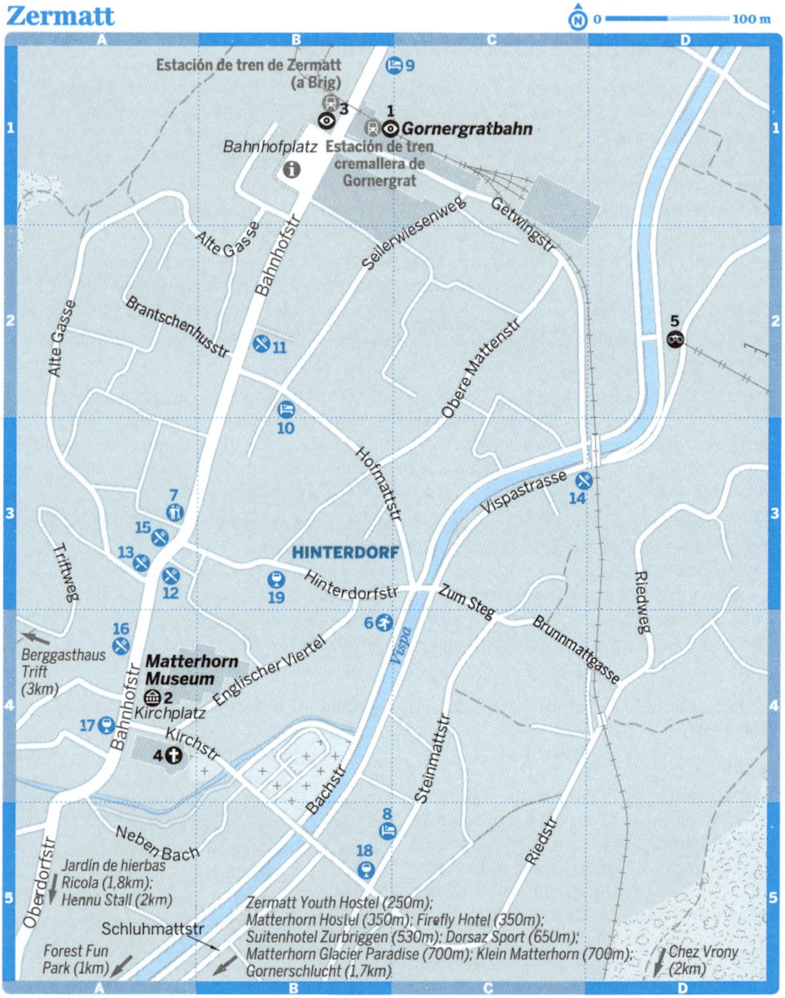

plataformas. Todo está clasificado por grado de dificultad. La ruta más fácil de las tres es para niños a partir de 4 años.

Dónde dormir

En invierno se debe reservar con mucha antelación. Casi todos los alojamientos cierran de mediados de mayo a mediados o finales de junio y de mediados de octubre a noviembre o principios de diciembre. Muchos alojamientos ofrecen traslado y recogida de equipaje desde la estación en un vehículo eléctrico si se acuerda antes. Consultar al hacer la reserva.

★ Hotel Bahnhof HOTEL €

(027 967 24 06; www.hotelbahnhof.com; Bahnhofstrasse; dc 35-50 CHF, i/d desde 80/120 CHF; cerrado may-med jun y med oct-nov;) Frente a la estación de tren, este excelente hotel económico posee camas confortables, baños impecables y habitaciones familiares perfectas para cuatro. Los dormitorios son agradables y hay un salón con sillones y libros. No dan desayuno, pero cada uno puede prepararse el suyo en la vistosa cocina con comedor. Hay almacén de esquís, taquillas y servicio de lavandería.

Zermatt

Zermatt Youth Hostel ALBERGUE €
(☎027 967 23 20; www.youthostel.ch/zermatt; Staldenweg 5; dc 42-45 CHF, d con baño compartido/baño privado 130/150 CHF; ⊙recepción 7.00-22.00;) Desde las sábanas apiladas en la recepción hasta la sala de juegos infantil con juguetes y la hilera de cubos de reciclaje en el pasillo, en este impecable albergue de HI cada detalle está pensado. Las habitaciones se reparten en dos casas y son claras y modernas, y en la amplia cantina sirven una estupenda cena de cuatro platos (17,50 CHF) a un precio insuperable.

Chesa Valese CHALÉ €€
(☎027 966 80 80; www.chesa-valese.ch; Steinmattstrasse 2; i/d incl. desayuno desde 180/290 CHF;) Al otro lado del río, este chalé típico de madera cobriza, con un invernadero de tejado de pizarra y un jardín florido, es romántico, encantador y rebosa de geranios rojos en verano. Las acogedoras habitaciones son de estilo campestre y las mejores dan al Cervino. Las tarifas incluyen acceso al Wellness Centre, que posee sauna, baños de vapor y yacusi.

Suitenhotel Zurbriggen HOTEL-BOUTIQUE €€
(☎027 966 38 38; www.zurbriggen.ch; Schluhmattstrasse 68; temporada alta d/ste/apt desde 290/420/490 CHF;) Propiedad de Pirmin Zurbriggen, una leyenda del esquí alpino suizo, este moderno hotel con habitaciones dobles, suites y apartamentos está bien situado cerca de la estación del teleférico de Matterhorn Glacier Paradise. Decorado con amplios ventanales y alerces locales, las suites tienen balcones orientados al sur para recrearse en la magia del Cervino y hay una elegante zona de bienestar con idénticas vistas.

★ **Firefly Hotel** HOTEL-BOUTIQUE €€€
(☎027 967 76 76; www.firefly-zermatt.com; Schluhmattstrasse 55; d/c desde 595/1590 CHF;) Desde la leña apilada fuera hasta las sillas de piel de vaca, este hotel alpino que lleva el nombre de una isla paradisíaca enamora. Las habitaciones tienen cocina y están dedicadas a los elementos: fuego, agua, tierra o aire. El elegante **Bar 55** de la planta baja acepta clientes externos (17.00-1.00).

Vernissage Backstage Hotel HOTEL DE DISEÑO €€€
(☎027 966 69 70; www.backstagehotel.ch; Hofmattstrasse 4; i/d desde 180/250 CHF;) Construido con madera, vidrio y la característica creatividad del artista local Heinz Julen, este hotel de moda con 19 habitaciones es genial sin proponérselo. Las *cube loft rooms* contienen un gigantesco cubo de cristal con la cama arriba y el baño y la cocina abajo. Se recomienda ver las fotos en la web. Las tarifas incluyen el Backstage Spa.

Dónde comer

★ **Bayard Metzgerei** SUIZA €
(☎027 967 22 66; www.metzgerei-bayard.ch; Bahnhofstrasse 9; salchicha 6 CHF; ⊙12.00-18.30 jul-sep, 16.00-18.30 dic-mar) En esta buena carnicería hay que hacer cola por una salchicha a la parrilla (de cerdo, ternera o buey) y un pedazo de pan con una cerveza, que se pueden tomar por el camino o en un taburete de bar junto a los gorriones del callejón.

★ **Snowboat Bar & Yacht Club** INTERNACIONAL €
(☎027 967 43 33; www.zermattsnowboat.com; Vispastrasse 20; principales 22-39 CHF; ⊙12.00-24.00)

SENDERISMO CON NIÑOS EN ZERMATT

Estas excursiones cortas son adecuadas para familias con niños:

- Subir a Sunnegga con el *Sunnega Express* y de allí tomar el enlace a Leisee (o andar 10 min) para bajar hasta el **Leisee,** un lago ideal para darse unos vigorizantes baños en verano, con una preciosa playa de guijarros y una balsa para que los niños jueguen.
- En la ciudad se puede hacer el paseo de 20 min por el río hasta **Gornerschlucht** (027 967 20 96; www.gornergorge.ch; adultos/niños 5/2,50 CHF; 9.15-17.45 jun-med oct;), una espectacular garganta de roca serpentinita verde con escaleras y pasarelas de madera.
- El **jardín de hierbas Ricola** (www.ricola.com; Blatten; jun-sep;) GRATIS, en la aldea de Blatten (indicada desde Gornergratschlucht), ofrece un fácil circuito repleto de las hierbas aromáticas que se usan para elaborar los caramelos Ricola, con un cuestionario "toca y huele" para diversión de toda la familia.
- El paseo circular de 1¼ h (2,9 km) en Füri incluye el **Gletschergarten Dossen** (jardín del glaciar de Dossen), con sus originales formaciones rocosas, una zona con barbacoas de piedra para merendar y el vertiginoso puente metálico colgante de 90 m de altura y 100 m de largo sobre la garganta de Gornerschlucht.

Encantador local junto al río, con tumbonas en la soleada azotea. Cuando la *fondue* cansa, este local ofrece hamburguesas a la parrilla (de carne, vegetarianas y de cangrejo), creativas ensaladas muy nutritivas (destaca la de Omega 3) y fabulosos cócteles en un ambiente afable, ameno y actual.

Brown Cow Pub PUB COMIDA €
(027 967 19 31; www.hotelpost.ch; Bahnhofstrasse 41; 9.00-2.00, cocina 9.00-22.30) Docenas de locales para comer bordean Bahnhofstrasse, incluido este abarrotado *pub,* uno de los diversos restaurantes del legendario **Hotel Post**. Sirve comida de *pub* (perritos calientes desde 9 CHF, hamburguesas desde 16 CHF) todo el día.

Stefanie's Crêperie CREPERÍA €
(Bahnhofstrasse 60; crepes dulces 5-10 CHF, salados 11-14 CHF; 13.00-22.00) Crepes para llevar, ligeras, muy finas y con una buena variedad de ingredientes dulces o salados. En la calle principal, a escasa distancia del Snow & Alpine Center.

★ **Chez Vrony** SUIZA €€
(027 967 25 52; www.chezvrony.ch; Findeln; desayuno 15-28 CHF, principales 25-45 CHF; 9.15-17.00 dic-abr y med jun-med oct) Para llegar al restaurante más bueno de las pistas de Zermatt, en la aldea de Findeln, hay que subir con el funicular *Sunnegga Express* hasta los 2288 m y luego bajar esquiando o hacer una excursión de 15 min en verano. Las carnes curadas, el queso casero y las salchichas provienen de las propias vacas de Vrony, que pasan el verano en los altos pastos de los alrededores (2100 m). La hamburguesa Vrony (31 CHF) es famosa. En invierno es fundamental reservar.

Whymper Stube SUIZA €€
(027 967 22 96; www.whymper-stube.ch; Bahnhofstrasse 80; *raclette* 9 CHF, *fondue* desde 25 CHF; 11.00-23.00 nov-abr y jun-med oct) Este acogedor bistró, adosado al **Monte Rosa Hotel,** del que Whymper partió hacia el Cervino en 1865, es célebre por sus excelentes *raclettes* y *fondues*. La guinda del pastel es una *fondue* en una olla con divisiones y tres quesos distintos. El servicio es amable, las mesas están apretadas y el local (todo interior) se anima al atardecer.

Le Gitan - Zermatterstübli SUIZA €€
(027 968 19 40; www.legitan.ch; Bahnhofstrasse 64; principales desde 23 CHF; 12.00-15.00 y 19.00-22.00) Destaca por su elegante interior estilo chalé y su cocina sabrosa. Se puede escoger entre una salchicha de cerdo o ternera con salsa de cebolla y *rösti* o una *fondue* de queso con champán o bien, para darse un lujo, con champán y trufa fresca. De postre, un helado de café regado con *kirsch* o un sorbete de albaricoque con *abricotine* (licor típico valesano).

Dónde beber y vida nocturna

Si aún quedan fuerzas tras la jornada de esquí, Zermatt posee locales nocturnos muy animados en cabañas, elegantes bares de copas y *pubs* británicos. La mayoría cierra en temporada baja.

Hennu Stall BAR

(☎027 966 35 10; www.facebook.com/Hennustall Zermatt; Klein Matterhorn; ⏲14.00-22.00 dic-abr) Es el lugar más alocado de Klein Matterhorn, donde se reúnen los esquiadores al final de la jornada, sito debajo de Furi, camino de Zermatt. Los clientes bailan con las botas de esquí en los conciertos de la terraza. Después de un 'esquí' de un metro de copitas de licor, resulta mucho más fácil volver esquiando a Zermatt.

Elsie Bar BAR DE VINOS

(☎027 967 24 31; www.elsiebar.ch; Kirchplatz 16; ⏲16.00-1.00) En un edificio de 1879 frente a la iglesia, este elegante bar de vinos a la antigua usanza con paneles de madera en las paredes abrió sus puertas en 1961. La carta de invierno incluye ostras, caviar y caracoles, además de una selección de vinos y *whiskies*.

Papperla Pub PUB

(www.julen.ch; Steinmattstrasse 34; ⏲14.00-2.00; wifi) Lleno hasta los topes de esquiadores achispados en invierno y de excursionistas felices en verano, este animado *pub* con sillas de director en la terraza de pavimento combina una música machacona con letales bombas de Jägermeister, buenas vibraciones y comida casera (desde las 17.00). El **Schneewittli Nightclub** de abajo retumba hasta el amanecer en temporada alta.

Z'alt Hischi BAR

(☎027 967 42 62; www.hischibar.ch; Hinterdorfstrasse 44; ⏲21.30-2.00 vi y sa) Escondido en un viejo chalé de madera entre graneros del s. XVII y pocilgas de cerdos en la calle más fotografiada de Zermatt, este precioso bar exige al menos una copa de madrugada.

Información

Oficina de turismo (☎027 966 81 00; www.zermatt.ch; Bahnhofplatz 5; ⏲8.30-18.00; wifi) Una mina de información, iPads para navegar y wifi gratis.

Cómo llegar y salir

En Zermatt no circulan coches. Los motoristas tienen que aparcar en la **Matterhorn Terminal Täsch** (☎027 967 12 14; www.matterhornterminal.ch; Täsch; por 24 h 15,50 CHF) y hacer los últimos 5 km hasta Zermatt en el tren *Zermatt Shuttle* (ida y vuelta adultos/niños 16,80/8,40 CHF, 12 min, cada 20 min 6.00-21.40). Täsch está 31 km al sur de Visp.

Taxis eléctricos muy cucos recorren la ciudad cargados de mercancías y peatones cansados (y son muy silenciosos, por lo que los peatones deben estar atentos). La parada principal está frente a la estación de trenes de Bahnhofstrasse.

Los trenes directos a Zermatt salen cada hora de Brig (38 CHF, 1½ h) y tienen parada en Visp. Zermatt también es el inicio/final del *Glacier Express* (p. 167) a/desde St Moritz.

LOS TRES MEJORES ALOJAMIENTOS SOBRE LAS NUBES

En Zermatt todo son vistas magníficas. Lo mejor para penetrar en su emblemático paisaje es dormir sobre las nubes.

Kulmhotel Gornergrat (☎027 966 64 00; www.gornergrat-kulm.ch; d incl. media pensión desde 295/335 CHF; ⏲med may-med oct y med dic-abr; wifi) El hotel más elevado de Suiza (3100 m), al final del tren cremallera de Gornergrat, es ideal para los amantes del ambiente y los paisajes alpinos que tiemblan solo de pensar en el saco de dormir y el agua helada. Las elegantes habitaciones tienen edredones de plumón y vistas de postal. Al atardecer, la soledad y las vistas de este hotel centenario son mágicas.

Berggasthaus Trift (☎079 408 70 20; www.zermatt.net/trift; dc/d incl. media pensión 70/16 CHF; ⏲jul-sep) La ascensión a este refugio de montaña a 2337 m de altitud es ardua, pero las 2 h de caminata desde Zermatt son excepcionales. A los pies del glaciar Trift, ofrece habitaciones agradables y sencillas y una sensacional terraza para relajarse con el hechizante paisaje glacial. Hay que reservar para asegurarse una plaza y una calurosa bienvenida.

Monte Rose Hütte (☎027 967 21 15; www.section-monte-rosa.ch; dc 45 CHF, incl. media pensión 85 CHF) Los escaladores aguerridos adoran este refugio junto al glaciar del Mont Rosa a 2883 m y al que únicamente se llega a pie en 4 h por una pista de glaciar, solo apta para montañeros experimentados y con guía. Los que no escalan pueden admirar este acristalado refugio y sus paneles solares, el último grito en autosuficiencia alpina, desde el mirador en lo alto del cremallera de Gornergrat.

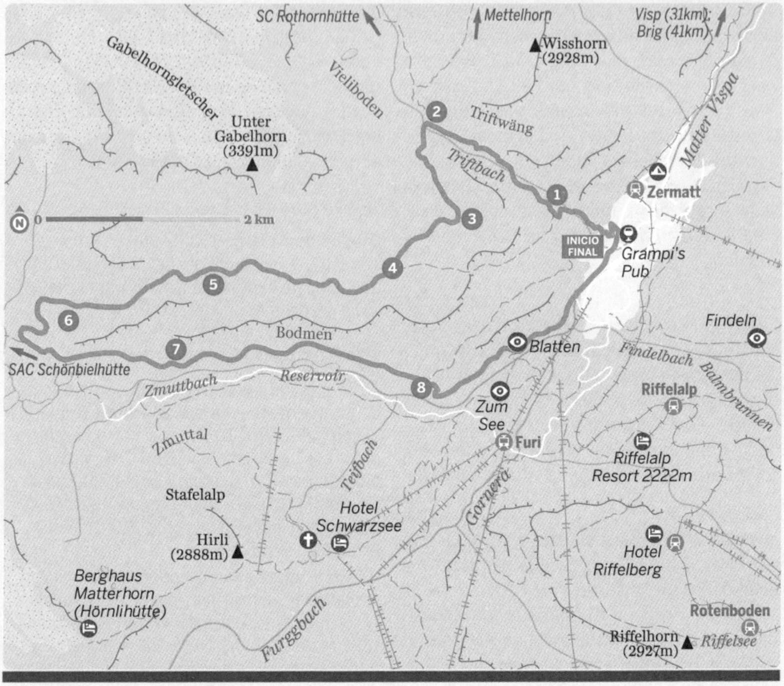

Circuito a pie
Höhenweg Höhbalmen

INICIO/FINAL: ZERMATT
DISTANCIA: 18 KM
DURACIÓN: 6½-7½ H

Esta ruta circular incluye todo lo que distingue a los Alpes suizos, un mundo de corrientes cristalinas, glaciares quebrados y deslumbrantes vistas del Cervino y otras dos docenas de picos de 4000 m. Según el clima, se puede recorrer con normalidad entre junio y octubre.

Desde la estación de tren de Zermatt, iniciar la marcha por Bahnhofstrasse y torcer a la derecha en Grampi's Pub por un sendero que deja atrás la ciudad. Cruzar el Triftbach y ascender por el bosque de alerces hasta la 1 **Pension Edelweiss** (1961 m). El sendero se eleva cruzando el arroyo junto a una presa y zigzaguea sobre la garganta del Triftbach. Proseguir el ascenso hasta 2 **Berggasthaus Trift** (p. 171; 2337 m), un buen lugar para detenerse si se realiza la ruta en dos días.

Se cruza el Triftbach por última vez, atajando hacia el sur por una pradera alpina, y se inicia la subida en zigzag por la ladera. Al alcanzar el mirador de 3 **Höhbalmenstaffel** se divisa un panorama sensacional. La ruta bordea los ondulados campos de 4 **Höhbalmen,** donde crece la rara flor del viento, amarilla y púrpura, hasta alcanzar los 2665 m, a 40-50 min de Berggasthaus Trift. Hacia el oeste, la ruta discurre por una estrecha cornisa frente a la amenazadora cara norte del Matterhorn, hasta alcanzar, en 40-50 min, el 5 **Schwarzläger** (2741 m), el punto más elevado.

Se inicia un descenso regular por las despobladas laderas del 6 **Arben.** El sendero serpentea hasta un camino más ancho que bordea la pared lateral de la morrena que ha dejado el Zmuttgletscher en su retroceso. Marchar en zigzag por los derrubios del glaciar y las suaves terrazas del gélido Zmuttbach. Tras dejar atrás una cascada, se llega a 7 **Kalbermatten** (2105 m), a 1¼ h de Schwarzläger.

Siguiendo por encima del pantano, cuando se llega al cruce de la presa hay que ir a la derecha hacia la panorámica 8 **Zmutt** (1936 m). Desde allí un sendero desciende entre campos de heno y recorre el borde del valle hasta Zermatt, a 1½ h de Kalbermatten.

Saas Fee

1760 HAB. / ALT. 1800 M

Este pueblo algo pequeño se halla en medio de un anfiteatro magnífico de 13 'cuatromiles' implacables y las lenguas amenazadoras de 9 glaciares. Hasta 1951 solo se podía llegar a este aislado punto por el camino de mulas desde Saas Grund, más abajo en el valle, y los habitantes malvivían de la agricultura.

Hoy la popularidad de los deportes de invierno y el turismo internacional han dejado sentir sus beneficios y es una estación de esquí opulenta y sin coches, codiciada por todo esquiador y excursionista adinerado. El pueblo está rodeado de chalés modernos, pero su núcleo comercial, con sus viejos chalés de madera y graneros del s. XIX alzados sobre columnas, conserva un encanto añejo.

Se llega en vehículo propio o en autobús. A diferencia de la cercana Zermatt, a un valle de distancia, Saas Fee no es accesible en tren.

Puntos de interés

Allalin GLACIAR

(Saas Fee-Allalin ida/ida y vuelta 53/72 CHF) El funicular subterráneo de Mittelallalin asciende durante todo el año hasta los gélidos 3500 m, donde el mayor **restaurante giratorio** del mundo, construido sobre el glaciar Allalin, disfruta de vistas de 360º de los gigantes glaciales de 4000 m de Saas Fee. Conviene abrigarse bien para visitar el **Eispavillon** (una gruta de hielo), excavado en el hielo a 10 m de profundidad, o para esquiar por los 20 km de pistas estivales de Feegletscher. Para llegar al glaciar hay que tomar el teleférico *Alpin Express* hasta Felskinn (3000 m) y desde allí el funicular.

Hohsaas TELEFÉRICO

(www.hohsaas.info) En Saas Grund, un poco más abajo en el valle de Saas Fee, abunda la diversión. Los teleféricos Kreuzboden y Hohsaas transportan a los visitantes 3145 m más arriba, en la cara oriental del Saastal, para gozar de espléndidas vistas del macizo de Mischabel, incluidos Alphubel y Allalinhorn. En invierno hay que ir con esquís y en verano con botas de montaña. También hay **patinetes de montaña** para descensos hasta Saas-Grund. Los autobuses postales a Saas-Grund (3,60 CHF, 10 min) salen con regularidad de Saas-Fee.

Saaser Museum MUSEO

(Dorfstrasse 6; adultos/niños 5/2,50 CHF; ⌚10.00-11.30 y 14.00-17.00 ma-do med dic-abr, 10.00-11.30 y 13.30-17.30 jul y ago) Por la calle principal, pasada la iglesia, esta antigua casa de madera del Valais evoca la vida del pueblo en el s. XIX a través de los trajes bordados típicos, utensilios domésticos y otras muestras etnográficas.

Actividades

Esquí y 'snowboarding'

En los 145 km de pistas de Saas Fee nunca falta nieve. Casi todas están por encima de los 2500 m y las hay para principiantes y esquiadores de nivel medio. Los practicantes de *snowboard* se concentran en verano en la zona de los trucos, en el medio tubo y el área de descanso del parque de hielo *freestyle*, en Allalin (p. 173), y en invierno en las pistas bajas de **Morenia** (2550 m). Se puede hacer esquí y alpinismo por la famosa **Haute Route hasta Chamonix**. Un forfait para 1/6 días cuesta 71/376 CHF. Para aprender se puede contactar con la **Swiss Ski & Snowboard School** (☎027 957 23 48; www.skischule-saas-

PARA FAMILIAS: DE EXCURSIÓN A VER MARMOTAS

Aunque pasan casi la mayor parte de su vida bajo tierra (durmiendo, ocultándose de los depredadores e hibernando), en los días soleados de julio las marmotas salen de sus madrigueras para tomar el aire y divertir a los paseantes.

Las rocosas laderas que hay por encima de los árboles en **Spielboden** (2443 m) dan cobijo a colonias de estos pequeños mamíferos alpinos conocidos por su silbido estridente. Cosa insólita, estas marmotas no tienen miedo a los humanos y se acercan a comer zanahorias, cacahuetes y pan de la mano.

Para ver a las marmotas de cerca hay que subir al **teleférico Spielbodenbahn** desde la Talstation Längflue a la estación intermedia de Spielboden (ida/ida y vuelta 24/34 CHF) y comprar *marmeltierfutter* (comida para marmotas, unas bolsitas de plástico con zanahoria triturada, pan y cacahuetes) por 4,50 CHF en el restaurante Spielboden, frente a la estación del teleférico. Luego hay que bajar por un sendero empinado, y con los ojos bien abiertos. Se tardan 2½ h en bajar al pueblo de Saas Fee.

fee.ch; Dorfplatz 1; ⏲9.00-12.00 y 15.00-18.00 lu-vi, 15.00-18.00 sa y do), centro también de los guías de montaña de Saas Fee.

Excursionismo

La oficina de turismo (p. 175) ofrece información sobre los 350 km de senderos de verano, que van desde los más fáciles para niños a los más difíciles. Los excursionistas pueden comprar billetes solo de ida para los teleféricos.

Deportes de aventura

★Abenteuerwald DEPORTES DE AVENTURA
(Adventure World; ☎027 958 18 58; www.saas-fee.ch/en/seilpark; Hochseilgarten; adultos/niños 31/26 CHF; ⏲10.00-19.00 lu-sa jul y ago, 12.00-18.00 ma-sa jun y sep-med oct; 👪) Este recorrido por los árboles es espectacular y muy popular entre los aficionados a los deportes al aire libre. Los aspirantes a Jane y Tarzán pueden ir a través de puentes, redes y otros obstáculos colgados en las copas de los árboles. Pero lo que de verdad impresiona son las dos tirolinas que cruzan el desfiladero de Fee. No son aptas para los que sufran de vértigo ni para niños de talla inferior a 115 cm.

Feeblitz LUGE
(www.feeblitz.ch; Panoramastrasse; 1/6/10 descensos adultos 6,70/37,70/61 CHF, niños 4,70/26/42 CHF; ⏲jun-oct y med dic-abr; 👪) Para llegar a la pista de luge de Saas Fee, junto al teleférico *Alpin Express*, hay que cruzar el puente del río y doblar a la izquierda por Mischistrasse.

Hannig ALQUILER DE PATINETES
(☎027 957 26 15; www.saas-fee.ch/en/adventure; 1 descenso patinete 10 CHF; ⏲8.45-16.45; 👪) En verano toda la familia puede subir a Hannig (2350 m) para gozar del panorama glacial mientras los niños se divierten en un parque infantil de madera con un tobogán de tubo de 14 m. En la estación superior del Hannigbahn se puede alquilar un patinete de montaña y un casco y bajar zumbando la montaña por 5,5 km de pista de tierra. Los menos aventureros bajan andando (1½ h).

Dónde dormir

Durante la temporada invernal de esquí (dic-abr) muchos hoteles solo ofrecen media pensión; la mayor parte cierran en mayo y noviembre. Durante todo el año los huéspedes de hoteles y los que se alojen en los chalés sin servicio disfrutan de una **tarjeta de visitante** gratuita con buenos descuentos (en el aparcamiento, los teleféricos, etc.).

★WellnessHostel 4000 ALBERGUE €
(☎027 958 50 50; www.wellnesshostel4000.ch; Panoramastrasse 1; dc/i/d incl. desayuno desde 43/106/127 CHF; ⏲recepción 7.00-22.00 jun-abr;) Este edificio moderno e impresionante, al lado de graneros elevados del s. XVII, quizá sea el albergue más bonito de Suiza. Junto a una piscina con *spa* y gimnasio, varias saunas y baños turcos, tiene un espacio para tomar el té. Las habitaciones son elegantes y van desde los dormitorios de seis camas hasta las habitaciones familiares y dobles. Las tarifas normales incluyen el uso de la piscina; las "Experience4000plus" incluyen además el gimnasio y el *spa*.

Hotel Metropol Saas Fee HOTEL €€
(☎027 958 58 58; www.metropol-saas-fee.ch; Untere Dorfstrasse 35; d incl. desayuno desde 220 CHF;) El Metropol Grand Hotel original, construido en 1893, fue el primer indicio de turismo en Saas Fee y el actual Metropol reformado responde a las expectativas. Ofrece habitaciones confortables, comidas deliciosas, *spa* y piscina cubierta, una enorme y soleada terraza y un popular bar.

Sunstar Boutique Hotel Beau-Site HOTEL-BOUTIQUE €€
(☎027 958 15 60; www.saasfee.sunstar.ch; Obere Dorfstrasse 30; h desde 280 CHF; ⏲med dic-med abr y med jun-med oct;) En pleno centro del pueblo, en la calle principal, es tan bonito como sugiere su nombre. El servicio es impecable, las habitaciones de una elegancia clásica, con muebles antiguos, y en invierno se agradecen el bar con chimenea o los baños de vapor del *spa*, la piscina estilo cueva y las saunas.

Dónde comer

Gletscher Grotte SUIZA €
(☎027 957 21 60; www.gletschergrotte.ch; principales desde 15 CHF; ⏲9.00-16.00 dic-abr y jun-oct) Seguir los pasos de los jóvenes *hipsters* hasta este histórico chalé de madera en mitad de ninguna parte para acurrucarse entre pieles de oveja y disfrutar de una *raclette*, *rösti* y otros cálidos manjares invernales.

★Spielboden SUIZA €€
(☎027 957 22 12; www.spielboden.ch; Spielboden; principales desde 20 CHF, menú de 3 platos 65 CHF; ⏲10.00-16.00 med dic-abr y jul-sep) Elegante *bergrestaurant* que vale la pena, a 2450 m y al lado de la estación del teleférico homónima. Su fachada anodina oculta un asombroso interior estilo chic montañés, con muebles actuales de

madera, un atractivo bar y una preciosa terraza para tomar café contemplando las montañas. La cocina es contemporánea y deliciosa.

La Gorge SUIZA €€
(☎027 958 16 80; www.lagorge.ch; Blomattenweg 2; principales 15-39 CHF; ⏲8.00-23.30 jul-abr; 👪) Aquí se puede disfrutar de unas increíbles vistas aéreas de las aguas bravas que bajan por la garganta de Fee; una segunda terraza ofrece vistas del glaciar Allalin. Dos torres de piedra completan este entorno. Gastronomía suiza por excelencia.

Fletschhorn FRANCESA €€€
(☎027 957 21 31; www.fletschhorn.ch; Eggen; principales 25-55 CHF, almuerzo menu 90 CHF; ⏲med dic-abr y jul-med oct) Escondido en un claro del bosque, este hotel restaurante con estrella Michelin y sensacionales vistas es uno de los más famosos de Suiza. El chef Markus Neff interpreta la cocina francesa con sus platos de autor, como el cochinillo crujiente con infusión de romero o el pichón asado con trufa negra. El sumiller ayuda a elegir uno de los 30 000 vinos de la carta. Hace falta ayuda para escoger.

Dónde beber y vida nocturna

Black Bull Snowbar BAR
(☎079 301 09 00; www.facebook.com/BlackBullSnowbar; Dorfstrasse 53; ⏲15.30-2.00) Cerca del río, esta cabaña de madera con taburetes altos para instalarse al aire libre es fabulosa para ver gente. Diversión a raudales tras el esquí.

Popcorn! BAR, CLUB
(☎027 958 19 14; www.popcorn.ch; Obere Dorfstrasse 6; ⏲20.00-4.00) Este bar-discoteca es un local moderno y veterano que no parece perder nunca su popularidad y lo más alocado que cabe esperar en Saas Fee. Las habitaciones del hotel (dormitorio colectivo 35 CHF, doble desde 100 CHF) son para noctámbulos; para poder dormir se recomienda ocupar la planta más alta posible.

Información

Oficina de turismo (☎027 958 18 58; www.saas-fee.ch; Obere Dorfstrasse 2; ⏲8.30-12.00 y 14.00-18.00 lu-vi, 8.00-18.00 sa, 9.00-12.00 y 15.00-18.00 do) A la entrada del pueblo.

Cómo llegar y salir

Los autobuses salen cada media hora de Brig (19,60 CHF, 1¼ h) y Visp (16,60 CHF, 45 min). Desde Zermatt se baja en Stalden y se cambia al autobús.

Por carretera Saas Fee está 28 km al sur de Visp y a 38 km de Zermatt. En Saas Fee no se permite la circulación de automóviles, así que se debe aparcar a la entrada del pueblo (19/14 CHF por día invierno/verano) e ir andando o pagar un **taxi eléctrico** (☎079 220 21 37) hasta el hotel.

Brig

13 000 HAB. / ALT. 688 M

Cerca de la frontera italiana y dividido en dos por los ríos Ródano y Saltina, la animada Brig lleva siendo una encrucijada importante desde tiempos de los romanos. Vale la pena detenerse para ver la adoquinada **Stadtplatz**, rodeada de cafés con terraza y casas de color caramelo. En la plaza principal, la Hauptplatz, hay muchas terrazas, restaurantes y hoteles, al igual que en Alte Simplonstrasse. Para un trayecto agradable en coche hay que dirigirse 22 km al sur de la ciudad hasta el **puerto del Simplon**, que une Brig con Domodossola, en Italia.

Kaspar von Stockalper (1609-1691), un perspicaz hombre de negocios que dominaba las rutas comerciales del puerto del Simplon, construyó **Stockalper Palace** (☎027 921 60 30; www.facebook.com/stockalperschloss; Alte Simplonstrasse 28; adultos/niños 8 CHF/gratis; ⏲9.30-16.30 ma-do) y se autodenominó "el Gran Stockalper". Los residentes estaban hartos de su egocentrismo y lograron que fuera expulsado a Italia. Se pueden visitar gratis el patio central y los hermosos jardines barrocos con los típicos parterres, fuentes y setos recortados.

Información

Oficina de turismo (☎027 921 60 30; www.brig-tourismus.ch; Bahnhofplatz 2; ⏲8.00-12.00 y 13.30-17.00 lu-vi) Hay que seguir la carretera desde la estación de tren.

Cómo llegar y salir

Brig está 211 km al este de Ginebra y 80 km al este de Martigny por la E62. Andermatt se halla 68 km más al este.

En Brig para el *Glacier Express* (p. 167) de Zermatt a St Moritz. También está en la línea principal entre Italia (Milán por Domodossola) y Ginebra (60 CHF, 2½ h, cada hora).

Glaciar Aletsch

El imponente glaciar Aletsch, de 23 km, es el más largo de los Alpes europeos y Patrimonio de la Humanidad por la Unesco. El glaciar, que rodea el Aletschhorn (4195 m) trazando una amplia curva, parece una autopista helada de tres carriles y su vista corta la respiración.

Aunque la mayoría emprende la visita al glaciar desde la cabecera, en Jungfraujoch (Oberland bernés), las mejores vistas se obtienen desde Eggishorn (2927 m), Bettmerhorn (2647 m) o Moosfluh (2333 m), en el Valais. A estos miradores se sube en teleférico o remonte desde Fiesch, Bettmeralp (1950 m) y Riederalp (1925 m), de donde parten rutas increíbles (p. 178) por el glaciar.

Según el punto escogido, si la meteorología es favorable, al mirar hacia la cabecera del glaciar (más o menos al norte) se divisan las joyas del Oberland bernés: el Eiger, el Mönch y la Jungfrau.

Cómo llegar y salir

Se puede llegar a Eggishorn, Bettmerhorn o Moosfluh en teleférico, partiendo de Fiesch, Bettmeralp y Riederalp.

Fiesch está en la línea ferroviaria entre Brig (40 min, 10,60 CHF, cada hora) y Andermatt (1½ h, 26 CHF, cada hora). En automóvil está 18 km al noreste de Brig. Hay un gran aparcamiento junto a la base del teleférico.

Las estaciones de Mörel (para ir a Riederalp) y Betten (para Bettmeralp) están también en la línea ferroviaria entre Brig y Andermatt. Las salidas del teleférico están sincronizadas con la llegada del tren. Mörel está a 8 km y Betten a 15 km de Brig. En ambas hay grandes zonas de aparcamiento al pie del funicular.

Fiesch

1000 HAB.

Fiesch (1094 m) se halla en el valle del Ródano, 18 km al noreste de Brig. En invierno es un pueblo dedicado al esquí y en verano un centro de excursionismo y parapente. Muchos visitantes acuden para disfrutar del magnífico entorno alpino y otros lo hacen para tomar el teleférico hasta Eggishorn y contemplar el imponente glaciar Aletsch.

El **teleférico de Fiesch y Eggishorn** (www.eggishorn.ch; Furkastrasse; adultos/niños ida y vuelta desde Fiesch 45/22,50 CHF) asciende a Eggishorn en dos tramos. El primero llega hasta Fiescheralp (2212 m), donde hay remontes de esquí, senderos y lugares para comer y dormir. El segundo sigue hasta Eggishorn.

Nada puede prepararle a uno para lo que aguarda: los 23 km del glaciar Aletsch y, al fondo, las resplandecientes cumbres del Jungfrau (4158 m), Mönch (4107 m), Eiger (3970 m) y Finsteraarhorn (4274 m).

En Fiesch se practica también el parapente. **Flug Taxi** (☎027 971 53 21; www.flug-taxi.ch; Fieschertalstrasse 57; vuelos desde 130 CHF) ofrece escuela de parapente y vuelos en tándem.

Información

Oficina de turismo de Fiesch (☎027 970 60 70; www.fiesch.ch; Furkastrasse; ⏲8.30-12.00 y 13.30-17.00 lu-vi, 9.00-16.00 sa) En el centro del pueblo (no en la estación de tren) de Fiesch.

Cómo llegar y salir

La línea de ferrocarril entre Brig (40 min, 10,60 CHF, cada hora) y Andermatt (1½ h, 26 CHF, cada hora) para en Fiesch. Por carretera está 18 km al noreste de Brig.

Bettmeralp y Riederalp

990 HAB.

Estas dos aldeas, sin tráfico e ideales para familias, están a unos 1900 m de altitud y solo son accesibles en teleférico desde el valle del Ródano. Es como viajar a otro mundo: la culminación del sueño alpino. De marzo a diciembre están cubiertas de nieve, los niños pueden montar en trineos tradicionales y hacen falta esquíes para ir al supermercado que hay junto al teleférico.

Puntos de interés

Centre Pro Natura d'Aletsch MUSEO

(www.pronatura-aletsch.ch; Riederfurka; ⏲9.00-18.00 med jun-med oct) Un jardín-exposición de flora y fauna local, de obligada visita (sobre todo en verano), en Riederfurka, al que se accede en telesilla o en un paseo de 20 min desde Riederalp. Está en la exquisita Villa Cassel, que un acaudalado inglés hizo construir en 1902 como residencia de verano. Un sendero natural rodea Riederhorn.

Actividades

Deportes de invierno

La subida a la zona de esquí llamada **Aletsch Arena** (www.aletscharena.ch) en el teleférico de Bettmerhorn, sobre el borde del glaciar, es sencillamente espectacular. Hay 250 km de pistas fáciles e intermedias. El forfait de un día cuesta 55 CHF (60 CHF con teleférico desde el valle).

Senderismo

En verano el excursionismo es tan alucinante como los deportes de invierno. Desde Bettmeralp hay que ir en teleférico a Bettmerhorn para disfrutar de unas vistas increíbles. Al

INDISPENSABLE

LAS MEJORES VISTAS DEL GLACIAR

Pero para los que tengan poco vértigo, el mejor mirador panorámico sin comparación es el de 124 m de longitud del **puente colgante de Aletschji-Grünsee** (fin jun-med oct), que cruza la terrorífica **garganta del Massa** (80 m de profundidad), al pie del glaciar Aletsch. Las vistas del glaciar no tienen parangón. El sendero, practicable de junio a octubre, parte de detrás del Berghotel Riederfurka. El tramo completo de Riederalp a Belalp exige unas 5 h.

Para recorrerlo en sentido inverso, de Belalp a Riederalp, se accede a Belalp en un autobús postal desde Brig.

salir de la estación, una pasarela de madera atraviesa peñascos descomunales hasta la *Eis Terrasse* (terraza de hielo), donde hay paneles informativos sobre el glaciar y empiezan varios senderos señalizados.

Desde Riederalp el teleférico de Moosfluh sube en verano hasta Moosfluh, donde arrancan varias pistas que llevan al glaciar Aletsch.

Dónde dormir y comer

★ Berghotel Riederfurka HOTEL €

(027 929 21 31; www.artfurrer.ch; Riederfurka; dc incl. desayuno 65 CHF, d 130-150 CHF;) Asentando con firmeza en los *alpages* (pastos) de Riederfurka, este oasis de paz, tranquilidad y tradición alpina lleva en activo desde mediados del s. XIX. Habitaciones acogedoras, con mucha madera, y uno de los mejores restaurantes de las pistas.

Villa Cassel HOTEL HISTÓRICO €€

(027 928 62 20; www.pronatura-aletsch.ch/vacations; Riederfurka; dc incl. desayuno/media pensión 50/70 CHF, d 170/210 CHF; med jun-med oct;) La temporada es corta pero agradable en esta fabulosa villa de montaña, antigua residencia de verano del millonario británico Ernest Cassel, que según cuentan tuvo que pagar a los agricultores del lugar para que rellenaran los cencerros de sus vacas con heno porque su incesante tañido molestaba a uno de sus huéspedes, ni más ni menos que un joven Winston Churchill. Las habitaciones son sencillas, de pino y con baño compartido.

Chüestall SUIZA €€

(027 927 15 91; www.chuestall-blausee.ch; Riederalp; principales desde 20 CHF; 10.00-16.45 jun-oct y dic-abr) El nombre significa "establo" y esto es exactamente lo que fue hasta 1961 este edificio moderno sito en las pistas a 2207 m. Se puede ir a pie o esquiando desde la última estación del teleférico de Moosfluh (en Riederalp) o en el telesilla de Blausee de Bettmeralp.

Cómo llegar y salir

Las estaciones de base del teleférico para llegar a estas zonas de esquí –Mörel (para Riederalp) y Betten (Bettmeralp)– están en la línea férrea que comunica Brig con Andermatt.

Desde Mörel, al este a Andermatt (30 CHF, 1¾ h, cada hora) y al oeste a Brig (5,20 CHF, 15 min, cada hora).

Desde Betten, al este a Andermatt (29 CHF, 1½ h, cada hora) y al oeste a Brig (6,80 CHF, 25 min, cada hora).

Mörel está a 8 km y Betten 15 km al noreste de Brig. Hay amplias zonas de aparcamiento al pie del valle en las estaciones de los teleféricos.

Cómo desplazarse

Un tranquilo paseo de 2 km entre los árboles separa Bettmeralp de Riederalp; hay autobuses eléctricos (6 CHF, 10 min, cada hora jun-oct) y taxis-oruga (en invierno) que enlazan ambas.

Puerto de Furka

El puerto de Furka (2431 m), que separa los cantones de Valais y Uri, es la puerta de entrada al sureste de Suiza. El ascenso ofrece soberbias vistas del fracturado glaciar del Ródano. Desde el pueblo de Gletsch (1762 m), en el Valais, hasta el puerto hay una subida ininterrumpida de 10 km, seguida de un emocionante descenso de 21 km hasta Andematt.

La subida al puerto en motocicleta o automóvil es una actividad popular, inmortalizada en la persecución del clásico de James Bond *Goldfinger* (1964). Hay que tener cuidado con las innumerables curvas cerradas de esta tortuosa carretera, inaugurada en 1867.

El Furka no es el único puerto de la zona. El **puerto de Grimsel** (2164 m) conduce a Meiringen, al norte, mientras que el **puerto de Nufenen** (2478 m) se dirige a Tesino, al este. Estos puertos alpinos solo están abiertos en verano, generalmente a partir del 1 de junio (según las nevadas y la meteorología). En invierno se puede llevar el vehículo del Valais a Andermatt en tren; los trenes de transporte

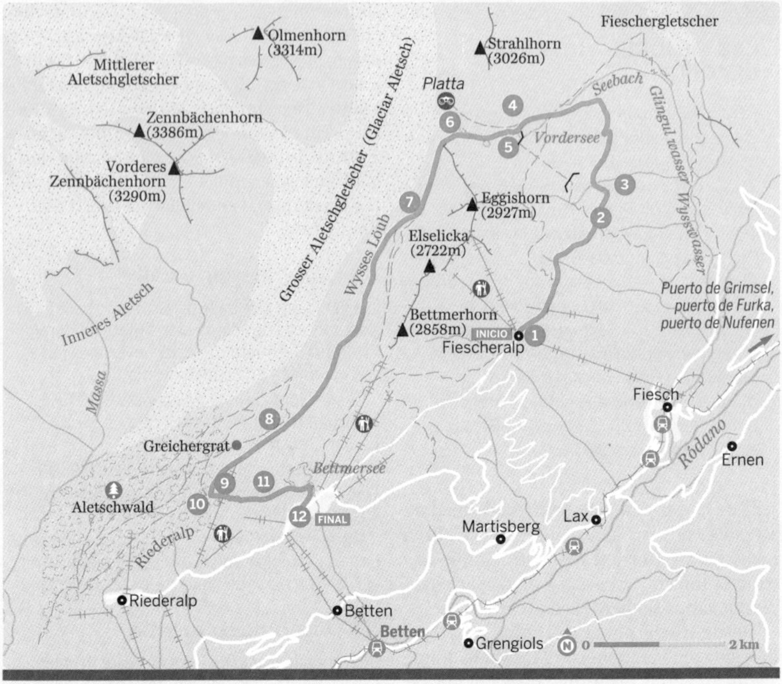

Circuito a pie
Excursión por el glaciar Aletsch

INICIO FIESCHERALP
FINAL BETTMERALP
DISTANCIA 17 KM; 5-6 H

Este paseo alpino es un espectáculo: páramos, montañas escarpadas, glaciares agrietados. Desde 1 **la estación del teleférico de Fiescheralp** (2212 m) las vistas son espectaculares. Hay que seguir a la derecha pasado el camino que sube al Eggishorn y el desvío a Märjela por el 2 **túnel de Tälli;** se puede acortar una hora a través del túnel, pobremente iluminado.

Pronto la ruta se convierte en un sendero bien cuidado con los destellos de la lengua helada del Fieschergletscher. Las curvas que suben por encima del Fieschertal conducen al barranco rocoso de 3 **Unners Tälli.** Aquí empieza un ascenso empinado que zigzaguea hasta una cruz de madera clavada en una roca.

Las marcas en blanco, rojo y blanco conducen al oeste por cornisas rocosas hasta el valle del 4 **Märjela;** una señal indica el cruce con los caminos de Fieschertal y el Tälligrat. En 2 h desde Fiescheralp se llega al 5 **refugio de montaña de Gletscherstube** (2363 m).

Más abajo se pasará por varios laguitos, se cruzará un arroyo junto a un hito de piedras antes de descender al 6 **Märjelensee** (2300 m) al cabo de 30 min. Rodeado por el hielo del glaciar Aletsch, el lago ofrece una imagen espectacular. Hay que ascender hacia el sur siguiendo una cresta rocosa y avanzar hasta una bifurcación en 7 **Rotl Chumma** (2369 m), y luego tomar el camino más bajo a la derecha, una ruta espectacular en lo que parece una extensión infinita de hielo. Después de 8 **Biel** toca subir hasta el Greichergrat (2292 m), de donde baja un camino hacia la derecha al Aletschwald. Hay que dirigirse hacia el suroeste por una cresta con lagos. Se sigue por las laderas para llegar a 9 **Moosfluh** (2333 m).

La ruta continúa por la cresta, siguiendo un corto sendero (que no aparece en todos los mapas) que baja hacia la izquierda hasta el azulado 10 **Blausee** (2204 m). Hay que agacharse para pasar por debajo del telesilla y descender hacia el este hasta 11 **Bettmersee** para darse un chapuzón. De aquí sale una pista sin asfaltar hasta 12 **Bettmeralp.**

de coches desde Oberwald atraviesan el **túnel de Furka** (15 km) y reaparecen en Realp, cerca de Andermatt.

Puntos de interés y actividades

★Glaciar del Ródano GLACIAR

Desde el Valais, el primer punto desde donde se divisa el fascinante glaciar del Ródano es la aldea de Gletsch. El glaciar es la fuente del río Ródano, que atraviesa el Valais, penetra en el lago Lemán y desemboca en el Mediterráneo. Desde 1870 el glaciar ha perdido 1,4 km y hoy mide 8 km. Según los últimos cálculos, en el 2050 habrá perdido el 50% de su volumen y en el 2100 habrá quedado reducido a un 10% de la masa actual.

★Gruta de hielo del glaciar del Ródano PASEO A PIE

(027 973 11 29; www.gletscher.ch; Furkastrasse; adultos/niños 9/6 CHF; 8.00-18.00, hasta 19.00 med verano) Subiendo al puerto de Furka, se puede aparcar casi en la cima, cerca del Hotel Belvédère (cerrado). Un sendero de 1 km lleva hasta la gruta de hielo del glaciar del Ródano. Las vistas son fabulosas y el interior de la cueva es increíble. Permanece abierta mientras lo está el puerto.

Trenes de vapor FERROCARRIL

(Dampfbahn Furka-Bergstrecke; www.dfb.ch; ida/ida y vuelta 73/121 CHF; vi-do fin jun-ppios oct, diarios ppios jul-med-ago) Por los raíles que quedaron en desuso cuando se inauguró el túnel de Furka en 1982 circulan antiguos trenes de vapor. Van de Realp (al oeste de Andermatt) a Oberalp, en el Valais, con paradas en Tiefenbach, Furka, Muttbach-Belvédère y Gletsch. No sortean el puerto de Furka por encima, sino a través de un túnel.

Dónde dormir

Grand Hotel Glacier du Rhône HOTEL HISTÓRICO €€

(027 973 15 15; www.glacier-du-rhone.ch; Gletsch; i/d baño compartido 85/145 CHF, d 170 CHF, ste 240 CHF; jun-oct; P) He aquí un rincón especial de Gletsch (1762 m): un hotel histórico, construido en 1835, restaurado con gran meticulosidad. Cuando se construyó, el glaciar del Ródano estaba frente al hotel, aunque ya no lo está. El restaurante sirve desayuno, almuerzo y cena.

Cómo llegar y salir

Para aprovechar al máximo este increíble entorno alpino es preferible disponer de vehículo propio. Desde el puerto de Furka, Andermatt, en Suiza Central, está a solo 21 km por carretera. Volviendo al Valais, Fiesch está a 41 km por carretera.

Los PostBuses amarillos atraviesan el puerto de finales de junio a octubre, uniendo Oberwald, en el Valais, con Andermatt.

Tesino

351 946 HAB.

Incluye »

Los mejores restaurantes

- Ristorante Castelgrande (p. 186)
- Arté al Lago (p. 190)
- Locanda Locarnese (p. 197)
- Ecco (p. 199)
- Ristorante le Bucce di Gandria (p. 191)

Los mejores alojamientos

- Villa del Gusto (p. 185)
- Guesthouse Castagnola (p. 189)
- Villa Principe Leopoldo Hotel & Spa (p. 190)
- The View (p. 190)
- Villa Sempreverde (p. 197)

Por qué ir

El aire de verano es cálido y fragante en Tesino. Las Vespas circulan por paseos flanqueados de palmeras. Repica un *campanile* barroco. Los niños juegan en la *piazza* rodeada de mansiones de color pastel. Clima italiano. Estilo italiano. Por no hablar del *gelato,* la pasta, la arquitectura, el idioma, todo muy italiano.

Se pueden admirar los Alpes junto a una copa de merlot en una terraza, dando cuenta de un buen almuerzo a la sombra de un castaño en un *grotto* (posada o restaurante rústico) o flotando en los lagos cristalinos de Lugano y Locarno. Tesino adereza sus estampas alpinas clásicas con la buena vida italiana.

Al norte, la majestuosa ciudad-fortaleza medieval de Bellinzona vigila los valles salpicados de pueblecitos y capillas románicas. En la retaguardia asoman cumbres agrestes cubiertas de bosques, con infinitos paseos junto a lagos y arroyos de montaña.

Cuándo ir

- El Carnaval se celebra por todo lo alto en el Rabadan de Bellinzona.
- En primavera los excursionistas pasean por los Alpes, colmados de flores silvestres.
- Los amantes de la música clásica asisten a conciertos al aire libre en julio durante el Festival de Lugano, mientras Locarno se concentra en los talentos cinematográficos en su prestigioso festival de agosto.
- Los vinateros de Mendrisio y Bellinzona vendimian en septiembre.
- En otoño no hay nada mejor que un plato de caza cocinado a fuego lento y un vino nuevo en uno de los *grotti* rústicos de Tesino.

Imprescindible

1 Bellinzona (p. 182) Recorrer los tres fuertes medievales para disfrutar de panorámicas alucinantes del casco antiguo y los Alpes.

2 Monte Brè (p. 187) Otear desde la cumbre las ondulantes montañas que se reflejan en el lago de Lugano, como si fuera un enorme espejo.

3 Ferrocarril Centovalli (p. 200) Traqueteando por un largo valle, rodeado de montañas nevadas y remotas, atraviesa espectaculares túneles, gargantas y viaductos hasta llegar a Italia.

4 Val Verzasca (p. 198) Admirar el pueblo más pequeño de Suiza, Corippo, o recobrar el aliento tras saltar colgado de un cable emulando a Bond desde la presa de Verzasca de 220 m.

5 Valle Maggia (p. 199) Excursiones a pie o en bici por brumosas cascadas, pueblos de granito italianizantes y auténticos *grotti* en el 'valle mágico'.

6 Locarno (p. 194) Pasear por los jardines botánicos a orillas del lago y por históricas plazas bordeadas de cafés en una de las ciudades más soleadas de Suiza.

7 Morcote (p. 192) Deambular admirando la belleza sin parangón de este pueblo aferrado a las vertientes del lago de Lugano.

Historia

Durante mucho tiempo Tesino era una zona rural y pobre de transición entre los cantones suizo-alemanes del norte de los Alpes e Italia. Fue incorporado a Suiza a finales del s. xv, tras pasar siglos bajo el dominio alternado por los señores de Como y los duques de Milán.

En 1478 los cantones fundadores de la Confederación Helvética -Uri, Scwhyz y Unterwalden- derrotaron a un ejército milanés superior en Giornico (valle de Leventina) y en 1503 tomaron Bellinzona. En 1803 Tesino entró en la nueva Confederación Helvética, a instancias de Napoleón, como un cantón libre en igualdad de condiciones.

Más cercano a Milán que a Berna, Tesino manifiesta una identidad doble: los tesineses comparten idioma, gastronomía, arte y arquitectura con la vecina Italia, pero valoran su autonomía política e institucional en el marco de la Constitución Federal gracias a formar parte de Suiza.

En septiembre del 2016 Tesino fue de nuevo noticia cuando una abrumadora mayoría de ciudadanos votó en contra de la libre circulación de trabajadores de la UE en Suiza y a favor de dar preferencia a los trabajadores suizos con igual nivel de cualificación, lo que provocó las iras de los trabajadores residentes en Italia. La campaña "Los nuestros primero", contraria a los acuerdos de libre circulación en la UE, fue impulsada por el ultraconservador Partido Popular Suizo (SVP) y obtuvo un 58% de los votos. El SVP argumentaba que la situación laboral en las zonas fronterizas había escapado a todo control, quedando un buen número de puestos ocupados por italianos, lo que provocaba salarios inferiores y congestión vial. En diciembre del 2016 entró en pleno funcionamiento el **túnel de base de San Gotardo,** el más largo del mundo (57 km), reduciendo considerablemente el desplazamiento entre Tesino e Italia y el resto de Suiza. Permite ir de Erstfeld (Uri) a Bodio (Tesino) en tan solo 17 minutos.

Información

La fuente más actualizada sobre la región es la web de **Ticino Tourism** (www.ticino.ch). Informa sobre las atracciones turísticas, actividades, itinerarios, transporte, alojamiento y restauración. Permite descargar folletos y realizar búsquedas temáticas o por región.

La **Federazione Alpinistica Ticinese** (www.fat-ti.ch, en italiano) gestiona 31 cabañas de montaña junto a senderos. Estas y otras figuran en www.capanneti.ch (en italiano y alemán).

Cómo llegar y desplazarse

El aeropuerto internacional más cercano a Tesino es **Milan Malpensa** (☎+39 02 23 23 23; www.milanomalpensa-airport.com; Ferno, Italia), 80 km al sur de Lugano, cubierto por muchas compañías, incluidas algunas de bajo coste como Ryanair y easyJet. Hay autobuses regulares a Lugano (25 CHF, 70 min) y Bellinzona (40 CHF, 2 h). Gracias al túnel de base de San Gotardo se ha reducido el trayecto entre Bellinzona y el **aeropuerto de Zúrich** (ZRH; ☎043 816 22 11; www.zurich-airport.com; 64 CHF, 2 h), siendo este una buena opción. El tren de Bellinzona a Zúrich para también en Lucerna (54 CHF, 1½ h).

La autopista A2 une Como (al sur del cantón) con el túnel de Gotardo al norte; este último es conocido por sus atascos, así que conviene consultar www.gotthard-strassentunnel.ch antes de dirigirse allí. Varias carreteras empinadas cruzan puertos de montaña y comunican Tesino con el resto de Suiza, como la del puerto de San Bernardino a los Grisones, el de San Gotardo a la Suiza Central y el puerto de Nufenen al Valais.

Numerosas rutas ciclistas bien señalizadas surcan el territorio. Se pueden alquilar bicicletas en las principales estaciones de trenes, como Bellinzona, Lugano, Locarno y Ascona. El alquiler diario de una bicicleta eléctrica cuesta 54 CHF; una de campo/ciudad, 35 CHF; y una de montaña, 43 CHF. Consultar los detalles en **Rent a Bike** (www.rentabike.ch).

BELLINZONA

18 700 HAB. / ALT. 230 M

Bellinzona, sita en la convergencia de distintos valles en el corazón de los Alpes, es la capital visible de Tesino. Durante siglos, sus tres imponentes fortalezas medievales han cautivado a artistas y poetas como William Turner, el pintor romántico más importante. Aun así, Bellinzona recibe poca atención teniendo en cuenta que su enclave con tres castillos es Patrimonio de la Humanidad (uno de los doce únicos reconocimientos que tiene Suiza).

El castillo principal, Castelgrande, se yergue sobre un monte rocoso, que fue un puesto fronterizo romano y una torre defensiva lombarda. Más tarde se convirtió en una ciudad fortificada controlada por Milán. Aunque inconfundiblemente suiza, conserva toda la tradición de la *dolce vita* italiana.

Más allá de la mística medieval y los increíbles paisajes de montañas nevadas, su atractivo reside en el centro histórico, un entramado de callejuelas con flores en los balcones, iglesias renacentistas y *piazzas* rodeadas de cafés, que desbordan vida, risas y tintineo de copas, con el desafinado tañido de incontables campanas de fondo.

Puntos de interés y actividades

Los **circuitos a pie** (www.bellinzonaturismo.ch; 10 CHF) con guía de Bellinzona salen de

Bellinzona

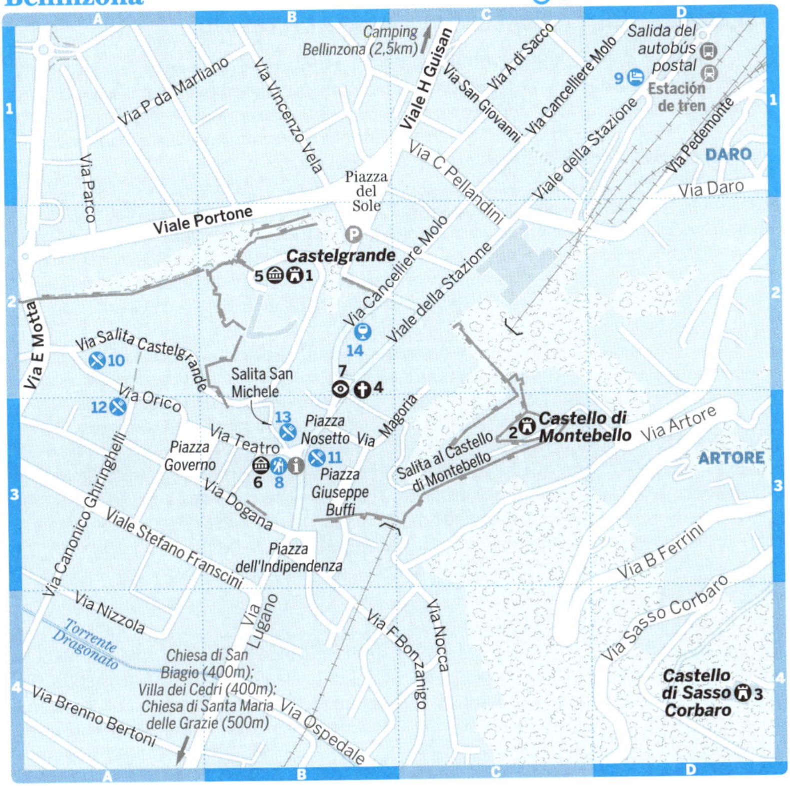

Bellinzona

Principales puntos de interés

1 Castelgrande B2
2 Castello di Montebello C3
3 Castello di Sasso Corbaro D4

Puntos de interés

4 Chiesa Collegiata dei SS Pietro e Stefano B2
5 Museo di Castelgrande B2
6 Palazzo del Comune B3
7 Piazza Collegiata B2

Actividades, cursos y circuitos

8 Circuitos a pie B3

Dónde dormir

9 Hotel Internazionale D1

Dónde comer

10 Locanda Orico A2
11 Mercato di Bellinzona B3
12 Osteria Mistral A3
Ristorante Castelgrande .... (véase 5)
13 Trattoria Cantinin dal Gatt B3

Dónde beber y vida nocturna

14 Il Fermento B2

la oficina de turismo (sa, 11.00). Lo más interesante incluye la **Piazza Collegiata,** de adoquines y bordeada de elegantes mansiones con balcones de hierro forjado; el renacentista **Palazzo del Comune** (Piazza Nosetto), con un bonito patio interior de tres niveles; los jardines repletos de palmeras y las obras italianas de **Villa dei Cedri** (www.villacedri.ch; Via San Biagio 9; adultos/niños 10/7 CHF; ⌚14.00-18.00 mi-vi, 11.00-18.00 sa y do); y las iglesias de **San Biagio** (Piazza San Biagio; ⌚7.00-12.00 y 14.00-17.00), **Santa Maria delle Grazie** (Via Convento; ⌚7.00-18.00) y **SS Pietro e Stefano** (Piazza Collegiata; ⌚8.00-13.00 y 16.00-18.00).

FUERA DE RUTA

PERDERSE POR LOS VALLES DEL NORTE DE TESINO

Los remotos y agrestes **Valle di Blenio** y **Valle Leventina**, al norte de Bellinzona, se extienden al pie de una serie de cumbres que forman una barrera natural entre Suiza Central y Graubünden. Con aldeas de piedra gris escondidas entre los bosques de castaños y centenarios *grotti* (rústicas tabernas en sótanos excavados en la roca), ambos valles conservan todo el sabor de la vida montañesa de Tesino.

Hay dos trenes cada hora de Bellinzona a **Biasca** (8,80 CHF, 13 min), puerta de entrada al Valle di Blenio, con una iglesia del s. XIII y *grotti* donde sirven suculenta comida casera local. Desde Biasca, el árido valle, atravesado por múltiples caminos, se dirige hacia las majestuosas cumbres del norte y al puerto de Lukmanier, con una modesta estación de esquí. Una buena base para excursionistas es **Olivone,** al pie del afilado Sosto (2221 m). Una bonita senda asciende al Lago de Luzzone y la prístina meseta de Greina. Consultar www.blenioturismo.ch (en italiano y alemán) para alojamientos.

Siguiendo la autovía hacia el noroeste, se pasa por **Airolo,** en el Valle Leventina, y se llega al impresionante puerto de montaña de San Gotardo. En lo alto de las montañas circundantes hay varias aldeas para disfrutar del soberbio entorno, las excursiones y la buena comida. Siguiendo la línea férrea, la ruta Gotardo (www.gottardo-wanderweg.ch) baja del valle de Reuss, en Uri (partiendo de Ertsfeld), hasta el Valle Leventina. En Personico, en el **Grotto Val d'Ambra** (☎091 864 18 29; www.grottovaldambra.ch; Via dei Grotti 2, Personico; principales 15-28 CHF; ⏰10.00-23.00 ma-do Semana Santa-ppios oct) se recomienda probar el *brasato* (buey al vino tinto) acompañado de vino casero a la sombra de los castaños. Vale la pena detenerse en **Giornico** para ver sus dos puentes medievales, la iglesia románica más emblemática de Tesino (Chiesa di San Nicolao) y el pintoresco casco antiguo.

★ Castelgrande CASTILLO

(www.bellinzonese-altoticino.ch; Via Salita Castelgrande; ⏰recinto 10.00-18.00 lu, 9.00-22.00 ma-do; Murata 10.00-19.00) Este baluarte medieval, que domina el casco antiguo desde lo alto, es el icono más visible de Bellinzona. Se puede ir por la Salita San Michele desde Piazza Collegiata o en el ascensor, enterrado en la colina rocosa en una construcción de hormigón tipo búnker, desde la Piazza del Sole. Tras visitar el museo se puede pasear hacia el oeste por la **Murata,** las murallas serpenteantes del castillo, con vistas de montañas veteadas de viñedos y colinas coronadas por castillos.

★ Castello di Montebello CASTILLO

(www.bellinzonese-altoticino.ch; Salita al Castello di Montebello; castillo gratis, museo adultos/niños 5/2 CHF; ⏰10.00-18.00 abr-oct, 10.30-16.00 nov-mar) GRATIS En los días despejados se puede ver el lago Maggiore desde esta fortificación del s. XIII. Es uno de los castillos más impresionantes de Bellinzona, con puentes levadizos, murallas y un pequeño museo sobre la Edad Media.

★ Castello di Sasso Corbaro CASTILLO

(www.bellinzonese-altoticino.ch; Via Sasso Corbaro; castillo gratis, museo y torre adultos/niños 5/2 CHF; ⏰10.00-18.00 abr-oct, 10.30-16.00 nov-mar) Desde el centro de Bellinzona, una caminata de 3,5 km hacia el sur lleva a este castillo. Encaramado en una ladera boscosa, tiene una belleza austera, con muros y torres macizos.

Museo di Castelgrande MUSEO

(Castelgrande; adultos/niños 5/2 CHF; ⏰10.00-18.00 abr-oct, 10.00-17.00 nov-mar) Alberga una modesta colección de piezas prehistóricas halladas en la colina de Castelgrande. Más interesantes son las pinturas del techo de una casa noble del s. XV del centro de Bellinzona, donde se representan desde animales extraños hasta una serie cómica de "el mundo al revés", que incluye un buey que usa un arado tirado por humanos y una mujer lujuriosa que persigue a un hombre casto.

Fiestas y celebraciones

Rabadan CARNAVAL

(www.rabadan.ch; ⏰fin feb) Desfiles de disfraces, teatro callejero, bufones y bandas de música difunden la fiebre carnavalesca durante siete semanas y media antes del Domingo de Pascua.

La Bacchica CULTURAL

(www.labacchica.ch) Una fiesta tradicional de vinateros que tiene lugar en septiembre, con cata de vinos, procesiones y música en abundancia.

Dónde dormir

En Bellinzona hay muy pocos alojamientos destacables y están alejados entre sí. En el Viale della Stazione hay numerosos hoteles funcionales.

Villa del Gusto B&B €
(☎091 234 03 35; Via Pratocarasso 56; i 80 CHF, d 100-150 CHF; 📶) Una de las opciones más entrañables es este B&B de fachada amarilla, dirigido por Michela y Massimo, que cuidan con amor de un jardín con vistas a las montañas y sirven tartas caseras para desayunar. Si se puede pagar, se recomienda la doble de lujo para disfrutar de más espacio, estilo y una bañera en el centro del servicio. Hay que encargar la cena con antelación.

Camping Bellinzona CAMPING €
(☎091 829 11 18; www.campingbellinzona.ch; Via San Gottardo 131; plazas por adulto/niño/tienda 11,50/5,50/20 CHF; 📶) Este frondoso enclave, 2,5 km al norte del centro, está equipado con lavandería, tienda, cafetería y parque de actividades infantiles. Se llega en los autobuses nº 1 o 191 a Arbedo desde la estación.

Hotel Internazionale HOTEL €€
(☎091 825 43 33; www.hotel-internazionale.ch; Viale della Stazione 35; i 145-185 CHF, d 200-260 CHF, tr 285-315 CHF; P❄📶) Frente a la estación de tren, mezcla elementos de principios del s. xx (hierro forjado y vidrieras) con diseño purista del s. xxi. En el 2014 una renovación modernizó las habitaciones, más luminosas y contemporáneas. El nuevo *spa* invita a relajarse en su sauna, sala de vapor, hidromasaje y sala de inhalación de sal.

Dónde comer y beber

Mercato di Bellinzona MERCADO
(Piazza Nosetto; ⏲8.00-13.00 sa) Los sábados por la mañana se instala un mercado en las calles del centro histórico de la Piazza Nosetto y alrededores, donde se pueden comprar productos frescos como quesos alpinos, pan, *salumi* y fruta. Se puede complementar con un café o almuerzo en alguna terraza.

Trattoria Cantinin dal Gatt ITALIANA €€
(☎091 825 27 71; www.cantinindalgatt.ch; Vicolo al Sasso 4; menú almuerzo 18-28 CHF, principales 25-36 CHF; ⏲11.00-15.00 y 18.00-24.00 ma-vi, 9.00-15.00 y 18.00-24.00 sa; 👪) Adentrarse por una callecita empedrada hasta esta vieja y pequeña *trattoria,* que desborda calidez y afabilidad. El interior de ladrillo abovedado invita a disfrutar de espléndidos platos italianos elaborados por el chef toscano Luca. Se recomiendan los ñoquis caseros con bisque de langosta y camarones con olivada negra, seguidos de conejo asado con salsa de pimientos dulces.

Osteria Mistral ITALIANA €€
(☎091 825 60 12; www.osteriamistral.ch; Via Orico 2; menú 2/3 platos almuerzo 33/40 CHF, menú 3/4/6 platos cena 68/82/115 CHF; ⏲11.45-15.00 lu-vi y 18.45-24.00 lu-sa) Luca Braghelli emplea ingredientes locales y de temporada en esta *osteria* elegante e íntima. Ya sea pasta casera o venado en otoño, todo se cocina maravillosamente y se marida con vinos de la región.

Ristorante Castelgrande ITALIANA €€
(☎091 814 87 81; www.ristorantecastelgrande.ch; Castelgrande; principales 29-42 CHF, menú 72 CHF; ⏲18.30-24.00 ma-sa) Una ocasión para comer

¿QUÉ SE CUECE EN TESINO?

Suiza se funde con Italia en la cocina de Tesino y algunas de las mejores comidas del lugar se sirven en *grotti,* con mesas de granito dispuestas a la sombra de castaños en verano. La trilingüe *Guida a Grotti e Osterie* da una buena visión general (disponible en http://www.editore.ch, 26 CHF).

Para comer como los habitantes pruébense estas especialidades típicas de Tesino:

Polenta Cremosas y sabrosas gachas de harina de maíz.

Brasato Carne de vacuno estofada en vino tinto.

Capretto en umido alla Mesolcinese Cabrito estofado con un toque de canela y cocido en vino tinto.

Cazzöla Un guiso contundente de carne servido con repollo y patatas.

Mazza casalinga Un surtido de embutidos selectos.

Cicitt Salchichas largas y finas de carne de cabra, a menudo a la parrilla.

Robiola Pequeños discos de queso de leche de vaca, suave y cremoso.

en el interior de un lugar declarado Patrimonio Mundial por la Unesco. Solo el entorno en este castillo medieval ya resulta cautivador. Las especialidades de temporada, como filetes de lucioperca con puré de coliflor a la vainilla, se acompañan con vino de primera.

Locanda Orico ITALIANA €€€
(☎091 825 15 18; www.locandaorico.ch; Via Orico 13; principales 40-65 CHF, menú almuerzo 48 CHF, menú cena 110-125 CHF; ⊙11.45-14.00 y 18.45-24.00 ma-sa) Los platos de temporada mandan en este templo de la buena comida con estrella Michelin, alojado en un *palazzo* reconvertido del casco antiguo. Creaciones como ñoquis de calabaza con carne de rebeco o rodaballo con *fettuccini* y mantequilla a la albahaca se sirven con finura.

Il Fermento FÁBRICA DE CERVEZA
(www.ilfermento.ch; Via Codeborgo 12; ⊙11.00-21.00 lu-mi, hasta 13.00 ju-vi, hasta 21.00 sa) Esta microcervecería urbana ofrece las mejores cervezas artesanas del lugar. Escoger entre *ales* ambarinas de lúpulo, IPA ácidas y cervezas malteadas amargas en un interior moderno de estilo industrial o en la terraza de la acera.

Información

La **oficina de turismo** (☎091 825 21 31; www.bellinzonaturismo.ch; Piazza Nosetto; ⊙9.00-18.30 lu-vi, 9.00-14.00 sa, 10.00-14.00 do abr-oct, horario reducido resto del año), en el ayuntamiento de Bellinzona, vende el Bellinzona Pass (adultos/niños/familiar 15/7,50/25 CHF), que incluye acceso a varias atracciones locales.

Cómo llegar y salir

Bellinzona, la puerta a Tesino, es un importante centro de transportes. La autopista A2 la atraviesa y la comunica con Lugano al sur y con Basilea al norte. La autopista A13 conecta con Chur, capital de los Grisones, 116 km al norte.

Hay trenes frecuentes (Viale della Stazione) a Locarno (8,80 CHF, 27 min) y Lugano (10,20 CHF, 30 min). Bellinzona también está en la ruta Zúrich-Milán. El autobús nº 171 va aprox. cada hora a Chur (59,40 CHF, 2¼-3 h) desde al lado de la estación de tren. Hay un aparcamiento subterráneo en la **Piazza del Sole** (Piazza del Sole; 2 CHF/hora).

LUGANO

63 583 HAB. / ALT. 270 M

Ubicada a orillas del exuberante lago de Tesino, bordeado de montañas, la mayor ciudad del cantón también es el tercer centro bancario del país. Además, Lugano es una ciudad dinámica, con selectas *boutiques* de diseño, bares y cafés en las aceras, amontonados en el laberinto de empinadas callejuelas de adoquines que descienden hasta el lago y el florido paseo que lo bordea. La reciente inauguración del centro de artes LAC ha elevado también el listón cultural de la ciudad.

Sobre el agua se elevan los picos de los montes Brè y San Salvatore, que ofrecen vistas alucinantes del corazón de los Alpes y atraen a excursionistas y ciclistas de montaña en los meses cálidos.

Puntos de interés

Unas escaleras y un **funicular** (Piazzale della Stazione; 1,30 CHF; ⊙5.00-24.00) llevan de la estación de tren de Lugano al centro, un mosaico de *piazze*.

MASI - Museo d'Arte della Svizzera Italiana GALERÍA
(www.masilugano.ch; LAC Lugano Arte e Cultura, Piazza Bernardino Luini 6; adultos/niños 15 CHF/gratis; ⊙10.00-18.00 ma-do, hasta 20.00 ju) La joya del nuevo centro cultural LAC (p. 190) de Lugano se centra en arte del s. XX y contemporáneo (desde la abstracción a lo más experimental), con exposiciones distribuidas en tres espacios. Hoy no tiene ninguna colección permanente en exhibición, pero hay una lista de muestras rotativas de alto nivel. Recientemente ha expuesto la obra de la artista surrealista suiza Meret Oppenheim y las épicas y provocadoras fotografías del británico Craigie Horsfield.

Chiesa di Santa Maria degli Angioli IGLESIA
(Santa María de los Ángeles; Piazza Luini; ⊙7.00-18.00) Este sencillo templo románico alberga dos frescos de Bernardino Luini que datan de 1529. La pared que divide la iglesia en dos está cubierta por la gran representación didáctica de la Crucifixión, de asombrosa fuerza y vivacidad.

Parco Ciani JARDINES
(Viale Carlo Cattaneo; ⊙6.00-23.00) GRATIS En este paseo a orillas del cristalino lago de Lugano, los tilos y castaños dan sombra en verano, mientras que los tulipanes, las camelias y las magnolias brotan en primavera. Se divisan las características siluetas cónicas de los montes Brè y San Salvatore.

Piazza della Riforma PLAZA
Varias callejuelas con soportales se entretejen alrededor de la plaza mayor, presidida por

MERECE LA PENA

PAISAJES LACUSTRES

Para una vista de pájaro de Lugano y el lago del mismo nombre hay que dirigirse a las colinas. Un funicular sale de Cassarate (adonde se llega a pie o en el autobús nº 2 desde el centro de Lugano) y sube hasta la cima del **Monte Brè** (www.montebre.ch; funicular ida/ida y vuelta 16/25 CHF; ⌚9.10.00-18.45) de marzo a diciembre. De allí parten varias rutas de senderismo y ciclismo de montaña que garantizan amplias vistas del lago y los Alpes.

Desde Paradiso, el **funicular** (www.montesansalvatore.ch; funicular ida/ida y vuelta 23/30 CHF; ⌚9.00-18.00) que va al monte San Salvatore funciona de mediados de marzo a principios de noviembre. Aparte de las vistas, la bajada a Paradiso o a Melide es una hora de paseo muy bien invertida.

Un sitio encantador para pasar la noche es **Locanda del Giglio** (☎091 930 09 33; www.locandadelgiglio.ch; Roveredo, Capriasca; dc 40-45 CHF, i/d 95/150 CHF; P 📶) 🍃 en Roveredo, 12 km al norte de Lugano. Es un alojamiento ecológico con energía solar y bosques a sus espaldas. Las habitaciones tienen balcones desde los que se ven las montañas e incluso se vislumbra el lago. Hay que tomar un autobús en la **estación de tren de Lugano** (www.flpsa.ch/en.htm; Piazzale della Stazzione; entradas 2,50-6/60 CHF; ⌚cada 15 min 5.25-13.20) con destino a Tesserete (6,60 CHF, 27 min) y allí hacer transbordo a Roveredo (6,40 CHF, 11 min).

el Municipio (Ayuntamiento) neoclásico de 1844. Es aún más animada durante el mercado de los martes y viernes por la mañana.

Cattedrale di San Lorenzo CATEDRAL
(catedral de San Lorenzo; Via San Lorenzo; ⌚6.30-18.00) Recién renovada en el 2016, la catedral de principios del s. XVI alberga bellos frescos y estatuas barrocas ornamentadas tras su fachada renacentista. Fuera hay vistas de los tejados de terracota del casco antiguo y, al fondo, el lago y las montañas.

Swissminiatur PARQUE DE ATRACCIONES
(www.swissminiatur.ch; Via Cantonale; adultos/niños 19/12 CHF; ⌚9.00-18.00 med mar-oct; 👪) Con maquetas a escala 1:25 de más de 120 puntos de interés nacionales. Es la forma más rápida de ver Suiza en un día. Hay dos trenes cada hora desde Lugano.

Museo Hermann Hesse MUSEO
(www.hessemontagnola.ch; Torre Camuzzi, Montagnola; adultos/niños 8,50 CHF/gratis; ⌚10.00-17.30 diarios mar-oct, 10.30-17.30 sa y do nov-feb) Este museo exhibe objetos personales del poeta, novelista y pintor suizo nacido en Alemania Herman Hesse, incluidas algunas de las numerosas acuarelas que pintó en Tesino, libros y otras curiosidades que recuerdan su vida.

Desde Lugano, tomar el autobús nº 436 (en dirección a Agra, Roncone) hasta Montagnola, Bellevue (6,40 CHF, 19 min).

Parco Botanico San Grato JARDINES
(www.parcosangrato.ch; Carona; ⌚24 h) GRATIS Sobre una colina, numerosos senderos surcan estos jardines botánicos con vistas del lago y las montañas. En mayo un estallido de color recorre el parque cuando florecen las azaleas y los rododendros.

Se llega en el autobús nº 434 de Lugano a Carona (6,40 CHF, 25 min).

Schokoland MUSEO
(www.alprose.ch; Via Rompada 36, Caslano; adultos/niños 3/1 CHF; ⌚9.00-17.30 lu-vi, hasta 16.30 sa y do; 👪) Sumergirse en la cultura del cacao en el museo del chocolate Alprose, Schokoland, de éxito asegurado entre los niños. Bucear en la historia del chocolate, observar su elaboración y degustarlo gratis. La tienda cierra media hora después que el museo. Hay que tomar el tren a Caslano.

Actividades

Las actividades populares de verano incluyen natación, navegación, surf, esquí y remo en el lago de Lugano, además de excursionismo y bicicleta de montaña en los valles y montes aledaños; véase www.luganotourism.ch para mapas de rutas y descargas de GPS. La **Società Navigazione del Lago di Lugano** (☎091 971 52 23; www.lakelugano.ch; Riva Vela; ⌚abr-oct) ofrece varios cruceros panorámicos por el lago. También se pueden alquilar patines de pedales junto al **embarcadero** (☎091 222 11 11; www.lakelugano.ch; Lugano-Centrale, Riva Vela; ⌚8.30-20.30).

Lido NATACIÓN
(Viale Castagnola; adultos/niños 11/6 CHF; ⌚9.00-19.00 may y sep, hasta 19.30 jun-ago; 👪) En pleno

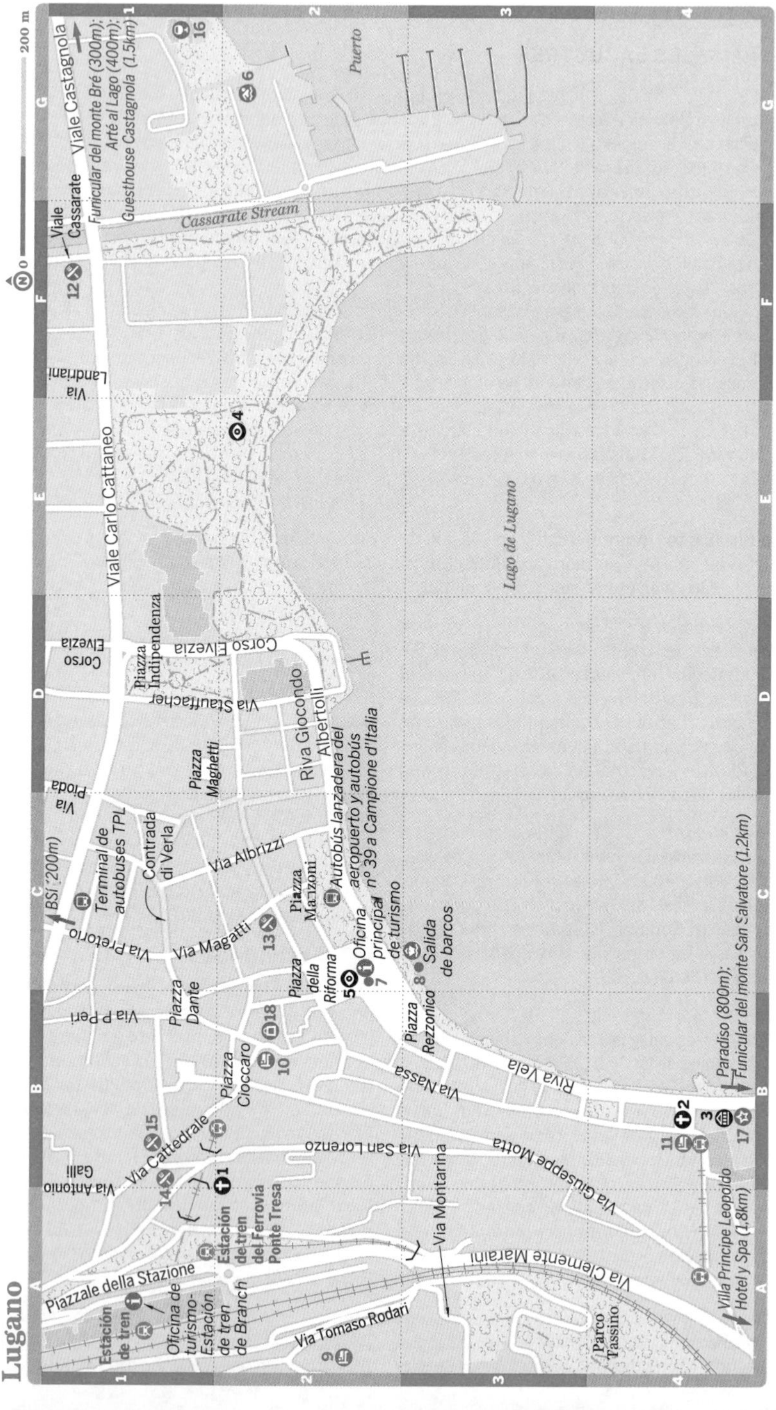
Lugano
200 m
Viale Castagnola
Funicular del monte Bré (300m);
Arté al Lago (400m);
Guesthouse Castagnola (1,5km)
Puerto
Viale Cassarate
Cassarate Stream
Via Landriani
Viale Carlo Cattaneo
Lago de Lugano
Corso Elvezia
Piazza Indipendenza
Via Stauffacher
Riva Giocondo Albertolli
Piazza Maghetti
Via Pioda
Terminal de autobuses TPL
Contrada di Verla
Via Albrizzi
BSI (200m)
Autobús lanzadera del aeropuerto y autobús nº 39 a Campione d'Italia
Piazza Manzoni
Oficina principal de turismo
Salida de barcos
Via Pretorio
Via Magatti
Piazza della Riforma
Piazza Dante
Via P Peri
Piazza Rezzonico
Piazza Cioccaro
Via Nassa
Riva Vela
Paradiso (800m);
Funicular del monte San Salvatore (1,2km)
Via Antonio Galli
Via Cattedrale
Via San Lorenzo
Via Giuseppe Motta
Via Montarina
Via Clemente Maraini
Piazzale della Stazione
Estación de tren
Oficina de turismo-Estación de tren de Branch
Estación de tren del Ferrovia Ponte Tresa
Via Tomaso Rodari
Parco Tassino
Villa Principe Leopoldo Hotel y Spa (1,8km)

Lugano

Puntos de interés
1 Cattedrale di San Lorenzo ... B2
2 Chiesa di Santa Maria degli Angioli ... B4
3 MASI - Museo d'Arte della Svizzera Italiana ... B4
4 Parco Ciani ... E2
5 Piazza della Riforma ... C2

Actividades, cursos y circuitos
6 Lido ... G2
7 Lugano Guided Tours ... C2
8 Società Navigazione del Lago di Lugano ... C3

Dónde dormir
9 Hotel & Hostel Montarina ... A2
10 Hotel Gabbani ... B2
11 Hotel International au Lac ... B4

Dónde comer
12 Al Portone ... F1
13 Bottegone del Vino ... C2
14 Pasta e Pesto ... B1
15 Trani ... B1

Dónde beber y vida nocturna
16 Al Lido ... G1

Ocio
17 LAC - Lugano Arte e Cultura ... B4

De compras
18 Gabbani ... B2

lago con gloriosas vistas de las montañas, playas, voleibol, zonas de chapoteo para niños y una piscina olímpica.

Fiestas y celebraciones

LuganoMusica MÚSICA
(www.luganomusica.ch) Festival de música clásica celebrado en el Palazzo dei Congressi de mediados de abril a junio.

Fiesta nacional CULTURAL
Un espectáculo pirotécnico se despliega en el lago de Lugano hacia medianoche del 1 de agosto para celebrar la fiesta nacional suiza.

Dónde dormir

Muchos hoteles de Lugano cierran parte del invierno. En verano hay que reservar con bastante antelación, ya que las habitaciones más decentes (de aspecto y precio) se agotan en un santiamén.

Hotel & Hostel Montarina HOTEL, ALBERGUE €
(✆091 966 72 72; www.montarina.ch; Via Montarina 1; dc/i/d 29/105/140 CHF; P) En una mansión de color rosa pastel de 1860, es a la vez hotel y albergue y ofrece un recibimiento cordial. Suelos de mosaico, techos altos y balaustradas de hierro forjado recuerdan su pasado esplendor. Hay una cocina-salón compartida, juguetes para los niños, una piscina rodeada de jardines con palmeras e incluso un pequeño viñedo. El desayuno cuesta un suplemento de 15 CHF.

★ **Guesthouse Castagnola** PENSIÓN €€
(✆078 632 67 47; www.gh-castagnola.com; Salita degli Olivi 2; apt 125-180 CHF; P) Kristina y Maurizio se desviven por complacer al cliente en su B&B, alojado en una bonita casa restaurada del s. XVI. Paredes de piedra vista, tejidos naturales y colores cálidos dominan las tres habitaciones, dotadas de cafeteras Nespresso y televisores de pantalla plana. También hay apartamentos muy adecuados para familias con lavadora y cocina. Tómese el autobús nº 2 a Posta Castagnola, 2 km al este del centro.

Hotel International au Lac HOTEL €€
(✆091 922 75 41; www.hotel-international.ch; Via Nassa 68; i 150-190 CHF, d 180-330 CHF) Sito frente al lago, dispone de habitaciones cómodas con algunos muebles antiguos. Las delanteras tienen balcones que dan directamente al lago de Lugano. El jardín con pimpón, piscina y zona de juegos infantiles lo hacen atractivo para familias.

Hotel Gabbani HOTEL-BOUTIQUE €€€
(✆091 921 34 70; www.hotel-gabbani.ch; Piazza Cioccaro 1; i 190-320 CHF, d 220-370 CHF) Dirigido por la respetable familia local Gabbani y cerca de su conocida **tienda** (www.gabbani.com; Via Pessina 12; ⊙8.00-18.30 lu-vi, hasta 17.00 sa) de alimentación, este encantador establecimiento tiene habitaciones elegantes y pulidas con toques de color, mucha madera de roble, mármol y sillas de diseño danés. Los accesorios son ultramodernos y el servicio excelente.

Villa Principe Leopoldo Hotel & Spa HOTEL DE LUJO €€€
(✆091 985 88 55; www.leopoldohotel.com; Via Montalbano 5; i 300-2000 CHF, d 360-2500 CHF; P) Esta residencia fue construida en 1926 para el príncipe Leopoldo von Hohen-

zollern. Todo aquí rezuma lujo y nostalgia. Los jardines y muchas de sus espléndidas habitaciones tienen vistas al lago. Los precios son astronómicos, pero están justificados por tanto lujo: restaurantes *gourmet,* pistas de tenis, *spa,* piscinas climatizadas...

The View DISEÑO HOTEL €€€
(☎091 210 00 00; www.theviewlugano.com; Via Guidino 29; ste 700-2150 CHF; P❄📶🏊) Si no hay que vigilar el presupuesto, se recomienda este hotel-*boutique* de diseño con cinco estrellas en Lugano-Paradiso. Las vistas del lago desde las 18 suites son increíbles y la decoración muy sofisticada, con teca pulida, piel y cristaleras del techo al suelo. El precio incluye algunos lujos como *spa,* restaurante *gourmet* y uso gratuito de bicicletas eléctricas y automóviles tipo Smart.

Dónde comer y beber

Pasta e Pesto ITALIANA €
(☎091 922 66 11; Via Cattedrale 16; pasta 10,50-15 CHF, menú 15-19,50 CHF; ⊙9.30-17.30 lu-sa) Este pequeño y bonito lugar, sito cerca de la catedral, posee una terraza diminuta para degustar pasta fresca casera con diversas salsas.

Trani ITALIANA €
(☎091 922 05 05; www.trani.ch; Via Cattedrale 12; principales 29-43 CHF) Bajar los escalones empedrados desde la Via Cattedrale a esta encantadora *osteria*. El interior, con una bóveda de ladrillo e iluminado con velas, constituye un agradable e íntimo entorno para *antipasti,* sabrosa pasta casera y pescado y carnes a la parrilla.

Bottegone del Vino ITALIANA €€
(☎091 922 76 89; Via Magatti 3; principales 20-42 CHF; ⊙11.30-24.00 lu-sa) Favorito de los empleados de los bancos del centro, este local ofrece una carta de temporada y una pizarra con almuerzos y cenas que cambian a diario. Hay especialidades como raviolis rellenos de ternera *chianina* toscana y una amplia selección de vinos locales. Los camareros son muy profesionales y están siempre encantados de aconsejar el vino perfecto de Tesino.

Arté al Lago PESCADO €€€
(☎091 973 48 00; www.villacastagnola.com; Piazza Emilio Bossi 7; principales 51-56 CHF, menú 110-120 CHF; ⊙12.00-14.00 y 19.00-21.30 ma-sa) Este restaurante con estrella Michelin, sito en la exclusiva Villa Castagnola, es la estrella gastronómica de Lugano. El chef Frank Oerthle hace maravillas con el pescado y el marisco, con especialidades centradas en ingredientes de apariencia simple. Los ventanales brindan vistas del lago, y de las paredes cuelgan cuadros de arte contemporáneo.

Metamorphosis MEDITERRÁNEA €€€
(☎091 994 68 68; http://metaworld.ch; Riva Paradiso 2; principales 45-52 CHF, menú degustación 85-120 CHF; ⊙9.00-15.00 lu-ma, 9.00-24.00 mi-vi, 10.30-24.00 sa) Para ocasiones especiales, en el futurista Palazzo Mantegazza de Lugano, junto al lago. El chef Luca Bellanca ofrece arriesgadas propuestas culinarias y da vida a sabores mediterráneos sencillos y naturales con imaginación y destreza.

Al Portone GASTRONOMÍA €€€
(☎078 722 93 24; www.ristorante-alportone.ch; Viale Cassarate 3; principales 44-57 CHF, menú degustación 120 CHF; ⊙18.30-21.30 ma-sa) Audaces obras de arte adornan este rincón *gourmet* contemporáneo, mientras Francis ofrece sensaciones de temporada llenas de sabor, como vieiras y caviar sobre un lecho de algas con vinagreta de maracuyá, raviolis de calabaza con salsa de salvia y *parpadelle* recién hechos con ragú de jabalí.

Al Lido LOUNGE
(http://allidobar.com; Viale Castagnola 6; ⊙9.00-21.30 mar-dic, horario reducido en invierno) Los amantes de la fiesta se congregan en este *lounge* playero de verano para disfrutar de sus DJ, sus copas, sus tentempiés y tontear a orillas del lago. Junto al *lido* de Lugano (p. 189), por si apetece un chapuzón antes o después.

Ocio

LAC - Lugano Arte e Cultura CENTRO DE ARTE
(☎058 866 42 22; www.luganolac.ch; Piazza Bernardino Luini 6) Lugano está orgullosa (y con razón) de su innovador centro cultural, que ha devuelto a la ciudad su encanto artístico. Reúne arte contemporáneo (en el MASI; p. 186), música, teatro, recitales de poesía, talleres y demás. Consultar la web para programación y entradas.

De compras

En la Via Nassa predominan las tiendas de alta costura como Bulgari, Louis Vuitton y Versace. Sus elegantes soportales también albergan joyerías, cafés y heladerías. Se encuentran regalos muy originales en la empinada y sinuosa Via Cattedrale, con tiendas y galerías de antigüedades, ropa *vintage,* artesanía y joyería artesanal.

Información

La céntrica **oficina principal de turismo de Lugano** (☎058 866 66 00; www.lugano-tourism.ch; Piazza Riforma, Palazzo Civico; ⊙9.00-18.00 lu-vi, 9.00-17.00 sa, 10.00-16.00 do) es el punto de partida de excelentes **circuitos guiados** (⊙med mar-oct) por la ciudad y alrededores. Hay otra **oficina** (☎091 923 51 20; Piazzale della Stazione; ⊙9.00-19.00 lu-vi, 9.00-13.00 sa) en la estación de trenes.

Cómo llegar y salir

AVIÓN

En el **aeropuerto de Lugano** (☎091 610 12 82; www.lugano-airport.ch) operan unas cuantas aerolíneas suizo-italianas.

AUTOBÚS

La forma más fácil de llegar a St Moritz desde Lugano es ir en tren a Bellinzona y allí tomar un autobús postal que pase por Thusis (84 CHF, 4 h, a diario).

AUTOMÓVIL Y MOTOCICLETA

La arteria principal que atraviesa Tesino de norte a sur es la autopista A2, que comunica Lugano con Bellinzona, 37 km al norte, y Chiasso, en la frontera italiana, 26 km al sur.

TREN

Lugano tiene **conexiones de tren** (Piazzale della Stazione) muy frecuentes a Bellinzona (11 CHF, 30 min), que prosiguen hasta otros destinos más al norte. Para llegar a Locarno (15,20 CHF, 1 h) hay que hacer transbordo en Giubiasco. La estación de tren es accesible a pie o en funicular (p. 186).

Cómo desplazarse

Sale un autobús para el aeropuerto de Lugano de la **Piazza Manzoni** (ida/ida y vuelta 10/18 CHF) y la **estación de tren** (8/15 CHF, 20 min). En www.shuttle-bus.com publican los horarios. Un taxi al aeropuerto ronda los 30 CHF (20 min).

Los autobuses locales salen de la **estación de autobuses TPL** (☎058 866 72 24; www.tplsa.ch; Corso Pestalozzi; ⊙8.00-18.30 lu-vi, 9.00-12.00 sa).

El autobús nº 1 circula entre Castagnola (en el este) y Paradiso cruzando el centro, mientras que el autobús nº 2 va del centro de Lugano a Paradiso, pasando por la estación de tren. Un viaje cuesta 2,50 CHF; el abono de un día, 7,50 CHF.

LAGO DE LUGANO

El lago de Lugano, que ocupa una parte del norte de Italia, es una vibrante extensión azul en el extremo sur de Tesino, que adopta un aire festivo a medida que suben las temperaturas. Menos concurrido que la mayoría de los lagos fronterizos, resulta hipnótico ya sea visto desde alguno de los senderos de la orilla, desde una cima o desde el embarcadero donde amarran los botes que navegan por él.

En un día claro la visión de las escarpadas y boscosas cumbres que se pierden en la distancia, entre ellas la del imponente monte Generoso (1704 m), es fascinante. Los pueblecitos plantados con firmeza en la orilla o desparramados peligrosamente por las laderas, como Gandria, Meride y Morcote, son encantadores, con recónditas calles, casas de colores claros y jardines botánicos por descubrir.

Gandria

275 HAB. / ALT. 327 M

Gandria, con casas color pastel amontonadas una sobre otra cual bloques de un juego de construcción, con escalinatas, soportales, patios y jardincitos, es un pueblo bonito hasta la exageración, que parece que vaya a despeñarse al menor soplo de aire. Al pie de monte Bré y otrora famoso por su producción de aceite (aún hay una prensa frente al ayuntamiento), es el último pueblo de Suiza antes de entrar en Italia por la SS340. Un lugar perfecto para deambular entre casas de los ss. XVI y XVII decoradas con frescos.

Enfrente de Gandria, al otro lado del lago, se halla el **Museo delle Dogane Svizzere** (Museo de las Aduanas Suizas; www.zollmuseum.ch; Riva delle Cantine; adultos/niños 3/1,50 CHF; ⊙13.30-17.30 abr-med oct) GRATIS, al que se puede llegar en barco. Explica la historia de las aduanas (y, lo que resulta más interesante, del contrabando) en esta zona fronteriza. Se exponen los barcos requisados a los contrabandistas que antaño surcaban el lago.

El **Sentiero di Gandria** (sendero de Gandria) (5 km, 1 ½ h), que rodea el lago de Lugano, permite ir y volver a Lugano entre jardines de olivos centenarios y plantas mediterráneas. Al fondo se yerguen imponentes los montes Brè y San Salvatore.

Subiendo las escalera que llevan a lo alto del casco antiguo de Gandria se puede contemplar el lago desde el **Ristorante le Bucce di Gandria** (Via Cantonale; principales 22-32 CHF; ⊙19.00-24.00 mi-ju, 12.00-15.00 y 19.00-24.00 vi-do). La cocina, entre la tradicional y la de mercado, añade un punto de creatividad a platos como raviolis con bacalao y salsa de cebolla y cardamomo o filete de venado con

Lago de Lugano

fondant de patata y pera a la canela. Es delicioso y se sirve acompañado de una sonrisa.

Se llega a pie desde Lugano por el Sentiero di Gandria (1 ½ h) o bien en barco.

Campione d'Italia

2067 HAB. / ALT. 273 M

Aunque no lo parezca, en realidad esto es una parte de Italia rodeada de Suiza. Asentado en la orilla sur del lago de Lugano, tiene un atractivo casco viejo con una iglesia medieval, una *piazza* rodeada de terrazas y un restaurante con estrella Michelin, **Da Candida** (☎091 649 75 41; www.dacandida.net; Viale Marco da Campione 4; menú 45-105 CHF; ⌚19.00-23.00 ma, 12.00-14.00 y 19.00-23.00 mi-do). Las laderas circundantes están pobladas de bosques. El atractivo principal es el casino, construido por el artista más celebrado de Tesino, Mario Botta.

No es necesario pasar ningún trámite aduanero (pero conviene llevar el pasaporte por si acaso). Muchos automóviles del pueblo llevan matrícula suiza y la zona usa francos y números de teléfono suizos.

Campione d'Italia está 12 km al sur de Lugano por la A2. Hay **autobuses** (Corso Italia) más o menos cada hora entre Lugano y Campione d'Italia (6,60 CHF, 25 min) y también se llega en **ferri** (Piazza Roma; 13 CHF, 21 min).

Morcote

769 HAB. / ALT. 272 M

Acurrucado en una ladera del monte Abastora, explorar a pie el fotogénico Morcote es una delicia. Este antiguo pueblo pesquero tiene unos jardines botánicos y sensacionales vistas del lago y las montañas. En el 2016 fue elegido el pueblo más hermoso de Suiza y ha sabido sacar partido de su adorable laberinto de callejuelas y pasajes, casas con soportales y la iglesia sobre la colina. 400 m al oeste del embarcadero está el **Parco Scherrer** (Riva di Pilastri 20; adultos/niños 7/2 CHF; ⌚10.00-17.00 mar-jun, sep y oct, 10.00-18.00 jul-ago), un sueño subtropical convertido en realidad por Hermann Arthur Scherrer, un comerciante de telas aficionado al arte que compró los terrenos en 1930. Inspirados en sus viajes, los jardines tienen un toque exótico, combinando palmeras y adelfas, camelias y azaleas, cipreses y bambú. Ocultas entre el follaje hay réplicas de edificios grandiosos, como el templo de Nefertiti o una casa de té de Siam.

La **oficina de turismo** (☎058 866 49 60; Riva dal Garavell 20; ⌚8.30-12.30 y 1.30-5.30 lu-vi, 10.00-12.00 y 13.00-17.00 sa y do fin mar-med oct) se halla frente al lago, al norte del centro urbano.

El autobús nº 431 circula entre Lugano y Morcote (6,60 CHF, 39 min). De la A2 en dirección a Lugano parte una carretera secundaria que lleva a Marcote (14 km, 25 min).

Mendrisio y alrededores

14 938 HAB. / ALT. 354 M

En el extremo sur de Tesino, tocando Italia, Mendrisio esconde un centro histórico bien conservado, cuyos estrechos callejones desembocan en patios interiores, casas con tejados de terracota y misteriosos *grotti* y donde resuenan las campanas de iglesias medievales y barrocas. El pueblo cobra vida de verdad en la **procesión del Jueves Santo** y en la **vendimia** de septiembre, cuando pueden probarse los mejores merlots de la región. Los alrededores, fácilmente accesibles a pie o en bicicleta, están salpicados de viñedos y pueblos pintorescos presididos por iglesias barrocas italianizantes.

Bajo las bóvedas de un *palazzo* restaurado del s. XVII, el **Atenaeo del Vino** (☎091 630 06 36; www.atenaeodelvino.ch; Via Pontico Virunio 1; principales 36-42 CHF; ⌚10.00-14.30 y 17.00-23.00 lu-sa) combina productos de temporada (espárragos, setas, marisco, caza) con los me-

MERECE LA PENA

MONTE GENEROSO

Desde la cumbre del **Monte Generoso** (www.montegeneroso.ch; tren de cremallera ida/ida y vuelta 36/54 CHF; ⌚9.00-16.45), a 1704 m de altitud entre Italia y Suiza, se divisa un amplio horizonte de lagos y montañas. El tren cremallera que sale de Capolargo más o menos cada hora asciende a la cumbre desde 1890. De la cima parten unos 51 km de senderos bien señalizados; destaca una excursión de 1 h que permite conocer la vida salvaje, incluida una nutrida colonia de gamuzas. Se puede practicar escalada, ciclismo de montaña y parapente.

Desde Lugano hay que tomar la A2 en dirección sur hasta Capolago, a 15 km. Hay trenes frecuentes de Lugano a Capolago (6,60 CHF, 23 min), donde se toma el tren de cremallera hasta la cima.

jores vinos de la región, que guarda en sus enormes bodegas. El ambiente es informal y hogareño. Consultar la oferta de clases de cocina y vinos en la web.

En pleno casco antiguo está la **oficina de turismo** (☎091 641 30 50; www.mendrisiottoturismo.ch; Via Luigi Lavizzari 2; ⌚9.00-12.00 lu-vi, 14.00-18.00 sa). Disponen de audioguías en varios idiomas para visitar el centro histórico.

Desde Lugano se llega a Mendrisio por la A2 (20 km). Hay dos **trenes** (Via Stefano Franscini) cada hora entre Mendrisio y Lugano (8,80 CHF, 19 min).

Meride

314 HAB. / ALT. 583 M

Al pie del monte San Giorgio, rodeado de viñedos, se halla el fotogénico pueblecito de Meride. El centro medieval está surcado por callejuelas adoquinadas en las que las casas de piedra con contraventanas recuerdan las de la vecina Italia. Los aficionados a la paleontología estarán encantados con el museo de fósiles; otros quedarán prendados de su apacible encanto.

Erguido como una pirámide sobre el lago de Lugano, el **monte San Giorgio** (1097 m) ha adquirido tintes míticos gracias a su riqueza en fósiles marinos del Triásico, lo que la ha valido el reconocimiento como Patrimonio de la Humanidad. Se llega desde Meride por un sendero circular (12 km, 4 h). Un antiguo camino de mulas discurre a través de un denso bosque hasta la cima, que ofrece preciosas vistas. En la vía de descenso hay paneles explicativos sobre los fósiles y las excavaciones.

Renovado y ampliado por el arquitecto de Tesino, Mario Botta, el **Museo dei Fossili** (Museo de los Fósiles; www.montesangiorgio.ch; Via Bernardo Peyer 9; adultos/niños 12/6 CHF; ⌚9.00-17.00 ma-do) exhibe los vestigios de las primeras criaturas que habitaron la región, reptiles y peces de hace más de 200 millones de años. En la entrada aguarda una reconstrucción de un *Ticinosuchus* de 2,5 m.

Desde Lugano se toma la A2 hacia el sur hasta la salida 394. El autobús nº 524 circula entre Meride y Mendrisio (6,40 CHF, 21 min), donde hay enlace en tren con Lugano (8,80 CHF, 19 min). La parada Meride/Paese está en el centro de la población.

LAGO MAGGIORE

Solo pertenece a Suiza la esquina nororiental del lago Maggiore; el resto se halla en la región italiana de Lombardía. El segundo lago de Italia tiene un aire cinematográfico, con aguas tintadas de azul que se agitan sobre un fondo de escarpadas y exuberantes montañas nevadas hasta la primavera. Bordean el lago pueblos italianizantes con *piazzas*, iglesias renacentistas y cafés con terrazas, que recuerdan la proximidad de ese país. Aunque no hace falta un recordatorio: casi siempre brilla un sol que madura los huertos de limoneros, adelfas y magnolias, cuyo aroma acompaña a los paseantes.

En verano todo el mundo se acerca al lago para pasear, flirtear, bañarse, tomar *gelato* o navegar a los islotes. El fresco reina aún en las montañas y los pinares surcados por senderos, a los que se llega en teleférico desde Locarno.

Locarno

15 968 HAB. / ALT. 205 M

Desde finales del s. XIX los visitantes acuden embelesados a Locarno, de estilo Mediterráneo, atraídos por las palmeras y las interminables horas de sol. La ciudad menos elevada de Suiza es muy especial, ya sea por su aire elegante y despreocupado, por el paseo a la orilla del lago junto a la montaña o por los jardines botánicos de flora subtropical. Además, posee un casco antiguo renacentista que se extiende desde la Piazza Grande y en verano acoge un festival de cine y de música.

Para huir de la multitud y disfrutar de la magia se puede ascender a las cimas del Cardada y el Cimetta o bien, como llevan haciendo los peregrinos desde hace siglos, subir los incontables escalones hasta el Santuario della Madonna del Sasso.

Puntos de interés

★ Santuario della Madonna del Sasso IGLESIA

(www.madonnadelsasso.org; Via Santuario 2; ⏲7.30-18.00) Este santuario se levantó donde el monje Bartolomeo d'Ivrea tuvo una visión de la Virgen María en 1480. Alberga una iglesia muy ornamentada y varios grupos de estatuas más bien toscas, en los nichos de la escalera. Uno de estos grupos representa la Última Cena. La pintura más famosa de la iglesia es *La fuga in egitto* (La huida a Egipto), pintada en 1522 por Bramantino.

Un **funicular** (ida/ida y vuelta adultos 4,80/7,20 CHF, niños 2,20/3,60 CHF; ⏲8.00-22.00 may, jun y sep, hasta 24.00 jul y ago, hasta 21.00 abr y oct, hasta 19.30 nov-mar) sale cada 15 min del centro urbano, pasa por el santuario y llega a Orselina. Un camino más bonito y propio de un peregrino es la subida a pie por el Vía Crucis flanqueado de capillas (20 min; hay que ir por Via al Sasso, bocacalle de Via Cappuccini).

Castello Visconteo MUSEO, CASTILLO

(Piazza Castello; adultos/niños 7 CHF/gratis; ⏲10.00-12.00 y 14.00-17.00 ma-do abr-oct) Así llamado por el clan Visconti, que dominó Milán largo tiempo, el núcleo de este castillo fortificado del s. XV se construyó en el s. X. Hoy alberga un museo con exposiciones de la época romana y de la Edad del Bronce, así como una pequeña muestra (en italiano) sobre el Tratado de Paz de Locarno de 1925. Se cree que Locarno fue un centro de manufactura de vidrio en la época romana, lo que explica las numerosas piezas de vidrio del museo.

Piazza Grande ZONA

La Città Vecchia (casco antiguo) de Locarno se extiende desde la Piazza Grande, un conjunto muy fotogénico de pórticos y casas de estilo lombardo. Los jueves se celebra un mercadillo de artesanía y hortalizas frescas y en los meses cálidos se organizan numerosos eventos.

Parco Muralto JARDINES

(Viale Verbano) El clima de Locarno es perfecto para tumbarse junto al lago. Lleno de palmeras y de coloridas flores en primavera y verano, estos jardines son preciosos para hacer pícnic o bañarse y los más pequeños pueden descargar energía en el campo de aventuras infantiles.

Falconeria Locarno RESERVA NATURAL

(www.falconeria.ch; Via delle Scuole 12; adultos/niños/familias 28/18/60 CHF; ⏲10.00-17.00 ma-do; 👪) Hay que procurar coincidir con una de las impresionantes exhibiciones de cetrería (11.00 y 15.00), donde águilas, halcones, búhos, buitres y cigüeñas muestran sus habilidades.

Actividades

La ribera del lago es ideal para pasear sin rumbo fijo. Si se desea pasar a la acción, tomar el teleférico en la parada del funicular de Orselina hasta **Cardada** (1332 m) y luego un telesilla hasta el **Cimetta** (1671 m), para hacer senderismo, ciclismo de montaña, parapente o esquí, según apetezca y el clima lo permita.

Cimetta TELEFÉRICO

(www.cardada.ch; ida y vuelta adultos ida/ida y vuelta desde Orselina 30/36 CHF, niños 15/18 CHF; ⏲9.15-12.30 y 13.30-16.50 diarios mar-nov) Los días despejados, el panorama que se divisa desde el Cimetta (1671 m) es alucinante: el resplandor azul del lago Maggiore y al fondo los Alpes que se pierden en el infinito. Si se otea con atención, se vislumbra el pico más alto de Suiza, el Dufourspitze (4634 m), coronado de nieve.

La montaña está surcada por senderos señalizados de duración variable (1½-4 h). Las rutas más largas conducen al Valle Maggia y a Val Verzasca. En invierno los esquiadores se deslizan por estas mismas laderas. El forfait diario cuesta 38/22 CHF adultos/niños.

El Cimetta atrae también a los aficionados al parapente. En este caso se recomiendan las propuestas de **Mountaingliders** (☎079 761 51 06; www.mountaingliders.com; vuelos en tándem 180 CHF).

Lido Locarno NATACIÓN

(www.lidolocarno.ch; Via Respini 11; adultos/niños 13/7 CHF, incl. toboganes de agua 18/11 CHF; ⏲8.30-21.00) 🍃 El resplandeciente *lido* de Locarno

Locarno

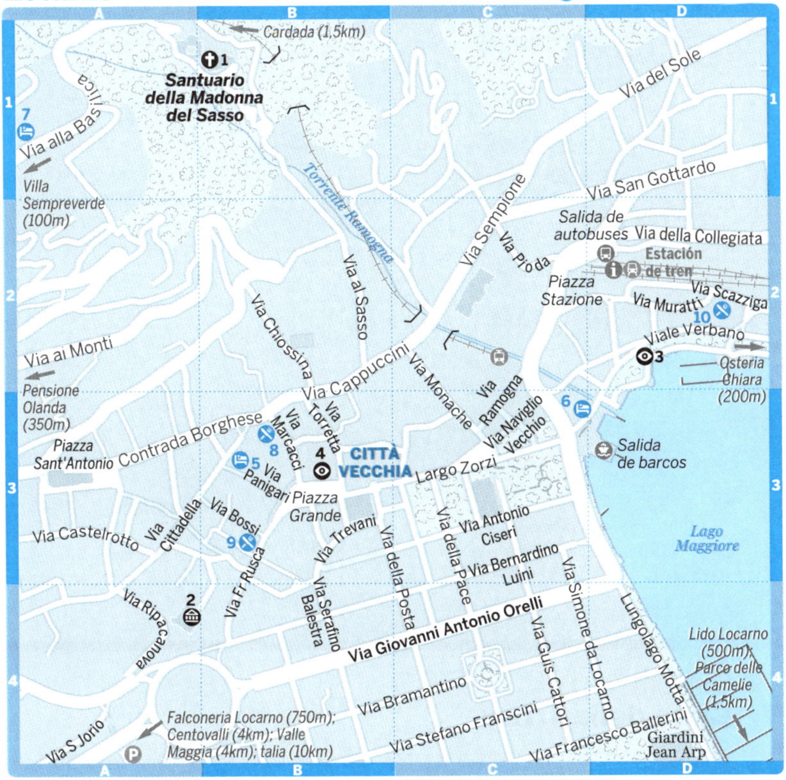

Locarno

Principales puntos de interés
1 Santuario della Madonna del Sasso ... B1

Puntos de interés
2 Castello Visconteo ... A4
3 Parco Muralto ... D2
4 Piazza Grande ... B3

Dónde dormir
5 Caffè dell'Arte ... B3
6 Hotel Garni Millenium ... C3
7 Villa Sempreverde ... A1

Dónde comer
8 L'Archetto ... B3
9 Locanda Locarnese ... B3
10 Osteria del Centenario ... D2

tiene varias piscinas, una de ellas olímpica, zonas acuáticas para niños y toboganes, además de unas vistas fabulosas del lago y la montaña. El complejo funciona con energía solar e hidroeléctrica.

Fiestas y celebraciones

Moon and Stars MÚSICA
(https://moonandstars.ch) A mediados de julio las estrellas brillan en este festival de música al aire libre. Sting, Jamiroquai y Amy Macdonald han actuado recientemente. Consultar la web para el cartel completo y las entradas.

Locarno Festival CINE
(www.pardo.ch) Se realiza desde 1948 durante 11 días de agosto. Por la noche, las películas se proyectan en la Piazza Grande (p. 194), en una pantalla gigante.

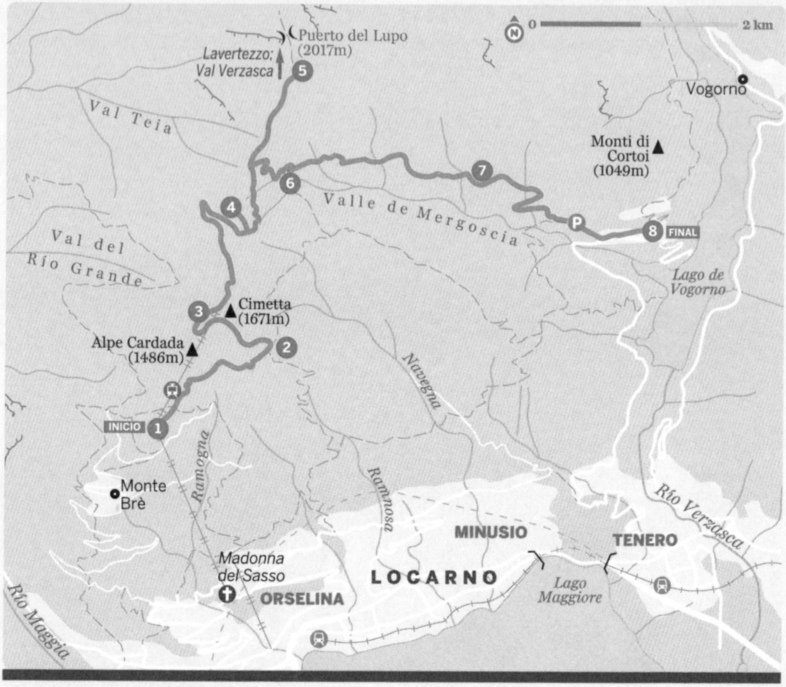

Circuito a pie
Cima della Trosa

INICIO CARDADA, LOCARNO
FIN MERGOSCIA
DISTANCIA 10 KM; DE 3¾ A 5 H

Esta ruta atraviesa las cumbres redondeadas, ofreciendo vistas del lago Maggiore y los picos alpinos, y pasa por pueblos centenarios solo accesibles a pie. El mapa más detallado es el de Orell Füssli, a escala 1:25 000, *Locarno/Ascona*.

Desde la estación superior del teleférico de 1 **Cardada** hay que dirigirse a la derecha y subir por las laderas durante 30-40 min hasta la cabaña de piedra de 2 **Capanna Lo Stallone,** en la hondonada de Alpe Cardada (1486 m). El sendero gira a la izquierda y luego a la derecha para entrar en el bosque y llegar a la 3 **Capanna Cimetta** (1671 m).

Debajo de la estación superior del telesilla, el camino de la izquierda desciende hasta un collado (1610 m) con un manantial. Luego hay que subir por las laderas suroccidentales de la 4 **Cima della Trosa.** Un sendero lateral de 35-45 min conduce a la gran cruz de la cumbre (1869 m).

El camino baja por la ladera nororiental de la Cima della Trosa hasta un collado menor (1657 m). Desde allí hay una excursión opcional por la cumbre del 5 **Madone** (2039 m), a menudo nevada, que dura de 1½ a 2 h. La ruta más directa sigue el risco.

Se baja en zigzag a 6 **Alpe di Bletri** (1499 m), donde se puede comer un queso de cabra casero elaborado en la lechería y seguir por un antiguo camino de mulas por la ladera norte del Valle di Mergoscia. La ruta desciende junto a casas derruidas y aldeas rústicas hasta llegar a 7 **Bresciadiga** (1128 m), de 1¼ a 1¾ h desde la Cima della Trosa.

En el cruce hay que ir por la derecha, pasar por pequeños santuarios y llegar a un aparcamiento. Se baja 600 m por la ladera hasta el cruce con la carretera principal y se sigue la carretera asfaltada de la izquierda que asciende por las empinadas laderas cubiertas de viñas hasta la plaza junto a la gran iglesia barroca de la bella 8 **Mergoscia,** en lo alto del Val Verzasca, después del tramo final de 1-1¼ h. Desde Mergoscia, el autobús nº 312 vuelve cada 2 h a Locarno (6,60 CHF, 36 min).

Dónde dormir

Durante el Festival de Locarno (agosto) los precios suben del 50 al 100% y las habitaciones se agotan muy rápido. En verano es esencial reservar con antelación. La oficina de turismo tiene listados actualizados de B&B y alquileres de vacaciones.

Pensione Olanda B&B €
(☎091 751 47 27; www.pensione-olanda.ch; Via ai Monti 139a; i 65 CHF, d 130-160 CHF; P 📶) Sita en unos bonitos jardines sobre Locarno, es bastante sencilla, pero las vistas al lago con las montañas detrás no tienen precio. Está a 15 min a pie del centro colina arriba; también se puede tomar el autobús nº 32 en la estación hasta la parada "Olanda".

★ **Villa Sempreverde** B&B €€
(☎079 322 78 65; www.sempreverde.ch; Via alla Basilica 1; d/tr/c 180/270/360 CHF; P 📶) Esta casa del s. XVIII transformada en B&B se asienta en un jardín florido en una colina sobre Locarno, con unas vistas del lago y las montañas que quitan el hipo. Las luminosas habitaciones tienen parqué y toques hogareños. El desayuno incluye las tartas y mermeladas caseras de Fiorenza.

Caffè dell'Arte HOTEL-BOUTIQUE €€
(☎091 751 93 33; www.caffedellarte.ch; Via Cittadella 9; d 230-370 CHF; 📶) Diseñado con suma finura, este hotel *boutique* sobre un café y una galería de arte se ha decorado con gusto, originalidad y un sinfín de detalles únicos. Algunas habitaciones cuentan con falsos frescos, otras con sofás de leopardo y todas con cafeteras Nespresso e iPads.

Hotel Garni Millenium B&B €€
(☎091 759 67 67; www.millennium-hotel.ch; Via Dogana Nuova 2; i 90-200 CHF, d 150-295 CHF; ❄ 📶) Ocupa una antigua casa de aduanas del s. XIX de color azul celeste y ofrece un servicio muy amable, unas vistas del lago increíbles y habitaciones decoradas con motivos de *jazz*.

Dónde comer y beber

L'Archetto PIZZERÍA €
(☎076 534 04 82; Via Marcacci 11; *pizza* 7,50-16 CHF; ⏲11.30-14.30 y 17.00-20.30 lu-sa) Incluso los lugareños hablan maravillas de la crujiente y sabrosa *pizza* para llevar de este diminuto local. *Delizioso!*

Osteria Chiara ITALIANA €€
(☎091 743 32 96; www.osteriachiara.ch; Vicolo dei Chiara 1; principales 34-45 CHF; ⏲10.00-14.30 y 18.30-23.00 mi-do) Oculta sobre un tramo de escaleras, tiene un ambiente acogedor de *grotto* (restaurante rústico típico de Tesino). Con mesas de granito bajo una pérgola y otras de madera junto al fuego, sirven pasta casera y abundantes platos de carne, como osobuco de ternera con arroz al azafrán. Desde el lago hay que seguir las señales colina arriba.

Locanda Locarnese ITALIANA €€
(☎091 756 87 56; www.locandalocarnese.ch; Via Bossi 1; principales 40-45 CHF; ⏲12.00-14.30 y 19.00-24.00 lu-sa) Este restaurante se caracteriza por una rusticidad elegante, con vigas, manteles blancos y chimenea, además de un puñado de mesas en la acera. Es una opción romántica e íntima para disfrutar de platos de temporada.

Osteria del Centenario FUSIÓN €€€
(☎091 743 82 22; Viale Verbano 17; principales 41-62 CHF, almuerzo 25-45 CHF, menú degustación cena 126 CHF; ⏲11.30-15.00 y 18.30-24.00 ma-sa) A orillas del lago, es uno de los mejores restaurantes del lugar, con creativos platos de fusión, como pichón con curri verde y lima, y *panna cotta* con judías *adzuki*, salsa de té *matcha* y vainilla. El servicio es muy atento y el ambiente discretamente elegante.

Información

Oficina de turismo (☎084 809 10 91; www.ascona-locarno.com; Piazza Stazione; ⏲9.00-18.00 lu-vi, 10.00-18.00 sa, 10.00-13.30 y 14.30-17.00 do) Con una práctica situación en la estación de tren de Locarno, esta oficina de turismo tiene abundante información sobre la ciudad y la región. Preguntar por los descuentos de las tarjetas Ticino Discovery Card y Lago Maggiore Guest Card.

Cómo llegar y salir

En coche, Locarno está junto a la carretera principal A13, que comunica con Ascona, 2 km al suroeste, y se dirige al este a Bellinzona, a 23 km de distancia.

Los autobuses postales que van a los valles de alrededor salen de la puerta de la estación de trenes y los barcos, de la orilla del lago. Hay aparcamiento barato en la calle en la Via della Morettina.

Hay trenes directos cada hora a/desde Lucerna (59 CHF, 2 h), así como un servicio cada hora a/desde Brig (56 CHF, 2¾ h) que atraviesa Italia (hay que llevar el pasaporte y cambiar de tren en Domodossola). La mayoría de los trenes a/desde Zúrich (64 CHF, 2¼ h) viajan vía Bellinzona. Existen dos conexiones en tren cada hora desde Lugano (15,20 CHF, 58 min).

MERECE LA PENA

VAL VERZASCA

El esmeralda río Verzasca esculpe un profundo cauce de 26 km a través de las boscosas montañas al noreste de Locarno. Pequeñas e idílicas aldeas salpican esta vasta naturaleza, aguardando pacientes la visita del viajero.

Después de la **presa de Verzasca,** de 220 m de altura, se verá a mano izquierda el pueblo más pequeño de Suiza, **Corippo** (13 hab.), un grupo de casas de granito con tejados de pizarra que parecen pegadas a la ladera boscosa. Se dice que en el pasado los habitantes ataban bolsas de tela a la cola de las gallinas para evitar que los huevos rodaran por la ladera.

Unos 5 km río arriba, **Lavertezzo** es conocido por su angosto puente romántico de doble arco y por las pozas naturales del gélido arroyo. Conviene tener cuidado, pues las tormentas corriente arriba pueden convertir el río en un torrente enfurecido. La ribereña **Osteria Vittoria** (☎091 746 15 81; www.osteriavittoria.ch; Lavertezzo; d 120-140 CHF) es un alojamiento familiar con restaurante y jardines. La mayoría de las habitaciones poseen balcones con vistas al Verzasca.

Otros 12 km más allá se halla **Sonogno,** una aldea antaño abandonada en la cabecera del valle, envuelta en bosques de hayas y castaños.

El **Sentiero Verzasca** (2 días; 34 km) incluye todos los puntos citados anteriormente; en http://wanderland.myswitzerland.com tienen mapas e información. Los expertos en búlder y escalada están en su elemento en este valle rocoso.

Para emociones fuertes se puede hacer *bungee jumping* desde lo alto de la presa Verzasca. Son 5 increíbles segundos de pura adrenalina y vértigo. El gran salto puede realizarse los fines de semana de Semana Santa a octubre por 255 CHF. Dos expertos locales en *puenting* son **Trekking Outdoor Team** (☎091 780 78 00; www.trekking.ch) y **Swissraft** (☎081 911 52 50; www.swissraft.ch). Ambas empresas también organizan otras actividades al aire libre, p. ej. barranquismo, escalada, *rafting*, piragüismo, parapente y *skydiving*.

El autobús nº 321 de Locarno a Sonogno pasa cada hora (11 CHF, 1¼ h).

Ascona

5439 HAB. / ALT. 196 M

Las palmeras y casas impecables de colores pastel flanquean el paseo junto a las aguas cristalinas del lago Maggiore con vistas a las verdes montañas al fondo. Sus restaurantes con estrellas Michelin, un campo de golf de 18 hoyos y las *boutiques*, galerías y anticuarios del casco antiguo atraen a una multitud pudiente con ganas de gastar.

Puntos de interés y actividades

Museo Comunale d'Arte Moderna MUSEO

(www.museoascona.ch; Via Borgo 34; adultos/niños 10 CHF/gratis; 10.00-12.00 y 14.00-17.00 ma-sa, 10.30-12.30 do mar-dic) En este museo, que ocupa el Palazzo Pancaldi (finales del s. XVI), se exponen cuadros de pintores vinculados con la ciudad, como Paul Klee, Ben Nicholson, Alexej von Jawlensky y Hans Arp. Pero su joya más preciada es la colección de Marianne von Werefkin, que comprende 90 cuadros y 170 cuadernos de bocetos de la pintora expresionista de vanguardia de origen ruso establecida en Suiza.

Isole di Brissago ISLA

(www.isolebrissago.ch; adultos/niños 8/2,50 CHF; 9.00-18.00 abr-fin oct) Abandonada en las brillantes aguas del lago Maggiore, esta islita es famosa por su jardín botánico del s. XIX. Las magnolias, orquídeas, yucas y agaves forman parte de las 1700 especies que florecen aquí.

Los **barcos** de Navigazione Lago Maggiore (16,80 CHF, 25 min) navegan con regularidad entre Ascona y Brissago.

Lido Ascona NATACIÓN

(https://lidoascona.ch; Via Lido 81; adultos/niños 6/3 CHF; lido 8.30-17.30 jun-med sep, bar hasta 1.00) Para darse un chapuzón en el lago, lo mejor es este *lido* con playa, plataforma para zambullirse, pista de voleibol y toboganes infantiles.

Dónde dormir y comer

Albergo Antica Posta PENSIÓN €€

(☎091 791 04 26; www.anticaposta.ch; Contrada Maggiore 4; i 130-280 CHF, d 200-300 CHF; P) En pleno centro urbano, esta atractiva casa reformada del s. XVII tiene nueve habitaciones luminosas con suelo de parqué. El restaurante sirve cocina de mercado con ingredientes fresquísimos y se abre a un patio emparrado.

Castello Seeschloss HOTEL HISTÓRICO €€€
(☎091 791 01 61; www.castello-seeschloss.ch; Via Circonvallazione 26; i 205-350 CHF, d 230-610 CHF; P❄📶🏊) Castillo del s. XIII convertido en hotel romántico a orillas del lago, en la esquina sureste del casco antiguo de Ascona. Dispone de jardines floridos y una piscina climatizada al aire libre. Sus habitaciones más extraordinarias ocupan la torre cubierta de hiedra.

★**Ecco** FUSIÓN €€€
(☎091 785 88 88; www.giardino.ch; Via del Segnale 10; menú degustación 180-230 CHF; ⏲19.00-24.00 mi-do y 12.00-14.00 do med abr-fin oct) Este elegantísimo establecimiento posee dos estrellas Michelin y cenar aquí es todo un acontecimiento. Su chef, Rolf Fliegauf, obra maravillas al seleccionar los ingredientes de temporada para crear platos que son obras de arte comestibles y muy aromáticas.

Información

Oficina de turismo (☎0848 091 091; www.ascona-locarno.com; Via B Papio 5; ⏲9.00-18.00 lu-vi, 10.00-18.00 sa, 10.00-14.00 do)

Cómo llegar y salir

Ascona se halla en la carretera principal A13 que bordea la orilla septentrional del lago Maggiore, comunica con Locarno, 2 km al noreste, y prosigue hasta Bellinzona, 25 km al este.

El autobús nº 1 sale de la estación de trenes (Piazza Staggione) y de la Piazza Grande de Locarno y para en la oficina de correos de Ascona, con salidas cada 15 min (2,10 CHF, 18 min). Los barcos que navegan por el lago Maggiore paran en Ascona.

VALLES OCCIDENTALES

Rodeados de montañas y satinados de bosques de castaños y pinos aromáticos, los valles que se extienden al norte y oeste de Locarno y los altos Alpes son los más deslumbrantes de Suiza. Las casas de piedra con tejado de pizarra, los acogedores *grotti* (locales rústicos típicos de Tesino) y los esbeltos campanarios no guardan proporción alguna con el espectáculo de la naturaleza salvaje, los ríos que brotan de la montaña, las tonalidades infinitas de verde, los escarpados picos, los embalses como espejos y las cascadas que se precipitan entre la bruma. En estos valles se puede pasear, canalizar la adrenalina con todo tipo de actividades al aire libre o simplemente relajarse y gozar de vistas insuperables.

Valle Maggia

ALT. 421 M

Pueblos de piedra granítica se aferran precarios a las laderas montañosas y picos de 3000 m se yerguen sobre las cascadas en el amplio y soleado Valle Maggia, al noroeste de Locarno. El río Maggia, de turquesa cristalino, serpentea por el valle y se bifurca al llegar a Cevio, la primera de varias divisiones en valles menores. Este es un destino poco turístico a destacar para senderismo, ciclismo, natación en aguas salvajes, ciclismo de montaña y escalada de roca.

Puntos de interés y actividades

Numerosos senderos recorren el valle, con abundante terreno para ciclismo de montaña y de descenso e imponentes riscos que atraen a escaladores avezados a Ponte Brolla, Val Bavona y Bosco Gurin. Véase www.vallemaggia.ch para mapas, rutas e información sobre alojamientos.

Cevio PUEBLO
Lo más destacado de Cevio es su vibrante **Pretorio** (magistratura), del s. XVI, cubierto de escudos de armas de familias de la zona, casi todos del s. XVII. A 1 km de distancia, el centro del casco antiguo cuenta con mansiones del s. XVI.

Val Bavona VALLE
Una carretera discurre paralela a un arroyo de montaña por el Val Bavona, de estrechas praderas entre paredes rocosas. La preciosa aldea de piedra gris de **Foroglio** está dominada por el tenue chorro de su cascada de 100 m.

El último pueblo del valle es San Carlo, donde un teleférico asciende a la **presa de Robiei** (www.robiei.ch; Funivia San Carlo-Robiei; teleférico ida/ida y vuelta 19/24 CHF; ⏲8.00-17.00 med jun-ppios oct) y su embalse turquesa, con fabulosas excursiones.

Bosco Gurin PUEBLO
Una carretera de curvas cerradas interminables sube hasta esta pequeña estación de esquí (con 30 km de pistas) y su pueblo de pastizales de alta montaña y casas encaladas con tejado de pizarra. Es el único pueblo de Tesino donde la lengua mayoritaria es el alemán, debido a la inmigración llegada de Valais. Este patrimonio se expone en la casa de piedra y madera **Walserhaus** (www.walserhaus.ch; adultos/niños 5/1 CHF; ⏲10.00-11.30 y 13.30-17.00 ma-sa, 13.30-17.00 do med abr-oct).

Val di Campo VALLE

Una serpenteante carretera cruza el bosque y llega a este alto valle, amplio y soleado. La más bonita de sus poblaciones es **Campo,** con sus casas diseminadas y su campanario románico. El valle queda cerrado por **Cimalmotto,** que ofrece buenas vistas de las montañas.

Via Alta PASEO

Este agotador paseo de 52 km en 6 días es una de las mejores caminatas de la región. Empieza en Locarno y acaba en Fusio (o al revés) y atraviesa los Valles de Maggia y Val Verzasca. La ruta pasa por coloridos lagos, refugios de montaña y altas cumbres alpinas.

Sentiero Cristallina PASEO

Este de 41 km de Bignasco, en Valle Maggia, hasta Airolo, en Val Bedretto, se recorre en 2 días y es de una gran belleza, con aldeas de piedra, lagos y praderas alpinas, bosques y páramos.

Avegno NATACIÓN

Para darse un chapuzón en el gélido río Mag-gia, las playas y pozas naturales de Avegno son el lugar idóneo.

Dónde dormir y comer

Casa Moni B&B €

(091 754 12 86, 079 688 79 91; Via Cantonale, Bosco Gurin; i/d 85/120 CHF; P) En este apacible B&B de Bosco Gurin, arrullado por un riachuelo cercano, dispensan una cariñosa acogida. Las alegres habitaciones tienen vistas al río o a las montañas y los senderos y rutas de esquí arrancan en la misma puerta.

Camping Gordevio CAMPING €

(091 753 14 44; www.tcs.ch; Gordevio; plazas por adulto/niño/tienda 16/8/32 CHF; abr-oct; P) Cerca del río Maggia, está bien cuidado, dispone de parcelas con sombra, zona de barbacoa y piscina climatizada por energía solar. Ideal para hacer excursiones, piragüismo o escalada.

Grotto Ca' Rossa SUIZA €€

(091 753 28 32; www.grottocarossa.ch; Via Cantonale 34, Gordevio-Ronchini; principales 25-40 CHF; 10.00-14.30 y 17.30-24.00 ma-do) Entre el jardín repleto de flores en verano y el fuego de leña en invierno, este *grotto* es un rincón con carácter para especialidades de Tesino.

Información

Oficina de turismo (091 753 18 85; www.vallemaggia.ch; Maggia; 9.00-12.00 y 14.00-18.00 lu-vi, 9.00-12.00 sa) La oficina de turismo del valle se halla en Maggia.

Cómo llegar y salir

La Via Cantonale se dirige al norte de Locarno hacia el Valle Maggia. Cevio está a 25 km en coche al norte de Locarno. Para acceder en transporte público, el autobús nº 315 circula de forma regular de Locarno a Cevio y Bignasco (11 CHF, 51 min), desde donde se pueden hacer transbordos menos regulares a los valles laterales. El autobús nº 33 va 3-4 veces diarias de Bignasco a San Carlo (6,60 CHF, 35 min) entre abril y octubre.

Centovalli

ALT. 708 M

El Centovalli (cien valles) es la ruta que se dirige al oeste, desde Locarno/Ascona hasta Domodossola (Italia). Desde Ponte Brolla la carretera traza curvas cerradas siguiendo la orilla norte del río Melezzo.

Distintas aldeas escarpadas de piedra gris constituyen una base para excursiones por la montaña. De **Rasa,** un pueblo encantador que evoca épocas pasadas, parte una ruta de 5 km que llega hasta **Intragna,** en la que destacan el campanario de la barroca Chiesa di San Gottardo (65 m) y el viaducto de Isorno (80 m).

Dónde dormir y comer

Desde Verdasio se llega en teleférico o dando un agradable paseo (8 km) al B&B **Alla Capanna** (091 798 18 04; www.montecomino.ch; Monte di Comino, Intragna; h por persona con/sin media pensión 75/50 CHF; abr-oct;), en Intragna, un establecimiento sostenible que ofrece dormitorios y habitaciones dobles básicas de madera de pino, vistas sublimes y cocina regional. Más cerca del río está **T3e Terre** (091 743 22 22; www.3terre.ch; Via Vecchia Stazione 2, Ponte Brolla; d 185-215 CHF, tr 240-270 CHF; P), un pequeño hotel de Ponte Brolla con persianas verdes y famoso en la zona por su cocina casera de inspiración mediterránea.

Cómo llegar y salir

Para ver el valle a cámara lenta hay que subir al tren panorámico de **Ferrocarril Centovalli** (www.centovalli.ch; ida adultos/niños 45/22,50 CHF). En el trayecto de Locarno a Domodossola (1¾ h, 11 diarios) el tren atraviesa 83 puentes y 34 túneles, ofreciendo sobrecogedoras vistas.

Suiza Central

718 400 HAB.

Incluye »

Los mejores restaurantes

- Wirtshaus Galliker (p. 208)
- Das Insel-Restaurant Schwanau (p. 217)
- Grottino 1313 (p. 208)
- Gasthaus Rathauskeller (p. 222)
- Gasthaus Ochsen (p. 215)

Los mejores alojamientos

- Ski Lodge Engelberg (p. 219)
- The Bed & Breakfast (p. 206)
- River House Boutique Hotel (p. 224)
- Hotel Schmid & Alfa (p. 215)

Por qué ir

Es el lugar donde se firmó el pacto que dio el pistoletazo de salida para esta nación en 1291 y donde el héroe Guillermo Tell lanzó el grito de guerra contra el dominio de los Habsburgo. Tanto desde el punto de vista geográfico como político y espiritual, este es el corazón de Suiza. En ninguna parte ondea más alto la bandera.

Los lugareños están orgullosos del lago Lucerna: enigmático entre la bruma fría de la mañana, dorado en la penumbra del anochecer.

Lucerna es una ciudad lo bastante pequeña para conservar el encanto de otra época y lo suficientemente grande para albergar hoteles de diseño y una galería de arte de talla mundial. Desde aquí se puede ir a estaciones como Weggis y Brunnen o subir andando a los montes Pilatus y Rigi. Al noreste de Lucerna, Zug tiene una *kirschtorte* (tarta de cerezas) tan rica como sus residentes y su herencia medieval. Si hay nieve se podrá disfrutar de los paisajes de montaña de Andermatt o de un fuera de pista perfecto en Engelberg.

Cuándo ir

- Cualquier época es buena para visitar Lucerna, aunque en verano y durante el Lucerne Festival se llena hasta los topes.
- A finales de primavera, verano y principios de otoño es maravilloso caminar en sitios como Andermatt y Engelberg, y navegar por el lago de Lucerna.
- El invierno es ideal para el esquí y el *snowboard* en una infinidad de estaciones de esquí de la región. Destacan Engelberg, Klewenalp y Andermatt.
- Zug y el lago Uri son ideales en verano y es una delicia nadar en los lagos.

Imprescindible

1 **Lucerna** (p. 203) Disfrutar del armonioso ambiente de la ciudad más bonita de Suiza.

2 **Monte Titlis** (p. 221) Atravesar el Cliff Walk intentando no mirar abajo.

3 **Lago de Lucerna** (p. 209) Navegar y admirar los juegos de luces y sombras, la niebla y la magia.

4 **Kapellbrücke** (p. 203) Cruzar el río Reuss por el legendario puente cubierto de Lucerna.

5 **Swiss Knife Valley Museum** (p. 214) Mejorar la destreza con la navaja en Brunnen.

6 **Einsiedeln** (p. 217) Visitar Klosterkirche junto a las multitudes de peregrinos.

7 **Monte Rigi** (p. 212) Disfrutar de una excursión de un día en ferri, cremallera, teleférico y ferri de regreso desde Lucerna.

8 **Weggis** (p. 212) Relajarse en este refinado resort a orillas del lago de Lucerna.

9 **Stanserhorn** (p. 211) Tomar el sol en la cubierta descapotada del teleférico CabriO.

10 **Vía suiza** (p. 214) Sentir el espíritu de Guillermo Tell paseando por el lago de Uri, en Brunnen, parecido a un fiordo.

ℹ Cómo llegar y desplazarse

El aeropuerto de Zúrich es el más cercano y las comunicaciones por carretera y tren son excelentes en todas las direcciones.

Si no se dispone de un Swiss Travel Pass (vale para viajar por el lago) se puede comprar el abono regional **Tell-Pass** (www.tell-pass.ch; adultos para 2/3/4/5/10 días 180/210/230/240/300 CHF, niños hasta 10 días 30 CHF), válido de abril a octubre. Se vende en la oficina de turismo de Lucerna y en todos los embarcaderos y permite viajar de forma ilimitada por la región en trenes, barcos, autobuses, teleféricos y ferrocarriles de montaña de 2 a 10 días.

Lucerna

80 500 HAB. / ALT. 435 M

Receta para una ciudad suiza preciosa: se toma un lago azul cobalto cercado por montañas de ensueño, se añade una *altstadt* (ciudad vieja) medieval bien conservada y la fama de componer una música preciosa y se adereza con puentes cubiertos, plazas soleadas, casas color pastel y paseos lacustres. Lucerna es sensacional y no es de extrañar su popularidad desde que personajes de la talla de Goethe, la reina Victoria de Inglaterra y Wagner saborearon sus vistas en el s. XIX. Según una leyenda, un ángel señaló con una luz a los primeros habitantes dónde se debía construir una capilla en Lucerna y aún conserva toda su gracia.

El primer minuto es nostálgico, el siguiente es sorprendente. Aunque las tiendas sigan llenas de lo que Mark Twain describió como "baratijas tipo *souvenir*", Lucerna no vive solo del pasado, las actuaciones musicales de primera línea mantienen el ambiente a todo ritmo. Además, por las bromas de Carnaval en Fasnacht, los veranos agradables, los otoños dorados... esta "ciudad de las luces" brilla en todas las estaciones.

Puntos de interés

★Kapellbrücke — PUENTE

(Puente de la Capilla) Nadie ha estado de verdad en Lucerna hasta que no ha paseado por el Kapellbrücke del s. XIV, que cruza el río Reuss en el casco antiguo. El depósito de agua octogonal es el original, pero su tejado inclinado fue reconstruido tras el incendio de 1993. Al cruzar el puente, préstese atención a los paneles triangulares del tejado de Heinrich Wägmann, del s. XVII, que reproducen sucesos importantes de la historia y la mitología suizas. Esta construcción emblemática resulta más fotogénica con la suave luz dorada del anochecer.

> **ENTRADA AL MUSEO**
>
> La tarjeta de 2 días **Lucerne Museum Card** (www.luzern.com/en/museo-card; tarjeta de 2 días 36 CHF) supone un ahorro si se visitan varios museos.

> INDISPENSABLE
>
> **PARQUE INSELI**
>
> A tiro de piedra de la estación de tren, Inseli es un parque a orillas del lago adonde la gente va cuando hace sol para tumbarse en la hierba, jugar al pimpón o beber en los bares de verano **Volière** (☎041 410 00 70; www.facebook.com/voliere.3fach; ⊙11.30-24.00 may-med sep) y **Buvette** (www.facebook.com/buvetteiminseli; ⊙12.00-24.00 abr-med sep). Desde la estación hay que dirigirse hacia el este y, pasado el KKL, girar 100 m hacia el sur por la orilla.

★Monumento al León — MONUMENTO

(Löwendenkmal; Denkmalstrasse) El más conmovedor de los monumentos decimonónicos que atrajeron a los británicos a Lucerna es de lejos el monumento al León. Lukas Ahorn esculpió en la roca esta estatua de 10 m de largo de un león moribundo en 1820 como homenaje a los soldados suizos que murieron defendiendo al rey Luis XVI durante la Revolución francesa. Mark Twain dijo de él que era "el trozo de roca más triste y conmovedor del mundo". A los fans de *Narnia* les recordará a Aslan sobre la mesa de piedra.

★Museggmauer — FORTALEZA

(muralla de la ciudad; ⊙8.00-19.00 abr-oct) GRATIS Para una panorámica de los tejados de Lucerna, con resplandecientes lagos y montañas al fondo, lo mejor es pasear sobre la muralla de la ciudad vieja, que se remonta a 1386. Hay una pasarela abierta entre la **Schirmerturm** (torre), por donde se entra, y la **Wachturm**, donde se da media vuelta. También se puede subir y bajar la **Zytturm** o la **Männliturm** GRATIS (esta última, más al oeste, no está conectada a las pasarelas de la muralla).

Verkehrshaus — MUSEO

(Museo Suizo del Transporte; ☎0900 333 456; www.verkehrshaus.ch; Lidostrasse 5; adultos/niños 30/15 CHF; ⊙10.00-18.00 abr-oct, hasta 17.00 nov-mar; 👪) A los niños les encanta este museo, merecidamente el más popular de Suiza. Además de cohetes, locomotoras de vapor, aviones, coches antiguos y piraguas hay actividades interactivas, como patinetes, simuladores de vuelo, estudios de radio y un mapa de Suiza a escala 1:20 000 por el que se puede caminar.

Lucerna

El museo también alberga un **planetario** (adultos/niños 15/9 CHF; ⌚ el horario puede variar), el **cine 3D** más grande de Suiza (www.filmtheater.ch; adultos/niños 18/14 CHF) y la **Swiss Chocolate Adventure** (adultos/niños 15/9 CHF), un recorrido multimedia de 20 min sobre el origen, la historia, la producción y distribución del chocolate, desde Ghana hasta Suiza y más allá.

Kultur und Kongresszentrum CENTRO ARTÍSTICO

(KKL; ☎041 226 79 50; www.kkl-luzern.ch; Europaplatz; circuito guiado adultos/niños 15/9 CHF; ⌚taquilla 9.00-18.30 lu-vi, 10.00-16.00 sa) Este centro de cultura y congresos a orillas del río, obra del arquitecto francés Jean Nouvel, es una maravilla posmoderna en una ciudad donde predomina lo histórico. Dentro, la alta y estrecha sala de conciertos, parcialmente construida bajo la superficie del lago, está rodeada por una cámara reverberante y posee un techo suspendido ajustable, lo cual crea una burbuja de silencio que genera una acústica casi perfecta. Los elogios que ha recibido la sala han aumentado el caché del Festival de Lucerna (p. 206), con un peso cada vez mayor en el calendario musical mundial. Consultar los horarios en la web.

Spreuerbrücke PUENTE

(Puente de Spreuer; entre Kasernenplatz y Mühlenplatz) Río abajo desde el Kapellbrücke, esta estructura de 1408 es oscura y pequeña, pero enteramente original. Se dice que este fue el único puente desde el que se permitía a los habitantes de Lucerna arrojar *spreu* (residuos de cereales) y desperdicios al río en la Edad Media. Las pinturas de la cubierta, obra de Kaspar Meglinger, representan *La danza de la muerte*, sobre la peste que asoló la ciudad.

Bourbaki Panorama PUNTO DE INTERÉS

(☎041 412 30 30; www.bourbakipanorama.ch; Löwenplatz 11; adultos/niños 12/7 CHF; ⌚9.00-18.00 abr-oct,

Lucerna

10.00-17.00 nov-mar) Esta minuciosa y detallada pintura circular de 1100 m², obra de Edouard Castres, representa el internamiento de las tropas francesas en Suiza tras la guerra franco-prusiana (1870-1871). Se acompaña de una conmovedora narración, subtitulada en inglés.

Gletschergarten PUNTO DE INTERÉS

(Jardín del Glaciar; ☎041 410 43 40; www.gletschergarten.ch; Denkmalstrasse 4; adultos/niños 15/8 CHF; ⏲9.00-18.00 abr-oct, 10.00-17.00 nov-mar; 👪) Este jardín alberga un tramo de roca que muestra las cicatrices (incluidas unas cuevas enormes) causadas por el glaciar hace unos 20 millones de años. A los niños de todas las edades y a los amantes de lo *kitsch* les encantará perderse en el laberinto de espejos estilo *Las mil y una noches,* inspirado en el palacio de la Alhambra. Está junto al monumento al León (p. 203).

Kunstmuseum MUSEO

(Museo de Arte; ☎041 226 78 00; www.kunstmuseumluzern.ch; Level K, Europaplatz 1; adultos/niños 15/6 CHF; ⏲10.00-18.00 ma y ju-do, hasta 20.00 mi) Dentro del Kultur und Kongresszentrum. Su colección permanente recibe críticas desiguales, pero algunas exposiciones temporales son fantásticas.

Historisches Museum MUSEO

(Museo de Historia; ☎041 228 54 24; www.historischesmuseum.lu.ch; Pfistergasse 24; adultos/niños 10/5 CHF; ⏲10.00-17.00 ma-do) Está ingeniosamente organizado en una serie de secciones temáticas que logran atrapar la atención. Hay explicaciones en alemán e inglés con ayuda de una audioguía con lector de códigos de barras.

Natur-Museum MUSEO

(Museo de Ciencias Naturales; ☎041 228 54 11; www.naturmuseum.ch; Kasernenplatz 6; adultos/niños 8/3 CHF; ⏲10.00-17.00 ma-do) Un museo interactivo lleno de bichos disecados. Destacan el sendero forestal con árboles de verdad y la famosa *Luzerner Drachenstein* (piedra de dragón de Lucerna) que, según la leyenda, cayó de la boca de un dragón mientras este sobrevolaba el monte Pilatus. La ciencia moderna afirma que se trata de un meteorito caído en el s. XV.

Richard Wagner Museum MUSEO

(☎041 360 23 70; www.richard-wagner-museum.ch; Richard-Wagner-Weg 27; adultos/niños 10 CHF/gratis; ⏲10.00-12.00 y 14.00-17.00 ma-do med mar-nov) Ocupa la antigua residencia del compositor en Tribschen, en la orilla sur del lago, y alberga instrumentos musicales, con ejemplares únicos como un órgano de regalía (portátil). En la estación de tren tómese el autobús nº 6, 7 u 8 en dirección a Wartegg.

INDISPENSABLE

SAMMLUNG ROSENGART

La atracción cultural con más éxito de Lucerna es la **Sammlung Rosengart** (041 220 16 60; www.rosengart.ch; Pilatusstrasse 10; adultos/niños 18/10 CHF; 10.00-18.00). Ocupa un edificio neoclásico y comprende la notable colección de Angela Rosengart, una marchante suiza y amiga íntima de Picasso que, en un acto de generosidad, puso unas 200 obras de arte a disposición del público. Junto a los cuadros del genio español hay pinturas y bocetos de Cézanne, Klee, Kandinsky, Miró, Matisse y Monet, incluido el primer cuadro que compró Rosengart, el *Pequeño-X* (1938), del artista suizo Paul Klee.

Complementan esta colección unas 200 fotografías tomadas por David Douglas Duncan de los 17 últimos años de la vida de Picasso con su familia en su residencia francesa próxima a Cannes. Se trata de una serie especialmente reveladora, donde el artista aparece retratado como artesano, amante, amigo y padre.

Actividades

En la oficina de turismo (p. 209) ofrecen información sobre otros paseos, como el que va de la Schwanenplatz a Sonnmatt.

Strandbad Lido NATACIÓN
(041 370 38 06; www.lido-luzern.ch; Lidostrasse 6a; adultos/niños 7/4 CHF; 9.00-20.00 jun-ago, 10.00-19.00 may y sep) Playa a orillas del lago perfecta para darse un chapuzón o tomar el sol. Está cerca del Camping Lido y tiene columpios, pista de voleibol y piscina climatizada al aire libre. Como alternativa, se puede nadar gratis en la orilla opuesta, en Seepark, junto a Alpenquai.

SNG CIRCUITOS EN BARCO
(041 368 08 08; www.sng.ch; Alpenquai 11; pedalo/motora/pontones por hora desde 30/60/90 CHF) Alquilan barcas y ofrecen cruceros económicos de 60 min por el lago (adultos/niños 19/10 CHF).

Next Bike CICLISMO
(041 508 08 00; www.nextbike.ch; Lucerne Bahnhof; bicicletas por h/día 2/20 CHF) Alquiler de bicicletas en la estación de tren; hay que usar la app o llamar por teléfono, dar el nº de tarjeta de crédito y recibir un código numérico para abrir un candado con combinación. Existen varias rutas panorámicas a orillas del lago, p. ej. la que va a Winkel pasando por Kastanienbaum (16 km, nivel fácil).

SkyGlide PARAPENTE
(041 620 20 22; www.skyglide.ch; parapente desde 170 CHF) Empresa de parapente biplaza con buena reputación, para volar sobre el lago de Lucerna.

Fiestas y celebraciones

Festival de Lucerna MÚSICA
(041 226 44 00; www.lucernefestival.ch) Festival musical de categoría mundial, dividido en tres temporadas: Semana Santa, verano y "al Piano" (noviembre). Las actuaciones se celebran en el KKL (p. 204) y por la ciudad.

Donde dormir

Lucerna es una ciudad muy popular entre los turistas y ofrece infinidad de propuestas. Conviene reservar con antelación para el Fasnacht y el Lucerne Festival. Más información en www.luzern-hotels.ch.

★**The Bed & Breakfast** B&B €
(041 310 15 14; www.thebandb.ch; Taubenhausstrasse 34; d desde 140 CHF, i/d/tr/c sin baño desde 85/130/165/200 CHF; P) Los huéspedes se sienten como en casa en sus habitaciones refinadas y modernas, con ropa de cama blanquísimas y almohadones. Además, pueden relajarse en el jardín o darse un chapuzón en la anticuada bañera. La habitación del ático tiene baño privado y debe reservarse con antelación; las demás comparten los servicios. Se llega en el autobús nº 1 a Eichhof o a pie desde la estación de tren (15 min).

★**Schlössli Hotel & Restaurant** HOTEL €
(041 377 14 72; www.schloesslimeggen.ch; Luzernerstrasse 4, Meggen; i/d 80/100 CHF; P) Este hotel en Meggen, 6 km al este de Lucerna, es ideal para presupuestos ajustados. Las habitaciones son sencillas pero impecables, hay aparcamiento y wifi gratuitos y está a solo 10 min de la estación de tren de Lucerna en el autobús nº 24 (4,10 CHF). Su restaurante, **Schlössli,** sirve *pizzas,* ensaladas y especialidades suizas.

Camping Lido CAMPING €
(☎041 370 21 46; www.camping-international.ch; Lidostrasse 19; plazas por adulto/niño/10/5 CHF, tienda 10-15 CHF, dc 25 CHF; P 📶) Sito en la orilla norte del lago, al este de la ciudad, tiene cabañas de 4 a 8 camas (hay que traerse el saco de dormir), parque infantil, lavandería, bicicletas de alquiler y sala de juegos con wifi. Se llega en los autobuses nº 6, 8 o 24, que van a Verkehrshaus.

Hotel Alpha HOTEL €
(☎041 240 42 80; www.hotelalpha.ch; Zähring-erstrasse 24; d 158 CHF, i/tw/tr sin baño 84/126/171 CHF; 📶) Atractivo para los ojos y el bolsillo, está en un barrio residencial tranquilo, a 10 min a pie del casco antiguo. Las habitaciones son sencillas y luminosas; las más baratas comparten baño.

Backpackers Lucerne ALBERGUE €
(☎041 360 04 20; www.backpackerslucerne.ch; Alpenquai 42; dc/tr 33/111 CHF, tw 78-84 CHF; ⏱recepción 7.30-10.00 y 16.00-23.00; 📶) A 15 min a pie al sureste de la estación de tren, frente al lago, es un lugar entrañable, con cuadros en las paredes, empleados joviales y dormitorios impolutos con balcón. No sirven desayunos, pero los huéspedes tienen acceso a una cocina bien equipada. Alquilan patines y bicicletas de montaña.

Hotel Waldstätterhof HOTEL €€
(☎041 227 12 71; www.hotel-waldstaetterhof.ch; Zentralstrasse 4; i/d/tr desde 110/140/210 CHF; P 📶) Sito frente a la estación de tren, tiene un exterior gótico de imitación y ofrece habitaciones elegantes y modernas con parqué y techos altos y un servicio excelente.

Hotel des Balances HOTEL €€
(☎041 418 28 28; www.balances.ch; Weinmarkt 4; i/d/ste desde 150/220/305 CHF; P 📶) Tras la fachada decorada con frescos, este hotel bien ubicado ostenta una decoración luminosa y amplia, con habitaciones blancas, espejos dorados y parqués taraceados. Los balcones de las suites dan al río. Las individuales y dobles que dan al río son más caras. El desayuno cuesta 32 CHF por persona.

Hotel des Alpes HOTEL €€
(☎041 417 20 60; www.desalpes-luzern.ch; Furrengasse 3; i/d desde 115/175 CHF; 📶) El mayor atractivo es su situación a orillas del río, justo frente al Kapellbrücke. Las habitaciones disponen de comodidades actuales, aunque son algo ruidosas. Las que dan al río son más caras pero más tranquilas.

Art Deco Hotel Montana HOTEL DE DISEÑO €€
(☎041 419 00 00; www.hotel-montana.ch; Adligenswilerstrasse 22; i/d desde 190/260 CHF; 📶) Domina el lago desde las alturas y ¡tiene funicular propio! Las habitaciones denotan su atención por los detalles, desde los suelos de parqué hasta las lámparas de época. Muchas tienen unas vistas gloriosas, al igual que la terraza y la entrada.

Wilden Mann Hotel HOTEL-BOUTIQUE €€
(☎041 210 16 66; www.wilden-mann.ch; Bahnhofstrasse 30; i/d/ste incl. desayuno desde 165/270/360 CHF; 📶) Habitaciones clásicas y elegantes, con tocadores antiguos. Es un edificio espectacular del s. XVI sito cerca del río. La terraza de la 1ª planta es ideal para comer al aire libre.

Hotel Hofgarten HOTEL €€
(☎041 410 88 88; www.hofgarten.ch; Stadthofstrasse 14; i/d/tr desde 165/240/295 CHF; P 📶) En un edificio de 1670, dispone de impresionantes habitaciones y zona de comedor en un bonito patio. Cocinan a base de productos locales.

Château Gütsch HOTEL €€€
(☎041 289 14 14; www.chateau-guetsch.ch; Kanonenstrasse; d/ste desde 330/450 CHF; P 📶) El marco es incomparable en este palacio cimero de propiedad rusa que parece salido de un cuento. Muchas habitaciones y suites, así como el bar y la terraza del desayuno, disfrutan de vistas sobre el lago.

The Hotel HOTEL €€€
(☎041 226 86 86; www.the-hotel.ch; Sempacherstrasse 14; h/ste desde 255/555 CHF; ❄ 📶) Muy moderno, lleva la impronta del arquitecto Jean Nouvel y es todo chic y líneas puras; en las suites hay fotogramas de películas clásicas en el techo. El hotel presume de uno de los restaurantes más de moda de la ciudad y el parque de enfrente es ideal para holgazanear.

Palace Luzern HOTEL €€€
(☎041 416 16 16; www.palace-luzern.ch; Haldenstrasse 10; h desde 450 CHF; 📶) Este hotel de lujo de la *belle époque* a orillas del lago enamora a muchos. El interior es todo mármol reluciente, lámparas de arañas, habitaciones amplias y grandeza de principios del s. XX. Un acierto seguro.

Dónde comer

Jazzkantine CAFÉ €
(☎041 410 73 73; www.jazzkantine.com; Grabenstrasse 8; pasta desde 16 CHF, sándwiches desde 7 CHF; ⏱9.00-0.30 lu-sa) Este café bohemio, con

una larga barra, robustas mesas de madera y una pizarra de menús en la parte posterior del casco antiguo, sirve especialidades italianas y buen café. Abajo se celebran conciertos y talleres de *jazz*.

Takrai TAILANDESA€

(☎041 412 04 04; www.takrai.ch; Haldenstrasse 9; principales desde 14,50 CHF; ⌚11.00-14.00 y 17.00-22.00 lu-vi, 11.00-22.00 sa) Pequeño tailandés que sirve raciones generosas de curri con énfasis en ingredientes locales y ecológicos. Si no se consigue mesa, muchos se llevan la comida a orillas del lago.

KKL World Café INTERNACIONAL €

(☎041 226 71 00; www.kkl-luzern.ch/en/cuisine; Europaplatz 1; principales desde 17 CHF; ⌚9.00-20.00) Ensaladas y sándwiches llenan los expositores de la cafetería-bistró del KKL; también hay platos de *wok* en el almuerzo y la cena.

★ **Wirtshaus Galliker** SUIZA €€

(☎041 240 10 02; Schützenstrasse 1; principales desde 21 CHF; ⌚11.30-14.00 y 18.00-20.30 ma-sa) Dirigida por la familia Galliker desde hace más de cuatro generaciones, esta taberna a la antigua usanza atrae a un alegre grupo de clientes habituales. Las camareras sirven platos típicos de Lucerna muy sustanciosos: *rösti, chögalipaschtetli* (empanada de ternera), etc.

Brasserie Bodu FRANCESA €€

(☎041 410 01 77; www.brasseriebodu.ch; Kornmarkt 5; principales desde 22 CHF; ⌚9.00-24.00 lu-sa, desde 11.00 do) Los bancos, los paneles de madera y las mesas muy juntas crean un ambiente cálido en este bistró de estilo francés clásico. Los comensales se apiñan en torno a botellas de burdeos y cuencos de bullabesa o suculento solomillo.

★ **Bam Bou by Thomas** MEDITERRÁNEA €€€

(☎041 226 86 86 10; www.bambou-luzern.ch; Sempacherstrasse 14; almuerzo principales desde 23 CHF; ⌚11.30-14.00 y 18.00-22.00 ma-sa) El restaurante Hotel's (p. 207), por debajo del nivel de la calle, ha experimentado una transformación y hoy está dirigido por los galardonados chefs Corinna y Ralf Thomas, especialistas en gastronomía francesa mediterránea.

★ **Grottino 1313** ITALIANA €€€

(☎041 610 13 13; www.grottino1313.ch; Industriestrasse 7; menú almuerzo desde 20 CHF, menú cena 64 CHF; ⌚11.30-14.00 lu-vi, 18.00-23.30 diarios) Es agradable para escapar de las multitudes de turistas. Este elegante local al sur de la estación de tren sirve menús 'sorpresa' con entrantes como sopa de castañas e higos, creativos platos de pasta, carnes cocinadas sobre el fuego y deliciosos postres.

Schiffrestaurant Wilhelm Tell SUIZA €€€

(☎041 410 23 30; https://schiffrestaurant.ch; Landungsbrücke 9; menú de 3 platos 54 CHF; ⌚11.00-24.00 ma-sa, hasta 23.00 do) El viejo vapor de palas *Wilhelm Tell* lleva operativo casi 110 años, aunque ya no suelta amarras. Hoy es un bonito bar y restaurante flotante. Se puede almorzar o cenar o relajarse en la cubierta para disfrutar del paisaje con un café, cóctel o cerveza.

Dónde beber y vida nocturna

Rathaus Bräuerei FÁBRICA DE CERVEZA

(☎041 410 61 11; www.rathausbrauerei.ch; Unter der Egg 2; ⌚11.30-24.00 lu-sa, hasta 23.00 do) Se puede tomar cerveza artesanal bajo la bóveda de esta taberna cercana al Kapellbrücke o sentarse en la terraza y ver el río fluir. Suele estar repleto de residentes, prueba de que es una buena apuesta.

MERECE LA PENA

ENTLEBUCH

Sita al suroeste de Lucerna, la **zona de Entlebuch** (www.biosphaere.ch) es un ecosistema mixto de montañas y tierras altas que ocupa más de 39 000 km² y que fue declarado Reserva de la Biosfera por la Unesco en el 2001. Lejos de ser una zona salvaje y solitaria, la reserva tiene unos 17 000 habitantes deseosos de conservar su tradicional estilo de vida ganadero. El paisaje de formaciones kársticas, extensos páramos, pastizales alpinos y arroyos de montaña, que se eleva desde 600 m hasta unos 2350 m sobre el nivel del mar, ofrece opciones de excursionismo maravillosas. Más información en la **oficina del parque** (☎041 485 88 50; Chlosterbüel 28; ⌚8.00-12.00 y 13.30-17.00 lu-vi), en Schüpfheim.

Déjà-vu BAR

(☎078 677 59 96; www.facebook.com/dejavu.lu; Sempacherstrasse 17; ⊙16.30-22.00) Este local modesto y concurrido ofrece precios razonables y una noche memorable. Si bien la carta es algo limitada, es ideal para una *pizza,* nachos y una cerveza a buen precio. Un lugar popular para divertirse con combinados decentes.

Luz Seebistro CAFÉ

(☎041 367 68 72; www.luzseebistro.ch; ⊙7.30-0.30) Sito a orillas del lago frente a la estación de tren, en un cobertizo para botes del s. XIX, es ideal para beber algo al atardecer o tomar un café a cualquier hora.

Ocio

Schüür MÚSICA EN DIRECTO

(www.schuur.ch; Tribschenstrasse 1; ⊙19.00-hasta tarde) Aquí la reina es la música en directo, desde *heavy metal* a cubana y músicas del mundo, o las noches temáticas de DJ con pop británico y clásicos de los años ochenta. Consultar la programación en la web.

Stadtkeller MÚSICA TRADICIONAL

(☎041 410 47 33; www.swissfolkloreshow.com; Sternenplatz 3; ⊙espectáculo almuerzo 12.15, cena 20.00) Trompas de los Alpes, cencerros, ondeo de banderas, canto *yodel*..., todos los clichés suizos se hallan en este local para turistas, que ofrece almuerzos y cenas con espectáculos folclóricos. Aunque peca de turístico, es divertido.

La Madeleine MÚSICA EN DIRECTO

(www.lamadeleine.ch; Baselstrasse 15; ⊙20.00-hasta tarde mi-sa) Un sitio agradable para conciertos, con dos escenarios y un bar acogedor. Cada mes publican la programación en la web.

De compras

Lucerna está repleta de tiendas donde curiosear. En la Haldenstrasse hay tiendas de arte y anticuarios; en la Löwenstrasse, ropa *vintage* y souvenires. Todos los martes y sábados por la mañana montan puestos de frutas y verduras junto a los muelles del río. También hay un mercadillo en la Burgerstrasse los sábados entre mayo y octubre.

Información

Oficina de turismo (☎041 227 17 17; www.luzern.com; Zentralstrasse 5; ⊙8.30-19.00 lu-vi, 9.00-19.00 sa, 9.00-17.00 do may-oct, horario reducido nov-abr) En la Zentralstrasse o en el andén nº 3 de la Hauptbahnhof (estación). Reservas para las excursiones de un día por el lago de Lucerna.

Cómo llegar y salir

Hay trenes frecuentes de Lucerna a Interlaken Ost (33 CHF, 1¾ h), Berna (40 CHF, 1-1½ h), Lugano (61 CHF, 2 h) y Zúrich (26 CHF, 45 min-1 h).

La autopista A2, que une Basilea y Lugano, pasa por Lucerna, mientras que la A14/A4 comunica por carretera con Zúrich.

Cómo desplazarse

Es muy agradable caminar por el casco antiguo, peatonal en gran parte. Para ir a puntos más lejanos salen autobuses urbanos (www.vbl.ch) desde fuera de la Hauptbahnhof, en Bahnhofplatz. El abono de un día para la zona 10, que comprende el centro urbano y alrededores, cuesta 8,20 CHF; los billetes 4,10 CHF. Los titulares del Swiss Travel Pass viajan gratis. Hay un aparcamiento subterráneo en la estación de tren.

Los **ferris** (www.lakelucerne.ch) transportan pasajeros a varios puntos del lago y realizan excursiones desde el embarcadero frente a la estación.

Lago de Lucerna

Para apreciar las vistas hay que subir al monte Pilatus, al monte Rigi o al Stanserhorn. Cuando el cielo está despejado, desde los miradores se divisa una alfombra arrugada de colinas verdes salpicada por las aguas azul cobalto del Vierwaldstättersee (lago Lucerna), con los picos helados detrás.

Aparte de estos miradores de montaña, el lago ofrece pueblos ocultos a los que se puede llegar en barco. El extremo oriental del lago Lucerna –llamado lago de Uri o Urnersee– alberga el prado Rütli, donde, según la leyenda, nació el país.

Las orillas norte y este del lago son de fácil acceso y, si se dispone de vehículo propio, se puede ir de Lucerna a Weggis, Brunnen y Flüelen más o menos cerca de la orilla.

Cómo desplazarse

Los barcos de **SGV** (www.lakelucerne.ch), incluidos algunos vapores de ruedas, cruzan el lago Lucerna a diario durante todo el año. Los trayectos más largos salen proporcionalmente más baratos que los cortos y los pasajeros pueden bajarse las veces que deseen.

Algunos destinos posibles desde Lucerna son Alpnachstad (ida/ida y vuelta 27/45 CHF, 1¾ h), Weggis (19,60/38 CHF, 50 min), Vitznau (27/45 CHF, 1¼ h), Brunnen (39/63 CHF, 1¾ h) y Flüelen (46/72 CHF, 3¼ h).

Lago de Lucerna

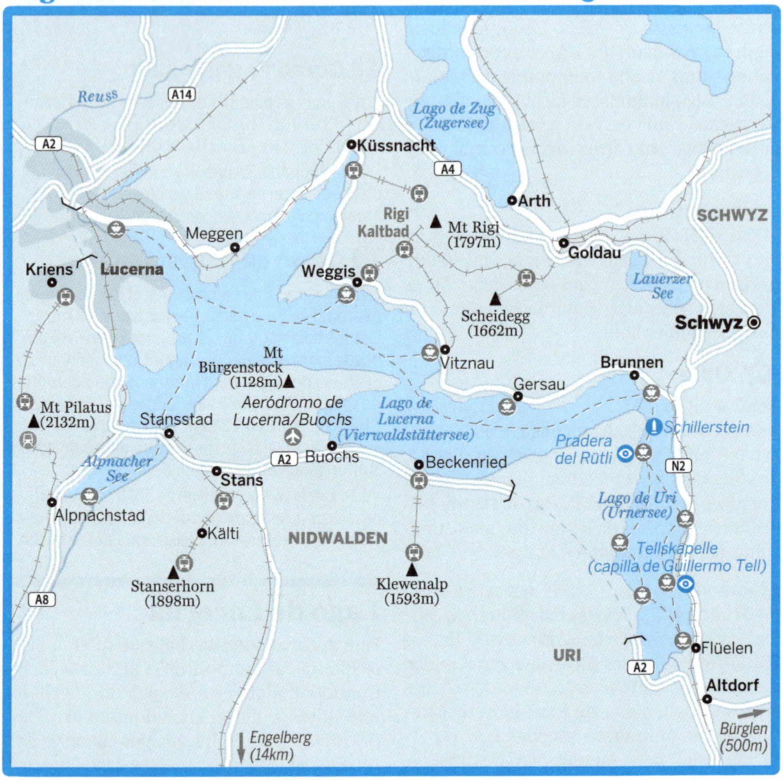

El billete de un día de SGV cuesta 72/36 CHF adultos/niños. El Swiss Travel Pass es válido para los trayectos regulares de los barcos, mientras que el de InterRail da derecho a un descuento del 50% en los billetes. Estos abonos también dan derecho a precios reducidos en trenes de montaña y teleféricos.

Casi todo el perímetro del lago está rodeado de carreteras junto a la orilla, excepto en el tramo Flüelen-Stansstad. Allí, la A2 casi traza una línea recta, a veces bajo tierra y generalmente lejos del agua.

Monte Pilatus

Erguido al suroeste de Lucerna y accesible en el tren cremallera más empinado del mundo, el monte Pilatus (www.pilatus.ch; 9 km al suroeste de Lucerna) es una excursión espectacular. Se hizo famoso en el s. XIX, cuando Wagner elogió sus vistas de los Alpes y la reina Victoria de Inglaterra cabalgó por el lugar. Dice la leyenda que este pico de 2132 m debe su nombre a Poncio Pilato, cuyo cadáver fue arrojado al lago desde la cima y cuyo espíritu agitado vaga por sus alturas desde entonces. Es más probable que su nombre proceda de la palabra latina *pileatus*, que significa "cubierto de nubes", algo frecuente en esta montaña.

Actividades

El monte Pilatus es fantástico para pasear. Opciones: una subida empinada de 2,8 km, con tramos de cuerdas (jun-sep) de Fräkmüntegg a la cima; un paseo fácil de 3,5 km por bosques y páramos de Krienseregg a Fräkmüntegg; y la caminata de 1,5 km de Pilatus-Kulm a Tomlishorn, con unas vistas que llegan hasta la Selva Negra los días despejados.

Pilatus Seilpark DEPORTES DE AVENTURA
(Rope Park; www.pilatus-seilpark.ch; adultos/niños 28/21 CHF; ⏲10.00-17.00 may-oct) Para vivir una

aventura sobre los árboles en verano hay que ir a Pilatus Seilpark. Ofrece 11 recorridos vertiginosos, desde cuerdas flojas hasta subidas a árboles, clasificados según su dificultad. Se llega en el teleférico que baja del monte Pilatus o en el que sube desde Krienz a Fräkmüntegg.

En invierno se puede **ir en trineo** 6 km por la nieve y el bosque de Fräkmüntegg a Kriens. El abono de un día para el teleférico entre Kriens y Fräkmüntegg cuesta 35/17,50 CHF adultos/niños. Alquiler de trineos (desde 8 CHF) en la estación de Fräkmüntegg.

Dónde dormir

Pilatus-Kulm HOTEL €€€

(041 329 12 12; www.pilatus.ch/en/hotel-pilatus-kulm; Mt Pilatus; por persona desde 210 CHF;) Este edificio de 1890, renovado a fondo recientemente y con una situación espectacular, ofrece un alojamiento de lujo en la cumbre, cena de cuatro platos y bufé de desayuno. Descuentos en temporada baja (finales de noviembre a marzo).

Cómo llegar y salir

Entre mayo y octubre se puede llegar al monte Pilatus en una excursión clásica de un día. Se toma un barco de Lucerna a Alpnachstad (ida/ida y vuelta 27/45 CHF, 1¾ h), en la cara sur de la montaña, y luego se sube al monte Pilatus en el cremallera más empinado del mundo. Desde la cima hay teleféricos que bajan por la cara norte hasta Kriens (vía Fräkmüntegg y Krienseregg) y de allí el autobús nº 1 regresa a Lucerna. También se puede hacer el recorrido inverso (Kriens-Pilatus-Alpnachstad-Lucerna). La ida y vuelta cuesta 106 CHF (menos con los abonos Swiss, Eurail o InterRail válidos). Reservar en la oficina de turismo de Lucerna (p. 209).

El nuevo teleférico (inaugurado en el 2015) que une Fräkmüntegg y Pilatus en la cara norte de la montaña tiene mucho éxito. Denominado "Dragon Ride" (el viaje del dragón) debido a su diseño y a las grandes ventanas, realiza el trayecto en 3½ min.

Stanserhorn

Con 1898 m de altura, el **Stanserhorn** (www.stanserhorn.ch; 13 km al sur de Lucerna) se eleva sobre el lago de Lucerna y brinda vistas de 360º del lago, los montes Titlis y Pilatus y otras montañas cercanas. Subir a la cumbre constituye la mitad de la diversión. Hay que tomar un antiguo funicular de 1893 y después un vanguardista teleférico de dos pisos, con el superior descubierto. Al llegar a lo alto, los guardabosques de Stanserhorn comentan las novedades que pueden interesar al visitante, como la observación de marmotas, una georuta y un punto de energía terrestre.

TARJETA DE VISITANTE

Los viajeros que se alojen en Lucerna pueden pedir la tarjeta gratuita **Lake Lucerne Region Visitors Card** (Vierwaldstättersee Gästekarte; www.luzern.com/en/festivals-events/visitors-card). Sellada por el hotel, da derecho a descuentos en varios museos, instalaciones deportivas, teleféricos y cruceros por el lago en Lucerna y su región.

Puntos de interés

Stanserhornbahn Funicular FUNICULAR

(041 618 80 40; www.stanserhorn.ch; funicular y teleférico adultos/niños ida y vuelta 74/37 CHF; med abr-ppios nov) De 1893 a 1974 Stanserhorn era accesible por funicular desde Stans en tres tramos. En 1974 los dos tramos superiores fueron reemplazados por un teleférico (más tarde sustituido por el CabriO), dejando solo el tramo de Stans a Kälti atendido por este funicular histórico. La estación base original de 1893 (450 m), a 5 min a pie de la estación de tren de Stans, sigue en uso. Los billetes están integrados con los del teleférico CabriO hasta la cima.

CabriO TELEFÉRICO

(041 618 80 40; www.cabrio.ch; Stansstaderstrasse 19; funicular y teleférico adultos/niños ida y vuelta 74/37 CHF; med abr-ppios nov) Este teleférico de dos pisos permite disfrutar de las espectaculares vistas al aire libre durante un trayecto de 6½ min a 1100 m en vertical desde la base en Kälti (711 m). Los días ventosos hay que tener cuidado con el sombrero si se viaja en el piso superior: es el primer teleférico del mundo con un piso descubierto.

Dónde dormir

Hotel Engel HOTEL €€

(041 619 10 10; www.engelstans.ch; Dorfplatz 1; i/d desde 120/170 CHF; P) La histórica fachada de este hotel alberga habitaciones muy atractivas a solo 1-2 min de la estación de tren de Stans. También hay un restaurante muy bueno.

Cómo llegar y salir

Stans se sitúa en la línea del ferrocarril Lucerna-Engelberg (ida desde Lucerna 8,60 CHF,

EL MONTE RIGI GRATIS

Con el abono Swiss Travel Pass, la excursión de un día al monte Rigi es más que recomendable si se visita Lucerna. Incluye todo: el viaje en barco a Vitznau, el tren cremallera hasta la cima, el teleférico para bajar a Weggis y el barco de regreso a Lucerna.

20 min). La estación base del funicular está a 5 min a pie de la estación de trenes de Stans.

Stanserhorn también se puede visitar en una excursión de un día desde Lucerna. Consultar los detalles en la oficina de turismo de Lucerna (p. 209).

Monte Rigi

Turner no sabía qué color elegir para el Rigi (1797 m; www.rigi.ch; 13 km al este de Lucerna), así que en 1842 el genio pintó la montaña con tres luces distintas para reflejar sus cambios. Los días despejados hay unas vistas imponentes de una serie de picos que incluye a los gigantes Titlis y Jungfrau. Al norte y al oeste se ven Arth-Goldau y el Zugersee, que se curva alrededor hasta casi tocar Küssnacht y un brazo del lago de Lucerna. Los amaneceres y atardeceres desde la cumbre del Rigi son antológicos.

Actividades

Rigi es un imán para los excursionistas; la web recomienda rutas. Varios paseos fáciles (1-2 h) bajan de Rigi Kulm a Rigi Kaltbad, con vistas maravillosas. Las oficinas de turismo de Lucerna y Weggis informan sobre el Rigi Lehnenweg, una ruta de 17,5 km alrededor de la montaña.

El excursionismo de alta montaña es otra historia. El ascenso desde Weggis dura al menos 4½ h; como alternativa, se puede ir en **teleférico** (www.luftseilbahnseebodenalp.ch; ida/ida y vuelta 13/22 CHF) de Küssnacht a Seebodenalp, donde un camino más o menos empinado sube a la cumbre en poco más de 2 h. Al caminar por Rigi hay que tratar de avistar a los Chlyni Lüüt, pequeñas "gentes salvajes" con poderes sobrenaturales que, según la mitología, habitaban en la montaña.

Mineralbad & Spa Rigi Kaltbad SPA
(☎041 397 04 06; www.mineralbad-rigikaltbad.ch; adultos/niños 37/17 CHF; ⏲9.00-19.00) Tras una agotadora caminata, este *spa* recién inaugurado, diseñado por el arquitecto suizo Mario Botta, permite relajar la musculatura. La entrada básica incluye uso ilimitado de los baños minerales durante las horas de luz; otras opciones más lujosas son los baños vespertinos iluminados con velas y paquetes de masaje más un *prosecco*.

Dónde dormir

Rigi Kulm Hotel HOTEL €€
(☎041 880 18 88; www.rigikulm.ch; Mt Rigi; por persona desde 115 CHF; 📶) El principal atractivo de la zona es el amanecer. Desde la época victoriana los turistas se alojan en este hotel y madrugan para admirar el momento en que el sol naciente ilumina el cielo. El hotel actual, una moderna recreación del original, es el único establecimiento importante de la cumbre y posee restaurante y quiosco de refrigerios.

Cómo llegar y salir

Dos ferrocarriles rivales llevan pasajeros hasta la cumbre (ida/ida y vuelta 42/68 CHF). Uno sale de Arth-Goldau (45 min) y el otro de Vitznau (30 min). La ruta de Vitznau ofrece la opción de desviarse en Rigi Kaltbad en el viaje de vuelta y tomar el teleférico que baja a Weggis. Los pases de Eurail e InterRail dan derecho a un descuento del 50%; con el Swiss Travel Pass sale gratis.

Weggis

4200 HAB. / ALT. 440 M

Resguardado de los vientos norteños por el monte Rigi, Weggis (9 km al este de Lucerna), disfruta de un clima templado que permite que crezcan palmeras e higueras a orillas del lago. Cuesta creer que en este pueblo junto al lago naciera el revolucionario movimiento artístico Moderner Bund, precursor del dadaísmo.

Con numerosos hoteles y complejos junto al lago, es un lugar excelente para alojarse, aunque la mayoría visita la localidad durante la excursión de un día al monte Rigi desde Lucerna.

Dónde dormir y comer

SeeHotel Gotthard HOTEL €€
(☎041 390 21 14; www.gotthard-weggis.ch; Gotthardstrasse 11; i/d desde 100/160 CHF; ⏲cerrado med oct-med dic; P📶) Habitaciones cuidadas y modernas junto al lago. Las mejores tienen vistas al lago y balcones; hay otras con precios atractivos para los viajeros con poco presupuesto. Hay bicicletas gratuitas y acceso a la piscina y centro de belleza del Hotel Beau-Rivage, al otro lado de la calle.

MERECE LA PENA

KLEWENALP

En las laderas al sur del lago de Lucerna se halla Klewenalp (www.klewenalp.ch; 15 km al sur de Lucerna), una estación de esquí infravalorada, con 40 km de pistas rojas y azules que en verano se convierten en rutas de senderismo, escalada y ciclismo de montaña. También hay una **ruta de flora alpina** con más de 80 especies diferentes.

Para llegar allí hay que dirigirse primero a Beckenried, junto al lago, accesible en barco desde Lucerna (30 CHF, 1¼ h), en autobús desde Stans (6,70 CHF, 25 min) o por carretera desde Lucerna (22 km). Tras desembarcar en la parada de autobús y embarcadero de Beckenried, hay que caminar unos 200 m hasta el teleférico que sube la montaña hasta Klewenalp (ida/ida y vuelta 25/39 CHF, 10 min). En lo alto, un mapa de senderos detalla las opciones. Klewenalp también se puede visitar en una excursión de un día desde Lucerna. Consultar detalles en la oficina de turismo de Lucerna (p. 209).

Post Hotel Weggis HOTEL €€
(☎041 392 25 25; www.lh-group.ch; Seestrasse 8; i/d desde 160/220 CHF; P❄📶) Su ubicación frente al embarcadero de Weggis es imbatible. Otros incentivos incluyen magníficas habitaciones, *spa*, una bodega de vinos con 45 000 botellas y varias opciones para comer. En Weggis el visitante se encuentra en el meollo de la acción, pero puede disfrutar de una apacible estancia.

Park Weggis HOTEL DE LUJO €€€
(☎041 392 05 05; www.phw.ch; Hertensteinstrasse 34; i/d desde 350/550 CHF; P📶) Este establecimiento de lujo a orillas del lago, al oeste del muelle de los ferris, posee jardines cuidados con esmero y un gran *spa* de inspiración zen. Elegancia sin pretensiones y un servicio discreto. Se puede disfrutar de las vistas al lago, la playa privada y el restaurante Park Grill, especializado en cerdo ibérico y en carne *gourmet* de las llanuras norteamericanas.

Grape NORTEAMERICANA €€
(☎041 392 07 07; www.thegrape.ch; Seestrasse 60; *pizza*/principales desde 19/26 CHF; ⏱10.00-14.00 y 18.00-24.00 lu, ma y ju, hasta 24.00 vi-do) California llega a Weggis gracias a este local de moda. La carta va desde *pizza* al horno de leña y hamburguesas modernas a filetes y postres ricos en azúcar, como *parfait* de Toblerone con cerezas y almendras.

ℹ Información

Oficina de turismo (☎041 227 18 00; www.wvrt.ch; Seestrasse 5; ⏱8.30-18.00 lu-vi, 9.00-16.00 sa y do) Junto al embarcadero de Weggis.

ℹ Cómo llegar y salir

Lucerna está a 40 min en barco (ida/ida y vuelta 19,60/38 CHF; 50 min) o a 19 km en coche de Weggis.

Un teleférico sube de Weggis a Rigi Kaltbad (ida/ida y vuelta 30/48 CHF, 10 min), a medio camino de la cima del monte Rigi.

Lago de Uri

El lago Uri (Urnersee) desgarra las montañas como si fuera un fiordo noruego. Este ramal del lago de Lucerna refleja el pasado medieval del país en sus aguas color turquesa. Una carretera y un ferrocarril descienden por la cara oriental desde Brunnen a Flüelen, mientras que en la cara occidental predominan los acantilados escarpados y solo es accesible a pie o en barco. Para tener perspectivas memorables del lago y de los hechos legendarios que sucedieron en él hay que tomar el ferri regular de SGV de Brunnen a Flüelen.

Altdorf, 3 km al sur de Flüelen, en la ribera meridional del lago, es el escenario del famoso disparo a la manzana de Guillermo Tell. Hay una estatua en su honor en la plaza mayor.

Puntos de interés

Pradera del Rütli SITIO HISTÓRICO
(Seelisberg) Enclavada en la ladera de la orilla occidental del lago de Uri, esta pradera es la legendaria cuna de la democracia suiza. Al parecer, aquí firmaron el Pacto de Alianza Eterna los cantones de Uri, Schwyz y Nidwalden (1291). También aquí el general Guisan reunió al ejército suizo durante la II Guerra Mundial para hacer alarde de sus fuerzas ante los potenciales invasores. Por estos motivos es el centro de los festejos del 1 de agosto, el Día Nacional.

Está 10 min al suroeste de Brunnen en ferri (parada de Rütli).

LA VÍA SUIZA

Creada para conmemorar el 700º aniversario del pacto de 1291, la **Vía Suiza** (Weg der Schweiz; www.weg-der-schweiz.ch) permite dar la vuelta al lago de Uri a pie, de Brunnen a Rütli. El sendero se divide en 26 tramos, que representan a los cantones, desde el trío fundador hasta el Jura (incorporado en 1979). Además, cada 5 mm de camino representa a un residente en Suiza, de forma que el populoso Zúrich se extiende 6,1 km y el rural Appenzell Innerrhoden tan solo 71 m.

Este paseo de 35 km (2 días) por montes y valles incluye algunos de los paisajes más bellos de la Suiza Central: prados salpicados de orquídeas y margaritas, panoramas alpinos, orillas lacustres y bosques cubiertos de helechos. Pasa por monumentos históricos como la Tellskapelle y el obelisco dedicado a Schiller. Se aconseja hacer toda la ruta, aunque también se puede dividir en tramos más cortos. Su web informa sobre mapas y distancias.

Tell Museum MUSEO
(www.tellmuseum.ch; Postplatz, Bürglen; adultos/niños 8/2 CHF; ⌚10.00-17.00 jul y ago, 10.00-11.30 y 13.30-17.00 may, jun, sep y oct) Se cree que Guillermo Tell nació en Bürglen. Aquí se puede visitar el Tell Museum, una colección de objetos, documentos y trabajos artísticos relacionados con este personaje. El museo está 6 km al sureste de Flüelen: tomar el autobús nº 408 en el embarcadero de Flüelen hasta la parada de Postplatz, en Bürglen.

Tellskapelle CAPILLA
(capilla de Guillermo Tell) En la orilla este del lago de Uri, esta capilla está cubierta de murales que representan cuatro episodios de la leyenda de Tell, como su huida del barco de Gessler, que habría sucedido en este lugar. Hay un carillón enorme detrás de la capilla. Tellskapelle está 8 km al sur de Brunnen por carretera.

Schillerstein PUNTO DE INTERÉS
Frente a Brunnen, en la orilla opuesta del lago, se divisa este obelisco natural de 30 m que sobresale del agua. En su inscripción dorada rinde homenaje a Friedrich Schiller, el autor de *Guillermo Tell,* fuente fundamental de la leyenda del mítico personaje. El monumento fue inaugurado con gran pompa en 1860.

ℹ Cómo llegar y desplazarse

La mejor forma de visitar el lago de Uri es en un circuito en barco a Flüelen desde Lucerna o Brunnen.

Por la autovía A2, Flüelen, en el extremo sur del lago de Uri, está 40 km al sureste de Lucerna.

Brunnen

8600 HAB. / ALT. 435 M

Enclavado en los pliegues de las montañas, allí donde los lagos de Lucerna y Uri se encuentran en ángulo recto, Brunnen goza de unas vistas hipnotizadoras tanto al sur como al oeste. El pintor inglés Turner venía aquí a menudo y estaba tan impresionado por la vista que con sus acuarelas pintó *La bahía de Uri desde Brunnen* (1841). Cuando el viento local, el *föhn,* sopla desde las cumbres montañosas crea las condiciones perfectas para navegación, parapente, *windsurf* y *kitesurf.* Cuando el viento cesa, hacen su aparición velas de brillantes colores. En verano hay conciertos de cuerno de los Alpes cada semana.

Puntos de interés y actividades

Swiss Knife Valley Museum MUSEO
(☎041 820 60 10; www.swissknifevalley.ch; Bahnhofstrasse 3; ⌚10.00-18.30 lu-vi, hasta 17.00 sa y do; 👪) GRATIS Este museo dedicado a las navajas suizas exhibe cuchillos prehistóricos, romanos y medievales, incluidos ejemplares plegables que son predecesores de la clásica navaja Victorinox. Varias películas en pantalla táctil relatan en cuatro idiomas la historia de las navajas en general y de las Victorinox en particular. Pero el plato fuerte es la sección “Construye tu propia navaja”: por 30 CHF ayudan a fabricar una Victorinox de recuerdo (mayores de 6 años; previa reserva).

Urmiberg TELEFÉRICO
(www.urmiberg.ch; Gersauerstrasse; ida/ida y vuelta 12/20 CHF; ⌚9.00-18.00 ma-do abr-oct) El trayecto a Urmiberg sobre las copas de los árboles permite ver las cumbres puntiagudas que

flanquean los lagos de Uri y Lucerna. Los niños pagan la mitad. La estación está cerca de la orilla del lago, aprox. 1 km al oeste de la ciudad.

Familienstrandbad Hopfräben NATACIÓN
(☎041 820 21 46; Gersauerstrasse 83; adultos/niños 5/2,50 CHF; ⏲10.00-19.00 may-sep) Es la mejor de las dos playas de Brunnen. Tiene una hamaca gigante, tumbonas, socorrista, piscina hinchable y pontones. Está 1,5 km al noreste del centro, pasado el río.

Touch and Go PARAPENTE
(☎041 820 54 31; www.paragliding.ch; Parkstrasse 4; vuelos desde 180 CHF) Este operador ofrece vuelos en parapente biplaza sobre el lago de Lucerna desde casi todas las montañas circundantes. También tiene escuela de parapente.

Dónde dormir

Hay opciones decentes, desde *campings* a hoteles; destaca el albergue juvenil entre Brunnen y Weggis.

Schlaf im Stroh ESTANCIA EN GRANJA €
(☎041 820 06 70; www.schlafimstroh-bucheli.ch; Schulstrasse 26a, Ingenbohl-Brunnen; adultos/niños 27/15 CHF, alquiler saco de dormir 3 CHF; ⏲may-oct; P) A los niños les encanta conocer a los animales y dormir sobre la paja en la granja de la familia Bucheli-Zimmermann. El precio incluye un desayuno sustancioso. Está a un paseo de 5 min de la estación de tren de Brunnen; hay que cruzar el puente, seguir las señales de Aula/Sporthalle hasta entrar en Schulstrasse y buscar un gran granero de color marrón.

Gersau Youth Hostel ALBERGUE €
(☎041 828 12 77; www.youthhostel.ch; Seestrasse 163, Gersau; dc/i/d 35/56/80 CHF; P wifi) En plena orilla entre Vitznau y Gersau, este albergue en un entorno idílico ofrece kayaks, una plataforma para nadar y un estupendo desayuno. Las habitaciones, en el entrañable antiguo edificio principal, tienen vistas del lago, techos bajos y paredes finas. Está a 15 min en autobús de Weggis o Brunnen (autobús nº 2; parada de Gersau-Rotschuo).

Camping Hopfreben CAMPING €
(☎041 820 18 73; http://camping-hopfraeben.ch; plazas por adulto/niño/tienda/automóvil 7,50/3,50/8/5 CHF; ⏲med abr-med sep; wifi) Este *camping* junto al lago al oeste de Brunnen abre de Pascua a septiembre en un paraje muy pintoresco, donde el río Muota se incorpora al lago.

★ **Hotel Schmid & Alfa** HOTEL €€
(☎041 825 18 18; www.schmidalfa.ch; Axenstrasse 5-7; i/d/apt desde 75/140/260 CHF; P wifi) Regentado por una familia y repartido en dos edificios a orillas del lago, ofrece habitaciones tentadoras con suelos estilo parqué y balcones de hierro forjado. También hay cuatro apartamentos amplios para familias, con salón y cocina opcional. Las habitaciones económicas tienen peores vistas. El restaurante con terraza es famoso por el pescado fresco del lago.

Dónde comer y beber

★ **Gasthaus Ochsen** EUROPEA €€
(☎041 820 11 59; www.hotelochsen.ch; Bahnhofstrasse 18; principales 19,50-41 CHF; ⏲8.00-23.00 lu-sa, hasta 22.00 do may-sep, horario reducido oct-abr) Fotos de clientes suizos célebres decoran las paredes del restaurante más antiguo de Brunnen, cuya especialidad es el *poulet im chörbli* (pollo en la cesta). Al otro lado hay un bar estupendo del mismo propietario y habitaciones decentes sobre el restaurante.

Weisses Rössli SUIZA €€
(☎041 825 13 00; www.weisses-roessli-brunnen.ch; Bahnhofstrasse 8; principales desde 22 CHF; ⏲11.00-14.00 y 18.00-21.30) El servicio amable, los platos suizos sustanciosos acompañados de verdura fresca y la terraza con vistas a la calle mayor de Brunnen con el lago al fondo lo convierten en un lugar agradable para almorzar y cenar. Weisses Rössli también es hotel.

Elvira's Trübli BAR DE VINOS
(☎041 820 10 11; Olympstrasse 6; ⏲16.00-24.00 ma-sa) La afable propietaria, Elvira, almacena un surtido impresionante de vinos en su popular bar, oculto en una calle lateral a poca distancia de la orilla.

Información

Oficina de turismo (☎041 825 00 40; www.brunnentourismus.ch; Bahnhofstrasse 15; ⏲8.30-18.00 lu-vi, 9.00-13.00 sa jun-sep, 8.30-12.00 y 13.30-17.30 lu-vi oct-may) Útil oficina, cerca de la zona ribereña, a 5 min a pie de la estación de tren.

Cómo llegar y salir

La forma más agradable de llegar a Brunnen es en barco desde Lucerna. El tren (17,60 CHF, 45-50 min) es más barato y rápido, aunque a veces hay que hacer transbordo en Arth-Goldau.

También se puede ir por carretera desde Lucerna, Zug y Flüelen. Si se dispone de vehículo, la carretera que rodea el lago desde Lucerna (39 km) es espectacular.

Schwyz

14 663 HAB. / ALT. 516 M

Las montañas de Mythen (1898 m y 1811 m), con forma de flecha, son el emblema de Schwyz y dominan la ciudad. Y no es lo único puntiagudo por lo que se conoce esta localidad, pues este discreto rincón es la cuna de ese objeto multiusos de bolsillo que tantas situaciones salva: la navaja del ejército suizo. No hay más que visitar la fábrica Victorinox y comprobarlo personalmente. Por si no fuera suficiente, también está depositado aquí el documento más importante de la historia suiza, la Carta de la Confederación de 1291.

Puntos de interés

Pregúntese en la oficina de turismo por el **Museumspass** (10 CHF), que da acceso a varios puntos de interés de la ciudad.

Bundesbriefmuseum MUSEO
(☎041 819 20 64; www.bundesbriefmuseum.ch; Bahnhofstrasse 20; adultos/niños 5 CHF/gratis; ⏲10.00-17.00 ma-do) Merece la pena visitarlo para ver el documento original del Pacto Federal de 1291, firmado por los cantones de Nidwalden, Schwyz y Uri. Se acompaña de algunos textos académicos en alemán y en francés que cuestionan su autenticidad, pues muchos historiadores dudan de la veracidad de los "mitos" de la fundación de Suiza. En el mostrador de entrada hay folletos en otros idiomas.

Forum der Schweizer Geschichte MUSEO
(Foro de la Historia Suiza; ☎058 466 80 11; www.forumschwyz.ch; Hofmatt, Zeughausstrasse 5; adultos/niños 10 CHF/gratis; ⏲10.00-17.00 ma-do) Este centro cultural del Museo Nacional Suizo ofrece espléndidas exposiciones en varios idiomas, centradas en la fundación de la Confederación Helvética y la evolución de la cultura y el comercio en Suiza a lo largo de los siglos.

Ital Reding-Hofstatt EDIFICIO HISTÓRICO
(☎041 811 45 05; www.irh.ch; Rickenbachstrasse 24; adultos/niños 5 CHF/gratis; ⏲14.00-17.00 ma-vi, 10.00-16.00 sa y do may-oct) Esta mansión con torreones, entre jardines barrocos, fue hogar de soldados mercenarios. Pasear por las salas y el sótano de la casa del s. XVII y la contigua **Haus Bethlehem,** del s. XIII, es como viajar al pasado.

Hauptplatz PLAZA
El centro neurálgico de Schwyz es la fuente de la Hauptplatz (plaza mayor), dominada por el **Rathaus** (Ayuntamiento), decorado con elaborados murales del s. XIX sobre la batalla de Morgarten, y la **iglesia de San Martín,** de estilo barroco.

Hölloch Caves CUEVAS
Estas cuevas laberínticas de 200 km, sitas en Muotatal, a 13 km de Schwyz, son las más largas de Europa y las cuartas más grandes del mundo. 52 km separan Zúrich de Lucerna y este sistema de cuevas es unas cuatro veces más largo. Se necesita un guía, calzado resistente y ropa de abrigo (la temperatura en el interior es 6°C) para explorarlas. **Trekking Team** (☎041 390 40 40; www.trekking.ch) organiza desde recorridos cortos hasta expediciones con vivac que incluyen una experiencia surrealista "única en Suiza": un festín de *fondue* en la oscuridad de la caverna.

Actividades

Adventure Point DEPORTES DE AVENTURA
(☎079 247 74 72; www.adventurepoint.ch) Ofrecen diversas actividades para descargar adrenalina, p. ej. barranquismo (desde 125 CHF), *tubing* en río (80-125 CHF), espeleología (95 CHF), caminatas con raquetas de nieve (desde 65 CHF) y paseos guiados en piragua y kayak (80-120 CHF). También alquilan embarcaciones desde 60 CHF/día para ir por cuenta propia.

Stoos EXCURSIONISMO
(www.stoos-muotatal.ch) Muchos paseos empiezan en Stoos, en una meseta sobre el Vierwaldstättersee (lago de Lucerna), con vistas magníficas del Muotatal hasta Rütli, Rigi y Pilatus. Desde Schwyz, el autobús nº 1 va a la parada de Stoosbahn (15 min), de donde sale el funicular que sube a Stoos (10 min).

Dónde dormir y comer

Hirschen Backpacker-Hotel & Pub ALBERGUE €
(☎041 811 12 76; www.hirschen-schwyz.ch; Hinterdorfstrasse 14; dc 35 CHF, i/d 70/120 CHF, sin baño 60/100 CHF; P 📶) Alegre y sencillo, con un ambiente simpático y copa de bienvenida. Hay cocina, *pub,* patio y un calendario social muy activo. Autobús nº 1 hasta Sonnenplätzli o 5 min andando en dirección este desde Hauptplatz.

Wysses Rössli HOTEL €€
(☎041 811 19 22; www.wrsz.ch; Am Hauptplatz; i/d desde 150/210 CHF; P @ 📶) Goethe se alojó en una ocasión en este centenario hotel en Haufplatz, en pleno centro, con habitaciones

renovadas con un estilo moderno genérico. En el restaurante sirven cocina suiza con un toque mediterráneo.

Café Laden CAFÉ €
(☎041 55 86 100; www.cafeladen.ch; Schulgasse 7; ⊙8.00-19.00 ma-vi, hasta 18.00 sa) Un café con personalidad para café, postres, vino, cerveza y opciones sin gluten, además de ropa y joyas de segunda mano. Hay una terraza.

★**Das Insel-Restaurant Schwanau** SUIZA €€
(☎041 811 17 57; www.schwanau.ch; principales desde 32 CHF, menú de 4 platos 98 CHF; ⊙11.00-24.00 mi-sa, hasta 18.00 do abr-oct) Deliciosa *nouvelle cuisine* suiza en un entorno evocador. Sito en lo alto de una isla del Lauerzerzee, está flanqueado por la capilla de un ermitaño del s. XVII y las ruinas de la torre de un castillo. Si se llama al timbre del muelle junto a la carretera enviarán un barco.

De compras

Victorinox DEPORTES Y ACTIVIDADES AL ARE LIBRE
(☎041 818 12 99; www.victorinox.ch; Schmiedgasse 57, Ibach; ⊙7.30-12.00 y 13.15-18.00 lu-vi, 8.00-15.00 sa) Las navajas suizas son prácticas y compactas. Se pueden comprar en su lugar de origen en la tienda de la fábrica de Victorinox, 650 m al suroeste de Hauptplatz. Karl Elsener fundó la empresa en 1884 y, tras un inicio incierto, alcanzó el éxito con la "Navaja del Oficial" en 1897.

Información

Oficina de turismo (☎041 810 19 91; www.info-schwyz.ch; Zeughausstrasse 10; ⊙8.00-18.00 lu-vi, 9.00-14.00 sa) Situada calle abajo desde el Forum der Schweizer Geschichte.

Cómo llegar y salir

Hay trenes regulares a Schwyz desde Zug (9,80 CHF, 30 min) y Lucerna (15,40 CHF, 40 min). Para llegar al centro desde la estación de tren (2 km al noroeste, en Seewen) hay que tomar cualquier autobús rotulado "Schwyz Post" y bajarse en Postplatz.

Schwyz está a 2 km de la autopista A4, que pasa por Brunnen. Salen autobuses frecuentes desde la parada central de Schwyz Post hasta la Bahnhof de Brunnen (autobús nº 2, 10 min, 2-4 cada hora).

Einsiedeln

14 600 HAB. / ALT. 900 M

Quienes no saben nada de Einsiedeln pueden llevarse una sorpresa. Es una ciudad pequeña, al final de la línea del tren, al fondo del valle..., pero ¿por qué va tanta gente? Los peregrinos acuden en masa a Einsiedeln, la versión suiza de Lourdes. Cuenta la historia que en el 964 d.C. el obispo de Constanza intentó consagrar el monasterio original, pero una voz celestial lo detuvo: "Desiste. Dios ya ha consagrado este edificio". Una orden posterior reconoció este hecho como un milagro genuino. Aunque no se crea en milagros, no hay que perderse el interior de la iglesia de la abadía.

Puntos de interés

★**Klosterkirche** IGLESIA
(iglesia de la Abadía; ☎055 418 61 11; www.kloster-einsiedeln.ch; Benzigerstrasse; ⊙6.00-20.30) Hay que seguir al gentío que se dirige hacia este edificio barroco del s. XVIII, obra de Caspar Moosbrugger. En su interior todo son frescos de colores, estucados y volutas de oro. Pero la mayoría de los peregrinos ignoran esta opulencia y dirigen sus plegarias a la **Virgen Negra,** una estatua diminuta en una capilla a la entrada.

Estatua de San Benedicto MIRADOR
Si se buscan buenas vistas del complejo abacial y las colinas cercanas se deben recorrer los establos del monasterio y seguir monte arriba 15 min hasta esta estatua.

Dónde dormir

Hotel Sonne Einsiedeln HOTEL €
(☎055 412 28 21; http://hotel-sonne.ch; Hauptstrasse 82; i/d desde 80/130 CHF; P 📶) En plena Klosterplatz y tan cerca de la iglesia como es posible, este hotel es un lugar concurrido, con restaurante y *pizzeria*. Las habitaciones son limpias y sencillas y la mayoría de los huéspedes no buscan grandes lujos. Para visitar iglesias no hay otro mejor.

Dónde beber y vida nocturna

Doc Holliday's Pub'n Dancing PUB
(☎055 412 14 41; www.doc-hollidays.ch; Hauptstrasse 7; ⊙horario puede variar) Tropezar con este local siguiendo a un grupo de peregrinos hacia la iglesia es una auténtica sorpresa. En el logo aparece la imagen de este pistolero del Oeste. Si uno se cansa de peregrinar, puede tomarse aquí una cerveza.

Información

Oficina de turismo (☎055 418 44 88; www.einsiedeln-tourismus.ch; Hauptstrasse 85;

⌚9.00-17.00 lu-vi, 9.00-16.00 sa, 10.00-13.00 do) Cerca de la iglesia, a 10 min a pie de la estación de tren.

Cómo llegar y salir

Einsiedeln está en un callejón sin salida respecto a la vía férrea y para llegar suele ser necesario hacer transbordo. Los trenes a Lucerna (24 CHF, 1¼ h) requieren hacer transbordo en Biberbrugg y/o Arth-Goldau, mientras que los trenes a Zúrich (22 CHF, 50 min) van por Wädenswil.

Engelberg

4000 HAB. / ALT. 1050 M

Engelberg (literalmente "montaña del ángel") atrae a dos tipos de peregrinos: los que buscan paz espiritual en su monasterio benedictino y los que adoran la nieve en polvo de sus pistas. Enmarcado por el glaciar del monte Titlis y los picos helados, sorprende que a pesar de su abundante nieve, sus fuera de pista impecables y la proximidad de Lucerna, Engelberg sea menos conocida que otras estaciones de su tamaño. Por suerte, dicen muchos.

Puntos de interés

Monasterio de Engelberg MONASTERIO
(Kloster Engelberg; ☎041 639 61 19; www.kloster-engelberg.ch; iglesia gratis, circuitos adultos/niños 8 CHF/gratis; ⌚visita 1 h 10.00 y 16.00 mi-sa) En el pasado, el valle de Engelberg estuvo bajo el gobierno eclesiástico y la abadía benedictina era la sede del poder. Hoy los monjes residentes en el monasterio se dedican a la enseñanza, pero su hogar del s. XII ha conservado todo su esplendor. Reconstruido tras el incendio devastador de 1729, alberga habitaciones decoradas con tallas de madera muy elaboradas y una iglesia del monasterio de estilo barroco.

Quesería del monasterio QUESERÍA
(Schaukäserei; ☎041 638 08 88; www.schaukaeserei-engelberg.ch; ⌚quesería 9.30-16.00, tienda y restaurante 9.00-17.00) GRATIS En el recinto del monasterio de Engelberg, en esta quesería de vanguardia se puede observar la elaboración del queso, saborear productos lácteos en el bistró y comprar quesos cremosos y otros recuerdos suizos.

Actividades

Excursionismo

Unos 360 km de senderos señalizados rodean Engelberg y aledaños. Si se buscan paseos suaves de paisajes fabulosos se debería ir a Brunni, al otro lado del valle. El **teleférico de Brunni** (www.brunni.ch; teleférico ida/ida y vuelta 18/30 CHF, incl. telesilla 26/42 CHF) sube a Ristis (1600 m), donde un telesilla lleva a un refugio renovado del Club Alpino Suizo, **Brunni Hütte** (www.berghuette.ch; dc adultos/niños 26/14 CHF, incl. desayuno y cena 65/41 CHF).

Dos excursiones más arduas son: la que atraviesa el Surenenpass (2291 m) para llegar a Attinghausen, donde se puede tomar un autobús a Altdorf y al extremo sur del lago de Uri, y el ascenso por el Jochpass (2210 m) hasta Meiringen, pasando por Engstlenalp. Antes de emprender estos senderos, más complicados, conviene hacerse con un mapa y consultar el parte de nieve.

Esquí y 'snowboard'

Los *snowboarders* estarán a sus anchas en Titlis, Engstlenalp y el *half-pipe* de Jochpass, mientras que los esquiadores principiantes y de nivel intermedio preferirán Brunni y Gerschnialp por sus azules facilísimas y rojas. Pero la verdadera emoción para los más fanáticos está en el esquí fuera de pista. Entre las legendarias se cuentan Laub, Steinberg y la mayor "rompepiernas" de todas, Galtiberg, que va desde Klein Titlis al valle, 2000 m más abajo. Un forfait de un día cuesta 62 CHF.

Hay una **escuela de esquí y 'snowboard'** (☎041 639 54 54; www.skischule-engelberg.ch; Klosterstrasse 3; ⌚8.00-17.30) en la oficina de turismo y sitios para alquilar material (desde 50 CHF/día) repartidos por la ciudad. Ski Lodge Engelberg es otra buena fuente de información, al igual que **Okay Ski Shop** (☎041 637 07 77; www.okay-shop.com; Hotel Bellevue, Bahnhofplatz), de Dani, donde los esquiadores expertos se reúnen e intercambian consejos.

Engelberg es también la sede de la **Copa del Mundo de Saltos de Esquí de la FIS** (www.weltcup-engelberg.ch).

Ciclismo

Bike 'n' Roll CICLISMO
(☎041 638 02 55; www.bikenroll.ch; Dorfstrasse 31; bicicleta de ciudad/*hardtail* (solo con suspensión delantera)/*full-suspension* (con suspensión delantera y trasera) 25/30/40 CHF por día; ⌚8.30-12.00 y 14.00-18.30 lu-sa) Para alquilar bicicletas de montaña o apuntarse a una aventura sobre dos ruedas. Alquilan material de escalada para acometer las cinco *vias ferratas* de Engelberg.

Engelberg

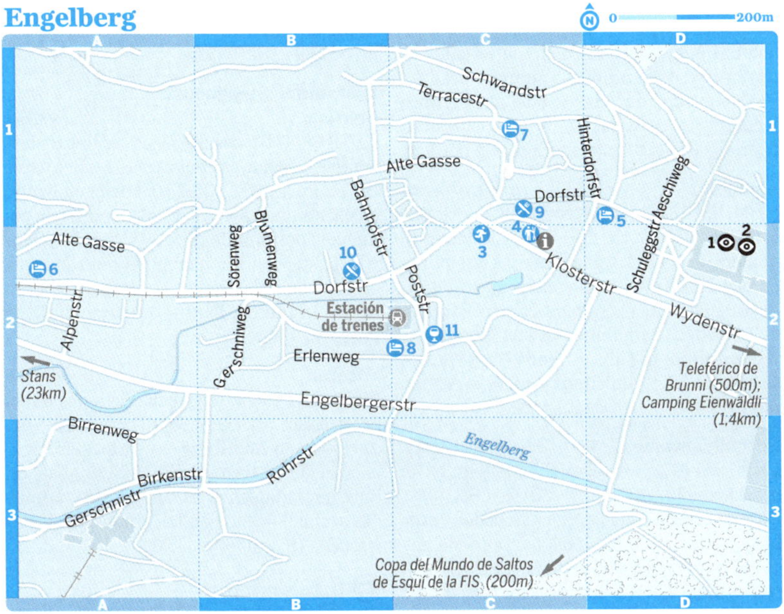

Engelberg

Puntos de interés
1 Monasterio de Engelberg D2
2 Quesería del monasterio D2

Actividades, cursos y circuitos
3 Bike 'n' Roll C2
Okay Ski Shop .... (véase 11)
4 Escuela de esquí y *snowboard* C2

Dónde dormir
5 Alpenclub D1
6 Engelberg Youth Hostel A2
7 Hotel Edelweiss C1
8 Ski Lodge Engelberg C2

Dónde comer
Alpenclub .... (véase 5)
Brasserie Konrad .... (véase 8)
9 Restaurant-Steakhouse Bierlialp C1
10 Spice Bazaar B2

Dónde beber y vida nocturna
Gadä Bar .... (véase 5)
11 Yucatan C2

Deportes de aventura

Outventure DEPORTES DE AVENTURA
(☎041 611 14 41; www.outventure.ch; Mühlebachstrasse 5, Stans; ⏲12.00-18.00 lu-vi, 10.00-18.00 sa y do) Este operador con base en Stans ofrece *bungee jumping*, parapente en tándem, circuitos de *via ferrata* con guía y otros.

Dónde dormir

Engelberg Youth Hostel ALBERGUE €
(☎041 637 12 92; www.youthhostel.ch; Dorfstrasse 80; dc/i/d 33/73/96 CHF; P 📶) Albergue estilo chalé. Limpio y moderno, dispone de 112 camas, amplios dormitorios colectivos, sala de billar/futbolín y un gran jardín.

Camping Eienwäldli CAMPING €
(☎041 637 19 49; www.eienwaeldli.ch; Wasserfallstrasse 108; plazas por adulto/niño/tienda/automóvil desde 9/4,50/7/2 CHF; P 📶) *Camping* de lujo dirigido por una familia, adjunto al bien considerado Sporthotel Eienwäldli, a cuyo restaurante y *spa* se puede acceder. Paran autobuses de esquí y lanzadera a menos de 1 min de la entrada. Con restaurante y café.

★ **Ski Lodge Engelberg** HOTEL €€
(☎041 637 35 00; www.skilodgeengelberg.com; Erlenweg 36; i/d/tr/c 150/270/360/450 CHF; P 📶) Dirigido por unos esquiadores profesionales suecos muy sociables, es encantador y céntri-

co. El *art nouveau* se fusiona con las comodidades del s. xxi en la habitaciones (incluidas algunas familiares). Entre las actividades de *après-ski* se cuentan una sauna, mirar los picos nevados desde el yacusi al aire libre y compartir consejos de esquí mientras se disfruta de la excelente nueva cocina nórdica.

Alpenclub HOTEL-BOUTIQUE €€
(☎041 637 12 43; www.alpenclub.ch; Dorfstrasse 5; i/d/ste 150/220/480 CHF; P 📶) Las vigas de madera, las paredes macizas y las alfombras de pieles de animal reflejan los 200 años de historia de esta joya romántica en el corazón de la ciudad. La habitación Steinberg tiene vistas del monte Titlis. El **Gadä Bar** (⏲16.00-hasta tarde ju-sa), de cuero y madera, es un punto de encuentro de Engelberg.

Hotel Edelweiss HOTEL €€
(☎041 639 78 78; www.edelweissengelberg.ch; Terracestrasse 10; i 160 CHF, d 280-320 CHF; P 📶) Data de principios del s. xx, es acogedor y está bien cuidado. Las habitaciones, aunque anticuadas, tienen techos altos y muchas ofrecen vistas al glaciar. Hay servicios para niños, p. ej. cuatro salas de juegos y diversión supervisada por la tarde. Precios 50% más baratos en temporada baja.

Dónde comer y beber

Spice Bazaar INDIA €
(☎041 639 70 70; www.central-engelberg.ch; Dorfstrasse 48; principales desde 18 CHF; ⏲11.30-23.00) Este restaurante indio obtiene críticas muy favorables tanto de residentes como de turistas y sirve platos como pollo *badami*, Tandoori Mix Grill y platos de fusión de Suiza e India como la Fondue "Spice of Life" (Salsa de la vida).

★**Brasserie Konrad** EUROPEA MODERNA €€
(☎041 637 35 00; www.skilodgeengelberg.com; Erlenweg 36; principales desde 29 CHF; ⏲17.30-23.00; 📶) En el restaurante del Ski Lodge Engelberg el chef Jonas Bolling prepara extraordinaria nueva cocina nórdica, muy bien presentada y perfecta para reponerse de un día duro en las pistas. El menú del esquiador, de 3 platos, es una ganga a 59 CHF. Quienes no sean huéspedes del hotel tendrán que reservar mesa.

Alpenclub SUIZA €€
(☎041 637 12 43; www.alpenclub.ch; Dorfstrasse 5; *pizza* desde 16 CHF, principales desde 28 CHF; ⏲17.30-22.00 lu-vi, desde 11.30 sa y do) Una taberna de techo bajo iluminada con velas que cruje bajo el peso de 200 años de historia en el recinto del hotel Alpenclub. Para darse un festín de *fondue, pizza,* clásicos italianos o la especialidad de la casa.

Restaurant-Steakhouse Bierlialp SUIZA €€
(☎041 637 17 17; www.restaurant-bierlialp.ch; Dorfstrasse 21; principales *pizza*/pasta/carne desde 15/22/35 CHF; ⏲18.00-23.00) Especializado en carnes, pasta y *pizza,* se recomienda comenzar por el bufé de ensaladas. La *pizza* y la pasta son buenas, pero para los carnívoros se recomienda el filete de ternera Angus irlandesa. Para terminar, el bufé de postres.

Yucatan BAR
(☎041 637 13 24; www.bellevue-terminus.ch; Bahnhofplatz; ⏲15.00-24.00) El peso pesado del *après-ski* en Engelberg es este local frente a la estación de tren. Megahamburguesas, fajitas, quesadillas, curris tailandeses y caipiriñas animan fiestas con DJ, grupos musicales y mucha diversión.

ℹ Información

Oficina de turismo (☎041 639 77 77; www.engelberg.ch; Klosterstrasse 3; ⏲8.00-17.30 lu-sa todo el año, además do dic-Semana Santa) A 5 min a pie de la estación de tren. Reservas hoteleras.

ℹ Cómo llegar y salir

Engelberg es la última estación del *Engelberg Express*, que circula cada hora a/desde Lucerna (9,20 CHF, 45 min). Para excursiones de un día se recomienda el monte Titlis, que se puede reservar en la oficina de turismo de **Lucerna** (p. 209).

De la autovía A2, cerca de Stans, parte una carretera que va a Engelberg, a 35 km de Lucerna.

De finales de abril a octubre sale un autobús lanzadera gratuito de la estación de tren de Engelberg aprox. cada media hora de 8.00 a 17.00, con destino a los principales hoteles y puntos de interés del pueblo. En invierno hay autobuses gratis a las pistas de esquí por varias rutas.

Zug

27 600 HAB. / ALT. 426 M

A primera vista, Zug parece una ciudad suiza normal: a orillas de un lago y rodeada de montañas. Sin embargo, es el cantón más rico de uno de los países más ricos del mundo. El poder adquisitivo de los residentes supera en 1,5 la media suiza. Tiene fama de ofrecer un entorno fiscal favorable a las empresas. Al

EL MONTE TITLIS

El **Titlis** (www.titlis.ch) es la montaña más alta de Suiza Central, tiene el único glaciar de la región y se llega a ella en el primer **teleférico** giratorio del mundo (www.titlis.ch/en/entradas/cable-automóvil-ride; adultos/niños ida y vuelta 89/44,50 CHF; ⌚8.30-17.00), construido en 1992. Pero este es solo el último tramo de un agotador viaje en 3 etapas. Primero se sube al Trübsee (1800 m) vía Gerschnialp (1300 m; no debe bajarse en Gerschnialp si se quiere continuar hasta la cumbre). Luego, otro telecabina sube desde el Trübsee hasta Stand (2450 m), donde se embarca en el Rotair giratorio, que realiza el viaje final sobre el **glaciar de Titlis.** Las profundas grietas del hielo dan paso a picos que se elevan como aletas de tiburón y atrás quedan pastos, acantilados y cascadas.

Un aire glaciar recibirá al pasajero en la estación de Titlis (3020 m). En su interior hay un parque temático sobre la alta montaña, con una **cueva de hielo** maravillosamente *kitsch,* donde los túneles de hielo brillan con las luces de neón. También hay un restaurante caro y un nostálgico **estudio de fotografía** en la 4ª planta, especializado en fotos de estrellas de Bollywood vestidas con trajes folclóricos alemanes.

Lo mejor llega al salir a la **terraza,** con un panorama de picos glaciares que abarca el Eiger, el Mönch y el Jungfrau del Oberland bernés. Hay vistas aún más emocionantes desde el contiguo **Cliff Walk** (www.titlis.ch/en/glacier/cliff-walk; ⌚9.15-16.45) GRATIS, una pasarela de 100 m de largo y 1 m de ancho sostenida por cables, considerado el puente colgante más alto de Europa cuando se inauguró en el 2012. Otros excursionistas más ambiciosos pueden acometer el ascenso de 45 min a la cumbre del Titlis (3239 m; conviene llevar calzado robusto).

Se puede disfrutar de los deportes de invierno incluso en verano yendo en el **telesilla Ice Flyer** (ida y vuelta adultos/niños 12/6 CHF; ⌚9.30-16.30) hasta el **Glacier Park** (www.titlis.ch/en/glacier/glacier-park; ⌚9.30-16.30) GRATIS, donde hay tubos de nieve y trineos gratuitos. El parque de *freestyle* cercano tiene un *half-pipe* y buenas pistas para *snow* en verano.

El viaje de ida y vuelta al Titlis (aprox. 45 min cada trayecto) cuesta 92 CHF desde Engelberg. Sin embargo, con buen tiempo se pueden cubrir a pie algunos tramos. Entre Stand y el Trübsee, el Geologischer Wanderweg abre de julio a septiembre; se tarda 2 h en subir y 1½ en bajar; 1½ h en subir del Trübsee al Jochpass (2207 m) y lo mismo para bajar a Engelberg.

Algunos destinos de excursionismo a los que se puede llegar desde Engelberg son Gerschnialp (ida/ida y vuelta 9/13 CHF), Trübsee (23/32 CHF), Jochpass (33/46 CHF) y Stand (38/53 CHF). Todas las tarifas (también al Titlis) tienen descuento del 50% con los pases de Swiss Travel, Eurail e InterRail.

La última subida del teleférico es a las 15.40 y la última bajada a las 16.50; cierra por mantenimiento durante dos semanas a principios de noviembre.

bajar del tren ya se aprecia la diferencia. Una mirada a las tiendas y los coches basta para comprender que la ciudad es próspera. Zug también es célebre por su legendaria *kirschtorte* (tarta de cerezas) y las calles medievales empedradas del casco antiguo.

Puntos de interés

Zytturm TORRE

(Kolinplatz) El casco antiguo de Zug es una cápsula del tiempo de la época medieval. Comienza en el emblemático Zytturm, cuyo tejado está decorado con azulejos blancos y azules, los colores cantonales.

Kunsthaus Zug MUSEO

(☎041 725 33 44; www.kunsthauszug.ch; Dorfstrasse 27; adultos/niños 8 CHF/gratis; ⌚12.00-18.00 ma-vi, 10.00-17.00 sa y do) El museo local de arte tiene una colección soberbia de obras modernistas vienesas de Klimt, Kokoschka y Schiele. Regularmente hay exposiciones temporales de primera línea.

Museum Burg Zug MUSEO

(☎041 728 29 70; www.burgzug.ch; Kirchenstrasse 11; adultos/niños 10 CHF/gratis; ⌚14.00-17.00 ma-sa, desde 10.00 do) El museo de la ciudad, alojado en un castillo del s. XI, exhibe pinturas, trajes y una maqueta en 3D de Zug, además de exposiciones temáticas especiales. Es una introducción excelente a la historia de Zug.

Landsgemeindeplatz PLAZA

Esta plaza junto al lago, rodeada de cafés y restaurantes, tiene una gran importancia histórica pues es donde se desarrollaron las asambleas cantonales desde el s. XIV hasta 1847. Aquí se celebran también mercados y festivales y conciertos al aire libre los miércoles por la noche en verano.

Actividades

Zugerberg Bahn FUNICULAR

(www.zbb.ch) Sube al Zugerberg (925 m), donde hay senderos y vistas impresionantes. El abono de un día de Zug (16,80 CHF) es la mejor opción, pues da acceso ilimitado a los autobuses y trenes del cantón y al funicular. Desde la estación de tren, el autobús nº 11 (15 min) lleva a la estación inferior del funicular, en Schönegg.

Seebad Seeliken NATACIÓN

(041 711 14 56; http://seeliken.ch; Artherstrasse 2; 9.00-anochecer med may-med sep) GRATIS Playa a orillas del lago, al sur del casco antiguo. Tiene castaños que dan sombra y es perfecta para nadar o tomar el sol.

Zuger Veloverleih CICLISMO

(076 444 77 35; www.zug-tourismus.ch; Dammstrasse; 9.00-19.00 may-oct, hasta 21.00 jul y ago) Presta bicicletas gratis en el exterior de la estación de tren (lado oeste). Se requiere el carné de identidad.

Marcello's Bootsvermietung DEPORTES ACUÁTICOS

(www.zuger-see.ch; alquiler tabla de surf de remo/pedalo/motora 30/40/75 CHF por hora) En la orilla del lago, cerca de Landsgemeindeplatz. Alquilan tablas de surf de remo, barcas de pedales y motoras.

Strandbad Zug NATACIÓN

(041 711 09 82; Chamer Fussweg 13; 9.00-19.30 may-sep) GRATIS Esta playa en la orilla, 2 km al oeste del centro, tiene zonas de sombra, mesas de pícnic y restaurante.

Dónde dormir

Muchos viajeros por negocios pernoctan en Zug y los hoteles tienen cierto aire corporativo. Muchos hoteles bajan las tarifas los fines de semana.

Zug Youth Hostel ALBERGUE €

(041 711 53 54; www.youthhostel.ch/zug; Allmendstrasse 8; dc/i/d 35/92/105 CHF; cerrado dic-med mar; P) Moderno y limpio, está a 10 min andando al oeste de la estación de tren. Muy práctico para nadar en Strandbad Zug.

★ **Ochsen Zug** HOTEL €€

(041 729 32 32; www.ochsen-zug.ch; Kolinplatz 11; h/ste desde 195/320 CHF; P) Este hotel de 1543 que se vanagloria de haber alojado a Goethe hoy es un hotel de negocios con una fachada histórica cerca del Zytturm, en el casco antiguo. La gama de habitaciones incluye la Japan Room, con colchones para tatami. También hay suites y habitaciones estándar de negocios, restaurante y bar.

Hotel Löwen am See HOTEL €€

(041 725 22 22; www.loewen-zug.ch; Landsgemeindeplatz 1; i/d desde 170/240 CHF; P) Céntrico, en la plaza adoquinada Landsgemeindeplatz, frente al lago, dispone de habitaciones sencillas y confortables. La **French Brasserie** abre de 9.00 a 24.00. Los fines de semana ofrece descuentos en las reservas en línea.

Hotel Zugertor HOTEL €€

(041 729 38 38; www.zugertor.ch; Baarerstrasse 97; i/d/tr desde 198/238/298 CHF; P) A 5 min a pie al norte de la estación de tren de Zug desde la salida este, es popular entre empresarios. Quizá no tiene tanto ambiente como los del casco viejo, pero es una buena opción, con excelentes estándares.

Dónde comer

Wirtshaus Brandenberg SUIZA €

(041 711 95 96; www.brandenberg.ch; Allmend strasse 3; menú almuerzo 20,50 CHF; 8.00-24.00 ma-sa) Los lugareños acuden a esta cervecería desde 1891 por sus clásicos suizos sencillos a precios razonables. Apreciado por los menús de mediodía y la cocina casera, como pollo asado, *weisswurst* y *hacktätschli* (albóndigas fritas).

Confiserie Albert Meier PANADERÍA €

(041 711 10 49; www.diezugerkirschtorte.ch; Alpenstrasse 16; pasteles desde 4,50 CHF; 7.00-18.30 lu-vi, 8.00-16.00 sa) Con el alegre (aunque egoísta) eslogan, "Cuida tus curvas, ¡disfruta de la vida!", este café a la antigua usanza junto a la estación de tren es un curioso híbrido entre salón de té inglés y panadería suiza. Tiene fama su *zuger kirschtorte* (tarta de bizcocho, pasta de almendras, crema de mantequilla y licor de cerezas).

★ **Gasthaus Rathauskeller** EUROPEA €€€

(041 711 00 58; http://rathauskeller.ch; Ober-Altstadt 1; principales bistró/Zunftstube desde 20/

45 CHF; ⏲11.00-24.00 ma-sa) No hay que perderse la fachada con frescos de estilo gótico tardío cerca del Zytturm. En el bistró de abajo sirven platos elaborados con los ingredientes locales clásicos, mientras que el restaurante de arriba, Zunfstube, ofrece delicias como el estofado de bogavante con trufas de verano en una vajilla dorada de Rosenthal.

Información

Oficina de turismo (Reisezentrum Zug; ☎041 723 68 00; www.zugtourismus.ch; ⏲9.00-19.00 lu-vi, 9.00-12.00 y 12.30-16.00 sa, 9.00-11.30 y 12.00-15.00 do) En la estación de tren.

Cómo llegar y salir

Zug está en la línea férrea norte-sur que va de Zúrich (17 CHF, 25-45 min) a Lugano. También hay trenes regulares a Lucerna (7,30 CHF, 20-45 min).

La carretera norte-sur N4 pasa al oeste de la ciudad y ofrece buena conexión con Zúrich por el norte y con Lucerna, el puerto de San Gotardo, Lugano e Italia por el sur.

En verano salen barcos de **Zugersee Schifffahrt** (www.zugersee-schifffahrt.ch) desde la Schiffsstation de Zug, al norte de Landsgemeindeplatz, con destino a Arth y otros lugares alrededor del lago.

Andermatt

1320 HAB. / ALT. 1447 M

Agraciado con un austero atractivo montañés, Andermatt combina el encanto discreto de un pueblo con la naturaleza más agreste. En otro tiempo fue una escala importante en una encrucijada de cuatro caminos: la ruta norte-sur por el puerto de San Gotardo (2106 m) de Lucerna a Tesino; el puerto de Furka (2431 m) que serpentea al oeste hasta el Valais; y el puerto de Oberalp (2044 m) hacia el este a Graubünden. No obstante, con la inauguración del túnel de San Gotardo de 17 km en 1980, Andermatt quedó fuera de la importante ruta norte-sur.

Recientemente se ha desarrollado el megacomplejo Ski Arena, con hoteles y una enorme expansión de los telesillas. Están previstos más hoteles, pero por ahora el encanto tradicional del centro se conserva intacto.

Puntos de interés y actividades

Al estar cerca de cuatro importantes puertos alpinos (Susten, Oberalp, San Gotardo y Furka), Andermatt es una estupenda base para hacer excursionismo, ciclismo y circuitos en autobús. La oficina de turismo distribuye folletos gratuitos bilingües (alemán e inglés) que detallan rutas a pie y en bicicleta. Para los circuitos en autobús véase www.postbus.ch.

Gemsstock MONTAÑA

(www.skiarena.ch; teleférico ida/ida y vuelta 36/50 CHF) Esta montaña (2961 m), a la que se accede en teleférico, atrae a excursionistas en verano y esquiadores en invierno. También es buen sitio para esquiar fuera de pista. Se ha integrado en el complejo Ski Arena, por lo que se recomienda consultar los detalles en la web. Los toboganes, los senderos y las pistas para trineos atraen a los no esquiadores en invierno.

Museo Nazionale San Gottardo MUSEO

(☎091 869 15 25; www.passosangottardo.ch/en/musei/museo-nazionale.html; ⏲9.00-18.00 jun-oct) GRATIS En lo alto del puerto de San Gotardo se puede visitar el Museo Nazionale San Gottardo, que ocupa un antiguo edificio de aduanas con hotel y explica la importancia comercial, política y cultural del puerto. Sito 12 km al sur de Andermatt, el puerto está en el cantón de Tesino.

Puerto de San Gotardo RUTA PANORÁMICA

(www.passosangottardo.ch/en; ⏲jun-oct) Este famoso puerto de montaña (2108 m), una carretera emocionante, une los cantones de Tesino y Uri. Sito 12 km al sur de Andermatt por carretera (en Tesino), el puerto se puede evitar pasando por el túnel, pero esta ruta ofrece un paisaje espectacular y la sensación de estar cruzando realmente los Alpes.

Es imprescindible recorrer la carretera empedrada de Tremola, en el lado sur del puerto, que comunica el punto más elevado con la ciudad de habla italiana de Airolo y tiene 37 tortuosas curvas.

Lai da Tuma Hike EXCURSIONISMO

Esta excursión popular va del puerto de Oberalp (2044 m) hasta el centelleante Lai da Tum (2344 m; Tomasee), donde nace el Rin. Al puerto se puede llegar en automóvil o en tren. El recorrido tiene 11 km de ida y vuelta. El agua que sale del lago atraviesa cuatro países y desemboca en el mar del Norte, cerca de Rotterdam, en los Países Bajos.

Dónde dormir y comer

Base Camp Andermatt ALBERGUE, LODGE €
(☎079 946 47 68; www.basecamp-andermatt.com; Rueti 2; dc/i/d entre semana 39/59/115 CHF, fin de semana 49/69/135 CHF; P📶) Abierto todo el año, este albergue y *ecolodge* de montaña es ideal para los entusiastas de las actividades al aire libre. Hay wifi gratis, chimenea, cocina y barbacoa para huéspedes, un comedor, habitación para esquís y bicicletas y sauna con vistas panorámicas. Está a 350 m cuesta arriba de la estación de tren, junto al telesilla de Nätschen.

★ **River House Boutique Hotel** HOTEL DE DISEÑO €€
(☎041 887 00 25; www.theriverhouse.ch; Gotthardstrasse 58; i 150-210 CHF, d 200-280 CHF; P📶) Estiloso ecohotel en un edificio de 250 años. Los propietarios suizo-norteamericanos han empleado materiales de la zona para crear habitaciones únicas, con vigas, parqué taraceado y, en algunos casos, vistas al río. El restaurante del hotel ofrece vinos locales de producción sostenible. Una ubicación estupenda en medio del pueblo.

Hotel Sonne HOTEL €€
(☎041 887 12 26; www.hotelsonneandermatt.ch; Gotthardstrasse 76; i/d desde 90/150 CHF; P📶) Es imposible pasar por alto este hotel de la calle principal: en su fachada de madera envejecida cuelgan jardineras con geranios y un emblema en forma de sol dorado. Las habitaciones (algunas con vistas) tienen camas cómodas y mucho pino. El restaurante de abajo sirve especialidades suizas.

Restaurant Zum Dörfli SUIZA €€
(☎041 887 01 32; www.zumdoerfli.ch; Furkastrasse, Zumdorf; principales 26-40 CHF) En Zumdorf hay poco más aparte de un restaurante, pero se comen buenos *rösti* y platos de carne y cuando llega el otoño sirven caza propia. Se halla en Furkastrasse, a 6 km de Andermatt, en la ruta a Realp y el puerto de Furka.

Información

Oficina de turismo (☎041 888 71 00; www.andermatt.ch; Gotthardstrasse 2; ⌚8.00-12.00 y 13.15-17.00 lu-vi, hasta 16.00 sa y do) 200 m al este de la estación. Comparte edificio con el despacho de billetes del autobús postal.

Cómo llegar y salir

Si se viene desde Zúrich (46 CHF, 2 h), Locarno (42,40 CHF, 2¼ h) u otros puntos al norte o al sur hay que cambiar de tren en Göschenen para los últimos 10 min de subida a Andermatt. Esto se debe a que la línea principal atraviesa el túnel de Gotardo y evita Andermatt.

Andermatt está en la ruta este-oeste del *Glacier Express* (www.glacierexpress.ch) a Zermatt (74 CHF, 3 h) y St Moritz (85 CHF, 5 h).

En Matterhorn Gotthard Bahn (www.mgbahn.ch) informan sobre los trenes que transportan automóviles por el puerto de Oberalp a los Grisones y por el túnel de Furka al Valais. Los autobuses de correos paran en la estación de tren.

El túnel de San Gotardo (17 km) es una de las rutas norte-sur más transitadas de los Alpes y comunica Göschenen y las inmediaciones de Airolo (Tesino) pasando por Andermatt.

El nuevo túnel de base de San Gotardo, inaugurado en el 2016, es un túnel ferroviario de 57 km diseñado para trenes de alta velocidad y de mercancías y se dice que es el túnel con tráfico más largo y profundo del mundo.

Noroeste de Suiza

Incluye »

Los mejores restaurantes

- Restaurant Stucki (p. 233)
- Restaurant Schlüsselzunft (p. 233)
- Markthalle (p. 232)
- Speck (p. 237)
- Goldener Schlüssel (p. 236)

Los mejores alojamientos

- Les Trois Rois (p. 232)
- Hotel Krafft (p. 232)
- Der Teufelhof (p. 232)
- Kettenbrücke Hotel (p. 237)
- SYHA Jugendherberge Baden (p. 236)

Por qué ir

En una esquina del país que hace frontera con Francia y Alemania, el Noroeste de Suiza comprende los cantones de Basilea y Argovia, y brinda un fascinante surtido de atractivos culturales.

Base recomendada para explorar la región, Basilea es tanto centro de negocios como de cultura, con abundante arquitectura de vanguardia junto a un casco antiguo encantador. Solo la ciudad tiene casi cuarenta museos, pero en la campiña circundante aguardan numerosos tesoros menos conocidos.

Las mejores ruinas romanas de Suiza son las de Augusta Raurica, una breve excursión desde Basilea. Más al este, a orillas del Aar, se halla la bonita ciudad medieval de Aarau, cuna de los Habsburgo que acabarían reinando en Austria, Hungría, España y otros países. En un circuito por los valles del Aar y el Limatt se verán los castillos de Habsburg, Wildegg, Lenzburg y Hallwyl, además de bonitos pueblos y la cautivadora localidad balnearia de Baden.

Cuándo ir

- En el calor del verano todos acuden a las orillas del Rin, a bañarse en sus caudalosas aguas y comer al aire libre.
- En diciembre están los maravillosos mercados navideños y en enero la fiesta del Vogel Gryff.
- En febrero en Basilea solo importa una cosa: el Fasnacht y el original desfile del Morgestraich.

Imprescindible

1 **Vitra Design Museum** (p. 229) Comprar recuerdos de diseño y admirar la arquitectura en Weil am Rhein.

2 **Kunstmuseum Basel** (p. 227) Maravillarse ante la colección de este museo de arte recién renovado.

3 **Fondation Beyeler** (p. 229) Apreciar la filantropía de los benefactores en este templo del arte clásico en Riehen.

4 **Stiftung Langmatt** (p. 236) Deleitarse con una de las galerías más lindas de Suiza.

5 **Fasnacht** (p. 230) Unirse a los suizos que rompen sus estereotipos en el estrafalario y frenético carnaval de Basilea.

6 **Augusta Raurica** (p. 229) Contemplar el antiguo Imperio romano en el mayor yacimiento arqueológico de Suiza.

7 **Schloss Habsburg** (p. 235) Imaginar cómo era la vida en la cuna de una gran dinastía.

Basilea

176 117 HAB. / ALT. 273 M

Su ubicación a caballo del majestuoso Rin ha potenciado históricamente su desarrollo como centro clave de comercio y transporte. Hoy es un polo global de la industria farmacéutica y aquí tienen su sede colosos como Roche y Novartis. Pero eso importa poco a los millares de amantes del arte y la arquitectura que cada año visitan sus numerosas galerías, museos y edificios emblemáticos y la ART Basel, feria de fama internacional.

El hecho de estar donde se juntan las fronteras francesa, alemana y suiza realza su atractivo multicultural: es quizá el lugar donde mejor se ven las raíces franco-germanas de Suiza, aunque la lengua dominante sea el alemán suizo.

Es fácil pasar un día recorriendo las empedradas calles de la altiva y bella **Grossbasel** (Gran Basilea), en la orilla sur del Rin, antes de cruzar el Mittlere Brücke a **Kleinbasel** (Pequeña Basilea), que ofrece un aire más cotidiano y sitios donde comer al aire libre en la ribera.

Historia

Los romanos fundaron la colonia Raurica en territorio celta, al este de Basilea, en el 44 a.C. Cuando Basileum aparece citado por primera vez en textos del s. III, los romanos ya habían creado una fortaleza en la colina que hoy ocupa la catedral, dentro de un sistema de defensa a lo largo del Rin.

La Basilea medieval cambió varias veces de manos y pasó de los francos a Borgoña y más tarde a los Habsburgo. En 1501, gobernada por sus poderosos *Zünfte* (gremios), se incorporó a la Confederación Helvética.

A principios del s. XX era un activo centro industrial, comercial y financiero y su floreciente economía ya estaba liderada por las industrias química y farmacéutica. Basilea también posee una larga tradición como centro artístico. En la década de 1930 el Kunstmuseum adquirió una colección inestimable de obras modernas de la Alemania nazi, pues Hitler y sus secuaces las consideraban "arte degenerado".

Puntos de interés

Muchos museos cierran en lunes. Para conseguir folletos sobre los 37 museos y galerías de la ciudad se va derecho a Basel Tourismus (p. 234) o se consulta www.museenbasel.ch.

Grossbasel

★Kunstmuseum Basel MUSEO

(Museo de Bellas Artes; ☎061 206 62 62; www.kunstmuseumbasel.ch; St Alban-Graben 16; adultos/estudiantes/niños 16/8 CHF/gratis; ⏲10.00-18.00 ma, mi y vi-do, hasta 20.00 ju; P) Soberbio, con la colección de arte más completa del país, reabrió sus puertas en el 2016 tras reformar las antiguas galerías (Hauptbau) y construir una nueva ala modernista (Neubau). Sus miles de piezas incluyen la mayor colección mundial del Holbeins y una importante muestra renacentista e impresionista. El precio de entrada abarca la colección permanente; se aplican recargos para ver las temporales. Hay circuitos guiados (desde 5 CHF).

La entrada también da acceso a las exposiciones de arte contemporáneo del **Kunstmuseum Basel | Gegenwart** (Museo de Bellas Artes| Contemporáneo; St Alban-Rheinweg 60; adultos/estudiantes/niños 16/8 CHF/gratis; ⏲11.00-18.00 ma-do), junto al río.

★Spielzeug Welten Museum Basel MUSEO

(Museo del Mundo de los Juguetes; ☎061 225 95 95; www.spielzeug-welten-museo-basel.ch; Steinenvorstadt 1; adultos/niños 7/5 CHF; ⏲10.00-18.00; P) Este fascinante mundo de fantasía hará las delicias de grandes y niños: muestra 6000 piezas seleccionadas con mimo en sus cuatro pisos. Se precia de tener la mayor colección de ositos de peluche del mundo y un sinfín de casas de muñecas de un detalle extraordinario.

Mittlere Brücke PUENTE

Símbolo de Basilea, este puente sobre el impetuoso Rin lleva desde 1226 uniendo la noble Grossbasel y la humilde Kleinbasel. Cruzarlo es esencial estando en la ciudad.

Marktplatz PLAZA

(P) La visita puede empezar en el encantador barrio medieval, en la Marktplatz, presidida por la fachada roja del **Rathaus** (Ayuntamiento; ☎061 267 81 81; Marktplatz 9; ⏲8.00-17.00 lu-vi) del s. XVI. Desde allí hay que subir 400 m al oeste por Spalenberg atravesando el antiguo barrio de artesanos hasta la **Spalentor,** de 600 años, una de las tres únicas puertas de la ciudad que sobrevivieron a la demolición de las murallas en 1866. Por el camino se pueden admirar calles encantadoras como Spalenberg, Heuberg y Leonhardsberg, con sus casas centenarias muy bien conservadas.

INDISPENSABLE

ARQUITECTURA MODERNA EN BASILEA

En Basilea y alrededores hay edificios de siete premios Pritzker de arquitectura. La mayoría de los premiados (Frank Gehry, Álvaro Siza, Tadao Ando, Zaha Hadid, Jacques Herzog y Pierre de Meuron) tienen obras allende la frontera alemana, en el Vitra Design Museum (p. 229).

Quedan más céntricas varias obras de Herzog & de Meuron, estudio local famoso por haber diseñado la Tate Modern de Londres, el Estadio Olímpico de Pekín y el edificio Prada Aoyama de Tokio. En Basilea, junto con el **Schaulager** (www.schaulager.org; Ruchfeldstrasse 19) y el estadio de **St Jakob Park,** se hallarán proyectos menos colosales como el **Zentralstellwerk** (Münchensteinerstrasse 115) y la sorprendente **Elsässertor** (Viaduktstrasse 3; P) de cristal cerca de la estación SBB Basel y la renovada Volkshaus Basel (p. 233) en Rebgasse (Kleinbasel).

El arquitecto italiano Renzo Piano, otro galardonado con un Pritzker, es el autor de la Fundación Beyeler (p. 229), mientras que el suizo Mario Botta ha diseñado el impresionante Museo Tinguely (p. 229).

Münster CATEDRAL
(Catedral; ☎061 272 91 57; www.baslermuenster.ch; Münsterplatz 9; ⌚10.00-17.00 lu-vi, hasta 16.00 sa, 11.30-17.00 do; P) Esta catedral del s. XIII combina un exterior gótico con interiores románicos y fue reconstruida en buena parte tras el terremoto de 1356. Erasmo de Rotterdam (1466-1536), humanista del Renacimiento que vivió en Basilea, está enterrado en la nave norte. Se puede subir a las imponentes torres góticas en grupos de dos o más personas (5 CHF/persona). Detrás de la iglesia, el verde **Münster Pfalz** ofrece excelentes vistas del Rin.

Schweizerisches Museum für Papier, Schrift und Druck MUSEO
(Museo Suizo del Papel, la Escritura y la Imprenta; ☎061 225 90 90; www.papiermuseum.ch; St Alban-Tal 37; adultos/niños 15/9 CHF; ⌚11.00-17.00 ma-vi y do, 13.00-17.00 sa) Ocupa un antiguo molino de papel junto a un canal medieval, conserva una noria que aún funciona y evoca un pasado de hace varios siglos, cuando aquí había una docena de molinos en activo. El museo explora la historia de la producción del papel. Al este destaca un tramo de la antigua muralla de la ciudad.

Museum für Geschichte MUSEO
(Museo de Historia; ☎061 205 86 00; www.hmb.ch; Barfüsserplatz 4; adultos/niños 12/7 CHF; ⌚10.00-17.00 ma-do) Inaugurado en 1894, el principal museo de los tres agrupados bajo el nombre de "Historisches Museum Basel" (Museo de Historia de Basilea) merece un vistazo. Su variada colección, de las mayores de su tipo en Suiza, muestra dos mil años de artes aplicadas, cerámica, armas y demás bajo los abovedados techos de la antigua Barfüsserkirche. Destacan los fragmentos de un mural sobre la "danza de la muerte", del s. XV, y una bien preservada sillería del coro del s. XVI.

Museum für Wohnkultur MUSEO
(Museo de la Vida Doméstica; ☎061 205 86 78; www.hmb.ch; Elisabethenstrasse 27-29; adultos/niños 10/5 CHF; ⌚10.00-17.00 ma-vi y do, 14.00-17.00 sa; 👪) Precioso, en la bella Haus zum Kirschgarten (1780), tiene dos pisos de la casa con habitaciones en impecable estilo basiliense de los ss. XVIII y XIX y muestra una estupenda colección de porcelana de Meissen entre sus numerosas antigüedades.

Antikenmuseum Basel MUSEO
(Museo de Arte Antiguo de Basilea; ☎061 201 12 12; www.antikenmuseumbasel.ch/en; St Alban-Graben 5; adultos/niños 15 CHF/gratis; ⌚10.00-17.00 ma, mi, sa y do, hasta 22.00 ju y vi) Alberga en sus varios niveles la colección de objetos antiguos más completa del país, desde el apogeo de los faraones egipcios hasta la época romana. Entrada gratuita pasadas las 19.00 los jueves y viernes.

Museum für Musik MUSEO
(Museo de la Música; ☎061 264 91 60; www.hmb.ch; Im Lohnhof 9; adultos/niños 10/5 CHF; ⌚14.00-18.00 mi-sa, 11.00-17.00 do) Tiene la mayor colección de instrumentos musicales de Suiza, centrándose en un período de cinco siglos y explorando el contexto musical y social de cada instrumento.

Naturhistorisches Museum MUSEO
(Museo de Historia Natural; ☎061 266 55 00; www.nmbs.ch; Auginergasse 2; adultos/niños 7/5 CHF; ⌚10.00-17.00 ma-do) Su misión es mantener un archivo de la vida humana y animal en

la región, con casi ocho millones de objetos y piezas relacionados con la zoología, la antropología y la arqueología. Con numerosas piezas de tamaño natural y muestra interactivas, instruye deleitando a grandes y chicos.

Kleinbasel

★ Museum Jean Tinguely MUSEO

(☎061 681 93 20; www.tinguely.ch; Paul Sacher-Anlage 2; adultos/estudiantes/niños 18/12 CHF/gratis; ⊙11.00-18.00 ma-do; P) Este edificio del arquitecto del Tesino, Mario Botta, exhibe los juguetones e ingeniosos artilugios artísticos de Jean Tinguely, el escultor convertido en científico loco. Se pueden accionar los pulsadores situados junto a algunas de las esculturas "cinéticas" para ponerlas en movimiento. Es realmente divertido ver cómo traquetean, se agitan y giran, con resortes, plumas y ruedas asomando en todas direcciones, y oír los inquietantes sonidos musicales que producen las gigantescas *Méta-Harmonies* de la planta superior.

Alrededores de Basilea

★ Vitra Campus MUSEO

(☎49 7621 702 3500; www.vitra.com/en-hu/campus; Charles-Eames-Strasse 1, Weil am Rhein; Vitra Campus adultos/niños 17/15 €, solo museo 11/9 €, circuitos 1/2 h 7/14 €; ⊙10.00-18.00) Muestra la factoría del prestigioso fabricante de muebles suizo homónimo y abarca el sinuoso **Vitra Design Museum** (de Frank Gehry, famoso arquitecto del Guggenheim Bilbao); la **Vitra Haus** y el **Vitra Schaudepot,** estrenado en el 2016 (ambos de Herzog & De Meuron); y un conjunto siempre creciente de instalaciones de arquitectos y diseñadores de vanguardia, como la divertida Vitra Slide, torre con tobogán de 30 m de alto obra de Carsten Höller. Es de obligada visita para los amantes de la arquitectura y el diseño interior y exterior.

Se halla al otro lado de la frontera, en la alemana Weil am Rhein.

★ Fondation Beyeler MUSEO

(☎061 645 97 00; www.fondationbeyeler.ch; Baselstrasse 101, Riehen; adultos/menores de 25 años 25 CHF/gratis; ⊙10.00-18.00 ju-ma, hasta 20.00 mi; P) Este edificio bajo y alargado, amplio y luminoso, obra del arquitecto italiano Renzo Piano, alberga esta asombrosa colección reunida por los marchantes Hildy y Ernst Beyeler, antes privada y hoy pública. Las diversas exposiciones combinan obras de los ss. XIX y XX de Picasso y Rothko, con esculturas de Miró y Max Ernst y figuras tribales de Oceanía, además de frecuentes exposiciones temporales.

★ Augusta Raurica RUINAS

(☎061 552 22 22; www.augustaraurica.ch; Giebenacherstrasse 17, Augst; adultos/niños 8/6 CHF; ⊙10.00-17.00; P 👪) Las mayores ruinas romanas de Suiza, unos 17 km al este de Basilea en la orilla sur del Rin, son los restos de una colonia fundada en el 43 a.C. que llegó a tener 20 000 habitantes a finales del s. II d.C. Hoy se puede deambular a placer por una mezcolanza de ruinas realzadas por uno de los teatros romanos mejor conservados de Europa central. Se va en el tren S-bahn (S1) de Basilea a Kaiseraugst (3,80 CHF, 11 min) y luego se camina 10 min siguiendo los indicadores.

En la entrada merece la pena visitar el **Römermuseum** (Museo Romano; ☎061 552 22 22; www.augustaraurica.ch; Giebenacherstrasse 17, Augst; adultos/niños 8/6 CHF; ⊙10.00-17.00; P), que exhibe una casa romana muy bien restaurada y una incomparable colección de 270 piezas de plata antigua.

Actividades

En verano a la gente le encanta nadar por el impetuoso Rin y tomar el sol en sus orillas. En las *boutiques* locales y oficinas de Basel Tourismus (p. 234) venden el *wickelfisch*, una bolsa impermeable en forma de pez donde la ropa se mantiene seca mientras la corriente impulsa al bañista río abajo.

Rehberger-Weg PASEO

Si se tiene un smartphone, se descarga la aplicación para esta senda de 5 km entre la Fondation Beyeler y las galerías del Vitra Campus. Tiene 24 pintorescas y singulares instalaciones de arte en espacio público, obra de Tobias Rehberger, como puntos a lo largo de la ruta, que discurre por la campiña y cruza a Alemania.

Basler Personenschiffahrt BARCOS

(☎061 639 95 00; www.bpg.ch; Schifflände; cruceros desde 19 CHF; ⊙14.00 ma-sa) De mediados de mayo a mediados de octubre, ofrece cruceros de 85 min en barco por la ciudad/el puerto, así como otros viajes más largos a Rheinfelden y paseos con almuerzo, *jazz* y cena. Los cruceros zarpan de Schifflände, cerca de Mittlere Brücke.

Basilea

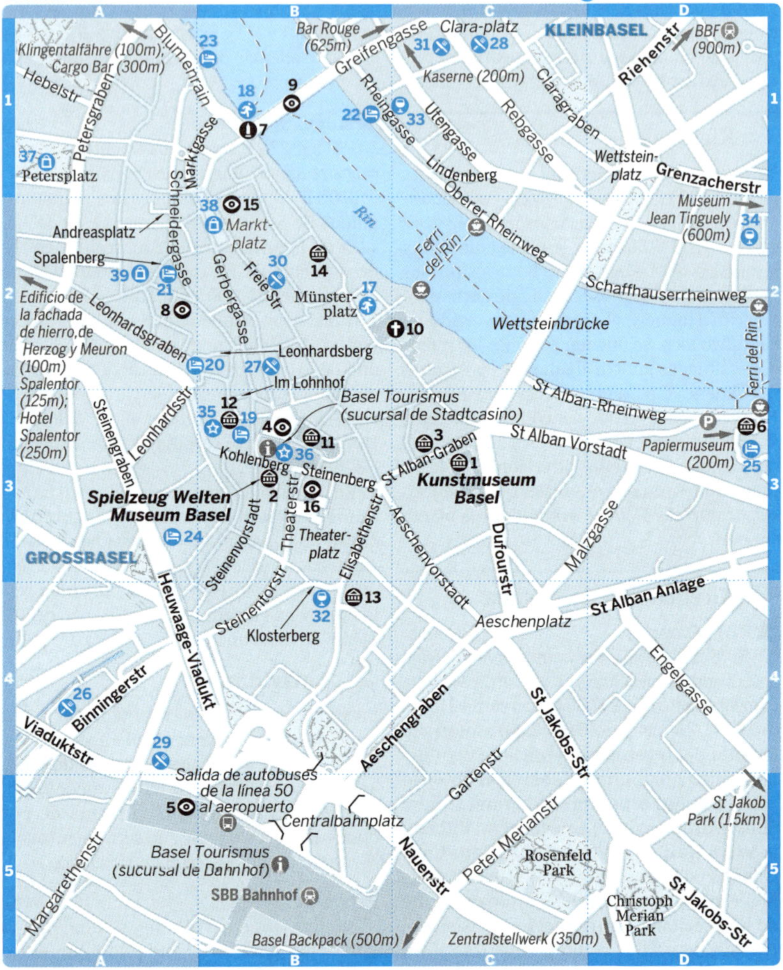

Fiestas y celebraciones

Fasnacht — CARNAVAL

(www.fasnachts-comite.ch; feb o mar) Las 72 horas del famoso carnaval de Basilea empiezan a las 4.00 del lunes posterior al Miércoles de Ceniza con el **Morgestraich,** una procesión que recorre las calles del distrito central con las luces apagadas. Los participantes llevan disfraces y máscaras muy elaborados. Los desfiles principales son los de la primera hora de la tarde del lunes y el miércoles. El martes se dedica a los niños y a una exhibición de farolillos de colores en la Münsterplatz.

ART Basel — ARTE

(www.artbasel.ch; jun) Una de las tres ferias internacionales (junto con Miami y Hong Kong) que muestran la obra de 4000 artistas de casi 300 galerías. Dura una semana de junio.

Vogel Gryff — CULTURAL

(ene;) En enero la tradicional Fiesta del Grifo simboliza la expulsión del invierno de Kleinbasel. Los tres personajes clave –Vogel Gryff (el grifo), Wilder Mann (el salvaje) y Leu (el león)– bailan al son de los tambores en una balsa que navega por el Rin y luego desfilan por las calles de Kleinbasel.

Basilea

Principales puntos de interés
1 Kunstmuseum Basel ... C3
2 Spielzeug Welten Museum Basel ... B3

Puntos de interés
3 Antikenmuseum Basel ... C3
4 Barfüsserplatz ... B3
5 Elsässertor ... A5
6 Kunstmuseum Basel | Gegenwart ... D3
7 Lällekönig ... B1
8 Marktplatz ... A2
9 Mittlere Brücke ... B1
10 Münster ... C2
11 Museum für Geschichte ... B3
12 Museum für Musik ... B3
13 Museum für Wohnkultur ... B4
14 Naturhistorisches Museum ... B2
15 Rathaus ... B2
16 Tinguely Brunnen ... B3

Actividades, cursos y circuitos
17 Allianz Cinema Basel ... B2
18 Basler Personenschiffahrt ... B1

Dónde dormir
19 Au Violon ... B3
20 Der Teufelhof ... A2
21 Hotel Basel ... A2
22 Hotel Krafft ... B1
23 Les Trois Rois ... B1
24 Steinenschanze Stadthotel ... A3
25 SYHA Youth Hostel Basel ... D3

Dónde comer
26 Acqua ... A4
Atelier ... (véase 20)
27 Latini ... B2
28 Lily's Maxim Basel ... C1
29 Markthalle ... A4
30 Restaurant Schlüsselzunft ... B2
31 Volkshaus Basel ... C1

Dónde beber y vida nocturna
32 Atlantis ... B4
33 Consum ... C1
34 SUD ... D2

Ocio
35 Bird's Eye Jazz Club ... B3
36 Stadtcasino ... B3

De compras
37 Flohmarkt Petersplatz ... A1
38 Stadtmarkt ... B2
39 Weihnachtshaus Johann Wanner ... A2

Herbstmesse CULTURAL
(Feria de Otoño; www.messen-maerkte.bs.ch; ⏲oct; 👪) Artistas, artesanos, comerciantes y atracciones llenan las calles durante la gran feria otoñal de Basilea, con más de 500 años de antigüedad.

Dónde dormir

Los hoteles de Basilea se llenan pronto durante las ferias comerciales y convenciones, así que conviene reservar con antelación. Al registrarse en el hotel hay que pedir el *mobility ticket* para viajar gratis en transporte público durante la estancia; viene bien, pues es difícil hallar aparcamiento a mano del hotel en el casco antiguo.

Más información sobre los B&B de la zona en www.bbbasel.ch.

Grossbasel

★ **Basel Backpack** ALBERGUE €
(☎061 333 00 37; www.baselbackpack.ch; Dornacherstrasse 192; dc 4/8 camas 39/31 CHF, i/d desde 75/89 CHF; 🚭@📶) Este albergue independiente en una fábrica reconvertida tiene personal cordial, amplios y luminosos dormitorios de cuatro y ocho camas y una serie de sencillas y estilosas habitaciones individuales y lujosas dobles. Además ofrece alquiler de bicicletas, desayuno, bar, cocina y lavandería de huéspedes y dos agradables salones.

SYHA Youth Hostel Basel ALBERGUE €
(☎061 272 05 72; www.youthhostel.ch; St Alban-Kirchrain 10; dc/i/tw con baño compartido desde 41/70/93 CHF, i/d desde 120/132 CHF; 📶) Diseñado por los arquitectos basilienses Buchner & Bründler, este moderno albergue está flanqueado por dos plazas arboladas y un riachuelo. Muy cerca del Rin y a 15 min de la SBB Bahnhof (también con el tranvía nº 2 hasta Kunstmuseum).

Hotel Basel HOTEL €
(☎061 264 68 00; www.hotel-basel.ch; Münzgasse 12; i/d/tw desde 126/153/180 CHF; P❄📶) Elegante, en un sitio estupendo en pleno casco antiguo, ofrece 72 habitaciones: individuales sencillas pero bien equipadas y dobles más amplias. Dada la forma y el tamaño del hotel, casi todas tienen una pared destacada, claraboya u otra particularidad agradable. Servicio de excelente nivel.

INDISPENSABLE

UNA TRAVESÍA INTERESANTE

Una diversión barata es montar en alguno de los evocadores ferris de cable que surcan el Rin de una a otra orilla. Expertos barqueros guían hábilmente estos vetustos barcos sin motor.

Los dos ferris más prácticos son el **Klingentalfähre** (www.faehri.ch; adultos/niños 1,60/0,80 CHF), al sur del Mittlere Brücke, y el **Münsterfähre** (www.faehri.ch; adultos/niños 1,60/0,80 CHF), cuyo tramo de río está bajo Münsterplatz. Ambos van y vienen todo el día desde las 9.00, aproximadamente, hasta el anochecer.

Au Violon HOTEL €
(☎061 269 87 11; www.au-violon.com; Im Lohnhof 4; i/d desde 120/140 CHF;) En las puertas ya se indica que este pintoresco lugar fue cárcel de 1835 a 1995. La mayoría de las habitaciones son dos celdas fundidas en una y o dan a un precioso patio adoquinado o tienen vistas del Münster. Sito en una verde colina, también posee un apreciado restaurante con terraza exterior en verano.

★**Der Teufelhof** HOTEL-BOUTIQUE €€
(☎061 261 10 10; www.teufelhof.com; Leonhardsgraben 49; i/d/ste desde 138/158/178 CHF; P) Para amantes del arte y el diseño, "El Patio del Diablo" se anuncia como "casa de huéspedes y cultura". Consta de dos impecables hoteles temáticos: el vanguardista "del Arte", de nueve habitaciones; y "de Galería", más grande, en un antiguo convento. Ambos tienen mobiliario Vitra de categoría y fabricación local.

Hotel Spalentor HOTEL €€
(☎061 588 06 26; www.hotelspalentor.ch; Schönbeinstrasse 1; i/d desde 153/178 CHF;) Junto a la puerta homónima del casco antiguo, es un estiloso hotel tanto para viajeros de negocios como de placer. Las recién renovadas habitaciones, de decoración moderna, tienen elegantes sillones de cuero y pantalla grande de TV; hay algunas con balcón. Cuenta con jardín y un esmerado servicio.

Steinenschanze Stadthotel HOTEL €€
(☎061 588 12 13; www.steinenschanze.ch; Steinengraben 69; i/f desde 162/180 CHF) Bien situado entre la estación de tren Basel SBB y el casco antiguo, con una estupenda calidad-precio, ofrece sencillas habitaciones compactas con líneas frescas, cómodas camas, parqué y paneles de madera y luz natural a raudales, además de una zona ajardinada y un servicio cordial y eficiente.

★**Les Trois Rois** HOTEL DE LUJO €€€
(☎061 260 50 50; www.lestroisrois.com; Blumenrain 8; i/d desde 350/570 CHF; P) Precioso, al borde del río, es el más prestigioso de Basilea. Combina la solemne elegancia de tiempos pasados (salón de baile incluido) con un lujoso estilo juvenil. Las habitaciones van de lo clásico a lo chic, pero siempre con el máximo confort y atractivo.

Kleinbasel

★**Hotel Krafft** HOTEL €€
(☎061 690 91 30; www.krafftbasel.ch; Rheingasse 12; i/d desde 110/175 CHF;) Los urbanitas entendidos en diseño eligen este renovado hotel histórico por la maravillosa fusión de antiguo y nuevo en sus habitaciones minimalistas (algunas con balcón). Aunque las bicicletas plegables y los mostradores de agua y fruta fresca gratis impresionarán, lo mejor es su estupendo enclave en la ribera, junto al Mittlere Brücke, hacia al precioso paisaje urbano de Grossbasel, al otro lado del río. Pídase una habitación con vistas.

Dónde comer

La cercanía a las fronteras alemana y francesa y la larga historia de inmigración enriquecen la cultura gastronómica de Basilea, pero comer aquí suele ser caro. Para comidas rápidas/baratas hay que ir a la zona de la estación, a Marktplatz (p. 227) o cruzar a Francia o Alemania, donde los precios en euros son más razonables.

Grossbasel

★**Markthalle** MERCADO CUBIERTO €
(www.markthalle-basel.ch; Steinentorberg 20; platos 10-25 CHF; ⌚8.00-19.00 lu, hasta 24.00 ma-sa, 10.00-17.00 do;) A la vuelta de la estación Basel SBB, este gran mercado cubierto es muy popular para almuerzos económicos sobre la marcha. Los puestos, que cambian de continuo, ofrecen platos suizos y sabores del mundo. Merece un vistazo.

Latini ITALIANA €€
(☎061 261 34 43; www.bindella.ch/de/latini.html; Falknerstrasse 31; pasta 16-27 CHF, principales 25-

35 CHF; ⌚11.00-24.00 do-ju, hasta 1.00 vi y sa;) Estiloso aunque sin pretensiones, al borde del casco antiguo, es popular por su cocina italiana a precios razonables, diversas opciones vegetarianas incluidas. Junto a Barfüsserplatz.

★ Restaurant Stucki EUROPEA €€€
(☎061 361 82 22; www.tanjagrandits.ch; Bruderholzallee 42; ⌚almuerzo 3/4 platos 75/92 CHF, menú 8/12 platos 190/240 CHF;) Bajo la tutela de la chef Tanja Grandits, este alabado restaurante sigue siendo de los mejores de Basilea; comer aquí es algo especial. Su famoso Menú Aroma, con platos como cordero de monte a la miel de enebro y *mousse* de leche agria con arroz inflado al caramelo y melón, tiene una presentación tan bella que da pena hincarle el tenedor; pero habrá que hacerlo.

★ Restaurant Schlüsselzunft INTERNACIONAL €€€
(☎061 261 20 46; www.schluesselzunft.ch; Freie Strasse 25; principales 34-56 CHF; ⌚9.00-23.30 lu-sa, 11.00-22.00 do, cerrado do jun-ago) Instalado en una casa gremial del s. xv remodelada en estilo neorrenacentista a principios del s. xx, este elegante restaurante posee un patio interior con una amplia escalera. La carta está repleta de innovadoras combinaciones de sabores, como filete de perca con peras e hinojo o ternera en salsa de curri *massaman* con rollitos de primavera de fruta.

Acqua ITALIANA €€€
(☎061 564 66 66; www.acquabasilea.ch; Binningerstrasse 14; 2/3 platos vegetarianos 45/62 CHF, regular 65/82 CHF; ⌚12.00-14.00 y 19.00-24.00 ma-vi, 19.00-24.00 sa;) Un ambiente posindustrial glamuroso reina en esta planta depuradora reconvertida, con bancos de piel marrón, lámparas de araña y patios exteriores a la luz de las velas. Se puede escoger dos o tres platos de la deliciosa carta de inspiración toscana a base de carne, pescado y platos vegetarianos.

Atelier SUIZA, MEDITERRÁNEA €€€
(☎061 261 10 10; www.teufelhof.com/en/eating-drinking/atelier; Leonhardsgraben 49; almuerzo entre semana 27 CHF, cena principales 24-52 CHF; ⌚12.00-14.00 y 18.30-22.00;) Luminoso y moderno y con almuerzos de excelente calidad-precio, está en el hotel Teufelhof (p. 232). Ofrece mesas en el patio, soberbia cocina mediterránea y suiza y un servicio de categoría.

Kleinbasel

Lily's Maxim Basel ASIÁTICA €
(☎061 683 11 11; https://lilys.ch/eatery/maxim; Rebgasse 1; principales 14-26 CHF; ⌚10.00-24.00 lu-vi, 11.00-24.00 sa, 11.00-22.30 do;) Un ambiente informal, precios razonables y horario continuo hacen de este restaurante panasiático un eterno favorito de Kleinbasel. Sirven platos tailandeses, chinos e indios, desde curris y fideos a sopas, con cerveza de barril o té, para tomar en las mesas largas o en las barras con taburetes.

★ Volkshaus Basel BRASERÍA, BAR €€
(☎061 690 93 10; www.volkshaus-basel.ch/en; Rebgasse 12-14; principales 28-60 CHF; ⌚restaurante 12.00-14.00 y 18.00-22.00 lu-sa, bar 10.00-24.00 lu-mi, hasta 1.00 ju-sa) Este elegante local diseñado por Herzog & de Meuron es un bar-restaurante, galería de arte y sala para actuaciones, todo en uno. Para comer tranquilamente es mejor el patio adoquinado decorado con columnas, plantas y árboles con luces. La carta comprende desde clásicos de *brasserie (steak-frites)* hasta platos más innovadores.

Dónde beber y vida nocturna

Hay una buena selección de bares en la zona entre Barfüsserplatz y Klosterberg o en el barrio de Rheingasse/Utengasse, en Kleinbasel.

★ Das Viertel BAR DE AZOTEA
(☎061 331 04 00; www.dasviertel.ch; Münchensteinerstrasse 81; ⌚terraza bar 18.00-24.00 lu-sa, desde 10.00 do, club 23.00-3.00 vi y sa) Al este de la SBB Bahnhof siguiendo las vías, la gente invade su soleada terraza durante toda la semana. Los fines de semana se convierte en una discoteca.

Cargo Bar BAR
(☎061 321 00 72; www.cargobar.ch; St Johanns Rheinweg 46; ⌚16.00-1.00 do-ju, hasta 2.30 vi y sa) Instalaciones de arte, actuaciones, proyecciones de vídeos y sesiones de DJ animan su apretado programa. En verano las mesas invaden la acera opuesta y ofrecen vistas de primera del atardecer sobre el Rin.

Atlantis BAR
(☎061 228 96 96; www.atlan-tis.ch/en/club; Klosterberg 13; ⌚23.00-4.00 vi y sa) Bancos de cuero flanquean este largo bar curvilíneo, lleno de gente las noches de DJ del fin de semana. En verano hay una terraza en la azotea.

TARJETAS DE DESCUENTOS

En Basel Tourismus (Bahnhof) o Basel Tourismus (Stadtcasino) puede recogerse la BaselCard (20/30 CHF por 24/48 h), cuyas ventajas incluyen un gratuito circuito guiado a pie por la ciudad con viaje en ferri y entradas a mitad de precio en todos los museos dentro de Basilea.

SUD LOCAL NOCTURNO
(☎061 683 14 44; www.sud.ch; Burgweg 7; ⌚21.00-1.00 ju, hasta 4.30 vi y sa, 10.00-16.00 do) En una antigua fábrica de cerveza de Kleinbasel, con un relajado ambiente cordial, este divertido híbrido de bar/discoteca/espacio de eventos ofrece desde noches de DJ a certámenes de poesía.

Consum BAR DE VINOS
(☎061 690 91 35; www.consumbasel.ch; Rheingasse 19; ⌚17.00-24.00 do-ju, hasta 1.00 vi y sa) Un bar relajado, ideal para probar vinos de todo el mundo. Si el cliente pide aunque sea solo tres decilitros (unas tres copas), le abren la botella elegida de entre una selección de más de 100.

Ocio

Para una completa guía del ocio consúltese www.basellive.ch (en alemán). Entre los eventos musicales anuales destacan el **Jazzfestival Basel** (www.offbeat-concert.ch) y la **Baloise Session** (www.baloisesession.ch; ⌚oct/nov). En agosto el **Allianz Cinema Basel** (www.allianzcinema.com/basel) ofrece cine nocturno al aire libre (casi todo en inglés) en la adoquinada Münsterplatz.

Bird's Eye Jazz Club JAZZ
(☎061 263 33 41; www.birdseye.ch; Kohlenberg 20; ⌚20.00-23.30 ma-sa sep-may, mi-sa jun-ago) Es uno de los mejores locales de *jazz* de Europa, donde tocan músicos nacionales y estrellas extranjeras.

Stadtcasino SALA DE CONCIERTOS
(☎061 226 36 00; www.stadtcasino.ch; Steinenberg 14; ⌚espectáculo puede variar) Tanto la Orquesta Sinfónica de Basilea como la Orquesta de Cámara de Basilea tocan en esta sede del s. XIX que comprende una sala de conciertos con aforo de 1500 butacas, un salón de baile y una sala de música de cámara.

FC Basel DEPORTES
(www.fcb.ch; St Jakob Park) Basilea posee uno de los principales equipos de fútbol del país, que juega en el St Jakob Park, 3 km al este de SBB Bahnhof.

De compras

Weihnachtshaus Johann Wanner ARTESANÍA
(☎061 261 48 26; www.johannwanner.ch; Spalenberg 14; ⌚12.30-18.30 lu, 10.00-18.30 ma-vi, 10.00-17.00 sa) En esta conocida tienda de artículos navideños pueden comprarse preciosos adornos festivos todo el año.

Flohmarkt Petersplatz MERCADO
(www.messen-maerkte.bs.ch/flohmarkt.htm; Petersplatz; ⌚7.30-16.00 sa) Popular mercadillo del sábado en la Petersplatz.

Stadtmarkt MERCADO
(www.messen-maerkte.bs.ch; Marktplatz; ⌚8.30-14.00 lu-ju, hasta 18.00 vi y sa) Marktplatz alberga este mercado de alimentación durante todo el año.

Información

Basel Tourismus (Stadtcasino; ☎061 268 68 68; www.basel.com; Steinenberg 14; ⌚9.00-18.30 lu-vi, hasta 17.00 sa, 10.00-15.00 do) En el casco antiguo, esta sucursal de la asociación de información turística de Basilea organiza circuitos a pie de 2 h por la ciudad (adultos/niños desde 18/9 CHF) en inglés, alemán y francés, y ofrece copiosa información, planos y enlaces a apps sobre los numerosos museos de la ciudad. Hay otra sucursal en la estación Basel SBB (☎061 268 68 68; www.basel.com; Centralbahnstrasse 10; ⌚20.00-18.00 lu-vi, 9.00-17.00 sa, 9.00-15.00 do).

Cómo llegar y salir

Basilea está bien comunicada por carretera, tren y avión.

La autopista A35 baja de Estrasburgo y pasa por el EuroAirport; la A3 se dirige al este, hacia Zúrich, y la A2 va al sur, hacia Berna y Lucerna.

Tiene dos estaciones de trenes principales: la principal de trenes suizo-franceses, SBB Bahnhof, al sur; y la de trenes alemanes, Basel Bad Bahnhof, al norte.

Salen frecuentes trenes directos de la SBB Bahnhof para Zúrich (34 CHF, 55 min-1¼ h) y Berna (41 CHF, 55 min). Para ir a Ginebra (77 CHF, 2¾ h) hay que cambiar de tren en Berna, Biel/Bienne u Olten.

Además hay TGV directo a la Gare de Lyon de París (142 CHF, 3 h, cada 2 h); los billetes con descuento cuestan desde 78 CHF.

CUATRO CASTILLOS EN UN DÍA

Si gustan los cuentos de hadas y el aire medieval de series de TV como *Juego de tronos*, se puede alquilar un automóvil para ver los cuatro macizos castillos en la campiña entre Baden y Aarau. Esta cómoda ruta entre ambas ciudades, que pasa por los cuatro castillos, se hace en unas horas. También puede realizarse a la inversa.

Partiendo de Baden, se sigue 13 km hacia el oeste la ctra. 3 hasta la localidad de Windisch, en origen una guarnición romana cuyos cimientos y puerta este se conservan intactos, y luego al **Schloss Habsburg** (castillo de Habsburgo; 084 887 12 00; www.schloss-habsburg.ch; Habsburg; 10.00-23.30 abr-oct, 11.00-22.00 mi-do nov-mar; P) GRATIS. Los Habsburgo que edificaron esta fortaleza en 1020 acabarían siendo una de las principales dinastías de Europa.

Desde aquí se va 5 km hacia el sur por la ctra. 5 hasta el vecino pueblo de Wildegg y el homónimo **Schloss Wildegg** (062 887 12 30; www.schlosswildegg.ch; Effingerweg 5; adultos/niños 14/8 CHF, solo jardines 7,50/2,50 CHF; 10.00-17.00 ma-do abr-oct; P). El castillo, repleto de antigüedades, corona un cerro en medio de una granja en activo con jardines y huertos.

Para algo más medieval se toma la ctra. 26 hacia el sur hasta **Schloss Lenzburg** (062 888 48 40; www.schloss-lenzburg.ch; Schlossstrasse, Lenzburg; adultos/niños 14/8 CHF, solo jardines 5/2,50 CHF; 10.00-17.00 ma-do abr-oct), con sus tres museos y la antigua torre del homenaje; está solo 6 km más allá.

Para rematar una jornada de fantasía se sigue unos 10 km hacia el sur atravesando el pueblo de Seengen hasta el delicioso **Wasserschloss Hallwyl** (062 767 60 10; www.schlosshallwyl.ch; Seengen; adultos/niños 14/8 CHF; 10.00-17.00 ma-do abr-oct; P), en realidad dos pequeños castillos en un río unidos por un puente.

Desde aquí hay 19 km hacia el noroeste a Aarau o algo menos de 30 km de regreso a Baden.

Se ahorra dinero con el Schlösserpass (adultos/niños 34/19 CHF), abono que abarca *tres* de los cuatro castillos (Hallwyl, Lenzburg y Wildegg); lo venden en la oficina de turismo Info Baden y en aarau Info.

Intentar ver los cuatro castillos en el día en transporte público es difícil, pero si no se dispone de coche pueden visitarse uno o dos.

El **EuroAirport** (MLH o BSL; +33 3 89 90 31 11; www.euroairport.com) da servicio a Basilea (y a Mulhouse, Francia y Friburgo, Alemania). Sito 5 km al norte de la ciudad, en Francia, ofrece vuelos a numerosos destinos europeos con diversas compañías de bajo coste.

Cómo desplazarse

El **Airport Bus 50** conecta el aeropuerto y la SBB Bahnhof de 5.00 a 24.00 con salidas a intervalos de entre 7 y 30 min (4,70 CHF, 20 min). Los billetes se pueden comprar en la máquina expendedora que está en el exterior del vestíbulo de llegadas (acepta billetes, monedas y tarjetas de crédito). El trayecto en **taxi** (061 222 22 22; www.taxi-zentrale.ch) cuesta unos 40 CHF.

Los huéspedes de hoteles de Basilea reciben automáticamente un *mobility ticket* para viajar gratis por toda la ciudad en transporte público, operado por **BVB** (61 685 14 14; www.bvb.ch/en). Sin él, los billetes de tranvía y autobús cuestan 2,30 CHF en trayectos cortos (4 paradas máx,) 3,80 CHF para trayectos más largos dentro de Basilea y 9,80 CHF el abono diario.

Baden

16 118 HAB. / ALT. 388 M

Los primeros en acudir a Baden ("baños" en alemán) por sus 18 manantiales termales ricos en minerales que brotan de la tierra a la abrasadora temperatura de 47°C fueron los romanos, que llamaron al lugar Aquæ Helveticæ. Por si esto sugiriera imágenes de pozas termales al aire libre al estilo de los *rotemburo* japoneses, nada más lejos de ello. En todo Baden los manantiales se han canalizado en una serie de hoteles balneario que van de lo caro a lo supercaro.

Lo más destacado de la ciudad son los extensos baños termales públicos, ahora en obras por una colosal reforma. Cuando se preparaba esta guía la fecha de reapertura se había pospuesto del 2017 al 2019. Hasta que abran, esta bonita ciudad con excelentes museos resulta una agradable excursión desde la vecina Zúrich, pero los entendidos en hoteles de lujo y amantes de las piscinas termales sacaran más partido a su dinero en otras partes.

Puntos de interés y actividades

La **Altstadt** (casco antiguo) tiene un encantador **puente** (Holzbrücke) de madera cubierto, una **torre medieval** (Stadtturm) estupendamente restaurada, calles adoquinadas y variedad de casas de fachada escalonada.

★Stiftung Langmatt GALERÍA
(Museo Langmatt; ☎056 200 86 70; www.langmatt.ch; Römerstrasse 30; adultos/niños 12 CHF/gratis; ⏲14.00-17.00 ma-vi, 11.00-17.00 sa y do mar-nov) Pequeño y precioso conjunto de arte, arquitectura y botánica, alberga gran cantidad de arte impresionista francés en una casa señorial rodeada de magníficos jardines. Para disfrutar de su propio *déjeuner sur l'herbe,* uno puede encargar una cesta de pícnic (*picknick-korb*) en el museo para comerlo en el césped.

Schweizer Kindermuseum MUSEO
(☎056 222 14 44; www.kindermuseum.ch; Ländliweg 7; adultos/niños 12/4 CHF; ⏲14.00-17.00 ma-sa, 10.00-17.00 do; P👪) Este museo interactivo que ocupa 20 salas de una antigua mansión, dirigido a informar a los niños sobre la genealogía y las generaciones pasadas, es un divertido reto para mentes curiosas. Aunque más adecuado para preadolescentes, cualquiera con imaginación y gusto por el juego se divertirá (madres y padres incluidos).

Dónde dormir y comer

★SYHA Jugendherberge Baden ALBERGUE €
(☎056 221 67 36; www.youthhostel.ch/baden; Kanalstrasse 7; dc/i/d desde 35/87/95 CHF; ⏲abr-dic; P@) Es uno de los albergues más atractivos de Suiza, con suelos de pizarra gris, paredes rojizas y materiales de primera calidad. Hay que ir andando desde la estación de tren al Altstadt, cruzar el río Limmat por el Holzbrücke y girar por la primera calle a la derecha: Kanalstrasse.

Atrium-Hotel Blume HOTEL €€
(☎056 200 02 00; www.blume-baden.ch; Kurplatz 4; i/d desde 170/185 CHF; 📶🏊) Antiguo y con encanto, triunfa con los turistas por su patio interior con fuente, plantas y galerías de hierro forjado. Las agradables habitaciones son confortables y tiene una piscinita termal.

★Goldener Schlüssel INTERNACIONAL €€€
(☎056 221 77 21; www.goldenerschluessel.ch; Limmatpromenade 29; menú degustación 2/3/4/5 platos 38/49/60/70 CHF; ⏲18.00-24.00 ma-sa) Cerca de los baños, este acogedor restaurante con techos pintados y vigas invita a los comensales a componer su propio menú a partir de más de una docena de *schneuggereien* (platos pequeños similares a las tapas españolas). Abarca desde las recetas clásicas suizas a otras de influencia italiana y japonesa.

Información

Oficina de turismo Info Baden (☎056 200 87 87; www.baden.ch; Bahnhofplatz 1; ⏲12.00-18.30 lu, 9.00-18.30 ma-vi, hasta 16.00 sa) Frente a la estación de tren, los amantes de los castillos pueden recoger aquí sus *schlosserpasses.*

Cómo llegar y salir

Baden está unos 24 km al noroeste de Zúrich (por la A1).

Es fácil ir a la compacta ciudad desde Zúrich en tren regional (13,40 CHF, 15 min) e incluso en las líneas suburbanas S6 y S12 (30-40 min) del S-Bahn.

Aarau

20 782 HAB. / ALT. 383 M

Quizá su época dorada sea ahora, cuando los visitantes pueden apreciar la fascinante historia de esta encantadora ciudad medieval -fundada en el s. XII- que se extiende sobre un promontorio dominando el ancho río Aar.

Puntos de interés

★Aargauer Kunsthaus GALERÍA
(☎062 835 23 30; www.aargauerkunsthaus.ch; Aargauerplatz; adultos/niños 15/10 CHF; ⏲10.00-17.00 ma, mi y vi-do, hasta 20.00 ju) Para ver siglos de arte suizo y exposiciones temporales, la impresionante casa de las bellas artes de Argovia ocupa un llamativo edificio de hormigón y cristal diseñado por Herzog & de Meuron.

Altstadt ZONA
(casco antiguo) El casco antiguo amurallado de Aarau se alza sobre una elevación junto al río Aar y es muy agradable para pasear. Sus calles están llenas de edificios centenarios y señoriales, más de 70 de los cuales

poseen majestuosos aleros cuya parte inferior de madera está decorada con vistosos motivos.

Dónde dormir y comer

Hay un buen surtido de bares y restaurantes en el casco antiguo, frecuentados por turistas y visitantes en el día los fines de semana.

Kettenbrücke Hotel HOTEL-BOUTIQUE €
(☎062 838 18 18; www.hotelkettenbruecke.ch; Zollrain 16; d/ste desde 140/290 CHF; P❄) Este precioso hotel histórico con su propio bar-restaurante tiene 27 habitaciones, las más nuevas y estilosas de la ciudad, en relajantes tonos grises y azules con suelos de abedul y nuevo mobiliario y ropa de cama. Hay además dos estupendas suites para estancias largas.

Speck SUIZA €
(☎062 822 37 48; www.speck-metzgerei.ch; Zollrain 10; menús 16-17 CHF; ⊙10.00-14.00 y 17.00-23.00 lu-vi, 10.00-14.00 sa; P❄) ¡Por fin un restaurante sin pretensiones que sirve sustanciosa comida suiza a precios asequibles! Los pesados platos germánicos de estilo casero con mucha carne local y mucha patata salen muy a cuenta.

Información

aarau info (☎062 834 10 34; www.aarauinfo.ch; Metzgergasse 2; ⊙13.30-18.00 lu, 9.00-18.00 ma-vi, 9.00-13.00 sa) En pleno casco antiguo.

Zúrich

396 955 HAB.

Incluye »

Los mejores restaurantes

- Alpenrose (p. 246)
- Didi's Frieden (p. 248)
- Kronenhalle (p. 249)
- Café Sprüngli (p. 246)
- Baltho Küche & Bar (p. 247)

Los mejores alojamientos

- B2 Boutique Hotel & Spa (p. 245)
- Marktgasse Hotel (p. 246)
- Depot 195 (p. 255)
- Jakob (p. 253
- Hotel Florhof (p. 246)
- Hotel Widder (p. 245)

Por qué ir

El centro de atención del cantón es la ciudad de Zúrich junto al lago, con excelentes museos y restaurantes en el Altstadt (casco antiguo) además de bares de moda, galerías y *boutiques* de aire urbano en el revitalizado barrio de Züri-West.

Pero también vale la pena dejar la capital financiera de Suiza un par de días para internarse en este cantón donde en los días claros los Alpes parecen muy cercanos. A media hora o menos de la ciudad se pueden recorrer rutas a pie o en bicicleta de montaña en las alturas del Uetliberg (871 m) o visitar Rapperswil, junto al lago, con su casco medieval coronado por un castillo. Los apasionados del arte deben desviarse a Winterthur, foco cultural con tres estupendas galerías y uno de los mejores museos de fotografía de Europa.

Cuándo ir

- La llegada de la primavera se celebra en Sechseläuten prendiendo fuego al muñeco de nieve Böögg.
- En agosto la gente lo pasa en grande en la Street Parade, una de las fiestas callejeras más grandes de Europa.
- En septiembre el Food Zürich trae restaurantes improvisados, talleres de cocina, *brunches* y cenas al aire libre.

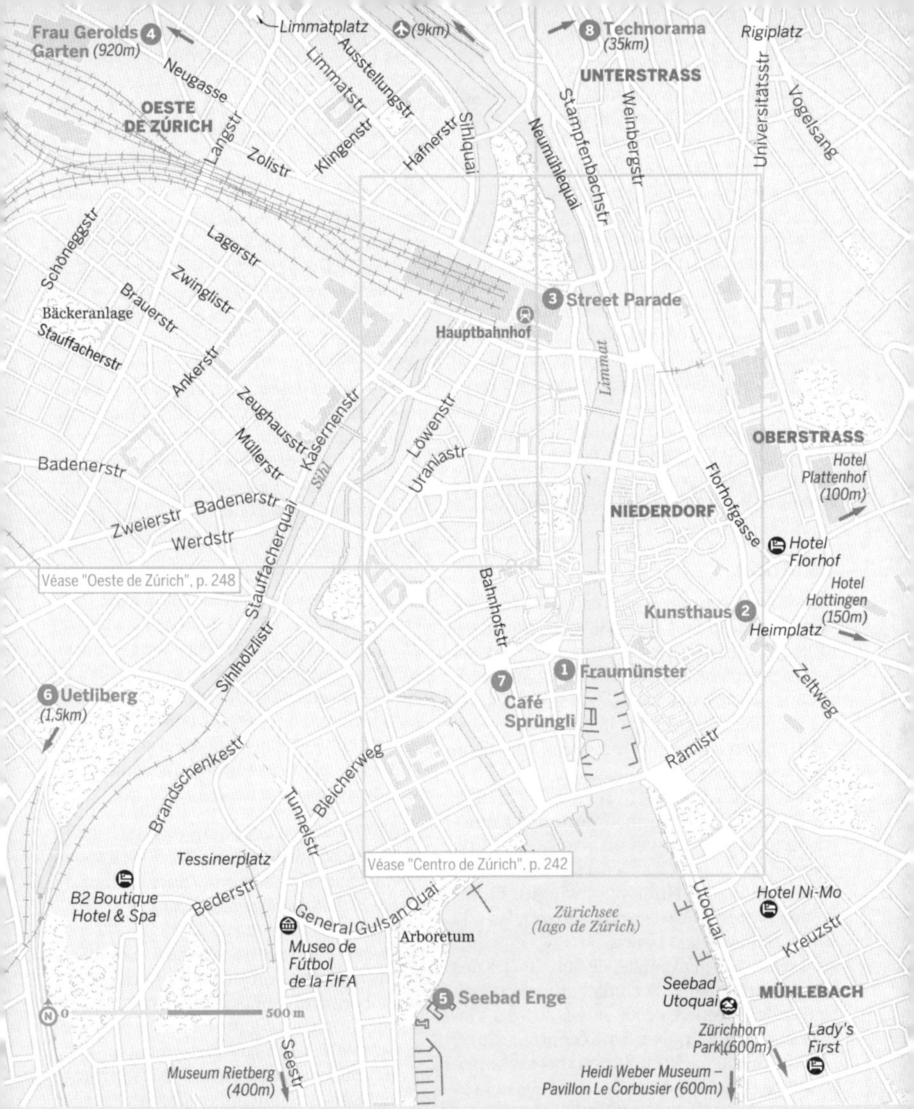

Imprescindible

1 **Fraumünster** (p. 240) Recrearse en la belleza de las vidrieras de Marc Chagall.

2 **Kunsthaus** (p. 240) Admirar las vastas colecciones del impresionante Museo de Bellas Artes zuriqués.

3 **Street Parade** (p. 244) Sumarse a la multitud en esta fiesta callejera de agosto.

4 **Frau Gerolds Garten** (p. 249) Beber y codearse con lugareños en la cervecería al aire libre favorita de Zúrich.

5 **Seebad Enge** (p. 243) Tomar el sol o dejarse llevar por la corriente en uno de los baños del río o el lago.

6 **Uetliberg** (p. 251) Subir este monte de 871 m para disfrutar del panorama de la ciudad y la campiña.

7 **Café Sprüngli** (p. 246) Darse a los pasteles y el chocolate en este epicentro del dulce.

8 **Technorama** (p. 254) Ver la faceta divertida de la ciencia en este museo de Winterthur, ideal para familias.

ZÚRICH

Gracias a su cultura vibrante, su eficiente gestión y una ubicación atractiva en la unión del río y el lago, Zúrich suele considerarse una de las ciudades del mundo donde mejor se vive. La metrópoli más grande y rica de Suiza es conocida desde hace tiempo como un centro financiero donde se trabaja duro, pero en el s. XXI también se ha convertido en uno de los destinos más modernos de Europa, con un ambiente creativo posindustrial cuyo mejor ejemplo es la Street Parade (p. 244).

Gran parte del casco antiguo, con sus callejuelas y las altas agujas de las iglesias, se conserva intacto. Pero Zúrich también ha acogido las tendencias contemporáneas al convertir viejas fábricas en centros culturales y espacios creativos. Esto se manifiesta sobre todo en Züri-West, el epicentro de la marcha nocturna.

Historia

Zúrich nació como el campamento romano Turicum. Las tribus germánicas llegaron en el 400 d.C. y en 1336 esta próspera ciudad vivió una pequeña revolución cuando los artesanos y comerciantes tomaron el poder, expulsaron a los nobles y crearon los 13 *Zünfte* (gremios) que dirigieron la ciudad durante mucho tiempo. Aún se conservan muchos de ellos y en la fiesta de Sechseläuten (p. 244) salen a la calle.

En 1351 Zúrich se incorporó a la Confederación Helvética y a principios del s. XVI ejerció un papel clave en la Reforma con Ulrico Zuinglio (Huldrych Zwingli). En los siglos posteriores se enriqueció gracias a la industria textil y la banca.

Debido a la neutralidad de Suiza en las dos guerras mundiales, la ciudad atrajo a personalidades diversas, desde James Joyce a Vladimir Lenin. El movimiento contracultural del dadaísmo nació en Zúrich tras los horrores de la I Guerra Mundial y muchas obras dadaístas aún se exponen en la Kunsthaus.

Desde principios de la década de 1990, Zúrich se ha despojado de su imagen adusta y se ha transformado en una de las ciudades europeas más a la moda.

Puntos de interés

La ciudad se extiende por el extremo noroeste del Zürichsee (lago de Zúrich), desde donde el río Limmat sigue fluyendo hacia el norte y divide en dos la ciudad. Aunque los principales atractivos de Zúrich se apiñan en el centro medieval, el puntero barrio de Züri-West tiene también estupendas galerías. Es mejor recorrer a pie las estrechas calles del barrio de Niederdorf, en la orilla oriental del río, llenas de restaurantes, bares, tiendas y puntos de interés.

★ Kunsthaus — MUSEO

(plano p. 242; ☎044 253 84 84; www.kunsthaus.ch; Heimplatz 1; adultos/niños 16 CHF/gratis, mi gratis; ⏲10.00-20.00 mi y ju, hasta 18.00 ma y vi-do; 🚋5, 8, 9, 10 hasta Kunsthaus) El impresionante museo de bellas artes de Zúrich contiene una rica colección, principalmente europea. Comienza en la Edad Media, pasa por los grandes maestros antiguos y llega a las figuras alargadas de Alberto Giacometti, obras de Monet y Van Gogh, esculturas de Rodin y otras obras de los s. XIX y XX. El abono de Swiss Rail y el Museum Pass no dan entrada gratuita, pero la ZürichCard (p. 252) sí.

★ Fraumünster — IGLESIA

(plano p. 242; www.fraumuenster.ch/en; Münsterhof; 5 CHF incl. audioguía; ⏲10.00-18.00 mar-oct, hasta 17.00 nov-feb; 🚋6, 7, 10, 11, 14 hasta Paradeplatz) Esta iglesia del s. XIII es célebre por sus vidrieras, obra del maestro judío ruso Marc Chagall (1887-1985), quien en 1971 realizó una serie de cinco ventanas en el coro y la roseta del crucero sur en 1978. La roseta del crucero norte, de 1945, es obra de Augusto Giacometti. La entrada incluye una audioguía plurilingüe.

Schweizerisches Landesmuseum — MUSEO

(Museo Nacional Suizo; plano p. 242; ☎058 466 65 11; www.nationalmuseum.ch/e/zuerich; Museumstrasse 2; adultos/niños 10 CHF/gratis; ⏲10.00-17.00 ma, mi y vi-do, hasta 19.00 ju; 🚋Zürich Hauptbahnhof, 🚆Zürich Hauptbahnhof) El edificio, un cruce de mansión y castillo, se construyó para albergar este museo ecléctico y presentado de forma imaginativa. La colección permanente ofrece un completo recorrido por la historia suiza, con objetos como trineos minuciosamente tallados y pintados, útiles domésticos y religiosos y una serie de habitaciones históricas reconstruidas que abarcan seis siglos. En agosto del 2016 tuvo una importante ampliación e inauguró su nueva sección de arqueología en un ala a estrenar.

Museo de Fútbol de la FIFA — MUSEO

(www.fifamuseum.com; Seestrasse 27; adultos/niños 24 CHF; ⏲10.00-19.00 ma-sa, 9.00-18.00 do; 🚋2, 5, 6, 7, 8, 11, 13, 14, 17 hasta Bahnhof Enge, 🚆Bahnhof Enge) Los aficionados al fútbol no se perderán este museo inaugurado en el 2017 que narra la historia de la FIFA y la Copa del Mundo en

CONVERSIÓN INDUSTRIAL

Un símbolo del renacimiento de la zona oeste de Zúrich, antaño industrial, es el **Schiffbau** (plano p. 248; Schiffbaustrasse; 3, 4, 6 hasta Schiffbau). Fue una gran fábrica de barcos de vapor para el lago y, hasta 1992, de piezas para motores de turbina. Hoy el enorme armazón ha sido transformado en la sede del **Schauspielhaus** (plano p. 248; taquilla 044 258 77 77; www.schauspielhaus.ch; Schiffbaustrasse 4; 3, 4, 6 hasta Schiffbau), un gran teatro con tres escenarios. También alberga un restaurante y un bar con estilo y el local de *jazz* Moods (p. 250).

Otros proyectos de reconversión en la ciudad son **Puls 5** (plano p. 248; www.puls5.ch; Giessereistrasse 18; 17 hasta Förrlibuckstrasse), una fundición transformada en centro multiusos con restaurantes, bares y oficinas, y el B2 Boutique Hotel (p. 245), en la antigua fábrica de cerveza Hürlimann, cuyos arquitectos conservaron la estructura externa de la factoría y elementos históricos, como la sala de máquinas.

una serie de muestras interactivas. Destacan el trofeo original de la Copa del Mundo y un gigantesco *pinball* donde el visitante pondrá a prueba sus habilidades.

Museum für Gestaltung MUSEO

(043 446 67 67; www.museo-gestaltung.ch; Toni-Areal, Pfingstweidstrasse 96; adultos/niños 12 CHF/gratis; 10.00-17.00 ma y ju-do, hasta 20.00 mi; 3, 4, 6 hasta Toni-Areal) Impresionantes y de amplio espectro, las exposiciones incluyen desde obras de fotógrafos clásicos, como Henri Cartier-Bresson, hasta la publicidad de mobiliario de diseño de antaño. Las artes gráficas y aplicadas dominan las colecciones permanentes.

Beyer Museum MUSEO

(plano p. 242; 043 344 63 63; www.beyer-ch.com/uhrenmuseum; Bahnhofstrasse 31; adultos/niños 8/3 CHF; 14.00-18.00 lu-vi; 4, 10, 14, 15 hasta Paradeplatz) En el interior del edificio de un fabricante de relojes de lujo, esta pequeña joya de museo relata el auge de la medición del tiempo, desde las velas medievales estriadas hasta los relojes más modernos. Para ver vídeos cortos de las piezas más creativas en acción (Moisés golpeando una roca con su bastón para que brote agua y un mago que levanta tazas para descubrir formas geométricas variables), hay que pedirle al personal un iPad en préstamo.

Grossmünster IGLESIA

(plano p. 242; www.grossmuenster.ch; Grossmünsterplatz; 10.00-18.00 mar-oct, hasta 17.00 nov-feb; 4, 15 hasta Helmhaus) Fundada por Carlomagno en el s. IX (aunque muy reconstruida desde entonces), la catedral de Zúrich posee dos características torres gemelas y se levanta justo enfrente de la Fraumünster, al otro lado del río. El interior contiene vidrieras de Augusto Giacometti. Se tendrán panorámicas más amplias de la ciudad subiendo a la torre sur, la **Karlsturm** (adultos/niños 4/2 CHF; 10.00-17.00 lu-sa, 12.30-17.30 do mar-oct, hasta 16.30 diarios nov-feb).

En el s. XVI el predicador Huldrych Zwingli (1484-1531) comenzó a denunciar a la Iglesia católica desde la catedral y llevó la Reforma a Zúrich. La **casa de Zwingli** (plano p. 242; Kirchgasse 13; 2, 4, 15 hasta Helmhaus) se halla cerca.

St Peterskirche IGLESIA

(Iglesia de San Pedro; plano p. 242; St Peterhofstatt; 8.00-18.00 lu-vi, hasta 16.00 sa; 4, 10, 11, 14, 15 hasta Paradeplatz) Desde cualquier parte de la ciudad se ve la torre (s. XIII) de esta iglesia. La esfera de su reloj (8,7 m de diámetro) es la mayor de Europa. En el interior destaca el coro, del s. XIII, pero el resto de la iglesia fue reformada en el s. XVIII. Justo debajo se halla uno de los puntos más pintorescos de Zúrich: St Peterhofstatt, una plaza adoquinada que rodea a un viejo tilo.

James Joyce Foundation MUSEO

(plano p. 242; 044 211 83 01; www.joycefoundation.ch; Augustinergasse 9; 10.00-17.00 lu-vi; 4, 6, 7, 10, 11, 13, 14, 15, 17 hasta Rennweg) GRATIS James Joyce pasó en Zúrich gran parte de la I Guerra Mundial y aquí escribió *Ulises*. Esta fundación contiene la mayor colección de Europa dedicada a este autor y organiza lecturas (en inglés) de su obra los lunes, martes y jueves por la tarde.

Cabaret Voltaire GALERÍA

(plano p. 242; 043 268 57 20; www.cabaretvoltaire.ch; Spiegelgasse 1; galería 14.00-18.00 ma-vi, 12.00-18.00 sa y do, bar desde 18.00 ma-vi, desde 16.00 sa-do; 2, 4, 15 hasta Rathaus) GRATIS Cuna

Centro de Zúrich

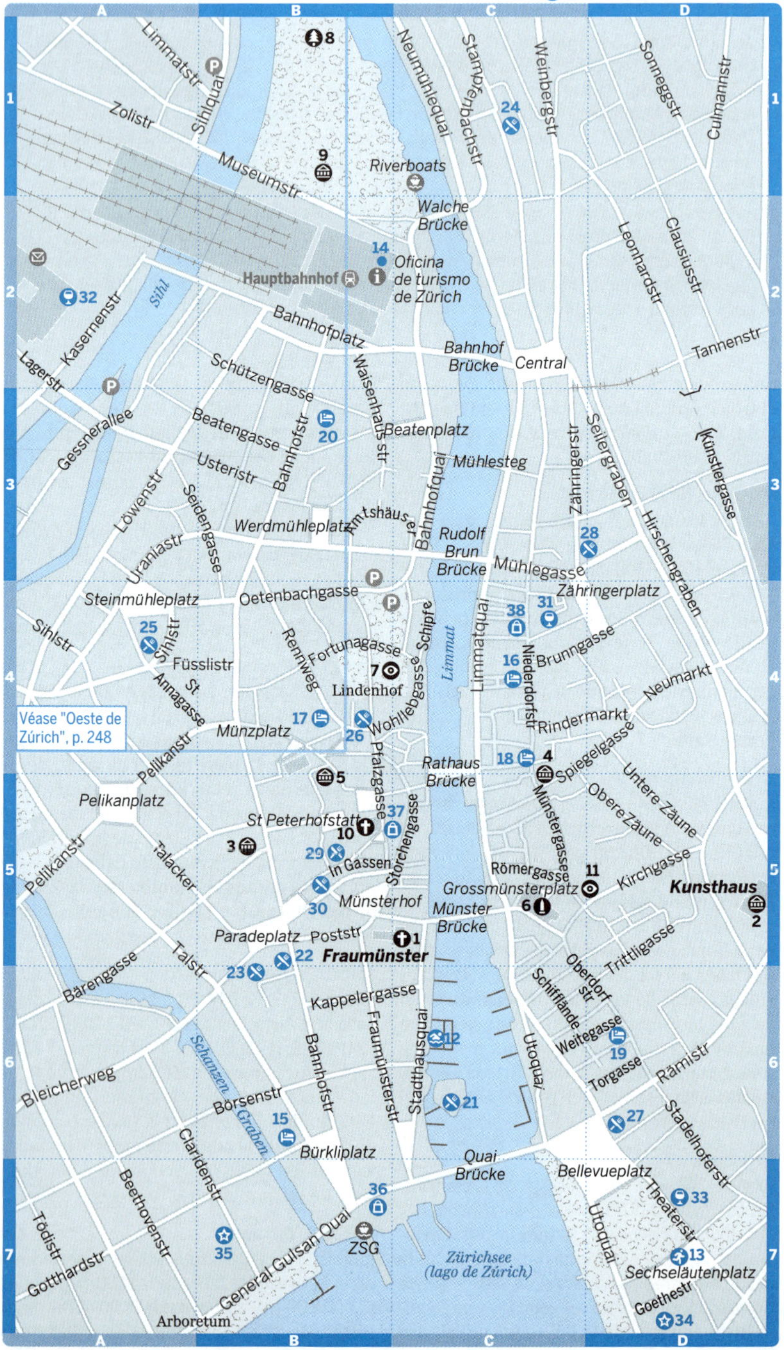

ZÚRICH ZÚRICH

Centro de Zúrich

Principales puntos de interés
1 Fraumünster C5
2 Kunsthaus D5

Puntos de interés
3 Beyer Museum B5
4 Cabaret Voltaire C4
Grossmünster (véase 6)
5 James Joyce Foundation B5
6 Karlsturm C5
7 Lindenhof B4
8 Platzspitz B1
9 Schweizerisches Landesmuseum B1
10 St Peterskirche B5
11 Zwingli's House D5

Actividades, cursos y circuitos
12 Frauenbad C6
13 Sechseläuten D7
14 Zürich Food Tour B2

Dónde dormir
15 Baur au Lac B6
16 City Backpacker C4
17 Hotel Widder B4
18 Marktgasse Hotel C4
19 Oldtown Hostel Otter D6
20 Townhouse B3

Dónde comer
Baltho Küche & Bar (véase 18)
21 Bauschänzli C6
22 Café Sprüngli B5
23 Coco B6
24 Didi's Frieden C1
25 Haus Hiltl A4
26 Kindli B4
27 Kronenhalle D6
28 Raclette Stube D3
29 Restaurant Zum Kropf B5
30 Zeughauskeller B5

Dónde beber y vida nocturna
31 Heaven C4
32 Loft Five A2
33 Mascotte D7

Ocio
34 Opernhaus D7
35 Tonhalle B7

De compras
36 Mercadillo de Bürkliplatz B7
37 Max Chocolatier C5
38 Mercado de artesanía de Rosenhof C4

del dadaísmo, este espacio de arte ha vuelto a cobrar vida como semillero de polémicas exposiciones y fermento artístico de crítica social. Se puede explorar la historia del dadaísmo abajo o subir al café-bar, lleno de pósteres. La tienda vende libros de arte y publicaciones relacionadas con el dadaísmo.

Actividades

Zúrich es muy animada en verano, cuando los parques que rodean el lago se llenan de bañistas, amantes del sol, patinadores, futbolistas, enamorados, juerguistas y gente de pícnic. ¡Incluso la policía patrulla en patines!

De mayo a mediados de septiembre abren zonas oficiales de natación llamadas *Badis* (normalmente muelles de madera con un pabellón) alrededor del lago y en el río Limmat. También hay muchos lugares gratuitos no oficiales donde darse un chapuzón.

Thermalbad & Spa Zürich SPA

(044 205 96 50; http://thermalbad-zuerich.ch; Brandschenkestrasse 150; baños termales adultos/niños 36/18 CHF, baños romano-irlandeses 60 CHF; 9.00-22.00; 13 hasta Enge) Para ver titilar las luces de Zúrich sumergidos en la burbujeante agua caliente de una piscina de horizonte infinito al aire libre hay que venir a estas termas en la antigua fábrica de cerveza Hürlimann; el agua rica en minerales viene de la fuente termal Aqui que mana bajo Zúrich. En las bóvedas están los baños romano-irlandeses (solo adultos), una serie de piscinas bellamente iluminadas y tratamientos curativos de aguas.

Seebad Enge NATACIÓN

(044 201 38 89; www.seebadenge.ch; Mythenquai 9, 700 m suroeste de Bürkliplatz; piscina/sauna 8/29 CHF; 9.00-19.00 may y sep, hasta 20.00 jun-ago; sauna 11.00-23.00 lu-sa, 10.00-22.00 do fin sep-ppios may; 2, 5, 10, 11 hasta Rentenanstalt) En el lago, este baño de moda tiene un bar abierto hasta medianoche cuando hace buen tiempo. También ofrece masajes, yoga, surf de remo y una sauna en invierno (solo mujeres lu; mixta resto de la semana). Solo adultos.

Seebad Utoquai NATACIÓN

(044 251 61 51; www.bad-utoquai.ch; Utoquai 49; adultos/niños 8/4 CHF; 7.00-20.00 med may-hasta tarde sep; 2, 4, 10, 11, 14, 15 hasta Kreuzstrasse) Al norte del parque Zürichhorn, 400 m al sur de Bellevueplatz, es el pabellón de baño más popular de la orilla oriental del Zürichsee.

Frauenbad NATACIÓN

(plano p. 242; ☎044 211 95 92; Stadthausquai; adultos/niños 8/4 CHF; ⏲9.00-19.30 med may-med sep; 🚋2, 5, 8, 9, 10, 11, 14, 15 hasta Bürkliplatz) Para alimentar la nostalgia hay que sumergirse en esta piscina modernista a orillas del Limmat, solo para féminas durante el día. Su bar de moda está abierto a ambos sexos de noche.

Letten NATACIÓN

(plano p. 248; ☎044 362 92 00; Lettensteg 10; 🚋3, 4, 6, 10, 11, 13, 15, 17 hasta Limmatplatz) GRATIS Está al norte de la estación de tren, en la orilla este del Limmat (al sur del Kornhausbrücke). Aquí es donde los modernos de Züri-West nadan, se zambullen desde puentes, montan en monopatín, juegan al voleibol, beben en los bares ribereños y charlan en la hierba o en los escalones de hormigón.

Circuitos

eTuk Tuk TUK-TUK

(plano p. 248; ☎044 514 33 44; www.etuktuk.ch; Lagerstrasse 107; ⏲9.00-19.00) Estas rutas en *tuk-tuk* eléctrico son una novedad. Guías entendidos llevan los circuitos "Corazón de Zúrich" de 40 min (29 CHF), que abarcan el casco antiguo y Niederdorf; otros de 1 h por el centro urbano (36 CHF); y uno de 90 min de Zúrich y alrededores (45 CHF); además de las rutas de *fondue* de chocolate de 1 h (154 CHF), con fruta, golosinas, bombones y vino de postres incluidos. Consúltese antes de dónde salen los circuitos.

Zürich Food Tour COMIDA Y BEBIDA

(plano p. 242; ☎044 215 40 00; www.zuerich.com; 85 CHF; ⏲16.00-19.00 vi; 🚋Zürich Hauptbahnhof, 🚆Zürich Hauptbahnhof) Se conocerá el panorama gastronómico zuriqués en este circuito que organiza la oficina de turismo: son 3 h de catas en restaurantes, bares, mercados y cervecerías de Züri-West, antiguo barrio obrero ahora de moda. Al reservar dirán el punto de partida, que varía.

Fiestas y celebraciones

Street Parade DESFILE

(www.streetparade.com; Utoquai; ⏲2º sa ago; 🚋2, 5, 8, 9 hasta Bellevue) Desde su primera convocatoria en 1992, esta juerga *techno* en mitad de agosto se ha convertido en una de las fiestas callejeras más grandes y animadas de toda Europa.

Food Zürich COMIDA Y BEBIDA

(www.foodzurich.com; ⏲hasta tarde may-ppios jun) Durante 11 días de mayo y junio estas fiestas gastronómicas ofrecen de todo, desde establecimientos temporales a talleres de cocina, *brunches* de mercado y cenas a la luz de las estrellas. Hay desde platos suizos hasta sabores de todo el mundo.

Sechseläuten DESFILE

(Sächsilüüte; plano p. 242; www.sechselaeuten.ch; Sechseläutenplatz; ⏲3er o 4º lu abr; 🚋2, 4, 10, 11, 14 hasta Opernhaus) Lo más destacado de esta fiesta primaveral es la quema de un muñeco de nieve relleno de fuegos artificiales, el *Böögg;* cuanto más rápido llegue el fuego a su cabeza y la haga explotar, mejor será el verano ese año.

Pride LGBT

(plano p. 248; http://zurichpridefestival.ch; Kasernenareal; ⏲2º fin de semana jun; 🚋3, 14 hasta Sihlpost) La bandera del arcoíris ondea en esta colosal fiesta del orgullo LGBT la segunda semana de junio. Se celebra en la zona de festivales de Kasernenareal.

Dónde dormir

Muchos hoteles bajan los precios los fines de semana. Es muy difícil encontrar una habitación el fin de semana de agosto de la Street Parade y durante las ferias comerciales más importantes (incluidas las de Basilea), cuando los precios se disparan.

Kafischnaps HOTEL €

(plano p. 248; ☎043 538 81 16; www.kafischnaps.ch; Kornhausstrasse 57; i 69 CHF, d 88-118 CHF; 📶; 🚋11, 14 hasta Schaffhauserplatz) En una antigua carnicería, este animado café-bar de barrio alquila cinco alegres habitacioncitas con nombre y decoración de distintos licores de frutas. Resérvese de antemano en internet; pronto se llena. El café-bar (8.00 o 9.00-24.00 todos los días) es estupendo para un café, cerveza o *brunch.*

City Backpacker ALBERGUE €

(plano p. 242; ☎044 251 90 15; www.city-backpacker.ch; Niederdorfstrasse 5; dc/i/d 37/77/118 CHF; ⏲recepción cerrada 12.00-15.00; @📶; 🚋2, 4, 15 hasta Rathaus) Este simpático albergue privado bien ubicado en el casco antiguo, con juvenil ambiente fiestero, está bien equipado aunque es algo estrecho. En verano se combate la claustrofobia entreteniéndose en la azotea. Habrá que subir a pie varios pisos hasta la recepción y las habitaciones, pues no hay ascensor.

SYHA Hostel ALBERGUE €

(☎043 399 78 00; www.youthhostel.ch; Mutschellenstrasse 114; dc 40,50 CHF, i 82-118 CHF, d 92-

139 CHF; @ wifi; tranvía 7 hasta Morgental, S S8, S24 hasta Wollishofen) Alojado en un edificio de los años sesenta, este concurrido albergue institucional dispone de recepción las 24 h, comedor, baños modernos y relucientes y wifi en el salón de abajo. El desayuno, incluido en el precio, incorpora sopa de miso y arroz, además de los clásicos suizos. Queda aprox. 20 min al sur de la Hauptbahnhof.

Oldtown Hostel Otter ALBERGUE €

(plano p. 242; ☎044 251 22 07; www.oldtownzurich.com; Oberdorfstrasse 7; dc/d desde 43/134 CHF; wifi; tranvía 2, 4, 15 hasta Helmhaus) Hotel reconvertido en albergue en una callecita de Niederdorf, en una de las mejores relaciones ubicación-precio de Zúrich. Ofrece siete dormitorios y ocho habitaciones privadas de diversas disposiciones, además de una cocina americana común para huéspedes. Está a 5 min a pie de varios puntos de interés: la Fraumünster, la Kunsthaus, el río Limmat y el Zürichsee.

25hours Hotel Zürich West HOTEL DE DISEÑO €€

(☎044 577 25 25; www.25hours-hotels.com; Pfingstweidstrasse 102; d 162-370 CHF; P wifi; tranvía 3, 4, 6 hasta Toni-Areal) De la joven cadena 25hours, este hotel de Züri-West mezcla un impecable diseño con toques juguetones, arte original y vivos colores. Las habitaciones, de un minimalismo poco convencional, ofrecen cosméticos de origen ecológico, altavoces Bluetooth, alfombras de dibujos geométricos, minibar gratuito y bolsas recicladas Freitag en préstamo. Otros detalles son el alquiler gratis de Mini Cooper, el tenis de mesa junto a la entrada y los desayunos hasta tarde.

Townhouse HOTEL-BOUTIQUE €€

(plano p. 242; ☎044 200 95 95; www.townhouse.ch; Schützengasse 7; i 195-365 CHF, d 225-395 CHF, ste 315-425 CHF; wifi; tranvía Zürich Hauptbahnhof, tren Zürich Hauptbahnhof) Muy bien situado junto a la estación de tren y las tiendas de Bahnhofstrasse, este estiloso hotel ofrece amable servicio y un sinfín de detalles agradables. Las 21 habitaciones de variado tamaño (de 15 a 35 m²) tienen lujoso papel pintado, tapices en las paredes, parqué, muebles *retro*, reproductores de DVD y puertos para iPod.

Lady's First HOTEL €€

(☎044 380 80 10; www.ladysfirst.ch; Mainaustrasse 24; h 180-338 CHF; wifi; tranvía 2, 4, 10, 11, 14, 15 hasta Feldeggstrasse) Pese al nombre, este hotel cerca de la ópera y el lago acepta a huéspedes de todo género, aunque el centro de *wellness* anexo con terraza sea solo para mujeres. Las inmaculadas habitaciones, en general amplias, tienen parqué, mobiliario de diseño y otros toques estéticos.

Hotel Ni-Mo B&B €€

(☎044 370 30 30; www.hotel-nimo.ch; Seefeldstrasse 16; i 180-200 CHF, d 210-290 CHF; wifi; tranvía 2, 4, 10, 11, 14, 15 hasta Kreuzstrasse) Eva Stiefel, una sociable productora de cine, ha convertido este B&B de 10 habitaciones cercano al teatro de la ópera en uno de los hoteles pequeños más acogedores de Zúrich. Las habitaciones, modernas y minimalistas, tienen suelos de madera y baños alicatados y se complementan con un salón del desayuno decorado con arte local. Eva nació en Zúrich y disfruta ayudando a los huéspedes a descubrir la ciudad.

Hotel Hottingen HOTEL €€

(☎044 256 19 19; www.hotelhottingen.ch; Hottingerstrasse 31; dc 50 CHF, i 110-200 CHF, d 160-300 CHF, i/d con baño compartido desde 85/115 CHF; P wifi; tranvía 3, 8, 9, 11, 15, 17 hasta Hottingerplatz) Renovado en el 2016, está mejor de lo que parece desde fuera. Sus 32 habitaciones son sencillas, algunas tienen balcón y todas una relación calidad-precio estupenda. Hay duchas y una cocina comunitaria en cada planta y en la última está el dormitorio colectivo solo para mujeres, con azotea.

★ **Hotel Widder** HOTEL-BOUTIQUE €€€

(plano p. 242; ☎044 224 25 26; www.widderhotel.ch; Rennweg 7; i/d desde 523/625 CHF; P ✻ @ wifi; tranvía 4, 6, 7, 10, 11, 13, 14, 15, 17 hasta Rennweg) Un hotel-*boutique* muy estiloso en el barrio elegante de Augustiner. Es una fusión de lujo de 5 estrellas y encanto del s. XII. Las habitaciones y las zonas públicas, distribuidas en ocho casas decoradas de forma individual, están repletas de muebles de diseño, arte y detalles originales, desde vigas de roble a estufas antiguas y murales.

★ **B2 Boutique Hotel & Spa** HOTEL-BOUTIQUE €€€

(☎044 567 67 67; www.b2boutiquehotels.com; Brandschenkestrasse 152; i 290-420 CHF, d 295-555 CHF; @ wifi piscina; tranvía 13 hasta Enge) A la última, en una antigua fábrica de cerveza apartada del centro (aunque junto a la sede central europea de Google), entre otros detalles cuenta con una piscina termal en la azotea, un *spa* (p. 243) y un salón-biblioteca recubierto con 30 000 libros comprados a un anticuario local. Las habitaciones son de un impecable estilo urbano.

Hotel Florhof HOTEL €€€
(☎044 250 26 26; www.hotelflorhof.ch; Florhofgasse 4; i 185-230 CHF, d 300-360 CHF, junior ste 540-640 CHF; 📶🐾; 🚋3, 17 hasta Neumarkt) Ocupa una antigua mansión noble y fábrica de seda en un jardín, a escasa distancia de la Kunsthaus, y alberga 32 habitaciones amuebladas con gusto. Una completa reforma ha restaurado muchos elementos originales, como los parqués de las habitaciones o el suelo de piedra y la estufa de cerámica de la zona de recepción.

Marktgasse Hotel HOTEL-BOUTIQUE €€€
(plano p. 242; ☎044 266 10 10; www.marktgassehotel.ch; Marktgasse 17; i 199-250 CHF, d 259-385 CHF, ste 359-535 CHF; 📶; 🚋4, 15 hasta Rathaus) Este hotel del histórico barrio de Niederdorf abrió en el 2015 tras una renovación. Combina detalles del s. XV como molduras, estufas alicatadas y revestimientos de madera con sencillo diseño moderno en las habitaciones, con mejores vistas cuanto más alto es el piso. Para relajarse tiene el bistró y bar Baltho, además de una zona de *wellness* con baño turco y gimnasio.

Baur au Lac HOTEL €€€
(plano p. 242; ☎044 220 50 20; www.bauraulac.ch; Talstrasse 1; i/d desde 570/680 CHF; P❄@; 🚋2, 5, 8, 9, 10, 11, 14, 15 hasta Bürkliplatz) Joya familiar a orillas del lago que ofrece todas las comodidades imaginables y gran intimidad. Las habitaciones están decoradas en colores y estilos clásicos como el Imperio, el Regencia y el *art déco*. En cuanto se pruebe el *spa*, los restaurantes y el servicio impecable, se entenderá por qué tanto VIP se aloja aquí.

Dónde comer

★Haus Hiltl VEGETARIANA €
(plano p. 242; ☎044 227 70 00; www.hiltl.ch; Sihlstrasse 28; 4,90 CHF por 100 g, principales 25-35 CHF; ⏲6.00-24.00 lu-sa, 8.00-24.00 do; 🌶; 🚋4, 6, 7, 10, 11, 13, 14, 15, 17 hasta Rennweg) Ostenta el récord Guinness de ser el restaurante vegetariano más antiguo del mundo (se fundó en 1898) y ofrece un bufé de manjares sin carne, desde curris indios y tailandeses hasta verduras mediterráneas a la parrilla, además de ensaladas y postres. Se puede optar por el bufé o por platos principales más contundentes. Hay que sentarse en la cafetería informal o en el restaurante contiguo. También ofrece un servicio para llevar que sale a cuenta.

★Café Sprüngli DULCES €
(plano p. 242; ☎044 224 46 46; www.spruengli.ch; Bahnhofstrasse 21; dulces 8-16 CHF; ⏲7.30-18.30 lu-vi, 8.00-18.00 sa; 🚋4, 6, 7, 10, 11, 13, 14, 15, 17 hasta Paradeplatz) Hay que sentarse en este epicentro de la Suiza dulce fundado en 1836 a tomar pasteles, chocolate, helado y exquisitas bebidas de café. También ofrece almuerzos ligeros, y no hay que perderse su maravillosa tienda de bombones, donde venden para llevar pralinés y trufas y la especialidad de la casa: *macarons* Luxemburgerli de colores pastel.

Bauschänzli CAFETERÍA €
(plano p. 242; ☎044 212 49 19; www.bauschaenzli.ch; Stadthausquai 2; principales 13-22 CHF; ⏲11.00-23.00 abr-sep; 🚋2, 4, 5, 8, 9, 10, 11, 14, 15 hasta Bürkliplatz) La ubicación es el mayor atractivo de esta cervecería/cafetería construida en lo alto de unas fortificaciones del s. XVII que se internan hasta la mitad del río Limmat. Se verán cisnes, barcas y paseantes mientras se degusta *bratwurst*, perca frita, *Wiener schnitzel* y patatas fritas y se beben jarras de cerveza fría. Desde principios de octubre a principios de noviembre organizan la versión zuriquesa del Oktoberfest.

Burgermeister HAMBURGUESERÍA €
(plano p. 248; www.burger-meister.ch; Langstrasse 238; hamburguesas 11-22 CHF; ⏲11.00-22.30 lu-mi, hasta 23.00 ju, hasta 24.00 vi, 12.00-24.00 sa; 🚋3, 4, 6, 10, 11, 13, 15, 17 hasta Limmatplatz) Sirve hamburguesas de lo más contundente, hechas *in situ* con vacuno suizo y fuertes salsas. Si apetece el picante, pídase la hamburguesa con queso y jalapeños; para vegetarianos hay una hamburguesa de tofu con salsa de curri y mango.

Alpenrose SUIZA €€
(plano p. 248; ☎044 431 11 66; www.restaurantalpenrose.ch; Fabrikstrasse 12; menús almuerzo 23-27 CHF, cena principales 24-38 CHF; ⏲9.00-23.30 ma-vi, desde 17.00 sa y do; 🚋3, 4, 6, 10, 11, 13, 15, 17 hasta Quellenstrasse) Con altos ventanales estarcidos, paredes revestidas de madera y techos con molduras, rezuma acogedor encanto de la vieja Europa y la cocina no defrauda. Prepara y presenta contundentes platos suizos clásicos como la trucha rellena de hierbas con *spätzli* (pasta de huevo) caseros y zanahorias a la mantequilla, acompañados de una carta de vinos.

Raclette Stube SUIZA €€
(plano p. 242; ☎044 251 41 30; www.raclette-stube.ch; Zähringerstrasse 16; *fondue* 29-32 CHF, *raclette* 40 CHF; ⏲18.00-23.00; 🚋2, 4, 15 hasta Rudolf-Brun-Brücke) Cálido y acogedor, ofrece las dos expe-

LOS MEJORES PARQUES PARA HACER PÍCNIC

Para una ciudad de su tamaño, Zúrich cuenta con una asombrosa cantidad de espacios verdes. Si hace buen tiempo, hay que preparar un pícnic o comprar algo para llevar y dirigirse a algunos de esos remansos de paz.

Lindenhof (plano p. 242; 4, 6, 7, 10, 11, 13, 14, 15, 17 hasta Rennweg) Vistas espectaculares del Limmat y la Grossmünster desde un parque arbolado en lo alto de una colina, en pleno corazón de la Altstadt (casco antiguo). Mientras se come se puede observar a los jugadores de *boules*.

Platzspitz (plano p. 242; Zürich Hauptbahnhof, Zürich Hauptbahnhof) Saliente de tierra verde en la confluencia de los ríos Limmat y Sihl, al norte de la estación de tren y el Landesmuseum. A James Joyce le gustaba este lugar e incluyó referencias a ambos ríos en *Finnegans Wake*.

Josefswiese (plano p. 248; ; 3, 4, 6 hasta Schiffbau) Sugerente parque de Kreis 5, a la sombra de una gran chimenea industrial y un viaducto del ferrocarril. Ideal para familias, dispone de enormes praderas y una fuente para que chapoteen los niños. Se venden bebidas y tentempiés en el contiguo **Kiosk Josefswiese** (plano p. 248; www.josefswiese.ch; 10.00-18.00 mar-may y sep-oct, 9.00-22.00 jun-ago;).

Zürichhorn (2, 4, 10, 14, 15 hasta Fröhlichstrasse) Un parque largo y frondoso que se extiende a lo largo de la orilla este del lago de Zúrich, al sur de la Opernhaus. El Seebad Utoquai (p. 243) está cerca, para darse un chapuzón después de comer.

riencias a base de queso más típicas de Suiza: *fondue* y *raclette*. Tienen tres restaurantes en la ciudad.

Restaurant Zum Kropf SUIZA €€
(plano p. 242; 044 221 18 05; www.zumkropf.ch; In Gassen 16; principales 25-43 CHF; 11.30-23.30 lu-sa; 4, 10, 11, 14, 15 hasta Paradeplatz) Notable por su interior histórico, con paneles de madera, columnas de mármol, vidrieras y murales en el techo. Es favorito de los lugareños desde 1888 por sus platos suizos sustanciosos y buenas cervezas.

My Kitchen MALASIA €€
(043 810 06 78; Franklinstrasse 6; principales 22,50-28,50 CHF; 11.00-14.00 lu, 11.00-14.00 y 18.00-21.00 ma-sa; 10, 11, 12, 14, 15 hasta Sternen Oerlikon) Lejos del centro en Oerlikon, vale la pena desplazarse por su genuina cocina malaya recién hecha. Está siempre animado con lugareños comiendo *redang* de ternera (estofada con coco, clavo, canela y lima *kaffir)* o mojando *roti* (crujiente pan ácimo) en curris con coco. Los tranvías a Sternen Oerlikon paran cerca.

Baltho Küche & Bar INTERNACIONAL €€
(plano p. 242; 044 266 10 14; www.balthokuechebar.ch; Marktgasse Hotel, Marktgasse 17; menús almuerzo 21-24 CHF, principales 28-42 CHF; 11.00-24.00 lu-mi, hasta 2.00 vi, hasta 23.00 do; ; 4, 15 hasta Rathaus) Los diversos tonos del mismo color, la luz y las mesas bien espaciadas dan un aire chic de brasería a este sitio del Marktgasse Hotel. El atento servicio sirve platos bien presentados con acentos de temporada, desde salmón ahumado en la casa con encurtidos hasta raviolis de *burrata* con tomatitos y pollo *bang bang*. Los niños tienen su propia mesa y manualidades los fines de semana.

Kindli INTERNACIONAL €€
(plano p. 242; 043 888 76 78; www.kindli.ch; Rennweg; principales 36-56 CHF; 11.00-14.00 y 18.00-22.00 lu-sa; 4, 6, 7, 10, 11, 13, 14, 15, 17 hasta Rennweg) Brinda la calidez y gracia de épocas pasadas en su interior revestido de madera con mesas de bistró bien dispuestas con velas para iluminar. Ofrece tanto clásicos suizos como *Zürcher geschnetzeltes* (tiras de ternera a la zuriquesa, con salsa de nata y champiñones y *rösti*) como curri rojo tailandés y langosta espinosa con pasta sarda, tomates y romero.

Zeughauskeller SUIZA €€
(plano p. 242; 044 220 15 15; www.zeughauskeller.ch; Bahnhofstrasse 28a; almuerzo especial 21,50 CHF, principales 19-37 CHF; 11.30-23.00; 4, 10, 11, 14, 15 hasta Paradeplatz) Se conocerá la cocina suiza más contundente bajo las vigas de madera de esta enorme y evocadora cervecería del s. xv con terraza en la calle. La carta (en ocho idiomas) ofrece una docena de tipos de salchichas junto a otros clásicos como el

Oeste de Zúrich

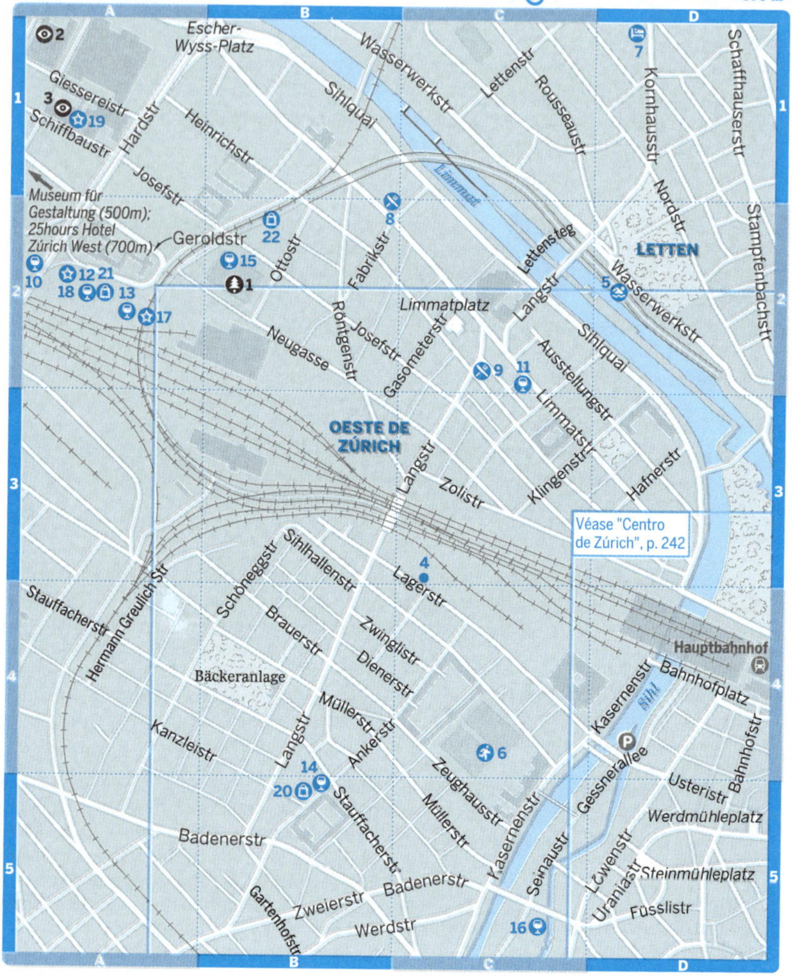

cerdo asado con *sauerkraut*. También hay opciones vegetarianas.

★Didi's Frieden SUIZA €€€

(plano p. 242; ☎044 253 18 10; www.didisfrieden.ch; Stampfenbachstrasse 32; menú 4/5 platos 98/108 CHF; ⊙11.00-14.30 y 17.00-24.00 lu-vi, 18.00-24.00 sa; 🚊7, 11, 14, 17 hasta Stampfenbachplatz) Con su singular combinación de familiaridad y refinamiento, es de los mejores restaurantes de Zúrich. Es un sitio de sobria elegancia con suelos de madera, manteles blancos y lámparas de araña hechas con copas de vino. El servicio es discreto y atento y la carta de temporada ofrece platos como raviolis de venado al jugo de chalota y chocolate negro, con mucho sabor esencial y estilosa presentación.

Coco EUROPEA €€€

(plano p. 242; ☎044 211 98 98; www.coco-grill.ch; Bleicherweg 1a am Paradeplatz; menú almuerzo 2 platos 25-45 CHF, menú cena 5 platos 120-130 CHF; ⊙11.00-15.00 y 17.00-24.00 lu-vi, 17.30-0.30 sa; 🚊4, 6, 7, 10, 11, 13, 14, 15, 17 hasta Paradeplatz) Oculto en un callejón junto a Paradeplatz, de noche ofrece un "menú sorpresa" de cinco platos que cambia continuamente pero siempre gira

Oeste de Zúrich

en torno a la especialidad de la casa: carne y pescado a la parrilla de carbón. El ambiente es romántico, con un bar delantero ideal para una copa de vino antes de cenar y un comedor trasero que parece hecho para conspirar.

Kronenhalle BRASERÍA €€€

(plano p. 242; ☎044 262 99 00; www.kronenhalle.ch; Rämistrasse 4; principales 36-76 CHF; ⏲12.00-24.00; 🚋4, 5, 8, 9, 10, 15 hasta Bellevue) Esta brasería frecuentada por peces gordos trajeados evoca la vieja Europa con sus maderas oscuras y sus manteles blancos. El impecable servicio se mueve discreto bajo obras originales de Chagall, Miró, Matisse y Picasso sirviendo platos de una carta que atraviesa fronteras, desde gazpacho a *sashimi* de atún, raviolis de langostinos al curri o *chateaubriand* en salsa bearnesa.

Dónde beber y vida nocturna

El revitalizado distrito de Züri-West se compone de dos antiguos barrios obreros: Kreis 4 y Kreis 5. De noche se concentran aquí los hedonistas de la ciudad. Kreis 4, con un poco de mala nota y Langstrasse en su centro, está lleno de bares. Al otro lado de las vías de tren se halla Kreis 5, donde hay más locales nocturnos partiendo de Hardstrasse.

★Frau Gerolds Garten BAR

(plano p. 248; www.fraugerold.ch; Geroldstrasse 23/23a; ⏲bar-restaurante 11.00-24.00 lu-sa, 12.00-22.00 do abr-sep, 18.00-24.00 lu-sa oct-mar, mercado y tiendas 11.00-19.00 lu-vi, hasta 18.00 sa todo el año; 👪; SHardbrücke) ¿Por dónde empezar? ¿El bar de vinos? ¿El de margaritas? ¿El de ginebra? Sea cual sea el veneno elegido, este epicentro popularísimo de la marcha veraniega de Zúrich es pura diversión y uno de los mejores sitios de juerga de Europa.

Encajonada entre macizos de flores y unas chirriantes cocheras de trenes, tiene una zona al aire libre salpicada de contenedores de embarque e iluminada con bombillas de colorines; para sentarse hay desde mesas de pícnic a cojines por el suelo y una gran terraza en el segundo piso. En invierno el restaurante se traslada al interior de un original pabellón donde la estupenda *fondue* calienta el ánimo.

★Rimini Bar BAR

(plano p. 248; www.rimini.ch; Badweg 10; ⏲19.15-24.00 do-ju, 18.45-24.00 vi, 14.00-24.00 sa abr-oct; 🚋2, 6, 7, 8, 9, 13, 17, 19 hasta Bahnhof Selnau) Protegido tras una valla a lo largo del río Sihl, el bar de los baños públicos Männerbad es uno de los sitios más apetecibles de Zúrich para beber al aire libre. La gran plataforma de madera está adornada con luces rojas y naranjas, mesas de merendero y cojines, y acompañada por el sonido del agua de las piscinas. Solo abre con buen tiempo.

Clouds BAR

(plano p. 248; http://clouds.ch; Prime Tower, Maagplatz 5; ⏲16.00-24.00 ma-ju, hasta 2.00 vi y sa; SHardbrücke) Zúrich parece muy pequeña desde este salón bar retroiluminado y con fachada de cristal en el piso 35 de la Prime Tower, en el distrito 5º, ahora de moda. Hay que localizar los puntos de referencia de la ciudad, el lago y el Uetliberg tomando *gin-tonics, antipasti* y cócteles de la casa. El "Martini en C" lleva ginebra propia del Clouds, licor de jengibre, curasao y vermú.

Hive Club CLUB

(plano p. 248; ☎044 271 12 10; www.hiveclub.ch; Geroldstrasse 5; entrada 35 CHF; ⏲23.00-4.00 ju, hasta 7.00 vi, hasta 9.00 sa; S Hardbrücke) La música electrónica crea el ambiente en este club bohemio y alternativo, contiguo al Frau Gerolds Garten (Kreis 5). Se entra por un callejón decorado con paraguas multicolores, cabezas gigantes de animales, setas y regaderas. Tres noches a la semana pinchan DJ de renombre hasta las tantas.

Eldorado CERVEZA ARTESANA

(plano p. 248; www.eldorado-zh.ch; Limmatstrasse 109; ⏲17.00-24.00 lu-ma, hasta 1.00 mi-ju, hasta 2.00 vi, 20.00-2.00 sa; 🚋3, 4, 6, 10, 11, 13, 15, 17 hasta Limmatplatz) Símbolo del naciente panorama zuriqués de cerveza artesana, es un bar genial con un interior *retro* de luz suave decorado con muebles *vintage* y bar cromado retroiluminado. Ofrece 101 cervezas artesanas, más de una docena suizas.

Mascotte CLUB

(plano p. 242; ☎044 260 15 80; www.mascotte.ch; Theaterstrasse 10; entrada gratis-25 CHF; ⏲21.30-hasta tarde; 🚋2, 9, 11, 15 hasta Stadelhofen) La antigua sala de variedades Corso ha sido transformada en uno de los clubes más populares de Zúrich, con ventanales que dan a Sechseläutenplatz y al lago. Un apretado calendario de eventos lo mantiene animado toda la semana; triunfan los "Cool Mondays", lunes en los que se baila *house, hip-hop, electropop, nu-disco* e *indie* sin pagar consumición mínima.

Kanzlei CLUB

(plano p. 248; ☎044 291 63 11; www.kanzlei.ch; Kanzleistrasse 56; entrada gratis-23 CHF; ⏲23.00-5.00 vi y sa, 23.00-24.00 do; 🚋8 hasta Helvetiaplatz) Lo que de día es el patio de recreo de un colegio se transforma por la noche en un bar al aire libre y club. El variado calendario incluye *reggae, dancehall, hip-hop,* etc.

Heaven GAY

(plano p. 242; ☎078 667 80 01; www.heavenclub.ch; Spitalgasse 5; entrada 15-20 CHF; ⏲23.00-6.00 vi, 21.30-7.00 sa; 🚋2, 4, 15 hasta Rudolf-Brun-Brücke) Este *club* que pone una ecléctica mezcla de música es el epicentro de la vida nocturna gay de Niederdorf.

Loft Five SALÓN-BAR

(plano p. 242; www.loftfive.ch; Europaallee 15; ⏲8.00-24.00 lu-ju, 8.00-14.00 vi, 10.30-14.00 sa; 🚋Zürich Hauptbahnhof, 🚆Zürich Hauptbahnhof) Con retroiluminación en morado, arte llamativo, extravagantes lámparas de araña y asientos *vintage,* crea un ambiente de decadencia cutre-chic. Tiene una estupenda terraza donde tomar cócteles o cerveza artesana en verano y de vez en cuando música en directo y DJ.

☆ Ocio

Rote Fabrik MÚSICA EN DIRECTO

(☎music 044 485 58 68, theatre 044 485 58 28; www.rotefabrik.ch; Seestrasse 395; 🚌161, 165) Centro multifacético de artes escénicas con una situación fabulosa a orillas del lago. Ofrece conciertos de *rock, jazz* y *hip hop,* películas en versión original, teatro y danza. También hay bar y restaurante. Autobuses nº 161 o 165 desde Bürkliplatz.

Bogen F MÚSICA EN DIRECTO

(plano p. 248; ☎043 204 18 90; www.bogenf.ch; Viaduktstrasse 97; ⏲café desde 15.00 ju y vi, 11.00 sa; horario del espectáculo puede variar; S Hardbrücke) Esta animada sala de actuaciones, anexa al café homónimo en el complejo Viadukt de Kreis 5, trae a bandas *indie* de todo el mundo; las últimas han venido de tan lejos como EE UU, Canadá, Suecia, Sudáfrica y Japón.

Helsinki MÚSICA EN DIRECTO

(plano p. 248; www.helsinkiklub.ch; Geroldstrasse 35; ⏲20.00-13.30 ju, 8.00-16.00 vi y sa, 20.00-2.00 do; S Hardbrücke) Ocupa un edificio de la época industrial de la zona. Atrae a gente de todas las edades por su ambiente tranquilo, iluminación suave y conciertos. Los domingos toca el grupo de la casa Hollander Trio from Hell (*country, rockabilly, rock, blues* ¡y hasta polca!); otras noches la variada mezcla va del *soul* y el *funk* al *hip-hop* y el tango. Desde Hauptbahnhof se toma cualquier tren a Hardbrücke.

Moods MÚSICA EN DIRECTO

(plano p. 248; ☎044 276 80 00; www.moods.ch; Schiffbaustrasse 6; ⏲19.30-hasta tarde lu-sa, desde 18.00 do; 🚋3, 4, 6 hasta Schiffbau) Pese a ser de los mejores sitios de *jazz* de la ciudad, de vez en cuando incluye otros géneros como *funk, hip-hop, swing,* música latina y del mundo en su apretado calendario.

Tonhalle MÚSICA CLÁSICA

(plano p. 242; ☎044 206 34 34; www.tonhalle-orchester.ch; Claridenstrasse 7; 🚋2, 4, 5, 8, 9, 10, 11,

MERECE LA PENA

UETLIBERG

Cuajado de flores silvestres en primavera y envuelto en dorados y rojizos en otoño, este monte de 871 m a las puertas de Zúrich marca la rápida transición entre lo urbano y el aire libre. Cuando los vecinos de la ciudad quieren estirar las piernas vienen aquí a recorrer a pie o en bicicleta de montaña la red de senderos que atraviesa bosques y campiña. Corona el monte la **Aussichtsturm** (Uetliberg; S10 hasta Uetliberg), torre-mirador de acero con estupendas vistas del lago, la ciudad y –en días claros– los Alpes detrás; el mejor momento es el atardecer.

Desde la estación superior del Uetliberg se sigue el **Planetenweg** (sendero de los planetas; www.uetliberg.ch; Uetliberg;) GRATIS, sendero de 1½-2 h que va por la cresta del monte, a trechos por denso bosque al subir y bajar suavemente rumbo a los miradores de Felsenegg y Buchenegg. De camino se pasa junto a unas maquetas de los planetas (a escala 1:1000 millones), disfrutando de las vistas al lago.

La línea de tren S10 lleva de Hauptbahnhof a Uetliberg (8,80 CHF, 27 min, 2 cada hora); desde ahí queda una subida de 10 min a pie hasta el mirador. Del mirador de Felsenegg baja un teleférico cada 15 min a Adliswill, localidad donde pasan frecuentes trenes de la S4 para regresar a Zúrich (3,40 CHF, 23 min). El Albis-Tageskarte cuesta 17,60 CHF y permite ir a Uetliberg y volver, además de viajes ilimitados por el centro urbano.

14, 15 hasta Bürkliplatz) Un auditorio suntuoso donde tocan la orquesta de Zúrich y la orquesta de cámara.

Opernhaus ÓPERA

(plano p. 242; 044 268 66 66; www.opernhaus.ch; Falkenstrasse 1; ; 2, 4, 10, 11, 14, 15 hasta Opernhaus) Con una suntuosa fachada neoclásica, el principal teatro de la ópera zuriqués goza de prestigio mundial y ofrece conciertos, ópera y *ballet* de categoría. Tiene también un estupendo programa de ópera para niños.

De compras

La alta costura se halla en la Bahnhofstrasse. Hay muchas *boutiques* poco convencionales en sitios como Niederdorf y Züri-West. Existen concurridos mercados callejeros como el **mercadillo de Bürkliplatz** (plano p. 242; www.buerkliflohmarkt.ch; Bürkliplatz; 7.00-17.00 sa may-oct; 2, 4, 5, 8, 9, 10, 11, 14, 15 hasta Bürkliplatz), el **Flohmarkt Kanzlei** (plano p. 248; www.flohmarktkanzlei.ch; Kanzleistrasse 56; 8.00-16.00 sa; 8 hasta Helvetiaplatz) y el **mercado de artesanía de Rosenhof** (plano p. _242; Rosenhof; 10.00-20.00 ju, hasta 17.00 sa mar-dic; 4, 15 hasta Rathaus).

★ **Freitag** MODA Y ACCESORIOS

(plano p. 248; 043 366 95 20; www.freitag.ch; Geroldstrasse 17; 10.30-19.00 lu-vi, 10.00-18.00 sa; 3, 4, 6 hasta Schiffbau) En su fábrica los hermanos Freitag hacen bolsos impermeables de mensajero reciclando coloridas lonas de camión. Todos los artículos, desde los bolsos a las fundas para portátil, son originales. La tienda es de lo más extravagante: una pila de contenedores de barco a la que algunos llaman el primer rascacielos de Kreis 5. Los compradores pueden subir a la azotea para ver vistas espectaculares de la ciudad.

Max Chocolatier CHOCOLATE

(plano p. 242; www.maxchocolatier.com; Schlüsselgasse 12; 10.30-19.00 ma-vi, 10.00-17.30 sa; 4, 10, 11, 14, 15 hasta Paradeplatz) Va por delante de todos los chocolateros de Zúrich. Esta *boutique* chic del casco viejo muestra un alarde de trufas, pralinés y tabletas bellamente empaquetadas y con ingredientes naturales suizos; búsquense los de temporada como el de heno alpino, grosella negra y violeta, flor de saúco, melocotón blanco y pimiento verde. Información sobre talleres de cata en la web.

Im Viadukt CENTRO COMERCIAL

(plano p. 248; www.im-viadukt.ch; Viaduktstrasse; 10.00-20.00 lu-ju, 8.00-20.00 vi y sa; 3, 4, 6, 10, 11, 13, 15, 17 hasta Dammweg) Todo un orgullo para una ciudad que adora la reinvención y el replanteamiento, el desastrado almacén bajo el viaducto de piedra del tren se ha transformado recientemente en un animado complejo de numerosas tiendas (de ropa, muebles, etc.) de propiedad local, restaurantes, cafés y mercados de alimentos artesanos. Hay que dar una vuelta por el viaducto de tres manzanas de largo entre Limmatstrasse y Geroldstrasse a ver qué llama la atención.

Información

Bellevue Apotheke (044 266 62 22; www.bazh.ch; Theaterstrasse 14) Farmacia abierta las 24 h.

Comisaría de Policía (☎044 411 71 17; www.stadtpolizei.ch; Bahnhofquai 3)

Oficina de correos (plano p. 242; Europaallee 11; ⊙6.30-22.30 lu-vi, 6.30-20.00 sa, 10.00-22.30 do) Al oeste de la Hauptbahnhof.

UniversitätsSpital Zürich (Hospital Universitario; ☎044 255 11 11; www.en.usz.ch; Schmelzbergstrasse 8; ⊙24 h) Servicio de urgencias.

Zürich Tourism (plano p. 242; ☎044 215 40 00, reservas hotel 044 215 40 40; www.zuerich.com; Hauptbahnhof; ⊙8.00-20.30 lu-sa, 8.30 hasta 18.30 do may-oct, 8.30-19.00 lu-sa, 9.00-18.00 do nov-abr) Oficina muy práctica en la principal estación zuriquesa de trenes, para reservar circuitos, alojamiento y recoger la ZürichCard (www.zuerichcard.ch; adultos/niños 24 h 24/16 CHF, 72 h 48/32 CHF).

Cómo llegar y salir

El **aeropuerto de Zúrich** (ZRH; ☎043 816 22 11; www.zurich-airport.com) está 9 km al norte del centro y tiene vuelos a casi todas las capitales europeas y a algunas de África, Asia y Norteamérica.

La A3 llega a Zúrich procedente del sur por la orilla sur del lago de Zürich. La A1 es la carretera más rápida desde Berna y Basilea y continúa hacia el noreste hasta Winterthur.

Salen con frecuencia trenes directos a Stuttgart (63 CHF, 4 h), Múnich (96 CHF, 4-4¼ h), Innsbruck (76 CHF, 3½ h) y otros destinos internacionales. Hay salidas directas regulares a casi todos los destinos suizos principales, como Lucerna (26 CHF, 45-50 min), Berna (51 CHF, 1-1½ h) y Basilea (34 CHF, 55 min-1¼ h).

Cómo desplazarse

A/DESDE EL AEROPUERTO

Varios trenes a la hora comunican el aeropuerto de Zúrich con la Hauptbahnhof de 5.00 a 24.00 aprox. (6,80 CHF, 10-13 min). Un taxi al centro cuesta unos 60 CHF.

BICICLETA

Züri Rollt (☎044 415 67 67; www.schweizrollt.ch) es un innovador programa que permite a los visitantes conseguir bicicletas en alquiler o préstamo en varios puntos, entre ellos **Velostation Nord** (Museumstrasse 2; ⊙8.00-23.30 lu-vi, 8.00-23.00 sa-do), al otro lado de la calle, frente al lado norte de la Hauptbahnhof. Hay que llevar el carné de identidad y dejar 20 CHF en depósito. La bicicleta sale gratis si se devuelve en el día y cuesta 10 CHF por día si se devuelve al día siguiente.

BARCO

ZSG (Zürichsee-Schifffahrtsgesellschaft; plano p. 242; ☎044 487 13 33; www.zsg.ch) ofrece cruceros por el lago de abril a octubre, con salida desde Bürkliplatz. El circuito pequeño *(kleine Rundfahrt)* dura 1½ h (adultos/niños 13,80/9,40 CHF) y zarpa cada 30 min de 11.00 a 19.30. El circuito largo *(grosse Rundfahrt)* dura 4 h (adultos/niños 31/18 CHF). Los billetes se venden en las taquillas de ZVV (transporte local).

La misma empresa organiza **cruceros por el río** (plano p. 242; adultos/niños 9,40/8,10 CHF; ⊙cada 30 min Semana Santa-med oct), que remontan el Limmat y dan una vuelta pequeña al lago (1 h). Zarpan de la parada del Schweizerisches Landesmuseum.

AUTOBÚS, TREN Y TRANVÍA

La red de autobuses, trenes de cercanías (S-Bahn) y tranvías corre a cargo de **ZVV** (☎0848 988 988; www.zvv.ch) y está completamente integrada. Hay servicios regulares a diario desde las 5.30 hasta poco después de las 24.00, además de servicios nocturnos adicionales los fines de semana, con recargo.

Los billetes pueden comprarse con antelación en las máquinas expendedoras de las paradas de autobús y tranvía. Se debe escribir el código de 4 cifras del destino o elegir el tipo de billete: uno para un trayecto corto *Kurzstrecke* de 5 paradas (2,70 CHF), uno para la Zúrich metropolitana de 1 h de validez (4,40 CHF) o un abono de 24 h para moverse por el centro (8,80 CHF).

AUTOMÓVIL Y MOTOCICLETA

Aparcar es complicado y en los garajes cuesta hasta 45 CHF por 24 h. **Parking Zürich AG** (www.parkingzuerichag.ch) tiene trece garajes dentro de los límites de la ciudad; los más útiles están en Sihlquai 41 (cerca de la estación de tren) y en Uraniastrasse 3.

TAXI

Los taxis son caros y poco prácticos dada la calidad del transporte público. Hay varias paradas, como la de la Hauptbahnhof, o se llama a **Taxi 444** (☎044 444 44 44; www.taxi444.ch).

ALREDEDORES DE ZÚRICH

Rapperswil-Jona

26 034 HAB. / ALT. 405 M

Esta refinada ciudad en la orilla oriental del lago de Zúrich tiene un centro medieval coronado por un castillo, una rompedora galería de arte y un museo de historia. Se pone en modo vacaciones al irse el frío, cuando lugareños y visitantes recorren el paseo del lago y deambulan por jardines que albergan gamos y 15 000 variedades de rosas. La ciudad tiene hasta su propio vino, el Rapperswiler Schlossberg AOC, un pinot noir procedente de las laderas del castillo.

Puntos de interés

Schloss Rapperswil CASTILLO
(www.schlossrapperswil.com; Lindenhügel) GRATIS Las recias torres de este castillo del s. XIII, muy fotografiado, dominan el casco antiguo de Rapperswil. Subiendo a su terraza se contemplarán las vistas del rompecabezas de tejados y el lago. En días claros se divisa la silueta de los Alpes de Glaris. La fortaleza alberga ahora el **Polenmuseum** (www.muzeum-polskie.org; adultos/niños 5/3 CHF; 13.00-17.00 diarios abr-oct, 13.00-17.00 sa y do mar, nov, dic). Si se recorren los hermosos terrenos del castillo es fácil toparse con gamos.

Stadtmuseum Rapperswil-Jona MUSEO
(www.stadtmuseum-rapperswil-jona.ch; Herrenberg 30/40; adultos/niños 6 CHF/gratis; 14.00-17.00 mi-vi, 11.00-17.00 sa y do) Completamente renovado en el 2012, el mayor museo de la ciudad ostenta hoy una fachada interesante, mitad bronce perforado modernista y mitad torre de piedra del s. XIV. En el interior las piezas culturales e históricas abarcan ocho siglos, de finales de la Edad Media hasta hoy. Destacan la colección de oro, un salón de banquetes gótico tardío con preciosos murales y un salón renacentista con bello revestimiento de madera. El piso superior de la torre ofrece vistas de la ciudad y el lago.

Kunst(zeug)haus GALERÍA
(www.kunstzeughaus.ch; Schönbodenstrasse 1; adultos/niños 10 CHF/gratis; 14.00-18.00 mi-vi, 11.00-18.00 sa y do) Este enorme espacio de arte, un antiguo arsenal cuya ondulada cubierta muy del s. XXI es obra del estudio zuriqués Isa Stürm und Urs Wolf, se dedica a exponer arte suizo actual de vanguardia.

Dónde dormir y comer

Hay muchos restaurantes en Fischmarktplatz, Hauptplatz, Marktstrasse y el ribereño Seequai, desde tabernas típicas con sabor histórico a cafés de *brunch* y locales italianos y asiáticos.

Jakob HOTEL €€
(055 220 00 50; http://jakob-rapperswil.ch; Hauptplatz 11; i 107-177 CHF, d 169-223 CHF;) En pleno casco antiguo, ofrece habitaciones de estilo minimalista en tonos neutros y con suelo de madera. El chef presume de emplear producto local en el excelente restaurante (principales 28-58 CHF) de la planta baja. El bufé de desayuno ofrece productos de origen ecológico y deliciosos panes de horno de leña.

Información

Oficina de turismo (055 225 77 00; www.vvrj.ch; Fischmarktplatz 1; 10.00-18.00 abr-oct, 13.00-17.00 nov-mar) En una plaza de la ribera a medio camino entre la estación de tren y el muelle de barcos.

Cómo llegar y salir

Se puede llegar a Rapperswil en el S5, S7 o S15 desde la estación principal de tren de Zúrich (17,20 CHF, 36 min) o en barco desde Bürkliplatz (2 h). Para una excursión en el día sale a cuenta el 9-Uhr Tagespass (26 CHF), válido de lunes a viernes de 9.00 a 5.00 del día siguiente o durante 24 h los sábados, domingos y festivos. El pase vale para los trenes; si además quieren utilizarse barcos, cuesta 5 CHF más.

Si se viene en automóvil desde Zúrich, 40 km al norte, la ruta más rápida es la autopista A3, que bordea la orilla occidental del lago. Es más pintoresco (y más lento) ir por la ribereña Seestrasse (ctra. 17).

Winterthur

108 044 HAB. / ALT. 447 M

A menudo eclipsada por los encantos de la cercana Zúrich, la sexta ciudad más grande de Suiza tiene gran importancia cultural. Alberga unas magníficas colecciones de arte (p. 254) costeadas por el coleccionista Oskar Reinhart, uno de los museos de fotografía más notables de Europa y un museo de ciencias (p. 254) que encanta a los niños, además del típico castillo con torres (p. 255) en lo alto de un risco al sur de la ciudad.

Además de estos atractivos, Winterthur tiene uno de los mayores cascos antiguos peatonales del país, con bares y cafés en colores pastel con baldosas de terracota, así como *boutiques* para darse una vuelta sin prisas.

Puntos de interés

Winterthur debe gran parte de su prestigio artístico al coleccionista Oskar Reinhart, vástago de una poderosa familia de banqueros y aseguradores. A su muerte en 1965, su colección fue legada al Estado y confiada a su ciudad natal.

Pregúntese en la oficina de turismo (p. 255) por el Winterthur Museum Pass (25 CHF/1 día, 35 CHF/2 días), que da entrada a casi todos los puntos de interés.

Winterthur

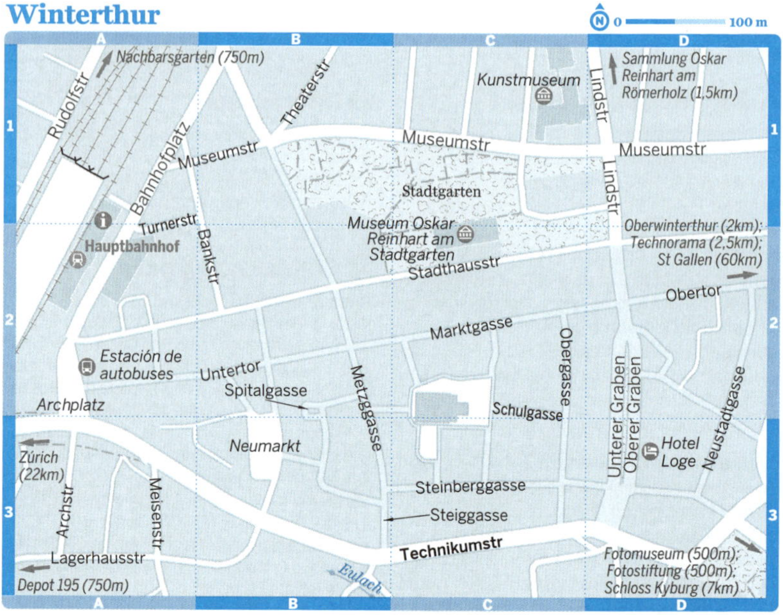

Fotomuseum MUSEO
(☎052 234 10 60; www.fotomuseum.ch; Grüzenstrasse 44 y 45; adultos/niños 10 CHF/gratis; ⏲11.00-18.00 ma y ju-do, 11.00-20.00 mi; 🚌2, 2E hasta Fotozentrum) Su vasta colección consta de grandes figuras y estilos desde el s. XIX hasta hoy y abarca todo, desde moda a arte y arquitectura. Hay exposiciones fotográficas adicionales al otro lado de la calle, en las dos instituciones asociadas al museo: la Fotostiftung y el Zentrum für Fotografie. La entrada Kombi (19 CHF) sirve para los tres. Se toma el autobús nº 2 a Fotozentrum.

Kunstmuseum MUSEO
(☎052 267 51 62; www.kmw.ch; Museumstrasse 52; adultos/niños 15 CHF/gratis; ⏲10.00-20.00 ma, 10.00-17.00 mi-do; 🚌3, 10 hasta Stadthaus) El Museo de Bellas Artes ofrece un paseo satisfactorio por una interesante colección de clásicos de los ss. XIX y XX. Están representados los típicos, desde Klee a Monet, Van Gogh y Rodin, además de obras figurativas del escultor suizo Alberto Giacometti y una gran cantidad de artistas contemporáneos. Además el museo acoge exposiciones temporales de primera, con las recientes de Goya y Alexander Calder. Las audioguías en inglés cuestan 3 CHF.

Technorama MUSEO
(www.technorama.ch; Technoramastrasse 1; adultos/niños 28/17 CHF; ⏲10.00-17.00 ma-do; 👪; 🚌5 hasta Pfaffenwiesen) Un viaje extraordinario por los múltiples mundos de la ciencia interactiva. Abarca cuatro plantas atestadas de exposiciones y ofrece unas 500 experiencias interactivas (explicadas en inglés, francés, alemán e italiano) que no dejarán de fascinar a los niños y también a muchos adultos. Se llega en el autobús nº 5, que sale de la Hauptbahnhof. No se acepta el Swiss Museum Pass.

Sammlung Oskar Reinhart am Römerholz GALERÍA
(www.roemerholz.ch; Haldenstrasse 95; adultos/niños 15 CHF/gratis; ⏲10.00-17.00 ma y ju-do, 10.00-20.00 mi; 🚌3 hasta Spital) La colección, alojada en una preciosa hacienda, resulta particularmente fascinante por cómo trata de tender un puente entre el arte tradicional y el moderno al colocar a Goya, Rembrandt, Bruegel, Rubens y similares junto a Cézanne, Monet, Picasso, Renoir y Van Gogh. Las obras de la colección que se podrán ver dependen de la exposición del momento.

Museum Oskar Reinhart am Stadtgarten MUSEO

(http://museumoskarreinhart.ch; Stadthausstrasse 6; adultos/niños 15 CHF/gratis; ⏲10.00-17.00 ma-mi y vi-do, 10.00-20.00 ju; 🚆Winterthur Hauptbahnhof) La colección de Reinhart, compuesta por más de 500 obras de arte suizas, alemanas y austriacas de los s. XVIII, XIX y XX, se expone en un museo sito en el límite del parque central de la ciudad. Destacan las obras del pintor romántico alemán Caspar David Friedrich y las pinturas de estilo Biedermeyer del austriaco Ferdinand Georg Waldmüller, junto con los paisajes suizos del s. XVIII de Caspar Wolf.

Schloss Kyburg CASTILLO

(www.schlosskyburg.ch; Schloss 1, Kyburg; adultos/niños 9/4 CHF; ⏲10.00-17.30 ma-do; 🚌655 hasta Kyburg) Coronando con sus numerosas torres un promontorio rocoso sobre el río Töss, es de los castillos medievales más importantes de Suiza, mencionado por primera vez en 1027. El museo ofrece diversión interactiva en los edificios de este castillo. Hay que ir a Effretikon en el S-Bahn y luego a Kyburg en el autobús nº 655.

Dónde dormir y comer

En Winterthur dominan los hoteles de cadenas anodinas, con algunas notables excepciones. Los restaurantes baratos se concentran en Neumarkt, con gran diversidad de gastronomía étnica.

Depot 195 ALBERGUE €

(☎052 203 13 63; www.depot195.ch; Lagerplatz 4; dc/i/d/f 36-41/99/129/194 CHF; P📶; 🚌4, 11 hasta Wylandbrücke) Brillante ejemplo de la regeneración urbana de Winterthur, ocupa una fábrica reconvertida. Los mochileros se hallarán en su elemento en este molón albergue que ofrece habitaciones de paredes de ladrillo visto y suelo de madera, sala común, azotea y alquiler de bicicletas (7 CHF/día). El desayuno cuesta otros 10 CHF.

Hotel Loge HOTEL €€

(☎052 268 12 00; www.hotelloge.ch; Oberer Graben 6; i 155-220 CHF, d 190-250 CHF; 📶; 🚌2, 3 hasta Technikum) Con su propio bar, restaurante y hasta cine de arte y ensayo, este sitio de diseño proporciona confort y estilo en sobrias habitaciones con suelo de parqué. Algunas de las 17 amplias habitaciones tienen buenas vistas de la avenida y el casco antiguo.

Nachbarsgarten INTERNACIONAL €€

(☎052 534 89 47; http://nachbarsgarten.ch; Feldstrasse 22; principales 25-49 CHF; ⏲9.00-14.00 y 17.00-23.30 ma-vi, 11.30-14.00 y 17.00-23.30 sa; 🚌2, 2E hasta Tellstrasse) Este pequeño restaurante en la periferia de Winterthur es de lo más tentador, con cálida madera, iluminación de bistró y mesas muy juntas. Ofrece imaginativas ensaladas (como hinojo italiano con higo, jamón de Parma y hierbas aromáticas frescas), pasta, *tarte flambée* y sustanciosos clásicos como cerdo asado con salsa de oporto y mantecosos *spätzle* (pasta al huevo).

Información

Oficina de turismo (☎052 267 67 00; www.winterthur-tourismus.ch; Hauptbahnhof; ⏲9.00-18.30 lu-vi, 10.00-16.00 sa) Muy a mano en la Hauptbahnhof.

Cómo llegar y salir

Hay varios trenes cada hora a Zúrich (6,50 CHF, 22-32 min). Los autobuses para Zúrich parten de paradas frente a la estación de tren.

El servicio de lanzadera Museumsbus (5 CHF ida y vuelta) sale de la estación de tren cada hora de 9.45 a 16.45 y va a la Sammlung Oskar Reinhart am Römerholz, el Museum Oskar Reinhart am Stadtgarten y el Kunstmuseum (p. 254). Los fines de semana también para en el Fotomuseum (p. 254). En automóvil desde Zúrich hay que ir por la autopista A1.

Noreste de Suiza

927 988 HAB.

Incluye »

Por qué ir

Los senderos se desenredan como carretes de hilo, tejiendo los mosaicos de prados de Appenzell, pasando por las aguas azul acero del lago de Walen y los viñedos dorados de Klettgau o las aldeas remotas junto a los glaciares y los picos de los Alpes de Glaris.

Desde la atronadora Rheinfall (cascadas del Rin) hasta las aguas tranquilas del lago de Constanza, la naturaleza tiene una dimensión enorme. El paisaje de cuento de hadas se completa con ciudades coronadas por castillos, como Stein am Rhein y Schaffhausen, con fachadas decoradas con frescos y miradores. El grácil San Galo deja sin aliento con el esplendor rococó de la biblioteca de su abadía.

Cuándo ir

- San Galo entra en el verano con mucha ópera y mucho festival de música clásica al aire libre.
- En agosto los fuegos artificiales iluminan la Rheinfall y Kreuzlingen, en el lago de Constanza.
- Con el invierno llegan los mercadillos navideños a los pueblos de la región y los esquiadores a sus pistas.

Los mejores restaurantes

- Romantik Hotel Säntis (p. 272)
- Bäumli (p. 269)
- Wirtschaft Zum Frieden (p. 261)
- Burg Hohenklingen (p. 263)

Los mejores alojamientos

- B&B Stein am Rhein (p. 263)
- Schloss Wartegg (p. 266)
- Märchenhotel Bellevue (p. 274)
- Hotel Hecht (p. 271)
- Arcona Living (p. 259)

Imprescindible

1 Stein am Rhein (p. 262) Pasmarse en su plaza entramada de madera, de las más bonitas de Suiza.

2 Rheinfall (p. 261) Oír el sonido de la mayor cascada simple de Europa.

3 Stiftsbibliothek (p. 266) Retozar fascinados por la historia literaria en la joya rococó de San Galo.

4 Zwinglipass (p. 270) Recorrer esta senda alpina por los montes cársticos que dominan Appenzell.

5 Lago de Constanza (p. 263) Ir a pedales, a pie o a remo hasta Alemania y Austria por el tercer lago más grande de Centroeuropa.

6 Bolderhof (p. 262) Dar un paseo hasta el Rin a lomos de Daisy y otras vacas desde esta granja de Hemishofen.

7 Schaffhausen (p. 258) Sumergirse en la Edad Media al contemplar las fuentes y miradores de esta ciudad.

8 Piz Sardona (p. 268) Disfrutar de las soledades que rodean este apartado pico de 3056 m.

Información

La región turística de Ostschweiz (este de Suiza) comprende varios cantones suizos del este y Liechtenstein. Para información consúltense la web de **Switzerland Tourism** (www.myswitzerland.com) o el portal oficial de **Ostschweiz Tourismus** (www.ostschweiz.ch).

Cómo llegar y desplazarse

Los aeropuertos de Zúrich y Friedrichshafen (Alemania) conectan esta región con transporte público. Zúrich enlaza por carretera y tren con Schaffhausen, Stein am Rhein, San Galo y Linthal (para ir a Braunwald). Además, un ferri cruza el lago desde Friedrichshafen a Romanshorn, que tiene buenas conexiones en tren y automóvil.

Hay abonos regionales para varias zonas, como el de la región del Bodensee, alrededor del lago de Constanza, y el de Appenzell.

Por carretera, la autopista A1 une San Galo con Zúrich, 86 km al oeste, mientras la A4 va de la frontera alemana hacia el sur hasta Winterthur vía Schaffhausen.

Schaffhausen

HAB. 35 948 / ALT. 404 M

Pintoresca ciudad medieval que suele asociarse más con Alemania, lo que no es una coincidencia, sino que se debe a su proximidad a la frontera. Frescos y miradores adornan las casas de color pastel del casco antiguo peatonal, a orillas del Rin. La fortaleza circular de Munot la preside desde lo alto de una colina cubierta de viñas.

Durante la II Guerra Mundial, los pilotos aliados 'confundieron' Schaffhausen con una ciudad alemana y bombardearon las afueras en abril de 1944, así que ostenta el dudoso honor de ser el único trozo de suelo suizo atacado durante la guerra.

Puntos de interés

★ Allerheiligen Münster CATEDRAL

(Catedral de Todos los Santos; Münsterplatz; ⌚10.00-12.00 y 14.00-17.00 ma-do, claustro 7.30-20.00 lu-vi, 9.00-20.00 sa y do) Este templo terminado en 1103 es un raro ejemplo, bastante intacto, del románico en Suiza. Se abre a un claustro de hermosa sencillez. El jardín de hierbas, atendido con cariño desde la Edad Media, es un lugar apacible para la contemplación. Se atraviesa el claustro para ver el **Museum zu Allerheiligen** (www.allerheiligen.ch; Klosterstrasse 16; adultos/niños 12 CHF/gratis; ⌚11.00-17.00 ma-do), con antigüedades, obras de arte y exposiciones de historia natural y arqueología.

INDISPENSABLE

'FREERIDE' POR EL RIN

El Rin fluye veloz por el centro de Schaffhausen y la mejor manera de explorar sus riberas es en bicicleta. Varios senderos bien indicados discurren junto al río por la campiña. Una ruta preciosa es la de Rheinfall-Rheinau (20 km), que pasa por la Rheinfall (p. 261) y llega al monasterio benedictino de Kloster Rheinau. También se pueden tomar unas copas entre los viñedos y casas con entramado de madera de la Ruta del Vino de Klettgau (43 km). Más información sobre estas y otras rutas en www.veloland.ch. En la estación de tren, **Rent a Bike** (☎051 223 42 17; www.rentabike.ch) alquila bicicletas eléctricas Flyer y urbanas por 54/35 CHF/día.

★ Munot FORTALEZA

(⌚8.00-20.00 may-sep, 9.00-17.00 oct-abr) GRATIS Unas escaleras suben entre viñas en terrazas hasta esta bella fortaleza del s. XVI. La curiosa estructura circular se construyó mediante trabajos forzados tras la Reforma y oculta una evocadora casamata abovedada. Si se sube la escalera de caracol, se disfrutará de las vistas del mosaico de tejados y agujas hasta el Rin y de las colinas arboladas que rodean la ciudad.

Vorstadt CALLE

Schaffhausen recibe el apodo de *Erkerstadt* debido a los 171 *erker* (miradores) que adornan sus fachadas, construidos por mercaderes ricos como símbolos de estatus. Algunos de los más impresionantes se hallan en Vorstadt, p. ej. el de **Zum Goldenen Ochsen** (Vorstadt 17), una casa del s. XVII cuya fachada está decorada con frescos entre los que aparece el buey dorado que le da nombre. Los coloridos frescos de **Zum Grossen Käfig** (Vorstadt 45), del s. XVI, representan la marcha triunfal del líder mongol Tamerlán con el sultán turco Bajazet en una jaula.

Una calle más al este está la llamativa **Haus zum Ritter** (Vordergasse, 65), construida en 1492, con un fresco de estilo renacentista que representa con todo detalle a un caballero.

Fronwagplatz PLAZA

En pleno corazón de la Altstadt se halla esta plaza flanqueada de fachadas ornamentadas. La **Mohrenbrunnen** (fuente del Moro) señala el extremo norte de la antigua plaza del mercado, mientras que en el extremo sur se alzan la **Metzgerbrunnen** (fuente del Carnicero), una figura de Guillermo Tell y una gran torre del reloj. Frente a esta última se sitúa la **Herrenstube** (Fronwagplatz 3), de estilo barroco tardío (1748), donde antaño bebían los nobles.

Herrenacker PLAZA
Enmarcada por casas de colores pastel y tejados inclinados, es una de las plazas más bonitas de Schaffhausen. En agosto tiene lugar el bello escenario del festival de música **Stars in Town** (www.starsintown.ch).

Actividades

Rhybadi NATACIÓN
(www.rhybadi.ch; Rheinuferstrasse; adultos/niños 4/2 CHF; ⌚8.00-21.00 do-ju, hasta 22.30 vi y sa may-sep) Si apetece bañarse en el Rin, esta casa de baños de madera del s. XIX cuenta con vestuarios de época y trampolines.

Circuitos

Altstadt Walks CIRCUITO A PIE
(adultos/niños 14/10 CHF; ⌚14.00 sa may-med oct) Circuitos de 1¼ h que recorren el casco antiguo y salen de la oficina de turismo. Los guías hablan alemán, francés e inglés.

Untersee und Rhein PASEO EN BARCO
(☎052 634 08 88; www.urh.ch; Freier Platz; ida hasta Stein am Rhein/Constanza 26/50 CHF; ⌚abr-oct) El viaje de 45 km en barco desde Schaffhausen hasta Constanza pasando por Stein am Rhein y Reichenau recorre uno de los tramos más bonitos del Rin. Se tardan 3¾ h en bajar a Schaffhausen y 4¾ h en remontar el río. En la web publican los horarios.

Dónde dormir

En la oficina de turismo asesoran sobre B&B (i/d desde 55/95 CHF) y apartamentos de vacaciones.

Arcona Living HOTEL DE DISEÑO €€
(☎052 631 00 00; http://schaffhausen.arcona.ch; Bleicheplatz 1; i/d/ste 180/225/306 CHF; P❄📶) Nuevo, frente a la estación de tren, ofrece habitaciones de aerodinámico estilo funcional con toques de vivos colores y amplio espacio. Hay una zona de *spa* de aire asiático y un bistró con comida y vino de la región.

Hotel Kronenhof HOTEL €€
(☎052 635 75 75; www.kronenhof.ch; Kirchhofplatz 7; i 120-140 CHF, d 140-210, ste 230-270 CHF; 📶) En activo desde 1489, ha recibido a huéspedes tan ilustres como Goethe y el zar Alejandro. Tras la reciente renovación del histórico interior, las mejores habitaciones ofrecen suelos de madera oscura, audaces obras de arte y vistas a la fortaleza de Munot. Es posible relajarse con vapor en el pequeño *spa* o con un filete en el bistró Ox.

Hotel Promenade HOTEL €€
(☎052 630 77 77; www.promenade-schaffhausen.ch; Fäsenstaubstrasse 43; i 135-175 CHF, d 180-280 CHF; P📶) Se diferencia por el servicio cortés, la ubicación apacible y las habitaciones grandes e inmaculadas. Hay un jardín florido y un restaurante que sirve platos de temporada.

Park Villa HOTEL €€
(☎052 635 60 60; www.parkvilla.ch; Parkstrasse 18; i/d 169/229 CHF, sin baño 98/130 CHF; P📶) Una casa de aspecto algo gótico, con un mobiliario ecléctico que parece una colección particular de antigüedades: camas con dosel, alfombras persas, arañas, papel pintado y jarrones Ming

FUERA DE RUTA

RUTA DEL VINO DE KLETTGAU

Al oeste de Schaffhausen se extienden las apretadas hileras de viñedos (en su mayoría de pinot noir) de Klettgau, que se adentran en la vecina Alemania.

La apacible campiña está salpicada de pueblos interesantes, como el medieval **Neunkirch,** a 13 km de Schaffhausen. Otros por los que vale la pena pasar son **Beringen, Hallau** y **Osterfingen.** Algunas de estas tranquilas aldeas cobran vida a mediados de octubre con la celebración de festivales del vino. Es muy recomendable el **Trottenfest** (www.trottenfest.ch; ⌚med oct) de Osterfingen, en el que los viticultores abren sus puertas y ofrecen catas. En otros momentos se puede ir a **Bad Osterfingen** (☎052 681 21 21; www.badosterfingen.ch; Zollstrasse; principales 30-45 CHF; ⌚11.00-23.00 mi-do), una taberna rústica y finca vitícola fundada en 1472 que combina la cocina regional con vinos de producción propia.

Los autobuses que salen de Schaffhausen pasan por estos pueblos.

Schaffhausen

Schaffhausen

Principales puntos de interés
1 Allerheiligen Münster B3
2 Munot C2

Puntos de interés
3 Fronwagplatz A2
4 Haus zum Ritter B2
5 Herrenacker A3
6 Herrenstube A2
7 Metzgerbrunnen A2
8 Mohrenbrunnen A2
9 Museum zu Allerheiligen B3
10 Vorstadt B1
11 Zum Goldenen Ochsen A1
12 Zum Grossen Käfig B1

Actividades, cursos y circuitos
13 Altstadt Walks A3
14 Rhybadi C3
15 Stars in Town A3
16 Untersee und Rhein D3

Dónde dormir
17 Arcona Living A1
18 Hotel Kronenhof B2

Dónde comer
19 Café Vordergasse B2
20 Chäs Marili A2
21 D'Chuchi C2
22 Gasthaus zum Adler B1
23 Suppenglück B1
24 Wirtschaft Zum Frieden A3

Dónde beber y vida nocturna
25 Fass-Beiz B1
26 Güterhof D3
27 Kammgarn B3

de imitación en las habitaciones. En el salón de banquetes los huéspedes comen con toda la suntuosidad del estilo Luis XVI.

Dónde comer

Suppenglück SOPAS €
(079 254 56 26; http://suppenglueck.ch; Webergasse 46; sopas y ensaladas 8,50-11,50 CHF; 11.00-14.00 lu-vi) Como su nombre indica, este café sirve honradas sopas caseras, desde tailandesas picantes hasta *goulash* y crema de espárragos, acompañadas de pan al horno de leña.

Chäs Marili DELICATESEN €
(www.chaes-marili.ch; Fronwagplatz 9; 9.00-12.00 y 13.30-18.30 lu, 8.00-18.30 ma-vi) Aquí venden maravillosos quesos, 120 variedades suizas y francesas, además de otras delicias para pícnics.

Café Vordergasse CAFÉ €
(☎052 625 50 30; Vordergasse 79; tentempiés y comidas ligeras 10-20 CHF; ⏰6.00-19.00 lu-vi, 7.00-17.00 sa, 10.00-17.00 do) Este salón de té *art nouveau* se abre a una florida terraza de lo más popular. Se pueden tomar sándwiches, ensaladas y quiches con un *smoothie* o limonada casera o disfrutar dentro de un *brunch* dominical (20-27 CHF) sin prisas.

D'Chuchi SUIZA €€
(☎052 620 05 28; www.dchuchi.ch; Brunnengasse 3; principales 28-44 CHF; ⏰18.00-23.30 ma, 11.30-14.00 y 18.00-23.30 mi-vi, 18.00-23.30 sa) Pequeño y acogedor, con paredes de ladrillo visto, luz suave y asientos corridos. Tiene pocas mesas; mejor reservar. El chef se precia de usar producto local de temporada, ofreciendo una carta sucinta pero bien pensada.

Gasthaus zum Adler SUIZA €€
(☎052 625 55 15; www.gasthaus-adler.ch; Vorstadt 69; principales 24,50-44,50 CHF; ⏰8.30-23.00 ma-sa, 9.00-22.00 do; ✍) Hogar del famoso pintor local Tobias Stimmer en el s. XVI, lleva tres siglos triunfando como hostería. La carta sigue siendo tradicional y local, con acentos de productos de temporada. Los vegetarianos tendrán dónde elegir.

Wirtschaft Zum Frieden SUIZA €€
(☎052 625 47 67; www.wirtschaft-frieden.ch; Herrenacker 11; principales 35-50 CHF; ⏰11.00-14.30 y 17.00-23.30 ma-vi, 10.00-14.30 y 17.00-23.30 sa; ✍) Un preferido de los lugareños desde 1445. Sigue siendo muy acogedor con su estufa alicatada, mesas muy juntas y fotos antiguas en blanco y negro. La cocina es regional con un toque mediterráneo, como el tartar de búfalo de Argovia con puré al pecorino o raviolis al limón con pesto al ajo de oso. Siempre hay unos cuantos platos vegetarianos.

Dónde beber y vida nocturna

Kammgarn MÚSICA EN DIRECTO
(www.kammgarn.ch; Baumgartenstrasse 19; ⏰11.30-23.30 ma-vi, 16.00-23.30 sa) Fábrica textil reconvertida en centro artístico, es el sitio donde conocer la movida cultural y de actuaciones musicales del lugar. Ofrece desde *blues, rock* y *jam sessions* hasta noches de discoteca y fiestas estivales; véase la oferta en la web.

Güterhof LOUNGE
(☎052 630 40 40; www.gueterhof.ch; Freier Platz 10; ⏰8.00-24.00 do-ju, hasta 3.00 vi y sa) En este edificio con entramado de madera almacenaban la mercancía las empresas de transporte por el Rin. Con una preciosa terraza junto al río, hoy es una superestilosa combinación de bar, café, restaurante y barra de *sushi*. Tiene además programa de eventos, desde música en directo a noches de fiesta temáticas y sesiones de DJ.

Fass-Beiz CAFÉ
(www.fassbeiz.ch; Webergasse 13; ⏰11.30-23.30 ma-ju, 11.30-0.30 vi, 10.00-0.30 sa) Cafetería alternativa con ambiente tranquilo y platos del día aceptables (18-23 CHF). En el sótano ofrecen conciertos, obras teatrales y exposiciones de arte. Música en directo los sábados por la noche.

Información

Oficina de turismo (☎052 632 40 20; www.schaffhausen-tourismus.ch; Herrenacker 15; ⏰13.30-18.00 lu, 10.00-18.00 ma-vi, 10.00-15.00 sa may-sep, horario reducido oct-abr) Folletos, mapas de ciclismo y guías.

Cómo llegar y salir

Salen trenes directos cada media hora a Zúrich (23,20 CHF, 40 min) y Stein am Rhein (9,20 CHF, 24 min). Los trenes a San Galo (31 CHF, 1½-2 h) suelen requerir transbordo en Winterthur o Romanshorn.

Por carretera, Schaffhausen está junto a la A4, que hacia el norte lleva a la frontera alemana y hacia el sur a Winterthur, donde se une a la A1 dirección Zúrich.

Rheinfall

Originada por movimientos tectónicos en la última glaciación de hace 15 000 años, la impresionante **Rheinfall** (cascadas del Rin; www.rheinfall.ch) es el mayor salto de agua de Europa, salvando una altura de 23 m a una velocidad de unos 700 m³/seg en una serie de turbulentas cascadas y nubes de agua pulverizada. Lo mejor es verla desde la senda que baja del medieval Schloss Laufen o en uno de los barcos que cruzan hasta la peña que se eleva sobre ella.

Puntos de interés

Schloss Laufen am Rheinfall CASTILLO
(www.schlosslaufen.ch; adultos/niños 5/3 CHF; ⏰8.00-19.00 jun-ago, horario reducido resto del año) Este castillo medieval, orgulloso de sus mil años de historia, ofrece vistas de primera fila de Rheinfall. Su tienda de recuerdos vende entradas para bajar andando o en ascensor panorámico hasta la plataforma de observa-

ción Känzeli, donde se aprecia el espectáculo de la cascada en todo su estruendo.

Actividades

Rhyfall Mändli PASEOS EN BARCO
(www.maendli.ch; adultos/niños ida y vuelta 10/5 CHF) En verano los ferris revolotean por el agua al pie de Rheinfall. Lo mejor es el viaje de ida y vuelta que para en la alta peña en medio de las cascadas, a cuya cima se puede trepar para contemplar el agua que se precipita alrededor.

Adventure Park DEPORTES DE AVENTURA
(www.ap-rheinfall.ch; Nohlstrasse; adultos/niños 40/26 CHF; ⏲10.00-19.00 abr-oct; 👪) Este parque con circuitos de cuerda y tirolinas, el mayor de Suiza, ofrece rutas de dificultad graduada y una perspectiva de las cascadas desde la copa de los árboles.

Dónde dormir y comer

SYHA Dachsen am Rheinfall ALBERGUE €
(☎052 659 61 52; www.youthhostel.ch/dachsen; dc 30,50 CHF; 📶) Si apetece dormirse arrullados por las cascadas hay que alojarse en este sitio, dentro de Schloss Laufen.

Schlössli Worth INTERNACIONAL €€€
(☎052 672 24 21; www.schloessliwoerth.ch; Rheinfallquai 30; principales 42-68 CHF; ⏲11.30-23.30) En la orilla norte, el restaurante estilo *lounge* con ventanales de suelo a techo brinda vistas de ensueño de las cascadas, iluminadas al llegar la noche. Los platos, elaborados con ingredientes frescos, se acompañan con buenos vinos de la región.

Cómo llegar y salir

Los autobuses nº 1 y 6 pasan cada 10 min entre Schaffhausen y Neuhausen am Rheinfall (4,80 CHF, 15 min). Desde ahí se sigue a mano derecha hacia Schlössli Worth o a mano izquierda por el puente de peatones y trenes que va a Schloss Laufen.

Si el viajero llega en tren desde Schaffhausen o Winterthur a Schloss Laufen am Rheinfall tendrá que subir el monte hasta el castillo. Neuhausen am Rheinfall está 4 km al suroeste de Schaffhausen.

Stein am Rhein

HAB. 3343 / ALT. 407 M

Este pueblo parece salido de un cuento popular suizo, con su trenecito de vapor, su frondoso paseo del río y sus casas que parecen de caramelo. El efecto resulta más espectacular en su adoquinada Rathausplatz, donde casas de todos los tamaños y formas, algunas con entramados de madera, otras cubiertas de frescos, son el marco para una foto perfecta. Sigue siendo un misterio por qué la Unesco no lo ha declarado Patrimonio Mundial.

Puntos de interés y actividades

Rathausplatz PLAZA
La gente suele quedarse pasmada ante la profusa decoración de esta plaza alargada, a menudo considerada la más bonita de Suiza (¡que no es poco!). El **Rathaus** (Ayuntamiento), festoneado de frescos, descuella sobre las casas del s. XVI que llevan el nombre de sus elaborados murales, como Sonne (Sol) o Der Weisse Adler (El Águila Blanca). Mirando un piso más arriba se verá que además tienen miradores de elaborada talla y floridas jardineras. De cuento de hadas.

Klostermuseum St Georgen MUSEO
(www.klostersanktgeorgen.ch; Fischmarkt 3; adultos/niños 5/3 CHF; ⏲10.00-17.00 ma-do abr-oct) Este museo conventual se halla entre el Rathaus y el Rin. Es un monasterio benedictino construido en el 1007, pero lo que se ve ahora,

INDISPENSABLE

MONTAR EN VACA

Nada de paseos a caballo: el último grito en esta parte de Suiza es hacerlo a lomos de una vaca, y no es broma. La idea, tan disparatada como genial, se le ocurrió al granjero local Heinz Morgenegg, que regenta el **Bolderhof** (www.bolderhof.ch; paseo 90 min 95 CHF por persona, paseo de medio día incl. pícnic 150 CHF), en Hemishofen, 3 km al oeste de Stein am Rhein. Los paseos en vaca forman parte del enfoque experimental que la familia Morgenegg está aplicando a la ganadería ecológica. Solo hay que elegir una belleza de ojos marrones, ensillarla y montar a paso de vaca por la bucólica campiña a orillas del Rin. Las vacas obedecen a toques suaves y a veces arrancan a correr cuando ven un prado de hierba fresca, así que se recomienda tener mano firme (y una fusta).

incluidos el claustro y el magnífico *Festsaal* (salón de banquetes), es en su mayoría de estilo gótico tardío.

Museum Lindwurm MUSEO
(Unterstadt 18; adultos/niños 5/3 CHF; ⌚10.00-17.00 mar-oct) Esta casa de cuatro alturas se ha convertido en un museo y sus salones, dependencias del servicio y cocina reproducen la vida de una familia burguesa de mediados del s. XIX.

La Canoa PIRAGÜISMO
(☎052 741 27 82; www.lacanoa.com; Strandbad Niderfeld, Hemishoferstrasse 69; 3 h alquiler canoa/kayak/surf de remo 14/18/30 CHF) Alquilan piraguas, kayaks y surf de remo para surcar el Rin.

Dónde dormir

★**B&B Stein am Rhein** B&B €
(☎052 741 45 44; Bollstieg 22; i/d/f 90/130/170 CHF; P📶) En un rincón tranquilo de la ciudad se oculta este encantador B&B. La amable familia Keller hace que el huésped se sienta como en casa en su chalé, equipado con habitaciones luminosas, bien cuidadas y amuebladas en pino, un jardín y una sauna. Las familias son *herzlich wilkommen* (muy bienvenidas). Organizan circuitos en bicicleta y kayak.

SYHA hostel ALBERGUE €
(☎052 741 12 55; www.youthhostel.ch/stein; Hemishoferstrasse 87; dc 34-37 CHF, i/d/c 52/100/152 CHF; 📶) A orillas del Rin, luce limpio y bien cuidado, con jardines atractivos, zona de barbacoa y parque infantil. Está a un paseo de 15 min de la céntrica Rathausplatz, hacia el noroeste.

Hotel Adler HOTEL HISTÓRICO €€
(☎052 742 61 61; www.adlersteinamrhein.ch; Adlergässli 4; i/d/ste 135/185/205 CHF; 📶) Tras el exterior decorado con frescos hay habitaciones sencillas y confortables, pero el verdadero atractivo es su ubicación en la Rathausplatz. Los comedores tienen un agradable aire anticuado y la comida, sin ser extraordinariamente creativa, da en el clavo. El pescado de la zona es una apuesta segura. A veces el servicio es algo huraño.

Dónde comer

Varias casas con entramados de madera sirven cocina suiza a orillas del Rin, aunque de calidad muy desigual.

La P'tite Crêperie CREPERÍA €
(☎052 741 59 55; Unterstadt 10; crepes 8-17 CHF; ⌚11.00-19.00) Este diminuto local de ambiente bohemio sirve crepes fabulosamente ligeras con queso y *bündnerfleisch* (ternera curada), sirope de arce o –más suizo imposible– Toblerone. En temporada baja cierra los martes y miércoles.

Kafi und Me CAFÉ €
(☎052 558 20 45; www.kafiundme.ch; Unterstadt 13; tentempiés y comidas ligeras 5-15 CHF; ⌚10.00-17.00 mi-do) Este estiloso café *vintage* es de los mejores del lugar, con su mezcla de muebles, llamativos adornos y amable servicio. Sirven estupendo café, tés especiales, tartas caseras y comidas ligeras como quiche, ensaladas y sándwiches calientes.

Burg Hohenklingen SUIZA €€
(☎052 741 21 37; www.burghohenklingen.com; Hohenklingenstrasse 1; principales 36,50-55 CHF; ⌚10.00-24.00 ma-sa, hasta 18.00 do, cerrado fin dic-ppios mar) Para un ambiente medieval, nada como esta fortaleza del s. XII que domina desde un risco los tejados de Stein am Rhein. Se degustan platos clásicos como ternera estofada en pinot noir o trucha de la zona al riesling en el *Rittersaal* (salón de los Caballeros).

Información

Oficina de turismo (☎052 632 40 32; www.steinamrhein.ch; Oberstadt 3; ⌚9.30-12.00 y 13.30-17.00 lu-vi, horario reducido invierno) Muy pequeña, al este de la céntrica Rathausplatz.

Cómo llegar y salir

Dos trenes directos cada hora unen Stein am Rhein con Schaffhausen (9,20 CHF, 24 min) y San Galo (26,20 CHF, 1½ h).

La ctra. B13 que sigue la ribera sur del lago de Constanza pasa por Stein am Rhein de camino al oeste a Schaffhausen y la frontera alemana.

LAGO DE CONSTANZA

Apodado el "mar suabo", es el tercer lago mayor de Europa central, compartido por tres países: Suiza, Alemania y Austria. Es un lugar tranquilo para pasar unos días pedaleando entre manzanares y viñedos, mirando las garzas de los humedales o surcando el lago en piragua.

Información

Entre mediados de abril y de octubre se vende la tarjeta de descuento **Bodensee Erlebniskarte** (www.bodensee-erlebniskarte.de; 3/4/7 días

MERECE LA PENA

UNA VUELTA POR EL LAGO DE CONSTANZA

Si se cruza la frontera en Kreuzlingen se llega a la animada ciudad universitaria alemana de **Constanza,** que merece una visita por su catedral románica, el bonito casco antiguo y el puerto rodeado de árboles. Al norte de Constanza queda el monasterio benedictino de **Reichenau** (www.reichenau-tourismus.de), fundado en el año 724 y declarado Patrimonio Mundial por la Unesco. Cerca se halla **Insel Mainau** (www.mainau.de; adultos/niños 20/11,50 €; ⌚amanecer-anochecer), un islote verde entre cuyos jardines de estilo mediterráneo se cuentan bosquecillos de rododendros, una casa de mariposas y un jardín italiano con cascadas.

En la orilla norte del lago de Constanza se halla la ciudad vitícola de **Meersburg,** cuyas callejuelas empedradas, flanqueadas de casas con entramado de madera, suben hasta un castillo medieval con torreones. Al este está Friedrichshafen, que siempre se asociará al zepelín, cuyo vuelo inaugural fue en 1900. El **Zeppelin Museum** (www.zeppelin-museo.de; adultos/niños 9/4 €; ⌚9.00-17.00) explica la historia de este impresionante pero desafortunado medio de transporte aéreo. También está en territorio alemán la preciosa población isleña de **Lindau:** casas decoradas con frescos, un paseo con palmeras y un puerto vigilado por un faro y un león bávaro.

Lindau está pocos kilómetros al norte de Austria y de **Bregenz,** anfitriona del prestigioso **Bregenzer Festspiele** (med jul-med ago), con óperas y conciertos de orquestas en un gran escenario junto al agua. Sobre la ciudad se eleva de forma espectacular el Pfänder (1064 m). El teleférico **Pfänderbahn** (www.pfaenderbahn.at; Steinbruchgasse 4, Bregenz; adultos/niños ida y vuelta 12,70/6,40 €; ⌚8.00-19.00) sube hasta la cumbre, con vistas panorámicas del lago de Constanza y de los no tan distantes Alpes.

Quienes no tengan automóvil pueden desplazarse en bicicleta o en barco. Un sendero de 273 km bien señalizado y en gran parte llano, el **Bodensee-Radweg** (www.bodensee-radweg.com), rodea el lago pasando por campos de trigo, viñedos, huertos y avenidas a la sombra de castaños y plátanos. Casi todas las estaciones de tren de la región alquilan bicicletas y **La Canoa** (www.lacanoa.com) tiene puntos de alquiler de piraguas en todas las ciudades grandes del lago.

81/109/158 CHF). La versión más cara (Seebären) permite viajes ilimitados gratuitos en ferri, la entrada a muchos museos y puntos de interés (salvo Insel Mainau) y un viaje de ida y vuelta en el teleférico del Pfänder de Bregenz y el Säntisbahn.

Cómo llegar y salir

Salen trenes frecuentes de Zúrich a Constanza (33 CHF, 80 min) y Múnich (96 CHF, 5 h), en Alemania. Circulan trenes entre la ciudad austriaca de Bregenz y la suiza de St Margrethen (7 CHF, 17 min).

Las autopistas A7 y A1 unen localidades suizas del lago con destinos al oeste como San Galo, Winterthur y Zúrich.

Cómo desplazarse

Hay diversas compañías de ferris, como la suiza **SBS Schifffart** (www.sbsag.ch), la austriaca **Vorarlberg Lines** (www.vorarlberg-lines.at) y la alemana **BSB** (www.bsb-online.com), que recorren el lago de mediados de abril a finales de octubre. Los servicios más frecuentes empiezan a finales de mayo. Solo se admite el Swiss Pass en la parte suiza del lago.

En el lado suizo suele ser más cómodo viajar en tren; en el alemán, en autobús. La carretera B31 bordea la costa norte, pero tiene mucho tráfico. En la costa sur la N13 va paralela a la vía del tren que rodea el lago.

Kreuzlingen

HAB. 21 524 / ALT. 404 M

Esta ciudad del cantón suizo de Turgovia (Thurgau) suele quedar eclipsada por la más bonita y animada Constanza, su vecina alemana junto a la frontera. Dicho esto, su encantador enclave a orillas del lago es ideal para actividades, desde natación y kayak a senderismo y bicicleta por la excelente senda ciclista que circunda el lago de Constanza (Bodensee).

Napoleón III de Francia se crio en el **Schloss Arenenberg** (www.napoleonmuseum.tg.ch; Salenstein; adultos/niños 12/5 CHF; ⌚10.00-17.00 abr-oct, cerrado lu resto del año), bella mansión rosa con preciosos terrenos en el lago de Constanza: su madre, Hortensia de Beauharnais, hijastra de Napoleón I, reformó en el s. XIX el pequeño *chateau* del s. XVI. El interior sigue tal cual y en verano es un placer pasear por el jardín francés que da al lago.

En medio de un parque frente al lago, el encantador **SYHA Hostel** (☎071 688 26 63; www.youthhostel.ch/kreuzlingen; Promenadenstrasse 7; dc 37,50 CHF, d 75-80 CHF, c 164 CHF; ⊙mar-nov; 📶) ocupa una villa *art nouveau* y alquila piraguas y kayaks.

La **oficina de turismo** (☎071 672 38 40; www.kreuzlingen-tourismus.ch; Hauptstrasse 39; ⊙9.30-12.30 y 13.30-18.00 lu-vi, 9.30-14.00 sa may-sep, horario reducido resto del año) está en la calle principal de la ciudad, Hauptstrasse, varias manzanas al este de la estación de tren.

Desde Kreuzlingen hay trenes frecuentes a San Galo (19,20 CHF, 55 min) y Zúrich (32 CHF, 1½ h), así como a puntos del lago como Arbon (12 CHF, 40 min). La A7 discurre al oeste de Kreuzlingen, conectando con la A1 rumbo a Zúrich.

Arbon

HAB. 14 266 / ALT. 400 M

En la orilla sur del lago de Constanza, es una bonita base para explorar el lago, con su casco medieval salpicado de altivas casas con entramado y presidido por un castillo del s. XVI. En días claros las vistas se adentran en los nevados Alpes desde el paseo de la ribera, frecuentado por caminantes, ciclistas y patinadores.

Puntos de interés

Historisches Museum MUSEO
(http://museo-arbon.ch; Alemannenstrasse 4; adultos/niños 6 CHF/gratis; ⊙14.00-17.00 ma-do may-sep, horario reducido resto del año) Dispuesto en el Schloss Arbon (s. XVI), recorre 5500 años de historia desde la Edad de Piedra hasta el comercio del lino en el s. XVIII. Entre sus piezas destacan un cerdo romano de plomo, una hebilla medieval de bronce y el mobiliario Biedermeier.

Dónde dormir y comer

Hotel Brauerei Frohsinn HOTEL €€
(☎071 447 84 84; www.frohsinn-arbon.ch; Romanshornerstrasse 15; i/d/f 120/175/235 CHF; P📶) En una bonita casa de entramado, ofrece amplias habitaciones claras y su propia cervecera artesanal. En el sótano abovedado se puede tomar cerveza y platos sustanciosos, como salchichas de ternera con salsa de cerveza y cebolla.

Römerhof INTERNACIONAL €€
(☎071 447 30 30; www.roemerhof-arbon.ch; Freiheitsgasse 3; principales 44-52 CHF; ⊙12.00-14.00 y 18.00-22.00 ma-vi, 18.00-22.30 sa) En un edificio del s. XVI, el artesonado de madera, las vidrieras y los manteles blancos crean un refinado marco. La carta de matiz francés e internacional tiene entrantes como crema de ajo de oso con vieiras caramelizadas seguidos de principales como pato con salsa de *kumquat* y lentejas negras. Hay una terraza para el buen tiempo.

Información

Oficina de turismo (☎071 440 13 80; www.arbontourismus.ch; Schmiedgasse 5; ⊙9.00-11.30 y 14.00-18.00 lu-vi, 9.00-11.30 sa) Eficiente oficina en el casco histórico.

Cómo llegar y salir

Arbon está en la línea férrea entre Zúrich (33 CHF, 1½ h) y Rorschach (5,80 CHF, 10 min); la estación queda 1 km al sur del centro histórico.

La ciudad está junto a la autopista A1 que une el lago de Constanza y Zúrich.

Rorschach

HAB. 9214 / ALT. 398 M

Alzándose serena a orillas del lago de Constanza con una boscosa colina a las espaldas, esta ciudad portuaria de belleza algo ajada conserva estupendas casas de los ss. XVI-XVIII con miradores, un notable granero del s. XVIII símbolo de su pasada importancia comercial y una casa de baños de los años veinte de nostálgico recuerdo. El paseo de la ribera es una delicia, tanto a pie como en bicicleta o patines.

Puntos de interés

Badhütte PISCINA NATURAL
(casa de baños; Thurgauerstrasse; adultos/niños 4/2 CHF; ⊙8.00-19.00 med may-med sep) En el lago está la **Badhütte,** construida en la década de 1920 y comunicada con la orilla por un pequeño puente cubierto. Es un lugar agradable para darse un refrescante chapuzón y beber algo.

Markthalle Altenrhein ARQUITECTURA
(www.markthalle-altenrhein.ch; Knotternstrasse 2, Staad; adultos/niños 5/2 CHF; ⊙10.00-17.30) Este extravagante mercado muestra el estilo de su autor, el austriaco Friedensreich Hundertwasser (1928-2000), que consideraba "impía" la línea recta. Con sus paredes torcidas, alegres

colores del arcoíris y doradas cúpulas bulbosas parece una alucinación de la legendaria Arabia en la Suiza de provincias.

Dónde dormir

Schloss Wartegg HOTEL €€
(☎071 858 62 62; http://wartegg.ch; Rorschacherberg; i 135-175 CHF, d 195-355 CHF; P) Para una escapada excepcional es posible alojarse en este palacio de fantasía a 10 min de Rorschach en automóvil, en la ladera sobre la ciudad. Este antiguo castillo austriaco del s. XVI está rodeado de una verde finca con altísimas secuoyas y vistas del lago. Las elegantes habitaciones hacen guiños al s. XXI y disponen de minibares y bases de iPod. El desayuno incluye productos ecológicos.

Información

Oficina de turismo (☎071 841 70 34; www.tourist-rorschach.ch; Hauptstrasse 56; 8.30-18.00 lu-vi, 9.00-14.45 sa y do, horario reducido invierno)

Cómo llegar y salir

La estación de Rorschach Hafen está muy bien situada, en la Haupstrasse, en pleno casco antiguo. Hay trenes frecuentes a destinos del lago como Arbon (5,80 CHF, 9 min) y Kreuzlingen (14,40 CHF, 49 min). También hay rápidas conexiones a San Galo (7,20 CHF, 18 min).

La ciudad está junto a la autopista A1 que va hacia el oeste a San Galo, Winterthur y Zúrich.

San Galo

HAB. 74 111 / ALT. 670 M

Vale la pena peregrinar a San Galo, una de las ciudades más refinadas de la Suiza septentrional, por la rica historia que se despliega al recorrer su dédalo de callejas y plazas, cuyas casas de entramado se adornan con torrecillas y ventanas en saledizo profusamente talladas.

Puntos de interés y actividades

De la oficina de turismo (p. 272) salen los circuitos guiados en varios idiomas del **casco antiguo** y la **abadía** (25 CHF/persona; 11.30 lu y mi 10.30 sa may-oct; 11.30 sa dic-abr); todos duran unos 90 min. La oficina de turismo también ofrece circuitos con audioguía (15 CHF, 90 min).

★**Stiftsbibliothek** BIBLIOTECA
(www.stibi.ch; Klosterhof 6d; adultos/niños 12/9 CHF, audioguía 5 CHF; 10.00-17.00) Es una de las bibliotecas más antiguas del mundo y el mejor ejemplo del rococó en Suiza. Ha sido declarada Patrimonio Mundial por la Unesco junto al resto del monasterio, fundado por san Galo en el 612. Repleta de inestimables libros encuadernados en piel y de manuscritos copiados y miniados por los monjes en la Edad Media, es una suntuosa fantasía de frescos, relieves, querubines y entarimado. Se ofrecen audioguías en varios idiomas, así como zapatillas de felpa, de uso obligado para proteger el suelo.

Dom CATEDRAL
(Klosterhof; 9.00-18.00 lu, ma, ju y vi, 10.00-18.00 mi, 9.00-16.00 sa, 12.00-17.30 do) Este templo de mediados del s. XVIII con torres gemelas, una pizca menos ornamentado que la vecina y mundialmente famosa Stiftsbibliothek, tiene coloridos frescos de oscuras nubes y decoraciones en estuco verde menta. La cúpula muestra una visión del paraíso con la Santísima Trinidad en el centro. Resulta raro que la entrada sea por dos puertas modestas del lado norte; de hecho, en la fachada principal, que en realidad es el ábside, no hay ninguna puerta. A veces hay conciertos; véase www.dommusik-sg.ch. Cierra durante los oficios religiosos.

St Laurenzen-Kirche IGLESIA
(Zeughausgasse; torre adultos/niños 5/2,50 CHF; 9.30-11.30 y 14.00-16.00 lu, 9.30-16.00 ma-sa) Aunque la catedral de San Galo acapara toda la atención, esta iglesia protestante neogótica también es preciosa, con su tejado de mosaicos, sus delicados frescos florales y el techo cubierto de estrellas que parece un firmamento. Desde lo alto de la torre se disfruta de vistas de las agujas y azoteas de terracota.

Textilmuseum MUSEO
(www.textilmuseum.ch; Vadianstrasse 2; adultos/niños 12 CHF/gratis; 10.00-17.00) San Galo lleva mucho tiempo siendo un centro importante de la industria textil suiza y este museo rinde homenaje a esa tradición. La colección abarca siglos de tejidos de todo el mundo, desde los hallados en tumbas del antiguo Egipto hasta bordados medievales y elaboradísimos encajes, así como la maquinaria empleada para hacerlos.

Stadtlounge PUNTO DE INTERÉS
(Salón Municipal; Schreinerstrasse; 24 h) GRATIS Aunque parezca extraño, en pleno centro de San Galo hay una zona donde el suelo está tapizado con una alfombra de goma de color rojo, que también cubre el mobiliario de

San Galo (St Gallen)

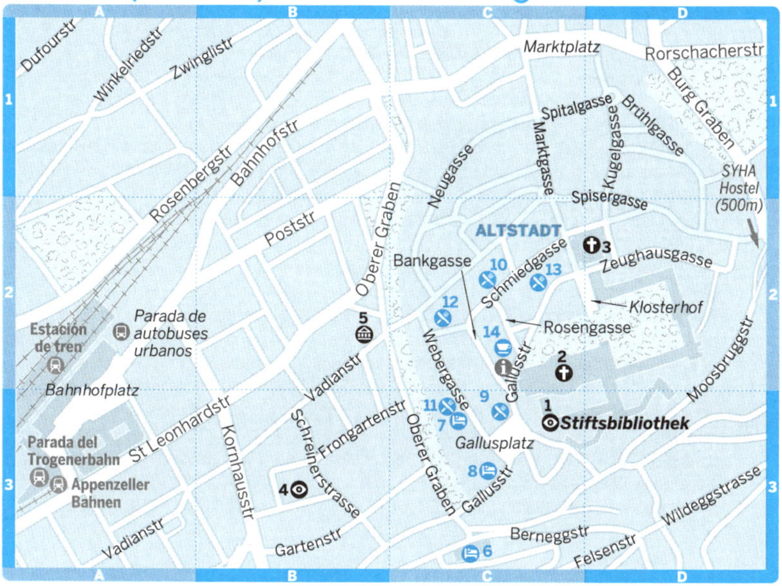

San Galo (St Gallen)

Principales puntos de interés
- 1 Stiftsbibliothek C3

Puntos de interés
- 2 Dom C2
- 3 St Laurenzen-Kirche D2
- 4 Stadtlounge B3
- 5 Textilmuseum B2

Dónde dormir
- 6 Einstein St Gallen C3
- 7 Hotel Dom C3
- 8 Hotel Vadian C3

Dónde comer
- 9 Am Gallusplatz C3
- 10 Bäumli C2
- Einstein Gourmet .... (véase 6)
- 11 Lansin C3
- 12 Metzgerei Gemperli C2
- 13 Wirtschaft Zur Alten Post C2

Dónde beber y vida nocturna
- 14 Chocolaterie Kölbener C2

formas curvas e incluso un automóvil. El Stadtlounge es un proyecto artístico de Pipilotti Rist y Carlos Martínez, cuyo objetivo es humanizar la calle al convertirla en una especie de "sala de estar al aire libre".

Maestrani's Chocolarium COMIDA
(071 228 38 11; www.chocolarium.ch; Toggenburgerstrasse 41, Flawil; adultos/niños 14/8 CHF; 9.00-18.00 lu-vi, 9.00-17.00 sa, 10.00-17.00 do;) Se descubrirá cómo se elabora el chocolate, desde el fruto del cacao a la tableta, en el circuito guiado de 1 h de esta nueva fábrica, en un edificio de innovadora arquitectura. El visitante podrá decorar su propia tableta (por 10 CHF más) o simplemente disfrutar del rico chocolate en el café-tienda.

Desde San Galo se va en tren a Flawil y ahí se toma un autobús a Bütschwil (parada de Maestrani).

Fiestas y celebraciones

St Galler Festspiele MÚSICA
(www.stgaller-festspiele.ch; fin jun-ppios jul) Dos semanas de ópera al aire libre en la plaza detrás de la catedral.

Dónde dormir

San Galo es una ciudad de negocios, por lo que las camas escasean y los precios se dispa-

FUERA DE RUTA

SARDONA

Una maravillosa zona salvaje de cordilleras cubiertas de hielo se alza en torno al **Piz Sardona** (3056 m), el pico más alto de San Galo. Pocos visitan esta apartada región alpina a lo largo de la frontera con los Grisones, lo que la hace aún más deseable para excursionistas, ciclistas y cualquiera que desee apartarse del mundanal ruido unos días. Su joya son las 32 000 Ha de la **falla tectónica suiza del Sardona** (http://tourismus.unesco-sardona.ch), Patrimonio Mundial de la Unesco y uno de los mejores sitios del mundo para observar los procesos orogénicos y la tectónica de placas.

Se puede acceder por dos carreteras secundarias que van al suroeste desde Bad Ragaz. Ambas suben vertiginosamente, una pasando por Pfäfers y la otra por Valens y Vasön. Convergen en el Taminatal, un valle espectacular donde los pastos se mezclan con densos bosques.

Tras 20 km se llega al pie del **Gigerwaldsee,** embalse de precioso color que parece un fiordo entre paredes a pico, festoneado de cascadas. La carretera sube para bordear su orilla sur y llegar a St Martin im Calfeisental, una aldea *walser.* Se puede dormir en la apacible **pensión de Sankt Martin** (☎081 306 12 34; www.sanktmartin.info; dc 40-45 CHF, i 85 CHF, d 130-140 CHF, tr 180 CHF, c 210 CHF), base ideal para un par de días de magníficas caminatas.

Un sendero fácil (2 h) va al oeste, al espectacular mirador de Sardona Alp. Se necesita otra hora para alcanzar el refugio de montaña **Sardona Hütte** (☎081 306 13 88; www.sardonahuette.ch; dc para adultos/niños 33/16 CHF, incl. media pensión 68/49 CHF; ⊙jul-sep), a 2158 m.

ran. Cuenta con un par de alojamientos encantadores, aunque menos de los esperables con un centro histórico tan bello.

Hotel Vadian HOTEL €
(☎071 228 18 78; www.hotel-vadian.com; Gallusstrasse 36; i 99-120 CHF, d 160-170 CHF; 📶) Es difícil alojarse más cerca del centro por estos precios. El hotel ha sido reformado recientemente y las variadas habitaciones modernas se hallan en perfecto estado.

SYHA Hostel ALBERGUE €
(☎071 245 47 77; www.youthhostel.ch/st.gallen; Jüchstrasse 25; dc/i/d/c 34/64/90/150 CHF; P📶) Moderno, rodeado de un jardín frondoso y a escasos 15 min a pie del casco antiguo. También se llega en el Trogenerbähnli (S21) que va de la estación de tren a Birnbäume.

Hotel Dom HOTEL-BOUTIQUE €€
(☎071 227 71 71; www.hoteldom.ch; Webergasse 22; i 85-185 CHF, d 120-255 CHF, tr 245-305 CHF; 📶) Edificio moderno que desentona un poco en medio del casco antiguo. Las habitaciones tienen una decoración minimalista, con paredes retroiluminadas y colores llamativos. Las más baratas son sencillas y con baño compartido. Quien tenga el sueño ligero debe contar con que el sonido se propaga. Un salón en el 1er piso con té, café y fruta cortesía de la casa y un generoso bufé de desayuno aumentan su atractivo.

Einstein St Gallen HOTEL HISTÓRICO €€€
(☎071 227 55 55; www.einstein.ch; Berneggstrasse 2; i 185-275 CHF, d 275-470 CHF, ste 495-2500 CHF; P@📶) Cortinas de seda, muebles de madera de cerezo y suntuosas alfombras adornan las amplias habitaciones de este hotel del s. XIX. Los huéspedes se relajan en la piscina, iluminada de forma sorprendente, o con un masaje en el *spa*. El restaurante panorámico de la azotea se especializa en platos regionales.

✕ Dónde comer y beber

San Galo es conocido por sus *erststock-beizli* (tabernas tradicionales instaladas en la 1ª planta de las casas con entramado de madera). Hay también cafés, pastelerías, locales de comida para llevar y restaurantes con sabores del mundo en las callejas del Altstadt.

Lansin VIETNAMITA €
(☎071 223 20 00; http://lansin.ch; Webergasse 16; principales 17-20 CHF; ⊙11.30-14.30 lu-sa, 17.30-22.00 ma-ju, hasta 23.00 vi y sa) Si tanta cocina típica suiza harta, en este apacible vietnamita estilo bistró se podrá pedir un clásico cuenco de *pho bo* (sopa de fideos de arroz con ternera, brotes de bambú y hierbas aromáticas) para entonar el estómago o un aromático curri.

Metzgerei Gemperli SALCHICHAS €
(Schmiedgasse 34; salchichas 6,50-7,50 CHF; ⊙8.00-18.30 lu-vi, 7.00-17.00 sa) En esta mezcla

de carnicería-puesto de salchichas se encuentra la mejor *bratwurst* OLMA –suave salchicha blanca de ternera con especias típica de San Galo, de crujiente piel tostada–, servida en un *bürli* (bollo).

Wirtschaft Zur Alten Post INTERNACIONAL €€
(☎071 222 66 01; www.apost.ch; Gallusstrasse 4; principales 29-45 CHF; ⌚11.30-14.00 y 17.30-22.30 ma-sa) En esta exclusiva pero histórica *beizl* (taberna), bastante lujosa, las especialidades de San Galo como salchichas OLMA con *rösti* se complementan con platos más originales como rapitos con ensalada tibia de verduras, hierbas y mozarela de búfala.

Bäumli SUIZA €€
(☎071 222 11 74; www.weinstube-baeumli.ch; Schmiedgasse 18; principales 25-47 CHF; ⌚11.00-14.00 y 17.00-23.00 ma-vi, 11.00-23.00 sa) Esta taberna de vinos tardomedieval que cruje con 500 años de fama sirve a la luz de las velas en su restaurante de madera los típicos platos de *erststockbeizli* (taberna de 1er piso), desde *bratwurst* con cebollas fritas a chuletas de cordero, *Wiener schnitzel, cordon bleu* (escalope de cerdo relleno de jamón y queso) y *geschnetzeltes* (plato de cerdo o ternera en lonchas).

Am Gallusplatz SUIZA €€
(☎071 230 00 90; http://amgallusplatz-sg.ch; Gallusstrasse 24; principales 38-44 CHF; ⌚10.00-14.00 y 17.00-23.00 ma-sa) Se puede cenar bajo bóvedas evocadoras en esta taberna frente a la catedral, unas antiguas cuadras que conservan cierto encanto medieval. La carta abunda en platos de carne, como ternera *stroganoff* y *Wiener schnitzel,* con una estupenda selección de vinos para acompañar.

Chocolaterie Kölbener CAFÉ
(☎071 222 57 70; www.chocolaterie-koelbener.ch; Gallusstrasse 20; ⌚8.30-18.00 lu-vi, hasta 17.00 sa y do) Este local con entramado de madera, frente a la catedral, sirve café y pasteles.

ℹ Información

Oficina de turismo (☎071 227 37 37; www.st.gallen-bodensee.ch; Bankgasse 9; ⌚9.00-18.00 lu-vi, 9.00-15.00 sa, 10.00-15.00 do abr-oct, horario reducido resto del año; 📶) Nueva y elegante, frente al Dom, bien surtida de información sobre la ciudad y la región, tiene además tienda de regalos y wifi gratis. Reserva circuitos por el Altstadt.

ℹ Cómo llegar y salir

San Galo está a un corto trayecto en tren o autobús de Romanshorn (12 CHF, 20 min). También hay trenes regulares a la ciudad austriaca de Bregenza (17 CHF, 35-50 min), Chur (36 CHF, 1½ h) y Zúrich (31 CHF, 65 min vía Winterthur).

En automóvil la principal conexión es la autopista A1, que va de Zúrich y Winterthur a la frontera austriaca.

Appenzell

HAB. 5822 / ALT. 785 M

Parece salido de un cuento infantil. Sus casas con gabletes lucen alegres murales en sus fachadas y albergan *konditoreien* (confiterías), tiendas de artesanía, carnicerías, delicatesen y tabernas que sirven platos con mucho queso. El río Sitter serpentea por la localidad y más allá por prados verdes que se arrugan al subir a los agrestes montes. Esta es la comarca lechera de Suiza por excelencia: muy tradicional y de lo más genuina, con granjas que mantienen sus arraigadas costumbres.

Puntos de interés

De la villa salen numerosos senderos que suben a los pastos y Alpes circundantes. Es ideal para las familias el Barfussweg (p. 271) que va de Jakobsbad a Gonten. Desde aquí también pueden recorrerse sendas a gran altitud del Säntis y el Ebenalp. Para más información consúltese www.appenzell.info o pídase el folleto *Wandern* en la oficina de turismo.

Altstadt ZONA
El compacto casco antiguo es de cuento de los hermanos Grimm, con un fondo de colinas elevándose hasta altos montes. Llaman la atención las casas de labrados hastiales, muy decoradas con frescos y elaborados letreros de tiendas. La plaza más llamativa es **Landsgemeindeplatz,** aunque también hay hileras de fotogénicas casas y tiendas en **Hauptgasse,** calle presidida por la iglesia de San Mauricio.

Pfarrkirche St Mauritius IGLESIA
(Hauptgasse 2; ⌚9.00-18.00) La casi milenaria parroquia de Appenzell se distingue por su impresionante campanario tardogótico con un mural de san Mauricio, patrón del cantón. Si la fachada es algo austera, el interior es el polo opuesto, repleto de frescos, vidrieras y dorados. La iglesia es un popurrí de estilos gótico, barroco y neoclásico.

Brauquöll Appenzell FÁBRICA DE CERVEZA
(www.brauquoell.ch; Brauereiplatz 1; centro para visitantes gratis, cata de cerveza 8,50 CHF; ⌚13.00-

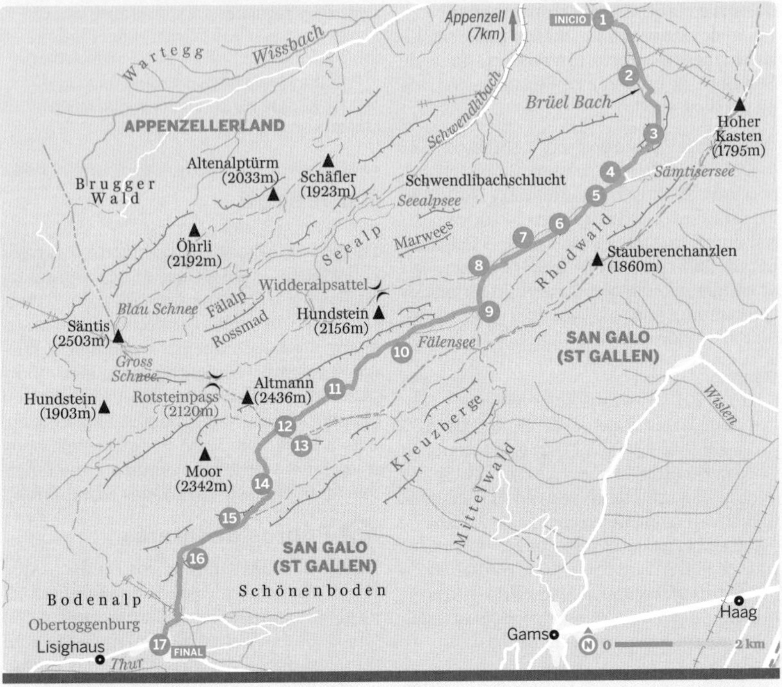

Circuito a pie Zwinglipass

INICIO BRÜLISAU
FINAL WILDHAUS
DURACIÓN 17,5 KM; 2 DÍAS

Este circuito de nivel moderado atraviesa paisajes kársticos y valles rurales para cruzar un puerto de montaña a los pies de los montes Churfirsten. Hay autobuses entre Appenzell y el inicio del sendero, en Brülisau.

Desde 1 **Brülisau** hay que seguir la vía señalizada dirección sureste hasta 2 **Pfannenstiel** (940 m). Luego hay que internarse en la garganta 3 **Brüeltobel,** que se eleva sobre una cuenca para llegar al 4 **Gasthaus Plattenbödeli** 1¼ h después. El Waldabstieg baja hacia la izquierda hasta el lago 5 **Sämtisersee.** Hay que torcer a la derecha en 6 **Appenzeller Sämtis** y dirigirse hacia los picos del Alpstein. El camino de tierra se extingue en 7 **Rheintaler Sämtis** (1295 m) y un sendero peatonal continúa hasta el 8 **Chalberweid.** Se asciende hacia el sur por un barranco hasta un colladito desde donde se ve Fälensee (1446 m), a 1½ h de la Gasthaus Plattenbödeli. Encaramado sobre el Fälensee, el 9 **Berggasthaus Bollenwees** es un refugio con vistas.

Hay que rodear el lado norte del Fälensee, atravesando amplios pedregales, hasta llegar a la vaquería 10 **Alphütte Fälenalp.** Por arriba, unas agujas sobresalen de las paredes rocosas del Hundstein (2156 m). Un ascenso empinado a lo largo de una cresta lleva a los refugios de piedra de 11 **Häderen,** a 1¼ h del Bollenwees. La ruta sube más suave a través de campos kársticos hasta el pico de Altmann (2436 m). Hay que cruzar el 12 **Zwinglipass** (2011 m) y descender para llegar al 13 **Zwinglipasshütte** tras 50 min. Desde la terraza hay vistas a los siete picos en sierra de Churfirsten. Luego se baja por la ladera para pasar el 14 **Chreialp** (1817 m). Un camino en zigzag baja al 15 **Teselalp** (1433 m) al final de un camino rural, al cabo de 1 h. Si se sigue la pista sin asfaltar 1,25 km, habrá que girar a la izquierda por un sendero y luego bajar 400 m por la sima de 16 **Flürentobel,** antes de desviarse a la derecha por el bosque de piceas. Desde aquí hay se baja hasta 17 **Wildhaus,** a 50-60 min de Teselalp.

17.00 lu, 10.00-12.15 y 13.00-17.00 ma-vi, 10.00-17.00 sa y do abr-oct, horario reducido invierno) GRATIS El agua pura del deshielo se emplea para fabricar la refrescante Appenzeller Bier local. En el centro para visitantes se explica la historia de la producción de la cerveza. Delante se pueden comprar cervezas como la Vollmond (luna llena), con fuerte sabor a lúpulo, y la Leermond (luna vacía), sin alcohol.

Appenzell Museum MUSEO
(Hauptgasse 4; adultos/niños 7/3 CHF; ⏲10.00-12.00 y 13.30-17.00 lu-vi, 11.00-17.00 sa y do abr-oct, horario reducido resto del año) Da a conocer la vida rural y las tradiciones populares de Appenzell en sus siete pisos, donde expone muebles pintados con bucólicas escenas en el local estilo Bauernmalerei, encajes, trajes, armas, arte sacro, banderas y estandartes. Destacan una *stube* (sala de estar) con artesonado y todo, un sarcófago egipcio de hace 3000 años, un retablo del s. XVI y conmovedoras pinturas de la vida rural del artista local Carl August Liner.

Appenzeller Schaukäserei QUESERÍA
(www.schaukaeserei.ch; Dorf 711, Stein; entrada a la quesería gratis, circuito con iPad y cata adultos/niños 10/5 CHF, cata de quesos 8,50 CHF; ⏲9.00-18.30 may-oct, hasta 17.30 nov-abr) Los amantes del queso deben apuntarse al circuito con iPad que muestra el proceso de elaboración, incluido un vistazo al sótano donde unas 12 500 ruedas de queso se frotan regularmente con una salmuera de hierbas. O ir por libre y rematar la cosa con una cata de cinco quesos Appenzeller.

Appenzeller Volkskunde Museum MUSEO
(www.appenzeller-museo-stein.ch; Stein; adultos/niños 7/3,50 CHF; ⏲10.00-17.00 ma-do) Este museo del folclore da una idea de la vida rural de Appenzell, mostrando desde pinturas pastoriles a bordados. De abril a octubre ofrece demostraciones de tejido (a diario), así como de elaboración tradicional del queso (2 semanales) en su quesería de hace cuatro siglos.

Werdenberg PUEBLO
¡Es una lástima perderse este pueblo! Fundado en 1289, se dice que es la población de casas de madera más antigua de Suiza. El grupo de algo más de 40 casas se halla entre un gran estanque y una colina cubierta de vides y coronada por un castillo.

Desde Appenzell es fácil visitarlo en el día: está a 40 min de automóvil hacia el sur por la A13.

Actividades

Barfussweg PASEO A PIE
(www.barfusspark.info; 👪) En este "camino a pie descalzo" de 5 km, estupendo para familias, se atraviesan prados y arroyos de montaña de Jakobsbad a Gonten. La suave senda marcada lleva por atracciones que gustarán a los críos, como barras de equilibrio, instalaciones donde mojarse los pies y baños de brazos.

Fiestas y celebraciones

Landsgemeinde CULTURAL
(⏲último do abr) El Parlamento se reúne al aire libre en esta plaza, cuando los lugareños se visten con los trajes típicos y votan (los hombres alzan un puñal). Esta singular tradición de democracia directa se remonta a 1294; suelen participar unas 3000 personas, más de la mitad de la población.

Alpabfahrt Urnäsch CULTURAL
(⏲med sep) Vacas y ovejas regresan de los pastos alpinos estivales, desfilando con mucho estilo. Además hay un mercado de granjeros donde avituallarse de delicias locales. Se celebra en Urnäsch, 10 km al oeste de Appenzell.

Dónde dormir y comer

★ **Null Stern Hotel** HOTEL DE DISEÑO €€
(☎071 898 33 00; http://nullsternhotel.ch; Gonten; d 295 CHF; P) Como su nombre indica, no tiene ninguna estrella. Salvo las que brillen en el firmamento sobre el huésped, al que en esta aventura de lo más romántica recogen en la estación de Gonten y lo llevan en coche hasta su cama en plena naturaleza. Sin paredes ni tejado. Al rayar el alba sobre las crestas alpinas, el canto de los pájaros hará de despertador.

Al mantenerse secreta la ubicación (cerca de Gonten), un mayordomo (es decir, granjero) recoge al cliente para llevarlo a esta "habitación con vistas", darle una cesta de desayuno y una bebida de bienvenida. Un trayecto de 6 min en tren separa Appenzell de Gonten.

Hotel Hecht HOTEL HISTÓRICO €€
(☎071 788 22 22; www.hecht-appenzell.ch; Hauptgasse 9; i/d/tr/c 100/170-260/270/320 CHF; 📶) Rebosante de encanto y en pleno centro, abarca varios pisos sin orden ni concierto. Las amplias habitaciones, impecables y tranquilas, están elegantemente decoradas con cortinajes, colores cálidos y madera pu-

MERECE LA PENA

EL SÄNTIS Y EL EBENALP

Aunque para los parámetros suizos sea un monte bajo, el escarpado Säntis (2503 m) es el más alto de esta parte del país. Ofrece un panorama maravilloso que abarca el lago de Constanza, el lago de Zúrich, los Alpes y los montes Vorarlberg. Desde Schwägalp el teleférico **Säntisbahn** (www.saentisbahn.ch; ida/ida y vuelta 32/45 CHF; ⏲7.30-18.00 lu-vi, hasta 18.30 sa y do fin may-med oct, 8.30-17.00 resto del año) sube a la cumbre cada 30 min.

Desde la cima del Säntis se puede llegar a pie al pico vecino de Ebenalp (1640 m) en unas 3½ h. En Wildkirchli (Ebenalp) hay cuevas prehistóricas.

Desde Ebenalp, un paseo de 1½ h cuesta abajo lleva al Seealpsee, lago de precioso color donde la lechería familiar **Seealpchäs** (www.seealpchaes.ch; ⏲jun-ago) vende deliciosos quesos, algunos elaborados con ajo de oso y guindilla. Los clientes también pueden bañarse en suero de leche en una bañera de madera (45 CHF) mientras admiran las montañas.

El **teleférico Ebenalpbahn** (www.ebenalp.ch; ida/ida y vuelta 20/31 CHF; ⏲7.30-19.00 fin may-med oct, 9.30-17.00 resto del año) baja cada 15 min aprox. desde la cima del Ebenalp a Wasserauen, desde donde se puede ir a Appenzell en tren (5,80 CHF, 11 min) o por carretera rural.

Se gozará más tiempo de las vistas si se duerme en lo alto del Säntis en la encantadora y práctica **Berggasthaus Alter Säntis** (☎071 799 11 60; www.altersaentis.ch; dc 44 CHF, d 140-188 CHF, media pensión 24 CHF; ⏲med may-oct), cabaña llevada por una familia, o en el chic **Säntis – das Hotel** (☎071 365 66 00; https://saentisbahn.ch; i 135 CHF, d 240-260 CHF, ste 300-340 CHF; P), estilo *boutique*.

lida. Pero es la hospitalidad lo que le hace destacar.

Hotel Appenzell HOTEL €€
(☎071 788 15 15; www.hotel-appenzell.ch; Landsgemeindeplatz; i/d 135/230 CHF; P ☎) Este edificio típico de Appenzell, con una gran fachada y decoración alegre, alberga habitaciones de tamaño generoso con camas de madera. Combina colores rosas y azules y visillos de encaje en los ventanales. El restaurante ofrece una carta de temporada muy variada que incluye platos vegetarianos. Alquilan bicicletas eléctricas (25 CHF), ideales para recorrer los empinados alrededores.

Romantik Hotel Säntis GASTRONOMÍA €€
(www.saentis-appenzell.ch; Landsgemeindeplatz 3; principales 32-52 CHF) El mejor restaurante de Appenzell es este, en un 1er piso con almidonados manteles blancos, pino bellamente tallado y vistas a Landsgemeindeplatz. De ambiente formal e impecable servicio, sirve platos de temporada.

Marktplatz INTERNACIONAL €€
(☎071 787 12 04; www.marktplatz-appenzell.ch; Kronengarten 2; principales 24-39 CHF; ⏲11.00-14.00 y 17.30-23.00 mi-sa; 👪) Uno puede sentarse en la terraza, en una de las plazas más bonitas de Appenzell, o bien en el interior de madera tallada. La carta, que varía con la temporada, tiene influencias italianas y suizas.

ℹ Información

Oficina de turismo (☎071 788 96 41; www.appenzell.ch; Hauptgasse 4; ⏲9.00-12.00 y 13.30-17.00 lu-vi, 10.00-17.00 sa, 11.00-17.00 do) Muy práctica, con copiosa información sobre Appenzell y alrededores, mapas y folletos de senderismo y ciclismo incluidos. Informa sobre la tarjeta de descuento Appenzeller Ferienkarte.

ℹ Cómo llegar y salir

Desde San Galo, el tren de vía estrecha que va a Appenzell (9,60 CHF, 48 min) sale de la parte delantera derecha de la estación principal de tren, aprox. cada media hora, vía Gais o Herisau (donde a veces hay que hacer transbordo).

En automóvil Appenzell está 17,5 km al sur de San Galo, unida a Zúrich por la A1.

Lago de Walen

Este lago (en alemán, Walensee) es como un largo dedo que se adentra en la montañosa frontera entre los cantones de Glaris y San Galo. La recortada cordillera caliza de Churfirsten se yergue sobre esta extensión de agua verdeazulada que parece un fiordo, interrumpida por alguna que otra aldea ribereña o pasto de altura; a mitad de camino de la orilla norte parecen partirla las Seerenbachfälle, unas de las cascadas más altas del Suiza.

Puntos de interés y actividades

En verano el lago turquesa es ideal para el *windsurf* y el esquí acuático; y la cordillera de Churfirsten, con una altura máxima de 2306 m, para el senderismo, la escalada, el barranquismo y el parapente. Con la nieve del invierno llegan los amantes del esquí y el *snowboard*, dentro y fuera de pista.

Flumserberg MONTAÑA
(www.flumserberg.ch; 👪) Se encontrará diversión alpina subiendo por una serpenteante carretera de montaña al Flumserberg, que se eleva sobre el lago frente a la impenetrable pared rocosa de la cordillera de Churfirsten. La montaña es el punto de partida para caminatas de altura, como el circuito 7-Gipfel (13 km). Para las familias hay senderos por donde pueden circular cochecitos de niños, parques infantiles de aventura y un tobogán: Floomzer.
En invierno las mismas laderas atraen a esquiadores y *snowboarders*, que surcan la nieve en 65 km de pistas bien cuidadas.

Seerenbachfälle CASCADAS
Estas tres cascadas colosales se nutren de ríos subterráneos que atraviesan la montaña desde sitios tan lejanos como el monte Säntis. La intermedia cae por una pared vertical en un solo salto de 305 m; se la considera la más alta de Suiza. El punto más cercano al que se puede llegar en automóvil es la localidad de Betlis; las cascadas están a 30 min a pie de la carretera.

Circuito 7-Gipfel SENDERISMO
Esta caminata de 13 km que une Flumserberg-Maschgenkamm con Flumserberg-Tannenbodenalp abarca siete picos y ofrece vistas alucinantes de los Alpes suizos y el lago de Walen. Calcúlense unas 6½ h para la ruta de ida y vuelta.

Murgsee EXCURSIONISMO
Un sendero alpino bastante difícil sale de la estación superior de Maschgenkamm de Flumserberg y va a los lagos del Murgsee. Los caminantes pasan por pastos tranquilos alfombrados de florecillas silvestres, por bosques de castaños y pinares. El recorrido de ida y vuelta dura unas 7 h.

Amden DEPORTES DE AVENTURA
(www.amden-weesen.ch; 👪) En la orilla noroeste del lago de Walen, esta meseta de altos pastos brinda preciosas vistas del lago y los montes. Se pueden dar estupendas caminatas –incluso toda la familia– entre prados con madrigueras de marmota y en invierno hay cierta actividad de nieve. Es también una base para deportes más osados por una zona más amplia, como escalada, barranquismo y parapente.

Schiffsbetrieb Walensee PASEOS EN BARCO
(www.walenseeschiff.ch; Unterterzen) Barcos frecuentes surcan el lago de Walen parando en pueblos, ciudades y resorts de sus orillas como Murg, Quinten, Betlis, Weesen y Walenstadt. Es una manera relajada de ver desde el agua este lago con aspecto de fiordo.

Dónde dormir y comer

Flyhof HOTEL €
(☎055 616 12 30; www.flyhof.ch; Betliserstrasse 16, Weesen; i 85 CHF, d 130-150 CHF; P 📶) Encantador hotel dirigido por una familia, en unos jardines que bajan pintorescamente hasta el lago. Los muebles antiguos y las vigas dan carácter a habitaciones tranquilas y confortables. Los ingredientes regionales reciben una pizca de sabor mediterráneo en el restaurante revestido en madera.

Lofthotel Murg HOTEL-BOUTIQUE €€
(☎081 720 35 75; www.lofthotel.ch; Alte Spinnerei, Murg; i 120-170 CHF, d 180-270 CHF; P 📶) Molino de algodón del s. XIX reconvertido en hotel, con vistas de los montes de Churfirsten y del lago de Walen. Las habitaciones, de estilo chic-industrial, se caracterizan por las líneas puras, el hormigón pulido y las obras de arte llamativas. El desayuno incluye productos frescos de la granja y conservas caseras.

Fischerstube PESCADO €€
(☎055 616 16 08; www.fischerstubeweesen.ch; Marktgasse 9, Weesen; principales 40-59 CHF; ⏲11.45-15.00 y 18.00-23.00 ju-lu) Ropa de cama blanca y paredes de madera verdes: un entorno refinado para saborear platos de pescado exquisitos, maridados con buenos vinos.

Información

Para informarse sobre el lago de Walen y sus resorts hay que parar en **Heidiland Tourismus** (☎081 720 17 17; www.heidiland.com; Walenseestrasse 18; ⏲9.00-12.00 y 13.00-17.00 lu-vi, 9.00-13.00 sa), en Unterterzen.

Cómo llegar y salir

Walenstadt y Weesen quedan muy a mano en la autopista A3 (y línea de tren) que une Zúrich con los Grisones. Si se viene en tren desde Zúrich hay que apearse en Ziegelbrücke (27,80 CHF, 43 min), a 15 min a pie del centro de Weesen. Hay trenes frecuentes de Zúrich a Walenstadt (29 CHF, 1 h).

Glaris

HAB. 12 570 / ALT. 472 M

Glaris, capital del cantón homónimo, está agazapada bajo los Alpes glaroneses. Dos tercios de la ciudad quedaron destruidos por un incendio en 1861; lo que se ve hoy es una grácil creación del s. XIX, con alguna casa rústica de madera que sobrevivió a las llamas.

Domina el cantón y sus Alpes el monte **Tödi,** que alcanza los 3614 m y es coto de escaladores expertos.

Ocupa el lugar de honor de la ciudad el **Glarnerhof** (☎055 645 75 75; www.glarnerhof.ch; Bahnhofstrasse 2; i 145-160 CHF, d 170-190 CHF; 📶). La personalidad que les falta a las habitaciones se compensa con espacio, confort y vistas alpinas.

En **Glarner Tourismus** (☎055 610 21 25; www.glarnerland.ch; Raststätte A3, Niederurnen) facilitan información sobre Glaris y la región circundante.

Quien venga desde Zúrich (27,80 CHF, 1 h) en tren a veces tendrá que hacer transbordo en Rapperswil o Ziegelbrücke. Hay también trenes frecuentes a San Galo (28,40 CHF, 1¼ h).

Braunwald

HAB. 308 / ALT. 1256 M

Viajar sin prisas es el lema en este pueblecito de montaña en los Alpes de Glaris: no se permiten automóviles y solo se llega en funicular. Es de lo más apacible, encaramado en una soleada terraza que baja hacia pastos y bosques de abeto. Al sur el horizonte está cuajado de picos dominados por la helada cumbre del Tödi (3614 m). Braunwald ofrece múltiples atractivos para familias y de aire libre, con rutas de senderismo y ciclismo de montaña y una *via ferrata* para subir a las alturas.

Puntos de interés y actividades

Braunwald es una base estupenda para hacer excursiones en verano. En invierno la estación atrae a las familias por sus pistas de esquí de nivel intermedio y actividades como montar en trineo o toboganes de nieve.

Oberblegisee LAGO

Una morrena formó este lago al que se llega por un sendero de montaña desde Braunwald. La moderada caminata de 3½ h atraviesa prados y bosque abierto y pasa por una lechería alpina. El lago es ideal para pícnics.

Zwerg-Bartli Erlebnisweg SENDERISMO

(👪) Los niños irán encantados de caminata por el sendero del gnomo Bartli, siguiéndole la pista por una torre, cuevas y tesoros escondidos. El sendero, de 3½ h, empieza en Gumen y acaba en la estación superior del Braunwaldbahn. Hay también variantes más cortas; pídase un folleto en la oficina de turismo.

Braunwald Via Ferrata DEPORTES DE AVENTURA

Un funicular sube de Braunwald a Gumen, punto de partida de esta exigente *via ferrata* que lleva a tres picos: Leiteregg, Mittler y Hintere Eggstock (2½-5½ h). En esta escalada el pulso se acelera con vistas alpinas y puntos destacados como un largo puente colgante. Se puede reservar el equipo llamando a **Kessler Sport** (☎079 612 81 83; www.kesslersport.ch; Dorfstrasse 5; alquiler por día 30 CHF).

Dónde dormir

Hostel Adrenalin ALBERGUE €

(☎079 347 29 05; www.adrenalin.gl; Alpinaweg 3; dc 42-48 CHF, i 52-64 CHF, d 116 CHF) Es el epicentro de la comunidad joven del *snowboard* y los deportes de aventura en invierno, con videojuegos y fiestas. El desayuno lleva un suplemento de 8 CHF y las toallas/sábanas 5 CHF.

Märchenhotel Bellevue HOTEL €€€

(☎055 653 71 71; www.maerchenhotel.ch; Dorfstrasse 24; d incl. media pensión 370-450 CHF, f 390-510 CHF; P 🏊) Esto es un paraíso infantil. El "hotel de cuento de hadas" es uno victoriano reconvertido que combina un precioso entorno y modernas habitaciones con todo tipo de diversiones para críos, desde alpacas y llamas a toboganes, muros de escalada, camas elásticas y talleres creativos.

Información

La **oficina de turismo** (☎055 653 65 65; www.braunwald.ch; Dorfstrasse 2; ⏰8.15-12.00 y 14.00-17.00 lu-vi, 8.45-24.45 sa) se halla en el piso superior de la estación del funicular.

Cómo llegar y salir

Salen trenes cada hora de Linthal Braunwaldbahn a Zúrich (27,80 CHF, 1½ h) vía Ziegelbrücke (9,60 CHF, 43 min). Por la A3 se tarda 1¼ h desde Zúrich.

El **Braunwaldbahn** (ida/ida y vuelta 7,20/14,40 CHF) sube la cuesta desde Linthal Braunwaldbahn, con un desnivel del 64%. Este funicular es el único medio de acceso al pueblo; no se admiten automóviles.

Los Grisones

196 600 HAB.

Incluye »

Los mejores restaurantes

- Hotel Albrici (p. 304)
- Kaffee Klatsch Easy (p. 290)
- Burestübli (p. 284)
- Schloss Brandis (p. 289)

Los mejores alojamientos

- Berghaus Diavolezza (p. 303)
- Romantik Hotel Muottas Muragl (p. 304)
- Hotel Engiadina (p. 295)
- Berghotel Schatzalp (p. 293)
- Zunfthaus zur Rebleuten (p. 279)

Por qué ir

En un país donde todo rincón es una vista de postal, el cantón de los Grisones (Graubünden) destaca por su belleza natural en bruto. Tanto si se trata de las mesetas barridas por el viento de la Engadina como del Rin que fluye entre barrancos cerca de Flim o de la majestuosidad alpina del Parque Nacional Suizo, esta región apartada reclama a gritos una visita.

Aunque se haya oído hablar de las sensacionales pistas de esquí de Davos, del *glamour* de St Moritz y de los cuentos de Heidi (en la ficción nació aquí), hay vastas zonas de los Grisones que siguen siendo poco conocidas y estupendas para explorar. Si se recorren los Alpes a pie o se siguen los puertos solitarios que horadan las alturas de las montañas, es muy probable que uno se encuentre solo ante paisajes sensacionales, donde no se escuche más que alguna que otra marmota o algún rebeco.

Cuándo ir

- Las pistas de este cantón de los Grisones bullen de esquiadores de mediados de diciembre a Semana Santa. Los profesionales del esquí de fondo acuden a Davos en diciembre con motivo de la Copa del Mundo de la FIS de esta modalidad, mientras la selecta St Moritz atrae a un público exigente a su Copa del Mundo de Polo en Nieve.
- En verano se desata la locura: los hombres compiten con sus barbas en el Chur Festival y en su multitudinaria *schwingen* (lucha alpina) del Sertig Schwinget de Davos en agosto.
- Muchas estaciones hibernan de mayo a mediados de junio y de octubre a noviembre. Quien pase por allí en esas épocas quizá encuentre alguna ganga y un tiempo sorprendentemente bueno.

Imprescindible

1 **Parque Nacional Suizo** (p. 301) Disfrutar de excursiones de alta montaña y del evocador paisaje alpino

2 **Ruinaulta** (p. 285) Hacer *rafting* o senderismo por la garganta del Rin y sus curiosas formaciones calizas.

3 **St Moritz** (p. 297) Esquiar, cenar e ir de compras en esta glamurosa localidad invernal.

4 **Caminata del glaciar de Morteratsch** (p. 303) Bajar con guía por esta espectacular lengua de hielo.

5 **Corvatsch 3303** (p. 301) Tender la vista sobre Silvaplana y uno de

los panoramas alpinos más espectaculares del mundo.

6 Viaducto circular de Brusio (p. 304) Intentar fotografiar esta asombrosa construcción en el *Bernina Express*.

7 Davos (p. 291) Recorrer en bicicleta emocionantes senderos de un solo carril y puertos de montaña.

8 ClauWau (p. 295) Ver montones de aspirantes a Papá Noel en las festivas competiciones de Samnaun.

9 Chur (p. 278) Deambular por el Altstadt (casco antiguo) de la capital del cantón.

Historia

Durante muchos siglos, la gente de esta zona tan escarpada vivía principalmente en pueblecitos aislados, desconfiaba de los forasteros y, ayudada por un terreno montañoso impenetrable, consiguió resistir a casi todas las tentativas de conquista.

En la Edad Media la región se llamaba Recia y su débil unión se sostenía por una asociación de tres Ligas (Drei Bünde). El nombre actual del cantón (Graubünden) deriva de la Grauer Bund (Liga Gris). Los Grisones se incorporaron a la Confederación Helvética en 1803; sin embargo, fue mucho más importante el año 1864, cuando el propietario de un hotel de St Moritz invitó a sus huéspedes de verano a alojarse allí en invierno... gratis. Así nació el turismo invernal en los Grisones y luego en toda Suiza.

Información

Graubünden Ferien (☎081 254 24 24; http://en.graubuenden.ch; Alexanderstrasse 24; ⊙8.00-12.00 y 13.00-17.00 lu-vi) Chur, la capital, alberga la oficina de turismo cantonal en un edificio con el rótulo "Publicitas", 200 m al este de la estación de tren.

Cómo llegar y salir

Chur, capital de los Grisones, es un nudo de transportes adonde llegan los trenes desde Zúrich. Es el punto de partida del *Bernina Express* que va a Tirano (Italia) y una importante parada del *Glacier Express* que une St Moritz con Zermatt.

Tres puertos de montaña importantes conducen desde el norte y el oeste de los Grisones a la región suroriental de Engadina: Julier (abierto todo el año), Albula (solo en verano) y Flüela (abierto todo el año, según el tiempo). Corresponden más o menos a los tres puntos de entrada en Italia: Maloja, Bernina y Fuorn/Ofen (abiertos todo el año). Al oeste, el Oberalppass, el puerto de montaña que conduce a Andermatt cierra en invierno pero, al igual que en Albula, se puede ir en el tren que transporta automóviles. En invierno se deben usar cadenas para la nieve o neumáticos especiales.

Chur

34 650 HAB. / ALT. 585 M

La mayor ciudad del cantón más grande de Suiza se merece una vuelta, sobre todo si es subiendo al Altstadt (casco antiguo) para recorrerlo a pie. La ciudad en sí es como una animada galería con *boutiques* bohemias, restaurantes auténticos y relajados bares.

Los Alpes se elevan como un anfiteatro alrededor de Chur, la ciudad más antigua del país, habitada desde el 3000 a.C.

Cuando Chur quedó prácticamente destruida por el fuego en 1464, llegaron artesanos de habla alemana para reconstruirla y, sin darse cuenta, acabaron con la lengua retorrománica del lugar. Hoy se habla una variante del dialecto alemán de Suiza.

Puntos de interés y actividades

★ Altstadt ZONA

(casco antiguo) Cerca del río Plessur, la **Obertor** señala la entrada al Altstadt de Chur y su red de callejones. Junto a la sólida **Malteserturm** (torre de municiones) y la **Sennhofturm** (actual cárcel de la ciudad), son todo lo que se conserva de las antiguas murallas defensivas.

★ Martinskirche IGLESIA

(iglesia de San Martín; Kirchgasse 12) Es el monumento más emblemático de la ciudad, con su torre y esfera del reloj características. La iglesia del s. VIII fue reconstruida en estilo gótico tardío en 1491. La luz que penetra por las tres vidrieras, obra de Augusto Giacometti, la iluminan de una forma especial. Enfrente de la iglesia hay una fuente de piedra con una estatua de san Martín.

Kathedrale St Maria Himmelfahrt CATEDRAL

(Hof; ⊙6.00-19.00 lu y mi-sa, desde 8.00 ma, desde 7.00 do) Santa María de la Asunción, que data del s. XII pero tardó un siglo en terminarse, tiene en su altar mayor un espléndido tríptico de finales del s. XV obra de Jakob Russ. Las primeras huellas de asentamiento en este lugar se remontan a la Edad del Bronce (1300-800 a.C.).

Bündner Kunstmuseum GALERÍA

(Museo de Bellas Artes; ☎081 257 28 68; www.buendner-kunstmuseum.ch; Postplatz; adultos/niños 15 CHF/gratis; ⊙10.00-17.00 ma-do, hasta 20.00 ju) Esta estupenda galería refleja tanto la historia artística de este cantón como trabajos de artistas ligados al mismo. Permite conocer la obra de Augusto Giacometti (1877-1947), nacido en los Grisones, y de sus contemporáneos Giovanni Segantini y Ernst Ludwig Kirchner.

Brambrüesch TELEFÉRICO

(☎081 250 55 90; www.facebook.com/brambruesch; Kasernenstrasse 15; adultos/niños ida y vuelta 25/5 CHF, aparcamiento bicis 39/20 CHF;

INDISPENSABLE

TRENES INOLVIDABLES

El terreno escarpado y de alta montaña de los Grisones está surcado por algunos de los mejores trenes de Suiza. El panorámico **Rhätische Bahn** (RhB, Ferrocarril Rético; www.rhb.ch) es una proeza de la ingeniería de principios del s. XX que recorre viaductos y túneles con unas amplias panorámicas de laderas arboladas, lagos de colores mágicos y cumbres nevadas. En su web se pueden reservar billetes y asientos y tienen ofertas. Los abonos Half Fare, Swiss Card y Swiss Travel Pass ofrecen buenos descuentos. Las dos rutas emblemáticas del Rhätische Bahn son el *Glacier Express* (p. 167) y el *Bernina Express* (www.berninaexpress.ch; ida Chur-Tirano 64 CHF; ⌚med may-ppios dic). El *Bernina Express*, uno de los trenes clásicos suizos, conecta las zonas grisonas de habla alemana e italiana, subiendo a los reinos helados de los Alpes y atravesando 55 túneles y 196 puentes en 4 h de trayecto entre Chur y Tirano. El tramo Thusis-Tirano es Patrimonio Mundial de la Unesco. Desde Tirano, un autobús de enlace (34 CHF) lleva hacia el oeste hasta Lugano.

⌚8.45-16.45 med jun-fin oct y med dic-med mar) A pocos minutos a pie del casco antiguo, sube en un santiamén a Brambrüesch, que a 1600 m de altura ofrece vistas espectaculares. En verano se recomienda la excursión a **Feldis** (13 km ida y vuelta), que pasa entre floridos prados alpinos, bosques y lagos. Esta época también atrae a los ciclistas de montaña, que se lanzan por los cuatro emocionantes senderos de descenso y *freeride* del **Alpenbikepark** (http://alpenbikepark.ch).

Fiestas y celebraciones

Churer Fest CULTURAL
(www.churtourismus.ch; ⌚med ago) Tres días de conciertos, fiestas, maratones de ordeño de vacas y diversión para niños. Lo mejor es el Concurso de Barba Alpina donde compiten hombres bien barbados.

Dónde dormir

VIVA Hostel ALBERGUE €
(☎081 868 83 48; https://viva-hostel.ch; Welschdörfli 19; dc/i desde 31/65 CHF; P 📶) El sueño de un mochilero, ofrece amplios dormitorios, una bebida en el bar del vestíbulo al llegar, desayuno continental a 7 CHF y, si apetece juerga, el VIVA Club (abierto jusa) *in situ*. Está muy bien ubicado junto al casco antiguo, pese a ser algo cutres las inmediaciones.

★ **Zunfthaus zur Rebleuten** HOTEL HISTÓRICO €€
(☎081 255 11 44; www.rebleutenchur.ch; Pfisterplatz 1; i/d/c desde 75/140/210 CHF; P 📶) En una bonita plaza del casco antiguo, ocupa un imponente edificio con frescos y se precia de sus cinco siglos de historia. Sus 12 habitaciones son frescas y apetecibles. Las más románticas son las de la buhardilla (aunque de techos muy bajos). Son una maravilla los restaurantes, adonde acude mucha gente no alojada aquí.

Hotel Freieck HOTEL €€
(☎081 255 15 15; www.freieck.ch; Reichsgasse 44; i/d/tr desde 100/160/240 CHF; P 📶) Queda a mano en un precioso edificio del s. XVI. Los muros de piedra vista, vigas y bóvedas le dan carácter, mientras que las habitaciones son luminosas y actuales.

Romantik Hotel Stern HOTEL HISTÓRICO €€
(☎081 258 57 57; www.stern-chur.ch; Reichsgasse 11; i/d/ste desde 120/220/320 CHF; P 📶) Este hotel centenario conserva su estilo, con pasillos abovedados y habitaciones de techos bajos y madera de pino. Como era de esperar, tiene un excelente restaurante y una bodega bien surtida. Bien ubicado para recorrer el casco antiguo.

Dónde comer

Hay sitios a lo largo de Bahnhofstrasse, que sube de la estación al casco antiguo, donde se hallarán muchas otras opciones.

Da Mamma ITALIANA €
(☎081 252 14 12; www.damammabistro.com; Obere Gasse 35; menú almuerzo desde 16,50 CHF; ⌚8.00-18.30 lu-vi, hasta 17.00 sa) Pequeño y pulcro local italiano con todo lo que un bistró necesita: gente que cocina con pasión y sirve la comida con una pizca de alma. En un entorno elegante y un ambiente agradable, es perfecto para almorzar a buen precio a base de ensaladas y pasta casera. Los pasteles y postres sicilianos están divinos.

Chur

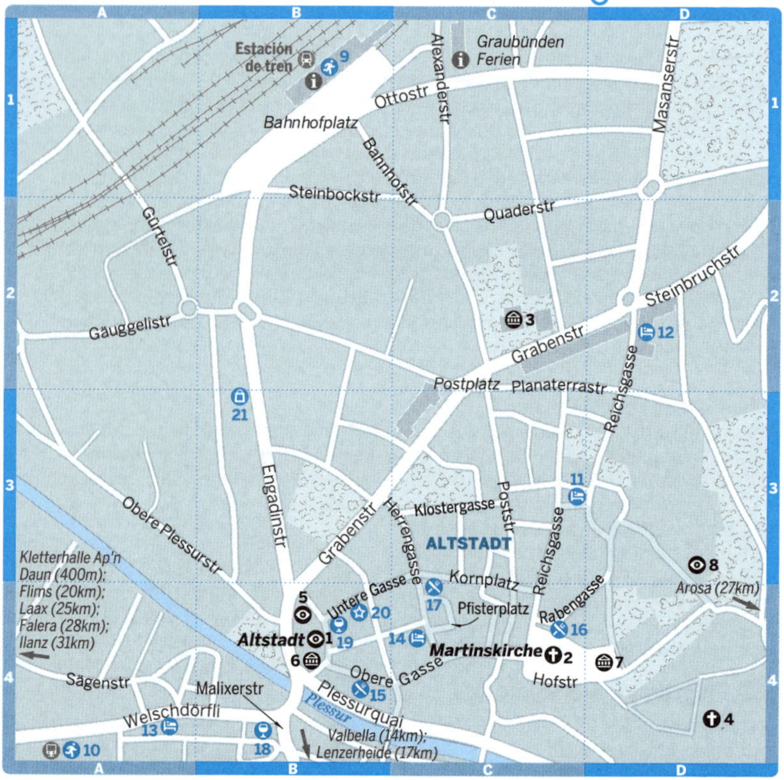

Evviva Plankis

CAFÉ €

(☎081 252 40 21; www.plankis.ch/de/betrieb/arbeitsstaetten/evvivaplankis; Kornplatz 9; tentempiés y principales desde 13 CHF; ⏰9.00-18.30 ma-ju, hasta 22.00 vi y sa, 13.00-18.00 do) Es un atractivo café con soleada terraza en una plaza del casco antiguo. Sirve deliciosos helados italianos y una carta auténtica con pasta, ñoquis y *risotto*.

★Bündner Stube

SUIZA €€

(☎081 258 57 57; www.stern-chur.ch; Reichsgasse 11; principales desde 25 CHF; ⏰11.00-24.00 lu-sa, hasta 23.00 do) Las velas y la madera crean un ambiente cálido en el prestigioso restaurante del Romantik Hotel Stern. El chef prefiere lo fresco y de temporada: espárragos (de cultivo propio, ni más ni menos) en primavera y caza en otoño. Las especialidades grisonas están muy bien preparadas, como los *capuns* (pasta al huevo y salchicha envuelta en acelgas), el *maluns* (similar al *rösti*) y la *gerstensuppe* (sopa de cebada).

Drei Bünde

SUIZA €€

(☎081 252 27 76; www.dreibuende.ch; Rabengasse 2; principales desde 22 CHF; ⏰11.00-14.00 y 17.30-23.00 ma-sa) En una calle lateral que da a la Martinsplatz, esta acogedora bodega revestida de pino es un lugar agradable para saborear los platos típicos de carne, desde el *schnitzel* a los medallones de buey.

Dónde beber y ocio

La boyante población estudiantil anima los bares y clubes, sobre todo los fines de semana por Untere Gasse, en el casco antiguo, y a lo largo de Welschdörfli.

Tom's Beer Box

PUB

(www.toms.ch; Untere Gasse 11; ⏰17.00-24.00 lu-ju, 15.00-1.00 vi y sa) La vitrina de chapas de botella es un altar a la cerveza en este

Chur

Principales puntos de interés
1 Altstadt B4
2 Martinskirche C4

Puntos de interés
3 Bündner Kunstmuseum C2
4 Kathedrale St Maria Himmelfahrt D4
5 Malteserturm B4
6 Obertor B4
7 Rätisches Museum D4
8 Sennhofturm D3

Actividades, cursos y circuitos
9 *Bernina Express* B1
10 Brambrüesch A4

Dónde dormir
11 Hotel Freieck C3
12 Romantik Hotel Stern D2
13 VIVA Hostel A4
14 Zunfthaus zur Rebleuten C4

Dónde comer
Bündner Stube .... (véase 12)
15 Da Mamma B4
16 Drei Bünde C4
17 Evviva Plankis C4

Dónde beber y vida nocturna
18 Felsenbar B4
19 Tom's Beer Box B4

Ocio
20 Werkstatt Chur B4

De compras
21 Rätische Gerberei B3

relajado garito del casco antiguo. Se llena a rebosar de lugareños que vienen a estar con gente y beber alguna de sus 140 cervezas.

Felsenbar BAR
(☎081 284 50 50; www.fels.bar; Welschdörfli 1; ⏲17.00-2.00 ma-ju, hasta 3.00 vi y sa, 13.00-20.00 do) Atrae a una alegre clientela con fiestas temáticas, desde batallas de DJ a torneos de *beer pong*. Este sitio todo negro con una barra en herradura en el centro está cruzando el río desde el casco antiguo.

Werkstatt Chur CENTRO DE ARTE
(☎081 525 42 46; http://werkstattchur.ch; Untere Gasse 9; ⏲17.00-24.00 lu-ju, hasta 1.00 vi y sa) Esta fábrica de productos de cobre se ha transformado en un centro cultural muy dinámico, con conciertos, *jam sessions*, proyecciones de películas de autor, teatro y fiestas. Programación en la web.

De compras

Rätische Gerberei ARTESANÍA
(☎081 252 52 42; www.felle.ch; Engadinstrasse 30; ⏲13.30-18.30 lu, 8.00-12.00 y 13.30-18.00 ma-vi, 9.00-12.00 y 13.30-16.00 sa) Entre la estación de tren y el casco antiguo, tiene montañas de pieles de oveja en el piso de arriba y abajo, cencerros auténticos a un precio muy inferior al de otros sitios.

Información

Oficina de turismo (☎081 252 18 18; www.churtourismus.ch; Bahnhofplatz 3; ⏲8.00-20.00 lu-vi, 9.00-12.15 y 13.15-18.00 sa, 10.00-12.15 y 13.15-18.00 do) En el piso inferior de la estación de tren.

Cómo llegar y salir

Hay frecuentes conexiones en tren a Klosters (11,80 CHF, 1¼ h) y Davos (15,50 CHF, 1½ h) y trenes rápidos a Sargans (11,40 CHF, 20 min), con conexiones para proseguir viaje a Liechtenstein y Zúrich (41 CHF, 1¼-1½ h). Los autobuses postales salen de la terminal ubicada más arriba de la estación de tren. La autopista A13 discurre hacia el norte de Chur, a Zúrich y el lago de Constanza.

Cómo desplazarse

Por la Bahnhofplatz pasan todos los autobuses locales, que cuestan 2,80 CHF (se puede cambiar en 30 min).

El barrio antiguo es casi todo peatonal. En su perímetro (p. ej. Gäuggelistrasse) hay varios aparcamientos; búsquense los indicadores.

Avis (☎081 300 33 77; www.avis.com; Comercialstrasse 20; ⏲7.30-12.00 y 14.00-18.00 lu-vi, hasta 14.00 sa) alquila automóviles.

Lenzerheide y Valbella

1540 HAB. / ALT. 1500 M

A orillas de las aguas oscuras del Heidsee, estos pueblos gemelos ofrecen todo el esplendor de los bosques de montaña y un ambiente tranquilo ideal para familias. Desde Chur es fácil llegar en autobús postal o automóvil: están 15 km al sur, todos de subida. En verano Lenzerheide se llena de excursionistas de un día que vienen a disfrutar del aire libre; en verano es el senderismo y en invierno el esquí. Para más emoción se puede llegar esquiando o a pie a la vecina localidad de Arosa, en el valle contiguo hacia el este.

Actividades

Entre los 170 km de senderos para excursionismo de la zona destaca el que sube a los 2865 m del Parpaner Rothorn (5-7 h; p. 283). Se puede ir hasta Arosa o empezar allí y caminar hasta Lenzerheide.

Los niños pueden agotar sus fuerzas en el **Globi Trail**, con actividades como lanzamiento de piñas y juegos acuáticos. En temporada alta también pueden ir al circo, pasear con llamas y construir iglús (en la oficina de turismo ofrecen información).

Ciclismo de montaña

El Lenzerheide es uno de los mejores centros de ciclismo de montaña y *freeriding* del país, con 305 km de rutas señalizadas, 1000 km de circuitos GPS para ir por libre y varias pistas de descenso aterradoras.

Activ Sport Baselgia BICICLETA DE MONTAÑA
(www.activ-sport.ch; Voa Sporz 19; ⏲8.30-12.00 y 14.00-18.30 lu-vi, hasta 17.00 sa) Alquila bicicletas de montaña/de descenso/eléctricas/infantiles por 42/70/49/28 CHF/día en verano y también raquetas de nieve/esquís de fondo por 19/40 CHF. Pregúntese por los paseos invernales con raquetas de nieve (50 CHF aprox.).

Deportes de invierno

Skiing in Lenzerheide ESQUÍ
(http://lenzerheide.com; *forfait* 1 día adultos/niños 72/24 CHF, 6 días 332/111 CHF, *forfait* esquí de fondo día/semana 8/25 CHF) En Lenzerheide no suele haber colas en los remontadores, pues cuenta con 225 km de pistas que conectan con la vecina Arosa, más orientada a los principiantes y esquiadores de nivel medio, además de una excelente oferta de esquí fuera de pista. Posee 56 km de pistas de esquí de fondo y un parque de *snowboard* con *rails, boxes* y *kickers*. Entre las actividades familiares se cuentan 80 km de senderos para caminar en invierno y un tobogán de 3 km.

Dónde dormir y comer

No falta alojamiento en estas concurridas localidades que viven del turismo. En la oficina de turismo cuentan con un listado de apartamentos y chalés de vacaciones.

Camping St Cassian CAMPING €
(☎081 384 24 72; www.st-cassian.ch; Voia Principala 106, Lenz; plazas por adulto/niño/tienda/automóvil 8,40/4,70/9,50/2,50 CHF; P 📶) Popular entre los ciclistas, este *camping* arbolado está 3 km al sur de Lenzerheide. Un silencio absoluto, vistas de la montaña e instalaciones de primera, que incluyen zonas de barbacoa y un restaurante.

★**Berghotel Tgantieni** HOTEL €€
(☎081 384 12 86; www.tgantieni.ch; Voa Tgantieni 17; h por persona invierno/verano desde 130/90 CHF; P 📶) El despertador de este hotel sito en lo alto de una colina sobre Lenzerheide son los cencerros. Disfruta de un magnífico paisaje de montaña y está al pie de pistas y senderos. Las habitaciones son luminosas y amplias, con balcón o terraza. En Marola, la cabaña del hotel, además de vistas se puede disfrutar de una bebida y un tentempié.

Hotel Kurhaus HOTEL-BOUTIQUE €€
(☎081 384 11 34; www.kurhaus-lenzerheide.ch; Voa Principala 40, Lenzerheide; d/apt desde 160/400 CHF; P 📶) En la calle principal de Lenzerheide, fusiona con espíritu juvenil lo histórico y lo moderno. Las mejores habitaciones tienen decoración vanguardista, con tonos neutros, originales mesitas de tronco de árbol y terraza a los montes. Abajo hay un restaurante rústico-chic y un cine convertido en discoteca.

★**La Riva** INTERNACIONAL €€
(☎081 384 26 00; www.la-riva.ch; Voa Davos Lai 27; principales desde 26 CHF; ⏲11.30-23.00 mi-do; 👪) Restaurante aclamado por la frescura de sus productos regionales y sus creativos menús. Decorado con pino y con vistas del lago Heidsee. Es un lugar muy atractivo para degustar sus especialidades exquisitamente presentadas, como una sopa de rebozuelos con jamón de ciervo o una pechuga de pintada a la tailandesa.

Información

Oficina de turismo de Lenzerheide (☎081 385 57 00; http://lenzerheide.com; Voa Principala 37; ⏲8.30-18.00 lu-sa, 8.30-12.00 y 15.00-18.00 do dic-fin abr, horario reducido may-nov) En la vía principal frente a la parada de autobuses.

Cómo llegar y desplazarse

Se puede ir a ambas poblaciones en el autobús que sale cada hora de Chur (10,60 CHF, 30 min). En temporada alta circula un autobús gratuito entre Lenzerheide y Valbella.

Arosa

3350 HAB. / ALT. 1800 M

Es el lugar soñado de los amantes del aire libre y las localidades de montaña. Enmarcada por las cumbres del Weisshorn, Hörnli y Schiesshorn, es perfecta para el esquí alpino y de fondo en invierno, para los senderistas y ciclistas de descenso en verano y para las familias en cualquier época gracias a las numerosas actividades infantiles. Además se puede llegar esquiando o a pie a la vecina localidad de Lenzerheide.

Incluso el trayecto hasta aquí resulta entretenido. Aunque solo esté 30 km al sureste de Chur, el viaje hasta aquí no puede ser más espectacular. La carretera trepa desde Chur en un rosario de 365 curvas tan cerradas por las que no pueden circular los autobuses postales. La alternativa es subir en tren desde Chur, pintoresco trayecto de 1 h durante el que no se quitará ojo al paisaje.

Actividades

Tschuggen Bergoase Spa SPA

(Sonnenbergstrasse; http://en.tschuggen.ch/spa; Tschuggen Grand Hotel; pases matinales/vespertinos para no huéspedes 65 CHF, masaje desde 80 CHF; ⏲7.00-21.00) Además de suntuoso *spa* es todo un alegato arquitectónico obra de Mario Botta, uno de los arquitectos más famosos del país. Atrevido, bello y respetuoso con el entorno con sus formas inspiradas en hojas y texturas de granito y madera, vale la pena pedir un tratamiento o un pase de entrada a este sitio tan especial.

Actividades de invierno

Arosa atrae a esquiadores de todos los niveles con sus 225 km de pistas conectadas con Lenzerheide y que suben hasta el Weisshorn, a 2653 m. Los amantes de los saltos tienen un parque de *half-pipe* y de *fun*. El esquí de fondo es también espléndido, con 30 km de *loipen,* o pistas preparadas, que abarcan desde los suaves senderos boscosos de Maran hasta las rutas más exigentes de La Isla y Ochsenalp. En invierno la oferta familiar y para los que no esquían es extensa: paseos por la nieve a lo largo de 40 km de senderos preparados, patinaje en una pista al aire libre y *curling*.

Swiss Ski and Snowboard School ESQUÍ

(☎081 378 75 00; www.sssa.ch; Seeblickstrasse; ⏲8.30-17.30) Escuela de esquí alpino en Arosa, al pie del *Hörnli Express*.

> FUERA DE RUTA
>
> **PARCELA**
>
> **Parc Ela** (www.parc-ela.ch) es el mayor parque natural de Suiza. Abarca casi 600 km² y 19 comunidades de las zonas de Albula-Bergün y Savognin-Bivio y su superficie es el triple de la del Parque Nacional Suizo. Tres culturas y tres lenguas (alemana, retorrománica e italiana) aparecen en esta zona de históricas rutas de transporte. La espectacular excursión de 15 días **Veia Parc Ela** atraviesa los paisajes alpinos con más encanto del parque.

Langlauf- und Skiwanderschule Geeser ESQUÍ

(☎081 377 22 15; www.geeser-arosa.ch; Maranerstrasse; ⏲9.00-12.00 y 13.00-18.00) Escuela de esquí que también alquila equipos. Las sesiones de prueba de esquí de fondo y raquetas de nieve cuestan desde 55 CHF. También organizan paseos guiados con raquetas de nieve (50-70 CHF).

Prätschli DEPORTES DE NIEVE

Es el inicio de una pista de tobogán iluminada de 1 km por zonas boscosas.

Actividades de verano

Alrededor de Arosa hay 200 km de **rutas de senderismo** bien cuidadas. Entre las más pintorescas destaca la ardua ascensión de 3½ h hasta el **Weisshorn** y los sencillos paseos por los bosques de la ribera del Plessur hasta **Litzirüti** (1 h) y **Langwies** (2 h). A los niños les encanta ver las ardillas rojas del **Eichhörnchenweg.**

Los **ciclistas de montaña** están en su elemento con los 700 km de pistas para explorar. Quienes busquen emociones fuertes pueden alquilar una bicicleta de descenso para lanzarse desde la Mittelstation hasta Litzirüti o de Hörnli a Arosa; en ambas rutas hay desniveles de más de 500 m.

Parpaner Rothorn SENDERISMO

La excursión hasta el Parpaner Rothorn (18 km, 5-6 h) empieza en la estación del teleférico *Hörnli Express*. Es una ruta entre prados que pasa por los lagos de Schwellisee y Älplisee y llega al pico rojizo del Parpaner Rothorn, para luego descender por el otro lado hasta Lenzerheide.

Fiestas y celebraciones

En enero se celebran carreras de caballos y partidos de fútbol en la nieve.

Arosa Classic Car CARRERA

(www.arosaclassiccar.ch; ⌚sep) Los automóviles antiguos miden sus fuerzas en las curvas de la carretera entre Langwies y Arosa.

Dónde dormir

Arosa Vetter Hotel HOTEL €€

(☎081 378 80 00; www.arosa-vetter-hotel.ch; Seeblickstrasse; i/d 165/210 CHF; P 📶) De aspecto refinado, ofrece habitaciones de elegancia rústica, de madera oscura y piedra. El desayuno es estupendo, con yogur de la zona, quesos, huevos, pan y mermelada casera. En su agradable restaurante sirven platos de temporada. Queda muy a mano de la estación de tren y los remontes.

Hotel Arlenwald HOTEL €€

(☎081 377 18 38; www.arlenwaldhotel.ch; Prätschli; i/d 140/280 CHF; P 📶) El acceso directo a Burestübli es tan solo una de las ventajas de alojarse en este hotel en Prätschli (1908 m). En las habitaciones, amplias y luminosas, abundan las reliquias familiares y los balcones con vistas a la montaña. En la planta de abajo hay una sauna para admirar las cumbres nevadas.

★ **Waldhotel** HOTEL HISTÓRICO €€€

(☎081 378 55 55; www.waldhotel.ch; i/d/ste desde 200/430/660 CHF; P 📶) Refugio oculto en el bosque donde el novelista alemán y premio nobel Thomas Mann pasó las primeras semanas de su exilio. El lujoso chalé transmite todo el encanto de otra época con sus cálidas habitaciones forradas de madera de pino y los carros tirados por caballos que llevan a sus clientes.

Dónde comer y beber

Hörnlihütte MEDITERRÁNEA €

(☎081 377 15 04; http://hoernliarosa.ch; tentempiés y comidas ligeras 8,50-20 CHF; ⌚9.00-17.00) En la cumbre del monte a 2511 m de altura, esta cabaña encima del *Hörnli Express* es un lugar pintoresco para comer un cuenco de *goulash* o macarrones.

Sennerei Maran QUESO €

(☎081 377 22 77; www.sennerei-maran.ch; Maranerstrasse; tentempiés y comidas ligeras 8-14,50 CHF; ⌚10.00-18.00) Aquí se puede llenar la cesta del pícnic con quesos premiados o reponer fuerzas con un plato de quesos o un trozo de tarta, también de queso.

★ **Burestübli** SUIZA €€

(☎081 377 18 38; www.arlenwaldhotel.ch; Hotel Arlenwald, Prätschli; principales desde 25 CHF; ⌚8.00-24.00) Este chalé de madera en la linde del bosque ofrece unas vistas mágicas. En invierno la gente acude en trineo para entrar en calor alrededor de *fondues,* filetes tan tiernos como la mantequilla y tazas de *glühwein,* antes de regresar a la nieve bajo la luz de los focos. Su chef solo usa productos de la zona de primera calidad.

Grischuna Arosa SUIZA €€

(☎081 377 17 01; www.grischuna-arosa.ch; Poststrasse; principales desde 18,50 CHF; ⌚12.00-14.00 y 19.00-22.00) Llaman la atención los enormes cencerros que cuelgan de la ventana de esta taberna repleta de antigüedades. Es un local agradable para saborear especialidades grisonas, como los *capuns* caseros, el *rösti* con queso o los platos de caza en temporada.

Los Arosa BAR

(☎081 356 56 10; www.losbar.ch; Poststrasse, Haus Madrisa; ⌚16.00-2.00 lu-vi, 14.00-2.00 sa y do) En invierno aquí está la fiesta a pie de pista. Una clientela informal, DJ, futbolines y copitas de todo tipo.

Información

Oficina de turismo (☎081 378 70 20; www.arosa.ch; Poststrasse, Sport- und Kongreszentrum; ⌚8.00-18.00 lu-vi, 9.00-12.00 y 13.00-16.00 sa y do) Oficina de turismo muy útil para obtener información sobre el alquiler de bicicletas y de patinetes de montaña.

Cómo llegar y desplazarse

Solo se puede ir a Arosa desde Chur en el tren de vía estrecha que sale cada hora frente a la estación de trenes (15,40 CHF, 1 h). Es un trayecto lleno de curvas por montañas, pinares, arroyos y puentes. El tren cruza el puente de acero y hormigón más antiguo del mundo. A 62 m de altura, es toda una proeza de la ingeniería, terminado en 1914.

En automóvil el sinuoso trayecto de 30 km desde Chur llevará 40 min con la carretera en buen estado.

En la estación de esquí los autobuses son gratis. No se puede conducir de 24.00 a 6.00.

Flims, Laax y Falera

4200 HAB.

Se dice que siempre hay nieve por Flims, Laax y Falera. Este trío de alta montaña conforma la Weisse Arena, con 220 km de pistas para todos los niveles. En enero se celebra el Open en Laax, destino de los *snowboarders* más festivos. Tanto Flims como Laax han experimentado un *boom* arquitectónico en los últimos años. Pero aquí también hay historia: en Laax el edificio más antiguo aún en pie se remonta a 1580 y el primer hotel se construyó en 1880.

Puntos de interés

Caumasee LAGO

Este precioso lago turquesa rodeado de espesos bosques está a un paseo de 15 min y un breve trayecto en ascensor, al sur de Flims Waldhaus. Es precioso para darse un chapuzón, alquilar un bote de remos o comer en la terraza de un restaurante con vistas al lago en verano. En retorrománico lo llaman Lag la Cauma, que significa "lago Siesta".

St Remigiuskirche IGLESIA

(Falera) Esta iglesia románica se alza sobre una colina que ha sido un lugar de culto desde tiempos prehistóricos, como lo atestigua la hilera de pequeños menhires que sube por la ladera. Con tejado de lajas, alberga en el interior un impresionante fresco de *La última cena* de mediados del s. XVII. Desde el cementerio las vistas llegan hasta el valle del Vorderrhein.

Actividades

Actividades de invierno

Skiing in Laax ESQUÍ

(www.laax.com; *forfait* 1 día incluído autobús adultos/niños 75/50 CHF) Laax es una meca para los practicantes de *snowboard* y posee el *half-pipe* más grande y el más pequeño de Europa, excelentes parques de estilo libre y muchas opciones de practicar fuera de pista. Los esquiadores pueden disfrutar en la nieve de las estaciones conectadas, con 220 km de pistas muy variadas (la mayoría por encima de los 2000 m).

Actividades de verano

En verano la red de senderos abarca 250 km.

★ **Ruinaulta** SENDERISMO

(garganta del Rin) Una espectacular excursión de 3½ h por esta garganta de 400 m de profundidad esculpida por los glaciares y apodada el "Gran Cañón suizo". Empieza en Trin, 7 km al este de Flims, discurre junto al río Vorderrhein y pasa por acantilados de piedra caliza esculpidos por la erosión.

Pinut Via Ferrata VIA FERRATA

(www.flims.com; circuito guiado 135 CHF por persona; ⏲med may-oct) Se recorrerán imponentes paredes de roca contemplando el valle a vista de pájaro desde esta *via ferrata,* la más antigua de Suiza aún en uso. Se menciona por primera vez en 1739, pero no hay de qué preocuparse: acaba de renovarse a fondo. Cuesta unos 25 CHF alquilar el equipo en las tiendas de deportes o la oficina de turismo de Flims.

Alpine Nature Trail SENDERISMO

El Sendero de Naturaleza Alpina de 6 km por la cresta de Cassons brinda información sobre geología, fauna y flora de la zona y es estupendo para ver flores y bichos alpinos.

Swissraft RAFTING

(☎081 911 52 50; www.swissraft.ch) Con la garganta del Rin como punto final, el turbulento tramo de 17 km del Vorderrhein entre Ilanz y Reichenau es un paraíso para los amantes de las aguas bravas. Esta empresa organiza expediciones de *rafting* de medio día/1 día por 115/165 CHF y también piragüismo (125 CHF) y *hidrospeed* (140 CHF).

Dónde dormir y comer

Hay numerosos alojamientos en estas tres localidades turísticas. En la oficina de turismo tienen un listado de casas y apartamentos de vacaciones.

Riders Palace ALBERGUE €

(☎081 927 97 00; www.riderspalace.ch; Via Murschetg 1, Laax Murschetg; dc/d desde 45/190 CHF; P 📶) Aquí dormir es lo de menos. Este albergue refinado, centrado en el diseño, atrae a numerosos aficionados a la tabla y al jolgorio con sus espacios desnudos de cemento y una iluminación impactante. Se puede elegir entre dormitorios colectivos sencillos de cinco camas, habitaciones bien decoradas con bañera de Philippe Starck y suites de alta tecnología que incluyen una PlayStation y sonido Dolby Surround. Está a 200 m de los remontes de Laax. Precios más bajos fuera de temporada alta.

★ **Posta Veglia** HOTEL HISTÓRICO €€

(☎081 921 44 66; www.postaveglia.ch; Via Principala 54, Laax; d y ste 180-230 CHF; P 📶) Esta antigua oficina de correos del s. XIX ofrece hoy un servicio discreto y un sabor rústico. Las ocho habitaciones y suites de estilo cabaña lucen muebles de madera y las suites más románticas (y caras) tienen de todo, desde vigas a camas de agua y bañeras para contemplar las estrellas. El restaurante (principales desde 29 CHF) borda platos clásicos grisones como la *gerstensuppe* (sopa de cebada suiza) y los *capuns* (rollitos de acelga de masa de harina rellenos de huevo y fiambre).

Arena Flims PENSIÓN €€
(☎081 911 24 00; www.arenaflims.ch; Via Prau da Monis 2, Flims; lodge/guesthouse por persona desde 55/85 CHF; P ᯤ) Sita en la estación de abajo de Flims, ofrece a los *snowboarders* habitaciones de diseño, DJ y conciertos. Hay variadas opciones de alojamiento en el *lodge,* la pensión y el ático. Si a esto se añade el restaurante y el animado **Arena Bar,** este sitio cubre todos los frentes.

Fidazerhof HOTEL €€
(☎081 920 90 10; www.fidazerhof.ch; Via da Fidaz 34, Flims-Fidaz; i/d desde 145/190 CHF; P ᯤ) Este chalé de madera oscura es un remanso de paz, con sus extensas vistas de los Alpes, habitaciones soleadas con suelos de madera y un *spa* donde los tratamientos ayurvédicos invitan a desconectar tras el esquí. El restaurante, centrado en el *slow food,* prepara espléndidos platos regionales y vegetarianos. En invierno los huéspedes se reúnen junto a la chimenea.

★ **Cavigilli** MEDITERRÁNEA €€
(☎081 911 01 25; www.cavigilli.ch; Via Arviul 1, Flims Dorf; principales desde 37 CHF; ⏲11.30-14.00 y 18.30-22.30 lu-vi, 11.30-22.30 sa y do) La casa más antigua de Flims, de 1453, cuenta con un salón gótico y un elegante comedor con vigas vistas. Elabora platos refinados con ingredientes del mercado, como las vieiras con sandía, garbanzos, mango y hierbas o la paloma con nabo de mayo, grosellas negras, almendras y anís estrellado.

Dónde beber y vida nocturna

Riders Palace Club BAR
(www.riderspalace.ch; Laax Murschetg; ⏲16.00-4.00) Este es el bar favorito de los locos del *freestyle,* en el vestíbulo del albergue del mismo nombre, con conciertos y DJ pinchando hasta la madrugada.

Crap Bar BAR
(☎081 927 99 45; remontes de Laax-Murschetg; ⏲16.00-2.00) Uno de los *après-ski* más animado, para tomarse aguardientes, consultar el correo electrónico y bailar con las botas puestas.

Información

Oficina principal de turismo (☎081 920 92 00; www.alpenarena.ch; Via Nova 62, Flims; ⏲8.00-18.00 lu-vi, hasta 12.00 sa med jun-med ago, hasta 17.00 lu-sa med dic-med abr) La oficina principal de turismo está en Flims.

Cómo llegar y desplazarse

Los autobuses postales van a Flims y a los otros pueblos de la zona de Weisse Arena cada hora desde Chur (14,20 CHF a Flims Dorf, 35 min), que queda 20 km al este. Un autobús gratuito conecta los tres pueblos.

Vals

990 HAB. / ALT. 1252 M

Este precioso pueblo grisón a 1252 m de altitud que da nombre al Valsertal (valle de Vals) está 20 km al sur de Ilanz. Mientras el pueblo en sí está lleno de bonitas construcciones de madera gastada y techos de laja, más arriba, en la ladera, los verdes pastos alpinos están salpicados de chalés y cabañas de pastores.

Los suizos dirán al visitante que Vals es el sitio del agua mineral Valser, cuya fábrica se verá a la entrada del pueblo. Pero también es famoso por sus calmantes aguas templadas, y más desde que el arquitecto basiliense Peter Zumthor transformó los baños termales de Therme Vals en un templo de elegante vanguardia. Pero aquí también hay historia: el primer hotel balneario de Vals se inauguró en 1893.

El Valsertal es un valle tributario por el que el río Glogn discurre hacia el norte para afluir al Vorderrhein (Rin Anterior) en Ilanz; al ser un callejón sin salida, se ha de volver por donde se ha entrado.

Actividades

Vals ofrece un modesto esquí alpino en las alturas por encima del pueblo en invierno y buen excursionismo en verano.

7132 Therme SPA
(☎058 7132 011; http://7132therme.com; adultos/niños 80/52 CHF, con tarjeta descuento Vals 45/30 CHF; ⏲11.00-20.00) Con 60 000 bloques de cuarcita de la zona, Peter Zumthor proyectó uno de los *spas* termales con más encanto de Suiza. Aparte de las piscinas interior y exterior climatizadas, este laberinto de piedra gris esconde muchos rincones y recovecos acuáticos, iluminados con gusto. El cliente puede disfrutar en el baño calien-

te de Feuerbad (42°C) y perfumarse en el Blütenbad, sudar en la sauna y refrescarse en las heladas aguas de Eisbad.

Zervreilasee SENDERISMO
Unos 8 km al sur de Vals, este embalse se formó al terminarse en 1957 la presa de 151 m que sumergió el pueblo de Zervreila. El lago está los pies de la cumbre helada del Rheinwaldhorn (3402 m). Normalmente solo es accesible de junio a octubre, ofreciendo estupendas rutas de senderismo; pídase consejo en la oficina de turismo.

Dónde dormir

Además de unos cuantos hoteles y B&B, hay apartamentos vacacionales; consúltese en www.vals.ch.

★ **Brücke 49** B&B €€
(☎081 420 49 49; www.brucke49.ch; Poststrasse 49; d desde 200 CHF; P 📶) La limpia estética nórdica se junta con la calidez alpina en este pequeño B&B muy chic, regentado por Ruth y Thomas con pasión sincera. Las habitaciones han sido decoradas individualmente y lucen suelos de madera, colores tenues y un toque de diseño. La chimenea abierta, el jardín y la sala de lectura invitan a quedarse. El desayuno es tal especial como el resto e incluye productos agrícolas locales de calidad y pan casero.

7132 Hotel HOTEL DE DISEÑO €€€
(☎058 7132 000; http://7132.com; Vals; d desde 533 CHF; P 📶) Este coloso sesentero se ha rebautizado hace poco con el código postal de Vals, 7132. Han rediseñado las habitaciones arquitectos de fama mundial como el suizo Peter Zumthor, los japoneses Tadao Ando y Kengo Kuma y el estadounidense Thom Mayne. Consúltese la web para elegir el paquete deseado. El 7132 tiene además tres restaurantes y un bar.

Información

Oficina de turismo (☎081 920 70 70; www.vals.ch; ⏲9.00-11.30 y 14.00-17.00 lu-sa) En la vía principal al entrar al pueblo a mano derecha.

Cómo llegar y salir

Hay autobuses postales aprox. cada hora a Vals (13,20 CHF, 40 min) desde Ilanz (a la que se llega en tren desde Chur; 16,60 CHF, 35 min).

Vals está 20 km al sur de Ilanz por una sinuosa carretera.

Disentis/Mustér

2070 HAB. / ALT. 1130 M

El nombre oficial es Disentis/Mustér: este pueblecito del oeste de los Grisones se llama Disentis en alemán y Mustér en retorrománico. Se halla en el distrito grisón de Surselva, y en él y los valles y tierras altas circundantes hay unos 20 000 hablantes de retorrománico.

Un enorme monasterio benedictino, el Kloster Disentis, se alza como una aparición sobre Disentis/Mustér; lo verán muy bien desde la estación de tren quienes viajen en el *Glacier Express* (p. 167). Los pasajeros de este tren deben abandonarlo unos 15 min mientras se hace el cambio de locomotoras, pues se necesita la de cremallera para subir el empinado puerto de Oberalp (2044 m), unos 21 km al oeste. Aunque pocos se molesten en quedarse aquí, ya se siga hacia el oeste a Andermatt o hacia el este a Chur, resulta una atractiva escala.

Puntos de interés

Kloster Disentis MONASTERIO
(www.kloster-disentis.ch; Via Claustra 1; museo adultos/niños 10/5 CHF; ⏲museo 20.30-17.00) Este monasterio benedictino que domina Disentis/Mustér tiene una iglesia barroca con suntuosa decoración en estuco. En el lugar hubo un monasterio desde el s. VIII, pero la gigantesca construcción actual data del s. XVIII. El **Klostermuseum** está repleto de recuerdos sobre la historia del monasterio.

Dónde dormir

Hotel Alpsu HOTEL €
(☎081 947 51 17; www.hotelalpsu.ch; Via Alpsu 4; i/d/tr/c desde 75/120/165/200 CHF; P 📶) Céntrico hotel adornado con geranios en verano cuyas habitaciones han sido decoradas individualmente. Está en el punto ideal: a 5 min a pie de la estación de trenes y a una distancia similar del monasterio. El restaurante hace unos estupendos *capuns* y *pizokel* (fideos).

Información

Oficina de turismo (☎081 920 40 30; www.disentis-sedrun.ch; estación de tren Disentis/Mustér; ⏲7.30-17.45 lu-vi, desde 7.50 sa y do) En la estación de tren.

Cómo llegar y salir

Hay trenes hacia el oeste a Andermatt (21,20 CHF, 1 h) por el puerto de Oberalp y hacia el este a Chur (30 CHF, 1¼ h).

MERECE LA PENA

HEIDIDORF

En **Maienfeld,** 3 km al este de Bad Ragaz, empieza Heidiland. Johanna Spyri (1827-1901) decidió ambientar la historia de *Heidi* en la campiña de Maienfeld y los lugareños tuvieron la ocurrencia de señalar a uno de estos pueblos como el de Heidi. Y ahora se llama, efectivamente, Heididorf. Desde Maienfeld un **sendero circular de Heidi** de 1½ h atraviesa la bucólica campiña hasta él. No hay mucho que ver salvo la Heidihaus, donde evidentemente no pudo vivir la niña por ser un personaje de ficción.

En el centro de Maienfeld está además la **Heidi Shop** (www.heididorf.ch; Bahnhofstrasse 1; ⌚10.00-17.00 mar-nov), donde comprar todo lo imaginable de Heidi. Al terminar quizá se querrá un poco de Heidivino para el Heididolordecabeza. Y, para rematar, toda la zona circundante se está promocionando turísticamente bajo la bandera de "Heidiland" (www.heidiland.com).

Disentis/Mustér está en la N19, 32 km al este de Andermatt y 60 km al oeste de Chur.

BÜNDNER HERRSCHAFT

Al norte del Chur, el señorío grisón es una famosa tierra de vinos, sobre todo la comarca al este del Rin llamada **Fünf Dörfer** (los "Cinco Pueblos"): Fläsch, Maienfeld, Jenins, Malans y Zizers. Principal región vinícola de los Grisones, aquí domina la uva *blauburgunder* (pinot noir), que da unos tintos memorables. Un paseo por esta zona de viñas es de lo más agradable.

Bad Ragaz, apacible localidad termal con numerosas esculturas, es el centro de lo que ahora se promociona como "Heidiland", zona circundante con 17 comunas y 37 poblaciones pequeñas. Aquí se presume de Heidi y, por mucho que sea un personaje de ficción, se hallarán todo tipo de sitios relacionados con ella.

Bad Ragaz y alrededores

4950 HAB. / ALT. 502 M

Esta bella localidad está junto al Rin y tiene un balneario inaugurado en 1840 que ha acogido a personajes como Douglas Fairbanks y Mary Pickford. Se dice que sus aguas estimulan el sistema inmunológico y la circulación. La gente sigue viniendo por las aguas pero también a esquiar, jugar al golf, dar caminatas, examinar las viñas y disfrutar del fino ambiente de la zona y la localidad, que se ha esmerado en llenarse de bellas y curiosas esculturas.

Cruzando el río, el vecino pueblo de Maienfeld es ideal para catar el vino local y dejarse llevar por alguna fantasía de *Heidi* (p. 288), si así se desea.

Actividades

Fünf Seen Wanderung EXCURSIONISMO

(Paseo de los Cinco Lagos) Una de las mejores caminatas de un día de la región es **Fünf Seen Wanderung** y empieza a 2227 m, en la Pizolhütte. Dura 5 h y pasa por cumbres de piedra caliza, glaciares y cinco lagos. Las vistas de los Alpes suizos y austriacos son increíbles.

Tamina Therme SPA

(☎081 303 27 40; www.taminatherme.ch; Hans-Albrecht-Strasse; billete entre semana adultos/niños 36/22 CHF; ⌚8.00-22.00 do-ju, hasta 23.00 vi) Estos elegantes baños termales cuentan con varias piscinas para disfrutar de las aguas termales a 36,5°C, chorros de masaje, baños de hidromasaje, saunas y varios tratamientos y masajes.

Pizol ESQUÍ

(☎081 300 48 20; www.pizol.com; *forfait* 1 día adultos/niños 54/27 CHF) La estación de Pizol, en lo alto de Bad Ragaz y rodeada de bosques, atrae en invierno a esquiadores principiantes y de nivel medio con 40 km de pistas, que en verano se llenan de excursionistas.

Paseo de las Esculturas PASEO A PIE

En la oficina de turismo se recoge un plano de este paseo de Bad Ragaz. Esta tranquila villa tiene arte y escultura por doquier, incluido este itinerario que se recorre sin prisas en una hora o así.

Vinothek Von Salis VINO

(☎081 300 60 60; www.vonsalis-wein.ch; Kruseckgasse 3, Maienfeld; ⌚14.00-18.00 lu-vi, 9.30-16.00 sa) Simpática vinoteca donde catar vinos y ponerse al día de las variedades locales.

Dónde dormir y comer

Schlaf Fass PENSIÓN €€
(http://schlaf-fass.ch; Weingut zur Bündte, Maienfeld; desde 90 CHF por persona; P) Si se ha trasegado demasiado tinto, dormir en uno de los dos enormes toneles de vino dispuestos entre las viñas al noreste de Maienfeld será algo inolvidable. Véase cómo es la cosa en la web.

Hotel Krone HOTEL €€
(081 303 84 44; www.kroneragaz.ch; Kronenplatz 10; i 84-97 CHF, d 160 CHF; P) Precioso, en pleno centro de Bad Ragaz, ofrece habitaciones renovadas con elegancia, cada cual decorada de una manera, además de un restaurante. Apetecerá hacer fotos del bello edificio, que lleva funcionando como hotel desde finales del s. XIX.

Hotel Schloss Ragaz HOTEL €€
(081 303 77 77; www.hotelschlossragaz.ch; Schloss-strasse; i/d desde 160/280 CHF; P) Este hotel es un pequeño castillo con torres y habitaciones amplias y tranquilas bordeadas por unos arreglados jardines. Es muy conocido el restaurante, al que viene mucha gente que no se hospeda aquí. En el *spa* los huéspedes se quitan el estrés con tratamientos naturales.

Schloss Brandis SUIZA €€
(081 302 24 23; www.schlossbrandis.ch; Maienfeld; principales desde 26 CHF; 11.00-22.00) Unos 5 min a pie al noreste de la estación de tren de Maienfeld, esta altiva torre del s. XV alberga uno de los mejores restaurantes del cantón. Se puede comer a la luz de faroles bajo las vigas de madera del comedor, en el jardín o en el sótano abovedado y disfrutar de la sopa al riesling de Maienfeld y otros platos más contundentes.

Weinstube Alter Torkel SUIZA €€
(081 302 36 75; www.torkel.ch; Jeninserstrasse 3, Malans; principales desde 30 CHF; 9.00-23.00) Hay que hacer un alto para tomar una copa del pinot noir de la tierra y almorzar en la terraza de esta rústica bodega con vista a las viñas en Malans. Sirven una estupenda comida local, como el cerdo asado crujiente con salsa de pinot noir y patatas gratinadas.

Información

Oficina de turismo (081 300 40 20; www.heidiland.com; Am Platz 1; 8.30-12.00 y13.00-17.00 lu-vi, 9.00-14.00 sa) En pleno centro, 900 m al sur de la estación de tren siguiendo Bahnhofstrasse.

Cómo llegar y salir

Bad Ragaz está en la línea férrea de Chur-Zúrich. Llegan trenes desde Chur, vía Maienfeld, cada hora (9 CHF, 15 min). Zúrich queda a 1¼ h (34 CHF).

Por carretera Bad Ragaz está a 21 km de Chur y a 99 km de Zúrich.

Klosters

4280 HAB. / ALT. 1194 M

Tanto si se llega en verano para patearse montañas salpicadas de flores como si se viene en invierno, cuando los chalés de troncos se cubren de nieve y carámbanos..., Klosters es de postal. Ha atraído a numerosos famosos y esquiadores de la realeza por su belleza y sus pistas libres de *paparazzi*. Aquí aprendió a esquiar Carlos de Inglaterra cuando tenía 14 años, así como Harry y Guillermo bajaban de niños zumbando por las pistas.

A menudo emparejado con Davos, sito a 12 km, quizá sorprenda saber que Klosters está en el valle a 1194 m y Davos arriba, a 1560 m.

Actividades

Actividades de invierno

Skiing in Klosters ESQUÍ
(www.davos.ch; Regional Pass 2/6 días 139/332 CHF) Davos y Klosters, que funcionan juntas, comparten 320 km de pistas de esquí cubiertas por el Regional Pass. Para quien se aloje en Klosters, a través de la zona esquiable de **Parsenn** (más arriba al oeste) se conecta fácilmente con Davos (p. 291). La extensa zona llega hasta el Weissfluhjoch (2844 m), desde donde se puede esquiar hasta Küblis, más de 2000 m más abajo y a 12 km de distancia. Arriba, en el lado este del valle, **Madrisa** es ideal para familias por sus largas pistas soleadas, casi todas por encima de la línea de árboles.

Toboggan Run DEPORTES DE NIEVE
(Madrisa; entrada 1 día adultos 37 CHF, niños 15-26 CHF; 8.15-16.00 dic-abr) Entre las actividades indicadas para niños en invierno se cuenta este divertido tobogán que baja de Madrisa a Saaseralp.

Horse-Drawn Sleigh DEPORTES DE NIEVE
(081 422 18 73; www.pferdekutschen.ch; Doggilochstrasse 1) Cuando está nevando, nada mejor que un paseo en trineo tirado por caballos. Se organiza a través de la oficina de turismo.

Actividades de verano

Los senderistas pueden disfrutar de los 700 km de caminos bien cuidados de la región, que van desde paseos suaves para toda la familia a caminatas de alta montaña de varios días. Los escaladores pueden entrenarse en los puentes colgantes y los árboles de escalada de Madrisa.

También el ciclismo de montaña y los descensos son actividades muy solicitadas. Consúltese www.davos.ch para inspirarse.

Bardill CICLISMO
(☎081 422 10 40; www.bardill-sport.ch; Landstrasse 185; ⌚8.30-12.00 y 14.00-18.30 lu-vi, 8.30-12.30 y 14.00-17.00 sa) Las bicicletas de montaña/eléctricas/tándems cuestan 30/49/75 CHF/día. En invierno alquila también equipo de esquí.

Gotschna Freeride CICLISMO DE MONTAÑA
(www.davos.ch/en/summer/activities/bike/mountain-bike/gotschna-freeride; ⌚jun-oct) Este empinadísimo sendero de 5,7 km que baja de la estación intermedia de Gotschna a Klosters es un paraíso del *freeride,* con más de 200 curvas peraltadas, saltos y ondas. Se recomienda un poco de calentamiento en el parque de ciclismo antes de lanzarse.

R&M Adventure DEPORTES DE AVENTURA
(☎079 384 29 36; www.ramadventure.ch; Landstrasse 171) Esta conocida empresa de *rafting* en aguas bravas y barranquismo ofrece aventuras al gusto del cliente. Véanse las opciones y precios en su web.

Strandbad Klosters NATACIÓN
(Doggilochstrasse 51; adultos/niños 7/5 CHF; ⌚9.00-19.00 may-sep) Mientras se nada en esta piscina climatizada exterior, se puede disfrutar de las vistas de los Alpes de Silvretta. Hay una zona infantil, una pista de voleibol y un muro para escalar sobre la piscina de buceo.

Madrisa Land PARQUE DE ATRACCIONES
(www.madrisa-land.ch; Madrisastrasse 7; adultos/niños incl. teleférico 24/10 CHF; ⌚10.00-16.45 jul-oct) Este paraíso para niños en Madrisa tiene una zona de aventuras temática de cuento de hadas con tirolina, zoo interactivo, paseos en poni, monopatines, casas en los árboles y todo tipo de diversión familiar.

Dónde dormir y comer

Klosters vive de los turistas. En la oficina de turismo tienen un listado de habitaciones y apartamentos particulares. Los precios bajan del 30% al 50% en verano.

R&M Adventure Hostel ALBERGUE €
(☎081 422 12 29; www.ramadventure.ch; Landstrasse 171; dc/i/d desde 45/75/110 CHF; P📶) En el corazón de Klosters, R&M ofrece habitaciones alegres, un salón para preparar té y tentempiés y TV y sala de juegos en el ático. Además ofrece toda clase de actividades de aventura invernales y estivales, como *rafting;* información en la web.

Steinbock HOTEL €€
(☎081 422 45 45; www.steinbock-klosters.ch; Landstrasse 146; d desde 250 CHF; P📶) Vistas panorámicas de la montaña, algunas habitaciones (las más caras) con chimenea y tres restaurantes de apetitosa cocina suiza. Los huéspedes pueden hacer uso del yacusi, la sauna y el baño de vapor.

★**Romantik Hotel Chesa Grischuna** HOTEL HISTÓRICO €€€
(☎081 422 22 22; www.chesagrischuna.ch; Bahnhofstrasse 12; i/d/ste desde 126/198/234 CHF; P📶) Chalé alpino típico dirigido por una familia, con habitaciones de madera de pino y toques antiguos. El restaurante (principales desde 42 CHF) también rebosa de encanto. Las camareras, vestidas con trajes típicos, sirven platos de temporada: desde trucha local a rosbif.

★**Kaffee Klatsch Easy** CAFÉ €
(☎081 422 66 30; www.kaffeeklatsch-klosters.ch; Bahnhofstrasse 8; almuerzo principales desde 16,50 CHF; ⌚8.00-18.00 lu-sa; 📶) Muy popular, tiene dos establecimientos en Klosters. El Easy, junto al Co-op en Bahnhofstrasse, es un café que abre durante el día para desayunos, almuerzos, tentempiés y postres divinos. Al otro lado de las vías, junto al remonte de esquí de Goschna, el **Kaffee Klatsch Lounge** (☎081 417 68 40; Gotschnastrasse 21; almuerzo principales desde 11,90 CHF) abre de 8.30 a 18.00 de viernes a domingo.

Información

Oficina de turismo (☎081 410 20 20; www.davos.ch/klosters; Alte Bahnhofstrasse 6; ⌚8.30-12.00 y 14.00-18.00 lu-vi, 9.00-17.00 sa, 9.00-13.00 do) En el centro del pueblo.

Cómo llegar y desplazarse

Klosters está dividido en dos partes. Klosters Platz es la principal, dispuesta en torno a la estación de tren. A 2 km se hallan Klosters Dorf, más pequeña, y el teleférico de Madrisa.

Klosters está en la línea de tren entre Landquart y Filisur, como Davos, conectadas por autobuses gratuitos para los poseedores de una Guest Card o un forfait.

Davos

11 700 HAB. / ALT. 1560 M

A diferencia de Klosters, su hermana pequeña, Davos es más *cool* que pintoresca. Pero lo que le falta de belleza alpina lo compensa con unas pistas magníficas, incluidos los eternos descensos de hasta 2000 m y las fiestas *après-ski*. Los primeros visitantes llegaron a Davos a partir de 1865, cuando se descubrió que el clima de altura era eficaz contra la tuberculosis. Hoy vienen por las emociones de esta localidad alpina, tanto en verano como en invierno.

Davos es el punto de encuentro anual de lo más granado del capitalismo global: el Foro Económico Mundial. Además, inspiró a Arthur Conan Doyle (creador de Sherlock Holmes) a ponerse unos esquíes y a Thomas Mann a escribir *La montaña mágica*. Davos consta de dos zonas contiguas, cada una con su estación de tren: Davos Platz y Davos Dorf, más antigua.

Puntos de interés

★Kirchner Museum MUSEO

(☎081 410 63 00; www.kirchnermuseum.ch; Promenade 82; adultos/niños 12/5 CHF; ⊙11.00-18.00 ma-do) Este gigantesco museo cúbico alberga la mayor colección del mundo del pintor expresionista alemán Ernst Ludwig Kirchner (1880-1938), que inmortalizó escenas maravillosas de la zona. Cuando los nazis lo acusaron de "artista degenerado" y retiraron sus

Davos

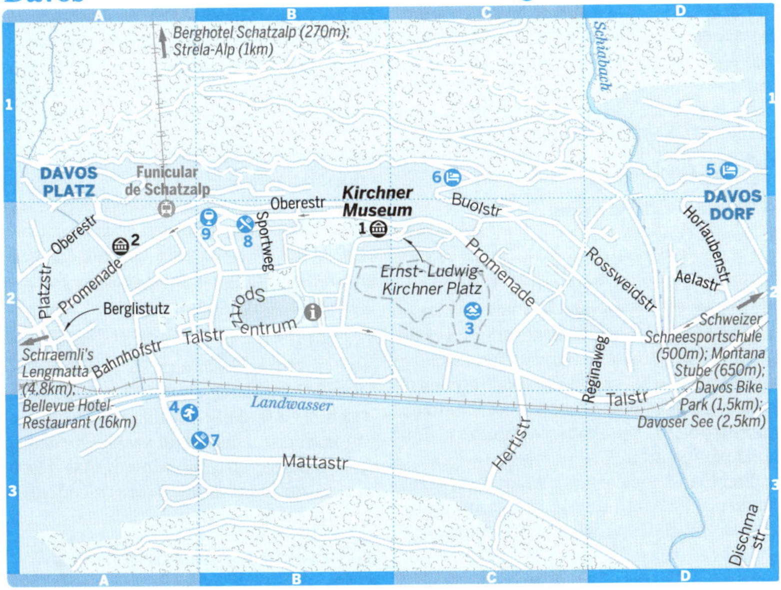

Davos

Principales puntos de interés
1 Kirchner Museum B2

Puntos de interés
2 Wintersportmuseum A2

Actividades, cursos y circuitos
3 Eau-là-là C2
4 Luftchraft – Flugschule Davos A3

Dónde dormir
5 Davos Youthpalace D1
6 Waldhotel Davos C1

Dónde comer
7 Hänggi's B3
8 Kaffee Klatsch B2

Dónde beber y vida nocturna
9 Mountain's Akt B2

AHORROS VERANIEGOS

Los que pernocten en Davos o Klosters en verano recibirán la Davos-Klosters Guest Card, que les permitirá usar gratis los autobuses y teleféricos, viajar con ciertas restricciones en el Rhätische Bahn (p. 279) y entrar gratis en los jardines botánicos de Schatzalp y la pista de hielo artificial de Davos. También ofrece descuentos en actividades diversas, desde senderismo guiado a clases de introducción a la escalada. Más información en www.davos.ch.

cuadros de las galerías, Kirchner, desesperado, acabó suicidándose en 1938.

Wintersportmuseum MUSEO
(☎081 413 24 84; www.wintersportmuseum.ch; Promenade 43; adultos/niños 5/3 CHF; ⊙16.30-18.30 ma y ju dic-mar y jul-oct) Este museo dedicado al esquí se remonta a la época en que las tablas eran de madera y las raquetas de nieve eran raquetas de tenis adaptadas.

Actividades

Actividades de invierno

Esquí en Davos ESQUÍ
(www.davos.ch; Regional Pass 2/6 días 139/332 CHF) Davos y Klosters (p. 289) comparten 320 km de pistas, cubiertas por el Regional Pass, además de soberbias zonas de esquí fuera de pista. Operan juntas, pero para quien se aloje en Davos, los remontes de **Jakobshorn,** en el lado sur del valle, son estupendos. También en el lado sur, **Rinerhorn** es una estación ideal para familias.

En el lado norte y con una gran variedad de pistas, **Parsenn** es accesible tanto desde Davos como desde Klosters. **Schatzalp/Strela** se dedica al esquí 'desacelerado' por suaves pendientes. ¡Es todo magnífico!

Davos es también estupendo para el esquí de fondo, con 75 km de senderos bien cuidados, algunos para clásico y para patinar, además de una pista iluminada con reflectores para esquiar bajo las estrellas. También cuenta con toboganes, como el iluminado de 2,5 km que va de Schatzalp a Davos Platz. Alquilan trineos en la estación de base Schatzalp.

Schweizer Schneesportschule ESQUÍ
(☎081 416 24 54; www.ssd.ch; Promenade 157) Una de las mejores escuelas de esquí y *snowboard* del país.

Actividades de verano

Ambas, Davos y Klosters juntas, ofrecen 700 km de senderos señalizados y 1300 km de pistas para ciclismo de montaña, incluidos algunos descensos muy difíciles y caminos de un carril. En www.bike-davos.ch se encuentran rutas, mapas y agencias de alquiler.

Entre los deportes acuáticos se cuentan el *windsurf* y la vela en el **Davoser See** (lago Davos).

Puerto de Flüela RUTA EN AUTOMÓVIL
Unos 14 km al sureste de Davos, la carretera del magnífico puerto de Flüela (2383 m) une Davos (1560 m) con Susch (1438 m), en la Baja Engadina. El puerto, que tiene un bello lago, un hospicio y un pequeño restaurante, suele abrirse en junio y ofrece maravillosas vistas alpinas.

Davos Bike Park CICLISMO DE MONTAÑA
(☎081 416 18 68; www.davos.ch/bikepark; Flüelastrasse; ⊙amanecer-anocher jul-oct) Un parque para poner a prueba las habilidades con las bicicletas *dirt,* que alquilan a 20 CHF/1 h.

Luftchraft-Flugschule Davos PARAPENTE
(☎079 623 19 70; www.luftchraft.ch; Mattastrasse 9) Los más osados despegan de Jakobshorn o Gotschnagrat en los vuelos tándem (175 CHF) que ofrece esta prestigiosa escuela. Se debe llamar con antelación.

Eau-là-là NATACIÓN
(www.eau-la-la.ch; Promenade 90; piscina adultos/niños 10/7 CHF, día de *spa* 28 CHF; ⊙10.00-22.00 lu-sa, hasta 18.00 do) Si se prefiere disfrutar del panorama sin lanzarse al vacío, este centro de ocio ofrece piscinas climatizadas descubiertas, zonas infantiles y un *spa* con vistas de la montaña.

Fiestas y celebraciones

Schwingen CULTURAL
(www.davos.ch; ⊙ago) La locura suiza alcanza su máxima cota en este campeonato de *schwingen* (lucha suiza) sobre serrín.

Davos Festival MÚSICA
(www.davosfestival.ch; ⊙ago) La música clásica resuena durante dos semanas.

FIS Cross-Country World Cup DEPORTE
(www.davosnordic.ch; ⊙dic) En diciembre Davos acoge una ronda de la Copa del Mundo de Esquí de Fondo de la FIS.

Dónde dormir

Todo se llena en invierno; en verano los precios bajan hasta el 30%.

Davos Youthpalace ALBERGUE €
(☎081 410 19 20; www.youthhostel.ch; Horlaubenstrasse 27; dc/i/d desde 39/110/114 CHF; P 📶) Antiguo sanatorio convertido en un espléndido palacio mochilero. Los esquiadores ahorradores aprecian sus dormitorios claros y modernos, con literas de pino (y balcón por unos francos más), el tranquilo salón y el guardaesquís.

★ **Berghotel Schatzalp** HOTEL DE MONTAÑA €€
(☎081 415 51 51; www.schatzalp.ch; Schatzalp; i/d desde 125/230 CHF; 📶) Tiene mucho encanto alojarse en un histórico hotel alpino, 300 m por encima de Davos, al que se llega en su propio ferrocarril funicular, que funciona de 8.00 a 24.00. Consta de una villa de 1907 y de un chalé, además de dos restaurantes, terraza y piano-bar. Buenas zonas de esquí para principiantes y familias a la misma puerta.

Bellevue Hotel-Restaurant HOTEL €€
(☎081 404 11 50; http://bellevuewiesen.com; Hauptstrasse 9, Davos Wiesen; d/ste desde 139/349 CHF; P 📶) En el tranquilo pueblo de Wiesen, este hotel exhibe un interior refinado y brinda la más cordial de las bienvenidas. Las habitaciones están decoradas en un estilo alpino elegante y moderno, con papeles pintados atractivos, colores tenues y suelos de madera. Remata la oferta un salón muy acogedor, un restaurante excelente y una terraza que da a las montañas.

Schraemli's Lengmatta B&B €€
(☎081 413 55 79; www.lengmatta-davos.ch; Lengmattastrasse 19, Davos Frauenkirch; desde 80 CHF por persona; P 📶) Magníficas vistas de montaña aguardan en este chalé de madera ennegrecida por el sol, perfecto para un idilio alpino. Sus habitaciones forradas de pino son de lo más acogedor, con telas a cuadros y edredones. Hay parque infantil, terraza con vistas a los picos y un buen restaurante de especialidades grisonas (desde 17 CHF). La media pensión cuesta 35 CHF/persona.

★ **Waldhotel Davos** HOTEL HISTÓRICO €€€
(☎081 415 15 15; www.waldhotel-davos.ch; Buolstrasse 3; i/d desde 205/390 CHF; P 📶 🏊) En este antiguo sanatorio de 1911 se inspiró Thomas Mann para escribir en 1924 su famosa novela *La montaña mágica*. Convertido en hotel y renovado con estilo, incluso las habitaciones normales tienen balcones al sol. Además, posee un *spa* con piscinas de agua salada y saunas. En el restaurante sirven platos de los Grisones maridados con vinos de su premiada bodega. Abre solo en invierno.

Dónde comer

Kaffee Klatsch CAFÉ €
(☎081 413 30 16; Promenade 72; comidas ligeras desde 19 CHF; ⏰7.30-21.00 lu-sa, 8.00-21.00 do) 🍃 La música suave crea un ambiente relajado en este bonito café. Se recomienda el rico *muesli* para desayunar, *focaccia* rellena, ensalada ecológica o un pastel con un café especial, como el de vainilla o el café con leche Heidi (con avena ecológica tostada). Horario reducido en temporada baja.

Strela-Alp SUIZA €
(☎081 413 56 83; www.schatzalp.ch; Schatzalp; principales desde 17 CHF; ⏰9.00-18.00 jul-med oct, hasta 17.00 med oct-jun; 👪) Rústico, ofrece amplias panorámicas de los montes, una soleada terraza y platos suizos como *rösti* y *fondue* a 10 min a pie de la estación superior del funicular de Schatzalp. Es estupendo para venir a almorzar.

Hänggi's ITALIANA €€
(☎081 416 20 20; www.haenggis.ch; Mattastrasse 11; *pizza*/principales desde 16/23 CHF; ⏰11.30-14.00 y 18.00-21.00; 👪) La *pizza* al horno de leña, crujiente y deliciosa, da fama a este acogedor restaurante de vigas vistas. También se recomiendan los platos de inspiración italiana, muy bien preparados, como los tallarines con rebozuelos frescos, el pescado fresco del mercado y un sorbete casero ácido.

Montana Stube SUIZA €€
(☎081 420 71 77; www.montanastube.ch; Bahnhofstrasse 2, Davos Dorf; principales desde 24 CHF; ⏰17.00-23.00 mi-sa; 👪) Local agradable y cálido para cenar. La carta es suiza de principio a fin, con muchos platos de carne y queso. La *fondue* china es muy recomendable.

Dónde beber y vida nocturna

Jatzhütte BAR
(☎081 413 73 61; www.jatzhuette.ch; Jakobshorn; ⏰desde 14.30) A 2560 m en lo alto del Jakobshorn, es el sitio de *après-ski* más loco de Davos. Los que se atrevan a quedarse semidesnudos pueden darse un chapuzón en el yacusi a 39°C rodeados de los picos helados.

Mountain's Akt BAR
(☎079 829 79 16; www.facebook.com/mountainsakt; Promenade 64; ⏰15.00-1.00 ma-ju y do, hasta 4.00 vi y sa; 📶) Los DJ pinchan *house* y *electro* los fines de semana. Hay una gran selección de cervezas, desde Kilkenny a Leffe. La terraza de verano se convierte en un bar de nieve en invierno.

Información

Oficina de turismo (☎081 415 21 21; www.davos.ch; Tourismus-und Sportzentrum, Talstrasse 41; ⏰8.30-18.00 lu-vi, 13.00-17.00 sa, 9.00-13.00 do) La oficina más céntrica está en Davos Platz. Está bien surtida de mapas y folletos.

Cómo llegar y salir

En los trenes que van a Chur (15,50 CHF, 1½ h) o Zúrich (28 CHF, 2½ h) hay que hacer transbordo en Landquart. Para ir a St Moritz (30 CHF, 1½ h) hay que subirse en Davos Platz y cambiar en Filisur. Un tren sale cada hora a Scuol (32 CHF, 1¼ h), en la Unterengadin; se debe tomar el tren en Davos Dorf y hacer transbordo en Klosters.

LA ENGADINA

El río Inn (en retorrománico) fluye casi 3000 km desde los nevados Alpes de los Grisones cerca del Malojapass y da su nombre a la Engadina.

Es como un sueño suizo. Además de St Moritz, que es quizá la localidad turística más elegante de Suiza, hay otras estaciones de esquí de moda en la Oberengadin (Alta Engadina) y la cercana Pontresina. Más al este, la Unterengadin (Baja Engadina) ofrece mucho encanto rural, densos bosques y el espectacular Parque Nacional Suizo. El valle entero es una mezcla de grandiosas vistas de nevados picos, valles y arroyos de montaña.

Por si fuera poco, es maravilloso recorrer preciosos valles como Val Bregaglia, Val Poschiavo y Val Müstair, que se extienden al otro lado de los puertos como dedos hacia Italia.

Las singulares raíces culturales de la Engadina se reflejan en fiestas como la **Schlittéda** (⏰ene), en la que mozos en vistosos trineos de caballos llevan a las mozas (para su deleite o disgusto) a través de la nieve hasta los pueblos vecinos; y el **Chalandamarz** (⏰1 mar), cuando formalmente se despide el invierno con cánticos, restallido de látigos y toque de cencerros.

Scuol

4690 HAB. / ALT. 1250 M

Última villa grande de la Baja Engadina antes de llegar a Austria (25 km más allá), está rodeada de un mar de picos y densos bosques y es ideal para hacer excursiones en verano, viajar sin aglomeraciones en invierno y relajarse en sus baños termales todo el año. Es un placer pasear por el casco antiguo, un atractivo laberinto de chalés decorados con frescos, plazas adoquinadas y fuentes de las aguas minerales procedentes de los 20 manantiales de la región.

Puntos de interés y actividades

★**Guarda** POBLACIÓN
Unos 11 km al oeste de Scuol, tiene mucho encanto con sus tortuosas calles empedradas, casas estilo *hobbit,* numerosas fuentes y 160 habitantes; mucho suizos vienen a darse un paseo. Se halla en una terraza a 30 min a pie cuesta arriba desde su estación abajo en el valle. El **Hotel Piz Buin** (☎081 860 30 40; https://pizbuin.ch; Chantun Sura 21; i/d desde 100/150 CHF; 🅿📶) es estupendo si se quiere pernoctar. Un sendero de 8 km lleva desde Guarda hacia el norte a las estibaciones del Piz Buin, pico de 3312 m (famoso por la protectora solar) que domina el glacial macizo de la Silvretta, en la frontera austriaco-suiza.

Schloss Tarasp CASTILLO
(☎081 864 93 68; www.schloss-tarasp.ch) Dominando el valle desde lo alto de un risco, este milenario castillo con torreones es realmente de cuento. En el 2016 lo compró el artista suizo Not Vital, que planea convertirlo en una atracción cultural de relevancia nacional e internacional. Solo puede verse en visita guiada; consúltese la información en la web.

Motta Naluns ESQUÍ
(www.bergfex.com/scuol; *forfait* 1 día adultos/niños 56/28 CHF) El *snow park* de Motta Naluns tiene 80 km de pistas de esquí y diversión para los *snowboarders*. En verano las pistas se llenan de excursionistas y ciclistas de descensos. En la estación del funicular alquilan patinetes (18 CHF), bicicletas de montaña (35 CHF), de descenso (48 CHF) y eléctricas (43 CHF) para atravesar prados y bosques.

Engadin Bad Scuol SPA
(www.engadinbadscuol.ch; Via dals Bogns 323; adultos/niños 26,50/16 CHF; ⏰8.00-21.45 lu-do)

Saunas, bañeras de hidromasaje, cascadas y yacusi. De noche, en estos baños termales se disfruta de un baño bajo las estrellas en la piscina exterior con forma de caracol. Y para mimarse a fondo, un baño romano-irlandés de 2¼ h (66 CHF), que consiste en una combinación de baños y masajes.

Engadin Adventure DEPORTES DE AVENTURA
(081 861 14 19; www.engadin-adventure.ch; Via da Ftan 495) Organiza aventuras a medida: excursiones de medio día de *rafting* (desde 95 CHF) y circuitos aterradores en bicicleta desde Motta Naluns (69 CHF), entre otras.

Dónde dormir y comer

Scuol tiene varios hoteles bonitos, sobre todo en el casco antiguo, por debajo de la carretera que atraviesa la población. Hay también algunos sitios económicos.

Chasa Valär B&B €
(081 864 19 59; www.ferienhaus364.ch; Vi 364; h por persona desde 55 CHF; P) Excelente opción económica encima de la calle principal de Scuol. Las habitaciones más caras tienen baño mientras que las más baratas los comparten. La casa de hace cuatro siglos posee mucho encanto, en una calle empedrada y con una fuente de agua de manantial enfrente. Se aparca unos 300 m más allá.

★ **Hotel Engiadina** HOTEL HISTÓRICO €€
(081 864 14 21; www.engiadina-scuol.ch; Rablüzza 152; d 184-264 CHF; P) Todas las habitaciones son distintas: algunas encaladas, otras abovedadas, otras con elaborados techos de madera... Lo mejor es su restaurante (principales desde 27 CHF), galardonado con varios premios por sus platos de caza regionales y el *pizokel* de menta casero con queso de montaña de la Engadina. Estupenda ubicación en pleno casco antiguo.

Información

Oficina de turismo (081 861 88 00; www.scuol.ch; 8.00-18.30 lu-vi, 9.00-12.00 y 13.00-17.30 sa, 9.00-12.00 do) En la calle principal que atraviesa Scuol.

Cómo llegar y salir

El tren que sale de St Moritz (29 CHF, 1¼ h), con transbordo en Samedan, termina en la estación de tren de Scuol-Tarasp. Hay trenes directos desde Klosters (24 CHF, 45 min). De la estación salen autobuses postales todo el año a Samnaun (11 CHF, 1¼ h).

¡ESPABILA, PAPÁ NOEL!

Samnaun es un pueblo adormilado casi todo el año, pero el último fin de semana de noviembre le arrebata el protagonismo a los renos de Laponia para celebrar el **ClauWau** (www.clauwau.ch; nov), los Campeonatos Mundiales de Papás Noel. Un centenar de personas se reúnen para competir por el título del mejor Santa Claus del mundo, demostrando habilidades navideñas como trepar por las chimeneas, decorar pan de jengibre y esculpir la nieve. Es un evento lleno de alegría navideña y exagerados "jo, jo, jo".

En automóvil Scuol se halla 60 km al noreste de St Moritz y 47 km al este de Davos. La frontera austriaca queda 25 km hacia el este.

Samnaun

793 HAB. / ALT. 1844 M

Esta localidad alpina libre de impuestos está pegada a la frontera austriaca en la apartada esquina noreste de Suiza. Por una pirueta de la historia y la ley, Samnaun quedó excluido del territorio aduanero suizo en el s. XIX dado que, pese a pertenecer a Suiza, este remoto valle solo tenía acceso desde Austria. Incluso tras construirse una carretera desde territorio suizo en 1905, ese estatus se mantuvo pese a cierta controversia. Por ello Samnaun es la única zona libre de impuestos suiza y presume de ser el centro comercial más alto (¡en altitud!) de Europa, con más de 50 tiendas con letreros de "duty free" que venden cosméticos, perfumes, alcohol, tabaco y artículos de marca.

Información

Oficina de turismo (081 861 88 30; www.samnaun.ch; Dorfstrasse 4; 8.30-18.00 lu-vi, 8.30-12.00 y 13.00-17.30 sa, 13.00-17.30 do) A la entrada del Samnaun-Dorf.

Cómo llegar y salir

Se toma el autobús postal desde la estación de Scuol-Tarasp (11 CHF, 1¼ h, cada hora) a Samnaun-Dorf.

Samnaun está en su propio valle tributario, que sale hacia el oeste (inusitadamente) desde el valle del Inn. En automóvil queda a 36 km (45 min) de Scuol; repóstese gasolina en la zona libre de impuestos, sale baratísima.

Müstair

764 HAB / ALT. 1273 M

Está en un remoto rincón de suiza, el lugar más oriental del país, apenas a 1 km de la frontera italiana. Es uno de los tesoros del principio del cristianismo en Europa, declarado Patrimonio Mundial por la Unesco. Cuando Carlomagno fundó aquí un monasterio y una iglesia en el s. VIII, era un punto estratégicamente situado por debajo del Ofenpass (o Pass dal Fuorn; 2149 m), puerto que separaba Europa del norte de Italia y del corazón de la cristiandad.

La Val Müstair sigue el curso del río Rom, que se adentra en Italia. Hay que dirigirse al sureste desde Zernez, cruzando el Parque Nacional Suizo y el Ofenpass. Junto a este puerto en el 2005 se vio y fotografió a un oso pardo, el primer avistamiento de un oso salvaje en Suiza desde 1923.

Unos vívidos frescos carolingios (s. IX) y románicos (s. XII) realzan el interior de la iglesia del **Kloster St Johann** (monasterio de San Juan; www.muestair.ch). En los ábsides, bajo las representaciones carolingias de Jesucristo, hay escenas románicas sobre las muertes horribles de san Pedro (crucificado), san Pablo (decapitado) y san Esteban (lapidado). La entrada a la iglesia es gratis; se conciertan visitas guiadas.

La **oficina de turismo** (☎081 861 88 40; www.val-muestair.ch; ⊙9.00-18.00 lu-sa, 13.30-18.00 do) del pueblo y el valle está en el museo.

Los autobuses postales recorren el valle entre Zernez y Müstair (22 CHF, 1 h).

Por carretera hay 38 km de Zernez a Müstair, pasando por el Parque Nacional Suizo y el Ofenpass. Si se va a entrar en Italia, son 65 km hasta Merano.

Zernez

1570 HAB. / ALT. 1474 M

A las puertas del Parque Nacional Suizo, es un conjunto de chalés de piedra donde descuellan la iglesia barroca y la recia torre medieval del castillo, Schloss Wildenberg. Este apacible pueblo, uno de los principales accesos al parque nacional más antiguo de los Alpes, es una base ideal para recorrer los montes, lagos y valles fluviales circundantes. Aquí está el didáctico Centro del Parque Nacional Suizo (p. 301), con 21 rutas de senderismo muy accesibles a lo largo de la carretera principal del parque al este del pueblo hacia el Pass dal Fuorn (Ofenpass).

Dónde dormir y comer

Hotel Bär & Post HOTEL €

(☎081 851 55 00; www.baer-post.ch; dc/i/d desde 25/90/150 CHF; P 📶) En activo desde 1905, es céntrico y tiene habitaciones atractivas de madera de pino y edredones mullidos, además de otras más básicas con literas. También hay una sauna y un restaurante rústico con buenos filetes y platos de pasta.

★ **Hotel Parc Naziunal Il Fuorn** HOTEL €€

(☎081 856 12 26; www.ilfuorn.ch; i/d 120/196 CHF, sin baño 95/150 CHF, media pensión extra 35 CHF; ⊙cerrado nov, 2ª mitad ene y Semana Santa-fin abr; P 📶) Ubicada en pleno parque nacional, cuenta con habitaciones luminosas y confortables. El excelente restaurante se especializa en trucha fresca y caza. El lugar tiene historia, pues Il Fuorn ya se citaba como venta en 1509.

Información

Oficina de turismo (☎081 856 13 00; www.zernez.ch; Via d'Urtatsch 2; ⊙8.30-18.00) En el Centro del Parque Nacional Suizo.

Cómo llegar y salir

Hay trenes regulares de Zernez a St Moritz (19,60 CHF, 45-55 min) y a Scuol-Tarasp (14,20 CHF, 30 min).

El autobús postal nº 811 pasa cada 1-2 h desde la estación de tren de Zernez a Il Fuorn, en pleno parque nacional (9,80 CHF, 25 min).

Celerina

1534 HAB. / ALT. 1714 M

Celerina (Schlarigna en retorrománico) trae a la mente la pista de trineo *skeleton* Cresta Run y la olímpica de *bobsleigh*, dos aterradores descensos sobre hielo que llevan décadas fascinando a locos de la velocidad y temerarios. Ya no hay que ser un osado medallista olímpico para bajar por ellas. Pero si no apetece dedicar 75 seg a comprobar cómo nos tiemblan las mejillas con la aceleración, esta soleada localidad siempre ofrece algún entretenimiento gracias a sus hoteleros empeñados en mantenerla en el candelero.

Ideal para familias, la zona de esquí de Corviglia/Piz Nair pertenece al grupo St Moritz Ski Resorts y el glamuroso pueblo, frecuentado por la realeza, está a 3 min en tren.

Actividades

Bob Run DEPORTES DE NIEVE

(☎081 830 02 00; www.olympia-bobrun.ch) Celerina se identifica con su pista olímpica de *bobsleigh* de 1722 m, la más antigua del mundo: se remonta a 1904 y está hecha de hielo natural. Un espeluznante viaje de prueba de 75 segundos a 135 km/h cuesta la friolera de 250 CHF, pero la emoción es impagable. No hay que temer, se irá bien protegido entre un piloto y un guardafrenos.

Cresta Run DEPORTES DE NIEVE

(www.cresta-run.com) Unos visitantes británicos crearon en 1885 esta espeluznante pista de trineos de 1 km de largo. El paquete de cinco viajes, con clases, cuesta 600 CHF (y 51 CHF el trayecto siguiente). Esto es distinto a un descenso de *bobsleigh*. Aquí se baja en solitario tumbado boca abajo y con la cabeza por delante, frenando y dirigiendo con los rastrillos al extremo de unas botas especiales.

Información

Oficina de turismo (☎081 830 00 11; www.celerina.ch; Plazza da la Staziun 8; 8.30-18.00 lu-vi, 9.00-12.00 y 14.00-18.00 sa, además 16.00-18.00 do en temporada alta) En la estación de tren.

Cómo llegar y salir

Celerina tiene fácil acceso en tren desde St Moritz (3 CHF, 3 min).

St Moritz

5067 HAB. / ALT. 1856 M

Es la cuna del turismo alpino y atrae a miembros de la realeza, famosos y grandes fortunas desde 1864. Con su resplandeciente lago de aguas turquesas, bosques esmeraldas y montañas, este pueblo es una belleza.

A pesar de las *boutiques* de alta costura de Via Serlas y de los famosos que surcan sus pistas, en esta estación no todo es puro espectáculo. Los ricos de verdad disfrutan en las montañas de las magníficas pistas de esquí en Corviglia, de las espeluznantes pistas negras de Diavolezza y de muchos kilómetros de senderos después del deshielo. St Moritz ha sido dos veces sede de los Juegos Olímpicos de Invierno y pocos saben que en origen cobró fama por sus aguas medicinales, que, descubiertas hace 3000 años, la convirtieron en un balneario de verano.

Puntos de interés

Segantini Museum MUSEO

(www.segantini-museo.ch; Via Somplaz 30; adultos/niños 10/3 CHF; 10.00-12.00 y 14.00-18.00 ma-do, cerrado 20 oct-10 dic y 20 abr-20 may) Ocupa un llamativo edificio de piedra rematado por una cúpula. En él se exponen los cuadros de Giovanni Segantini (1858-1899), artista italiano que captó a la perfección la luz y el ambiente de los Alpes en sus óleos.

Engadiner Museum MUSEO

(☎081 833 43 33; www.engadiner-museo.ch; Via dal Bagn 39; adultos/niños 13 CHF/gratis; 10.00-18.00 mi-lu 20 may-20 oct, 14.00-18.00 dic-abr) Si se quieren conocer las viviendas típicas y los humildes interiores del valle de la Engadina se debe visitar este museo, donde se muestran estufas tradicionales y hallazgos arqueológicos.

Actividades

Actividades de invierno

Es una maravilla esquiar en St Moritz: el forfait general abarca una enorme zona de remontes y pistas alrededor del St Moritz pueblo y los valles de la Engadina y Bernina. Se puede permanecer cerca del pueblo subiendo en el **funicular de Corviglia** a las pistas sobre St Moritz-Dorf o ir más allá a una alucinante cantidad de lugares donde divertirse en la nieve. En los valles también abundan las pistas de esquí de fondo.

St Moritz Ski Resorts ESQUÍ

(www.engadin.stmoritz.ch; forfait esquí alpino 2/6 días en temporada alta 156/376 CHF, forfait esquí de fondo día/semana 8/25 CHF) Con 350 km de pistas, remontes ultramodernos y unas vistas que quitan el hipo, esquiar en St Moritz es maravilloso. El forfait general sirve para todas las zonas, Silvaplana, Sils-Maria, Celerina, Zuoz, Pontresina y Diavolezza incluidas.

Si el visitante prefiere el esquí de fondo, aquí dispone de 220 km de pistas acondicionadas por llanuras soleadas y bosques.

Quienes busquen laderas bien cuidadas con grandes vistas deben ir a **Corviglia** (2486 m), accesible en funicular desde St Moritz-Dorf. De St Moritz-Bad sale un teleférico a **Signal** (hay menos colas), que da acceso a las laderas de Piz Nair. Hay pistas muy diversas en **Corvatsch** (3303 m), por encima de Silvaplana, incluidos los descensos espectaculares por el glaciar y la suave pista negra del Hahnensee. Perfilada por 'cuatromiles' helados, **Diavolezza** (2973 m) es de visita ineludible para todos

St Moritz

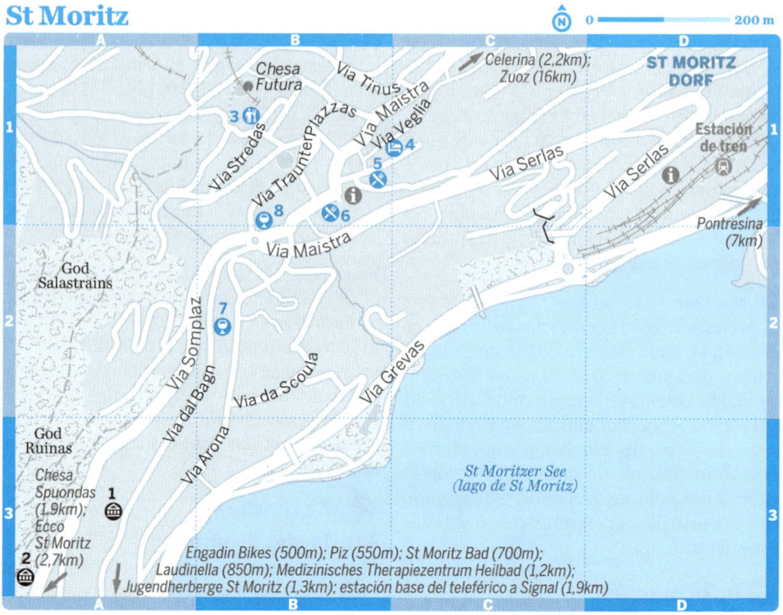

St Moritz

Puntos de interés
1 Engadiner Museum A3
2 Segantini Museum A3

Actividades, cursos y circuitos
3 Schweizer Skischule B1

Dónde dormir
4 Hotel Eden C1

Dónde comer
5 Chesa Veglia B1
6 Hanselmann B1

Dónde beber y vida nocturna
7 Bobby's Pub B2
8 Roo Bar B1

los *freeriders* y amantes de los descensos terroríficos.

Schweizer Skischule ESQUÍ
(☎081 830 01 01; www.skischool.ch; Via Stredas 14; ⏲8.00-12.00 y 14.00-18.00 lu-sa, 8.00-9.00 y 16.00-18.00 do) La primera escuela de esquí suiza se fundó en St Moritz en 1929. Ofrece clases de esquí y *snowboard;* véase la información en la web.

Actividades de verano

El *wasserweg* (sendero de agua) de Corvatsch es un sendero excelente que conecta seis lagos de montaña. Dominando St Moritz desde las alturas, el **Piz Nair** (3057 m) ofrece unas vistas magníficas de los lagos que rodean el valle. Pero el mejor panorama del glaciar de Pers y los Alpes de Bernina se divisa desde la vertiginosa *via ferrata* (2½ h) de **Piz Trovat,** en Diavolezza; alquilan el material en la estación de base. En la oficina de turismo tienen un mapa con más sugerencias (en inglés) para pasear por la Oberengadin.

Otra caminata interesante desde Piz Nair es el **Clean Energy Tour** (www.clean-energy.ch) de 2½ h que muestra distintos tipos de energía renovable en entornos naturales. Baja de Chantarella por el florido Heidi Blumenweg y sigue por el Schellenursliweg pasando junto a la **Chesa Futura** (www.fosterandpartners.com/projects/chesa-futura; Via Tinus 25), obra de Norman Foster en forma de calabaza recubierta de tablillas cuyo nombre significa "Casa del Futuro" en retorrománico.

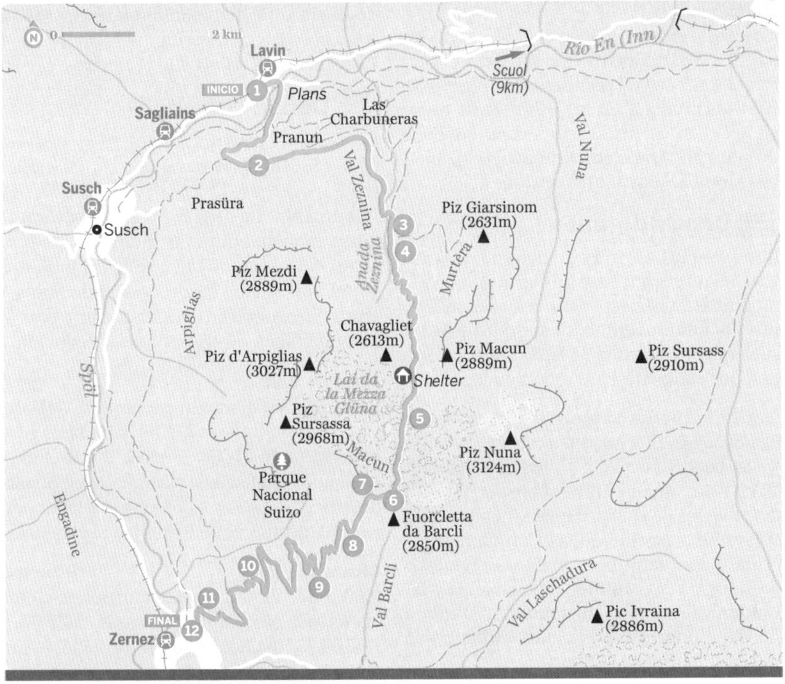

Circuito a pie
Lagos de Macun

INICIO LAVIN
FIN ZERNEZ
DISTANCIA 16 KM; DE 7½ A 8½ H

Este paseo de un día va del valle principal de la Engadina a los lagos de la cuenca del Macun. Hay trenes cada hora entre Zernez y Lavin (6,20 CHF, 15 min).

Desde el pueblo de 1 **Lavin** hay que cruzar el río En (Inn) por un puente de madera, seguir por un camino y girar a la izquierda por una pista que sube al este entre bosques hasta 2 **Plan Surücha** (1577 m). El sendero gira al sur para cruzar el Aua da Zeznina. El Piz Macun (2889 m) y el Fuorcletta da Barcli (2850 m) se van vislumbrando al acercarse a 3 **Alp Zeznina Dadaint** (1958 m), a unas 2 h de Lavin. En este entorno alpino idílico se rodaron escenas de *Heidi*.

Se entra en el 4 **Val Zeznina,** sorteando empinados zigzags por prados salpicados de rododendros. La pendiente se suaviza a medida que sube hacia un refugio rústico construido en el peñasco junto a un lago. Hay que cruzar el arroyo y seguir por la rocosa orilla occidental hasta el parque nacional. La parte alta del valle se abre en la cuenca de 5 **Macun,** a 1½-2 h de Alp Zeznina Dadaint. Como un anfiteatro natural, el circo está rodeado de recortados picos de 3000 m y tiene casi dos docenas de lagos.

Si se cruza el arroyo y se siguen las señales en blanco-rojo-blanco hacia el sur, se sube por los desechos del glaciar. Tras cuestas de cantos rodados se llega a la 6 Fuorcletta da Barcli (2850 m). Desde aquí hay que ir al oeste por una cresta expuesta hasta una cumbre (2945 m), a 1 a 1½ h de Macun. El 7 mirador ofrece unas vistas magníficas.

Desde la cima hay que seguir hacia el suroeste y bajar a la derecha para salir del parque nacional. La ruta desciende junto a las barreras antialudes en las laderas abiertas de 8 **Munt Baselgia** hasta una pista alpina en 9 **Plan Sech** (2268 m). Desde allí se desciende hacia el bosque de coníferas pasando por 10 **La Rosta** y 11 **God Baselgia.** El tramo final conduce a verdes prados justo encima del pueblo y llega a 12 **Zernez** al cabo de 2½ a 3 h.

Medizinisches Therapiezentrum Heilbad SPA
(081 833 30 62; www.heilbad-stmoritz.ch; Plazza Paracelsus 2; baño mineral desde 35 CHF; 8.00-19.00 lu-vi, hasta 12.30 sa) Después de hacer ejercicio en las pistas, nada como un baño de agua mineral o con un paquete de hierbas alpinas. ¡Hay tantas opciones!

Dónde dormir

Resérvese pronto para el invierno. Muchos hoteles ofrecen transporte gratuito por la montaña a los huéspedes que pasen más de dos noches en verano, cuando los precios suelen bajar hasta el 30%. St Moritz cierra casi por completo en temporada baja.

Jugendherberge St Moritz ALBERGUE €
(081 836 61 11; www.youthhostel.ch/st.moritz; Via Surpunt 60; dc/i/d/c 47/148/188/268 CHF; P) Está situado junto al bosque y posee dormitorios de cuatro camas y habitaciones dobles limpias y tranquilas. Considerado excelente para familias, tiene sala de juegos para los niños, alquiler de bicicletas y lavandería automática. El autobús nº 3 enlaza puerta a puerta con el centro urbano y la estación de trenes (10 min).

Chesa Spuondas HOTEL €€
(081 833 65 88; www.chesaspuondas.ch; Via Somplaz 47; i/d/f incl. media pensión 155/280/330 CHF; P) Este hotel familiar está en medio de los prados al pie del bosque y los montes, 3 km al suroeste del centro urbano. Las habitaciones tienen techos altos y suelos de parqué. Aquí los niños son los reyes, con horarios de comidas especiales, actividades y zonas de juegos, además de una escuela de esquí infantil a un paseo de 10 min.

Hotel Eden HOTEL €€
(081 830 81 00; www.eden.swiss; Via Veglia 12; i/d desde 171/341 CHF; P) En pleno centro urbano y dispuesto en torno a un bonito vestíbulo y un salón repleto de antigüedades. Sus habitaciones añejas, forradas de pino, son muy acogedoras. Las de la última planta tienen vistas espléndidas del lago y la montaña.

Piz HOTEL €€
(081 832 11 11; www.piz-stmoritz.ch; Via dal Bagn 6; i/d/apt desde 110/190/280 CHF;) Este B&B contemporáneo en St Moritz-Bad se caracteriza por sus suelos de madera, líneas puras y toques rojos. Las habitaciones son elegantes y cómodas, con suelos de madera, ducha de lluvia y TV de pantalla plana. La sauna y el baño de vapor invitan al relax tras una jornada en las pistas o los senderos.

Dónde comer

Laudinella Pizzeria Caruso PIZZERÍA €
(081 836 06 29; www.laudinella.ch; Via Tegiatscha 17; *pizza* desde 13,50 CHF; 12.00-2.00;) Los amantes de la *pizza* ponen por las nubes a estas napolitanas de masa fina que salen del horno de leña de la pizzería del Hotel Laudinella, desde la sencilla Margarita a la *gourmet* Domenico con trufas y buey. También ofrece servicio a domicilio.

Hanselmann CAFÉ €
(081 833 38 64; www.hanselmann.ch; Via Maistra 8; bollería y pasteles 3-6 CHF, tentempiés y comidas ligeras 12-24 CHF; 7.30-19.00) Es imposible no ver la fachada ricamente esgrafiada de esta pastelería y salón de té, célebre por su torta de nueces de Engadina al caramelo.

Chesa Veglia ITALIANA €€€
(081 837 28 00; www.badruttspalace.com; Via Veglia 2; *pizza*/principales desde 25/45 CHF; 12.00-23.30) Chalé-restaurante de 1658 con fachada blanca y tejado de pizarra. El cálido interior, de iluminación tenue, es todo de madera de pino. La terraza tiene vistas al lago y la montaña. Se puede tomar una *pizza* o especialidades regionales como la *bündner gerstensuppe* (sopa de cebada) o los medallones de ciervo con *spätzli* (fideos de huevo).

Ecco St Moritz ITALIANA €€€
(081 836 63 00; www.giardino-mountain.ch; Giardino Mountain, Champfèr; menús 190-240 CHF; 19.00-24.00 mi-do) La cumbre del panorama gastronómico de St Moritz es donde el chef Rolf Fliegauf da rienda suelta a su fantasía culinaria cuando la nieve cae en invierno. El sublime interior dorado y blanco arropa unos platos exquisitamente presentados, de sabores fuertes y elaborados con buenos productos.

Dónde beber y vida nocturna

Bobby's Pub PUB
(081 834 42 83; www.bobbys-pub.ch; Via dal Bagn 50a; 9.00-1.00 lu-vi, 11.00-1.00 sa, 12.00-1.00 do) Este agradable bar de estilo inglés sirve 20 cervezas internacionales diferentes y es uno de los pocos que abre todo el año.

INDISPENSABLE

PARQUE NACIONAL SUIZO

El orgullo de Engadina es el **Swiss National Park** (www.nationalpark.ch) GRATIS, de fácil acceso desde Scuol, Zernez y S-chanf. Con una extensión de 172 km², el único parque nacional de Suiza fue el primer parque en crearse en los Alpes, en 1914.

Dado que la naturaleza se ha abandonado a su suerte durante un siglo, el parque ofrece una idea de cómo eran los Alpes antes del turismo. Hay unos 80 km de rutas de senderismo bien marcadas donde, con algo de suerte y unos prismáticos decentes, se avistarán íbices, gamuzas, marmotas, quebrantahuesos y águilas reales. Conviene visitar primero el **Centro del Parque Nacional Suizo** (☎081 851 41 41; www.nationalpark.ch; exhibition adultos/niños 7/3 CHF; ⌚8.30-18.00 jun-oct, 9.00-12.00 y 14.00-17.00 nov-may) para recabar información sobre actividades y alojamiento. Allí venden el excelente mapa a escala 1:50 000 (20 CHF), donde se detallan 21 paseos por sus terrenos.

Se puede recorrer por cuenta propia, pero se aprende más en los paseos guiados (25 CHF) organizados por el centro de finales de junio a mediados de octubre: desde excursiones para observar la fauna al Val Trupchun hasta paseos de alta montaña al Offenpass y los lagos de Macun. Los guías hablan alemán y algo de inglés. Resérvese antes por teléfono o en la oficina del parque en Zernez.

La entrada al parque y el aparcamiento son gratuitos. Aquí el respeto al medioambiente es primordial, así que hay que ceñirse a los senderos y respetar las prohibiciones.

Roo Bar BAR

(☎081 837 50 50; www.facebook.com/RooBarStMoritz; Via Traunter Plazzas 7; ⌚14.00-22.00) Los esquiadores llenan la terraza de este bar *après-ski* del Hauser's Hotel. El *hip hop*, el *techno* y el chocolate a la taza con ron animan a cualquiera.

Información

Aunque la **oficina de turismo** principal (☎081 837 33 33; www.stmoritz.ch; Via Maistra 12; ⌚9.00-18.30 lu-vi, hasta 18.00 sa) está en St Moritz-Dorf, al llegar en tren se hallará en la estación la **suboficina** (estación de tren St Moritz; ⌚10.00-14.00 y 15.00-18.30).

Cómo llegar y salir

St Moritz-Bad está unos 1,5 km al sur de la población principal, St Moritz-Dorf.

Hay trenes al menos cada hora de Zúrich a St Moritz (77 CHF, 3-3½ h), con un transbordo (en Landquart o Chur).

De mediados de diciembre a finales de octubre el *Glacier Express* (p. 167), uno de los trenes más famosos de Suiza, cubre el pintoresco trayecto de 8 h de St Moritz a Zermatt.

Circulan autobuses postales frecuentes en temporada alta de St Moritz a Maloja (6 CHF, 30 min) con paradas en Silvaplana (2,80 CHF, 20 min) y Sils-Maria (4,20 CHF, 25 min).

Cómo desplazarse

Los autobuses locales y postales unen St Moritz-Bad y St Moritz-Dorf.

Silvaplana

915 HAB. / ALT. 1815 M

Solo 5 km al sureste de St Moritz, esta animada localidad de vacaciones, estupenda tanto en verano como en invierno, tiene un lago turquesa batido por los vientos, el Silvaplanasee. Silvaplana (Silvaplauna en retorrománico) es una meca del *kitesurf* y el *windsurf* y en el lago aparecen coloridas cometas y velas en cuanto deja de hacer frío. En invierno las pistas de nieve atraen desde el lado opuesto del lago; los **funiculares del Corvatsch 3303** (☎081 838 73 73; www.corvatsch.ch; Via dal Corvatsch; ida y vuelta adultos/niños 60/30 CHF) suben hasta los 3303 m desde Silvaplana-Surlej para disfrutar del espectacular esquí y *snowboard*. Y, por supuesto, el senderismo es maravilloso en verano.

Puntos de interés actividades

De Murtèl a Val Roseg EXCURSIONISMO

Para una fabulosa caminata en el día se sube en el teleférico de Corvatsch hasta los 3303 m, se admiran las vistas y se vuelve a bajar hasta la estación intermedia de Murtèl (2702 m). Se camina 45 min hacia el este hasta Fuorcla Surlej (2760 m), la cabaña que se ve en la cresta. Desde ahí hay una bajada de 1½ h hasta el Hotel Roseg Gletscher (p. 304), en el valle de Roseg.

Desde ahí se va a pie (1½ h) o en **coche de caballos** (☎81 842 60 57; www.stalla-costa.ch; por persona desde 25 CHF; 50 min) hasta la estación de Pontresina.

Kite Sailing School Silvaplana DEPORTES ACUÁTICOS
(☎081 828 97 67; www.kitesailing.ch; Silvaplana; cursos iniciación 2/5 días 190/350/800 CHF; ⌚9.00-18.30) Alquila equipos y ofrece clases. Hay clases de introducción al *kitesurf*, además de *windsurf* y surf de remo en verano y *snowkite* en invierno. Véase la información en la web.

Dónde dormir

Camping Silvaplana CAMPING €
(☎081 828 84 92; www.campingsilvaplana.ch; plazas por adulto/niño 11/8 CHF, tienda 7-10 CHF; P 📶) A orillas del Silvaplanasee en el extremo sur del pueblo, en verano es donde se reúnen la gente del *kitesurf* y el *windsurf*. Tiene todo lo que se pueda desear, incluso una tienda, zona de pícnic cubierta, mesa de billar y yacusi.

★ **Aparthotel Chesa Bellaval** APARTAMENTOS €€
(☎081 838 74 00; www.chesa-bellaval.ch; Via suot Pignia 9; P 📶) Amplios, al final del pueblo, son ideales para largas estancias, sobre todo fuera de temporada. Hay variadas opciones, pero los apartamentos de un dormitorio tienen salón, cocina equipada, baño y un dormitorio.

Información

Oficina de turismo (☎081 838 60 00; www.engadin.stmoritz.ch; Via dal Farrèr 2; ⌚8.30-12.00 y 13.30-18.00) En medio del pueblo; el horario es más reducido fuera de las temporadas altas.

Cómo llegar y desplazarse

Silvaplana está a 5 km de St Moritz en autobús postal (2,80 CHF, 12 min). Para ir a las zonas por encima de Silvaplana se toma el autobús postal de St Moritz a Surlej-Corvatschbahn (2,80 CHF, 25 min) y luego el espectacular teleférico Corvatsch 3303 hasta la cumbre de 3303 m pasando por la estación intermedia de Murtèl (2702 m).

Sils-Maria

760 HAB.

Llamado Segl en retorrománico, se halla entre los lagos de Sils y Silvaplana, 10 km al sureste de St Moritz. Es un apacible enclave de chalés color pastel y tejado de pizarra con escarpados montes coronados por glaciares de espectacular telón de fondo. Entre sus admiradores de diversas épocas se cuentan personajes como Nietzsche, Chagall, Strauss y David Bowie.

El pueblo es la entrada al Val Fex, que puede recorrerse a pie o en coche de caballos, y un teleférico asciende a Furtschellas (2312 m), donde hay una red de senderos de excursionismo y pistas de esquí.

Puntos de interés

Nietzsche Haus CASA
(☎081 826 53 69; www.nietzschehaus.ch; Via da Marias 67; adultos/niños 8 CHF/gratis; ⌚15.00-18.00 ma-do jun-oct y dic-abr) Nietzsche pasó aquí los veranos de 1881 a 1888 escribiendo textos sobre las tribulaciones del hombre moderno. Su pequeño museo contiene una colección de fotografías, recuerdos y cartas.

Dónde dormir y comer

★ **Hotel Fex** HOTEL €€
(☎081 832 60 00; www.hotelfex.ch; Via da Fex 73; por persona incl. media pensión desde 155 CHF; 📶) Si apetece alojarse en el apartado Val Fex, al sur de Sils-Maria, este señorial hotel del s. XIX es un retiro de montaña con sensacionales vistas y un restaurante que sirve platos regionales de categoría. Llegar al valle es ya toda una experiencia, tanto a pie (unas 2½ h desde Sils-Maria) como en un coche de caballos. Estos parten de la Dorfplatz de Sils-Maria hacia Val Fex. Cobran 22,50-40 CHF por el pintoresco trayecto hasta el Hotel Fex; los horarios y precios dependen del número de personas.

Hotel Privata HOTEL €€
(☎081 832 62 00; http://hotelprivata.ch; Via da Marias 83; i/d incl. media pensión desde 170/280 CHF; P 📶) Este fantástico hotel de estilo rural llevado por una familia desde 1921 tiene enormes habitaciones forradas de pino, mobiliario a la antigua y vistas al bosque desde el jardín. El restaurante ofrece la mejor cocina tanto de Italia como de la Engadina.

Hotel Waldhaus HOTEL DE LUJO €€€
(☎081 838 51 00; www.waldhaus-sils.ch; Via da Fex 3; i/d incl. media pensión desde 290/580 CHF; P 📶 🏊) Este suntuoso hotel sito sobre un promontorio rodeado de bosques ofrece lujo de cinco estrellas. Además de las comodidades modernas (piscina, baños turcos, canchas de tenis), los dueños han conserva-

do la opulencia del edificio de 1908. Es una buena opción para las familias, con habitaciones conectadas, cuidado de niños y actividades y menús para los más pequeños.

Información

Oficina de turismo (081 838 50 50; www.engadin.stmoritz.ch; Via da Marias 93; 9.00-12.00 y 13.00-18.00 lu-sa, 15.00-18.00 do) En medio del pueblo.

A Sils-Maria se llega en autobús postal desde St Moritz (4,20 CHF, 20 min).

PUERTO DEL BERNINA

Los hoscos montes pelados y glaciares que bajan hasta la campiña confieren una austera grandeza a este puerto de 2323 m, llamado Passo del Bernina en italiano. Una carretera y una vía férrea suben zigzagueando desde la Engadina para cruzarlo y luego bajar al Val Poschiavo. Esto son las alturas alpinas, magníficas para el esquí y el senderismo.

La línea férrea del Bernina, el tramo que cruza el puerto, entró en la lista de Patrimonio Mundial de la Unesco en el 2008. Construido en 1910, es uno de los trenes de vía estrecha más empinados del mundo, además de ser la línea férrea más alta de Europa y pasar por glaciares, gargantas y pináculos rocosos espectaculares.

Puntos de interés y actividades

En lo alto del valle del Bernina los aficionados al esquí fuera de pista y los descensos de impresión no deben perderse Diavolezza (2973 m), incluida en el forfait general de St Moritz.

Diavolezza TELEFÉRICO
(081 838 73 73; www.diavolezza.ch; ida y vuelta adultos/jóvenes/niños 36/24/12 CHF) Este teleférico con estación en la línea férrea del Bernina (Bernina Diavolezza) y un enorme aparcamiento a sus pies sube desde los 2093 m a Diavolezza. Aquí hay soberbias vistas de los picos más altos del macizo del Bernina, como el Piz Bernina (4049 m) y el Piz Palü (3905 m); en días claros es algo memorable. Hay que alojarse en el Berghaus Diavolezza (p. 303) o hacer una caminata guiada por glaciares (p. 303) hasta Morterasch. En invierno ofrece un esquí magnífico.

★ De Diavolezza al glaciar Morteratsch EXCURSIONISMO
(081 842 82 82; http://bergsteiger-pontresina.ch; caminata con guía 60 CHF; jun-oct) Para esta singular caminata por glaciares se sube en el teleférico hasta el Berghaus Diavolezza, a 3000 m de altitud, y luego se baja un desnivel de 1100 m por los glaciares de Pers y Morteratsch hasta la estación de tren de Morteratsch. Se andan 12 km y se tarda unas 5 h. Hay que llevar refrigerios, calzado de montaña, protección para la lluvia y el sol, guantes y bastones de senderismo.

De Ospizio Bernina a Alp Grum EXCURSIONISMO
Estupendo y fácil paseo desde la estación de tren de Ospizio Bernina (2253 m), en el puerto del Bernina, hasta el Alp Grüm (2091 m), al sur. Son unas 2½ h por prados cuajados de flores silvestres, con estupendas vistas del lago Bianco y el glaciar Palü.

Dónde dormir

★ Berghaus Diavolezza HOTEL DE MONTAÑA €
(081 839 39 00; www.diavolezza.ch; dc/i/d por persona desde 80/131/228 CHF; P) A 3000 m de altitud en lo alto del teleférico de Diavolezza, ofrece tanto dormitorios como habitaciones privadas, un excelente restaurante, solárium, yacusi exterior y unas de las mejores vistas de montes y glaciares de los Alpes. Los precios incluyen cena y desayuno, además del teleférico (ida y vuelta).

Cómo llegar y salir

De St Moritz salen trenes frecuentes hacia Pontresina (5,40 CHF, 10 min) y directos a Tirano (30 CHF, 2½ h), en el norte de Italia. La estación del puerto es Ospizio Bernina (7,60 CHF, 45 min).

Además los autobuses postales unen St Moritz y Ospizio Bernina (7,60 CHF, 40 min).

En coche el puerto queda a 22 km de St Moritz y 41 km de Tirano (Italia).

Pontresina

2080 HAB. / ALT. 1805 M

A la entrada del Val Bernina, supone una alternativa sencilla a St Moritz, a 8 km. Es un sitio genial donde alojarse, y más si se viene a disfrutar del aire libre. Ofrece una animada calle principal, un senderismo y esquí estupendos encima del pueblo y un acceso fácil a las espectaculares alturas de Punt Muragl, al final del Muottas Muragl Bahn. Al otro lado del valle se halla el Val Roseg, con rutas de senderismo y esquí de fondo y paseos en coche de caballos; y también queda cerca el impresionante glaciar de Morterasch.

Puntos de interés y actividades

Muottas Muragl Bahn FUNICULAR

Este divertido ferrocarril-funicular de 1907, el primero de la Engadina, sube un desnivel de 700 m hasta Punt Muragl (2454 m) y las maravillosas vistas de la Alta Engadina, incluidos St Moritz, Piz Palü y Piz Bernina. Hay un estupendo **hotel** (www.muottasmuragl.ch; desde 141 CHF por persona; P) y restaurante y, en verano, estupendas rutas de senderismo. En invierno no es zona de esquí, aunque son muy populares las raquetas de nieve y una pista de trineos.

De Muottas Muragl a Pontresina EXCURSIONISMO

Este espectacular "sendero del Clima" debe hacerse en días claros. Tras subir en el Muottas Muragl Bahn a Punt Muragl (2454 m), se camina por los montes sobre Pontresina hasta el Alp Languard (2330 m) y luego se baja en telesilla a Pontresina. Hay 18 paneles informativos a lo largo de la ruta de 9 km, que se recorre en 2½-3 h aprox.

Dónde dormir y comer

★**Hotel Roseg Gletscher** HOTEL €

(081 842 64 45; www.roseg-gletscher.ch; desde 85 CHF por persona;) Una familia lleva este apartado hotel-restaurante en el Val Roseg. Aunque hay un autobús de enlace gratuito, es más divertido ir en coche de caballos (p. 302) o trineo desde la estación de tren de Pontresina. También se puede llegar a pie o en bicicleta o haciendo la caminata de Murtèl a Val Roseg (p. 301). Las habitaciones son estilosas y modernas y también las hay compartidas.

★**Gondolezza** SUIZA €€

(081 839 36 26; www.hotelsteinbock.ch/en/kulinarik/en-gondolezza; Via Maistra 219; *fondue/raclette* desde 29/32 CHF; desde 17.00/14.00 invierno/verano) No es habitual sentarse en una antigua cabina de Diavolezza a comer *fondue* o *raclette* de categoría. Hay que subir a la parte de atrás de Pontresina para hallar esta cabina de teleférico amarilla con una soleada terraza anexa.

Información

Oficina de turismo (081 838 83 00; www.pontresina.ch; Via Maistra 133; 8.30-18.00 lu-vi, 8.30-12.00 y 15.00-18.00 sa, 16.00-18.00 do) Desde la estación de tren se camina hacia el este, se cruzan los ríos Rosegg y Bernina y en la calle principal del pueblo se ve esta oficina.

Cómo llegar y salir

La estación de tren de Pontresina se halla al otro lado del valle, a 10-15 min a pie del centro del pueblo. St Moritz está a 10 min en tren (2,80 CHF).

Los autobuses postales unen St Moritz y el centro de Pontresina (2,80 CHF, 10 min).

Val Poschiavo

Este valle de habla italiana va desde el sur del puerto del Bernina (2323 m) hasta la frontera con Italia; al otro lado de la misma está Tirano (441 m). El valle tiene un desnivel de 1900 m y a ratos es tremendamente empinado. Encajonado entre imponentes picos, a veces es tan estrecho que el ferrocarril va por el medio de la carretera.

Hay estupendas caminatas por las inmediaciones del puerto, preciosos pueblecitos salpicados de evocadoras construcciones y maravillas de la ingeniería como el **viaducto de Brusio**, puente helicoidal de 360º construido en 1908 para reducir el desnivel máximo de la vía al 7% e impedir que el tren se embalara en la bajada.

La principal población del valle es **Poschiavo** (3500 hab.; alt. 1014 m). El casco antiguo, bajo protección especial, se caracteriza por sus casas en tonos pastel y la bella iglesia de San Vittore. Tras cruzar el río Poschiavino, en la céntrica Plazza da Cumün se halla el encantador **Hotel Albrici** (www.hotelalbrici.ch; Plazza da Cumün 137; i/d desde 140/190 CHF; P), edificio del s. XVII que ofrece uso de bicicletas gratis y una zona de *spa* con sauna y sala de vapor.

Pocos kilómetros valle abajo, el precioso **lago de Poschiavo** (alt. 962 m) se originó tras formarse un dique natural por deslizamiento de rocas a ambos lados del valle.

Cómo llegar y salir

Los frecuentes trenes desde St Moritz pasan por Pontresina (5,40 CHF, 10 min) camino de Tirano (30 CHF, 2½ h), en Italia. La estación del puerto es Ospizio Bernina (7,60 CHF, 45 min).

Autobuses postales unen St Moritz con Ospizio Bernina (7,60 CHF, 40 min).

En coche el puerto del Bernina está a 22 km de St Moritz y a 41 km de Tirano (Italia).

Val Bregaglia

Este valle de agreste belleza baja hacia el sureste hasta Italia desde el **puerto de Maloja** (1815 m), en la cabeza del valle de Engadina. Está dominado por picos graníticos en forma de cuerno, castañares y pueblos de piedra coronados por iglesias de estilo italiano.

Val Bregaglia, de habla italiana, también es conocido como el valle de los artistas. El pueblo de **Stampa** fue el hogar de Alberto Giacometti (1901-1966) y es ahora sede de la **oficina de turismo** (www.bregaglia.ch; Strada Principale 101; ⏲9.00-11.30 y 14.00-17.30 lu, ma y ju, 9.00-11.30 mi y vi). El cercano castillo-museo **Palazzo Castelmur** (www.palazzo-castelmur.ch; Coltura; adultos/niños 8/4 CHF; ⏲11.00-17.00 ma-do jun-ago) alberga una colección de fotografías y otras muestras sobre la historia del valle.

Otra preciosa escala cerca de la frontera italiana es la aldea de **Soglio,** un dédalo de callejas y casas de piedra que mira al Pizzo Badile (3308 m). Aquí es buena base el **Hotel Palazzo Salis** (www.palazzo-salis.ch; Villaggio 131; por persona incl. media pensión desde 152 CHF; P 📶), que data de 1630 y tiene un bello jardín y un restaurante centrado en el producto local. Soglio es punto de partida de rutas de senderismo; destaca **La Panorámica,** histórica ruta de 11 km que baja por el valle hasta Casaccia.

Salen autobuses postales cada hora de St Moritz para Chiavenna (Italia), recorriendo Val Bregaglia en toda su longitud y dejando pasajeros en diversos puntos del valle.

Liechtenstein

38 000 HAB.

Incluye »

Los mejores restaurantes

- Torkel (p. 309)
- Adler Vaduz (p. 309)
- Bergrestaurant Sareis (p. 310)
- Vanini Café Bar (p. 309)

Los mejores alojamientos

- Parkhotel Sonnenhof (p. 309)
- Familienhotel Gorfion (p. 310)
- Gasthof Löwen (p. 309)
- Hotel Kulm (p. 309)
- Camping Mittagspitze (p. 309)
- Schaan-Vaduz Youth Hostel (p. 309)

Por qué ir

Liechtenstein es un país minúsculo arropado entre Suiza y Austria, en medio de cadenas montañosas que se elevan abruptamente sobre el Rin. Además de visitar uno de los países más pequeños y ricos del mundo, es un lugar que parece salido de un cuento de hadas: un principado gobernado por un monarca de voluntad férrea, enclavado en lo más profundo de los Alpes y coronado por castillos con torreones.

Con solo 25 km de largo y 12 km de ancho en su punto máximo, carece de aeropuerto internacional y desde Suiza o Austria se llega en autobús urbano. Lo más poblado es el valle del Rin en el oeste, bastante llano; el este es montañoso.

Los entusiastas de las actividades al aire libre se encontrarán en su elemento; las rutas de senderismo y pistas de esquí son numerosas para el tamaño del país. Si uno se aventura en la campiña alpina, más allá de Vaduz, esta 'mininación' ya no le parece tan pequeña.

Cuándo ir

- Liechtenstein puede visitarse en cualquier momento del año, aunque cada mes y estación tienen diferentes encantos.
- Las flores silvestres llenan de color la primavera, mientras que el otoño es fantástico para probar el vino y la caza en los mejores restaurantes.
- Mayo es el mes para recorrer el país con tranquilidad en bicicleta, es la Slow Up Liechtenstein.
- El país se llena de música en los Guitar Days de julio y celebra su Día Nacional con fuegos artificiales el 15 de agosto.
- El verano es la estación del excursionismo de alta montaña y del ciclismo junto al Rin.
- En invierno las pistas de Malbun se llenan de esquiadores de fondo y de descenso.

Historia

El príncipe austriaco Johann Adam Von Liechtenstein compró los condados de Schellenberg (1699) y Vaduz (1712) a nobles alemanes venidos a menos y les dio su apellido. Liechtenstein fue mucho tiempo un principado del Sacro Imperio Romano Germánico y se independizó en 1866. En 1923 formó una unión aduanera con Suiza.

Ninguno de los Liechtenstein se había molestado siquiera en abandonar su palacio vienés para ver sus adquisiciones. No fue hasta 1938, después del Anschluss (la anexión de Austria por la Alemania nazi), cuando el príncipe Francisco José II se convirtió en el primer monarca que residió en el principado; junto con su mujer, Gina, comenzó la transformación de una nación rural y pobre en el país bancario y rico que es hoy. Su hijo, el príncipe Juan Adán II, subió al trono a la muerte de su padre, en 1989.

La circulación del franco suizo motiva que mucha gente crea que es una mera prolongación de su vecino, pero Liechtenstein se rige por una política muy distinta. Se incorporó a la ONU y al Espacio Económico Europeo (EEE) bastante pronto, en 1990 y 1995 respectivamente. El principado fue un paraíso fiscal, pero en el 2000 se prohibió abrir cuentas de forma anónima. En fechas recientes el país ha llevado a cabo reformas aún más estrictas, en un intento de deshacerse de la reputación del secreto bancario y dar una nueva imagen de centro financiero legítimo.

Imprescindible

1 **Schloss Vaduz** (p. 307) Subir hasta sus torreones para contemplar vistas de postal de los Alpes.

2 **Malbun** (p. 310) Disfrutar de sus laderas calzando botas de senderismo o esquís.

3 **Vaduz** (p. 307) Deambular por la zona peatonal de esta pequeña y animada capital.

4 **Fürstensteig** (p. 309) Retozar entre los picos en el famoso sendero de vértigo de Liechtenstein.

5 **Drei Länder Tour** (p. 310) Ir en bicicleta por el alegre Rin pasando por Suiza y Austria.

Vaduz

5430 HAB. / ALT. 455 M

Este país minúsculo tiene una capital también minúscula. Sita a los pies de montañas boscosas, junto al Rin y coronada por un castillo, Vaduz goza de una ubicación espectacular. Casi toda ella está en la llanura, con el castillo alzándose sobre un cerro e imponentes picos más allá. El animado centro es curiosamente moderno, con una mezcla de tiendas libres de impuestos y edificios cúbicos de hormigón. Pero hay bastantes edificios antiguos que hacen interesante dar un paseo, sobre todo por la zona peatonal bajo el castillo. Pero basta pasear unos minutos para reconocer las huellas del pueblo pintoresco que fue hace 50 años.

Puntos de interés

★ Schloss Vaduz CASTILLO

El castillo de Vaduz se eleva sobre la capital desde lo alto de una colina y, aunque está cerrado al público, merece la pena subir por las vistas. Al final de la Egertastrasse salen caminos monte arriba. Para disfrutar del raro privilegio de acceder al recinto hay que visitarlo el 15 de agosto, Día Nacional de Liechtenstein, cuando hay unos fuegos artificiales magníficos y el príncipe invita a los 37 132 liechtensteinianos a su residencia para tomar una copa de vino o de cerveza.

Vaduz

Vaduz

Principales puntos de interés

1 Kunstmuseum Liechtenstein B2
2 Liechtensteinisches Landesmuseum B3
3 Schloss Vaduz B2

Puntos de interés

4 Mitteldorf A1
5 Parliament Building B3
6 Postmuseum B2
7 Treasure Chamber B3

Dónde dormir

8 Gasthof Löwen A1

Dónde comer

9 Adler Vaduz B2
10 Torkel A1

Dónde beber y vida nocturna

11 Vanini Café Bar B2

★ Liechtensteinisches Landesmuseum MUSEO

(www.landesmuseum.li; Städtle 43; adultos/niños 8 CHF/gratis, incl. Kunstmuseum Liechtenstein 15 CHF/gratis; ⌚10.00-17.00 ma y ju-do, hasta 20.00 mi) Un recorrido muy interesante por el pasado, el patrimonio y la historia natural del principado, desde los juicios medievales por brujería a la fabricación de dentaduras postizas y animales alpinos disecados.

★ Kunstmuseum Liechtenstein MUSEO

(www.kunstmuseum.li; Städtle 32; adultos/niños 12 CHF/gratis, incl. Liechtensteinisches Landesmuseum 15 CHF/gratis; ⌚10.00-17.00 ma, mi y vi-do, hasta 20.00 ju) Este cubo negro de hormigón y basalto en Städtle alberga exposiciones temporales, que se nutren de su colección de arte contemporáneo, que incluye obras de Ernst Ludwig Kirchner, Paul Klee y Joseph Beuys.

Postmuseum MUSEO

(www.landesmuseum.li; 1er piso, Städtle 37; ⌚10.00-12.00 y 13.00-17.00) GRATIS Liechtenstein ganó mucho dinero haciendo sellos de recuerdo, mercado ahora muy debilitado por el auge del email. Todos los sellos nacionales emitidos desde 1912 se ven en este museo inusitadamente interesante.

La contigua **Cámara del Tesoro** (adultos/niños 8 CHF/gratis; ⌚10.00-17.00) alberga una colección de joyas, cuchillos de caza, huevos de Pascua rusos y otros regalos de diversos reyes y emperadores.

Mitteldorf ZONA

Para ver cómo era Vaduz antiguamente hay que ir a Mitteldorf, al norte de la ciudad. Sus calles forman un encantador barrio de casas tradicionales y jardines con rosas. Destaca la casa medieval Rote Haus (Casa Roja), en lo alto de los viñedos.

Edificio del Parlamento EDIFICIO RELEVANTE

Desde el 2008 los 25 miembros del Parlamento de Liechtenstein se han reunido en este llamativo edificio moderno, formado por la "Casa Larga", la "Casa Alta" y la "Casa Conectora". Es obra de Hansjörg Göritz, arquitecto asentado en Múnich que también diseñó la céntrica Peter Kaiser Platz dedicada al famoso historiador local Peter Kaiser.

Actividades

Planetenweg PASEO

El viajero podrá ver Júpiter, Marte y Plutón en el "Sendero de los Planetas", que empieza en el aparcamiento del estadio Rheinpark. El sendero, de 5 km, va paralelo al Rin y reproduce el sistema solar a escala 1:1000 millones.

Dónde dormir

En www.tourismus.li ofrecen información sobre B&B y apartamentos de vacaciones.

Vaduz

★Gasthof Löwen HOTEL HISTÓRICO €€
(☎238 11 44; www.hotel-loewen.li; Herrengasse 35; i/d desde 199/299 CHF; P 📶) Histórica y elegante, esta casa de huéspedes de 600 años de antigüedad tiene ocho habitaciones amplias, con muebles antiguos y cuartos de baño modernos. Hay un bar muy acogedor, un restaurante y una terraza con vistas a las vides.

Parkhotel Sonnenhof HOTEL-BOUTIQUE €€€
(☎239 02 02; www.sonnenhof.li; Mareestrasse 29; i/d desde 195/380 CHF; P 📶 🏊) Sus cuidados jardines brindan impresionantes vistas de los Alpes y el valle del Rin. Este hotel-*boutique* multiplica el lujo con su piscina y *spa* de estilo oriental, habitaciones elegantes y servicio refinado. Con una estrella Michelin, el Restaurant Maree ofrece cocina de temporada.

Alrededores de Vaduz

★Hotel Kulm HOTEL €
(☎237 79 79; www.hotelkulm.li; Schlossstrasse 3, Triesenberg; i/d/tr 80/130/160 CHF; P 📶) Desde Vaduz se tardan 10 min en subir en coche a este hotel de Triesenberg (alt. 888 m) con fabulosas vistas a los montes y el valle del Rin. Ofrece 20 habitaciones bien equipadas, con desayuno de bufé incluido.

Camping Mittagspitze CAMPING, ALBERGUE €
(☎392 36 77; www.campingtriesen.li; Sägastrasse 29; plazas por adulto/niño/automóvil 9/4/5 CHF, por tienda 6-8 CHF; P 📶 🏊) Bien equipado y abierto todo el año, es excelente para familias y dispone de columpios, piscina, restaurante, sala de TV y quiosco. Tiene además un nuevo edificio de albergue, ideal para mochileros.

Schaan-Vaduz Youth Hostel ALBERGUE €
(☎232 50 22; www.youthhostel.ch/schaan; Under Rüttigass 6; dc/i/d 35/66/92 CHF; ⏱mar-oct; P 📶) Alojarse en Liechtenstein no tiene por qué ser la ruina. Está especialmente preparado para ciclistas y familias. A medio camino entre Schaan y Vaduz, es fácil llegar a pie desde ambas.

Hotel Garni Säga HOTEL €
(☎392 43 77; www.saega.li; Alte Landstrasse 17, Triesen; i/d/tr 89/148/180 CHF; P 📶) Entre jardines y con bellas vistas de la montaña, esta pensión familiar es una base estupenda para caminantes y ciclistas. Las habitaciones son tranquilas y confortables y las mejores tienen balcones con vistas al valle del Rin.

> MERECE LA PENA
>
> **FÜRSTENSTEIG**
>
> El sendero más famoso es el **Fürstensteig** (www.tourismus.li/en/activities/summer/hiking/hikes-in-Liechtenstein.html), una especie de ritual de paso a la mayoría de edad para todo liechtensteiniano. Es necesario estar en forma y no sufrir vértigo, pues hay tramos estrechos y hay que agarrarse a cuerdas. La caminata de 12 km que incluye la pista de las Drei Schwestern (Tres hermanas) dura unas 5 h; empieza en Gaflei y acaba en Planken. Se puede dormir encima de Planken en la **Gafadurahütte** (☎787 14 28; www.gafadurahuette.li; dc adultos/niños 22/10 CHF; ⏱med may-med oct), a 1428 m. Hay que informarse en la oficina de turismo sobre las condiciones del sendero, el pronóstico del tiempo y los horarios de autobús Gaflei-Planken.

Dónde comer y beber

Hay cafés, pizzerías y restaurantes a lo largo de Städtle, la calle principal peatonalizada.

Adler Vaduz SUIZA €€
(☎232 21 31; www.adler.li; Herrengasse 2; principales desde 18 CHF; ⏱8.30-24.00 lu-vi) Los suelos de madera y las paredes de color lila crean un ambiente chic-rústico donde degustar clásicos suizos. Platos como el *zürcher geschnetzeltes* (tajadas de carne de ternera con salsa de setas) casan bien con una copa de pinot noir de Vaduz.

★Torkel SUIZA €€€
(☎232 44 10; www.torkel.li; Hintergasse 9; principales desde 49 CHF; ⏱11.30-13.30 y 18.30-21.00 lu-vi, 18.30-21.00 sa) 🍃 Sobre los viñedos del príncipe se halla el restaurante cubierto de hiedra de Su Majestad. La terraza del jardín disfruta de maravillosas perspectivas del castillo, mientras que el vetusto interior revestido en madera resulta muy acogedor en invierno. La comida oscila entre lo regional de temporada y lo internacional.

Vanini Café Bar BAR
(☎232 21 31; www.adler.li/en/vanini-cafe-bar; Herrengasse 2; ⏱8.00-23.00 lu-vi; 📶) Tras el restauran-

te Adler Vaduz, es un sitio ideal para relajarse con una cerveza, un vino o un café y filosofar.

Información

Hay información general sobre el país en www.liechtenstein.li y www.tourismus.li.

Liechtenstein Center (☎239 63 63; www.tourismus.li; Städtle 39, Vaduz; ⊙9.00-17.00 nov-abr, 9.00-18.00 may-oct) Ofrece folletos, sellos de pasaporte de recuerdo (3 CHF) y pantallas de vídeo con escenas de todo el país.

Cómo llegar y salir

La estación de autobuses postales (Postbus) está en medio de la ciudad. Hay autobuses frecuentes a Vaduz desde las localidades suizas de Buchs (4 CHF, 20 min) y Sargans (5,80 CHF, 25 min) y la austriaca Feldkirch. Los autobuses de Liechtenstein son de color verde claro; el billete se compra al conductor.

Es fácil llegar en automóvil: Vaduz está a 1 km de la frontera suiza, sin trámites de inmigración. Las carreteras desde Vaduz hacia el norte y el sur de Liechtenstein son excelentes.

Casi todo Vaduz está en el llano valle del Rin, cómodo para desplazarse en bicicleta.

Malbun

75 HAB. / ALT. 1600 M

Al subir desde los 455 m de Vaduz a los 1600 de Malbun, donde acaba la carretera, parece el fin del mundo (en el mejor sentido). Sí es el fin de la carretera, y solo se puede salir por donde se ha venido. Pero Malbun no está tan apartado como parece y en temporada se llena, aunque en general es ideal para relajarse, sobre todo en familia. Aquí esquiar sale barato, aunque no haya muchas pistas, y las excursiones son preciosas.

Actividades

Predominan las pistas de esquí para principiantes, con alguna que otra intermedia y de esquí de fondo. Aquí aprendieron a esquiar los miembros mayores de la realeza británica. Un forfait general (que incluye el telesilla de Sareis) para un día/una semana cuesta 48/215 CHF para adultos y 29/127 CHF para niños. Alquilan equipo en Malbun Sport.

Sendero Furstin-Gina EXCURSIONISMO
El sendero de la Princesa Gina (12 km) brinda impresionantes vistas de Austria, Suiza y Liechtenstein. Sale de lo alto del telesilla de Sareis (9,80/15,30 CHF ida/ida y vuelta en verano) y vuelve a Malbun.

DOS RUEDAS, TRES PAÍSES

Por su situación entre Austria y Suiza, en Liechtenstein es hace fácil pedalear de un país a otro en un día. Uno de los recorridos más panorámicos y memorables es el **Drei Länder Tour** (circuito de los Tres Países), que cubre 59 km y va de Vaduz al medieval Feldkirch (Austria). Después la ruta continúa hasta Illspitz y baja a lo largo del Rin hasta Buchs (Suiza), dominado por un castillo del s. XIII, el Schloss Werdenberg. Finalmente regresa a Vaduz.

En la oficina de turismo de Vaduz hay mapas y alquilan bicicletas eléctricas.

Dónde dormir y comer

Alpenhotel Vögeli PENSIÓN €
(☎263 11 81; www.alpenhotel.li; h 90 CHF por persona; P 📶 🏊) Con acceso rápido a las pistas en invierno y los senderos en verano, esta pensión tiene habitaciones confortables de estilo alpino clásico. Hay una piscina con vistas a la montaña, sauna y un restaurante revestido en pino.

★ **Familienhotel Gorfion** HOTEL €€
(☎265 90 00; http://en.gorfion.li; Stubistrasse 8; h para adultos/niños desde 135/50 CHF; P 📶 🏊) Ideal para ir con críos, pues hay una zona infantil, zoo interactivo y actividades. Mientras, los padres pueden dormir con el servicio matutino de cuidado infantil y relajarse en el yacusi. A la hora de la comida, los niños están supervisados y el hotel pone a disposición de los huéspedes carritos, mochilas, tronas y otros accesorios.

Bergrestaurant Sareis SUIZA €
(☎263 46 86; www.bergrestaurant-sareis.li; comidas ligeras 9,50-21,50 CHF; ⊙8.00-17.00 jun-med oct, 9.00-16.00 med dic-abr) Esta cabaña de madera, con unas vistas de la montaña que quitan el hipo, está en la última parada del telesilla de Sareis.

Información

Oficina de turismo (☎263 65 77; www.malbun.li; ⊙9.00-12.00 y 13.00-16.00 med dic-med abr, 9.00-12.00 lu-vi, 9.00-13.30 sa y do jul-med oct) En la calle principal.

Cómo llegar y salir

El autobús nº 21 va a diario cada hora de Vaduz a Malbun entre 7.15 y 20.15 (3,50 CHF, 30 min) y regresa entre 8.20 y 19.20. La carretera Vaduz-Malbún son 14 km cuesta arriba; hay sitio donde aparcar.

Comprender Suiza

Suiza hoy

Si la llaman la "fortaleza suiza", por algo será. Inmunizada al parecer contra las penurias de los países de su entorno, es evidente que Suiza intenta reforzar su idiosincrasia y su condición de país neutral. Gracias a una economía sólida, estabilidad social, una pionera red de transportes públicos y el énfasis en la sostenibilidad, el país se centra en cultivar su identidad independiente y de intachable reputación.

Las mejores películas

Puppylove (2013) Historia sobre el paso a la edad adulta protagonizada por Vincent Perez, nacido en Lausana.

Sister (2012) Galardonada película de Ursula Meier sobre la complicada relación de dos hermanos pobres que trabajan en una estación de esquí suiza.

Home ¿Dulce hogar? (2008) Drama de Ursula Meier sobre una familia que se descubre a sí misma.

Viaje a la esperanza (1991) Relato sobre una familia kurda en pos de una vida mejor, ganadora de un Oscar.

Al final de la escapada (1960) Un clásico de la Nueva Ola dirigido por Jean Luc-Godard, el cineasta suizo de vanguardia.

Los mejores libros

Heidi (Johanna Spyri, 1881) Un cuento clásico sobre una niña huérfana de los Alpes.

La montaña mágica (Thomas Mann, 1924) Una inmersión en los sanatorios y las calles nevadas de Davos.

Sueños del Eiger, aventuras entre los hombres y las montañas (Jon Krakauer, 1990) Evocadora recopilación de artículos sobre montañismo.

Swiss Watching (Diccon Bewes, 2012) Una divertida y sagaz visión de la tierra de "la leche y el dinero".

Frankenstein (Mary Shelley, 1818) Obra maestra del terror gótico, concebida durante la estancia de Shelley en Suiza.

Recuperación del franco, incremento del turismo

En enero del 2015 el Banco Nacional Suizo (BNS) tomó la controvertida decisión de desproteger el franco y abandonar la ratio fija respecto al euro implantada en el 2011. Al liberar la tasa de cambio, el franco se disparó y estalló el caos. Según *The Economist*, "la exportación de bienes y servicios representa más del 70% del PIB" y "un franco alto perjudica a Suiza, cuya economía se basa principalmente en las ventas al exterior". Sin embargo, la economía suiza ha cobrado un nuevo impulso. En mayo del 2017 un artículo de *Focus Economics* explicaba que el franco había comenzado a depreciarse a la luz de las noticias y las cifras positivas de la eurozona, un buen presagio para una economía basada en la exportación. Así lo reflejó un informe del Departamento Federal de Economía, Formación e Investigación (SECO), en el que se señalaba que el PIB había aumentado un 0,3% en el primer trimestre del 2017. Pese a las repercusiones del trauma del franco suizo, el crecimiento parece asegurado y el desempleo desciende sin cesar, llegando al 3,3% en mayo del 2017, una cifra baja comparada con la media europea (9,3%).

El turismo también está remontando. Según la Oficina Federal de Estadística de Suiza (BFS), el número de pernoctas entre noviembre del 2016 y abril del 2017 fue de 15,7 millones, lo que supone un incremento interanual del 2%.

El pronóstico general para la economía suiza es prometedor, como queda reflejado en la posición de las ciudades suizas en el Estudio Mundial de Calidad de Vida de Mercer del 2017. Ginebra ocupa la octava posición y Zúrich la segunda, aunque todo tiene un precio: Zúrich tiene el dudoso honor de ser la ciudad más cara del mundo en el 2017, según The Economist Intelligence Unit (EIU).

Iniciativas ecológicas

Suiza es pionera en la búsqueda de fuentes de energía sostenible. El programa de Estrategia Energética 2050 tiene como objetivo impulsar la energía hidroeléctrica y las renovables más eficientes, reduciendo el consumo per cápita y el impacto medioambiental. La energía verde fue noticia en el 2017, cuando en un referéndum vinculante el 58,2% de los votantes estuvieron a favor de la desaparición paulatina de la energía nuclear, que hoy representa un tercio de la electricidad consumida en el país, y de un tránsito a las renovables. La ley entrará en vigor en el 2018 y en el 2019 está previsto cerrar la central nuclear de Mühleberg (Berna), la primera de una lista de cinco. La ley prevé una concesión de miles de millones de francos en subsidios a las energías renovables, la prohibición de construir nuevas centrales nucleares y el desmantelamiento de las existentes.

En Suiza "sostenibilidad" es más que una palabra de moda; se ha convertido en una actitud y una forma de vida. Por ejemplo, la región de Jungfrau, en el corazón de los Alpes, obtiene la práctica totalidad de su energía de fuentes renovables. Incluso el ferrocarril de largo recorrido de Jungfrau produce más energía de la que consume: los trenes usan electricidad cuesta arriba, pero en el descenso se revierte el efecto y los motores actúan como generadores gracias a un mecanismo de recuperación.

El transporte público sienta precedente

Los suizos han sido siempre pioneros en lo que respecta al transporte público. En diciembre del 2016 entró en funcionamiento el ecológico túnel de base de San Gotardo, el más largo del mundo (57 km), desplazando el transporte a través de los Alpes de la carretera al ferrocarril e incorporando inteligentes medidas para mantener el aire limpio, tratar las aguas residuales y proteger la naturaleza. En mayo del 2017 vio la luz un proyecto para incorporar 29 nuevos trenes "Giruno" de alta velocidad, que en el 2019 viajaran a más de 250 km/h por las vías y el túnel de la línea Basilea-Milán.

Con idéntico éxito, en el 2017 se inauguró, en colaboración con Tesla, el E-Grand Tour de Suiza, la primera ruta de vehículos eléctricos del mundo, con 300 estaciones de carga a lo largo de 1600 km, que enlazan los puntos más importantes del país. Los Ferrocarriles Federales Suizos están realizando la prueba piloto de un nuevo abono "Clase Verde" que combina el uso de una bicicleta eléctrica. La conciencia ecológica ha contagiado al turismo, gracias a las bicicletas eléctricas disponibles en la mayoría de las estaciones y a las iniciativas de transporte público gratuito, como el Ticino Ticket, lanzado en el 2017.

POBLACIÓN: **8,18 MILLONES**

PORCENTAJE DE EXTRANJEROS: **24,6%**

SUPERFICIE: **41 285 KM²**

PIB: **659 300 MILLONES DE USD**

INFLACIÓN: **0,5%**

DESEMPLEO: **3,3%**

si Suiza tuviera 100 habitantes

grupos religiosos

(% de población)

población por km²

Historia

Este pequeño país europeo sin salida al mar es una excepción a la regla del estado-nación. Es un espécimen raro y refinado, nacido de su Constitución de 1874 y puesto a prueba por dos guerras mundiales (durante las cuales se mantuvo firme en su neutralidad). Pese a la abrumadora presencia de instituciones globales y sus iniciativas para una mayor cooperación internacional, sigue manteniendo su idiosincrasia provinciana y única.

Clanes y castillos: las raíces de Suiza

La historia moderna del país empieza en 1291, pero los miles de años anteriores a su nacimiento también fueron importantes: fue el período que dio a la nación sus mejores *châteaux* y *schlösser* (castillos).

Los primeros habitantes fueron tribus celtas, como los helvecios del Jura y de la llanura de Mittelland o los recios de los Grisones. Los romanos fueron los primeros en invadir sus territorios y, bajo Julio César, en el 58 a.C. nombraron a Aventicum (actual Avenches) capital de Helvecia (Suiza romana). Las mayores ruinas romanas de Suiza se hallan en Augusta Raurica. En el 400 d.C. llegaron las tribus germánicas de los alemanes o alamanes, que expulsaron a los romanos y se establecieron en la Suiza oriental.

La neutralidad de Suiza es la segunda más larga del mundo. Suecia ha sido neutral desde que finzalizó su participación en las guerras napoleónicas en 1814.

Más tarde, los borgoñones o burgundios, otra tribu germánica, se asentaron en la parte occidental del país. Estos últimos adoptaron el cristianismo y la lengua latina y sembraron las semillas de la división entre francófonos y alemanes. Los francos derrotaron a ambas tribus en el s. VI, pero las dos zonas volvieron a fragmentarse con la división del Imperio de Carlomagno en el 870.

Con su reunificación bajo el Sacro Imperio Romano Germánico en el 1032, Suiza al principio gozó de mucha autonomía. Los nobles locales más influyentes de la época eran la familia Zähringen, fundadora de Friburgo, Berna y Murten, que construyó un castillo con altas torres y torreones rojos en Thun (Oberland bernés), y los Saboya, que levantaron una serie de castillos alrededor del lago Lemán, entre los que destacan el Château de Morges y el imponente Château de Chillon (cerca de Montreux).

CRONOLOGÍA

58 a.C.

Julio César encarga a la tribu celta de los helvecios vigilar la frontera del Rin entre los Alpes y el Jura para mantener a las tribus germánicas fuera del territorio romano.

1032 d.C.

Los clanes del oeste de Suiza, junto con el reino de Borgoña, son absorbidos por el Sacro Imperio Romano Germánico, pero conservando bastante autonomía.

1273

Rodolfo I de Habsburgo es coronado emperador del Sacro Imperio Romano Germánico y toma el control de gran parte de Suiza. Los Habsburgo suben los impuestos y la resistencia aumenta.

Cuando Rodolfo I de Habsburgo fue coronado emperador del Sacro Imperio Romano Germánico en 1273 envió a alguaciles de mano dura a recaudar más impuestos y a apretar las tuercas a la administración. El resentimiento suizo aumentó rápidamente.

Confederación Helvética: la Suiza moderna

Tras la muerte de Rodolfo I en 1291, los líderes locales lucharon por la independencia. El 1 de agosto de ese año las comunidades de los bosques de Uri, Schwyz y Nidwalden se reunieron –según la leyenda– en la pradera de Rütli (cantón de Schwyz, Suiza Central) y firmaron una alianza por la que se comprometían a no reconocer a ningún juez ni ley externos. Los historiadores opinan que es una versión algo distorsionada, pero el hecho es que existe un pacto, expuesto en el Bundesbriefmuseum. Dicho pacto se considera el acta fundacional de la Confederación Helvética, cuyas iniciales se conservan en la abreviatura "CH" (utilizada, p. ej., en las matrículas de los automóviles y en el dominio de internet).

En 1315 el duque Leopoldo I de Austria envió un poderoso ejército a sofocar el pujante nacionalismo suizo, pero sus tropas sufrieron una derrota épica en Morgarten, lo que animó a otras comunidades a incorporarse a la unión suiza. Los 200 años siguientes la historia suiza es una sucesión de victorias militares, apropiaciones de tierras y nuevos miembros. Se unieron los cantones de Lucerna (1332), Zúrich (1351), Glaris y Zug (1352), Berna (1353), Friburgo y Solothurn (1481), Basilea y Schaffhausen (1501) y Appenzell (1513). Además, la Confederación Helvética se independizó de Maximiliano I, emperador del Sacro Imperio Romano Germánico, tras la victoria de Dornach, en 1499.

Los mejores castillos

- *Château de Chillon (p. 79), Montreux*
- *Château de Morges (p. 71), Morges*
- *Schloss Thun (p. 136), Thun*
- *Castillos medievales de Bellinzona (p. 184)*
- *Burg Hohenklingen (p. 263), Stein am Rhein*
- *Wasserschloss Hallwyl (p. 235), cantón de Argavia*

Suiza quiere ser neutral

La neutralidad suiza nació de la lacerante derrota sufrida por los suizos, que habían conseguido llegar en 1515 hasta Milán, frente a un ejército de franceses y venecianos en Marignano, 16 km al sureste de Milán. Tras una batalla sangrienta, los suizos abandonaron su sueño expansionista, se retiraron de la escena internacional y se declararon neutrales por primera vez. En los siglos posteriores, el espíritu guerrero del país se ha canalizado en la actividad mercenaria, una tradición que se mantiene en la Guardia Suiza que protege al papa en el Vaticano.

Cuando estalló la Guerra de los Treinta Años (1618-1648), la diversidad suiza fue la causa de su neutralidad. La Reforma protestante emprendida por predicadores como Ulrico Zuinglio y Juan Calvino había logrado algunos avances en Zúrich y Ginebra, mientras que la Suiza Central (Zentralschweiz) seguía siendo católica. Era tal la división interna que,

1291

La Suiza moderna 'nace' oficialmente con un pacto de independencia en la pradera de Rütli. Muchos historiadores opinan que este hecho y la leyenda de Guillermo Tell asociada sucedieron en 1307.

1315

El ejército suizo vence a las fuerzas austriacas de los Habsburgo en la batalla de Morgarten. Fue la primera de las victorias sobre invasores imperiales.

1499

La Confederación Helvética se independiza del Sacro Imperio Romano Germánico, dirigido por los Habsburgo, tras la derrota del ejército imperial en varias batallas en el Rin y en territorio suizo.

1515

Tras la toma de Milán y Pavía en 1512, el ejército suizo cae en Marignano ante las tropas franco-venecianas. Los suizos abandonan y se declaran neutrales.

incapaces de ponerse de acuerdo sobre a qué bando apoyar en la Guerra de los Treinta Años, se mantuvieron neutrales.

Los franceses invadieron Suiza en 1798 y establecieron la breve República Helvética, pero fueron tan mal acogidos como los austriacos antes que ellos y las luchas internas forzaron a Napoleón (entonces al mando de Francia) a restaurar la Confederación de los Cantones en 1803, cuando se incorporaron Argovia, San Galo, los Grisones, Tesino, Thurgau y Vaud.

La neutralidad suiza tal y como existe hoy se declaró oficialmente en el tratado de paz firmado en Viena en 1815 por el que, tras la derrota de Napoleón ante británicos y prusianos en Waterloo, se garantizaba formalmente la independencia y neutralidad de Suiza por primera vez. Por este tratado también se incorporaron los cantones de Valais, Ginebra y Neuchâtel.

La única intervención suiza en la I Guerra Mundial fue la organización de las unidades de la Cruz Roja. Después de la guerra, Suiza entró en la Liga de las Naciones, pero solo en las competencias financieras y económicas (que incluían situar su sede en Ginebra), ninguna militar.

En la II Guerra Mundial el país siguió siendo neutral y apenas sufrió daños, excepto por el error de Schaffhausen, cuando los pilotos aliados confundieron esta población con otra alemana y bombardearon dos veces las afueras en abril de 1944. De hecho, el acontecimiento más señalado de esta guerra para los suizos fue cuando Henri Guisan, general del ejército de civiles, invitó a unos oficiales de alto rango a la pradera de Rütli (lugar del Pacto de Alianza de 1291) para mostrar al mundo lo decididos que estaban los suizos a defender su territorio.

Los suizos protestantes desobedecieron abiertamente a la Iglesia católica por primera vez en el "asunto de las salchichas" de 1522, cuando un impresor y varios sacerdotes de Zúrich fueron sorprendidos comiendo *würste* el Miércoles de Ceniza en vez de ayunar.

Los mejores museos de historia

- *Bundesbriefmuseum (p. 216), Schwyz*
- *Schweizerisches Landesmuseum (p. 240), Zúrich*
- *Historisches Museum Bern (p. 106), Berna*
- *Château de Prangins (p. 72), Nyon*
- *Château de Chillon (p. 79), Montreux*

Una voz para los cantones: la Constitución suiza

En 1847 estalló la guerra civil. El ejército protestante, liderado por el general Dufour, aplastó rápidamente a la Sonderbund (Liga Especial) de los cantones católicos, Lucerna incluido. El conflicto solo duró 26 días y el canciller alemán Otto von Bismarck lo calificaría después de mera *Hasanschiessen* (cacería de liebres). Pero para los pacíficos ciudadanos el trastorno y los disturbios fueron suficientes para que consolidaran pronto la victoria de las fuerzas de Dufour con la creación de una nueva Constitución federal. La capital se estableció en Berna.

La Constitución de 1848, que sigue en gran parte vigente, fue un compromiso entre los defensores del control centralizado y las fuerzas conservadoras, que querían mantener la autoridad cantonal. Los cantones terminaron cediendo al gobierno federal sus potestades de emitir

1519
El protestante Ulrico Zuinglio predica "oración y trabajo" en Zúrich, defiende el matrimonio de los clérigos y una liturgia nueva y la ciudad adopta sus propuestas reformistas en 1523.

1590-1600
Unas 300 mujeres de Vaud son quemadas vivas acusadas de brujería, aunque otros cantones quieran acabar con la caza de brujas.

1847
La guerra civil entre protestantes y católicos, que solo dura 26 días, deja 86 muertos y 500 heridos y allana el camino para la Constitución federal de 1848.

1863
Testigo de la matanza y de la desatención a los heridos en la batalla de Solferino de 1859 (norte de Italia), el empresario y pacifista Henri Dunant cofunda la Cruz Roja Internacional en Ginebra.

billetes, gestionar el servicio de correos y de gravar impuestos de aduanas. No obstante, conservaron el control legislativo y ejecutivo sobre los asuntos locales. Además, la nueva Asamblea Federal fue constituida para permitir la expresión de los cantones. La cámara baja nacional, la *Nationalrat,* tiene 200 miembros, elegidos entre los 26 cantones de forma proporcional al tamaño de su población. La cámara superior, la *Ständerat,* consta de 46 miembros, dos por cantón.

La oposición a la corrupción política desató un movimiento en pos de una mayor democracia. Se revisó la Constitución en 1874 con el fin de que muchas leyes federales tuvieran que ser aprobadas por referéndum nacional, una cuestión por la que Suiza sigue siendo célebre ahora. Una petición con 50 000 firmas puede hacer peligrar una proposición de ley; 100 000 firmas pueden obligar a una votación pública sobre cualquier asunto nuevo.

LA FÓRMULA MÁGICA: EL GOBIERNO SUIZO

La composición del Consejo Federal, el poder ejecutivo, no depende de quién gane más escaños sino de la "fórmula mágica", un acuerdo para compartir el poder sellado entre los cuatro partidos principales en 1959:

- El Consejo Federal consta de siete miembros.
- Los cuatro partidos con mayor representación parlamentaria tienen escaños en el Consejo Federal según su porcentaje de votos.
- Se elige al presidente entre los siete miembros y por rotación, de forma que haya un jefe de Estado nuevo cada año.
- Cada consejero se encarga de uno de los siete departamentos ejecutivos federales (finanzas, asuntos exteriores, etc.).
- Hay muchas leyes federales que deben aprobarse primero por referéndum; se convocan varios al año.

Durante décadas, los tres partidos políticos principales (Partido Liberal Democrático, Partido Demócrata Cristiano y Partido Socialista) poseían dos escaños cada uno, mientras que el cuarto partido (Unión Democrática del Centro, de derechas) tenía un escaño. Esta "gran coalición" se alteró en el 2003, cuando la UDC le arrebató un escaño en el Consejo a los demócratas cristianos, y de nuevo en el 2008, cuando la UDC se escindió y se formó el Partido Burgués Democrático.

Célebre por sus políticas contrarias a la inmigración y con carteles de campañas muy polémicos, en las últimas elecciones federales de octubre del 2015 el SVP obtuvo un número de escaños récord, con el 29% de los votos.

1918

Con un sexto de la población por debajo del umbral de la pobreza y 20 000 muertos por una epidemia de gripe, los obreros van a la huelga: la semana laboral de 48 horas será a largo plazo una de las conquistas.

1940

El general Guisan advierte de la invasión nazi en la II Guerra Mundial; dispone 430 000 soldados en las fronteras, gran parte en las alpinas, preparados para una guerra de guerrillas si son invadidos.

1979

Cinco años después de la primera votación a favor (1974), el cantón del Jura (mayoría católica francófona) se independiza del de Berna (protestantes de habla alemana), al que pertenecía desde 1815.

1990

'Nace' internet en el CERN de Ginebra, donde Tim Berners-Lee desarrolla el lenguaje HTML, útil para crear páginas de la World Wide Web (WWW).

Conocida por su secretismo: la banca suiza

La confidencialidad bancaria, que se remonta a la Edad Media, fue consagrada por una ley de 1934, que permitió la existencia de cuentas bancarias numeradas (y no nominales). El sector de la banca no ha dejado de prosperar desde entonces, gracias sobre todo a la envidiable estabilidad que garantiza la neutralidad. Cuando el Banco de Pagos Internacionales (BPI: la organización que facilita la cooperación entre bancos centrales) eligió Basilea como base de operaciones en 1930 fue por un buen motivo: la neutralidad.

Incluso en un mundo nuevo y fiscalmente transparente, la neutral Suiza sigue siendo un lugar muy atractivo para guardar dinero. Cada cantón establece sus propias tasas tributarias, animando a particulares y empresas a "jugar" en el mercado cantonal; Zug atrae a los magnates con los impuestos sobre la renta más bajos de Suiza.

A finales de la década de 1990 salieron a la luz varios escándalos que obligaron a reformar el secretísimo sector bancario, nacido con la creación de una agrupación de bancos comerciales a mediados del s. XIX. En 1995, después de la presión de los grupos judíos, los bancos suizos anunciaron que habían descubierto millones de dólares depositados en cuentas inactivas abiertas antes de 1945, que pertenecían a víctimas y supervivientes del Holocausto. Al cabo de tres años, acusados de haberse quedado con el dinero sin hacer muchos esfuerzos por encontrar a sus propietarios, los dos mayores bancos de Suiza, UBS y Credit Suisse, acordaron el pago de 1250 millones de dólares como compensación a los supervivientes del Holocausto y a sus familias.

Suiza es el lugar preferido para los ricos para depositar sus fortunas en bancos privados, de ahí la inmensa presión ejercida por EE UU, Gran Bretaña, Alemania y otros países de impuestos altos desde el 2009 para que cambie su ley sobre la banca de 1934, que protege a los titulares de cuentas acusados de evasión de impuestos en sus países de origen.

Los suizos accedieron y el sector crítico declaró triunfante la sentencia de muerte del secreto bancario suizo. En medio de la alegría, Wegelin, el banco más antiguo de Suiza, cerró en el 2013 tras declararse culpable en EE UU de haber asesorado para evadir impuestos. El mismo año, Suiza y EE UU firmaron una declaración conjunta que permitía a los bancos suizos cooperar voluntariamente con las autoridades estadounidenses en asuntos de evasión fiscal. En el 2014 el segundo mayor banco de Suiza, Credit Suisse, se declaró culpable del delito de conspirar para ayudar a la evasión de impuestos durante años. El banco acordó pagar una sanción de 2600 millones de dólares.

www.parliament.ch y www.admin.ch ayudan a entender el peculiar sistema político de Suiza, con su "democracia directa", "fórmula mágica" y políticos a tiempo parcial.

La era de las cuentas secretas en bancos suizos toca a su fin: la nueva legislación que entró en vigor en el 2018 garantiza que los datos bancarios serán compartidos con las autoridades fiscales de otros países, siguiendo criterios de transparencia internacional.

2001

Quiebra la aerolínea suiza Swissair, mueren 14 políticos en un tiroteo en el Parlamento de Zug, 21 personas en un accidente de barranquismo y 11 en un incendio en el túnel de San Gotardo.

2008

La crisis financiera mundial afecta a los dos bancos mayores de Suiza: UBS y Credit Suisse. El Gobierno rescata UBS con 60 000 millones de dólares; Credit Suisse busca otros fondos.

2009

Éxito de los primeros experimentos en el mayor acelerador de partículas del mundo, el gran colisionador de hadrones del CERN (Centro Europeo de Investigación Nuclear) de Ginebra.

2011

Un franco suizo sobrevalorado fuerza al Banco Nacional Suizo a vincularlo al euro.

Neutral para siempre: una nación aparte

Desde el fin de la II Guerra Mundial, Suiza ha disfrutado de una época ininterrumpida de estabilidad económica, social y política gracias a la neutralidad, que le ha permitido escalar posiciones desde una base ya sólida tanto comercial como financiera e industrial, mientras el resto de Europa aún estaba recuperándose de la guerra. Zúrich se convirtió en un centro internacional de banca y seguros y la Organización Mundial de la Salud y otros organismos internacionales establecieron sus sedes en Ginebra. Para conservar su neutralidad, optó por quedarse fuera de la ONU (aunque desde sus orígenes Ginebra alberga su segunda sede más importante después de la central de Nueva York) y, más recientemente, de la Unión Europea.

El triunfo de la derecha conservadora en las elecciones parlamentarias del 2003 contribuyó a fortalecer la posición de Suiza como una nación aparte. En el 2006 el Partido Popular Suizo (SVP), contrario a la UE y a la inmigración, reclamó leyes de inmigración y asilo político más severas. Las medidas fueron aprobadas con una mayoría abrumadora en un referéndum nacional. Luego la derecha política apostó por prohibir la construcción de minaretes públicos para las llamadas a la oración de los musulmanes y, aunque la idea desató protestas internacionales, fue aprobada después de que el 57,7% de los votantes apoyaran la prohibición en un referéndum. Durante la campaña, el SVP imprimió carteles donde aparecían tres ovejas blancas echando a una oveja negra de la cruz blanca de la bandera suiza.

A pesar de la dura política conservadora del SVP, Suiza ha dado señales de abrirse al mundo. El país se convirtió en el 190º miembro de la ONU en el 2002 (el referéndum convocado en 1986 había dado una respuesta negativa) y tres años después votó para incorporarse a la zona de libre circulación de Europa, Schengen (y terminó el proceso a finales del 2008). En otro referéndum del mismo año, ganó por poco la legalización de las uniones civiles (pero no el matrimonio) entre parejas del mismo sexo, otra derrota para el SVP.

Pero poca gente espera que Suiza se incorpore alguna vez a la UE o a la Zona Euro. Tradicionalmente, los cantones francófonos simpatizaban más con la idea, mientras que los de habla alemana (y Tesino) solían oponerse.

Cuando Suiza ingresó por fin en la ONU en el 2002 se encargó por error que ondease una bandera suiza rectangular en el exterior de la sede en Nueva York. Los funcionarios suizos protestaron e inmediatamente exigieron a la ONU izar la bandera cuadrada correcta.

2014

Una iniciativa popular para establecer límites a la inmigración tiene éxito en las urnas.

2016

Solar Impulse 2, el aeroplano impulsado con energía solar del aventurero de Lausana Bertrand Piccard, da la vuelta al mundo en un vuelo de 40 000 km sin combustible.

2016

En diciembre entra en funcionamiento el túnel de base de San Gotardo, el más largo del mundo (57 km), y mejora la comunicación entre los Alpes e Italia.

2017

Los suizos votan a favor de la eliminación gradual de la energía nuclear y apuestan por las renovables.

La vida en Suiza

Este país tan bien educado es trabajador, muy organizado, ordenado, obediente (¿alguien ha visto a un peatón suizo cruzar la calle cuando tiene el semáforo en rojo?), prudente y muy eficiente. O quizá no tanto...

Dado su estilo de vida confortable y privilegiado, no es de extrañar que los suizos gocen de una elevada esperanza de vida: 84,7 años las mujeres y 80,5 los hombres.

El caso especial de Suiza

Los suizos se consideran distintos y lo son. Los cuatro idiomas que se hablan en sus territorios (alemán, francés, italiano y el retorrománico del cantón de los Grisones, con sus numerosos dialectos que solo entienden los habitantes de cada uno de sus valles) se traducen en una gran diversidad cultural y de idiosincrasias. Es evidente que el *Sonderfall Schweiz* (literalmente "caso especial de Suiza") en un país con tantas diferencias no encaja en un modelo único.

Por otra parte, a los suizos les gusta innovar: tienen desde antiquísimas tradiciones alpinas bastante primitivas, como la lucha libre y el tiro de piedra, hasta los trabajadores de Google en Zúrich que bajan a la oficina por una barra de bomberos; desde joyeros ginebrinos que fabrican relojes exclusivos con polvo lunar o ceniza del volcán islandés Eyjafjallajökull hasta treintañeros a la moda que lucen bolsos hechos con lonas de camión recicladas.

También poseen una determinación que complementa su creatividad, demostrada hábilmente tanto por su dedicación infatigable al deporte como por el extraordinario e independiente espíritu con el que los agricultores suizos trabajan la tierra para ganarse la vida de forma sostenible. El aura del *Sonderfall Schweiz* quizá no brille tanto como hace unas décadas, pero sin duda en Suiza aún reluce.

Los suizos son conservadores con el dinero y la moneda. El franco suizo apenas ha cambiado desde su emisión en la década de 1850; aún circulan unas pocas monedas de 10 céntimos acuñadas en 1879 que siguen siendo de curso legal.

Calidad de vida

Es una suerte nacer en Suiza, pues el país cuenta con asistencia sanitaria universal, educación de calidad y una economía fuerte (por no mencionar el fabuloso patio de recreo formado por tantísimos lagos y montañas). Una autoridad como la Economist Intelligence Unit declaró a Suiza el mejor país del mundo para nacer en el 2013, basándose en 11 indicadores, entre ellos la geografía, la seguridad laboral y la estabilidad política. Además, varias ciudades suizas (como Zúrich y Ginebra) figuran habitualmente en las listas de "mejores ciudades del mundo". En el informe de calidad de vida elaborado por Mercer Consulting en el 2017 las tres ciudades mencionadas aparecían en el 2º y 8º lugar respectivamente.

Aun así, su estilo de vida no es muy distinto del de otros occidentales, pero lo disfrutan más. Su pequeño país, uno de los 10 más ricos del mundo en cuanto a PIB per cápita, les proporciona unos servicios sanitarios excelentes, un transporte público eficiente y una seguridad total. La práctica del deporte, una dieta cuidada y su atención por el medioambiente son indicativos de algo más profundo: el deseo de sacar el máximo partido a la vida.

La vida suiza no consiste solo en ir al chalé los fines de semana y alternar en las pistas de esquí. Las regiones rurales –en particular Appenzellerland, Valais y Jura– no se rigen por el *glamour* y el dinero, sino por una cultura tradicional. Las estaciones se señalan con vetustas tradiciones y rituales locales, como las fiestas de la vendimia en otoño o la subida del ganado a los pastos de montaña en primavera, engalanado con flores y cencerros.

El turismo alpino

Su geografía le confiere una faceta deportiva y justifica el amor de los suizos por las actividades al aire libre. Y también es su gran atractivo turístico. En el s. XIX, la época dorada del alpinismo, los picos alpinos cautivaron a los escaladores británicos. Alfred Wills coronó por primera vez el Wetterhorn (3692 m), en las alturas de Grindelwald, en 1854, seguido de ascensiones a otras cumbres, como la expedición de Edward Whymper al Cervino en 1865. Esta actividad pionera en los Alpes suizos desembocó en la fundación del primer club de alpinismo del mundo, el Alpine Club, en Londres en 1857, seguido por el Club Alpino Suizo en 1863.

Con la construcción del primer refugio de montaña en Tödi (3614 m) ese mismo año y el surgimiento de St Moritz y su seductor "clima de champán" un año después como el lugar de moda para pasar el invierno entre la aristocracia europea, nacía el turismo alpino invernal. Se construyeron hoteles, vías férreas y teleféricos y cuando en St Moritz se celebraron los segundos Juegos Olímpicos de Invierno en 1928, Suiza era el destino soñado por todos para las vacaciones en la nieve. Un año después, la primera escuela de esquí de Suiza abría sus puertas en St Moritz.

Casi un siglo después, el Comité Olímpico Suizo respaldaba la candidatura de Sion para los Juegos Olímpicos de Invierno del 2026.

Museos de historia alpina

Matterhorn Museum (p. 165), Zermatt

Schweizerisches Alpines Museum (p. 107), Berna

Engadiner Museum (p. 297), St Moritz

Rätisches Museum (www.raetisches-museum.gr.ch), Chur

Ballenberg Open-Air Museum (p. 140), cerca de Brienz

Saaser Museum (p. 173), Saas Fee

Deportes raros

Entre los deportes autóctonos de Suiza se cuenta el *hornussen,* un juego de origen medieval en el que participan dos equipos de entre 16 y 18 personas. Uno lanza una *hornuss* (pelota, literalmente "avispón") de 78 g al campo, mientras el otro intenta evitar que toque el suelo con una *schindel,* una pala de 4 kg que parece una señal de carretera. Para darle un toque aún más peculiar, el lanzador se coloca sobre una rampa de acero agarrando una especie de fusta flexible, al final de la cual está la *hornuss,* y gira sobre sí mismo. El otro equipo para la bola (a 85 m/s) o la lanza al aire con la *schindel.*

El schwingen es la versión suiza del sumo. Dos luchadores con pantalones de arpillera se enfrentan en un círculo de serrín. Mediante una combinación de agarres (entrepierna incluida), tirones, fintas y otras maniobras, los luchadores intentan poner al rival de espaldas. Se pueden ver en ferias de montaña y festivales alpinos, sobre todo en el espectacular Unspunnenfest (www.unspunnenfest.ch), que se celebra cada 12 años en Interlaken (el último desde finales de agosto a principios de septiembre del 2017).

Para deportes raros, en el Valais francófono las peleas de vacas son un asunto muy serio; se pueden ver en el Val d'Hérens.

E=mc², WWW y LSD: los suizos científicos

De hecho, tienen más patentes registradas y premios Nobel (sobre todo en disciplinas científicas) per cápita que ningún otro país.

Albert Einstein desarrolló su teoría de la relatividad mientras trabajaba en Berna (entre 1903 y 1905). Nacido en Alemania, estudió en Aarau y luego en Zúrich, donde se formó como profesor de física y matemáticas. Consiguió la nacionalidad suiza en 1901 y, como no encontraba empleo de profesor, estuvo trabajando como funcionario de baja categoría en la oficina de patentes de Berna. Obtuvo el doctorado en 1905 y después dio clases en Zúrich. Vivió en Suiza hasta 1914, cuando se trasladó a Berlín. El museo bernés Einstein Haus (p. 107) explica toda la historia.

El día de Navidad de 1990, internet nacía en Ginebra, en la Organización Europea para la Investigación Nuclear, más conocida como CERN.

MOVILIDAD SOLAR

Dado su interés ecológico, en Suiza se está experimentando con la energía solar y, de paso, se establecen nuevos récords en tecnología sostenible. En el 2016 el aeroplano ultraligero *Solar Impulse 2* (www.solarimpulse.com) hizo historia al realizar el primer vuelo alrededor del mundo (40 000 km) sin combustible. Para los pioneros André Borschberg y Bertrand Piccard, aventureros y científicos de Lausana, fue un sueño hecho realidad. Una hazaña extraordinaria que supuso vencer varios obstáculos logísticos y marcó un hito en la historia de la aviación y de las energías renovables.

Las innovaciones suizas en materia de transporte con energía solar también alcanzan al medio acuático: el *PlanetSolar*, el mayor barco del mundo propulsado por energía solar, zarpó en el 2010 de Mónaco para dar una vuelta al mundo a lo largo de 50 000 km. El catamarán, con bandera suiza, recibe la energía de los 536 m^2 de paneles fotovoltaicos que tiene en cubierta y están dirigidos por el líder de la expedición y fundador del proyecto: Raphaël Domjan. Desde el 2015 ha sido operada por la Race for Water Foundation, con base en Suiza, como plataforma científica en la lucha contra la contaminación marina por plásticos. Se puede seguir el periplo del barco en www.planetsolar.org.

Visitas científicas

CERN (p. 51), Ginebra

Technorama (p. 254), Winterthur

Einstein-Haus (p. 107), Berna

Maison d'Ailleurs (www.ailleurs.ch), Yverdon-les-Bains

El genio inventor de la herramienta para compartir información a nivel global fue Tim Berners-Lee, un licenciado en Oxford que trabajaba como consultor de *software* en el CERN y que empezó creando un programa para que los científicos de este centro pudieran compartir sus experimentos, datos y hallazgos. Dos años después había crecido notablemente y era mucho más potente de lo que nadie podía haber imaginado. También notable, grande y potente es el Gran Colisionador de Hadrones del CERN, donde los científicos juegan a ser Dios con experimentos sobre el Big Bang. La visita guiada por sus instalaciones es del todo recomendable.

Otros grandes viajes científicos suizos son las revolucionarias investigaciones sobre los glaciares que llevaron a cabo valientes científicos del s. XIX en el glaciar de 23 km de Aletsch (Alto Valais) y el primer "viaje ácido" (con ingestión de dietilamida de ácido lisérgico, LSD) en el que se embarcó sin querer el químico Albert Hofmann en Basilea en 1943.

Siempre innovando: la arquitectura

La contribución suiza a la arquitectura moderna ha sido fundamental gracias a Le Corbusier (1887-1965), nacido en un pueblecito del Jura: La Chaux-de-Fonds. Famoso por su economía radical de diseño, por su formalismo y su funcionalismo, Le Corbusier trabajó sobre todo en Francia, pero dotó a su país natal de sus primeras y últimas creaciones.

Los arquitectos suizos siguen innovando. En Basilea, los socios Jacques Herzog y Pierre de Meuron son los más prestigiosos. Entre sus obras se cuentan la Tate Modern de Londres y el estadio principal de los Juegos Olímpicos de Pekín del 2008. En Suiza puede admirarse su obra en una galería de arte de Basilea y, con suerte en la próxima década, en Davos, en forma de un lápiz de 105 m de alto que girará sobre el famoso hotel Schatzalp, si se termina algún día el debate sobre si construirlo o no.

El último descubrimiento del CERN, que acaparó titulares, llegó en el 2012, cuando los científicos anunciaron que habían identificado la partícula subatómica llamada bosón de Higgs (o "partícula de Dios").

El otro gran arquitecto suizo es natural de Tesino. Mario Botta es conocido a nivel internacional por haber diseñado el Museo de Arte Moderno de San Francisco. Más cerca de su casa, su Chiesa di San Giovanni Battista de Mogno (en el Valle Maggia de Tesino) y el hotel-balneario estilo catedral de Tschuggen Bergoase (en Arosa, en los Grisones) son obras que transmiten serenidad, mientras que su futurista reforma del románico *schloss* (castillo) Leuk (Alto Valais) no puede ser más estrambótica. Su última obra en Suiza es Fiore di Pietra (flor de piedra), inaugurada en el 2017, con vistas alucinantes del lago de Lugano y los Alpes desde su fabulosa situación en lo alto del monte Generoso, en Tesino.

También destaca el galardonado 7132 Therme en Vals, de Peter Zumthor, oriundo de Basilea, el Kirchner Museum de Davos, de los zuriqueses Annette Gigon y Mike Guyer, y un grupo de hoteles de Zermatt diseñados por el arquitecto vanguardista Heinz Julen.

Los arquitectos suizos contemporáneos no se limitan al medio urbano. Cada vez se centran más en los refugios de montaña y en cómo modernizarlos sin alterar la naturaleza, la ecología y el medioambiente. Entre sus edificaciones se cuentan la Tschierva Hütte (2753 m) del valle de la Engadina, Chetzeron, una estación de teleférico de hormigón de los años 1970 convertida en un bar a la moda al pie de las pistas de Crans-Montana, y la más significativa de todas, la monte Rosa Hütte (2883 m), en monte Rosa.

Peregrinaciones arquitectónicas

La Maison Blanche (p. 100), La Chaux-de-Fonds

Villa Le Lac (p. 76), Corseaux

Schaulager (p. 228), Basilea

Pavillon Le Corbusier (www.museen-zuerich.ch), Zúrich

7132 Therme (p. 286), Vals

Ballenberg Open-Air Museum (p. 140), cerca de Brienz

Heidi y compañía: la literatura

Gracias a una película de Shirley Temple de la década de 1930, la novela *Heidi,* de Johanna Spyri, se convirtió en la obra más famosa de la literatura suiza. La historia de una huérfana que vivía con su abuelo en los Alpes suizos y a la que luego se la obligó a vivir en la ciudad es de un sentimentalismo descarado y atípico en las letras suizas, que se caracterizan más bien por su seriedad y un cierto pesimismo.

Un ejemplo de la tónica general podría ser Hermann Hesse (1877-1962), nacido en Alemania pero nacionalizado suizo. Este premio Nobel fusionó el misticismo oriental con la psicología de Ernst Jünger para defender la teoría de que la civilización occidental está condenada a menos que el ser humano recupere su propia y esencial humanidad, como expone en *Siddharta* (1922) y *El lobo estepario* (1927). En novelas posteriores como *El juego de los abalorios* (1943), explora la tensión entre la libertad individual y los controles de la sociedad.

Ich bin nicht Stiller (*No soy Stiller;* 1954), del zuriqués Max Frisch (1911-1991), es una historia oscura y kafkiana de identidades equivocadas. Resulta más accesible el trabajo de Friedrich Dürrenmatt (1921-1990), prolífico en el género de la novela negra.

Enrique el Verde (1854), de Gottfried Keller (1819-1900), es un relato sobre los recuerdos de un estudiante de Zúrich y está considerada una obra maestra de la literatura germánica.

De lo pastoral a lo pop: la música

El *yodel* y el cuerno de los Alpes son las expresiones por excelencia de la música tradicional suiza. El *yodel* nació en los Alpes para poder comunicarse entre las montañas y luego se dividió en dos disciplinas. Una de ellas, el *juchzin,* consta de gritos breves con significados como "a cenar" o "estamos regresando". En la otra, el *naturjodel,* una o varias voces cantan una melodía sin letra. El *yodel* está imponiéndose en los círculos urbanos más de moda, en gran parte gracias a cantantes folclóricos como Nadja Räss.

Dr Schacher Seppli es una canción tradicional reinterpretada por el cantante de *yodel,* granjero y quesero más famoso de Suiza, Rudolf Rymann (1933-2008). Otra es Sonalp, un grupo formado por nueve personas de la región de Gruyères/Château d'Œx, cuya vibrante mezcla étnico-folclórica de *yodel,* cencerros, sierra musical, violín clásico y *diyiridú* es muy contagiosa. El cuerno de los Alpes es la trompa que usaban los pastores para reunir al rebaño en las montañas, un instrumento de viento, de 2 a 4 m de largo, con una base curva y una boquilla de taza. Cuanto más corto es, más complicado resulta tocarlo. Si se puede, hay que intentar ver una sinfonía de más de cien cuernos sonando a la vez sobre el "escenario" (normalmente al aire libre y a orillas de un lago entre montañas). Las fechas clave son el festival Alphorn in Concert en septiembre (www.alphorninconcert.ch), en Oesingen cerca de Solothurn, y el International Alphorn Festival en julio (www.nendaz.ch), junto a orilla alpina del Lac de Tracouet, en

James Joyce pasó gran parte de la I Guerra Mundial en Zúrich, donde escribió *Ulises*. Todas las semanas hay una lectura pública de fragmentos de *Ulises* y *Finnegan's Wake* en la James Joyce Foundation (p. 241).

TOTALMENTE DADAÍSTA

Antiburgués, rebelde, nihilista y deliberadamente absurdo, el dadaísmo floreció como un revulsivo ante la I Guerra Mundial y la mecanización de la vida moderna. Sus partidarios allanaron el camino a casi todas las manifestaciones artísticas posteriores: usaron *collages*, se inspiraron en el arte primitivo, aplicaron nociones abstractas a la escritura, al cine y al teatro y redefinieron objetos manufacturados como arte.

El movimiento nació en Zúrich. La creación del Cabaret Voltaire por Hugo Ball, Tristan Tzara y Emmy Jenning en febrero de 1916 marcó el inicio de una serie de *performances* y espectáculos de cabaré en un bar de Spiegelgasse 1 (que aún existe). El nombre de "dada" fue elegido aleatoriamente clavando un cuchillo en un diccionario francés/alemán.

En 1923 el movimiento se dio por acabado, pero su espíritu se mantiene en las obras de dadaístas tales como George Grosz, Hans Arp y Max Ernst y en los influenciados por sus ideas, como Marcel Duchamp (*La fuente*, un urinario expuesto como obra de arte expresa el concepto perfectamente) y el fotógrafo Man Ray. Se exponen obras dadaístas en Zúrich, en la Kunsthaus (p. 240) y el Museum für Gestaltung (p. 241).

Nendaz, 13 km al sur de Sion (Valais); para que la experiencia alpina sea completa hay que subir caminando o en teleférico.

A los que prefieran el pop con toques de *jazz* y folk les gustará la bernesa Sophie Hunger, que canta en inglés, alemán y alemán suizo. Sus discos *1983* (2010), *The Danger of Light* (2012) y *Supermoon* (2015) tuvieron gran éxito. Son más duros los ritmos de Stress, el artista de *hip hop* más de moda en Suiza, conocido por sus letras a veces políticas y controvertidas.

Pintura, escultura y diseño

A excepción del dadaísmo, en Suiza hay poca representación en cuanto a movimientos artísticos. Desde el punto de vista de los "temas" suizos, Ferdinand Hodler (1853-1918) pintó a héroes como Guillermo Tell y hechos históricos como la primera iniciativa popular de Suiza. A diferencia de muchos de sus compatriotas, el bernés Hodler no se marchó del país. Vale la pena buscar sus paisajes del lago Lemán y los Alpes en los museos suizos.

Subir al rascacielos más elegante del país en el moderno distrito Kreis 5 de Zúrich: una pila de contenedores alberga la tienda de la fábrica Freitag. Pioneros del diseño suizo, los hermanos Freitag reciclan lonas de camión para crear elegantes bolsas impermeables para todas las ocasiones.

El artista suizo más famoso es el pintor abstracto y especialista en el color Paul Klee (1879-1940). Aunque pasó casi toda su vida en Alemania, parte de ella con la escuela de la Bauhaus, la mayor colección de su obra se expone en el fascinante Zentrum Paul Klee (p. 106) de Berna. Del mismo modo, el escultor Alberto Giacometti (1901-1966) nació en los Grisones y trabajó en París, pero muchas de sus características figuras estilizadas (que a menudo están de pie o andando) pueden verse en la Kunsthaus de Zúrich (p. 240). Las peculiares esculturas metamecánicas de Jean Tinguely (1925-1991), que vivió en París, se agrupan en Basilea (donde hay un museo dedicado a su obra) y Friburgo. Los suizos son excelentes en diseño gráfico. Los "nuevos grafismos" de Josef Müller-Brockmann (1914-1996) y Max Bill (1908-1994) siguen gozando de gran prestigio, al igual que la obra de Karl Gerstner (1930-2017) para IBM y la tipografía del estudio Büro Destruct, incluidas en las carátulas de muchos discos.

En diseño industrial e instalaciones artísticas también hay grandes figuras. De la mano de Pipilotti Rist (n. 1962) aquí nació el mayor salón urbano de Europa, en San Galo (Noreste de Suiza); también la *Cow Parade*, los desfiles de vacas de fibra de vidrio pintado, de tamaño natural, que recorrieron todo el mundo. El primer rebaño de 800 cabezas circuló por Zúrich en 1998 y aún quedan reses desperdigadas por todo el planeta.

La cocina suiza

La gastronomía suiza es mucho más que chocolate y queso. En este país principalmente rural la cocina se rige por la temporada y el entorno: carnes secadas al aire en una granja, 'fondue' en un bosque, por mencionar algunos. Si la tradición alpina confiere su esencia a la cocina suiza, la geografía le da un toque inesperado. Los chefs de los cantones francófonos toman ejemplo de Francia, las cocinas de Tesino se inspiran en Italia y buena parte del país se dirige a Alemania y Austria en busca de recetas.

Mucho más que agujeros: el queso

Ante todo hay que aclarar que no todos los quesos suizos tienen agujeros. El emmental, el queso duro del valle del Emme (al este de Berna), sí los tiene, al igual que su primo el tilsiter, del mismo valle. Pero la mayoría de los 450 tipos de queso (*käse* en alemán, *fromage* en francés, *formaggio* en italiano) de Suiza carecen de agujeros, p. ej. el conocido queso gruyer, elaborado en el pueblo de Gruyères, próximo a Friburgo, o el aromático appenzeller que se emplea en unos platos igual de sabrosos y olorosos en el pueblo homónimo del Noroeste de Suiza, o el sbrinz, el queso duro más antiguo de Suiza y antepasado transalpino del parmesano italiano, madurado durante 24 meses para conseguir ese sabor tan característico: se come tal cual, en láminas finas tipo *carpaccio* o rallado sobre los espárragos de primavera.

Otro queso típico que no tiene un solo orificio es el Tête de Moine (literalmente "cabeza de monje") del Jura, fuerte y con sabor a nueces, que se corta en virutas con un movimiento circular realizado con un instrumento especial llamado *girolle* (un regalo perfecto para llevarse de vuelta; se vende en supermercados).

También es único el etivaz, que, siguiendo una tradición alpina antiquísima, solo se hace en los altos pastizales veraniegos de los Alpes *vaudoises* (del cantón de Vaud). Mientras las vacas pastan fuera, en el interior de sus centenarios *chalets d'alpage* (cabañas de montaña) los pastores calientan la leche de la mañana en un caldero de cobre típico sobre un fuego de leña. Este producto de temporada, con Appellation d'Origine Contrôllée (AOC o denominación de origen controlada) solo puede confeccionarse entre mayo y principios de octubre con leche de vacas que hayan pastado en la montaña y a una altitud comprendida entre los 1000 y los 2000 m.

Por supuesto que no es el único queso que se hace a gran altura y con métodos tradicionales; cuando se pase por el Valais, los Alpes berneses, Tesino y otras zonas rurales en verano hay que fijarse en las señales que indican granjas aisladas donde elaboran y venden *fromage d'alpage* (queso de pastos alpinos, *hobelkäse* en alemán, *formaggio d'Alpe* en italiano). En la frontera con Italia, el Zincarlìn es una especie de requesón con forma de taza.

Los suizos consumen un promedio de 8-12 g de sal al día (la OMS recomienda 5 g al día) y algunos médicos creen que la culpable es su pasión por los quesos con alto contenido en sodio (como el gruyer).

CAJA CALIENTE

Los expertos hacen un agujerito en el centro de la corteza del queso, lo rellenan de cebollas y ajos sofritos, vierten vino blanco por encima, lo envuelven en papel de aluminio y lo dejan en el horno 45 min para hacer una *boîte chaude* (caja caliente). En ella se mojan trocitos de pan y otras delicias a la manera de una *fondue*.

Las mejores 'fondues'

La Tour de Gourze (p. 74), Lavaux: con vistas del lago y los viñedos

Café Tivoli (p. 77), Châtel-St-Denis: templo de la fondue friburguesa

Café du Midi (www.cafedumidi.ch), Martigny: con cerveza o queso de cabra

Le Namasté (p. 155), Verbier: esquiar, comer, bajar en trineo

Bains des Pâquis (p. 51), Ginebra: fondue con *champán, solo en invierno*

Le Chalet (p. 81), Château-d'Œx: turístico, pero tradicional

Burestübli (p. 284), Arosa: para tirarse en trineo por el valle después

La 'fondue' y la 'raclette'

La principal aportación francesa a la cocina suiza es la *fondue* (del verbo francés *fondre,* "fundir"), una cazuela de queso derretido que se coloca en la mesa y se mantiene caliente mientras los comensales sumergen en ella trocitos de pan duro ensartados en largas varillas. Quien pierda su pan en el queso tiene que pagar la ronda siguiente de bebidas o, si está en Ginebra, lo arrojarán al lago. Es tradición comer este plato en invierno y los suizos solo lo toman cuando hay nieve.

La *fondue* clásica de Suiza es una mezcla a partes iguales de queso emmental y gruyer, rallados y mezclados con vino blanco y un chorrito de *kirsch* (aguardiente de cereza) y espesado ligeramente con patata o harina de maíz. Se sirve con una cesta de trocitos de pan y casi todo el mundo pide un acompañamiento de embutidos y pepinillos. En la *fondue moitié moitié* ("mitad mitad") se mezcla el gruyer con vacherin de Friburgo, y la *fondue savoyarde* contiene partes iguales de quesos comté, beaufort y emmental. En las variaciones más corrientes se añaden ingredientes tales como setas o tomate.

El otro plato de queso característico de Suiza, todo un festín por sí solo, es la *raclette.* A diferencia de la anterior, la *raclette* –que es el nombre del plato y del queso– se come todo el año. Se deposita una loncha de queso en un aparato especial que funde la parte plana de arriba. A medida que se va fundiendo, el queso se coloca en bandejas para consumirlo inmediatamente con patatas cocidas, embutidos y cebolletas o pepinillos en vinagre.

Si se habla con algún habitante del Valais, seguro que le explica la diferencia entre el queso *raclette* fabricado de forma industrial con leche pasteurizada en cualquier parte de Suiza y el *raclette du Valais,* elaborado en el Valais con *lait cru* (leche cruda) desde el s. XVI. En el 2007 el *raclette du Valais* –siempre de 29 a 31 cm de diámetro, de 4,8 a 5,2 kg– consiguió su propia denominación de origen, para espanto de los fabricantes de otros cantones, que argumentaron, en vano, que la palabra *raclette* (del verbo francés *racler,* "raspar") hace alusión al plato y no al queso, por lo que no debería restringirse a una región.

'Spätzli', 'rösti', carnes y caza

El almuerzo suizo por antonomasia es tomar una fuente de carne de buey seca, una verdadera exquisitez de los Grisones que se ahúma, se corta en finas lonchas y se sirve con el nombre de *bündnerfleisch.* Se aconseja comerla sola o en *capuns,* un guiso consistente de masa *spätzli* con carne de buey seca, jamón y hierbas que se corta en pedacitos, se envuelve en espinacas y se mezcla con más *spätzli* (un cruce germánico entre la pasta y las bolitas de masa). Las mismas lonchas finas de *viande séchée* (carne seca) se sirven como tapa en el Val d'Hérens, un valle maravillosamente remoto del Valais de tierras fértiles donde pastan las vacas negras Hérens y los *gourmets* locales cocinan un filete de carne de Hérens tiernísimo, servido de todas las formas imaginables. Los restaurantes Au Vieux Mazot (p. 159) de Evolène y Au Cheval Blanc (p. 158) de Sion son dos sitios sencillos pero magníficos para probar esta carne local.

Se dice que si se bebe agua con la *fondue,* el queso caliente se coagula en el estómago y provoca dolor. No es necesariamente cierto, pero ¿para qué arriesgarse (o disgustar a los anfitriones)? Mejor optar por un vino blanco suizo, p. ej. el Fendant del Valais.

Al ir hacia el este, las *würste* (salchichas) se convierten en las protagonistas del almuerzo. Lo típico es servirlas con el plato estrella suizo-alemán: el *rösti* (aunque no lleve huevo ni cebolla, recuerda a la tortilla de patatas aunque mucho más compacta, porque se fríe en una sartén), a veces coronado con un huevo frito. En la Suiza francófona lo fríen en aceite, mientras que los suizo-alemanes utilizan mantequilla o manteca de cerdo. Es un plato corriente y barato, pero hay que probarlo en los restaurantes de montaña auténticos; las versiones envasadas al vacío que venden en los supermercados no son comparables. Frita hasta quedar crujiente, a menudo en un horno de leña, la patata troceada se mezcla con setas de

COMIDAS DE VENDIMIA

Cada pueblo y región tienen su propia forma de celebrar la cosecha.

En los viñedos del francófono Valais las uvas se recogen cuando caen las *châtaignes* de los castaños: momento en que las familias y amigos se reúnen para la Brisolée, un banquete tradicional de hace siglos. Consta de castañas asadas calientes, cinco quesos locales –*d'alpage* (pasto alpino), *de laiterie* (lechería), *tomme* (semicurado y de leche cruda), *sérac* (requesón) y Tête de Moine–, jamón, carne seca, *lard sec* (beicon seco), pan de centeno con mantequilla, uvas y manzanas. Todo esto se riega con *vin nouveau* (el primer vino del año) y el *moût* (mosto).

En Friburgo, la centenaria fiesta de la vendimia, el Bénichon, es otra celebración maratoniana con mucha comida, bebida y alegría; empieza con *cuchaule*, pan con azafrán servido con *moutarde de Bénichon* (un denso condimento hecho con mosto, especias, azúcar y harina).

temporada y pedacitos de beicon para crear un almuerzo perfecto, que solo se acompaña con una sencilla ensalada verde.

La ternera goza de mucho prestigio y se sirve en finas lonchas bañadas en una salsa cremosa en Zúrich: el *geschnetzeltes Kalbsfleisch*. También se come carne de caballo. Hay dos embutidos suizos lo suficientemente escasos como para figurar en la lista de Slow Food de alimentos del mundo en peligro de extinción (véase www.slowfoodfoundation.com). Se trata del *sac* (elaborado con especias, carne, hígado y manteca de cerdo, que se deja curar 12 meses) y la *fidighèla* (cuando es recta va envuelta en tripas de ternera; cuando es curva en intestino de cerdo, que se deja curar durante 2-3 semanas). Para los verdaderos amantes de la carne la mejor estación es el otoño, cuando en los restaurantes guisan las *wildspezialitäten/chasse/cacciagione* (platos de caza). El venado y el jabalí tienen mucha difusión.

Tradicionalmente, los habitantes medievales de la germano-parlante Berna celebraban el día de San Martín no con un cerdo, sino con cebollas. La actual Zibelemärit (feria de la cebolla), el cuarto domingo de noviembre, es un extraordinario despliegue de productos a base de esta hortaliza.

Tiempo de matanza

El otoño, con la caza fresca, la abundancia de setas silvestres, castañas y vendimias, es una estación para *gourmets* exquisitos en Suiza. Cebado en verano, el cerdo familiar –que solía sacrificarse el día de San Martín (11 de noviembre) para señalar el final de las labores agrícolas en los campos y el principio del invierno– está listo para el carnicero. Desde hace varios siglos, después de la matanza se salaba la carne y se hacían salchichas. Terminada la tarea, la gente celebraba con alegría el gran esfuerzo del día. El plato principal de la fiesta: el cerdo.

Especialmente en el francófono Jura, la tradición festiva asociada a la Fête de la Saint Martin se vive con una energía y entusiasmo particulares en Porrentruy. Los bares y restaurantes locales organizan fiestas durante varios fines de semana seguidos de octubre y noviembre. Un festín de cerdo típico consta de una serie de siete abundantes platos: puede empezar con una *gelée de ménage,* una gelatina de cerdo. Después vienen el *boudin, purée de pommes et racines rouges* (morcilla negra, compota de manzana y verduras rojas) y montañas de salchichas acompañadas de *rösti* y *atriaux* (mezcla de grasa de cerdo, salchicha e hígado fritos en grasa muy caliente). A continuación llega el plato principal, con *rôti, côtines et doucette* (cerdo asado, chuletas y ensalada verde). Para ayudar a digerir, a veces luego viene un sorbete con licor, seguido de una ración de *choucroute* (chucrut con trocitos de beicon). Por último se sirve el postre tradicional, algo así como *striflate en sauce de vanille* (rosquillas fritas en salsa de vainilla).

Un tentempié típicamente suizo que vale la pena probar es la *cervelat* (o *cervelas*), una salchicha corta de vaca y cerdo con sabor ahumado y una envoltura natural. Los suizos las toman en ensaladas, asadas sobre fuego o crudas. Se venden en cualquier supermercado y son muy prácticas para una excursión.

El *rippli* (un puchero de costillas de cerdo guisadas con beicon, patatas y alubias) de Berna y alrededores es un plato de cerdo que se come todo el año, del mismo modo que el *papet vaudois* (estofado de patatas, puerros,

EL CHOCOLATE SUIZO

Pocos siglos después de Cristo, mientras el Imperio romano se dirigía lentamente hacia su caída alimentándose de vino y aceitunas, los mayas en Centroamérica machacaban granos de cacao, consumían el resultado e incluso empleaban los granos como moneda.

Cuando el conquistador extremeño Hernán Cortés trajo el primer cargamento de cacao de Centroamérica a Europa, no podía ni imaginarse la demanda que llegaría a tener. Los españoles, y enseguida otros europeos, empezaron a sufrir una sed insaciable de la bebida dulce producida con él. La versión sólida vendría más tarde.

La reputación del chocolate suizo (www.chocolat.ch) data del s. XIX, gracias a pioneros como François-Louis Cailler (1796-1852), Philippe Suchard (1797-1884), Henri Nestlé (1814-1890), Jean Tobler (1830-1905), Daniel Peter (1836-1919) y Rodolphe Lindt (1855-1909). Cailler fundó la primera fábrica suiza de chocolate en 1819 cerca de Vevey. Daniel Peter le añadió leche en 1875 y Lindt inventó la máquina "caracola", que aireaba la masa mientras le daba vueltas, lo que provoca que el chocolate se derrita en la boca.

repollo y salchichas) y el *taillé aux greubons* (una especie de empanadilla rellena de cubitos de cerdo) en el cantón de Vaud. En la Engadina las salchichas se asan con cebollas y patatas para hacer el *pian di pigna*.

Por el lago: el pescado

El pescado es la especialidad de las poblaciones a orillas de lagos. Los filetes de perca (*perche* en francés) y de corégono *(féra)* son muy corrientes, pero no todos los *filets de perche* anunciados en los restaurantes del lago Lemán proceden del lago; la mayoría de los cocinados en sus orillas y en Ginebra vienen congelados de Europa del Este.

Fruta, dulces y postres fabulosos

Qué listos son los suizos: no solo se comen los lustrosos albaricoques, ciruelas, peras y dulces moras del Valais, que cubren sus huertos de bonitos capullos blancos en abril y mayo. También secan, conservan y destilan sus abundantes frutos para crear fuertes aguardientes, compotas de invierno y jarabes tan densos como la miel, para cocinar o untar en el pan.

El müsli (muesli) se inventó en Suiza a finales del s. XIX. La forma más habitual de este saludable desayuno es el *birchermüsli*, que a veces se sirve con cucharadas de nata nada adelgazantes.

El *eau-de-vie de Berudge* se hace con las ciruelas Berudge cultivadas en las laderas del monte Vully, en el cantón de Friburgo, y las cerezas de los alrededores de Basilea acaban en el jarabe de *chriesimues* y en el dulce *kirsch*, el ingrediente que da a la *zuger kirschtorte* (tarta de cereza hecha con masa, galleta, pasta de almendras y crema de mantequilla, todo regado con aguardiente de cereza) de Zug ese toque tan especial (cada vez cuesta más encontrar el auténtico *kirsch* suizo, ya que los agricultores sustituyen las variedades tradicionales de cereza por otras modernas menos aromáticas). El zumo de manzana o de pera se hierve a fuego lento 24 horas para hacer el *vin cuit* (un concentrado denso que se usa en tartas y otros postres de frutas) de Friburgo y el *raisinée de* Vaud; el *buttemoscht* es un equivalente menos común hecho con los frutos del escaramujo o rosal silvestre.

La pera Botzi que se cultiva por Gruyères es tan exquisita que tiene su propia denominación de origen. Se puede comer tal cual sale del árbol o acompañada de la *crème de Gruyères,* una crema densa que se suele comer con merengues muy dulces. Las *cuisses de dame* (muslos de dama) son unos buñuelos fritos con azúcar que se encuentran en los cantones francófonos junto a las *amandines* (tartas de almendra). Aparte del omnipresente *apfelstrudel* (tarta de manzana), generalmente servido con salsa de vainilla, en los cantones germánicos cocinan los *vermicelles,* un invento con crema de castañas que recuerda a los espaguetis.

Los vinos suizos

Saborear vino suizo es un raro placer en este mundo globalizado: Suiza solo exporta una parte de sus vinos (1,5%) y la mayoría de sus tintos, blancos y rosados solo se pueden degustar en el país. Los cantones francófonos son los mayores productores y sus viñedos ocupan las laderas con apretadas terrazas rodeadas por antiguos muros de piedra que descienden hasta la orilla del lago Lemán.

Lago Lemán y cantón de Vaud

Los pequeños productores familiares de la periferia de Ginebra abren sus puertas para ofrecer *dégustation* (catas): el día anual de Caves Ouvertes (cavas abiertas) del cantón, durante un fin de semana a finales de mayo, es una oportunidad de oro para descubrir los vinos de las bodegas y los *domaines viticoles* (haciendas) que habitualmente están cerradas al público. Sin embargo, la mayoría de las haciendas del lago Lemán están más al este, a ambos lados de Lausana, en el cantón de Vaud. Los blancos producidos en la región vinícola de Lavaux, entre Lausana y Montreux, son excelentes y la zona es Patrimonio Mundial de la Unesco. Los dos *grands crus* de Lavaux son el Calamin y el Dézaley.

Al pedir vino en un bar o restaurante hay que hacerlo al modo suizo, en múltiplos de *déci* (decilitro). También se puede pedir una botella.

El tinto genérico de Vaud es el Salvagnin, que se divide en varias marcas y suele combinar uvas pinot noir y gamay. Una variedad local es la gamaret o garanoir, una uva roja creada en la década de 1970 que da origen a un tinto áspero y envejece muy bien. Vaud alberga una parte de la pequeña región vinícola de Chablais, conocida por sus blancos Yvorne.

Los viticultores de la zona que rodea Lausana celebran grandes fiestas a finales de septiembre y octubre con motivo de la vendimia y la cata del *vin nouveau* (vino nuevo).

Valais

Bañadas por la luz del sol desde lo alto de los Alpes del sur, en gran parte de las tierras que se extienden al norte del Ródano, en el oeste del Valais, hay viñedos que producen algunos de los mejores vinos de Suiza. Únicas del Valais son las *bisses* (acequias estrechas) que surcan los viñedos.

El blanco seco Fendant es el vino más conocido de la región y supone dos tercios de la producción vinícola del Valais. Es el acompañamiento perfecto para la *fondue* y la *raclette* y se sirve muy frío. El Johannisberg, otro blanco excelente, se elabora con la uva sylvaner; el Petite Arvine y el Amigne son blancos dulces.

El Dôle, hecho con uvas pinot noir y gamay, es el tinto más importante; tiene mucho cuerpo y sabor afrutado. Los tintos de Salgesch son por lo general excelentes y en la región se crean cada vez más mezclas innovadoras e interesantes, como el Maîtresse de Salquenen, con 13 variedades de uva.

Las opciones de catar y explorar son abundantes. Existen muchas sendas fáciles que atraviesan viñedos y que constituyen una introducción perfecta todo el año: tres de las mejores son el Chemin du Vignoble (www.cheminduvignoble.ch) de Martigny (Bajo Valais) a Leuk (Alto Valais), que pasa junto a los muros de piedra seca más altos del mundo, que encierran verdes viñedos cerca de Sion; el Sentier Viticole Sierre-Salgesch (6 km),

Mejores catas de vino

Domaine du Daley *(p. 74)**, Lutry*

Lavaux Vinorama *(p. 75)**, Rivaz*

Musée de la Vigne *(p. 80)**, Aigle*

Le Cube Varone *(p. 157)**, Bisse de Clavaux*

Château de Villa *(p. 160)**, Sierre*

Vinothek Von Salis *(p. 288)**, Maienfeld*

ALGO MÁS FUERTE

Los aguardientes de frutas de producción local a menudo se sirven con o en el café. El *kirsch* se hace con el zumo concentrado de una variedad de cereza. El Appenzeller Alpenbitter es un licor hecho con la esencia de 67 flores y raíces distintas. El Damassine, más frecuente en los cantones francófonos, se hace con ciruelas y es un digestivo ideal. La pera es el ingrediente del popular Williamine y el Pflümli es un aguardiente de ciruela típico de los cantones de habla alemana.

Después de estar un siglo en la lista de bebidas alcohólicas prohibidas, la absenta vuelve a ser legal en Suiza, para alegría del valle del cantón de Neuchâtel, donde se destiló la bebida de ajenjo por primera vez en el s. XVIII.

que enlaza un conjunto de museos vinícolas y es el escenario de la Marché des Cépages en septiembre; y el itinerario de 2½ h que sube desde Visp hasta los viñedos más elevados de Europa (1150 m), en Visperterminen.

La Vinea (www.vinea.ch), una feria del vino celebrada en Sierre (Valais) durante tres días a principios de septiembre, es fantástica para conocer a viticultores de toda Suiza y probar sus productos.

Los mejores alojamientos en viñedos

Auberge de Dully (www.aubergedully.ch), La Côte

Hotel Lavaux (p. 75), Cully

Hôtel Masson (p. 78), Montreux

Hotel Arkanum (p. 160), Salgesch

Eulenhof (www.fermeduhibou.ch), Mur, alrededores de Murten

Schlaf Fass (p. 289), Maienfeld

Lagos de Neuchâtel y Bienne

El rosado afrutado Œil-de-Perdrix (literalmente "ojo de perdiz") procede de las orillas del lago de Neuchâtel. Es posible catarlo en la Route du Vignoble, un itinerario por los 30 km de viñedos ribereños que se extienden en terrazas empinadas entre el Lac de Neuchâtel y la orilla occidental del Lac de Bienne (Bieler See), en Mittelland.

El pueblo de Ligerz, en la orilla norte del lago de Bienne, es una magnífica zona vinícola con un paisaje impresionante que rivaliza con Lavaux, y ofrece rutas del vino y degustaciones.

Tesino

Esta región de clima italiano produce un merlot maravilloso, que representa casi el 90% de la producción vinícola de Tesino. También se elaboran merlots blancos y vinos hechos con otras variedades de uva. Las principales zonas vitícolas se hallan entre Bellinzona y Ascona, alrededor de Biasca y entre Lugano y Mendrisio (que celebra un festival del vino en septiembre).

Vinos suizo-alemanes

Son menos conocidos que los francosuizos y se producen en cantidades muy inferiores, pero no obstante vale la pena probarlos. Alrededor del 75% son tintos, principalmente pinot noir (Blauburgunder). Se pueden catar y disfrutar en tabernas de vinos y salas de degustación en Bündner Herrschaft, la principal región vinícola de los Grisones, al norte de Chur.

El Gewürztraminer es un blanco seco. El blanco más importante es el Müller-Thurgau (una mezcla de riesling y sylvaner), producido en la ciudad de Spiez, a orillas del lago Thun (Oberland bernés). El mejor momento para probarlo es en el festival del vino de Läset-Sunntig (finales de septiembre).

Guía práctica

Datos prácticos A-Z

Acceso a internet

➡ Hay puntos de acceso wifi en los principales aeropuertos, en muchas estaciones de tren y en los asientos *business* de los vagones de tren de 1ª clase en muchas rutas.

➡ Casi todos los hoteles tienen wifi gratis, al igual que muchas cafeterías y espacios públicos.

➡ Los puntos de acceso públicos, como los de **Swisscom** (www.swisscom.ch), cuestan desde 5 CHF por día a 35 CHF por mes, reembolsables con tarjeta de crédito o tarjeta de prepago de venta en los 3400 puntos de acceso de Swisscom; para localizarlos, consultar http://hotspotlocator.swisscom.ch.

➡ En las ciudades y pueblos importantes puede haber algún cibercafé.

Alojamiento

Suiza tiene alojamiento para todos los presupuestos. Las oficinas de turismo ofrecen listados completos y hacen reservas.

Hoteles Desde cadenas hoteleras a retiros de lujo en los Alpes y hoteles urbanos de cinco estrellas con todos los ingredientes.

B&B Son establecimientos pequeños, normalmente negocios familiares, desde sencillos B&B en el campo a casas de estilo *boutique* con instalaciones de primera.

Granjas Las *bauernhöfe* (granjas) para familias en el campo o la montaña ofrecen productos propios y animales para cuidar.

'Campings' Los *campings* suizos suelen estar bien mantenidos en bellos entornos con lagos o montañas.

Cabañas de montaña Las sencillas *hütten* están diseminadas por los Alpes. La mayoría disponen de dormitorios básicos o *matratzenlager* (barracones con colchones en el suelo).

B&B

Una habitación en una casa particular (desde un castillo hasta una granja), que incluye desayuno, a menudo de productos caseros. Son alojamientos con encanto. Si se avisa con antelación pueden preparar una cena por 30-40 CHF/persona, vino incluido.

Las oficinas de turismo poseen listados de los B&B de su zona. Escasean en las ciudades, pero abundan en el campo; muchas se pueden localizar a través de **BnB** (www.bnb.ch). En las zonas rurales, muchas casas particulares ofrecen "habitaciones libres" (*zimmer frei* en alemán, *chambres libres* en francés, *camere libere* en italiano) baratas, con o sin desayuno.

'Camping'

Los *campings* tienen de una a cinco estrellas, según los servicios y la situación. A menudo están situados en parajes pintorescos y apartados, junto a un río o lago. Cobran unos 10 CHF por noche y persona, más 8-15 CHF por tienda, y a partir de 5 CHF por vehículo.

La acampada libre (*wildes camping* en alemán, *camping sauvage* en francés) no está permitida, pero puede practicarse en espacios abiertos de las montañas.

Algunas fuentes útiles son:

www.camping.ch Directorio con 350 listados detallados, además de información práctica, consejos y noticias sobre acampada y *caravanning* en Suiza.

www.sccv.ch Para buscar en internet el mejor *camping* de la Federación Suiza de Camping y Caravanning (SCCV).

RESERVAS DE HOTEL EN LÍNEA

Si se busca alojamiento, en https://www.lonelyplanet.es/alojamientos se encontrarán hoteles de todo el mundo, con la posibilidad de hacer reservas en línea.

www.tcs.ch Estado de las carreteras y el tráfico en tiempo real, seguros, listas de *campings* y todo lo que se puede necesitar para organizar viajes de acampada en Suiza.

Casas rurales

Una forma única de experimentar la vida en una granja suiza es a través de **Agrotourismus Schweiz** (☎031 359 50 30; www.agrotourismus.ch). En verano, cuando las vacas están en los pastos, los granjeros suizos cobran 20-30 CHF adultos y 10-20 CHF niños menores de 15 por dormir en la paja del granero o en buhardillas (al son de los cencerros de las vacas). Proporcionan sábanas bajeras de algodón (para evitar pinchazos) y mantas de lana, pero los viajeros deben llevar saco de dormir y (muy recomendable) una linterna de bolsillo. La tarifa incluye pernocta y desayuno, aunque se puede añadir una ducha matinal y una cena por 2 CHF y 20-30 CHF, respectivamente. En verano hay que reservar. En la web hay un listado con las más de 170 granjas que ofrecen este tipo de alojamiento en todo el país.

Si se prefiere una habitación en la granja, consultar **Swiss Holiday Farms** (☎031 329 66 99; www.bauernhof-ferien.ch), una asociación de 200 granjas suizas que abren sus puertas a viajeros para pernoctas y grupos que deseen alquilar un granero reformado o una cabaña en una granja por una semana o más.

Albergues

Los albergues juveniles suizos (*jugendherberge* en alemán, *auberge de jeunesse* en francés, *alloggio per giovanni* en italiano) abarcan desde alojamientos viejos e impersonales a modernos albergues casi de diseño, como el flamante **Wellness Hostel 4000** (p. 174) de Saas Fee, con piscina y *spa*.

- Muchos están administrados por la organización nacional de albergues **Swiss Youth Hostels** (www.youthhostel.ch), asociada a Hostelling International (HI). Los que no sean miembros de HI deberán sacarse el carné de un año (22/33 CHF para menores/mayores de 18, 44 CHF por familia) o pagar 6 CHF más por noche.
- Los albergues cobran 30-45 CHF por una cama en dormitorio con desayuno y sábanas (los sacos de dormir están prohibidos en los albergues de HI, para evitar las chinches).
- Los albergues con la placa de **Swiss Hostels** (antes Backpacker; www.swisshostels.com) suelen ser más flexibles en cuanto a normas (algunos permiten sacos de dormir), horarios de recepción y horarios en general; no hace falta afiliarse.
- Los alberges aceptan reservas por la web; pocos lo hacen por teléfono. En épocas más solicitadas pueden pedir una estancia mínima de 3 días.

Hoteles y pensiones

- Las habitaciones de hotel más baratas, con lavabo, y baño y ducha compartidos en el pasillo, cuestan unos 70 CHF/individual y 100 CHF/doble en los pueblos, y unos 90 CHF/individual y 140 CHF/doble en las ciudades y las estaciones de esquí. Con una ducha privada el precio por noche sube 20 CHF mínimo. Suelen incluir el desayuno.
- En una *frühstückspension* o *hotel-garni* solo sirven desayunos. Las pequeñas pensiones con un restaurante a menudo tienen un 'día de descanso'; hay que registrarse previa cita (llamando antes).
- Los hoteles que exhiben la etiqueta de "Vida ecológica" poseen credenciales de sostenibilidad.

RANGO DE TARIFAS DE ALOJAMIENTOS

Las siguientes tarifas se refieren al coste de una habitación doble con baño privado, salvo en hostales o cuando se indique otra cosa. Las tarifas son de temporada alta e incluyen desayuno, a menos que se indique otra cosa.

€ menos de 170 CHF

€€ 170-350 CHF

€€€ más de 350 CHF

Alojamiento de alquiler

Se puede elegir un chalé o un apartamento, siempre previa reserva (en temporada alta, al menos de 6 a 12 meses antes). Es habitual que exijan una estancia mínima de una semana durante la temporada alta (normalmente de sábado a sábado).

Son recursos útiles **REKA** (www.reka.ch), **Interhome** (www.interhome.ch) y **Switzerland Tourism** (www.myswitzerland.com). Para chalés y apartamentos turísticos en las estaciones de esquí, en verano e invierno, véase **Ski Suisse** (http://en.ski-suisse.com).

Comunidad homosexual

Se reconocen las parejas del mismo sexo (aunque no pueden adoptar niños ni seguir tratamientos de fertilidad).

La homosexualidad está bastante aceptada en Suiza. En las grandes ciudades hay bares para gais y lesbianas y se celebran desfiles del orgullo gay en Ginebra (ppios jul) y Zúrich (med jul).

Estas son algunas webs útiles:

www.gay.ch (en alemán)

www.myswitzerland.com Información sobre alojamientos y eventos *gay-friendly* (escríbase "Gay & Lesbian" en la casilla de búsqueda).

www.pinkcross.ch (en alemán y francés)

Cuestiones legales

La policía tiene amplios poderes para retener a una persona sin haber presentado cargos. Suelen exigir ver el pasaporte, así que conviene llevarlo encima.

Hay ligeras diferencias legales entre los 26 cantones: tocar música en la calle, p. ej., está permitido en algunos sitios y prohibido en otros. Ante la duda, conviene preguntar.

Descuentos

Carné de jubilado

Los jubilados no tienen descuentos en los trenes, pero sí en la entrada a museos, en forfaits y algunos teleféricos. La edad mínima para obtener un descuento es de 62 años (debe demostrarse con un documento), aunque a veces el límite es superior. La abreviatura de jubilado es "AHV" en alemán y "AVS" en francés.

Carné de estudiante y joven

El Carné Internacional de Estudiante (ISIC) ofrece descuentos en entradas, billetes internacionales de avión y tren e incluso en algunos forfaits. Los menores de 31 años que no sean estudiantes pueden solicitar el IYTC (International Youth Travel Card). Estos carnés se expiden en los sindicatos de estudiantes y las agencias de viajes para estudiantes de cada país.

Swiss Museum Pass

Si se visita Suiza de forma regular o para estancias prolongadas, se puede adquirir el **Swiss Museum Pass** (www.museumspass.ch; adultos/familias 166/288 CHF), que ofrece entrada gratuita durante un año a 500 museos suizos.

Carnés para visitantes

Muchos centros turísticos y ciudades poseen una *gästekarte* (tarjeta de visitante) que otorga ciertos beneficios, como entradas a precio reducido en los museos, piscinas o teleféricos, así como uso gratis del transporte público dentro de los límites de la ciudad. Lo emite el alojamiento donde el viajero se hospede.

Dinero

Cajeros automáticos

Los cajeros automáticos, llamados *bancomats* en los bancos y *postomats* en las oficinas de correos, se hallan en todas partes y funcionan 24 h. Aceptan casi todas las tarjetas internacionales de bancos o de crédito y ofrecen instrucciones en varios idiomas. Lo normal es que el banco o la compañía de la tarjeta de crédito del viajero le cobre entre el 1% y el 2,5% de comisión, y a veces también tendrá que pagarse una cantidad por usar el cajero.

Efectivo

Los francos suizos se dividen en 100 céntimos (*rappen* en suizo-alemán). Hay billetes de 10, 20, 50, 100, 200 y 1000 francos y monedas de 5, 10, 20 y 50 céntimos, así como de 1, 2 y 5 francos.

En los comercios de toda Suiza se aceptan euros, en la mayoría de los hoteles, algunos restaurantes y tiendas de suvenires. Devuelven el cambio en francos suizos según el tipo de cambio del día.

RANGO DE TARIFAS DE RESTAURANTES

Las tarifas se refieren al precio medio de un plato principal.

€ menos de 25 CHF

€€ 25-50 CHF

€€€ más de 50 CHF

Tarjetas de crédito

En general, los hoteles, tiendas y restaurantes aceptan tarjetas de crédito. EuroCard/MasterCard y Visa son las de mayor difusión.

Cambio de moneda

Se pueden cambiar divisas en bancos, aeropuertos y en casi todas las estaciones de tren hasta bien entrada la tarde. Los bancos suelen cobrar una comisión del 5%; en algunas oficinas de cambio de divisas no cobran nada.

Propinas

No es necesario dejar propinas, pues en los hoteles, restaurantes, bares e incluso en algunos taxis están obligados por ley a incluir un 15% de suplemento por el servicio.

Restaurantes El cliente puede redondear la cuenta de una comida si el servicio ha sido bueno, como hacen los suizos.

Hoteles Los maleteros de los hoteles y estaciones de tren esperan recibir 1 o 2 francos por bulto.

Electricidad

La corriente eléctrica es de 230 V, 50 Hz, los enchufes son de tres agujeros, de forma hexagonal e incompatibles con muchos enchufes extranjeros, aunque normalmente admiten el normal europeo de dos clavijas.

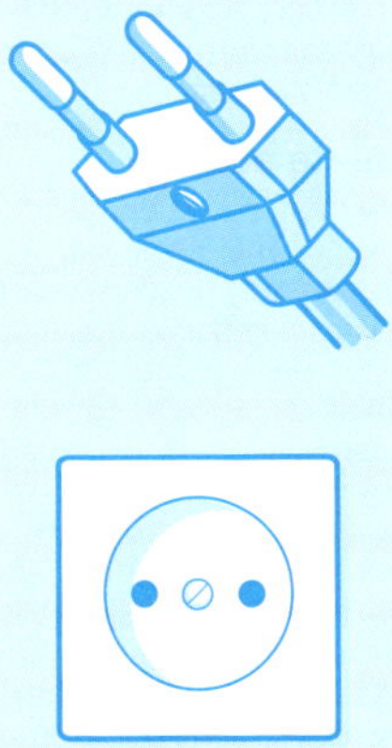

Tipo C
220V/50Hz

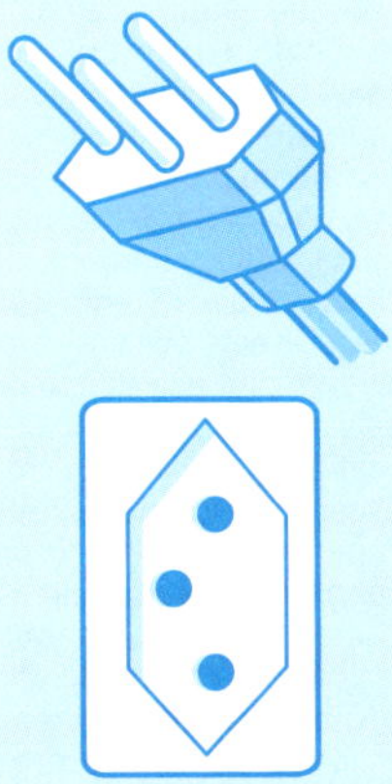

Tipo J
230V/50Hz

Embajadas y consulados

En www.eda.admin.ch publican un listado de las embajadas suizas en el extranjero, así como de las sedes diplomáticas de otros países en Suiza. Las embajadas se hallan en Berna, pero también hay consulados en algunas ciudades (como Zúrich y Ginebra).

Fiestas oficiales

Algunos cantones tienen sus propios festivos y fiestas religiosas, p. ej., el 2 de enero, el Día del Trabajo (1 de mayo), Corpus Christi, la Asunción (15 de agosto) y el Día de Todos los Santos (1 de noviembre).

Día de Año Nuevo 1 de enero

Viernes Santo marzo/abril

Domingo y Lunes de Pascua marzo/abril

Día de la Ascensión el 40º día después de Pascua

Domingo y Lunes de Pentecostés 7ª semana después de Pascua

Día Nacional 1 de agosto

Día de Navidad 25 de diciembre

San Esteban 26 de diciembre

Hora local

La hora local suiza es GMT/UTC + 1 h. El horario de verano comienza a las 24.00 del último sábado de marzo, cuando hay que adelantar el reloj 1 h, por lo que Suiza queda con GMT/UTC + 2 h. Los relojes se retrasan 1 h el último sábado de octubre.

En alemán se emplea la palabra *halb* para indicar la ½ h antes de la hora en punto, de forma que *halb acht* ("medio ocho") significa 7.30, no 8.30.

En la tabla siguiente se indica la diferencia horaria entre Berna y las grandes ciudades del mundo, sin tener en cuenta el horario de verano.

CIUDAD	HORA LOCAL
Berna	12.00
Buenos Aires	7.00
Ciudad de México	5.00
Bogotá	5.00
Lima	5.00
Quito	5.00
Madrid	12.00
Santiago de Chile	6.00

Horario comercial

Cada cantón suizo decide el horario de las tiendas y negocios. A excepción de las tiendas de 24 h de las estaciones de servicio y de los de los aeropuertos y estaciones de tren, los comercios cierran los domingos. En temporada alta los horarios son visibles en los monumentos y atracciones; en temporada baja los horarios suelen ser más reducidos.

Bancos 8.30-16.30 lu-vi

Restaurantes 12.00-14.30 y 18.00-21.30; la mayoría cierra 1-2 días por semana

Tiendas 10.00-18.00 lu-vi, hasta las 16.00 sa

Museos 10.00-17.00, pueden cerrar los lunes y abrir más tarde los jueves

Información turística

Se recomienda preparar el viaje por Suiza con ayuda de la exhaustiva web multilingüe de Switzerland Tourism (www.myswitzerland.com), que ofrece información sobre destinos, alojamientos, cómo desplazarse, puntos de interés y atracciones, deportes, cultura, eventos y otros. Ofrece noticias, información meteorológica y webcams para saber lo que ocurre en el país y se pueden descargar folletos y aplicaciones para móviles.

Las oficinas de turismo suizas son siempre muy útiles. La información, los mapas y los planos son gratuitos. En muchas oficinas tramitan reservas de habitaciones de hotel, circuitos organizados y excursiones. En los cantones de habla alemana las oficinas de turismo se llaman *verkehrsbüro*, o *kurverein* en algunos sitios. En francés, *office du tourisme* y en italiano *ufficio turístico*.

Lavabos públicos

- En general hay bastantes baños públicos y están limpios.
- Los urinarios son gratuitos, igual que muchos aseos portátiles, aunque algunos cuestan 0,50 CHF.
- La impecable cadena de servicios Mr Clean de las grandes estaciones de tren es algo más cara (2 CHF).

Planos

Hallwag, Kümmerly + Frey (www.swisstravelcenter.ch) tiene un amplio surtido de atlas de carreteras, planos de la ciudad y mapas de senderos, de venta por internet. Los mapas del **Swiss Alpine Club** (www.sac-cas.ch), de **Kompass** (www.kompass.de) y los producidos por el **Bundesamt for Topographie** (www.swisstopo.admin.ch) (a veces a escala 1:15 000) se venden en librerías especializadas de viajes.

El folleto *Swiss Travel System* (48 págs), que se distribuye gratis en Switzerland Tourism y las principales estaciones de tren, tiene un plano de líneas de autobuses y trenes en A3. Las oficinas de turismo también disponen de mapas y folletos gratuitos.

Salud

La calidad de la atención sanitaria suiza es alta y también cara. En general, en la embajada, el consulado o el hotel recomiendan un médico o una clínica locales.

La tarjeta sanitaria europea (EHIC) permite a los ciudadanos de la UE acceder a la sanidad pública suiza a precio reducido. Por lo demás, una consulta médica no urgente cuesta alrededor de 150 CHF. Los medicamentos sin receta se compran en las *apotheke* (farmacias), donde se habla inglés.

Mal de altura

Este trastorno puede producirse por encima de los 3000 m. Hay pocos senderos o pistas de esquí de los Alpes suizos a esa altitud. Los síntomas son dolor de cabeza, vómitos, náuseas, debilidad extrema y dificultad para respirar y dormir. Si la sintomatología es leve, se trata con descanso y analgésicos sencillos. Si el malestar no desaparece o empeora hay que descender a una altitud menor y buscar asistencia médica.

Hipotermia

Se produce cuando baja la temperatura media del cuerpo porque este pierde calor más rápido del que produce. Es muy fácil alcanzar una temperatura corporal peligrosamente baja, basta una combinación de viento, ropa mojada, fatiga y hambre, incluso aunque la temperatura del aire esté por encima de 0°C. Lo mejor es vestirse por capas de tejidos aislantes de calidad y llevar un gorro y una capa exterior resistente e impermeable antes de salir de excursión o a esquiar. Es fundamental una manta térmica para emergencias. Hay que llevar provisiones básicas con líquidos y otros productos con azúcares esenciales.

Los síntomas de la hipotermia son agotamiento, entumecimiento de la piel (sobre todo de los dedos de las manos y los pies), temblores, habla confusa, conducta irracional o violenta, somnolencia, vacilación oral o motriz, escritura deformada, calambres musculares y violentas explosiones de energía.

Para tratar la hipotermia leve primero hay que alejar a la persona del viento y/o la lluvia y ponerle ropa seca de abrigo si la que lleva está hú-

INFORMACIÓN PRÁCTICA

Periódicos Los lectores alemanes pueden ponerse al día con el *Neue Zürcher Zeitung* (www.nzz.ch) y *Tages Anzeiger* (www.tagesanzeiger.ch) de Zúrich; en Ginebra, *Le Temps* (www.letemps.ch) y *La Tribune de Genève* (www.tdg.ch) se venden en la Suiza francófona; y el *Corriere del Ticino* (www.cdt.ch) de Lugano está en italiano.

Radio WRS (World Radio Switzerland; FM 101.7; www.worldradio.ch) es una emisora de radio de Ginebra en inglés que ofrece música y noticias a todo el país.

Twitter Para tener noticias diarias e información sobre cultura suiza y espectáculos sígase @Switzerland, @TheLocalSwitzer, @swissinfo_en, y @MySwitzerland_e.

Webs Swissinfo (www.swissinfo.org) es la web de noticias nacional.

Fumar Está prohibido en todos los espacios públicos cerrados, incluidos restaurantes, bares, oficinas y transporte público. Sí se permite en salas de fumadores separadas y en las terrazas de la acera.

Pesos y medidas Se usa el sistema métrico decimal, los decimales se separan con comas y los millares con puntos, como en español.

meda. Después se le deben suministrar bebidas calientes no alcohólicas y alimentos altamente calóricos pero de digestión ligera. No hay que friccionar al enfermo, sino dejarlo que se caliente lentamente. Si se detecta y trata pronto se puede evitar la hipotermia grave, que es muy peligrosa.

Garrapatas

Las hay en todo el país hasta una altitud de 1200 m y viven en la maleza de los bosques o junto a los senderos.

Si se ha paseado por una zona que pueda estar infestada de garrapatas conviene después examinarse todo el cuerpo. En caso de encontrar alguna, se debe enganchar bien la cabeza con pinzas y tirar de ella hacia arriba. No debe tirarse de la parte trasera del cuerpo, pues podría vaciarse la barriga de la garrapata por la boca y atravesar la piel de la persona, lo que supone un riesgo de infección y enfermedades. No se recomienda untar la garrapata con productos químicos.

ENFERMEDAD DE LYME (BORRELIOSIS)

Se trata de una enfermedad infecciosa transmitida por las garrapatas en el hemisferio norte. Suele empezar con una herida que va aumentando alrededor de la picadura del ácaro, acompañada de fiebre, dolor de cabeza, fatiga extrema, dolor en las articulaciones y músculos y cierta rigidez en el cuello. Si no se tratan, estos síntomas suelen remitir al cabo de varias semanas, pero pueden aparecer trastornos en el sistema nervioso, el corazón y las articulaciones. Conviene ir al médico.

ENCEFALITIS TRANSMITIDA POR GARRAPATAS

Es una infección viral que provoca la inflamación del cerebro. Se da en la mayoría de las zonas forestales y rurales de Suiza. Si a uno le ha picado una garrapata, aunque se haya arrancado, conviene controlar si aparecen los síntomas, como rojeces alrededor de la picadura, que a veces tiene el centro blanco. Una semana o dos después de la picadura pueden aparecer dolores de cabeza, rigidez y otros síntomas parecidos a los de la gripe, que pueden agravarse y convertirse en problemas más serios. Es necesario buscar asistencia médica. Hay una vacuna disponible.

Seguro de viaje

Quienes vayan a esquiar, hacer *snow* o senderismo deberían asegurarse de si su póliza cubre el rescate en helicóptero y la repatriación de emergencia. La mayoría de las pólizas normales no suelen cubrir muchas actividades al aire libre; es probable que haya que pagar una cobertura especial para deportes de invierno y para otros deportes de aventura como el *puenting* y el *skydiving*.

En www.lonelyplanet.com/bookings se pueden contratar seguros de viaje para todo el mundo, así como ampliar y reclamar en línea, incluso cuando se está de viaje.

Teléfono

Guía de teléfonos en línea: http://tel.local.ch/en.

El proveedor nacional de telefonía **Swisscom** (www.swisscom.ch) opera cabinas públicas que funcionan con monedas y con las principales tarjetas de crédito.

Teléfonos móviles

Casi todos los teléfonos de otros países funcionarán en Suiza sin problema; consultar las tarifas con el operador. Las tarjetas SIM locales de prepago son ampliamente accesibles.

> **AVISO: MARQUE TODAS LAS CIFRAS**
>
> A diferencia de España, en Suiza no hay prefijos de zona. Aunque todos los números de una ciudad empiecen por las mismas tres cifras (p. ej., 031 en Berna, 022 en Ginebra), siempre hay que marcar todas las cifras, aunque se llame al vecino.

Las tarjetas SIM de prepago se comercializan a través de los operadores **Salt** (www.salt.ch), **Sunrise** (www.sunrise.ch) y **Swisscom Mobile** (www.swisscom.ch/mobile) por 10 CHF. También se pueden comprar (y recargar) tarjetas SIM en los quioscos de todo el país. Las tarjetas de prepago tienen que estar registradas oficialmente, así que hay que enseñar el pasaporte.

Prefijos telefónicos

- El prefijo de país de Suiza es el ☎41. Para llamar desde el extranjero no hay que marcar el 0 inicial. P. ej., para llamar a Berna se marca el prefijo de llamada internacional y luego ☎41 31.
- El prefijo de llamadas internacionales desde Suiza es el ☎00.
- Los números de teléfono con el prefijo ☎0800 son gratuitos y los que empiezan por ☎0848 se cobran como una llamada local. Los que empiezan por ☎ ☎156 o ☎157 son de tarifación especial.
- Los teléfonos móviles empiezan por ☎076, ☎078 o ☎079.

Trabajo

Los ciudadanos de los 25 países de la UE, Noruega e Islandia pueden trabajar en

Suiza hasta 90 días al año sin permiso de trabajo. Los ciudadanos de otros países y de la UE que deseen trabajar períodos más extensos necesitarán un permiso. Para los detalles, consúltese la web de **State Secretariat for Migration** (www.sem.admin.ch).

Los conocimientos lingüísticos son imprescindibles para trabajar en empresas de servicios y normalmente son necesarios para trabajar en estaciones de esquí y chalés. *Working in Ski Resorts: Europe & North America,* de Victoria Pybus, ofrece información detallada sobre los trabajos de invierno. Para trabajar en la industria hotelera consultar **Rolling Pin** (www.rollingpin.at). Dos webs recomendables para consejos y contactos son **Season Workers** (www.seasonworkers.com) y **Natives** (http://jobs.natives.co.uk/switzerland).

En octubre hay trabajo en las viñas de Vaud y el Valais.

Viajar con niños

Ordenada, limpia y poco comercial, Suiza es ideal para las familias viajeras.

➡ El folleto del Consejo de Turismo de Suiza *Families* está lleno de ideas; en su web www.myswitzerland.com se hallarán alojamientos adecuados para niños, ofertas para las familias, etc.

➡ Viajar en tren en familia con **Swiss Railways** (www.sbb.ch) sale a cuenta. Los niños menores de 6 años viajan gratis y los de 6 a 16 años pueden viajar ilimitadamente con la **Junior Card** anual (30 CHF) o, si viajan con los abuelos, la **Grandchild Travelcard** (30 CHF). Otra opción es el abono infantil diario (16 CHF). Las tarjetas también incluyen los viajes de muchos teleféricos de las estaciones de esquí.

➡ Los viajes panorámicos en tren y barco por Suiza encantan a los niños de todas las edades. Al llegar al punto B se hallarán, marcados como aptos para los niños pequeños, decenas de tramos de rutas de senderismo, ciclismo, patinaje en línea y piragüismo bien señalizados y destinados exclusivamente al tráfico no motorizado por **Suiza Mobility**.

➡ Las oficinas de turismo de las estaciones de montaña poseen información sobre rutas de senderismo aptas para cochecitos y decenas de actividades para niños y jóvenes de todas las edades.

➡ Para las familias son fabulosos los B&B: los pequeños pueden dormir en la planta superior mientras los padres se toman una copa de vino y cenan en la de abajo. Si los niños son aventureros se lo pasarán como nunca en los B&B de granjas y pajares.

➡ Los viajeros con hijos de 6 a 12 años deberían comprarse *Ticking Along with Swiss Kids,* de Dianne Dicks, un libro infantil sobre Suiza y también una guía para los padres sobre dónde comer y qué ver y hacer. También se recomienda *Viajar con niños,* de Lonely Planet. En castellano también puede consultarse *Montañismo con niños. Cómo ir a la montaña en familia,* de Jekaterina Nikitina y Víctor Riverola, un útil manual para convertir la experiencia de la montaña en algo satisfactorio para todos.

Lo básico

Los suizos son en general muy complacientes con las familias.

➡ Muchos hoteles grandes disponen de habitaciones familiares o conectadas entre sí e incluso los establecimientos pequeños pueden añadir una cuna o cama plegable.

➡ La mayoría de las principales compañías de alquiler de vehículos ofrecen elevadores y sillitas para bebés y niños conformes a las normas de seguridad vigentes por una cantidad adicional (45-65 CHF).

➡ Hay cambiadores de forma generalizada y los pañales desechables se venden en farmacias y supermercados.

➡ Los suizos suelen ser tolerantes con la lactancia materna en público siempre que se realice con discreción.

➡ Muchos hoteles y oficinas de turismo pueden orientar sobre agencias locales de canguros para niños.

➡ Algunos restaurantes (aunque no todos) disponen de tronas y menú infantil. En caso de duda, consultar con antelación.

Viajar seguro

➡ La delincuencia callejera es relativamente escasa. Como en cualquier entorno urbano, se deben vigilar las pertenencias. Los carteristas proliferan en las aglomeraciones urbanas.

➡ Se ven pocos policías, pero tienen fama de registrar aleatoriamente por la calle (medida de necesidad cuestionable) a gente de procedencia o aspecto no europeo.

Viajeros con discapacidades

Suiza es uno de los países mejor preparados para los viajeros con discapacidades físicas. La mayor parte de las estaciones de tren poseen una plataforma elevadora para subir a los trenes, los autobuses urbanos llevan rampas y muchos hoteles disponen de acceso adaptado (aunque las pensiones económicas no suelen tener ascensor).

Switzerland Tourism (www.myswitzerland.com) ofrece excelentes consejos para viajar a las personas con discapacidades físicas.

Se puede contactar con **Mobility International Switzerland** (MIS; ☎062 212 67 40; www.mis-ch.ch).

Se puede descargar gratis la guía *Accessible Travel* de Lonely Planet (http://lptravel.to/AccessibleTravel).

Visados

Parta consultar la información actualizada sobre requisitos de visado, consultar **Swiss State Secretariat for Migration** (www.sem.admin.ch).

Los ciudadanos de la UE, noruegos e islandeses pueden entrar en Suiza sin visado. Se permite una estancia máxima de 90 días dentro de un período de 180 días, pero raras veces sellan los pasaportes.

Los ciudadanos de países de fuera de la UE que quieran visitar Suiza tienen que solicitar un visado Schengen, que debe su nombre a los acuerdos que abolieron los controles fronterizos entre 26 países europeos. Permite viajar sin límites por toda la zona Schengen durante un período de 90 días. Tiene que solicitarse en el consultado del país al que se llegue primero o en el destino principal.

Los ciudadanos suizos tienen que llevar siempre encima un documento de identidad; los extranjeros deben ir con el pasaporte en todo momento.

Voluntariado

Aunque el voluntariado no es tan importante en Suiza como en otros países, varias entidades permiten acercarse a la vida local y participar en proyectos de duración variable (una semana a 18 meses). Se puede contactar con estas organizaciones desde el país de origen y/o, si se habla alemán, francés o italiano, dirigirse directamente a alguna organización suiza.

Bergwaldprojekt (www.bergwaldprojekt.ch) Para aportar un granito de arena en la salvación de los bosques suizos en uno de los campamentos gratis de una semana dirigidos por esta organización medioambiental.

SCI – International Voluntary Service (https://ivsgb.org/sci) Para buscar por internet tareas de voluntariado, como construcción de nuevas rutas de senderismo o promoción de proyectos culturales y de biodiversidad.

Service Civil International (www.sci.ngo) Esta organización mundial dedicada a la promoción de la paz tiene redes locales y campos de trabajo para voluntarios (a corto, medio y largo plazo) que incluyen vida sostenible o sensibilización hacia los refugiados.

Swiss Volunteers (www.swissvolunteers.ch) Indicada para participar en eventos deportivos suizos.

TravelnStudy (http://travelnstudy.com) Ofrece programas en Lugano (Tesino) que combinan viajes, trabajo voluntario y estudio.

INFORMARSE ES IMPORTANTE

Antes y durante el viaje recomendamos que cualquier información relacionada con la seguridad, la salud, los trámites administrativos como con la expedición de visados, etc., sea verificada con el Ministerio de Asuntos Exteriores del país del viajero. Nuestras guías están actualizadas al cierre de la edición original, pero los cambios políticos, sociales y naturales son cada vez más rápidos e inciertos.

Transporte

CÓMO LLEGAR Y SALIR

Sito entre Francia, Alemania, Austria, Liechtenstein e Italia, Suiza, un país interior, está bien comunicado, especialmente en tren. Las formalidades al entrar al país en avión, tren o automóvil, son mínimas gracias al acuerdo Schengen.

Se pueden reservar vuelos, circuitos y billetes de tren por internet en www.lonelyplanet.com/bookings.

Entrar en el país / región

Las formalidades al entrar al país en avión, tren o automóvil, son mínimas gracias al acuerdo Schengen, que permite a los visitantes procedentes de un país de la UE entrar sin necesidad de pasaporte. Si se llega de un país de fuera de la UE es necesario presentar el pasaporte o el carné de identidad de la UE (y visado, en su caso) para pasar la aduana.

Pasaporte

Los viajeros de fuera de la UE deben presentar un pasaporte válido al menos hasta tres meses después de la fecha prevista de partida de Suiza.

Suiza no tiene restricciones específicas de entrada por nacionalidad o sellos previos en el pasaporte, pero los ciudadanos de algunos países necesitan un visado.

Avión

La aerolínea nacional suiza es Swiss (www.swiss.com), más conocida como Swissair. Además de muchas otras compañías nacionales, las siguientes aerolíneas económicas o pequeñas unen Suiza con el resto de Europa.

Air Berlin (www.airberlin.com) Vuelos desde Ginebra, Zúrich y EuroAirport (Basilea) a numerosos destinos europeos.

EasyJet (www.easyjet.com) Vuelos de bajo coste a Ginebra, Zúrich y EuroAirport (Basilea) desde muchos puntos de Europa y el Reino Unido.

Etihad Regional (www.etihadregional.com) Comunica Ginebra, Lugano y Zúrich con España, Francia, Italia, Alemania, Asia y Emiratos Árabes Unidos.

Eurowings (www.eurowings.com) Aerolínea alemana de bajo coste con vuelos de Zúrich y Ginebra a Europa y el Reino Unido.

Flybe (www.flybe.com) Vuelos desde Ginebra y Zúrich a Mánchester, Birmingham y otras ciudades del Reino Unido.

Helvetic Airways (www.helvetic.com) Línea suiza económica que vuela de Zúrich a Shannon (Irlanda) y Burdeos (Francia) y

EL CAMBIO CLIMÁTICO Y LOS VIAJES

Todos los viajes con motor generan una cierta cantidad de CO_2, la principal causa del cambio climático provocado por el hombre. En la actualidad, el principal medio de transporte para los viajes son los aviones, que emplean menos cantidad de combustible por kilómetro y persona que la mayoría de los automóviles, pero también recorren distancias mucho mayores. La altura a la que los aviones emiten gases (incluido el CO_2) y partículas también contribuye a su impacto en el cambio climático. Muchas páginas web ofrecen "calculadoras de carbono" que permiten al viajero hacer un cálculo estimado de las emisiones de carbono que genera en su viaje y, si lo desea, compensar el impacto de los gases invernadero emitidos participando en iniciativas de carácter ecológico por todo el mundo. Lonely Planet compensa todos los viajes de su personal y de los autores de sus guías.

desde Berna a Olbia (Cerdeña) y Palma de Mallorca (España).

Hop (www.hop.com) Operador económico de Air France, con vuelos de Ginebra a desde Biarritz y Calvi (Córcega).

Jet2.com (www.jet2.com) Conexiones entre Ginebra y destinos en el Reino Unido (London Stansted, Birmingham, East Midlands, Edimburgo, Leeds Bradford y Mánchester).

SkyWork Airlines (www.flyskywork.com) Aerolínea con sede en **Berna** (BRN; ☎031 960 21 11; www.flughafenbern.ch) y vuelos a ciudades europeas, como Londres, Ámsterdam, Berlín, Múnich y Viena.

EQUIPAJES DEL AVIÓN AL TREN

Los viajeros con destino a los aeropuertos de Ginebra o Zúrich pueden enviar su equipaje directamente a cualquiera de las 50 estaciones suizas de tren, sin tener que esperarlas en el aeropuerto. Cuando se vayan, también pueden facturar su equipaje en cualquiera de esas estaciones hasta 24 h antes de su vuelo y recogerlas a la llegada en su aeropuerto de destino. Cuesta 22 CHF por bulto de equipaje, con un peso máximo individual de 32 kg, y no se pueden llevar objetos voluminosos, como bicicletas o tablas de surf. También se puede enviar el equipaje dentro de Suiza; véase www.sbb.ch

Por tierra

Autobús

Eurolines (www.eurolines.com), un grupo de 29 operadores de autobuses de largo recorrido, cubre toda Europa desde la mayor parte de las ciudades importantes de Suiza, como Basilea, Bellinzona, Berna, Bulle, Friburgo, Ginebra, Lausana, Lucerna, Lugano, Martigny, Sion, San Galo y Zúrich. Hay descuentos para viajeros menores de 26 y mayores de 60 años. Conviene reservar, sobre todo en julio y agosto.

Automóvil y motocicleta

Desde Suiza parten carreteras rápidas y bien conservadas a todos los países fronterizos. Los Alpes constituyen una barrera natural, por lo que las carreteras principales entran en Suiza a través de túneles. Un vehículo motorizado extranjero que entre en Suiza debe exhibir un adhesivo o matrícula que identifique su país de *origen*.

- Un permiso de conducir de la UE es válido en toda Europa.
- Es imprescindible un seguro a terceros; se debe pedir a la aseguradora una prueba tipo Carta Verde. También es útil el "parte europeo de accidente". Se aconseja una póliza de asistencia en Europa para averías.
- Para circular por las autopistas suizas hay que exhibir una pegatina especial (*vignette* en francés y alemán, *contrassegno* en italiano), que se adquiere por 40 CHF en los principales puestos fronterizos.
- Es obligatorio llevar un triángulo de advertencia para colocarlo en caso de avería.
- Se recomienda llevar un botiquín de primeros auxilios, un juego de bombillas de repuesto y un extintor.

Tren

Suiza es un país con conciencia ecológica donde viajar en tren es un placer.

- En **Rail Europe** (www.raileurope.com) se pueden reservar billetes y obtener información de trenes. Consúltese también **Railteam** (www.railteam.eu), una alianza de varios operadores de trenes de alta velocidad de Europa, incluido el suizo, **Swiss Federal Railways** (www.sbb.ch), normalmente abreviado SBB en alemán, CFF en francés y FFS en italiano. Este último acepta reservas por internet, pero no envía billetes fuera de Suiza.
- **The Man in Seat 61** (www.seat61.com) es un recurso muy práctico con abundante información para viajar en tren.
- Desde Gran Bretaña, los trenes **Eurostar** (www.eurostar.com) salen cada hora de Londres (St Pancras International) y llegan a París (Gare du Nord) en 2¼ h; y siguen Desde Madrid o Barcelona, el tren AVE llega a París (Gare de Lyon), y de allí, el TGV francés se dirige a Basilea, Berna, Ginebra, Lausana, Zúrich y otras ciudades; los pasajeros menores de 26 y mayores de 60 obtienen algún descuento.
- Zúrich es la terminal internacional de mayor tráfico de Suiza y de ella salen trenes a Múnich y Viena, desde donde hay numerosas conexiones para proseguir viaje hacia otras ciudades del este de Europa.
- La mayoría de los trenes procedentes de Alemania pasan por Zúrich o Basilea.
- Casi todos los procedentes de Italia pasan por Milán antes de desviarse a Zúrich, Lucerna, Berna o Lausana.

Río y lago

Es posible llegar a Suiza en barco de vapor desde varios lagos, aunque no es lo habitual. Desde Alemania se entra por el lago de Constanza;

VIAJES PANORÁMICOS

Los trenes, autobuses y barcos suizos son mucho más que un medio de transporte. Las vistas espectaculares convierten el trayecto en un destino en sí mismo. No importa cómo se viaje, jamás se volverá a tener la misma opinión del transporte público. Suiza lo ha elevado a la categoría de arte, incluso con autobuses ordinarios que transportan al viajero hasta puertos de montaña remotos para encuentros con fauna salvaje.

El **Swiss Travel System** (www.swisstravelsystem.co.uk) es una red de trenes, barcos, teleféricos y autobuses de correos interconectados que hacen el país fácilmente accesible sin necesidad de coche... y, naturalmente, con la precisión de un cronómetro.

Trenes panorámicos

Los tres primeros trenes de esta lista tienen vagones panorámicos con ventanales:

Glacier Express (p. 167)

Golden Pass Route (www.goldenpass.ch) Viaja entre Lucerna y Montreux. Se divide en tres tramos y hay que hacer dos transbordos. Hay trenes regulares, sin ventanas panorámicas, por la misma ruta cada hora.

Bernina Express (p. 279)

Tren del chocolate (www.mob.ch) Un viaje circular en un coche-cama de la *belle époque* de Montreux a la fábrica de chocolate de Broc.

Expresos de Mont Blanc/San Bernardo (www.tmrsa.ch) De Martigny a Chamonix (Francia), o por el paso del Gran San Bernardo.

Voralpen Express (www.voralpen-express.ch) Del lago de Constanza al lago de Lucerna, pasando por San Galo, Rapperswil y Romanshorn.

Autobuses de correos

Desde St Moritz, el **'Palm Express'** (www.palmexpress.ch) conduce a los viajeros desde los picos helados de la Engadina a través del puerto de Maloja, por el valle Val Bregaglia hasta Chiavenna, Italia, y luego hasta los lagos de Como y Lugano, en un trayecto de 4 h.

Se pueden hallar media docena más de rutas alpinas panorámicas en **Postbus** (www.postauto.ch).

Tren y barco: el 'Gotthard Panorama Express'

El recién inaugurado **'Gotthard Panorama Express'** (www.sbb.ch; ⌚sa y do med abr-may, diario jun-oct) arranca con un maravilloso crucero de 2½ h por el lago de Lucerna hasta Flüelen, donde un tren serpentea por desfiladeros y montañas hasta Bellinzona o Lugano.

desde Francia, por el Lemán. También se llega hasta Basilea navegando por el Rin. **CGN** (☎0848 811 848; www.cgn.ch) tiene conexiones en ferri con el lago Lemán.

CÓMO DESPLAZARSE

Avión

Siendo Suiza un país tan pequeño y con una red ferroviaria excelente, los vuelos internos casi no hacen falta. **Swiss** (www.swiss.com) opera en los grandes aeropuertos de Ginebra y Zúrich, además del EuroAirport de Basilea, con precios que varían mucho.

Bicicleta

Alquiler

SBB Rent a Bike (☎041 925 11 70; www.rentabike.ch; medio día/día entero 27/35 CHF), el eficiente servicio de alquiler de bicicletas gestionado por los ferrocarriles suizos, ofrece alquiler de bicis en más de 100 estaciones de tren. Se pueden reservar por internet o teléfono y, con un recargo de 10 CHF, recoger en una estación y devolverlas en otra distinta. Además de las bicicletas normales para adultos y niños, muchas estaciones de tren poseen bicicletas eléctricas y tándems, bicicletas-remolque para niños demasiado pequeños para pedalear y remolques para llevar a los más pequeños. Las tarifas incluyen el casco.

Para estancias más largas merece la pena registrarse

SWISS TRAVEL PASS

Los siguientes abonos de viaje nacionales ofrecen sustanciosos descuentos en muchos viajes por Suiza. Pueden adquirirse en las estaciones de tren suizas. Más información en www.swisstravelsystem.ch y http://traintickets.myswitzerland.com.

Swiss Travel Pass Permite viajar sin límites en casi todos los trenes, barcos y autobuses del país, así como en tranvías y autobuses de 41 ciudades, además de entrar gratis en unos 500 museos. Garantiza descuentos del 25-50% en funiculares, teleféricos y ferrocarriles privados. Existen diferentes abonos, válidos por 3 (216 CHF) y 15 (458 CHF) días consecutivos. Los menores de 26 años tienen un 15% de descuento.

Swiss Travel Pass Flex Permite viajar ilimitadamente durante un número determinado de días en el plazo de un mes; de tres (248 CHF) a 15 (502 CHF) días. Los menores de 26 años tienen un 15% de descuento.

Swiss Half-Fare Card Con esta tarjeta se paga solo la mitad del billete en los trenes (120 CHF por un mes) y se obtienen descuentos en autobuses de redes locales, tranvías y teleféricos.

Junior Travelcard Esta tarjeta (30 CHF), válida por un año, ofrece viajes gratis a niños de 6 a 16 años en trenes, barcos y algunos teleféricos, siempre que viaje con al menos uno de sus padres. Si viajan con un abuelo, disponen de una **tarjeta similar.** Los niños que no viajen con ningún familiar pueden conseguir viajes ilimitados durante un día con el **abono infantil diario** (16 CHF).

Abonos regionales Algunas zonas del país disponen de abonos para una región en particular, a la venta en las estaciones de tren de la región.

en el sistema público de bicicletas compartidas **PubliBike** (www.publibike.ch/en), con casi 100 puntos de recogida y devolución diseminados por el país y una módica cuota anual. También se puede adquirir una tarjeta DayBike en la mayoría de los centros de información turística cerca de las estaciones. Se pueden localizar las estaciones y comprar la tarjeta por internet.

De mayo a octubre, la empresa ecológica **Schweiz Rollt** (Suisse Roule; www.schweizrollt.ch) ofrece alquiler de bicicletas gratis en Berna, Ginebra, Zúrich y los cantones del Valais y Neuchâtel.

En Liechtenstein se puede utilizar una bicicleta naranja gratis de **FreeVeloPoint** (http://velopoint.li), con 13 puntos en todo el país.

Transporte

Las bicicletas se pueden subir en los trenes más lentos y a veces incluso en los trenes InterCity (IC) o EuroCity (EC), siempre que haya espacio suficiente en el vagón de equipajes. El billete de bicicleta de un día cuesta 20 CHF (13 CHF con Swiss Travel Pass). Entre el 21 de marzo y el 31 de octubre hay que reservar (5 CHF) para subirla en los trenes ICN (rápidos entre ciudades).

Los trenes que no admiten bicicletas están indicados con una cruz de tachado en el horario. Se pueden enviar en tren por 20 CHF. Sale gratis llevarla como equipaje de mano en una bolsa.

Barco

Por todos los grandes lagos navegan los vapores de los **Ferrocarriles Federales Suizos** (www.sbb.ch) o de compañías privadas aliadas en las que aceptan abonos de viaje nacionales. Entre ellos se cuentan los lagos Lemán, Constanza, Lucerna, Lugano, Neuchâtel, Biel, Murten, Thun, Brienz y Zug, pero no el lago Maggiore.

Los abonos de tren no se aceptan en las compañías de barcos más pequeñas.

Autobús

Los autobuses de color amarillo, complementan la red ferroviaria suiza siguiendo las rutas postales y uniendo ciudades con las regiones montañosas, menos accesibles. Las salidas están sincronizadas con las llegadas de los trenes, con paradas de autobús estratégicamente situadas cerca de las estaciones de tren. Solo hay una clase y los precios son parecidos a los del tren.

- Los abonos se aceptan en los autobuses postales, pero en algunas rutas alpinas más turísticas cobran un suplemento.
- Los billetes se compran al conductor, aunque en algunas rutas panorámicas que viajan por los Alpes (p. ej. Lugano-St Moritz), es necesario reservar. Véase la información en www.postauto.ch.

DISTANCIAS POR CARRETERA (KM)

	Basilea	Bellinzona	Berna	Biel-Bienne	Brig	Chur	Friburgo	Ginebra	Interlaken	Lausana	Lucerna	Lugano	Neuchâtel	San Galo	St Moritz	Schaffhausen	Sion
Bellinzona	241																
Berna	97	253															
Biel-Bienne	93	247	41														
Brig	190	161	91	129													
Chur	228	115	242	237	174												
Friburgo	132	285	34	71	179	274											
Ginebra	267	420	171	209	214	409	138										
Interlaken	153	195	57	92	73	209	92	230									
Lausana	203	359	107	146	151	346	72	62	167								
Lucerna	103	140	115	107	149	140	147	280	71	218							
Lugano	267	28	279	273	187	141	331	446	221	383	166						
Neuchâtel	141	294	46	31	141	283	43	123	104	73	156	320					
San Galo	191	217	204	197	288	102	236	371	225	307	138	243	244				
St Moritz	313	150	327	321	241	85	359	494	294	430	225	176	368	178			
Schaffhausen	161	246	173	167	259	182	205	340	228	276	108	272	214	80	266		
Sion	252	214	160	195	53	399	128	161	86	98	271	240	166	356	294	329	
Zúrich	113	195	125	119	208	118	157	292	177	229	57	221	166	81	203	51	281

Automóvil y motocicleta

El transporte público es bueno en los centros urbanos, a diferencia del aparcamiento, que puede ser complicado.

Asociaciones de automovilistas

El Swiss Touring Club (www.tcs.ch) ofrece información y servicios a motoristas, incluido un servicio nacional de averías de 24 h, gratuito para los miembros del TCS y afiliados. El **Swiss Automobile Club** (www.acs.ch) ofrece un servicio similar en toda Europa.

Automóvil compartido

Mobility (☎0848 824 812; www.mobility.ch) posee más de 2950 automóviles en 1500 puntos de toda Suiza, que se pueden usar por períodos que van de 1 h a 16 días, aunque siempre hay que devolverlo al punto inicial. Se puede reservar por internet o teléfono, recogerlo a la hora acordada y ponerse en marcha. Si no se desea pagar la suscripción anual (290 CHF) se puede optar por una suscripción de un solo uso (25 CHF), más 1 CHF/h que habrá que añadir a las tarifas normales (desde 2,80 CHF/h, más 0,50 CHF/km).

Combustible

La gasolina sin plomo *(bleifrei, sans plomb, senza piombo)* es muy corriente y los surtidores son verdes. También hay gasóleo en todas partes. Suele costar 1,41/1,43 CHF por litro (sin plomo/gasóleo).

Alquiler

- Las principales empresas de alquiler de vehículos tienen oficinas en los aeropuertos y en las principales ciudades y pueblos.
- Conviene reservarlo por internet. Si se llega en avión al aeropuerto de Ginebra, debería alquilarse en el lado francés (más barato).
- La edad mínima para alquilar un vehículo suele ser 25 años, pero algunas compañías locales aceptan 20 años. Siempre se exige una tarjeta de crédito.
- En temporada invernal los automóviles de alquiler suelen incorporar neumáticos de invierno.

Estado de la carretera

- Las carreteras suizas están bien construidas, señalizadas y mantenidas.
- Llamando al ☎163 (datos grabados en francés, alemán, italiano e inglés) informan sobre el estado del tráfico.
- Por casi todos los puertos de montaña alpinos importantes se puede

Principales vías férreas de Suiza

circular todo el año, según el tiempo. Sin embargo, muchas veces hay que optar por el túnel en los del Gran San Bernardo, San Gotardo y San Bernardino.

- Solo abren de junio a octubre los puertos de Albula, Furka, Grimsel, Klausen, Oberalp, Susten y Umbrail. Otros puertos de montaña son Lukmanier (abierto may-nov), Nufenen (jun-sep) y Splügen (may-oct).

Normas de circulación

- Siempre hay que llevar los faros delanteros encendidos, día y noche; la multa por no cumplirlo es de 40 CHF.
- La edad mínima para conducir automóviles y motocicletas es de 18 años; para ciclomotores, 14.
- Los suizos conducen por el lado derecho de la carretera.
- Tiene prioridad el tráfico que venga por la derecha. En las carreteras de montaña tiene prioridad el vehículo que sube, a menos que haya un autobús postal, al que siempre hay que ceder el paso.
- El límite de velocidad es de 50 km/h en los núcleos urbanos, 80 km/h en las carreteras principales de las afueras, 100 km/h en autopistas de un carril y 120 km/h en autopistas de dos carriles.
- Los pasajeros deben llevar siempre puesto el cinturón de seguridad y los vehículos deben portar un triángulo de advertencia de averías.
- En todos los túneles hay que llevar las luces de cruce.
- Motociclistas y pasajeros tienen que llevar puesto el casco.
- El límite de alcohol permitido en sangre es del 0,05%.
- Si uno se ve implicado en un accidente de automóvil hay que llamar a la policía si alguien tiene daños más graves que heridas superficiales.
- Siempre hay que llevar un comprobante de propiedad si se conduce un vehículo particular.

Señales de tráfico

En las carreteras suizas hay algunas señales que quizá se desconozcan.

- Una rueda blanca tachada sobre un círculo azul significa que es obligatorio el uso de cadenas para la nieve.
- Una corneta amarilla sobre un cuadrado azul significa que hay que seguir las instrucciones de los conductores de autobuses postales.

Peajes

Los automóviles y motocicletas pagan una tarifa fija anual de 40 CHF por el uso de las autopistas y autovías identificadas con señales verdes. El importe se paga en la frontera (en efectivo, se aceptan euros), en las gasolineras y oficinas de correos suizos y en las oficinas de turismo de Suiza en el extranjero. La pegatina (*vignette* en francés y alemán, *contrassegno* en italiano) debe exhibirse en el parabrisas como comprobante de haber pagado y es válida durante 14 meses (1 de diciembre a 31 de enero). Quien no lo lleve tendrá que pagar una multa de 200 CHF.

En la frontera entre Suiza e Italia hay que pagar un peaje adicional si se utiliza el túnel del Gran San Bernardo entre Aosta, Italia y Valais (automóvil y pasajeros ida/ida y vuelta 29,30/46,90 CHF).

Túneles

El automóvil se puede transportar en tren durante todo el año por los siguientes túneles:

Furka Tunnel (✆0848 642 442; www.mgbahn.ch; automóvil y hasta 9 pasajeros 33 CHF) Por este túnel de 15,4 km se llega de Oberwald a Realp en solo 15 min.

Lötschberg Tunnel (☎0900 553 333; www.bls.ch; automóvil y hasta 9 pasajeros Kandersteg-Iselle 98 CHF, Kandersteg-Goppenstein lu-ju 27 CHF, vi-do 29,50 CHF) De Kandersteg a Goppenstein (15 min, todo el año), o Iselle (Italia; 1 h, abr-med oct), que hay que reservar con antelación.

Vereina Tunnel (☎081 288 37 37; www.rhb.ch; automóvil y hasta 9 pasajeros temporada baja/media/alta 34/39/44 CHF) Alternativa al puerto de Flüela, cerrado en invierno; desde Selfranga, en las afueras de Klosters, a Sagliains, en la Engadina. Los trenes circulan cada media hora y el trayecto dura 18 min.

Transporte de montaña

En Suiza hay muchos tipos: funicular (*standseilbahn* en alemán, *funiculaire* en francés, *funicolare* en italiano), teleférico *(luftseilbahn, téléphérique, funivia)*, telecabina *(gondelbahn, télécabine, telecabina)* y telesilla *(sesselbahn, télésiège, seggiovia)*. Todos están sujetos a inspecciones de seguridad regulares.

Hay que enterarse de la hora a la que el último teleférico baja de la montaña; en invierno puede ser incluso a las 16.00 en las estaciones de montaña.

Tren

La red ferroviaria suiza combina líneas estatales con privadas. Los **Ferrocarriles Federales Suizos** (www.sbb.ch) tienen las siglas SBB en alemán, CFF en francés y FFS en italiano.

➡ Los compartimentos de 2ª clase son perfectamente aceptables, pero suelen ir muy llenos; los vagones de 1ª son más espaciosos y llevan menos pasajeros. A bordo hay enchufes para el portátil y algunos asientos están en zona wifi.

➡ Las tarifas normales de 2ª cuestan unos 40 CHF/100 km; las de 1ª cuestan una media de 75% más. El billete de ida y vuelta solo es más barato que dos de ida en los viajes largos.

➡ Los horarios de los trenes se revisan cada diciembre; se pueden consultar por internet y en las estaciones. Más información en www.sbb.ch o llamar al **Rail Service** (☎0900 300 300; 1,19 CHF/min).

➡ Las estaciones más importantes poseen armarios de consigna 24 h (3-6 CHF por día), accesibles normalmente de 6.00 a 24.00.

➡ Se recomienda reservar asiento (5 CHF) en los viajes largos, sobre todo en temporada alta.

➡ Los abonos de tren europeos, como el Eurail y el Interrail, son válidos en los trenes nacionales suizos. Pero no se pueden utilizar en los autobuses postales, transporte urbano, teleféricos ni en las líneas de tren privadas (p. ej. la de Zermatt y las del Jungfraubahn, en el Oberland bernés), por lo que el abono Swiss Travel Pass es mejor para los que visiten la Suiza paisajística.

Idioma

En Suiza *(Schweiz/Suisse/Svizzera)* hay tres idiomas oficiales: el alemán (lengua materna de cerca del 64% de la población), el francés (19%) y el italiano (8%). Hay un cuarto idioma, el retorrománico o romanche, que habla menos del 1% de la población del cantón de los Grisones. Desde 1996 goza de la categoría de idioma semioficial, con garantías para su conservación y promoción.

Si se lee la columna de pronunciación de este capítulo como si leyera en español, todo el mundo lo entenderá.

FRANCÉS

Para pronunciar los sonidos vocálicos nasales, el hispanoparlante puede, al principio, poner un dedo bajo la nariz y sentir que el aire sale por esta. En esta guía se utilizarán sonidos consonánticos nasales (m, n) con la vocal nasal para ayudar. El francés tiene muchas más vocales que el español, concretamente 16, pues posee vocales abiertas, cerradas y nasales. También cuenta con la ü, un sonido intermedio entre i y u que se realiza colocando los labios como si se fuera a pronunciar una u pero se dice una i. Lo mismo sucede con el sonido oe, intermedio entre o y e, que se obtiene colocando los labios como si se fuera a pronunciar una o pero se dice una e. La a, i, o y u son similares al español y no presentan mayor problema en su pronunciación.

PARA SABER MÁS

Si el lector quiere conocer mejor el idioma y aprender frases útiles, dispone de las guías de conversación de *Francés*, *Alemán* e *Italiano*. También puede comprar las guías de conversación de Lonely Planet para iPhone en el Apple App Store.

La principal dificultad que conlleva la pronunciación de las consonantes es el sonido de la r. Se puede salir del paso utilizando la r española, pero es uno de los sonidos que realmente ayudarán a que el idioma suene natural. Otro sonido que crea problemas por su inexistencia en castellano es la j francesa, para reproducirlo se puede intentar pronunciar un sonido parecido al de la ll argentina.

Conversación

Hola.	*Bonjour.*	bon·jur
Adiós.	*Au revoir.*	or·vuar
Perdone.	*Excusez-moi.*	eks·kü·ze mua
Perdón/ Lo siento.	*Pardon.*	par·do^{n}
Por favor.	*S'il vous plaît.*	sil vu plɛ
Gracias.	*Merci.*	mɛr·si
Sí/No.	*Oui./Non.*	ui/no^{n}

¿Cómo se llama Vd.?
Comment vous appelez-vous? ko·ma^{n} vu·za·poe·le vu

Me llamo...
Je m'appelle ... zher ma·pel ...

¿Habla usted español?
Parlez-vous espagnol? par·le vu ɛs·pa·ñol

No le entiendo.
Je ne comprends pas. joe noe ko^{n}·pra^{n} pa

Alojamiento

'camping'	*camping*	ka^{n}·piñ
pensión	*pension*	pa^{n}·sio^{n}
hotel	*hôtel*	o·tɛl
albergue juvenil	*auberge de jeunesse*	o·bɛrj doe joe·nɛs

¿Tiene una habitación...?	*Avez-vous une chambre ...?*	a·ve vu ün sha^{n}br ...
individual	*à un lit*	a ɛ^{n} li
doble	*avec un grand lit*	a·vɛk ɛ^{n} gra^{n} li

¿Cuánto cuesta por noche/persona?
Quel est le prix par nuit/personne? kɛl ɛ loe pri par nüi/pɛr·son

Gastronomía

¿Qué me recomienda?
Que recommandez vous comme? koe roe·ko·ma^{n}·de vu kom ...

¿Tiene platos vegetarianos?
Vous faites les repas végétariens? vu fɛt lɛ roe·pa ve·je·ta·riɛ^{n}

Voy a tomar...
Je prends ... joe pra^{n}

¡Salud! (brindis)
Santé! sa^{n}·te

¿Me trae..., por favor?	*Je voudrais ..., s'il vous plaît.*	joe vu·drɛ... sil vu plɛ
la cuenta	*l'addition*	la·di·sio^{n}
la carta	*la carte*	la kart

cerveza	*bière*	biɛr
café	*café*	ka·fe
té	*thé*	te
agua	*eau*	o
vino	*vin*	vɛ^{n}

Urgencias

¡Socorro!
Au secours! o soe·kur

¡Déjame en paz!
Fichez-moi la paix! lɛ·se mua tran·kil

Necesito un médico.
J'ai besoin d'un médecin. Jɛ boe·zoɛ^{n} dɛ^{n} med·s ɛ^{n}

Señalización en francés

Entrée	Entrada
Sortie	Salida
Ouvert	Abierto
Fermé	Cerrado
Interdit	Prohibido
Toilettes	Aseos

Números en francés

1	*un*	ɛn
2	*deux*	doe
3	*trois*	trua
4	*quatre*	katr
5	*cinq*	sɛnk
6	*six*	sis
7	*sept*	set
8	*huit*	uit
9	*neuf*	noef
10	*dix*	dis

Llame a la policía.
Appelez la police. a·ple la po·lis

Me he perdido.
Je suis perdu/ perdue. (m/f) joe süi pɛr·du

Me encuentro mal.
Je suis malade. joe süi ma·lad

¿Dónde está el baño?
Où sont les toilettes? U son dɛ tua·lɛt

Compras y servicios

Me gustaría comprar ...
Je voudrais acheter ... joe vu·drɛ ash·te

¿Cuánto cuesta?
C'est combien? sɛ ko^{n}·byɛ^{n}

Es muy caro.
C'est trop cher. sɛ tro shɛr

mercado
marché mar·she

oficina de correos
bureau de poste bü·ro doe post

oficina de turismo
office de tourisme o·fis doe tu·rism

Transporte y direcciones

¿Dónde está...?
Où est ...? u ɛ ...

¿Cuál es la dirección?
Quelle est l'adresse? kɛl ɛ la·drɛs

¿Me podría indicar (en el plano)?
Pouvez-vous m'indiquer (sur la carte)? pu·ve vu mi^{n}·di·ke (sür la kart)

Un billete de..., por favor.	*Un billet ..., s'il vous plaît.*	ün bi·yɛ... sil vu plɛ
ida	*simple*	sɛ^{n}pl
ida y vuelta	*aller et retour*	a·le re·tur

barco	*bateau*	ba·to
autobús	*bus*	büs
avión	*avion*	a·vio^n
tren	*train*	trɛn

ALEMÁN

Las vocales alemanas pueden ser cortas o largas. Recuérdese que la h después de vocal marca una duración más larga de la misma. También hay que tener en cuenta que èh es un sonido intermedio entre e y a.
No todos los sonidos consonánticos alemanes existen en español: sh es parecido al que se produce al pedir silencio; r se pronuncia casi como una g al principio de palabra o sílaba y como una vocal neutra al final. Por último, la s es un sonido sonoro que no existe en español, pero sí, p. ej., en el inglés 'zero'. La cursiva indica dónde va el acento.

Conversación

Hola.	*Grüezi.*	*guh*·ten tahk
Adiós.	*Auf Wiedersehen.*	auf *vih*·da·seh·en
Perdone.	*Entschuldigung.*	ent·*shul*·di·gung
Perdón/ Lo siento.	*Entschuldigung*	ent·*shul*·di·gung
Por favor.	*Bitte.*	*bi*·te
Gracias.	*Danke.*	*dan*·ke
Sí/No.	*Ja./Nein.*	yah/nain

¿Cómo se llama Vd.?
Wie ist Ihr Name? vih ist ih·a *nah*·me

Me llamo...
Mein Name ist ... main *nah*·me ist ...

¿Habla usted español?
Sprechen Sie Spanische? *shpre*·jen sih shpa·nish?

No le entiendo.
Ich verstehe nicht. ish fea·*shteh*·e nisht

Señalización en alemán

Eingang	Entrada
Ausgang	Salida
Offen	Abierto
Geschlossen	Cerrado
Verboten	Prohibido
Toiletten	Aseos

Alojamiento

'camping'	*Campingplatz*	*kam*·ping·plats
pensión	*Pension*	pan·*sion*
hotel	*Hotel*	ho·*tel*
albergue juvenil	*Jugend-herberge*	*yu*·guent·heh·a·ber·gue

¿Tiene una habitación...?	*Haben Sie ein ...?*	*hah*·ben sih ain ...
individual	*Einzelzimmer*	*ain*·tsel·tsi·ma
doble	*Doppelzimmer*	*do*·pel·tsi·ma

¿Cuánto cuesta por noche/persona?
Wie viel kostet es pro Nacht/Person? vih fihl *kos*·tet es proh najt/per·*sohn*

Gastronomía

¿Qué me recomienda de...?
Was würden Sie als ...empehlen?
vass vür·*den sih als ...emp*·feh·le

¿Tiene platos vegetarianos?
Haben Sie vegetarisches Essen? *hah*·ben sih ve·gue·*tah*·ri·shes *e*·ssen

Voy a tomar...
Ich hätte es gern ... ish *he*·te es guèhrn ...

¡Salud! (brindis)
Prost! prohst

¿Me trae..., por favor?	*Bitte bringen Sie die ...*	*bi*·te *brin*·guen sih dih ...
la cuenta	*Rechnung*	*rej*·nung
la carta	*Speisekarte*	*shpai*·se·kar·te
cerveza	*Bier*	bih·a
café	*Kaffee*	*ka*·feh
té	*Tee*	teh
agua	*Wasser*	*va*·ssa
vino	*Wein*	vain

cerveza	*Bier*	bih·a
café	*Kaffee*	*ka*·feh
té	*Tee*	teh
agua	*Wasser*	*va*·ssa
vino	*Wein*	vain

Urgencias

¡Socorro!	*Hilfe!*	*hil*·fe
¡Lárgate!	*Gehen Sie weg!*	*gueh*·en sih vek

Números en alemán

1	*eins*	ains
2	*zwei*	tsvai
3	*zdrei*	drai
4	*vier*	fih·a
5	*fünf*	fünf
6	*sechs*	seks
7	*sieben*	sih·ben
8	*acht*	ajt
9	*neun*	noin
10	*zehn*	tsehn

¡Llamen a...!	*Rufen Sie ...!*	*ruh*·fen sih ...
un médico	*einen Arzt*	*ai*·nen artst
la policía	*die Polizei*	dih po·li·*tsai*

Me he perdido.
Ich habe mich verirrt. ish *hah*·be mish fer·*irt*

Me encuentro mal.
Ich bin krank. ish bin krank

¿Dónde está el baño?
Wo ist die Toilette? voh ist dih to·a·*le*·te

Compras y servicios

Estoy buscando...
Ich möchte ... kaufen. ikh *mösh*·te kau·fen ...

¿Cuánto cuesta?
Wie viel kostet das? vih fihl *kos*·tet dass

Es muy caro.
Das ist zu teuer. dass ist tsuh *toi*·a

mercado	*Markt*	markt
oficina de correos	*Postamt*	*post*·amt
oficina de turismo	*Fremden-verkehrs-büro*	*frem*·den·fea·keh·a bü·roh

Transporte y direcciones

¿Dónde está...?
Wo ist ...? voh ist ...

¿Cuál es la dirección?
Wie ist die Adresse? vih ist dih a·*dre*·sse

¿Me podría indicar (en el plano)?
Können Sie es mir (auf der Karte) zeigen? *kö*·nen sih es mih·a (auf deh·a *kar*·te) *tsai*·guen

Un billete de..., por favor.	*Eine ..., bitte.*	*ai*·ne ... *bi*·te
ida	*einfache Fahrkarte*	*ain*·fa·je *fahr*·kar·te
ida y vuelta	*Rückfahr-karte*	*rük*·fahr·kar·te

barco	*Boot*	boht
autobús	*Bus*	buss
avión	*Flugzeug*	*fluhk*·tsoik
tren	*Zug*	tsuhk

ITALIANO

Las vocales italianas suelen coincidir con las españolas. Algunas consonantes italianas presentan diferencias: la c se pronuncia ch en determinadas ocasiones y nunca se pronuncia como z antes de i y e. La cursiva indica el acento en la pronunciación.

Conversación

Hola.	*Buongiorno.*	buon·*jor*·no
Adiós.	*Arrivederci.*	a·rri·ve·*der*·chi
Perdone.	*Mi scusi.* (formal)	mi *sku*·si
	Scusami. (informal)	*sku*·za·mi
Perdón/ Lo siento.	*Mi dispiace*	mee dis·*pia*·che
Por favor.	*Per favore.*	per fa·*vo*·re
Gracias.	*Grazie.*	*gra*·dsie
Sí/No.	*Sì./No.*	si/no

¿Cómo se llama Vd.?
Come si chiama? (formal) *ko*·me si *kia*·ma
Come ti chiami? (informal) *ko*·me ti *kia*·mi

Me llamo...
Mi chiamo ... mi *kia*·mo ...

¿Habla usted español?
Parla spagnolo? *par*·la spa·*ño*·lo

No le entiendo.
Non capisco. non ka·*pis*·ko

Alojamiento

'camping'	*campeggio*	kam·*pe*·jo
pensión	*pensione*	pen·*sio*·ne
hotel	*albergo*	al·*ber*·go
albergue juvenil	*ostello della gioventù*	os·*te*·lo *de*·la jo·ven·*tu*

¿Tiene una habitación ...?	*Avete una camera ...?*	a·*ve*·te *u*·na *ka*·me·ra ...
individual	*singola*	*sin*·go·la
doble	*doppia con letto matrimoniale*	do·*pia* kon le·*to* ma·tri·mo·*nia*·le

¿Cuánto cuesta por...?	*Quanto costa per ...?*	*kuan*·to *kos*·ta per ...
noche	*una notte*	*u*·na *no*·te
persona	*persona*	per·*so*·na

Gastronomía

¿Qué me recomienda?
Cosa mi consiglia? ko·sa mi kon·*si*·lla

¿Tiene platos vegetarianos?
Avete piatti vegetariani? a·*ve*·te *pia*·ti ve·je·ta·*ria*·ni

Voy a tomar...
Prendo ... *pren*·do ...

¡Salud! (brindis)
Salute! sa·*lu*·te

¿Me trae ..., por favor?	*Vorrei ..., per favore.*	vo·*rrei* ... per fa·*vo*·re
la cuenta	*il conto*	il *kon*·to
la carta	*il menù*	il me·*nu*

cerveza	*birra*	*bi*·rra
café	*caffè*	ka·*fe*
té	*tè*	te
agua	*acqua*	*a*·kua
vino	*vino*	*vi*·no

Urgencias

¡Socorro!	*Aiuto!*	a·*yu*·to
¡Lárgate!	*Vai via!*	vai *vi*·a
¡Llame a...!	*Chiami ...!*	*kia*·mi ...
un médico	*un medico*	un *me*·di·ko
la policía	*la polizia*	la po·li·*dsi*·a

Me he perdido.
Mi sono perso/a. (m/f) mi *so*·no *per*·so/a

Señales en italiano

Entrata	Entrada
Uscita	Salida
Aperto	Abierto
Chiuso	Cerrado
Proibito	Prohibido
Gabinetti	Aseos

'ROMANSCH'

De origen latino y pertenecientes a la familia lingüística retorrománica, los dialectos suelen estar confinados a su valle de montaña. Su uso decae a medida que el alemán se va imponiendo como lengua de comunicación entre las zonas retorrománicas. La calle mayor de los pueblos suele llamarse siempre Via Maistra.

Hola.	*Allegra.*
Adiós.	*Adieu/Abunansvair.*
Por favor.	*Anzi.*
Gracias.	*Grazia.*
cama	*letg*
cerrado	*serrà*
esquí de fondo	*passlung*
izquierda	*sanester*
derecha	*dretg*
habitación	*chombra*
oficina de turismo	*societad da traffic*
pan	*paun*
queso	*chaschiel*
pescado	*pesch*
jamón	*schambun*
leche	*latg*
vino	*vin*
1	*en*
2	*dus*
3	*trais*
4	*quatter*
5	*tschinch*
6	*ses*
7	*set*
8	*och*
9	*nouv*
10	*diesch*

Me encuentro mal.
Mi sento male. mi *sen*·to *ma*·le

¿Dónde está el baño?
Dove sono i gabinetti? *do*·ve *so*·no i ga·bi·*ne*·ti

Compras y servicios

Estoy buscando ...
Sto cercando ... sto cher·*kan*·do ...

¿Cuánto cuesta?
Quant'è? kuan·*to*

Es muy caro.
È troppo caro. e *tro*·po *ka*·ro

mercado	*mercato*	mer·*ka*·to
oficina de correos	*ufficio postale*	u·*fi*·cho pos·*ta*·le
oficina de turismo	*ufficio del turismo*	u·*fi*·cho del tu·*riz*·mo

Transporte y direcciones

¿Dónde está...?
Dov'è ... ? do·*ve* ...

¿Cuál es la dirección?
Qual'è l'indirizzo? kua·*le* lin·di·*ri*·tso

Números en taliano

1	*uno*	u·no
2	*due*	du·e
3	*tre*	tre
4	*quattro*	kua·tro
5	*cinque*	chin·kue
6	*sei*	sei
7	*sette*	se·te
8	*otto*	o·to
9	*nove*	no·ve
10	*dieci*	die·chi

¿Me podría indicar (en el plano)?
Può mostrarmi (sulla pianta)? puo mos·*trar*·mi (*su*·la *pian*·ta)

Un billete de..., por favor.	*Un biglietto ..., per favore.*	un bi·*lle*·to ... per fa·*vo*·re
ida	*di sola andata*	di *so*·la an·*da*·ta
ida y vuelta	*di andata e ritorno*	di an·*da*·ta e ri·*tor*·no

barco	*nave*	*na*·ve
autobús	*autobus*	*au*·to·bus
avión	*aereo*	a·e·re·o
tren	*treno*	*tre*·no

Entre bastidores

ACTUALIZACIÓN Y SUGERENCIAS

Si el lector encuentra cambios en los lugares descritos u otros recién inaugurados, le agradeceremos que escriba a Lonely Planet en www.lonelyplanet.com/contact/guidebook_feedback/new para mejorar la próxima edición. Todos los mensajes se leen, se estudian y se verifican. Quienes escriban verán su nombre reflejado en el capítulo de agradecimientos de la siguiente edición. Determinados fragmentos de la correspondencia de los lectores podrían aparecer en nuevas ediciones de las guías Lonely Planet, en la web de Lonely Planet, así como en la información personalizada. Se ruega a todo aquel que no desee ver publicadas sus cartas ni que figure su nombre que lo haga constar.

NUESTROS LECTORES

Muchas gracias a los lectores que consultaron la última edición y escribieron a Lonely Planet para enviar información, consejos útiles y anécdotas interesantes: Ben Campbell, Liesbeth Cobbaut, Paul Hodgen, Ted Keener, Ueli Münger, Kathy Piro, Polly Seidler, Sam Sharp, Andrew Smith, Anton van Veen, Patrizia Vollmar.

AGRADECIMIENTOS

Kerry Christiani

Merci vielmal a todos los suizos, los profesionales del turismo y a los oportunos conductores de trenes y teleféricos que allanaron el camino de mi investigación, ofreciéndome valiosos conocimientos. Quiero dar las gracias especialmente a Sara Roloff (Switzerland Tourism UK), Lucia Filippone (Zürich Tourism), Janine Zingg (Swiss Travel System) y Remo Käser (Jungfraubahnen). Mi profundo agradecimiento a mis compañeros –Benedict Walker y Craig McLachlan– con quienes ha sido un placer trabajar.

Craig McLachlan

Mi sincero agradecimiento a todos los que me ayudaron durante mi viaje de investigación por Suiza y Liechtenstein, pero sobre todo a mi bellísima esposa, Yuriko, que me ayudó a continuar en la senda y a seguir adelante, sin perder jamás la sonrisa. Explorar Suiza es una delicia, y ese placer deriva, gran parte, de conversar con gente feliz. Gracias a todos.

Benedict Walker

Mi profundo agradecimiento a Daniel Fahey por su paciencia y flexibilidad al permitirme participar en este proyecto, a Michal Greenberg de Leipzig por ayudarme a encontrar una casa para trabajar, y a mi madre 'adoptiva', Vicki Kirkman, por su fortaleza frente a la adversidad. Un agradecimiento especial para mi verdadera madre, Trish Walker, fuente inagotable de paciencia, cariño y apoyo, y a todos los tíos, tías y primos que ayudaron a Bonnie con la mudanza en mi ausencia. Finalmente, gracias a Suiza por conquistar mi corazón, por segunda vez en la vida.

RECONOCIMIENTOS

Los datos del mapa climático han sido adaptados de "Updated World Map of the Köppen-Geiger Climate Classification", de M. C. Peel, B. L. Finlayson y T. A. McMahon, en *Hydrology and Earth System Sciences*, 11, pp. 1633-1644 (2007).

Fotografía de la cubierta: Vista de Lauterbrunnen, Oberland bernés; JLImages/Alamy ©

ESTE LIBRO

Esta es la traducción al español de la 9ª edición de la la guía *Switzerland* de Lonely Planet, coordinada por Gregor Clark, documentada y escrita por Kerry Christiani, Craig McLachlan y Benedict Walker. Los autores de la edición anterior fueron Kerry Christiani, Gregor Clark, Sally O'Brien y Nicola Williams.

VERSIÓN EN ESPAÑOL

GeoPlaneta, que posee los derechos de traducción y distribución de las guías Lonely Planet en los países de habla hispana, ha adaptado para sus lectores los contenidos de este libro. Lonely Planet y GeoPlaneta quieren ofrecer al viajero independiente una selección de títulos en español; esta colaboración incluye, además, la distribución en España de los libros de Lonely Planet en inglés, así como un sitio web, www.lonelyplanet.es, donde el lector encontrará amplia información de viajes y las opiniones de los viajeros.

Gracias a Anne Mason y Vicky Smith.

Índice

La **negrita** indica los mapas.
El azul indica las fotografías.

Leyenda de los mapas

Puntos de interés

- Playa
- Reserva de aves
- Templo budista
- Castillo/palacio
- Templo cristiano
- Templo confuciano
- Templo hindú
- Templo islámico
- Templo jainita
- Templo judío
- Monumento
- Museo/galería de arte/edificio histórico
- Ruinas
- *Sento* (baño público)/*onsen*
- Templo sintoísta
- Templo sij
- Templo taoísta
- Lagar/viñedo
- Zoo/santuario de vida silvestre
- Otros puntos de interés

Actividades, cursos y circuitos

- *Bodysurf*
- Submarinismo/buceo
- Canoa/kayak
- Curso/circuito
- Esquí
- Buceo
- Surf
- Natación/piscina
- Senderismo
- *Windsurf*
- Otras actividades

Alojamiento

- Alojamiento
- *Camping*

Dónde comer

- Lugar donde comer

Dónde beber

- Lugar donde beber
- Café

Ocio

- Ocio

De compras

- Comercio

Información

- Banco, cajero automático
- Embajada/consulado
- Hospital/médico
- Acceso a internet
- Comisaría de policía
- Oficina de correos
- Teléfono
- Aseos públicos
- Información turística
- Otra información

Otros

- Playa
- Cabaña/refugio
- Faro
- Puesto de observación
- Montaña/volcán
- Oasis
- Parque
- Puerto de montaña
- Zona de *picnic*
- Cascada

Núcleos de población

- Capital (nacional)
- Capital (provincial)
- Ciudad/gran ciudad
- Pueblo/aldea

Transporte

- Aeropuerto
- Puesto fronterizo
- Autobús
- Teleférico/funicular
- Ciclismo
- Ferri
- Metro
- Monorraíl
- Aparcamiento
- Gasolinera
- S-Bahn
- Taxi
- Tren
- Tranvía
- U-Bahn
- Otros transportes

Nota: No todos los símbolos aparecen en los mapas de este libro.

Red de carreteras

- Autopista
- Autovía
- Ctra. principal
- Ctra. secundaria
- Ctra. local
- Callejón
- Ctra. sin asfaltar
- Camino en construcción
- Zona peatonal
- Escaleras
- Túnel
- Puente peatonal
- Circuito a pie
- Desvío del circuito
- Camino de tierra

Límites

- Internacional
- 2º rango, provincial
- En litigio
- Regional/suburbano
- Parque marítimo
- Acantilado
- Muralla

Hidrografía

- Río/arroyo
- Agua estacional
- Canal
- Agua
- Lago seco/salado/estacional
- Arrecife

Áreas delimitadas

- Aeropuerto/pista
- Playa, desierto
- Cementerio cristiano
- Cementerio (otro tipo)
- Glaciar
- Marisma
- Parque/bosque
- Edificio de interés
- Zona deportiva
- Pantano/manglar

LOS AUTORES

Gregor Clark
Gregor colabora regularmente en las guías Lonely Planet de Europa y América desde el año 2000. Entre sus títulos figuran *Italy, France, Brazil, Costa Rica, Argentina, Portugal, Switzerland, Mexico, South America on a Shoestring, Montreal & Quebec City, France's Best Trips, New England's Best Trips*, guías ciclistas de Italia y California y libros ilustrados, como *Food Trails, The USA Book* y *The Lonely Planet Guide to the Middle of Nowhere.*

Kerry Christiani
Oberland bernés, Noreste de Suiza, Tesino, Zúrich Kerry es una galardonada autora de viajes y fotógrafa, especializada en Europa central y del sur, que reside en Gales. Ha colaborado como autora en más de una docena de títulos de Lonely Planet. Adicta a la aventura, adora la montaña, los climas fríos y la naturaleza salvaje. Comenta sus últimos trabajos en https://its-a-small-world.com y en su cuenta de Twitter @kerrychristiani. Ha escrito los apartados *Puesta a punto, Comprender Suiza* y *Guía práctica*.

Craig McLachlan
Suiza Central, Los Grisones, Liechtenstein, Valais Craig ha colaborado con Lonely Planet desde todo el planeta durante dos décadas. La mitad del año reside en Queenstown, Nueva Zelanda, donde regenta una empresa de actividades al aire libre y una destilería de sake; la otra mitad, trabaja como guía y escribe para Lonely Planet. Ha vivido diversas aventuras en Japón y sus libros se venden en Amazon. Craig, que se describe a sí mismo como "freelance de nada", tiene un Máster en Administración y Dirección de Empresas por la Universidad de Hawái, es intérprete de japonés, piloto, guía turístico, profesor de kárate y novelista en ciernes.

Benedict Walker
Friburgo, la región de los Tres Lagos y el Jura, Ginebra, lago Lemán y cantón de Vaud, Mittelland, Noroeste de Suiza Benedict nació en Newcastle, Nueva Gales del Sur, Australia, y se crio en los suburbios, pero pasaba los fines de semana y los veranos junto al mar siempre que podía. Aunque le atraen las grandes montañas como las Rocosas canadienses, o los Alpes japoneses y suizos, lleva la playa en la sangre. Su primer trabajo para Lonely Planet le llevó a Japón en 2008-2009 y ha tenido la suerte de regresar tres veces más. Ha colaborado en numerosos títulos de Lonely Planet, como las guías de *Australia, Canada, Germany* y *USA*. Se le puede seguir en Instagram (@wordsandjourneys).

geoPlaneta
Av. Diagonal 662-664, 08034 Barcelona
viajeros@lonelyplanet.es
www.geoplaneta.com – www.lonelyplanet.es

Lonely Planet Global Limited
Lonely Planet Global Limited, Digital Depot,
The Digital Hub, Dublín, D08 TCV4, Irlanda
(oficinas en Reino Unido, Australia y Estados Unidos)
www.lonelyplanet.com
Contacta con Lonely Planet en: lonelyplanet.com/contact

Suiza
3ª edición en español – octubre del 2018
Traducción de *Switzerland*, 9ª edición – junio del 2018
© Lonely Planet Global Limited
1ª edición en español – octubre del 2012

Editorial Planeta, S.A.
Av. Diagonal 662-664, 7º. 08034 Barcelona (España)
Con la autorización para la edición en español de Lonely Planet Global Ltd
A.B.N. 36 005 607 983, Lonely Planet Global Limited, Digital Depot,
The Digital Hub, Dublín D08 TCV4, Irlanda

ISBN: 978-84-08-18812-4

Depósito legal: B. 2.662-2018
Impresión y encuadernación: Grafo
Printed in Spain - Impreso en España